A CASA DA VOVÓ

Marcelo Godoy

A CASA DA VOVÓ

Uma biografia do DOI-Codi (1969-1991), o centro de
sequestro, tortura e morte da ditadura militar

Histórias, documentos e depoimentos inéditos dos agentes do regime

2ª edição

Copyright © 2015 Marcelo Godoy

Grafia atualizada segundo o Acordo Ortográfico da Língua Portuguesa de 1990, que entrou em vigor no Brasil em 2009.

Edição: Haroldo Ceravolo Sereza
Editor assistente: Gabriel Patez Silva
Assistente acadêmica: Bruna Marques
Projeto gráfico, capa e diagramação: João Paulo Putini
Revisão: Rafael Acácio de Freitas
Assistente de produção: Camila Hama / Gabriel Patez Silva

Imagens de capa: Arquivo Marcelo Godoy

CIP-BRASIL. CATALOGAÇÃO-NA-FONTE
SINDICATO NACIONAL DOS EDITORES DE LIVROS, RJ

G532c
2. ed.

Godoy, Marcelo
A CASA DA VOVÓ : UMA BIOGRAFIA DO DOI-CODI (1969-1991), O CENTRO DE SEQUESTRO, TORTURA E MORTE DA DITADURA MILITAR : HISTÓRIAS, DOCUMENTOS E DEPOIMENTOS DOS AGENTES DO REGIME Marcelo Godoy - 2. ed. -
São Paulo : Alameda, 2014.
612p. : il. ; 23 cm.

Inclui bibliografia e índice
ISBN 978-85-7939-319-8

1. Ditadura - Brasil - História - Séc. XX. 2. Governo militar - Brasil - Política e governo - 1964-1985. 3. Tortura - Brasil - Séc. XX. I. Título.

15-22428 CDD: 981.063
 CDU: 94(81)

ALAMEDA CASA EDITORIAL
Rua Conselheiro Ramalho, 694 – Bela Vista
CEP: 01325-000 – São Paulo, SP
Tel.: (11) 3012-2400
www.alamedaeditorial.com.br

Para Ana Cristina, Emanuela e Antônio

"Nada fazes, nada tramas, nada pensas, que eu não só não ouça, mas também não veja e perceba integralmente."

Cícero[1]

---

[1] "Nihil agis, nihil moliris, nihil cogitas, quod ego non modo non audiam sed etiam non videam plane que sentiam".
cícero, Marco Túlio. *As Catilinárias; Oratio Prima, 3, 8*. Tradução de Maximiano Augusto Gonçalves. Rio de Janeiro: Livraria São José, 1964, p. 24.

Uma advertência

...Então quando você quer escrever ou falar uma coisa, acabam *suicidando* você. É aquela história: o que você acha disso ou acha daquilo? Eu não acho nada porque um amigo meu achou um dia e não acharam nunca mais o cara. Você entende?
— Entendi.
— Às vezes as pessoas deixam de escrever certas coisas ou de comentar outras coisas não por omissão, mas por instinto de preservação.
— *Mas isso é uma época que já passou, né?*
— Não, não passou, o duro é que não passou. O duro é que é o seguinte: pode ter passado para você, mas eu sei que não passou. Tanto não passou que você andou ligando para as pessoas e todo mundo ligou pra mim. Se tivesse passado, eu não estaria falando com você, eu ainda estaria no anonimato e você jamais saberia de mim...[1]

---

[1] Advertência feita por ex-agente do DOI-Codi ao autor. O homem telefonou-me dizendo representar os colegas, que estavam preocupados com a pesquisa. Anônimo, fita 1, lado A, em 25 de abril de 2006.

Sumário

Lista de siglas 13

Introdução 19

PARTE 1. Estratégias 31

1. "CREMA!". Uma operação de guerra 33
2. DOUTRINA. A guerra revolucionária 57
3. A VIOLÊNCIA. De Marx a Marighella 89
4. TENSÕES NO REGIME. Poder Civil x Poder Militar 113

PARTE 2. A tropa 131

1. OS AGENTES. Recrutamento e motivação 133
2. LEÃO E ABSALON. O "espírito guerreiro" contra os "bandidos" 161
3. O CHEFE. A voz do comando 191

PARTE 3. Táticas 213

1. MANDA QUEM PODE. O Exército e o combate à guerrilha 215
2. O DIABO TEM MEDO. Reorganização e métodos do DOI 231
3. INVESTIGAÇÃO. Quanto maior o sigilo, maior o poder 253
4. A ORDEM ERA MATAR. Cubanos, banidos e dirigentes 279
5. TEATRO. Tiroteios e atropelamentos 297
6. DESFAZER A CADEIA. A tortura produzindo mais presos 319
7. VINGANÇA. A violência revolucionária e a do DOI 339
8. ARRASTÃO. Prisões de estudantes da USP 359
9. TRANSIÇÃO. Do teatro ao desaparecimento 387

PARTE 4. **Clandestino** 405

1. IMPÉRIO DO QUARTEL. O poder da comunidade 407

2. NOITE E NEBLINA. A ofensiva contra o PCB 423

3. A BATALHA DE SÃO PAULO. O DOI contra a abertura 451

4. ADEUS ÀS ARMAS. Stalinistas e trotskistas 475

5. DESAPARECIMENTO 495

Fontes 527

Bibliografia 537

Anexo 553

Caderno de imagens 561

Índice onomástico 585

Agradecimentos 611

Lista de Siglas

4º RI – Quarto Regimento de Infantaria
AA – Arquivo do Autor
AC – Ação Comunista
Acnur – Alto Comissariado das Nações Unidas para os Refugiados
AEL-Unicamp – Arquivo Edgard Leuenroth-Unversidade Estadual de Campinas
AESP – Arquivo do Estado de São Paulo
Agitprop – função ou seção do Partido Comunista encarregada da agitação e da propaganda
AI – Ato Institucional
ALA-Vermelha – dissidência do PCdoB
AMFV – Arquivo particular Mário Fonseca Ventura
AOESP – Arquivo do jornal *O Estado de S. Paulo*
ALN – Ação Libertadora Nacional
Ananda Marga – Grupo social e espiritualista ligado à Yoga (Índia)
AP – Ação Popular
APML – Ação Popular Marxista-Leninista
Arena – Aliança Renovadora Nacional
BNM – Brasil Nunca Mais
BR – Brigate Rosse (Brigadas Vermelhas)
CC – Comitê Central
CCC – Comando de Caça aos Comunistas

CEB – Comunidade Eclesial de Base
CEI – Comissão Estadual de Investigações
Cenimar – Centro de Informações da Marinha
CEP – Centro de Estudo do Pessoal, do Exército
CGT – Central Geral dos Trabalhadores
CI – Central de Informações da antiga Operação Bandeirante
CIA – Central Intelligence Agency, agência de inteligência americana
CIE – Centro de Informações do Exército
Ciop – Coordenação de Informações e Operações, da Secretaria de Segurança Pública de São Paulo
Cisa – Centro de Informações da Aeronáutica
CMSE – Comando Militar do Sudeste
CNBB – Conferência Nacional dos Bispos do Brasil
CNV – Comissão Nacional da Verdade
Codi – Centro de Operações de Defesa Interna
Comar – Comando Aéreo Regional
Conclat – Conferência Nacional das Classes Trabalhadoras
Contag – Confederação Nacional dos Trabalhadores da Agricultura
Copom – Centro de Operações da Polícia Militar
CPC – Centro Popular de Cultura
CPDOC – Centro de Pesquisa e Documentação de História Contemporânea do Brasil da Fundação Getúlio Vargas
CPOR – Centro de Preparação de Oficiais da Reserva
CS – Convergência Socialista
CUT – Central Única dos Trabalhadores
DCE – Diretório Central dos Estudantes
Deic – Departamento Estadual de Investigações Criminais
Deops – Departamento Estadual de Ordem Política e Social. Está sigla será usada apenas para designar documentos do fundo Deops do Arquivo do Esta-

do de São Paulo ou que constam no Arquivo Edgard Leuenroth, em Campinas. Quando se tratar do departamento, a sigla a ser usada será Dops

Detran – Departamento Estadual de Trânsito

DI-GB – Dissidência Guanabara, grupo saído do PCB.

Dina – Dirección de Inteligencia Nacional (Chile)

DOI – Destacamento de Operações de Informações, conhecido ainda pelas siglas DOI-Codi ou Codi-DOI.

DOP – Destacamento Operacional de Proteção (França, Argélia)

Dops – Departamento de Ordem Política e Social.

DGR – Doutrina de Guerra Revolucionária

DSN – Doutrina de Segurança Nacional

Eceme – Escola de Comando e Estado-Maior do Exército

ELN – Exército de Libertação Nacional (Bolívia)

Eme – Estado-Maior do Exército

ERP – Exército Revolucionário do Povo (Argentina)

EsAO – Escola de Aperfeiçoamento de Oficiais, do Exército

ESG – Escola Superior de Guerra

Esni – Escola Nacional de Informações

EUA – Estados Unidos da América

FAB – Força Aérea Brasileira

FAL – Fuzil de Assalto Leve

FBI – Federal Bureau of Investigation (EUA)

FEB – Força Expedicionária Brasileira

FLN – Frente de Libertação Nacional (Argélia)

Fiesp – Federação das Indústrias do Estado de São Paulo

FGV – Fundação Getúlio Vargas

FPL – Forças Populares de Libertação (El Salvador)

Fulna – Frente Unida de Libertação Nacional (Paraguai)

GR – Guerra Revolucionária

GTA – Grupo Tático Armado, organização da guerrilha
HC – Hospital das Clínicas
IRA – Irish Republican Army, exército republicano irlandês
IML – Instituto Médico-Legal
KGB – Serviço de Segurança Soviético
Kuomitang – Partido Nacionalista Chinês
JCR – Junta de Coordenação Revolucionária
Libelu – Liberdade e Luta
LO – Luta Operária
MEC – Ministério da Educação
MDB – Movimento Democrático Brasileiro
MLN-T – Movimento de Libertação Nacional, Tupamaros (Uruguai)
MNR – Movimento Nacionalista Revolucionário
MIR – Movimento Esquerda Revolucionária, na sigla em espanhol (Chile)
Molipo – Movimento de Libertação Popular
MR-8 – Movimento Revolucionário 8 de Outubro
MRT – Movimento Revolucionário Tiradentes
MSI – Movimento Social Italiano (Itália)
MST – Movimento dos Trabalhadores Sem-Terra
OAB – Ordem dos Advogados do Brasil
OAS – Organisation Armée Secrète (França)
Oban – Operação Bandeirante
OSI – Organização Socialista Internacionalista
Parasar – Esquadrão Aeroterrestre de Salvamento da Aeronáutica
PCdoB – Partido Comunista do Brasil
PCB – Partido Comunista Brasileiro
PCBR – Partido Comunista Brasileiro Revolucionário
PCC – Primeiro Comando da Capital
PCR – Partido Comunista Revolucionário

PCR-(b) – Partido Comunista Russo-(bolchevique)
PDT – Partido Democrático Trabalhista
PE – Polícia do Exército
PMESP – Polícia Militar do Estado de São Paulo
PMDB – Partido do Movimento Democrático Brasileiro
PPL – Partido Pátria Livre
POC – Partido Operário Comunista
Polop – Organização Revolucionária Marxista-Política Operária
PORT – Partido Operário Revolucionário Trotskista
Prima Linea – grupo da esquerda armada italiana
PRT – Partido Revolucionário dos Trabalhadores
PRT-Combatente – Partido Revolucionários dos Trabalhadores-Combatente
PSB – Partido Socialista Brasileiro
PST – Partido Socialista dos Trabalhadores
PSTU – Partido Socialista dos Trabalhadores Unificado
PT – Partido dos Trabalhadores
PTB – Partido Trabalhista Brasileiro
PUC – Pontifícia Universidade Católica
QG – Quartel General
QI-SU – Quarta Internacional, Secretariado Unificado
RAF – Rote Armee Fraktion, Fração do Exército Vermelho (Alemanha)
RecMec – Regimento de Reconhecimento Mecanizado
Rede – Resistência Democrática
REI – Relatório Especial de Informações
Rota – Rondas Ostensivas Tobias de Aguiar
RPI – Relatório Periódico de Informações
SIM – Serviço de Informações da Marinha
Sissegin – Sistema de Segurança Interna
SNI – Serviço Nacional de Informações

STM – Superior Tribunal Militar
STF – Supremo Tribunal Federal
Ternuma – Terrorismo Nunca Mais
TFP – Tradição Família e Propriedade
TLO – Tribuna da Luta Operária
UC – Unidade Comunista
UFRJ – Universidade Federal do Rio de Janeiro
UnB – Universidade de Brasília
UNE – União Nacional dos Estudantes
Unesp – Universidade Estadual Paulista
Unicamp – Universidade Estadual de Campinas
Unimep – Universidade Metodista de Piracicaba
USP – Universidade de São Paulo
URSS – União das Repúblicas Socialistas Soviéticas
VAR-Palmares – Vanguarda Armada Revolucionária-Palmares
VPR – Vanguarda Popular Revolucionária
ZAer – Zona Aérea
ZDI – Zona de Defesa Interna

● INTRODUÇÃO

SÍMBOLO DO ARBÍTRIO e dos crimes de um regime, o Destacamento de Operações de Informações (DOI) ganhou de seus integrantes um codinome. Chamavam-no de *Casa da Vovó*. Ali militares e policiais trabalharam lado a lado durante os anos que muitos deles hoje consideram memoráveis. Oficiais transformavam-se em "doutores" e delegados em "capitães". Havia outros códigos naquele lugar: "clínica-geral", "clientes", "pacientes", "paqueras", "cachorros" e, dependendo de que lado se estava do muro, torturadores e terroristas. Centenas de agentes frequentaram-na e alguns chegaram mesmo a dar-lhe outro apelido: "Açougue". Criada em São Paulo, seu modelo se espalhou pelo país. Na capital paulista ele ocupava um terreno entre as Ruas Tutoia e Tomás Carvalhal, no bairro do Paraíso. Primeiro foi conhecido como Operação Bandeirante, a Oban; depois, resolveram batizá-lo com a sigla que o tornou famoso: DOI. Até hoje muitos dos que trabalharam lá preferem chamá-la de *Casa da Vovó*, pois, como explicou um de seus agentes, "lá é que era bom".[1] A antinomia é evidente. Ainda mais quando esses homens e mulheres resolveram contar o que sabiam sobre as mortes de 66 pessoas, das quais 39 sob tortura após a prisão e outras

---

[1] Agente Alemão, entrevista em 30 de setembro de 2005. Alemão era o codinome de um dos agentes que trabalhou de 1970 a 1975, na seção de Investigação do DOI.

27 depois de gravemente baleadas durante a detenção no que foi descrito como emboscadas ou tiroteios. Em seus depoimentos surgiram relatos de como foram presas 19 pessoas que oficialmente desapareceram em meio ao chumbo daqueles anos. Há também corrupção, saque e traição.

Essa pesquisa nasceu em 2004. O objetivo inicial era esquadrinhar a polícia de São Paulo durante o regime inaugurado pelo golpe civil-militar de 1964. Até que dois coronéis da Polícia Militar me colocaram em contato com agentes que haviam trabalhado no Destacamento. Nenhum deles queria ver o seu nome ou a foto de seus rostos publicados no jornal. Aceitaram falar sob a condição do anonimato. Um deles chegou mesmo a trazer a tiracolo o coronel para que ele o acompanhasse nas entrevistas – a formalidade só foi dispensada no terceiro encontro. Depois deles, vieram outros. Cada agente estabeleceu uma condição para falar. Alguns autorizaram a publicação de seus nomes só depois de mortos. Outros não vedaram seus nomes ou codinomes. Uns deram longas entrevistas – muitas delas gravadas. Outros falaram pouco – 30 minutos em uma única vez. No começo, parecia incompreensível que um agente disposto a conversar em um dia se emudecesse no contato seguinte. A principal razão desse comportamento me foi revelada por um dos agentes. Ele me confidenciou que isso era um pedido de seu ex-comandante, o coronel Carlos Alberto Brilhante Ustra, que lhe havia telefonado para dizer a ele e aos colegas que ficassem quietos. Apesar da tentativa de Ustra de manter o silêncio dos ex-subordinados, muitos resolveram falar. Um deles, que será identificado aqui com o nome fictício de agente Chico, revelou a noite que viveu ao lado de um preso que seria executado:

> Você não tem ideia do que é passar uma noite inteira vendo um homem e sabendo que no dia seguinte ele vai morrer... E você ali com ele... Essa foi uma das coisas que me deixaram mal depois. Todos nós carregamos um fantasma que te acompanha a vida inteira. Esse é o meu.[2]

---

2 Tenente Chico, entrevista em 16 de junho de 2005. Não foi gravada.

Chico é um dos 25 homens e mulheres que trabalharam no DOI e foram entrevistados para esse trabalho. Poucos colaboraram tanto quanto ele, sempre disponível para resolver dúvidas e contar o que se lembrava. Pediu anonimato, pois teme a reação dos colegas. Revelou crimes e seus autores, esclareceu métodos, táticas e pensamentos. Justificou-se. Outro que desafiou Ustra foi o agente Nelson, que era conhecido pelos amigos como Pai-Velho. Ele contou que viu o delegado Sérgio Paranhos Fleury fazer em uma ação do esquadrão da morte, um grupo de extermínio montado nos anos 1960 por policiais:

> — Eu fui da ronda com ele [o delegado Fleury], da R1. A R2, da guarda, se envolveu naquele negócio do esquadrão [da morte]. Mas quando eu vi ele [Fleury] fazer um negócio lá eu me arranquei.
> — *O que o senhor viu?*
> — Vi ele matar um cara lá de tijolada.
> — *Quando?*
> — Quando ele era ainda da radiopatrulha [...]. Eu vi ele fazer isso e achei um negócio chato. Aí pedi minha saída de lá.[3]

A tenente Neuza – codinome de uma das policiais femininas do Destacamento e personagem desse livro – confirmou como eram feitas as encenações de tiroteios que justificavam a morte de prisioneiros do DOI:

> Tinha muita gente que era presa e o jornal, você sabe, tinha censura, era complicado. Então falavam que o cara havia morrido no tiroteio. Levavam uma pessoa parecida, balas de festim e "matavam" um dos nossos lá. Mas o cara [o preso] ainda estava vivo. Aí ia ver se ele entregava alguma coisa, mas dificilmente entregava [...]. Eles tentavam interrogar, mas o cara não queria falar nada e aí viajava [era assassinado].[4]

---

[3] Nelson ou Pai-Velho, entrevista em setembro de 2004, fita 1, lado A.
[4] Tenente Neuza, entrevista em 22 de maio de 2005, fita 8, lado A.

Melancia, apelido de um militar do Exército, revelou como foi rápida uma operação que oficialmente nunca existiu e na qual dois guerrilheiros do Movimento de Libertação Popular (Molipo)[5] morreram e desapareceram:

> – Eu fiquei numa área secundária com o Índio. Foi ele quem nos levou até lá.
> – *Foi ele que arranjou a área?*
> – É, foi. [...]
> – *...mas o que aconteceu lá?*
> – Como eu te falei, quando nós chegamos lá, nós estávamos com o CIE [Centro de Informações do Exército]... E o CIE falou: "Você fica aí com o Índio". E era na casa de uns outros camaradas, não sei quem era. Gente que morava por lá... Então nós ficamos numa área secundária. Eu não sei o que houve lá. Não posso te dizer porque não sei.
> – *Vocês ficaram muito tempo lá, um dia, horas ou foi rápido?*
> – Foi rapidinho.[6]

Chico, Pai-Velho, Neuza e Melancia trabalharam anos na *Casa da Vovó*, cuja criação se relaciona ao fenômeno da luta armada e da guerrilha no país. Nessa guerra, pois é disso que se tratava para os envolvidos, um ano fundamental foi o de 1969, quando o DOI foi criado. Ele era a reação militar às ações da guerrilha. Elas tornariam secundário o papel das polícias estaduais na repressão. De fato, o delegado Fleury matou naquele ano Carlos Marighella, líder da Ação Libertadora Nacional (ALN), mas foi um oficial do Exército que fuzilaria o guerrilheiro e capitão Carlos Lamarca, no sertão da Bahia, em 1971. A guerrilha, que desferira seus maiores golpes nas cidades, como os sequestros dos diplomatas, viu fracassar seus esforços de levar a guerra ao campo – o PCdoB fazia isso em silêncio no Araguaia. Por fim, o

---

5   O Movimento de Libertação Popular (Molipo) era um grupo guerrilheiro formado principalmente por ex-integrantes da Ação Libertadora Nacional (ALN) que decidiram romper com esta em 1971.

6   Melancia, o agente Jonas, entrevista em 15 de junho de 2005, fita 1, lado A. O tenente João de Sá Cavalcanti Netto confirmou a ida de Melancia até Rio Verde.

ano viu surgir o primeiro desaparecido político da luta armada durante a ditadura: Virgílio Gomes da Silva, o Jonas, um dos comandantes da ALN.

Nos anos seguintes, a repressão seria aperfeiçoada. O chamado "acidente de trabalho"– a morte de um preso sob tortura – tornou-se premeditação. O "dedo-duro" se transformou na arma que, tanto ou mais do que o pau-de-arara, foi responsável pela derrota da esquerda. O homem infiltrado no coração das organizações ganhou um apelido na *Casa da Vovó*: cachorro. Existiram alguns famosos, como Jota, Vinícius, Fritz, Benedito, Dourado, VIP, Kimble e outros agentes especiais. O sigilo rapidamente se tornou obsessão entre os militares. Tudo ficou compartimentado e poucos eram os agentes que tinham conhecimento de todos os detalhes de uma operação. Saber o menos possível tornava-se "uma regra de ouro". O segredo era o índice do aumento do poder dos órgãos de segurança, um processo que ensejou métodos que iam determinar que a guerra se transformasse em extermínio, quando poucos dos que foram presos que se haviam envolvido em ações armadas ou eram dirigentes de organizações clandestinas saíram com vida das *Casas da Vovó* espalhadas pelo país.[7] Com a abertura, o DOI passa a viver uma fase de semiclandestinidade. O órgão deixa de interrogar e torturar e passa a acompanhar os movimentos do inimigo. É o período dos atentados a bomba contra bancas de jornal em São Paulo e de infiltração em partidos políticos, sindicatos, igrejas e movimentos estudantis. Trata-se de vigiar muito mais que punir. O símbolo da repressão só acabaria em 1991, quando a associação entre polícia e exército se desfez.

É sobre o DOI, cuja hegemonia no combate à subversão foi estabelecida de forma inconteste a partir de 1970, e sua evolução até o processo de abertura política, que este trabalho vai se concentrar. Não se trata, pois, de uma história da repressão política *ab urbe condita*, desde a sua origem com as milhares de prisões após o golpe de 1964, suas perseguições e torturas. Antes de tudo, essa obra tem a pretensão de exibir a estratégia militar e as táticas e técnicas usadas pelo DOI no combate à esquerda, passear pelo interior daquela estrutura e desvendar o que pensavam seus homens e seus

---

7 Para uma análise sobre a relação entre o segredo e o poder, ver ARENDT, Hannah. *Origens do Totalitarismo*, p. 453 e seguintes.

processos de decisão e escolha. Pretende-se mostrar como as ações da inteligência militar mantiveram a vigilância sobre os movimentos de oposição ao regime mesmo após a redemocratização. Em suma, como a esquerda foi derrotada no campo militar.

Para que essa história do Destacamento não se confunda com desvario ou loucura, com sons e gritos sem nenhum sentido, além do sadismo, ou para que não se diga que os crimes não passaram de excessos – quando, na verdade, tudo obedecia a uma doutrina – é que se faz necessário um estudo sobre a origem da estratégia do DOI. Ele ocupa o segundo, o terceiro e o quarto capítulo desse livro. O leitor verá como o pensamento de Clausewitz, Liddell Hart, Lenin, Mao Tsé-Tung, Bonnet, Trinquier, Lacheroy e de outros ajuda a explicar as ações contra as organizações da esquerda do período. A interpretação dos militares sobre esses autores auxiliou o regime a definir as feições dos órgãos de segurança interna. Também serviu para impor limites à repressão ao afirmar a subordinação do Poder Militar ao Civil, impedindo que o impulso de aniquilar o inimigo se manifestasse em sua plenitude, apoiado pela visão predominante nos órgãos de repressão de que a política seria uma continuação da guerra, como diria mais tarde Michel Foucault.[8]

Depois desse intervalo de três capítulos teóricos, a obra retoma a narração dos fatos. Ela mostra quem são e o que pensavam os agentes e seu chefe e símbolo, o coronel Ustra. Tentei fugir da mera descrição, mas emprestei da formação jornalística uma parte do método para esse trabalho. Trata-se de, às vezes, contar o fato. Não qualquer um, mas a história exemplar – a dilapidação do guerrilheiro Antonio Benetazzo mostra, assim, como se escondiam assassinatos por meio da simulação de atropelamentos. Espero que a forma seja compreendida. Cervantes dizia aos leitores que se olhassem bem para suas novelas não haveria nenhuma da qual não se pudesse tirar algum exemplo proveitoso. Foi esse princípio que determinou a escolha dos relatos.[9] É por meio deles que procuro mostrar as táticas adotadas pelo DOI – com o resultado de prisões e mortes – e as transformações pelas quais o Destacamento

---

8   FOUCAULT, Michel. *Em defesa da sociedade*, p. 22.
9   CERVANTES, Miguel de. *Novelas exemplares*, p. 10.

passou. A importância dada aos depoimentos pessoais nessa pesquisa também não constitui em si um obstáculo – embora muitas vezes as técnicas de entrevistas foram as do jornalismo, que busca fazer falar até quem não deseja, e não as da história oral. Marc Ferro mostrou como é possível, em lugar de considerar as diferentes experiências dos indivíduos "como simples anedotas, indagando-se se elas são típicas, ou únicas ou representativas, vê-las como miniaturas da História, microcosmos suscetíveis de esclarecer o funcionamento das sociedades".[10] Desnecessário dizer que o mesmo vale para as instituições. Assim, por meio do DOI de São Paulo sabemos como funcionou a repressão no Brasil no regime montado por civis e militares.

Segredos: a luta pela memória

Para expor a engrenagem que movimentou o DOI do 2º Exército foi preciso retirar de documentos e extrair das memórias o que não se quis revelado, fato que engendra desafios. Chegou-se, no fim do conflito entre militares e guerrilha, ao momento em que nem sempre os agentes se preocupavam em explicar as mortes, pois toda uma rede de apoios no governo, Ministério Público e Judiciário lhes garantia a impunidade. Era uma época em que as comunidades de Informações e de Segurança almejavam dizer, como Cícero nas *Catilinárias*, que tudo sabiam e ouviam e nada do que o seu adversário político fizesse lhes passaria despercebido, pois "os olhos e ouvidos de muitos te espiarão e também guardarão, sem que sintas, assim como fizeram até agora".[11] Seu discurso no Senado Romano mostra que o Estado tinha a tarefa de controlar a subversão, mas que o uso da violência pela autoridade dependia do consentimento, ainda que retórico, dos cidadãos – o divórcio entre a oligarquia senatorial e o povo, mantido à distância, mal se havia consumado. Tentava-se preservar a cidade, impedindo novas sedições que provocassem catástrofes civis, com seus massacres e a desorganização econômica e política, como Roma experimentara na guerra

---

10   FERRO, Marc. *Les individus face aux crises du XX siècle*, p. 8 e 9.
11   "Multorum te etiam oculi et aures, non sentientem, sicut adhuc fecerunt, speculabuntur atque custodient." CÍCERO, Marco Túlio; *Catilinárias, Oratio Prima*, 2, 6, p. 21. Ver ainda CÍCERO, *Le Catilinarie*. Milão: Mondadori, 1993, p. 40.

entre os partidários de Mário e de Sila, durante os anos da oposição entre optimates e populares.[12]

O combate à oposição política e à subversão no Brasil proporcionava o motivo para o exercício desse controle social e para impedir a publicidade das ações dos órgãos de segurança por meio da censura e do sigilo. É como se o segredo fosse o derradeiro poder dessa comunidade. Abrir mão dele é como dar adeus às armas, a uma luta que para muitos acabou, mas que alguns insistem em mantê-la viva, como símbolo do que lhes restou daquele tempo, do turbilhão que lhes consumiu a vida.

A pressão moral do grupo exercida sobre cada um de seus membros para a manutenção do silêncio preserva o arbítrio. Sem ele, o destino imposto aos inimigos não teria existido em sua plenitude. Como instrumento de controle parecia perfeito, pois não feria suscetibilidades de liberais e permitia aos homens do poder negar a violência sem com isso deixar de usufruírem de seus efeitos. Esse refinamento tinha outra função: não permitir aos oponentes a "morte grandiosa e dramática dos mártires". Mas "nada humano é tão perfeito, e simplesmente existem no mundo pessoas demais para que seja possível o esquecimento. Sempre sobra um homem para contar a história".[13] Tornar-se senhor da memória ou do esquecimento "é uma das grandes preocupações das classes, dos grupos, dos indivíduos que dominaram e dominam as sociedades históricas". Nada como o silêncio, última salvaguarda dos assuntos sigilosos, para revelar as formas de manipulação da memória coletiva.[14] Eis a razão – a luta pela memória – que fez a Arquidiocese de São Paulo abrir seu relato sobre a repressão daqueles anos na obra *Brasil Nunca Mais*, escolhendo como epígrafe o verso do Êxodo (17, 14) que diz: "Escreve isto para memória num livro".[15] É por isso que militares e policiais demonstram imensa resistência em lembrar. Convencê-los a falar é difícil. Sempre haverá o risco do opróbrio e da punição

---

12 Sobre o conflito entre os optimates e populares, ver PIGANIOL, André. *La Conquête Romaine*, p. 419 e seguintes.
13 ARENDT, Hannah. *Eichmann em Jerusalém*, p. 253 e 254.
14 LE GOFF, Jacques. *Memória e História*, p. 422.
15 ARQUIDIOCESE DE SÃO PAULO. *Brasil Nunca Mais*, p. 9.

tardia. Sempre haverá o desejo do esquecimento, pois os maiores autores de violência são os que não se lembram e, por isso, não pensam, única garantia certa de impunidade.

Quando essa norma é rompida, trata-se muitas vezes do fenômeno da demanda de imagens positivas, "isto é, a busca de mais mentiras e falsidades, desta vez para justificar o encobrimento e reabilitar criminosos".[16] Boa parte dos esforços de alguns porta-vozes militares do período é gasta para demonstrar que os piores atos da guerra cabem ao inimigo, que são tratados como "comuns delinquentes que, alegando pretensa motivação política, assaltam bancos, sequestram diplomatas e assassinam".[17] Procura-se envolver seus colegas de farda na mesma confraria, ainda que não tenham individualmente cometido ato ilegal. Tentam demover ou acusar aquele que, refletindo sobre o que ocorreu, não consegue viver consigo mesmo, com a memória do que fez, sem culpa e arrependimento ou com algum juízo crítico sobre o seu papel na história.

Para muitos militares, eles apenas usaram a tradição que remonta à Antiguidade clássica, que recomenda: "no caso de a extrema urgência sugerir o remédio da espada, cumpre reprimir os criminosos segundo o costume antigo, de modo que a todos se estenda o temor e a poucos o castigo".[18] No Brasil, a ditadura foi responsável pela morte de cerca de 400 pessoas em combate, executadas ou em consequência da tortura – os grupos da esquerda armada teriam feito uma centena de vítimas. Houve ainda 6.016 denúncias de tortura contra os órgãos de repressão.[19] Nos meses que se seguiram ao golpe de 1964, 50 mil pessoas foram presas. Dez mil conheceram o exílio durante a ditadura, 6.592 militares foram punidos – a maioria por defender a democracia e a legalidade constitucional –, 4.862 pessoas tiveram seus

---

16 ARENDT, Hannah. *Responsabilidade e Julgamento*, p. 345. Arendt refere-se ao fato de que Richard Nixon e seus auxiliares haviam resolvido publicar memórias após a renúncia de Nixon à presidência dos EUA em 1974.
17 Documento citado em FICO, Carlos. *Como eles agiam*, p. 104.
18 VEGÉCIO, L. Flávio. *A Arte Militar*, p. 78 e 79.
19 Para o número de mortos, MIRANDA, Nilmário; TIBÚRCIO, Carlos. *Dos filhos deste solo*, p. 635. Para o número de denúncias de tortura, BNM, Volume 1, Tortura, quadro 114, p. 64, AEL-Unicamp.

direitos políticos cassados, 130 pessoas acabaram banidas do país e houve quatro condenadas à morte, mas as sentenças não foram cumpridas.[20]

Pesquisa

A pesquisa concentrou-se sobre as ações do maior DOI do país: o de São Paulo. Aqui o aparelho de repressão do regime produziu o primeiro desaparecido de uma organização ligada à luta armada: Virgílio Gomes da Silva, da ALN, em 1969. Também foi responsável pelo último sumiço de um opositor: Orlando Rosa Bonfim Júnior, do PCB, assim como pela última chacina praticada por agentes da ditadura – a da Lapa, em 1976, operação na qual morreram três dirigentes do PCdoB. Ao procurar os policiais e militares foi possível ouvir relatos de homens, principalmente, da mais secreta de suas seções: a Investigação. Muitos pediram que os identificasse só pelo nome de guerra. Seus depoimentos mostram versões semelhantes, apesar de obtidos em dias e locais diferentes. Alguns tiveram de repetir suas histórias mais de uma vez em dias diversos – espécie de precaução do autor, pois é mais difícil a memória fixar as falsificações ou os enganos que o tempo lhe traz. A confirmação por uma segunda ou terceira fonte e a confrontação com outros dados e relatos permitiram que muitos episódios pudessem constar nesta obra, pois certamente esses relatos coincidentes representam, ao menos, a existência de uma versão difundida entre um pequeno grupo de homens que a manteve em segredo por anos.

Aí temos uma questão: se a memória coletiva é objeto de conquista e poder, como evitar que esse processo contamine o domínio dos fatos por meio da memória? A repetição dos depoimentos e a confirmação por outras fontes das versões seriam instrumentos suficientes? Não creio na conspiração dos que podem achar esses depoimentos uma espécie de "nova versão oficial", pois esta não seria recheada de dados tão distantes dos que se encontram escritos nos livros de defesa do governo. Aqui há tortura e morte; ali, não. Há, certamente, imprecisões, mas, talvez, estas revelem mais a versão do que a mentira.

---

20 Secretaria Especial dos Direitos Humanos, Comissão Especial sobre Mortos e Desaparecidos Políticos. *Direito à Memória e à Verdade*, p. 30.

O fato é que a prática do cruzamento de informações serve de proteção, mesmo que limitada, contra mitômanos e problemas como falhas da memória, má-fé e distorção ou filtro de uma informação por meio de sua representação segundo os olhos do interesse pessoal e ou do grupo. Fala-se aqui de tortura, execução de prisioneiros, emboscadas, tiroteios, informantes, agentes baleados e mortos. Esses homens tentam explicar suas razões, motivações e a compreensão que tinham da época e do trabalho, ainda visto muitas vezes como moralmente defensável e necessário. Há os que sinceramente defendem o regime porque acreditavam nele, em suas realizações e, por extensão, identificavam o governo com a pátria em nome da qual lutavam. Tortura e assassinato eram subprodutos de uma guerra sem regras, uma guerra suja. Mas, em um conflito, como o que dizem ter travado, muitos são os métodos para se aniquilar o inimigo, e o comando sabe disso. Em outras palavras, como se diz nos quartéis, a "tropa é o espelho do comandante". Ou como já se disse: o embotamento crítico dos agentes refletiu a vontade ou a omissão dos chefes.

Procurei ouvir e entrevistar sem perder de vista a lógica de quem falava, mesmo sabendo que compreender, de fato, não significa aceitar. Aos que compreenderam o desejo de trazer à luz esses fatos, sem mistificações e sem o sequestro intencional da verdade, os meus agradecimentos. Só quem se lembra do que faz é capaz de viver consigo mesmo. Só a memória, com seus exemplos, pode dar-nos a dimensão de nossos atos para que decidamos se eles estão próximos dos parâmetros do que consideramos justo. Hannah Arendt mostra que isso ocorre toda vez quando, sozinhos e desligados do mundo, pensamos, julgamos e adquirimos consciência da qualidade de nossas ações, de seus erros e acertos. O esquecimento, esse antigo remédio contra realidades desagradáveis, pode ser produto da irreflexão, da vergonha, da covardia ou do desejo de impunidade. Em todos os casos, há uma renúncia da convivência com o eu, da consciência de si mesmo e, sem o pensar, não há julgamento. Assim também funciona a lembrança na vida pública. Lembramos aquilo que queremos exaltar, episódios ou pessoas cuja emulação pensamos importante para a constituição dos valores de uma sociedade. Mas também devemos lembrar para criticar e corrigir. Só a lembrança fará com que a sociedade seja capaz de viver consigo mesma. É ela e não o olvido o instrumento mais eficaz de pacificação e cura de uma nação dividida – a anistia perdoa o criminoso e não o crime e mesmo ela não faz desaparecer a culpa moral, apenas a legal. É por isso que "devemos trabalhar de forma que a memória coletiva sirva para a libertação e não para servidão dos homens".[21]

Por fim, Hannah Arendt, no último artigo de *Responsabilidade e Julgamento*, afirma que "os que desafiam as plausibilidades, os portadores de más-notícias, que insistem em contar as coisas como elas são" nunca foram bem-vindos e, frequentemente, não são nem mesmo tolerados. "Se é da natureza das aparências esconder suas causas mais profundas, é da natureza da especulação sobre essas causas ocultas encobrir e nos fazer esquecer a brutalidade nua e crua dos fatos, das coisas como elas são."[22] Sem dúvida, essa é uma tendência humana da qual tentei me desvencilhar, mesmo que isso me custasse uma dose de intolerância. Eis por que esse livro não foi feito com a lógica das relações públicas, das histórias comestíveis que invadem cada vez mais o espaço da comunidade em que vivemos ou da denúncia fácil e estéril. Tentei ser justo e objetivo com o que há de pior e de melhor nos homens. Em suma, o ânimo que motivou cada linha desta obra foi o do narrador que conta uma história.

---

[21] LE GOFF, Jacques. *Memória e História*, p. 471; ler ainda ARENDT, Hannah. *Responsabilidade e Julgamento*, p. 154, 158, 159, 162, 163, 166, 209, 210, 200, 257 e 340.

[22] ARENDT, Hannah. "Tiro pela Culatra". In: *Responsabilidade e Julgamento*, p. 331.

Parte 1

ESTRATÉGIAS

> *"A política é a guerra sem derramamento de sangue,
> e a guerra, política sangrenta."*
>
> Mao Tsé-Tung[1]

[1] TSÉ-TUNG, Mao. *Problemas estratégicos da guerra subversiva*, p. 201.

1 "CREMA!"
Uma operação de guerra

MANHÃ. QUATORZE DE JUNHO DE 1972. Dois rapazes chegam à mesa ocupada havia algum tempo por um jovem casal. Um deles trazia um volume na cintura, sob a camisa, que procurava esconder. O lugar era um desses restaurantes que têm no menu aquela sequência conhecida que faz da quarta-feira o dia de feijoada. E era isso que os quatro jovens resolveram comer, embora o nome dali indicasse outra especialidade: Bar e Churrascaria Varela. O entra e sai de clientes não lhes despertou a atenção. Conversavam em voz baixa, mas sem exagero. Depois de quase uma hora, o grupo pagou a conta, levantou-se e passou perto do balcão onde havia um cartaz em que se lia: "Terroristas Procurados". A camisa fora da calça continuava a esconder a arma que Big trazia junto ao corpo. Estava tão diferente das fotos que era difícil reconhecê-lo. Bruno caminhava na frente, em direção ao Fusca bege nilo parado na entrada. Faltava menos de um minuto para ocorrer um dos mais duros golpes dados pelos homens do DOI do 2º Exército na Ação Libertadora Nacional, a ALN, o maior grupo da guerrilha urbana que atuou no Brasil nos anos 1960 e 70. Os militares e policiais que aguardavam os jovens lá fora contam que a ordem era matar e justificam a tática: não se podia titubear diante de fanáticos que prefeririam reagir à bala a serem presos. A ideia de que estavam em guerra tornava lícito o que o trabalho policial não permitia: a emboscada, o tiro pelas costas e a morte do inimigo, tornando difícil localizar no pensamento dos agentes a fronteira que, ultrapassada, transformava a morte em assassinato.

Contar a morte de metade da cúpula da ALN em São Paulo é mostrar como agia a seção mais sigilosa do DOI, é exibir seu sistema de investigação, infiltração, vigilância e mapeamento da guerrilha em funcionamento, cumprindo a vontade do presidente Emílio Garrastazu Médici de uma repressão dura e implacável. Essa ação crucial permitiu ainda o recrutamento de um dos principais agentes infiltrados pelos militares na guerrilha na fase mais secreta do conflito, um jovem militante da ALN de papel fundamental no desmantelamento do grupo. Aliás, tudo começa com a vigilância sobre esse rapaz, tática policial usada para atingir o objetivo militar de eliminar o inimigo. Havia 20 dias que os agentes do DOI seguiam o estudante João Henrique Ferreira de Carvalho. Magro, cabelos negros e mulato, ele não havia recebido ainda o apelido que o tornaria uma lenda na comunidade de informações do regime militar: Jota. O estudante morava em uma casa na Vila Mariana, bairro da zona sul paulistana. Era duro segui-lo. Não que fosse do tipo arisco, desconfiado, mas porque a paquera, como os agentes se referiam à vigilância,[1] tinha um quotidiano cansativo, com suas normas rígidas, nem sempre seguidas pelos agentes, mesmo os formados na Escola Nacional de Informações (Esni). "Era uma operação que se devia usar 20 equipes, mas nós fazíamos tudo com quatro ou cinco", explicou Alemão.[2]

---

[1] O DOI emprestou o termo da esquerda. Ver AEL-Unicamp, Anexo BNM 5.421, referente ao processo BNM 102.

[2] Agente Alemão, entrevista em 17 de maio de 2005. Os dados que descrevem a ação na Mooca foram fornecidos pelo agente Alemão, pela tenente da PM Neuza, pelo soldado da PM Sinício e pelo agente Chico. Trata-se dos codinomes que usavam na época e a forma como pediram para serem identificados. Também foram ouvidos três oficiais da reserva do Exército – dois deles participaram da ação e outro não. Eram os então sargentos João de Sá Cavalcanti Netto e Silvio Giglioli e o cabo Melancia, o agente Jonas. Tomados em datas e locais diferentes, os depoimentos desmentem a única versão apresentada pelos militares, a do livro *Rompendo o Silêncio*, do chefe do DOI do 2º Exército, o então major Carlos Alberto Brilhante Ustra. Há uma única discordância entre elas. Segundo o tenente João de Sá Cavalcanti Netto, responsável pelo controle de Jota, o estudante já era informante na época da emboscada sem que outros no DOI soubessem disso. Em depoimento à Comissão Federal da Verdade, em 2013, Jota negou. Disse que se tornou informante depois. Três militantes da ALN e um do MRT

Alemão era agente da *Casa da Vovó*, como ele e seus colegas chamam o Destacamento de Operações de Informações, o DOI. Ninguém sabe ao certo como surgiu esse nome para um lugar daqueles, mas a maioria repete que "lá é que era bom". Há ainda nomes curiosos usados pelos agentes, como "Açougue", e os que dizem apenas "Lá", transformando o DOI em um desses seres ou lugares inomináveis. Investigador de polícia, Alemão trabalhara no Departamento de Ordem Social e Política (Dops), quando teve de deixar o lugar depois de barrar um delegado na portaria durante seu plantão. O homem de terno e gravata era assistente do diretor e não queria mostrar a carteira funcional ao subordinado. E, sem exibi-la, ninguém entrava no prédio do Largo General Osório, no centro da cidade. Ordens são ordens, ainda mais para alguém de origem alemã. Mas o privilégio vilipendiado exigiu reparação. A represália veio na segunda-feira. Alemão descobriu que fora "recolhido" e soube que ia "levar um bonde", que seria punido com a transferência para outro departamento. O destino normal que o castigo lhe devia reservar seria o desterro em uma delegacia da periferia. Mas, em vez de enviá-lo ao Capão Redondo, na zona sul de São Paulo, para trabalhar, os chefes de Alemão resolveram mandá-lo para um lugar mais próximo: o quartel do DOI, na Rua Tutoia, no Ibirapuera.

Ney

Para quem sabia obedecer, a mudança não foi mal. Integrou-se o investigador em uma das equipes do setor mais secreto do lugar, a Subseção de Investigação, sob as ordens do capitão Ênio Pimentel da Silveira. Oficial da Arma da Artilharia, Ênio era respeitado pelos subordinados na mesma medida em que hoje é reconhecido por militantes da esquerda como um dos mais importantes quadros da repressão. O capitão tinha um codinome: Doutor Ney, ou Neyzinho, como os homens costumavam chamar aquele oficial do Exército com pouco mais do que a altura necessária para passar nos exames de admissão da Academia Militar das Agulhas Negras. Personagem

---

também foram entrevistados. As informações dos agentes foram ainda confrontadas com livros, documentos e depoimentos a outros autores.

fundamental dessa história, Ênio é um dos maiores responsáveis pelo esmagamento da guerrilha urbana no país. Se o Dops teve o delegado Sérgio Paranhos Fleury, o DOI teve o capitão Ênio. Em Canudos, no século XIX, o combate terminou em meio a degolas e execuções de jagunços e prisioneiros. Um século depois, fez-se a mesma concessão ao gênero humano: não se trucidaram crianças e mulheres, exceto as moças que se mostraram perigosas. A oposição armada não se rendeu. Como a cidade do Conselheiro, foi expugnada palmo a palmo por um sistema que se valeu de cada corpo torturado, do medo dos sobreviventes, da ajuda dos "dedos-duros" e de um planejamento e organização contra os quais os militantes que lutavam por uma revolução socialista no Brasil não estavam preparados para enfrentar.

O capitão Ênio começara no Destacamento em 1970. Aprendeu os segredos do trabalho de localizar e aniquilar o inimigo em uma espécie de "estágio" na Divisão de Ordem Social do Dops, onde teve como professor o Doutor Fleury, o símbolo do esquadrão da morte e da repressão política daqueles tempos, o homem que matara Carlos Marighella, fundador da ALN, e nas mãos de quem morrera Joaquim Câmara Ferreira, o Toledo, que sucedera o primeiro como principal liderança da guerrilha. Foi o delegado que fez do marinheiro e dirigente da Vanguarda Popular Revolucionária (VPR) José Anselmo dos Santos, o Cabo Anselmo, o maior traidor da esquerda daqueles tempos, transformando-o no informante Montenegro ou simplesmente Doutor Kimble. Esse modelo seria seguido por Ney – o aluno de Fleury o conhecera em pleno funcionamento.[3]

De fato, o tempo passado no começo dos anos 1970 no Dops moldou o ofício do capitão. Quando voltou ao DOI, Ney e seu chefe na *Casa da Vovó*, o então major Carlos Alberto Brilhante Ustra, completaram a reorganização

---

[3] Entrevista com a tenente Neuza. Ela acompanhou Ney no Dops. Não se tratava propriamente de um curso, mas de uma espécie de estágio com muita prática. Neuza lembra-se de ter participado, nessa época, de uma paquera cujo paciente (alvo) era o marinheiro José Raimundo da Costa, o Moisés, da direção da Vanguarda Popular Revolucionária (VPR). Sobre o nome Montenegro para Anselmo, entrevista de Dirceu Gravina, com o autor. Sobre o apelido de Doutor Kimble, ver SOUZA, Percival de. *Autópsia do Medo*, p. 407. A infiltração de Anselmo foi o tiro de misericórdia na VPR e permitiu a execução de mais de uma dezena de seus quadros, quase todos dirigentes.

da Subseção de Investigação, cujas dependências foram separadas do resto do Destacamento, assim como Fleury fizera com sua divisão no Dops.[4] Foi desse pequeno setor que saíram os maiores e mais sangrentos golpes contra a esquerda armada e a oposição ao regime nos anos 1970. Com seus informantes, centros de tortura clandestinos e com suas paqueras, a Investigação transformou-se numa seção em que seus pacientes desapareciam ou transformavam-se em "cachorros".[5] Raros são, portanto, os depoimentos de presos que sobreviveram para acusar o Doutor Ney.

O capitão usava um Corcel vermelho velho, o único em funcionamento no setor, em suas operações. As portas traseiras do carro não tinham trinco para que se pudesse transportar tranquilamente prisioneiros no banco de trás. Ele carregava uma submetralhadora escondida em uma sacola de feira toda vez que participava de alguma operação de risco. Uma vez, em 1971, durante uma vigilância no Ipiranga, na zona sul, Neyzinho começou a desmontar o ferrolho de uma submetralhadora INA, calibre .45. Tinha a companhia de um sargento e de um investigador do Dops no carro, que começou a olhar desconfiado para o oficial até que a arma disparou uma rajada. Não houve feridos. Este foi o primeiro, mas não último incidente do capitão com submetralhadoras.[6]

Pelo rádio, Ênio identificava-se como a "clínica geral". O código era conhecido por todos que usavam a rede de comunicação do DOI, pois o chefe participava com os subordinados das operações, cada uma delas catalogada e batizada com um nome. Oficial de voz enérgica, ele esfolava os homens de tanto serviço que lhes dava. Em vez de reclamações, a conduta só despertava elogios em seu meio. Ney, dizem seus homens, era desses oficiais

---

4   Entrevista com Dirceu Gravina, fita 1, lado B, em 16 de maio de 2005. O estágio de Ney no Dops foi um arranjo local. Para aprender a combater a guerrilha, o Exército mandou seus homens à Grã-Bretanha, onde acompanharam como os ingleses enfrentavam o IRA (Ver *Folha de S. Paulo*, 28 de janeiro de 1979, 1º caderno, p. 6 e 7).

5   Sobre o que ocorria com os detidos pela Investigação, entrevistas dos tenentes Chico e Neuza e dos policiais civis Alemão e Dirceu Gravina e do agente Marival Chaves. Ver também a entrevista de Chaves ao repórter Expedito Filho, *Veja* de 18 de novembro de 1992. Pacientes eram como os agentes do destacamento chamavam pelo rádio seus alvos durante uma paquera. Cachorro era como os homens do DOI denominavam os informantes.

6   Delegado J. R. A., entrevista em 25 de julho de 2005.

que compartilhavam a vida com os subordinados, o que fazia aumentar a coesão da tropa, e os "defendia até debaixo d'água", mesmo contra reclamações de superiores. Chamam-no de "patriota" e afirmam que ele era o "grande motor do DOI do 2º Exército".[7] O capitão parecia comandar a *Casa da Vovó*, como Fleury parecia mandar no Dops. Recebeu a Medalha do Pacificador com Palma em 1972. "Ele é que mandava de fato lá. O que ele queria o Ustra fazia", disse a tenente Neuza, uma das policiais femininas da *Casa da Vovó*. "Cheguei a trabalhar com o Ney. Ele era excelente", disse a hoje coronel Dyarsi Teixeira Ferraz.[8] Quando policiais militares da *Casa da Vovó* pediram-lhe que intercedesse pelo grupo junto ao comando da corporação a fim de apressar suas promoções, como as que recebiam os delegados do DOI, Ney disse:

— Nós estamos lutando pelo bem do Brasil. Não esperem recompensa.[9]

Ustra, o comandante na época e voz oficial do grupo, lembra-se do homem de "coragem invulgar" a quem considerava como a um "irmão mais moço":

> Além de meu subordinado por alguns anos, fomos amigos. Nossas famílias foram muito ligadas, principalmente, depois que saí do DOI [...]. Vim para Brasília e, anos depois, ele também veio. Nossas filhas brincavam juntas. Tínhamos um excelente relacionamento. Era alegre, companheiro, uma pessoa muito agradável e carismática. Ele realmente era "um dos mais preparados quadros do DOI". Era um líder natural, liderava pelo exemplo. Inteligente e corajoso. Era um estudioso dos esquemas da esquerda armada, um soldado exemplar e

---

[7] Tenente Neuza, entrevista em 11 de março de 2005, fita 1, lado A. Sargento Roberto Artoni, entrevista em 16 de fevereiro de 2013. Artoni ressalta a importância do capitão André Leite Pereira Filho, o Doutor Edgar. Para ele, do ponto de vista operacional, Edgar e Ney eram mais importantes do que Ustra. Artoni morreu em janeiro de 2014.

[8] Coronel PM Dyarsi Teixeira Ferraz, entrevista em 9 de janeiro de 2007, fita 1, lado A. Na época, ela era tenente.

[9] Entrevista com o tenente José em 10 de janeiro de 2007. Para a medalha, Secretaria-geral do Exército, portaria ministerial nº 536, de 23 de junho de 1972, publicada no Boletim do Exército nº 29 de 21 de julho de 1972. A Medalha do Pacificador foi instituída em 1954 e é concedida a civis e militares que prestaram serviços ao Exército. A versão com Palma é entregue aos que praticaram atos de bravura, arriscando a vida.

muito respeitado. Teria uma carreira brilhante se problemas financeiros e afetivos não o tivessem levado ao suicídio. Estava no segundo casamento e, ao que parece, tentando sair para um terceiro relacionamento.[10]

Esse foi o homem que comandou em pessoa o sequestro, a tortura e a morte de pelo menos quatro dezenas de pessoas em São Paulo. Foi o Doutor Ney, que, no começo de maio de 1972, destacou quatro de suas equipes para paquerar o estudante João Henrique, o futuro Jota. Tinham conhecimento dessa ação o chefe da Seção de Análise e Interrogatório do DOI, o capitão André Leite Pereira Filho, conhecido como Doutor Edgar, e o comandante do órgão, o major Ustra, o Doutor Tibiriçá. Era uma "ponta" da ALN, uma pista como outras já seguidas e vigiadas pelo Destacamento.

O investigador Alemão integrava uma daquelas equipes, a Cúria, e tinha como colega o cabo Jonas, o popular Melancia, um praça do Exército.[11] A dupla ganhou a ajuda da tenente Neuza. Era ela a mulher de mecha branca nos cabelos vista em tantas operações do DOI e envolvida em ações em combate. Neuza acordava às 3 horas para entrar de serviço, pois o alvo da vigilância dos agentes saía cedo de casa. João Henrique dividia o imóvel com um companheiro. Levantavam-se ao amanhecer, como se fossem operários, e iam cobrir pontos, os encontros clandestinos mantidos nas ruas pelos militantes das organizações de esquerda. O futuro Jota, que integrava o setor de inteligência da ALN, tinha sempre muitos pontos e, sem desconfiar, levava consigo os agentes, que assim descobriam seus contatos na organização.

---

10   Entrevista por e-mail do autor com o coronel Carlos Alberto Brilhante Ustra de 15 de março de 2005. Na época em que comandou o DOI, Ustra era major. O primeiro casamento de Ney acabou em brigas. A mulher chamava os subordinados do marido de assassinos. Ele conheceu a segunda mulher quando fez um curso na USP. Tiveram uma filha. Promovido a tenente-coronel, foi comandar o grupo de artilharia de costa do Forte Itaipu, em Santos. Um dia antes do suicídio, deu uma palestra até as 23 horas. Matou-se com três tiros no peito com um revólver calibre 38. Era 23 de maio de 1986. A perícia concluiu pelo suicídio. Há quem duvide, como seu filho mais velho, Élio Rocha Silveira (*Época*, em 10 de novembro de 2003), para quem o pai foi assassinado.

11   Jonas era o codinome do agente e Melancia, o apelido entre os colegas.

Big

O trabalho continuou assim até que, na primeira semana de junho, o estudante foi esperar uns amigos em um ponto de ônibus na Vila Mariana. Neuza e Alemão estavam em seu encalço e viram quando dois homens e uma mulher chegaram em um Fusca bege. Andar em um carro desses naqueles anos era a melhor forma de se perder na multidão. Regras de segurança ou disfarces sofisticados ajudavam a dificultar o trabalho dos militares. Mas, naquele dia, nenhuma delas frustrou mais a ação dos agentes do que a sombra de uma grande árvore, que se tornou o obstáculo insuperável para os agentes que tentavam enxergar o rosto de quem estava no carro. O estudante abriu a porta do Fusca e entrou. Os homens do DOI escondiam-se em outro Fusca e desconfiavam que ali estivessem Marcos Nonato da Fonseca e Iuri Xavier Pereira, o Big, "dois dos mais procurados militantes"[12] do Grupo Tático Armado (GTA) da ALN.

Big era o mais temido. Membro da coordenação nacional da organização, o jovem estudante carioca treinara guerrilha em Cuba em 1968, assaltara bancos no Rio de Janeiro e em São Paulo e participara da execução de Henning Albert Boilesen.[13] Executivo da Ultragaz e um dos financiadores do DOI, o grandalhão Boilesen foi metralhado em 15

---

[12] Os agentes militares usavam o termo "terrora", uma abreviação de terrorista, para designar os militantes. Entrevistas com Neuza (fita 6, lado B), Alemão (fita 1, lado B), Chico e Carlos Alberto Brilhante Ustra.

[13] Sobre a participação de Iuri Xavier Pereira na morte de Boilesen, ver processo BMN 180 e Anexo 5.532. Trata-se de uma carta escrita por Carlos Eugênio Sarmento Coelho da Paz, o Clemente, mas atribuída pelos militares a Iuri. Apreendida pelo DOI-Codi, nela Clemente conta como foi planejada a execução de Boilesen e revela os nomes de quatro participantes da ação, todos mortos pela repressão. Ivan Seixas foi o primeiro a dizer que o documento era verdadeiro. Clemente só assumiu a autoria em entrevista de 24 de março de 2015. Apesar de Joaquim Alencar Seixas (MRT) já estar morto quando a carta foi escrita, Clemente não o menciona entre os participantes do comando da ALN e do MRT, reforçando assim a versão de que a acusação contra Joaquim Seixas nasceu de uma mentira contada sob tortura por seu filho Ivan, que sempre sustentou tê-la inventado para aplacar a sanha dos interrogadores (ver entrevista com Ivan Seixas). Na carta são citados Dimas Casemiro (MRT), Antônio Sérgio de Mattos (ALN) e José Milton Barbosa (ALN). Ver AESP Deops-SP/OS201-RPI 06/72, 2º Exército (ALN). O último participante vivo da ação é Clemente, ex-comandante militar da ALN, que revelou o fato ao depor para o documentário *Cidadão Boilesen* e para a novela *Amor e Revolução*, do SBT, em 2011.

de abril de 1971, na esquina da Rua Barão de Capanema com a Alameda Casa Branca, nos Jardins. Depois da rajada, o também guerrilheiro da ALN Carlos Eugênio Sarmento Coelho da Paz, o Clemente, aproximou-se e disparou-lhe o tiro de misericórdia com um fuzil. Era a resposta ao assassinato de Devanir José de Carvalho, o comandante Henrique, o líder do Movimento Revolucionário Tiradentes (MRT), morto sob torturas pela equipe do delegado Fleury em 7 de abril de 1971. O grupo que executou o industrial espalhou panfletos no local com um manifesto:

> Boilesen era apenas um dos responsáveis por este terror e opressão. [...] Existem muitos outros e sabemos quem são. Todos terão o mesmo fim, não importa quanto tempo demore; o que importa é que todos eles sentirão o peso da Justiça Revolucionária.
>
> OLHO POR OLHO, DENTE POR DENTE;
> SE DEZ VIDAS EU TIVESSE, DEZ VIDAS EU DARIA;
> OU FICAR A PÁTRIA LIVRE OU MORRER PELO BRASIL;
> VITÓRIA SEMPRE, COMANDO REVOLUCIONÁRIO DEVANIR JOSÉ DE CARVALHO.[14]

Foram ações espetaculares e violentas como essa que transformaram Iuri em alvo prioritário da repressão. Alguém contara aos militares que ele era grande e gordo, que tinha 24 anos e entrara no Partido Comunista Brasileiro (PCB) aos 17 pela porta do movimento secundarista, deixando o partido com outros companheiros no racha de 1967. Sabiam que ele treinara nos campos de Piñar Del Rio, no sul de Cuba, e voltara da Ilha em 1970. Entre os agentes havia quem tivesse medo de Big e quem o achasse só mais um fanático terrorista; enfim, davam-lhe as credenciais suficientes para transformá-lo em candidato a levar uma bala na cabeça se fosse apanhado.

Um hábito particular irritava os militares. Iuri costumava mandar recados. Certa vez, foi mais longe. Tentou matar-lhes o símbolo mais conhecido:

---

14 Trata-se do manifesto *Ao Povo Brasileiro*, ver AEL-Unicamp, processo BNM 180, pasta I. Sobre a ligação de Boilesen com o Exército, o general Octavio Costa conta que participou em 1969 de jantar em São Paulo com a presença do empresário no qual este pedia a empresários dinheiro para a Oban (ver CONTRERAS, Hélio. *AI-5, a opressão no Brasil*, p. 171 e 172).

o delegado Fleury, que já havia escapado de um atentado patrocinado pela mesma ALN.[15] A nova operação nasceu no dia 14 de janeiro de 1972, quando um grupo armado da organização invadiu o Instituto de Educação Fernão Dias Paes Leme, na Avenida Pedroso de Moraes,[16] onde centenas de estudantes faziam o último dia de exames do vestibular para o Cecem. Quatro homens com seus revólveres roubaram Cr$ 23 mil e um rádio de comunicação programado para funcionar numa frequência de transmissão do Dops. A segurança dos vestibulares era feita pelo departamento com o auxílio da PM – o delegado José de Almeida Penteado montara no colégio uma rede de comunicações. Iuri apanhou o rádio e deu um recado aos ouvintes da rede: "Avisem o seu patrão que esse é mais um presente para a minha coleção".

Certos de que Iuri acompanharia as conversas dos policiais, os homens do Dops montaram uma armadilha na qual Fleury seria a isca. Da primeira vez não deu certo. O peixe não mordeu o anzol. Não era para menos. Em meio à operação, agentes do DOI, que nada sabiam dos planos do delegado, localizaram e mataram Alex Xavier Pereira, irmão de Iuri, e Gelson Reicher ambos militantes da ALN. No tiroteio do dia 20 de janeiro também morreu o cabo Sylas Bispo Feche, de uma equipe de busca da *Casa da Vovó*.

Dois dias depois, os tiras do Dops reeditaram o ardil. Pelo rádio, Fleury marcou um almoço com sua equipe num restaurante na Avenida Lins de Vasconcelos. Sentaram à mesa a isca, o delegado Penteado e dois investigadores, enquanto muitos outros permaneceram emboscados. Foi quando surgiu um carro onde estaria Iuri. Divididos em dois veículos, havia três homens e uma mulher, Gastone Lúcia Carvalho Beltrão. Suas balas atingiram três policiais, só um deles com gravidade – um tiro acertou o abdome, perfurando-lhe o intestino. Gastone ficou para trás e acabou morta. O corpo da jovem foi levado ao Instituto Médico-Legal por um investigador

---

15 A primeira ocorreu em julho de 1970 e contou com a participação do MRT. Ivan Seixas, entrevista em 26 de julho de 2005, sem gravar.

16 A data do roubo consta em AEL-Unicamp, processo BNM 70, caixa 2, p. 941, documento do Serviço de Informações do Dops, citando relatório da patrulha bancária. Em AESP Deops-SP/ 0S201, RPI 01/72, fls. 38 a 42 a data do crime é 15 de janeiro. Trata-se de informação de segunda mão, pois o DOI a recebeu da polícia, daí por que aqui se optou pela informação original do Dops em vez do RPI do Exército.

no Corcel verde-abacate que era usado como viatura pelo delegado Romeu Tuma, então diretor do Serviço Secreto do Dops. Iuri escapou.[17]

Big, que driblava os militares, era alguém que surpreendia os companheiros com sua presença de espírito e humor. Certa vez, dirigia seu Fusca no Ipiranga quando bateu na traseira de outro Volkswagen. No banco do passageiro, carregava uma submetralhadora INA e na cintura, uma pistola. Decidido a resolver logo o problema sem transformar o incidente numa ocorrência policial, ele desceu do carro e caminhou em direção ao Fusca, de onde saiu um homem grande e forte – uma mulher ficou no veículo. "Quanto é essa batidinha no para-choque?", perguntou Iuri, tirando dinheiro do bolso para cobrir o dano. Mas o homem estava bravo e disposto a exigir satisfações do jovem.

— Você sabe com quem você tá falando, rapaz? Eu sou delegado de polícia! — disse o homem com o peito cheio de razão e autoridade.

Iuri olhou calmo o sujeito e também resolveu dar a sua carteirada. Tirou a pistola da cintura e apontou para o homem.

— Ah é... E eu sou terrorista! Sobe nesse carro rápido e some![18]

Ao delegado só restou recolher a autoridade e obedecer.

Emboscada

Quando se encontrou com o futuro Jota dentro do Fusca sob a vigilância dos agentes, Iuri estava mais magro do que nas fotos em poder dos órgãos de segurança, o que não permitiu a sua identificação – a certeza de que era ele só viria mais tarde. Eles conversaram no automóvel e, quando se separaram, a equipe do DOI tentou seguir o Fusca. Sem sucesso. Iuri ainda faria mais uma ação em busca de dinheiro para a guerrilha: o roubo da empresa D. F. Vasconcelos, em 12 de junho. Eram 7h30. Ele e outros quatro companheiros entraram na empresa e levaram Cr$ 130 mil, deixando para trás panfletos do "Comando Gastone Lúcia Beltrão", uma homenagem à

---

17 Para os detalhes do caso que levou à morte de Gastone, ver SOUZA, Percival de. *Autópsia do Medo*, p. 247 e 248; entrevista em 25 de julho de 2005 do autor com o então investigador do Dops-SP J. R. A.; Processo BNM 70 (ALN), caixa 2, p. 941, AEL-Unicamp.

18 Entrevista com o engenheiro José Vítor Soalheiro Couto, militante da ALN.

colega morta no começo do ano. Para reencontrá-lo, o jeito dos militares foi manter a vigilância sob o futuro Jota, na esperança de que o estudante João Henrique os levasse de novo aos homens da ALN. E a oportunidade viria bem antes do que o Doutor Ney imaginava.[19]

Quarenta e oito horas depois do roubo, lá estavam Neuza, Alemão, Melancia e seus colegas Santiago, Sinício, Cyrino, Pedro Aldeia e Valdir[20] vigiando o aparelho do futuro Jota quando o estudante saiu, como de costume, cedo de casa. João Henrique andou pela cidade, mantendo a rotina dos pontos. Por volta das 11 horas, dirigiu-se à zona leste. Foi seguido até a Rua da Mooca, quando dois homens aproximaram-se do estudante. Eram Big e Bruno, o militante Antônio Carlos Bicalho Lana, da ALN. Mas os agentes não tiveram, de imediato, a certeza de quem se tratava. O encontro durou alguns minutos e, quando eles se separaram, as equipes do DOI fizeram o mesmo. "O Ney mandou uma parte ir atrás do Jota e a outra seguir os dois que entraram no ponto [Big e Bruno]."[21]

---

19   Ustra conta uma versão diferente em *Rompendo o Silêncio*. Diz que o DOI seguiu Iuri e Bruno para chegar ao restaurante. Impossível. Se tivessem seguido Bruno saberiam onde era seu aparelho. Ali estavam guardados, entre outros, Carlos Eugênio Sarmento Coelho da Paz, o Clemente, comandante militar da ALN, e a futura deputada federal Moema São Thiago (entrevista de Carlos Eugênio com o autor). Bruno voltou ao seu aparelho depois do tiroteio, conforme Carlos Eugênio conta em seu livro *Nas Trilhas da ALN* (p. 25 a 40). Em linhas gerais, Alemão, Neuza e Chico corroboram o que diz Carlos Eugênio. "Não era o Iuri. Era o Jota. Eu me lembro dele", disse Alemão. "O Ustra deve ter dito isso para proteger a identidade do Jota", disse Neuza -fita 6, lado B. Explica-se: Jota transformou-se em um dos mais importantes informantes usados contra a ALN e, na época em que Ustra escreveu, a identidade de Jota ainda era desconhecida. Para o roubo à D. F. Vasconcelos, AESP Deops-SP/OS201 RPI 06/72 p. 15 a 29 (ALN). Além de Iuri, o DOI acusou Antônio Carlos Bicalho Lana, Ana Maria Nacimovic Correa e Marcos Nonato da Fonseca e um quinto não identificado. Os quatro primeiros estavam no restaurante na Mooca.

20   Os verdadeiros nomes de Neuza, Alemão e Melancia, o agente Jonas, serão preservados. Foi a condição para que eles contassem seu relatos. Santigo é o agente Sílvio Santiago. Sinício era conhecido como agente Habib e Cyrino é o delegado Cyrino Francisco de Paula Filho. Pedro Aldeia, segundo seus colegas, era o sargento Roberto Artoni. Artoni negou envolvimento em sequestros e mortes que são atribuídos pelos demais agentes ao homem que usava o codinome Pedro Aldeia. O agente Valdir ou Cartucheira era, de acordo com os agentes, Silvio Giglioli.

21   A frase é da tenente Neuza. Além dela, o agente Alemão em entrevista de 12 de abril de 2005, fita 1, lado B também aponta Jota como o militante que estava sendo vigiado por meio do qual o DOI chegou à cúpula da ALN. Silvio, apontado como agente Valdir, entrevista em 16 de

Alemão não queria, mas ao lado do delegado Cyrino Francisco de Paula Filho teve de ir atrás de Jota – dias depois, o estudante seria detido pela Clínica Geral e aceitaria a proposta de se tornar informante. Enquanto isso, um descuido dos agentes quase fez a operação fracassar. Big e Bruno saíram rápido do ponto e sumiram. Os militares que os vigiavam ficaram perdidos até que acharam um Fusca bege parado na Rua Antunes Maciel, a 20 metros da porta do Bar e Churrascaria Varela. Era o mesmo carro visto dias antes, coberto pela sombra das árvores. Eles só podiam estar ali, no restaurante, que ficava na esquina com a Rua da Mooca. Neuza entrou. Viu que os suspeitos eram quatro e estavam perto da porta. "Assim eles viam quem entrava."[22] Os jovens olharam-na, e ela foi a uma mesa e sentou-se. O sargento Pedro, da equipe Aldeia, veio depois e caminhou até o balcão, ao lado do cartaz com as fotos "dos terroristas procurados". A tenente reconheceu um deles – Nonato. Tomou um copo d'água e saiu de lá pela frente. Não comera nada, pois não sabia a que hora o grupo deixaria o lugar. Pedro foi para a cozinha e saiu pelos fundos, onde ficou para impedir uma possível fuga.

A Clínica Geral assumiu o comando. Foi para o Doutor Ney que Neuza contou sua descoberta. "É o cara do cartaz, o Nonato, chefe." Nonato era odiado por um outro oficial, o subchefe da Investigação, o violento e influente Doutor Flávio – o capitão do Exército Freddie Perdigão Pereira. Oficial da Cavalaria, Perdigão sempre usava botas e mancava de uma perna desde que recebera um tiro num confronto com homens da ALN, no Rio, onde atuara com outro codinome: Doutor Nagib. Tratava-se de um radical que se meteu em atos de terrorismo ao participar de um grupo de extrema-direita que explodiu bombas no Rio entre os anos 1960 e 80. Perdigão tinha certeza de que Nonato era o autor do tiro que o aleijara, o que não era verdade.[23] Nonato

---

fevereiro de 2013, e Jonas confirmaram que o DOI chegou ao lugar por meio de "uma paquera" e não pelo telefonema do dono do restaurante (entrevista com Jonas em 15 de junho de 2005, fita 1, lado A).

22 Tenente Neuza, entrevista em 11 de março de 2005, fita 1, lado A.
23 Suzana Lisboa, militante da ALN, conheceu Nonato e negou que ele tivesse sido o autor do tiro. A tenente Neuza e o agente João de Sá Cavalcanti Netto disseram que Perdigão lhe atribuía o ferimento. Perdigão recebeu a Medalha do Pacificador com Palma (Secretaria-geral do Exército, portaria ministerial 449, de 9 de abril de 1970).

militara no Rio até ser transferido pela organização a São Paulo. "O Perdigão tinha uma sede dele", conta Neuza. Pouco depois de Nonato, foi a vez de o capitão vir a São Paulo, onde trabalhou por três anos. Nas palavras de Ustra, seu subordinado era um oficial "valente e destemido."[24]

A presença de Nonato indicava que gente graúda estava no restaurante. Sem querer, Ney havia surpreendido uma reunião da Coordenação de São Paulo da ALN com Iuri, que era da Coordenação Nacional. Não queria perder a chance de emboscar o inimigo. Mandou encostar um Fusca na frente e outro atrás do carro dos suspeitos para lhes dificultar a saída. Os militantes haviam estacionado ao lado de um muro, atrás do qual o capitão pôs dois agentes – Sinício e Santiago –, ambos policiais militares. Enquanto isso, Melancia e Neuza deviam acompanhar Ney a uma padaria na Rua da Mooca, quase em frente ao restaurante, onde o chefe da Investigação parou o Corcel. Aldeia e Valdir ficaram nos fundos, em outra esquina. O céu estava claro. Era um dia de sol e calor. Melancia brincou com o capitão:

— Dá pra pagar uma pinga?

— Mais tarde, mais tarde.[25]

Era uma das primeiras operações em que os agentes portavam submetralhadoras Beretta, calibre 9 mm. Mais leve que a INA, a arma havia sido testada por todos; era, porém, novidade.[26] Esperaram mais de uma hora antes de virem o primeiro alvo sair do restaurante, às 14 horas. Era Bruno. Os suspeitos caminharam em direção ao Fusca – não pressentiram a armadilha. Bruno abriu a porta do motorista e entrou. Ao virem-nos, o capitão, Melancia e Neuza deixaram a padaria, subiram no Corcel e pararam do outro lado da rua, a dez metros do Fusca bege dos guerrilheiros. O capitão desceu com a Beretta na mão. Deu a volta no carro e se aproximou de Melancia, que portava outra submetralhadora. Ao seu lado, com o dedo no gatilho, Ney ordenou:

---

24 Carlos Alberto Brilhante Ustra, entrevista em março de 2005.
25 Tenente Neuza, entrevista em 14 de abril de 2006, em sua casa, no interior paulista, sem gravar.
26 Para a arma nova, ver agente Alemão, entrevista em 6 de abril de 2005.

— Crema![27]

Em vez de tiros, silêncio. Havia algo de errado com a arma de Ney. Neuza ainda estava no Corcel. "Quando o Ney falou, eu vi os quatro pares de olhos deles [dos homens da ALN] se voltarem para a gente."[28] A tenente gritou:

— Melancia, atira neles!

Era o batismo de fogo de Melancia, que hesitava. Em instantes, porém, descarregou os dois pentes de balas de sua submetralhadora, enquanto Ney se abaixou atrás do Corcel e gritou para Neuza:

"O pente da metralhadora caiu aí dentro!" Na confusão, ele não percebera que saíra do carro com a arma desmuniciada. A tenente tirou o pente da Beretta que carregava e passou-o ao capitão. Quando ele pôs sua arma para funcionar, Melancia se abaixou.

— Acabou a minha munição, gritou o sargento.

— Toma esse aqui. E a tenente passou ao colega um revólver calibre 38, que ele também descarregou.

Ao contrário do que pensaram os militares, Bruno não ouviu a ordem de Ney. Ele só se havia abaixado sobre o outro banco dianteiro para abrir o trinco da porta do passageiro – os companheiros aguardavam do lado de fora. Esse movimento salvou-lhe a vida. As primeiras rajadas deixaram três tiros em seu corpo, acertando-lhe o pé, a coxa e o braço esquerdos. A fuzilaria durou cerca de um minuto.[29] Bruno apanhou uma submetralhadora e aguardou deitado até o fogo cessar. Levantou-se, então, atirou e passou correndo em frente de Sinício e de Santiago, que, caídos e baleados, não conseguiram detê-lo. Mais adiante, passou por um militar do Exército que também não atirou. O guerrilheiro abordou um taxista e foi ao Ipiranga, onde roubou o automóvel de uma mulher e rumou ao seu aparelho, em Interlagos, onde relatou o que ocorrera ao comandante militar da ALN, Carlos

---

27 Para o uso de cremar no sentido de "queimar" entre oficiais do exército desde a Academia Militar das Agulhas Negras, conferir CASTRO, Celso. *O espírito militar*, p. 49.

28 Tenente Neuza, entrevista em 30 de maio de 2005, e agente Alemão, entrevista em 30 de maio de 2005.

29 PAZ, Carlos Eugênio Sarmento Coelho da. *Nas trilhas da ALN*, p. 28, e entrevista com Carlos Eugênio Sarmento Coelho da Paz, em 8 de outubro de 2004, fita 1, lado A e B.

Eugênio Sarmento Coelho da Paz, o Clemente. Para o DOI achar Bruno de novo foi difícil.[30]

"Nessa altura, eu dei um jeito de perder o Jota no Cambuci e de voltar pra Mooca, mas, quando cheguei, já havia acabado. Eu sabia que aquilo não ia acabar bem. Sei que eles deram tiros em nós e nós atiramos neles", disse Alemão.[31] Na Rua da Mooca caíram o líder Iuri, o jovem Nonato e a guerrilheira Ana Maria Nacimovic Correa. Só ao término dos tiros os militares deram-se conta do que haviam conseguido. Foi quando as pernas de um deles começaram a tremer:

> É muito difícil você atirar em alguém. É complicado, mas se você está levando tiro também, você vai fazer o quê? De arma na mão, o primeiro gesto é puxar o gatilho. [...] Você tem de dar importância vital a tudo o que você faz nessa área. [...] Os três morreram lá. [...] Isso não é descritível por palavras, como isso te deixa marcado. É um sentimento íntimo. Dá tremedeira nas pernas, dá. Tem de ter medo, porra, se não você não vive muito. Às vezes não pode ter medo antes, que é complicado. Mas se você tem medo e enfrenta a situação do mesmo jeito, vai tremer depois.[32]

Feridos

Os agentes tiveram dois feridos no tiroteio. Sinício fora atingido na mão e na perna. "O Seu Louco [Sinício] vacilou pra atirar nela [Ana Maria]. Achou que ela ia se entregar, mas não se entregou não."[33] O ferimento no cóccix de Sylvio Santiago deixou-o com a perna esquerda mais curta e

---

30 "Ele deu uma canseira na gente", disse a tenente Neuza em entrevista com autor de 11 de março de 2005, na fita 1, lado B.

31 Entrevista sem gravar de Alemão em 30 de agosto de 2005. Na sua primeira entrevista, Alemão disse que estava presente. Depois, disse que a memória o havia enganado e se corrigiu na última entrevista, em 2006.

32 Entrevista de Jonas, o Melancia, o oficial reformado do Exército que pediu o uso só de seu nome de guerra. A entrevista foi feita em 15 de junho de 2005 e foi gravada (fita 1, lado A).

33 Tenente José, entrevista em 9 de janeiro de 2007, fita 1, lado A.

fez do policial um homem amargurado.[34] "Gritei para a turma da cobertura parar de atirar para socorrê-los", lembrou-se Neuza. Com o término dos disparos, chegou ali o capitão André, o Doutor Edgar.[35] A tenente pôs os dois feridos no Corcel. Pedro Aldeia dirigiu o carro até o pronto-socorro da Mooca. A tenente fez um torniquete na perna de Santiago, que gritava e pedia água. O hospital, no entanto, não tinha como os atender. Pelo rádio, os homens do DOI e do QG do 2º Exército não escutavam o que Neuza dizia. A tenente e Pedro Aldeia deixaram lá o Corcel e receberam uma ambulância para conduzir os colegas ao Hospital das Clínicas, onde mais um obstáculo teria de ser superado. Os médicos do pronto-socorro do HC não queriam atender aos dois baleados porque Neuza estava sem documentos. Sua bolsa havia ficado no Corcel, no hospital da Mooca. "Eu não podia me identificar e ninguém me atendia. E eu tentava falar no rádio, mas não conseguia porque eles [os colegas do DOI] estavam comemorando, porque a menina tinha morrido, a mulher do capitão [Ana Maria Nacimovic Correa]."

De fato, Ana Maria havia sido casada com um capitão do Exército: Carlos Augusto Albernaz Correa. Seu ex-sogro era o general Antonio Jorge Correa, e ela tinha como tio materno o contra-almirante Acir Gomes de Carvalho. Depois de largar o marido, a jovem entrou de cabeça na luta armada contra a ditadura. O capitão Correa participou de operações para tentar prendê-la, mas nunca obteve sucesso.[36] Em 10 de novembro de 1970, Ana foi identificada como uma das autoras da morte do policial militar Garibaldo de Queiroz e do taxista José Marques do Nascimento, na zona leste. Queiroz e o soldado José Aleixo Nunes, também baleado, haviam entrado no táxi para tentar impedir uma panfletagem armada que ela fazia ao lado de Clemente e do combatente Yoshitane Fujimore, da VPR.[37] Quase um ano

---

34 Conversa do tenente Santiago da PM de São Paulo com o autor.

35 Tenente Neuza, entrevista em 30 de maio de 2005, fita 8, lado B.

36 Ver CARVALHO, Luiz Maklouf. *Mulheres que foram à luta armada*, p. 280. E para o parentesco de Ana Maria com o contra-almirante, ver p. 294 do mesmo livro.

37 Fujimore foi um dos homens que participaram do julgamento e da execução do tenente da PM Alberto Mendes Junior, em 10 de abril de 1970 em companhia do capitão do Exército Carlos Lamarca, líder da VPR. Mendes Junior havia sido feito prisioneiro pelos integrantes

depois, em 23 de setembro de 1971, ela sobreviveu a uma armadilha na Rua João Moura, na qual três de seus amigos foram mortos. Ao fugir a pé, a guerrilheira cruzou com um carro da Delegacia de Homicídios. Parou os policiais e disse: "É ali em cima o tiroteio." Foi assim que, para os colegas de seu ex-marido, ela transformou-se num troféu. Baleada, Ana agonizou no chão. A ordem era matar.[38]

Quando finalmente Neuza conseguiu falar com a base do DOI, ela disse: "Vocês liguem aqui para a direção do HC, porque sobrou um pente e uma metralhadora e eu vou acertar os caras aqui." Em cinco minutos o superintendente do HC chegou e providenciou tudo. A espera havia durado quase meia hora. Santiago foi o primeiro a ser operado, pois era o mais grave. "A senhora agora pode dar água para ele", disse um dos médicos a Neuza. Depois foi a vez de Sinício. "Está tudo nos meus assentamentos pessoais", contou o cabo.[39] Além dos policiais, a menina Irene Dias, de 3 anos, que estava com a mãe, Ernestina, e um homem que passava por ali foram atingidos pelas balas. Iuri levou seis tiros; Nonato, dois e Ana recebeu pelo menos quatro.[40] Iuri e Nonato morreram na hora. Chutes teriam sido desferidos nos corpos,[41] antes de recolhidos e levados à sede do DOI a fim de preencher o último procedimento burocrático do órgão: fichar os mortos. É o que o agente Chico disse:

> O DOI tinha um serviço de fotografia. Quando morria um cara, levava pro DOI, deixava de cuecas para ver se tinha mais

---

da VPR após um tiroteio entre os guerrilheiros e uma patrulha da PM. Para a morte do PM e do taxista, BNM (VPR) 681 p. 54, 334, 335 e 1.151, AEL-Unicamp. Ver ainda PAZ, Carlos Eugênio Sarmento Coelho da. *Viagem à luta armada*, p. 192 a 195. Por fim, CARVALHO, Luiz Maklouf. *Mulheres que foram à Luta Armada*, p. 272 a 273.

38 Além do relato de Neuza sobre a ordem de Ney para matar, Marival Chaves confirma a decisão do capitão de matar os militantes na emboscada (entrevista Marival Chaves, 17 de maio de 2013).

39 Agente Sinício, entrevista em 21 de maio de 2005, fita 1, lado A. Sinício e Santiago ganharam a Medalha do Pacificador com Palma em julho de 1973.

40 Para o número de ferimentos, MIRANDA, Nilmário; TIBÚRCIO, Carlos. *Dos filhos deste solo*, p. 81 e 82.

41 Outros detalhes: http://www.torturanuncamais-rj.org.br/MDDetalhe.asp?CodMortosDesaparecidos=103. O site destaca a selvageria dos policiais, mas não fornece a fonte da descrição.

alguma coisa. Punha um lençol e o cara era fotografado no chão e levado ao IML [...] O cara era trazido porque era uma espécie de troféu.

E ele completa:

> Tirávamos as roupas deles e revistávamos tudo em busca de endereço, caderneta, anotação. Então fotografávamos no chão para nosso fichário e chamávamos o IML. Por que a demora? Ora, eles estavam mortos, não havia pressa, não é? [...] Eu vi o Iuri chegar, esticadão no chão. Era uma quarta-feira. Chegaram os três [...] Diziam que ele era um gigante, forte, mas ali não pareceu nada disso.[42]

Os agentes do DOI dizem que os três morreram na Mooca. "Essa era também a informação que tivemos na época", disse Carlos Eugênio da Paz. Ele ouviu isso de duas pessoas. O primeiro foi de Bicalho Lana, o Bruno, que, ferido, voltou ao aparelho em Interlagos. A outra foi o militante Francisco Emanoel Penteado, que estava no quarteirão de trás quando ouviu os tiros. Ele ia encontrar-se com Ana Maria num ponto que a guerrilheira teria depois do almoço. Penteado ouviu os tiros e tentou chegar à rua, mas ela estava bloqueada. Mais tarde, ele ouviria comentários que iam provocar mais uma execução, uma represália da ALN para vingar seus mortos.[43]

Após as mortes, a ALN fez ainda uma arriscada operação para recuperar o que houvesse nos imóveis ocupados pelos três. Durante dois dias, seus homens

---

[42] Entrevistas com tenente Chico. Primeiro trecho na fita 3, lado B, em 6 de outubro de 2004 e fita 4, lado A, em 27 de outubro de 2004. No mesmo sentido, Alemão, em 30 de maio de 2005, fita 3, lado B.

[43] Para a frase de Carlos Eugênio, entrevista em 8 de outubro de 2004, fita 1, lado A; para o ponto de Penteado com Ana Maria, PAZ, Carlos Eugênio Sarmento Coelho da. *Nas trilhas da ALN*, p. 36. Para a identificação de Penteado e o aparelho de Iuri, conversa de Carlos Eugênio com o autor em novembro de 2004 e entrevista em 8 de outubro de 2004, fita 1, lados A e B. Nenhum dos agentes entrevistados seguiu a versão de Ustra. Para outra versão, MIRANDA, Nilmário; TIBÚRCIO, Carlos. *Dos filhos deste solo*, p. 80-83. Ali é relatada a versão da Comissão de Anistia do Ministério da Justiça por meio da qual os ferimentos não descritos pelos laudos oficiais, a demora dos três corpos chegarem ao IML e o fato de estarem quase despidos são tidos como provas de que os três foram apanhados vivos e morreram sob tortura no DOI.

vigiaram o aparelho que pertencia ao líder Iuri. Quando se certificaram de que o lugar não havia sido descoberto pelos militares, entraram no imóvel, um sobrado, e fizeram uma limpeza. No terceiro dia, foi a vez do DOI chegar ao lugar, na Rua Urandi, uma travessa da Rua da Relíquia, na Casa Verde, bairro da zona norte de São Paulo. Ali encontraram o rádio levado do colégio Fernão Dias Paes Leme, um gravador, documentos de um arquivo, material para bombas, um mimeógrafo e uma carta na qual Iuri prestava homenagens a quatro companheiros mortos que haviam participado da morte de Boilesen, o empresário amigo do DOI.[44] Em um barbeador, os policiais soltaram a parte de baixo e acharam um microfilme. Estacionado em frente ao portão havia um Fusca com explosivos, deixado como armadilha aos policiais. Como os militares chegaram até lá? Quem explica é o tenente José, na época um sargento da PM que trabalhava em uma das equipes de Busca.

> O carro ficou abandonado na porta. O pessoal [Iuri e uma mulher], eles se davam muito bem com a vizinhança, inclusive iam crianças lá com eles. Oficialmente era um casal. E, quando ficou esse Fusca aí três, quatro dias, e a casa fechada, eles [os vizinhos] chamaram a polícia pra ver o que estava acontecendo, se tinha alguém morto dentro da casa. Foi por acaso. Quando chegou a viatura da RP [radiopatrulha] – naquele tempo, andava em duas, uma atendia ocorrência e outra ficava na segurança. Eles viram tudo, cheio de fiação, o Fusca, e não mexeram. Aí sobrou pra gente desmontar isso aí.[45]

Quando chegaram, os agentes do DOI pediram aos policiais da radiopatrulha que retirassem todos dali, pois iam abrir o Fusca. Enquanto desmontavam a armadilha, o delegado Antonio Vilela entrou na casa, apanhou uma espingarda Winchester e saiu de lá exibindo-a. Dez dias depois da descoberta na Casa Verde, o Doutor Ney deflagraria a operação que fez de Jota um informante. Ao lado das mortes na Mooca, esse seria o golpe final para

---

44 AESP Deops-SP/OS201 (pasta *História do terrorismo*), RPI 06/72 do 2º Exército. Trata-se de uma coletânea com trechos de oito Relatórios Periódicos de Informações (RPIS) de 1972 feitos pelo 2º Exército.

45 Tenente José (nome fictício), entrevista em 9 de janeiro de 2007, fita 1, lado A.

desarticular a ALN em São Paulo. Nos seis primeiros meses de 1972, a organização perdera dois coordenadores de seus Grupos Táticos Armados. Os militares sabiam disso e, já no começo do ano, cantavam vitória em sua análise confidencial sobre a situação da organização:

> A ALN iniciou 1972 com todas as suas forças, em plena atividade. Mas, em contrapartida, o DOI impôs profundas e extensas baixas aos quadros daquela organização, bem como desarticulou importantes e sensíveis setores da mesma.[46]

Médici: haverá repressão

Nos oito primeiros meses daquele ano, os agentes do DOI haviam acompanhado 366 roubos ocorridos no Estado, a maioria na Grande São Paulo. Poucos deles eram ações da esquerda. Esse controle era mais um dos métodos adotados pelo DOI, que permitiam ao órgão comemorar as baixas inimigas. Além da tortura, elas eram resultado da ação dos informantes, das paqueras e do trabalho da análise. A primeira ainda tinha, é claro, muita utilidade no interrogatório de presos e como instrumento de terror e controle, mas deixara de ser a fonte exclusiva das informações. "Primeiro prendíamos para interrogar. Agora investigamos para prender", repetia o Doutor Edgar, o chefe da Seção do Interrogatório e Análise. De fato. Primeiro foi preciso desfazer a cadeia. A prisão servia para "romper a ligação entre os terroristas" e a tortura, para "arrancar informações rapidamente". Era a necessidade de desarticular a guerrilha que impedia os militares de matar. "Só os nossos estão morrendo", reclamou o presidente Emílio Garrastazu Médici para o seu ministro do Exército, general Orlando Geisel, ao saber da morte de um oficial do Exército num tiroteio no Rio.

— Nós não podemos matar, precisamos desfazer a cadeia, respondeu o ministro.

---

46 AESP Deops-SP/OS201, documento *RPI 01/72*, 2º Exército. P. 1 a 15 (ALN). O número de roubos citado abaixo é a soma dos casos relatados nos *RPIS 01/72 a 08/72*.

— Mas só os nossos morrem? Quando invadirem um aparelho, terão de invadir metralhando. Estamos numa guerra e não podemos sacrificar os nossos.[47]

Médici cobrava do ministro o cumprimento da promessa que fizera: a de que em seu governo haveria "sim repressão, dura e implacável", ainda que "só contra o crime e os criminosos" personificados aqui naqueles que buscavam subverter a ordem e derrubar o governo. A vontade presidencial transformou-se em ordem. Aperfeiçoou-se de tal forma o trabalho de combate à guerrilha que em pouco tempo foi possível, como no caso de Iuri, tornar seu desejo realidade sem que fosse preciso abdicar do trabalho de se desfazer a cadeia. Antes, a polícia prendia cem para neutralizar um único integrante da guerrilha. Essa repressão massiva tinha o inconveniente da publicidade. Como então cumprir o desejo presidencial? Unir a estratégia militar de aniquilar o inimigo às táticas policiais, como investigação, infiltração, vigilância e mapeamento do crime. Quando o bote saía, era certeiro; e os militares podiam, então, matar.[48] Em três anos, a velha Oban transformara-se.

O sistema criado era resultado de decisões, cujos fundamentos doutrinários e consequências práticas veremos a seguir. A criação dos DOIS representou o momento em que o Estado aprimorou o combate às organizações da esquerda armada brasileira. Tratava-se de unificar o comando, de subordinar as polícias ao Exército, de combater a propaganda e a imprensa inimigas e de abater os líderes políticos que podiam desempenhar o papel de catalisadores de revoltas. Acreditava-se que, quanto mais forte e rápida fossem as ações da contrainsurreição, maiores seriam as possibilidades de sucesso imediato. Ou seja, com o DOI, pretendia-se pôr ordem na repressão. Torná-la eficiente. A fórmula era inspirada naquela ensinada pelo coronel Gabriel Bonnet em seu livro *Guerras Insurrecionais*

---

47 SCARTEZINI, Antonio Carlos. *Segredos de Médici*, p. 36.
48 Decisão idêntica foi tomada pelo governo chileno, que substituiu a repressão em massa após o golpe pelas ações secretas da Dina do coronel Manuel Contreras. A violência após o golpe militar liderado pelo general Augusto Pinochet levou o Chile a ser ameaçado de expulsão da ONU, como relata Contreras em ROBIN, Marie-Monique. *Escadrons de la Mort: L'Ecole Française*, p. 291 a 293.

e Revolucionárias, publicado pela Biblioteca do Exército.[49] No Destacamento, a política transformava-se em guerra, o que ficará claro mais tarde, no final do regime militar, quando os órgãos de segurança passaram a combater uma guerra incruenta.

---

49 BONNET, Gabriel. *Guerras insurrecionais e revolucionárias*. Oficial do Exército francês, Bonnet foi um dos teóricos da guerra revolucionária. Ele retoma temas tratados por outros teóricos franceses, como os coronéis Charles Lacheroy, Roger Trinquier e Marcel Bigeard, todos veteranos das guerras do Vietnã e da Argélia. O livro de Bonnet teve maior difusão e influência no Brasil do que as obras de seus companheiros, conhecidas somente dos oficiais que estudaram na França ou nos EUA. Exemplo disso é que a obra de Bonnet é uma das apenas 16 fontes citadas na apostila *Guerras Revolucionárias, Cuba, Grécia e China*, do curso de preparação da Escola de Comando e Estado-Maior do Exército (Eceme). Ver a 4ª edição. Rio de Janeiro, 1976. A apresentação da edição de 1963 da Bibliex do libro de Bonnet foi feita pelo general Carlos de Meira Mattos.

DOUTRINA
A guerra revolucionária

O BRASIL DOS ANOS 1960 E 70 foi palco do episódio de uma guerra, que foi chamada de "guerra civil ideológica internacional".[1] Ela foi uma espécie de desenvolvimento da Era dos Extremos, um período da história anunciado em março de 1918 por Lenin em seu relatório ao 7º Congresso Extraordinário dos bolcheviques. O documento trazia a proposta de mudar o nome de sua organização para Partido Comunista da Rússia (bolchevique) e analisava os primeiros passos dados pelos revolucionários, o começo da "era da revolução social". Lenin acreditava na iminente queda do capitalismo e dizia que a violência devia acompanhá-la inevitavelmente assim como o nascimento da sociedade socialista. "Esta violência constituirá um período histórico-universal, toda uma era de guerras com o caráter mais diverso – guerras imperialistas, guerras civis dentro de países, entrelaçamento de uma e outras, guerras nacionais, de libertação das nacionalidades [...]. Esta época – de gigantescas bancarrotas, de violentas soluções bélicas em massa, de crise – começou."[2]

---

[1] HOBSBAWM, Eric. *Nações e Nacionalismo desde 1870*, p. 174 e seguintes. Ver ainda HARDT, Michael; NEGRI, Toni. *Multidão*, p. 65: "Logo depois do fim da 2ª Guerra Mundial entramos na guerra fria, um novo tipo de guerra global, em certo sentido uma 3ª Guerra Mundial".

[2] LENIN, V. I. "Sétimo Congresso Extraordinário do PCR(b), relatório sobre a revisão do programa e a mudança do nome do partido". In: *Obras escolhidas*, vol. 2, p. 521-526. Ver ainda TROTSKY, Leon. *La révolution trahie*, p. 128.

É nessa época de contestação da hegemonia do capital e de crença na violência que se insere nosso conflito. Concorde-se ou não com a predominância do caráter bélico sobre o político, estabelecer que houve no país um episódio de uma guerra não significa mitigar a violência. Torturar ou executar inimigos quando se pode capturá-los são crimes também na guerra. Na *Casa da Vovó*, atuavam agentes de um Estado cujas leis, mesmo após o AI-5, regiam suas ações – o uso da força pelos militares devia obedecer, portanto, ao preceito de legítima defesa e não ao princípio bélico da neutralização do inimigo.

É sabido que a assimetria em um conflito deslegitima os atos bélicos do lado mais forte, igualando as decisões dos governantes a crimes. Guerras não devem servir de desculpa para o uso desproporcional da força. A extrema superioridade de um dos lados pode não mudar a essência do fenômeno, que é a guerra, mas faz com que o combate se torne massacre. Mesmo em uma guerra, as ações devem ser proporcionais. Matar por emboscada pode ser um ato legítimo quando se está diante de um inimigo armado, mas não se o alvo se vê indefeso pela surpresa da ação ou do número de seus oponentes. Enfim, quando é possível capturar e se decide matar, a ação bélica se torna um delito.

Não só o Brasil viveu episódios dessa guerra civil ideológica internacional. Sergio Segio, líder de Prima Linea, o segundo maior grupo armado da esquerda italiana nos anos 1970, defende que, na Itália, "por muitos anos houve uma guerra, de baixa intensidade, mas era uma guerra".[3] A forma de regime questionada pelo grupo subversivo – ditadura ou democracia – é importante apenas para o julgamento político e moral dos atos da insurgência, não para desqualificar o caráter bélico ou de classe do enfrentamento. O que se iniciou em 1917 acirrou-se após 1945. Na América Latina, produziu-se nos anos 1960 e 1970 um alinhamento de numerosos grupos dominantes nacionais que optaram por regimes autoritários para o restabelecimento da ordem diante da perspectiva revolucionária. Ora, o mundo após a 2ª Guerra Mundial era organizado ao redor de duas superpotências: EUA e União Soviética. O conflito básico entre elas era ideológico, "sendo o triunfo da ideologia 'certa' disposto pela supremacia da superpotência". Assim, "a política mundial do pós-1945 foi basicamente a política da revolução e da contrarrevolução, com os problemas

---

3   SEGIO, Sergio. *Miccia Corta: uma storia di Prima Línea*, p. 225.

nacionais intervindo apenas para realçar ou perturbar o tema principal", uma situação que só se rompeu a partir de 1989, com o fim do bloco socialista europeu.[4] Não se compreende o que houve no Brasil sem a dimensão internacional, que não foi uma guerra ilimitada de mais de 40 anos de duração, pois a luta política não é o mesmo que a violência bélica. A disputa entre os dois polos descontinuamente tornava-se armada, e cada erupção formava episódios do conflito.[5] Em suma, a existência de uma dimensão política e a opção pelas armas permite caracterizar cada erupção – entre elas a brasileira – como partes de uma guerra internacional.

Era ainda uma guerra para os que nela lutaram. Suas ações e reações como suas culpas e silêncios são semelhantes aos de combatentes de outros conflitos. Patriotismo e anticomunismo de um lado e sonho revolucionário do outro estavam presentes nas ordens e na tentativa de manutenção do moral dos soldados e dos guerrilheiros, mas, quase sempre, desapareciam no dia a dia. Os sentimentos patrióticos estimulados pelos oficiais, assim como nos soldados europeus da 1ª Guerra Mundial, "coabitavam com um espírito de corpo amalgamado por relações aleatórias de amizade, fidelidade, lealdade e orgulho viril". Nas trincheiras, era pelos companheiros que o combatente se mantinha em seu papel durante tanto tempo, apesar da morte quase certa. Quanto mais dura se apresentava a guerra, menos se lutava pelos ideais e mais por seus mortos.

É o mesmo que disse o cineasta e revolucionário brasileiro Renato Tapajós. Militante de um grupo da guerrilha urbana, a ALA-Vermelha,[6] para Tapajós era como se o sacrifício dos outros fosse "traído se você não continuasse até o fim inevitável, que era a morte".[7] Um revolucionário, pensavam,

---

4   HOBSBAWM, Eric. *Nações e Nacionalismo desde 1870*, p. 208 e 209. Aqui, o caráter bélico de alguns dos atos da resistência à ditadura e a preparação para a guerra executada por organizações da esquerda se inserem no contexto da existência de um regime que reprimia a oposição no país. Seu atos – prisões em massa, torturas, assassinatos e desaparecimentos – uniram-se ao espocar de ações armadas de grupos insurgentes, que lhe serviram de álibi para o uso ainda mais indiscriminado da força contra a oposição. Essa são as principais características do episódio brasileiro da "guerra civil ideológica internacional".

5   DURIEUX, Benoît. *Relire de la Guerre de Clausewitz*, p. 12 e 13.

6   A ALA-Vermelha era uma dissidência do PCdoB que decidiu deflagrar a imediata luta armada no fim dos anos 1960 – o partido preferia unir forças para montar a guerrilha no Araguaia.

7   ROUSSEAU, Frédéric. *La guerre censurée: une histoire des combattants européens de 14-18*, p. 336-340, para esse fenômeno entre os exércitos europeus. Ver RIDENTI, Marcelo. *O*

não abandona "os companheiros nas prisões".[8] Entre os agentes do DOI, há relatos iguais em seus depoimentos. Fidelidade aos colegas também foi expressa pela tenente Neuza. Ela jurou, após a morte de um amigo, que só deixaria a guerra depois de acertar as contas com os inimigos. "Enquanto não matasse todos, eu não ia dar sossego", disse a tenente.[9] Frédéric Rousseau vê nesse comportamento dos soldados um "senso de honra pessoal e coletiva, autoestima e a capacidade imediata de passar por cima dos traumas [...], que nos casos extremos se transformam em neuroses, desajustes psíquicos e suicídios." Alguns oficiais desempenharam, entre os militares, papel importante no desenvolvimento desse espírito, como o capitão Ênio Pimentel da Silveira, pois "compartilharam com seus homens as mesmas condições" de vida (Ênio se matou na década de 1980). Muitos agentes do DOI acostumaram-se com o ofício e a crueldade do conflito, como os europeus: "Depois, ao longo dos meses, a banalização e a profissionalização da atividade guerreira se incrustou nos espíritos – numerosos são os combatentes a evocar a guerra e os combates como um trabalho".[10]

Participaram de um confronto típico do século XX. Nesse episódio da "guerra civil ideológica" internacional os grupos em combate procuraram suas estratégias e táticas nas doutrinas da guerra revolucionária, da guerra popular prolongada e do foco guerrilheiro. Para compreender as ações e decisões militares no período é preciso estudar autores que influenciaram o pensamento dos militares brasileiros: Clausewitz, Liddell Hart, Bonnet, Trinquier, Lacheroy, Lenin, Mao e Che Guevara. Seus ensinamentos de estratégia, entendida como a arte de distribuir e aplicar meios militares para atingir fins da política, condicionaram os atos nos quartéis do Exército e nos aparelhos da esquerda. É importante dizer que o pensamento militar aqui tratado tem um sentido restrito e não se confunde com as influências a que este grupo esteve sujeito

---

       fantasma da Revolução Brasileira, p. 264-271, que mostra o mesmo fenômeno entre os grupos da esquerda armada no Brasil.

8   MORETTI, Mario. *Brigate Rosse, uma storia italiana (intervista di Carla Mosca e Rossana Rossanda)*, p. 83. Ver ainda o depoimento de Maurício Paiva em RIDENTI, Marcelo. *O fantasma da Revolução Brasileira*, p. 269.

9   Tenente Neuza, entrevista em 11 de março de 2005, fita 2, lado B.

10   ROUSSEAU, Frédéric. *La guerre censurée: une histoire des combattants européens de 14-18*, p. 18 e 19.

nos últimos séculos – do positivismo ao marxismo. Trata-se antes daquilo que é próprio da profissão: a teoria da guerra e suas relações com a sociedade.

É possível escrever a história do DOI também por meio da prática de seus homens e da maneira como pensavam. Entre os militares há muito existe uma tendência de transportar e aplicar seus conceitos não só para a condução da guerra, mas também para outros aspectos de suas vidas, como lidar com problemas de administração e gerência.[11] Liddell Hart, por exemplo, dizia que a ação indireta, por ele defendida, tinha uma aplicação mais ampla, pois tratava-se de uma "verdade filosófica". Seu significado era a chave para "resolução de qualquer problema em que predomine o fator humano", pois a "apresentação direta de novas ideias provoca forte resistência, intensificando, assim, a dificuldade em se obter uma modificação de pontos de vista". Para o inglês, "alcança-se a conversão mais fácil e rapidamente pela infiltração insuspeitada de uma ideia diferente ou por um argumento que contorne a oposição instintiva". Liddell Hart dizia que a "ação indireta é fundamental tanto no campo da política como no do sexo".[12] Assim, nada mais natural do que usar fundamentos do pensamento militar no governo controlado pelos generais.

As raízes da influência desses pensadores sobre os militares remontam ao século XIX, quando o sucesso do Estado-Maior prussiano nas guerras de 1866 e 1870 despertou o interesse pela obra de Clausewitz e a forma como ela estabelecia a relação entre política e estratégia. Ele forneceu aos exércitos uma ideologia ao transformar a vida no regimento em um ideal, difundindo a militarização pelas sociedades europeias. Militares compreenderam mal o prussiano e viram-no como um homem que acreditava que as ofensivas amplas e com maior número de soldados eram a base da vitória. Não entenderam o caráter trinitário da guerra e a dialética entre a guerra absoluta e a real – a primeira sendo apenas uma possibilidade, pois a tendência de moderação

---

11   Exemplo disso foi a palestra na FAAP em 6 de novembro de 2006 (SEG-EB), do então comandante do Exército, general Francisco Albuquerque, mostrando como ele usava os ensinamentos de Clausewitz e Liddell Hart em sua administração. Usar as ideias e as práticas dos homens para escrever a história do Estado é o que defende Michel Foucault em *Segurança, Território e População*. São Paulo: Martins Fontes, 2008, p. 481.
12   LIDDELL HART, B. H. *As grandes guerras da história*, p. 20. Para o *conceito* de estratégia, p. 406.

dos conflitos impedia que eles atingissem seu extremo. Prestaram atenção a afirmações como "o sangue é o preço da vitória", ou "a solução sangrenta de uma crise, o esforço para a destruição das forças inimigas, são filhos primogênitos da guerra", ou "não prestamos atenção aos generais que conquistaram sem grande derramamento de sangue". Em suma: "não há vitória sem sangue". As leituras da obra feitas por generais que davam ênfase ao princípio do aniquilamento do inimigo como objetivo maior das operações ajudam a explicar os massacres da 1ª Guerra Mundial.[13]

Clausewitz dividia a guerra em real e absoluta. No século passado, a guerra real, aquela tradicional, travada entre povos guerreiros com seus estupros, saques, assassinatos, aproximou-se mais e mais do que o oficial prussiano considerava como a absoluta. Essa seria combatida a serviço de um Estado por soldados que seguem princípios de obediência, coragem e honra. Eles seriam o povo em armas. A participação deles acompanhava outra tendência da era moderna: a da emancipação do operariado. Esse

---

[13] KEEGAN, John. *Uma história das guerras*, p. 39, 40 e 66 e ainda LIDDELL HART, B. H. *As grandes guerras da história*, p. 241; e CLAUSEWITZ, Carl Von. *Da Guerra*, p. 308-310. A tentativa recente de se absolver Clausewitz dos massacres da 1ª Guerra tem como base a análise sobre qual seria o verdadeiro Clausewitz, que sua concepção trinitária da guerra afirma a irrealidade da guerra absoluta. O pensamento de Clausewitz tem duas dimensões: a do pensador que conceitua a guerra moderna (*Da Guerra*, livros I e VIII) e a do militar que descreve o lado prático desse fenômeno: o combate (livros III a V). Os militares de antes de 1914 não buscavam em Clausewitz indagações sobre a natureza da guerra ou qualquer advertência sobre os riscos de torná-la absoluta, mas sim uma fórmula para vencê-la. No livro III (Estratégia), leram que a superioridade numérica permite obter tudo pela violência (p. 206). Foi sobre o livro IV (Combate) que se debruçaram, quando ele diz não haver vitória sem sangue (p. 310), que o objetivo do combate é aniquilar o adversário (ferir ou matar) ou quanto mais sangue mais decisiva é uma batalha (p. 308 e 309). Foi o livro V (Forças militares) com os conceitos de *base de operações* (p. 441) e *linhas interiores* (447 p.) que lhes despertaram o interesse (Ver STRACHAW, Hew e HERBERG-ROTHE Andreas; *Clausewitz in the Twenty-first Century*, p. 21). As "intenções" de Clausewitz são menos importantes do que como ele foi lido e compreendido. Militares costumam ser práticos: querem vencer. A interpretação do pensamento de Clausewitz não mostra como se deu sua influência nos exércitos. É por isso que não se deve, a partir de conceitos, buscar realidades históricas, mas, destas, extrair os conceitos para sua análise. Ou, como diz Raymond Aron, "a análise não cria a história que ela interpreta" (*Penser la guerre, Clausewitz*. Vol. I: *L'âge européen*, p. 53). Ver ainda sobre a interpretação errônea dada por franceses e alemães a Clausewitz que não perceberam o caráter abstrato e irreal da guerra absoluta nas p. 117, 341 e 361 e no volume II da obra, *Penser la Guerre, Clausewitz – L'âge planétaire*, p. 28-61.

saíra da esfera privada, aquela onde se era tolhido da cidadania porque não se era de fato livre, mas escravo das necessidades. Não que ele tivesse se livrado de sua condição, ou seja, do labor como definido por Hannah Arendt, isto é, do uso da força de trabalho para garantir bens de consumo necessários à sobrevivência humana.[14] O que houve foi que o labor deixou a vida privada e ganhou o espaço público antes reservado às ações dos cidadãos, de uma aristocracia. Com isso o operário foi aos poucos admitido, em tese, com iguais direitos na esfera pública e no ofício antes reservado aos cidadãos: a guerra.

A política da idade moderna, para Clausewitz, não podia deixar de funcionar como limitador da guerra, retirando dela suas limitações. Segundo ele, "a participação do povo na guerra, em lugar do gabinete ou do exército, fazia entrar no jogo uma nação inteira com seu peso natural". O resultado disso é que os esforços para pôr os meios do país à disposição do empreendimento bélico "já não tinham limites definidos; a energia com a qual a guerra podia ser conduzida já não tinha contrapeso, e por consequência o perigo para o adversário chegara ao extremo".[15] Esse era o risco embutido no potencial caráter absoluto da guerra moderna. Como pensador, Clausewitz advertiu os colegas sobre as possibilidades dessa guerra, que ele pensava como algo abstrato e irreal, pois a continuidade da política na guerra levaria à moderação e ao equilíbrio que impediriam a manifestação plena de seu caráter absoluto. A guerra e a paz estariam acima da campanha e do teatro de guerra, terrenos da estratégia. A vitória e a defesa de um território não eram fins, mas meios de obter fins políticos. Esse foi um dos erros que mais tarde cometeriam os idealizadores da Doutrina da Guerra Revolucionária – a confusão de meios e fins. A guerra, pelo peso e contrapeso representado pela defesa e pelo ataque, não pode produzir resultado significável exceto pelo massacre. Ela consiste em três tendências em que operam variáveis concretas e forças diferentes: a violência e o ódio

---

14 ARENDT, Hanna. *A condição humana*, p. 82, 83, 91 a 99 e 139.
15 CLAUSEWITZ, Carl Von. *Da Guerra*, p. 847 e 848.

que são a essência da guerra, o jogo de probabilidades do acaso e a sua subordinação ao elemento da política, que a torna sujeita à razão. Agiriam ainda nela o gênio do comando, o governo e o povo, formando as trindades da guerra.[16] Como militar, no entanto, ele sabia que o que seus colegas buscavam era vencer e não a paz, embora essa fosse o fim de toda a guerra e não a vitória, que é um conceito tático.

Para evitar que as consequências de seu modo de guerrear engendrassem sua antítese, Clausewitz, como explica John Keegan, achava necessário convencer os soldados de que "a terrível experiência da guerra absoluta" servia ao seu Estado muito mais do que "as facilidades da guerra real" – botim, mulheres e retiradas. O prussiano via "uniformes, canções e treinamento como algo inquestionável", necessário à vitória. Ele sabia também que a alienação do soldado de seu destino – privação, ferimentos, morte – estava destinada a conduzir os exércitos à derrota e ao colapso, o equivalente militar da revolução".[17] Eis a importância da noção de servir ao país. Mais tarde, um comprometimento ainda maior seria exigido de cada militar na guerra revolucionária.

A convicção do soldado podia ajudá-lo a suportar a escalada em direção à guerra absoluta, já que a distinção entre os dois tipos de guerra comumente desaparecia no campo de batalha. De fato, a falta de moderação da guerra absoluta, tornada realidade com a confusão entre os fins políticos e os objetivos militares da guerra, era uma extensão do que já ocorria no combate, cuja anomia há muito fazia parte da tradição bélica. É aquilo que os militares chamam de calor da luta. Espécie de alegação de insanidade temporária, ela justifica o fato de a matança descontrolada começar com o combate e terminar em assassinato, "com a perda da linha que separa os dois na mente de cada soldado".[18] Soldados têm de ser homens de brio, mas as execuções a mais na guerra, quando alguém que se rende é morto, ou o tratamento cruel

---

16 STRACHAN, Hew. *Sobre a guerra de Clausewitz*, p. 145 a 186.
17 KEEGAN, John. *Uma História da guerra*, p. 36. Keegan é dos que, a exemplo de B. H. Liddell Hart creem em uma responsabilidade mais concreta de Clausewitz pelos massacres nas guerras modernas.
18 WALZER, Michael. *Guerras justas e injustas*, p. 522.

de prisioneiros "é menos um sinal de firmeza do que de histeria, e a histeria é o tipo errado de disposição de espírito".[19] Os manuais de guerra dizem que é dever do comando impedir que isso aconteça por causa das consequências que isso traz à disciplina e à ordem de suas unidades.

O desrespeito a essa regra é antiga no Brasil. A própria constituição de um exército com identidade nacional, por exemplo, passou pela experiência da chamada Guerra Brasílica, em oposição ao conflito clássico a que os exércitos europeus estavam habituados. Ela consistia na adoção de táticas de guerrilha contra o invasor holandês no nordeste brasileiro. A estratégia traçada pelo governador da Capitania de Pernambuco, Matias Albuquerque, era resultado da impossibilidade de resistir aos holandeses em campo aberto. Aproveitavam-se os índios e suas táticas militares; não se respeitavam "as regras da arte militar, exagerando na crueldade e não dando quartel aos prisioneiros e feridos".[20] Em outros conflitos da história do país, como a Guerra do Paraguai e Canudos, a leniência do comando, o calor do combate e a crença de que a nação estava em perigo tiveram consequências funestas. Doratioto nos conta as degolas de oficiais e soldados paraguaios levadas a cabo pelos brasileiros em resposta à crueldade ou obstinação do inimigo em recusar a rendição.[21] Euclides da Cunha relata o fato singular do desaparecimento dos prisioneiros recolhidos na véspera da queda do arraial. O jagunço era um "animal" que "não valia a pena interrogá-lo",[22] mas se tornava nobre na altivez de sua marcha em direção à morte, em contraposição ao soldado imperial que o custodiava sob as ordens do general de brigada João da Silva Barbosa. Essa era a "antinomia vergonhosa" vista pelo escritor. Ela demonstra de que forma rápida quem pensa combater a guerra moderna vê-se lutando aquela considerada primitiva. Ao determinar o

---

19 WALZER, Michael. *Guerras justas e injustas*, p. 524.
20 PUNTONI, Pedro. "A Arte da Guerra no Brasil". In: CASTRO, Celso; IZECKSOHN, Vitor; KRAAY, Hendrik (orgs.). *Nova História Militar Brasileira*, p. 48 a 53.
21 DORATIOTO, Francisco. *Maldita Guerra*, p. 331, 403, 411, 418, 438 e 449. Há ainda os exemplos dos generais Manuel Luís Osório e Émile Louis Mallet, que exigiram respeito com os prisioneiros, sendo que o último exortou o conde d'Eu para que pusesse um fim à degola de prisioneiros após a batalha de Peribebuí.
22 CUNHA, Euclides da. *Os Sertões*, p. 701 e 757.

esmagamento do reduto de Santa Maria no Contestado, o general Fernando Setembrino de Carvalho relatou aos superiores que sua estratégia não era original: estava seguindo os conselhos de Clausewitz.[23]

Durante o regime militar, a guerra que as Forças Armadas pensavam combater ocorreu sem a necessidade de conquista de terreno. Diversa, portanto, do Paraguai, de Canudos e do Contestado. Ela foi travada para impor certa visão de mundo, uma dimensão dos conflitos modernos que ganhou importância após 1945, com a guerra fria.[24] Buscava-se de um lado a militarização de cima para baixo da política, imposta pelo regime, e de outro, a de baixo para cima intentada pelos guerrilheiros. Conquistar a população, portanto, era fundamental. A repressão política e os episódios de conflito civil, no entanto, não envolveram grandes massas combatentes, pois jamais atingiu a fase da formação das colunas guerrilheiras pretendida pelos revolucionários. Se tomarmos como base o perfil do DOI de São Paulo para definir o total de militares e de policiais envolvidos nos 10 DOIs do país, teríamos que os 400 homens do Exército espalhados pelo Brasil representavam 20% do total da mão de obra – 2.000 em todo o país.[25] Somados aos policiais dos Dops e aos militares do CIE, Cisa e Cenimar, esse número pode dobrar. Havia, é claro, a mobilização de outros efetivos, como das Polícias Militares com suas *blitze* e das Forças Armadas com as operações de tropas regulares contra áreas de guerrilha rural. Porém, se elas podiam desempenhar operações constantes, seus efetivos não estavam exclusivamente voltados ao combate à subversão, como os da *comunidade de segurança*.[26] Do lado da guerrilha, 2.668 pessoas foram processadas por ligação com

---

23 MCCANN, Frank D. *Soldados da Pátria*, p. 203.
24 BRANCHE, Raphaëlle. *La torture et l'armée pendant la guerre d'Algérie*, p. 105.
25 USTRA, Carlos Alberto Brilhante. *A verdade sufocada*, p. 282. O Exército estima que seu pessoal envolvido "nas atividades de informações, em todo o território nacional, mesmo nos momentos de maior intensidade das atividades subversivas, não ultrapassou a 1% do efetivo da Força, incluindo aí motoristas, telefonistas, rádio-operadores, arquivistas, datilógrafos, encarregados do material e da manutenção do material bélico, de comunicações e de moto, além do pessoal de suprimento, de saúde, guarda e segurança" (Exército, Centro de Informações; *Projeto Orvil*, p. 454).
26 O conceito de *comunidade de segurança* é o definido por Carlos Fico. Nela estão incluídos os homens que trabalham em órgãos operacionais, que podiam prender e interrogar e matar. Já a comunidade de informações (SNI, serviços de informações das PMs etc.) tinha como função principal processar informações.

grupos armados urbanos, número que também pode ser maior, principalmente, na rede de apoio. Temos assim uma luta travada por cerca de 10 mil homens em um país com 90 milhões de habitantes.

Essa pequena participação é confirmada pela indiferença da maioria da população "com os grupos armados e com seus repressores, mesmo que o enfrentamento armado fosse expressão de conflitos sociais latentes na sociedade brasileira".[27] A conflagração assim foi antes entre aparelhos: o estatal, usado pelas classes dominantes, contra os dos revolucionários. Parece natural que uma guerra pela garantia de espaço público para a ação político-revolucionária fosse combatida por pequenos contingentes. De fato, nas sociedades modernas, muitos creem que a política é reservada a um corpo profissional de políticos, militantes ou integrantes das máquinas burocráticas dos partidos. Na época da "guerra civil internacional", o que fazia dela um confronto limitado era ainda o que determinava a abrangência de suas consequências no cotidiano dos países. Diante da impossibilidade do conflito aberto atômico entre as superpotências que destruiria a humanidade, a guerra dos governos tornou-se de baixa intensidade e cada vez mais próxima das ações policiais. É nesse contexto que se liquefaziam os limites entre as dimensões da política e da estratégica da guerra.[28] É ainda o aspecto grupal ou faccioso do conflito que contribui para que nele predomine as características violentas do ódio, do rancor e da inimizade.[29] Os atos de guerra civil ideológica dos anos 1970 confundiram-se ainda

---

27 RIDENTI, Marcelo. *O fantasma da Revolução Brasileira*, p. 236, 237, 253 e 254.
28 HARDT, Michael; NEGRI, Toni. *Multidão*, p. 36. Ao descreverem a guerra ao terrorismo, os autores mostram como a concepção desse tipo de conflito "tornou praticamente impossível distinguir a guerra da atividade policial". "Uma segunda consequência desse novo tipo de guerra é que as relações internacionais e a política interna tornam-se cada vez mais parecidas e misturadas (...) a guerra de baixa intensidade vai ao encontro das ações policiais de alta intensidade." Para eles, "a fusão conceitual da guerra com o policiamento representa um obstáculo para todas as forças de transformação social".
29 A brutalidade das guerras civis é largamente reconhecida pela literatura clássica desde Apiano, que considerava as ditaduras de Lúcio Cornelio Sila e de Caio Julio Cesar como um mal que curou outro mal: a luta entre facções e seus massacres e proscrições na República, cuja suspensão compensava "o mal do absolutismo". (APIANO. *Les Guerres Civiles a Rome*, vol. 1, p. 13 e 27-33). Piganiol considera Apiano um mau historiador, mas reconhece que a fonte que ele usou para as guerras civis era boa (PIGANIOL, André. *La Conquête Romane*, p. 619). O general e teórico da guerra Antoine Jomini considerava as guerras de opinião, internas ou não,

com os da tradicional repressão à oposição política e ao trato que esta sempre recebeu em períodos de exceção no país. Matar preso sob custódia, encenar suicídio e torturar opositores não eram novidades no Brasil. De fato, tudo isso já era parte de nossa história. Mesmo após a redemocratização, em 1946, esses e outros métodos eram utilizados pela polícia contra presos comuns e outros indivíduos indesejáveis.[30]

Os pensadores nacionalistas autoritários que haviam influenciado profundamente o Estado Novo estenderam sua influência aos governos militares instalados após 1964. Símbolo dessa continuidade do Estado Novo foi a figura do advogado e político Francisco Campos, que pôs seu saber jurídico a serviço das ditaduras. Em 1937, ele escreveu a Constituição do Estado Novo e em 1964 foi um dos formuladores dos atos institucionais dos golpistas, justificando a legalidade com a fórmula: a "revolução legitima-se a si mesma". Campos e seus colegas defendiam a necessidade de o regime ter uma face repressiva para garantir a segurança nacional a fim de combater a ação dos inimigos internos e externos. O jurista da ditadura exerceu influência sobre o pensamento de militares importantes, como o general Góes Monteiro, que enxergava para as Forças Armadas o papel de poder moderador na República. Os militares deviam fazer a política do Exército e não no Exército. E isso significava desenvolver o país a fim de que a modernização das Forças Armadas fosse garantida pela indústria nacional. Nascia o binômio desenvolvimento e segurança. Se o Exército não devia fazer política, ele devia intervir, no entanto, sempre que a ordem ou que os seus interesses – vistos como nacionais – estivessem ameaçados.[31]

---

as mais deploráveis, pois envolviam paixões e tornam-se vingativas, cruéis e terríveis, *apud* SILVA, Carlos Eduardo M. Viegas. *A transformações da guerra na passagem para o século 21: um estudo sobre a atualidade do paradigma de Clausewitz*, p. 35.

30   BATTIBUGLI, Thaís. *Democracia e segurança pública em São Paulo (1946-1964)*, p. 23 a 28. Ler ainda RAMOS, Graciliano. *Memórias do Cárcere*, e ROSE, R. S. *Uma das coisas esquecidas: Getúlio Vargas e controle social no Brasil – 1930-1954*.

31   Para Góes Monteiro, ver MCCANN, Frank D. *Os Soldados da Pátria*, p. 384 e 434. Para o autor, o objetivo de Góes Monteiro de manter a política partidária fora do Exército e desenvolver uma postura política institucional unificada revelou-se impossível sem ditadura. Para Nelson Werneck Sodré, que também ligava o desenvolvimento do país à modernização das Forças Armadas, o binômio era outro: desenvolvimento e democracia. General de brigada, ele acabou cassado em 1964 (Ver SODRÉ, Nelson Werneck. *História Militar do Brasil*, p. 255, 256, 492 e 493). Para a

Dois fatos, porém, diferenciam 1937 de 1964. O primeiro é que os governos militares renunciaram à defesa explícita do autoritarismo e de suas características como necessárias à transformação do Brasil em potência. A segunda é a singularidade da repressão, que alargou o uso da tortura contra adversários do regime. Preso após a revolta de 1935, o secretário-geral do PCB, Luís Carlos Prestes, não foi, por exemplo, submetido à tortura, e não há desaparecimentos no Estado Novo. Já o regime de 64 sequestrou, torturou, matou e desapareceu com 10 integrantes do Comitê Central do PCB. A repressão, violência, tortura, censura e suspensão dos direitos civis, como apontou Boris Fausto, ocorreram "em um grau de extensão inédito na história brasileira".[32]

O que esteve por trás dessa novidade após 1964 foi a adoção de uma doutrina militar própria da guerra fria, que buscava a rendição incondicional, a paz ditada em vez da negociada. Buscava-se destruir o inimigo, desarmá-lo e obter sua consequente submissão, o que só seria possível forçando-o ao abandono de sua ideologia ou dos meios de expressá-la em público, ou seja, neutralizando sua ação política. Não se tratou, assim, apenas, da reedição das degolas indiscriminadas das guerras no sul ou das cabeças cortadas de Canudos. Até porque entre as táticas estava a do assassínio seletivo. Houve até categorias estabelecidas de gente marcada para morrer: dirigentes de organizações, autores de crimes de sangue, banidos pelo regime e os treinados militarmente em país estrangeiro. A exceção ocorreu no fim da Guerrilha do Araguaia, quando a ordem foi matar indiscriminadamente.[33]

Importante para a compreensão da singularidade dos órgãos de segurança, em relação ao arbítrio de outros governos republicanos, é o fato de que foram os policiais que tiveram de mudar-se para os quartéis a fim de trabalhar nos DOIS.[34] No passado, os governos deslocavam os militares para

---

influência de Campos, ver FAUSTO, Boris. *O pensamento nacionalista autoritário*, p. 64. O que aproxima Góes dele é o ataque ao liberalismo, o horror ao federalismo, o culto ao papel do Estado e a insistência no tema da unidade com o objetivo de se construir a nação brasileira.

32 FAUSTO, Boris. *O pensamento nacionalista autoritário*, p. 29, 61, 64, 65, 69, 70 e 71.
33 CARVALHO, Luiz Maklouf. *O coronel rompe o silêncio*, p. 22 a 25; NOSSA, Leonencio. *Mata!*, p. 212 e 236-239.
34 Em São Paulo, a primeira sede do DOI – ainda chamado Operação Bandeirante (Oban), foi no quartel do 2.º Batalhão da Polícia do Exército (PE). No fim de 1969, ele transferiu-se para

as delegacias, como Filinto Müller durante o Estado Novo. Isso mostrava que o conflito não seria tratado como caso de polícia, mas bélico. Em julho de 1969, a Diretriz para a Política de Segurança Interna editada pela Presidência da República estabeleceu que aos comandantes militares de área do Exército caberia a "responsabilidade pelo planejamento e execução de medidas para conter a subversão e o terrorismo em suas respectivas áreas". Em março de 1970, foi editada nova ordem, documento chamado de Planejamento de Segurança Interna, que ao lado da diretriz fixou uma estratégia nacional que o governo considerava necessária para o país, entre os quais o "aperfeiçoamento do dispositivo responsável pela garantia dessa segurança", constituindo-se o Sistema de Segurança Interna. Este abrangeria desde ações preventivas, que deviam ser desenvolvidas em caráter permanente e "com o máximo de intensidade, até o emprego preponderante da expressão militar, eminentemente episódico, porém visando sempre assegurar efeito decisivo". Os comandantes do Exército, para a coordenação do planejamento e da execução integrada dos meios disponíveis para a garantia da segurança interna, contariam com a assessoria das secretarias de segurança estaduais e das Polícias Civil, Militar e Federal.[35] A nova medida visava substituir a desordem das repartições policiais pela organização disciplinada da caserna. Ela pôs a repressão política debaixo da hierarquia, do mando dos generais, o que jamais ocorrera antes.

    A decisão era fundamentada na teoria militar feita para enfrentar a guerra fria: a Doutrina da Guerra Revolucionária ou da Guerra Moderna. A expressão foi usada pela primeira vez pelo coronel francês Charles Lacheroy em 1952. Servia para definir um conflito sem regras, como as da Convenção de Genebra, pois não era travado entre forças beligerantes nacionais. Tratava-se para seus seguidores de uma guerra que começava com a agitação e propaganda ideológica, normalmente marxista, para infiltrar as ideias inimigas na sociedade muito antes de o primeiro tiro ser disparado, o

---

    o terreno de uma delegacia, que foi transformado em quartel. No Rio, o DOI também funcionava no quartel da PE.

35 PEREIRA, Freddie Perdigão. "O Destacamento de Operações de Informações (DOI) no EB – Histórico papel no combate à subversão: situação atual e perspectivas"... Ver o Projeto Orvil, p. 452.

que transformava a luta política em guerra. Ela fugia ao modelo imaginado por Clausewitz de conflitos entre Estados soberanos que procuravam aumentar seu poder e prestígio na comunidade internacional. Também não a identificava com o combate clássico, embora o conceito de guerra suponha ao mesmo tempo a intenção política e o recurso às armas. Como diz Raymond Aron, "sem intenção política, os homens podem brigar, mas não guerrear. Homens e grupos podem ter objetivos incompatíveis, mas sem recorrer às armas, tampouco entram em guerra".[36]

Mas se a guerra se diferencia da política pelo uso de seu meio específico – as armas –, os teóricos franceses da guerra revolucionária resolveriam esse problema levando as armas à política. Um panfleto podia ser tão eficaz quanto um canhão. Eles viam como uma de suas características principais a assimetria de estratégias e de táticas dos dois lados. Na maioria dos casos, a superioridade técnica para o uso da violência e a numérica estavam do lado que tenta conter a revolução enquanto os revolucionários contavam com o conhecimento do terreno, flexibilidade tática e o apoio da população – normalmente é vitorioso quem conquista este último. Para os militares, esse conflito era a nova e definitiva forma de luta em um mundo polarizado entre capitalismo e comunismo. Por isso a situação no Brasil foi descrita pelos generais como uma guerra. "Guerra não de trincheira, porque esta nem existe mais. Toda ação em que dois inimigos se digladiam à morte é guerra. E na guerra não se podem lamentar as consequências."[37]

Isso ajuda a explicar que um oficial como Ney descesse do carro e desse a ordem: "Crema!". No capítulo "O terrorismo, arma capital da guerra moderna" de sua obra, *A Guerra Moderna*, o coronel e teórico francês Roger Trinquier nos diz por quê. Ele lembra que o guerrilheiro e o franco-atirador em uma guerra regular são fuzilados na hora quando apanhados pelo simples fato que transgridem as leis da guerra atuando sem uniformes.

---

36 ARON, Raymond. *Penser la Guerre, Clausewitz*. Vol. II: *L'âge planétaire*, p. 107-109, 257-258, 269-271 e 277-280.

37 D'ARAÚJO, Maria Celina; SOARES, Gláucio A. D.; CASTRO, Celso. *Os Anos de Chumbo: a memória militar sobre a repressão*, p. 248. Depoimento do general Leônidas Pires Gonçalves. Ele chefiou o Estado-Maior do I Exército (Rio) de 1974 a 1977 e o DOI. De 1985 a 1990, foi ministro do Exército (governo José Sarney – 1985-1990).

> Ora, o caso do terrorismo é ainda mais grave [...]. É necessário que ele [terrorista] saiba que a partir do momento em que for pego, ele não será tratado como um criminoso comum, nem como um prisioneiro feito no campo de batalha. De fato, o que buscam as forças da ordem que o prenderam não é punir os crimes a respeito dos quais sua responsabilidade pessoal não está em questão, mas como em todas as guerras, a destruição do exército adversário ou a sua submissão.[38]

A ideia de que a guerra é cruel e não se pode refiná-la é outra que faz parte da tradição militar e, nesse aspecto, a compreensão de muitos militares sobre a obra de Clausewitz não fez mais do que reforçá-la. É sobre ela que o general William Tecumseh Sherman escreveu seu discurso aos formandos da Academia Militar de Michigan: "Estou farto da guerra. Sua glória é pura quimera... A guerra é o inferno".[39] Para o homem que invadiu a Geórgia, incendiou Atlanta e cortou o sul confederado em dois durante a guerra civil americana, ação que seguiu o moderno conceito de guerra absoluta ao levar os horrores do conflito à população daquela parte do país, a guerra é um crime que deve ser atribuído a quem a começa, e os soldados que lutam contra a agressão não podem ser culpados por nada do que fazem com o objetivo de alcançar a vitória. Eis a razão por que os militares fazem questão de afirmar que não começaram a guerra, como dizem na *Canção do Soldado* ("a paz queremos com fervor"). Em seu depoimento aos pesquisadores de *Os anos de chumbo*, o general Leônidas Pires Gonçalves disse: "Culpado foi quem iniciou a guerra [...]. Quem iniciou os raptos, os assaltos, as mortes foram eles. Quiseram fazer uma área liberada na Amazônia, com compromisso internacional. Ora, quem faz isso tem que arcar com a responsabilidade".[40] Pensavam

---

38 TRINQUIER, Roger. *La Guerre Moderne*, p. 15 e 18. Ele foi reeditado em função do interesse que sua obra despertou com a guerra ao terror movida pelos EUA. Argumento semelhante pode ser encontrado nos livros do coronel Carlos Alberto Brilhante Ustra, no *Projeto Orvil* e em outros documentos de militares que justificam suas ações no período.

39 WINDROW, Martin; MASON, Francis K. *The Wordsworth Dictionary of Military Biography*, p. 270-272; KEEGAN, John. *Uma história da guerra*, p. 22 e WALZER, Michael. *Guerras justas e injustas*, p. 53 a 56.

40 D'ARAÚJO, Maria Celina; SOARES, Gláucio A. D.; CASTRO, Celso. *Os anos de Chumbo: a memória militar sobre a repressão*, p. 248. Depoimento de Leônidas Pires Gonçalves.

combater, assim, uma guerra justa, contra uma agressão que os fez sair dos quartéis. Gonçalves e seus colegas achavam que guerra dos grandes efetivos se transformava em raridade, pois já não se tratava de vencer Estados rivais, mas de estancar a "maré vermelha". Miravam-se no exemplo dos franceses que combateram os movimentos de independência no Vietnã e na Argélia para dar no Brasil uma resposta aos que pretendiam instalar uma ditadura do proletariado, "realizando o sonho da Cuba continental".[41]

Os autores franceses dessa doutrina – Lacheroy, Trinquier, Bonnet e outros – haviam estudado Mao Tsé-Tung, que militarizou a China de baixo para cima, criando o exército de camponeses. O líder chinês tinha por Clausewitz o mesmo respeito que Lenin e outros pensadores marxistas tinham pelo prussiano. Os conceitos sobre a guerra do prussiano permeiam, por exemplo, as citações do Livro Vermelho.[42] Em seus escritos militares, Mao dizia que as condições em que os comunistas encontravam-se na China e o conhecimento que tinham da força de seus inimigos impunham a estratégia da guerra popular prolongada. Como suas tropas eram mais fracas, não havia outra saída. A guerrilha abastecer-se-ia tomando armas das tropas do governo em emboscadas, desgastaria o inimigo, preservando-se e aumentando as forças da revolução até que a situação se invertesse. A subversão precisava da guerra prolongada; a ordem precisa da decisão rápida. Mas não bastava que a luta fosse longa. Era preciso que fosse popular. Mao acreditava que a guerra revolucionária era justa e por isso contaria com o apoio dos povos, sem os quais não haveria revolução. O guerrilheiro em meio ao povo seria o peixe num aquário. Para o líder chinês,

> a experiência da luta de classes na era do imperialismo ensina-nos que só pela força das armas a classe operária e as massas trabalhadoras podem derrotar a burguesia e os senhores de terras que estão, ambos, armados. Nesse sentido é correto

---

41 Ver depoimento do general Octavio Costa em D'ARAÚJO, Maria Celina; SOARES, Gláucio A. D.; CASTRO, Celso. *Os anos de chumbo: a memória militar sobre a repressão*, p. 279. Costa dirigiu a Assessoria Especial de Relações Públicas da Presidência de 1969 a 1974 (governo de Emílio Garrastazu Médici).

42 TSÉ-TUNG, Mao. *O Livro Vermelho*, p. 53-56 e 72-74.

dizer que só com as armas se pode transformar o mundo [...] Para acabar com as armas há que se pegar em armas.⁴³

Os teóricos franceses da guerra revolucionária, porém, não compreendiam o que para os marxistas, como Mao e Lenin, era claro: a guerra define-se pela especificidade de seu meio e não de seu fim. O fato de Mao pregar a unidade entre a política e a guerra não significava que ele as igualasse, mas que a transformação social, objetivo da revolução, seria feita por meio do avanço do exército revolucionário durante as hostilidades. Objetivo militar e fim político, imaginados por Clausewitz, complementavam-se. O aniquilamento das forças inimigas, o fim da guerra – no sentido de término e de objetivo – identificava-se com a tomada de poder pelo partido revolucionário. Mas a luta de classes entre os trabalhadores e a burguesia nacional começava antes da guerra e continuava como uma contradição em meio ao povo após a vitória da revolução. Assim, a luta de classes nunca foi confundida pelos marxistas com a guerra civil, fase daquela caracterizada pelo seu meio específico, o uso explícito das armas.⁴⁴

Mao era visto por Bonnet como "um dos maiores estrategistas do Oriente".⁴⁵ Da experiência na Indochina, o francês concluiu a importância dos fatores catalisadores⁴⁶ para a revolução, como a presença de um líder revolucionário. Ora, não era Lenin que dizia ser a primeira tarefa de um marxista criar uma organização revolucionária, que "sem uma dezena de líderes nada se faz" ou que a luta contra a polícia política deve ser conduzida por revolucionários profissionais?⁴⁷ Daí os militares tiraram a necessidade de neutralizá-los, assim como às organizações revolucionárias. Não era à toa que Bonnet dizia que

---

43 TSÉ-TUNG, Mao. "Problemas da guerra e da estratégia". In: *Problemas estratégicos da guerra subversiva*, p. 255. Apesar de sua conhecida ênfase nas contradições existentes na superestrutura da sociedade capitalista, Mao reconhece a primazia das contradições entre as forças produtivas e as relações de produção conforme pensava Marx. Para tanto, ler TSÉ-TUNG, Mao. "Sobre a contradição". In: *Sobre a prática e a contradição*, p. 113, 114, 141, 142 e 146.

44 TSÉ-TUNG, Mao. "A contradição em meio ao povo". In: *Sobre a prática e a contradição*, p. 162-165.

45 BONNET, Gabriel. *Guerras insurrecionais e revolucionárias*, p. 188.

46 *Ibidem*, p. 14-16.

47 LENIN, V. I. "Que Fazer?". In: *Obras Escolhidas*, vol. I, p. 153, 157 e 165.

quanto mais rápida e brutal fosse a contrarrevolução, maior a possibilidade de sucesso, pois o prolongamento da guerra só interessava à subversão. Ao acreditar que a eficiência no combate estava ligada àqueles dois princípios do emprego da força – a rapidez e a brutalidade –, os militares foram buscar táticas policiais para satisfazê-la. Acharam os métodos de tortura de presos comuns e as execuções dos esquadrões da morte, aos quais somaram a emboscada, a infiltração das organizações inimigas e a vigilância constante.

Eram ações que deviam ser executadas de forma clandestina e sob o comando unificado atribuído ao Exército. Era preciso ainda combater a propaganda e a imprensa inimiga. A guerra revolucionária, segundo Bonnet, era a somatória da antiga guerra de guerrilhas com a guerra psicológica, na qual a propaganda passava a ser parte essencial do conflito. Para ele, a "artilharia do pensamento" era composta pela imprensa, livros, rádio, TV. Bonnet e outros teóricos militares franceses também leram Lenin. Este escrevera em *Que Fazer?* que não existia "outro meio para educar fortes organizações senão por um jornal para toda a Rússia". O *Iskra*, o jornal em questão, seria o elo entre a direção revolucionária – o núcleo dirigente no exterior – e as organizações clandestinas no país. Criar a organização revolucionária era a primeira tarefa prática para ser capaz de dar à luta política "energia, firmeza e continuidade". A imprensa partidária seria o fio que indicaria aos trabalhadores do partido o local justo para colocar as pedras.[48]

Eis por que calar a imprensa inimiga, censurar seus livros e controlar os meios de comunicação tornava-se primordial. O desmantelamento das seções de agitação e propaganda (Agitprop) dos comunistas era um feito tão importante quanto o desembarque na Normandia. Ao mesmo tempo, a comunicação governamental ganhava a importância de um contra-ataque. Foi nessa época que o coronel Lacheroy criou a chamada 6ª Seção do Estado-Maior, responsável pelas ações psicológicas. Sua importância na guerra revolucionária foi explicada pelo então coronel Meira Mattos. Para ele, nesse tipo de conflito, "a decisão é procurada, principalmente, pelo emprego intensivo de processos psicológicos de persuasão e submissão; o

---

[48] LENIN, V. I. "Que Fazer?". In: *Obras escolhidas*, vol. I, p. 96, 97, 153 e 192-200. O *Iskra* era o jornal do Partido Social-Democrata dos Trabalhadores Russos.

objetivo estratégico é a conquista psicológica das mentes dos habitantes da área geográfica visada".[49]

Mas isso não bastava. Exasperados pelas emboscadas e atentados cometidos pelos guerrilheiros vietnamitas e argelinos, os franceses decidiram que era necessário tirar o peixe do aquário. Viam o comunismo internacional por trás das rebeliões e subestimavam a força da pregação anticolonial e nacionalista, da receptividade do discurso que reconhecia ao colonizado o direito de substituir o colonizador, pois estes eram o símbolo de todo o mal.[50] Estavam persuadidos de que a natureza da guerra engendrava os meios para combatê-la. "Não se pode lutar contra a 'guerra revolucionária e subversiva', dirigida pelo comunismo internacional e seus intermediários, com os procedimentos clássicos de combate, mas sim por métodos de ação clandestinos e contrarrevolucionários."[51] Era essencial para os franceses que o exército fosse instruído em tempo de paz para cumprir missões clandestinas em grande escala. "Para o mundo ocidental, que se ressente de uma ideologia comum, este gênero de guerra, baseado em ações revolucionárias e em propaganda subversiva, é talvez o mais difícil de levar a bom termo."[52]

Assim é que a tortura virou uma arma de guerra como o fuzil. Ela era a forma de se obter o suprimento mais precioso naquele combate: a informação. O cumprimento da missão confiada aos militares exigia a busca de dados para desarticular as organizações subversivas. O oficial de informações não estava atrás de confissões, que é o objetivo da polícia comum quando tortura. Estabelecer a culpa por um crime era secundário em seu trabalho. O que se queria era desvendar o funcionamento de um grupo, seus apoios, seus

---

49 A frase de Meira Mattos está na página 3 da apresentação escrita por ele para edição brasileira do livro *Guerras insurrecionais e revolucionárias*, de Gabriel Bonnet.

50 FANON, Frantz. *Les damnés de la terre*, p. 43. Fanon, ao contrário do que diz Hannah Arendt em seu *Crises da República* (p. 107), não defende o lumpemproletariado como a ponta de lança da revolução; Fanon diz apenas que os revolucionários devem dar atenção ao lumpemproletariado, pois, do contrário, "cette masse d'affamés et de déclassés, se jeterra dans La lutte armée ... aux cotes, cette fois, de l'oppresseur" (essas massas de famélicos e desclassificados, lançar-se-ão na luta armada... ao lado, dessa vez, dos opressores, p. 132 de *Lês damnés de la terre*).

51 Nota de serviço do general Jacques Massu de 29 de março de 1957, em BLANCHE, Raphaëlle; *La torture e l'armée pendant la guerre d'Algérie*, p. 218.

52 BONNET, Gabriel. *Guerras insurrecionais e revolucionárias*, p. 55.

integrantes, seus planos e, ao mesmo tempo em que se pretendia paralisar suas ações, também se queria destruir sua organização política e administrativa. O fichário que reunia o que se sabia sobre o inimigo era outra arma. Indagado por seu superior sobre os métodos que utilizava em Philippeville (Argélia) contra os insurgentes da Frente de Libertação Nacional (FLN), o então major Paul Aussaresses disse: "Isso me obriga a não raciocinar em termos de moral, mas do ponto de vista da eficiência. [...] Depois que eles falam [os suspeitos], se eles têm relação com os crimes terroristas, eu os abato."[53]

Tudo, para ele, era uma questão de eficácia. Mais tarde, em Argel, Aussaresses recriou em 1957 a categoria dos desaparecidos (*les disparus*) como fizeram os alemães durante a ocupação da França, na 2ª Guerra Mundial. Em 1941, Hitler editara regras para enfrentar os insurgentes na Europa ocupada. Os decretos da ação *Nacht und Nebel* – Noite e Neblina – determinavam que o não combatente que atentasse contra as forças alemãs naqueles territórios devia sumir sem deixar rastros. Sequestrados à noite, franceses, belgas, holandeses e noruegueses foram levados à prisões alemãs e, de lá, à campos de concentração. Poucos dos mais de 6 mil atingidos sobreviveram. Aussaresses e os seus fizeram 3 mil sumirem.[54]

> O desaparecimento restituiu uma lógica coletiva, cultural e política à violência. Ele prolonga ao infinito o muro atrás do qual se mantém os presos. Privando a morte de lugar, ele priva os vivos do luto e torna impossível toda consolação, ato religioso ou gesto que une pela última vez os vivos aos mortos. Ele é, para os que ficam, o sofrimento assegurado de uma angústia inextinguível [...]. O desaparecimento é a continuação da tortura por outros meios. Ele toca toda uma comunidade que os serviços de informação procuravam atingir.[55]

Por fim, "a tortura permite ao exército exercer um contraterror e lutar, assim, enfim, com armas iguais" às da subversão.[56]

---

53 AUSSARESSES, Paul. *Services Spéciaux, Algérie 1955-1957*, p. 34 e 35.
54 Ibidem, p. 145-148.
55 BRANCHE, Raphaëlle. *La torture e l'armée pendant la guerre d'Algérie*, p. 144.
56 Ibidem, p. 145.

A doutrina francesa seria mais tarde ensinada por seus oficiais aos exércitos de Portugal, Estados Unidos e da América Latina. Instrutores como Aussaresses deram aulas em Fort Bragg, nos Estados Unidos, aos seus colegas americanos – nos anos 1970, ele foi adido militar no Brasil, onde também deu aulas. Na Argentina, mantiveram uma missão dos 1960 até os 1970. Foi em nosso vizinho que os franceses ajudaram a dar vida em 1961 ao primeiro curso de guerra contrarrevolucionária interamericano. Ele contou com oficiais de 14 países, inclusive dos EUA e do Brasil.[57] A Escola Superior de Guerra de Paris, na França, difundiu a doutrina, e os brasileiros, de 1951 a 1962, formaram o principal contingente de alunos latino-americanos da escola (24,4% do total), seguidos pelos argentinos (22%). Eles trouxeram os ensinamentos franceses para a Escola Superior de Guerra brasileira. Daí a doutrina passou para o Estado-Maior das Forças Armadas, de onde se difundiu para as escolas de aperfeiçoamento e de Estado-Maior da Marinha, do Exército e da Aeronáutica.

> Erroneamente culpamos os americanos pela influência dessa doutrina no Brasil. A origem foi a França. O Meira Matos usou isso aqui. Essa doutrina teve grande influência no Exército brasileiro. Ela se tornou uma obsessão, na qual se via em tudo a guerra revolucionária em marcha.[58]

Essa é a opinião do general Octavio Pereira da Costa. Veterano da Força Expedicionária Brasileira (FEB), Costa foi instrutor da Academia Militar das Agulhas Negras e da Escola de Comando e Estado-Maior do Exército. Também chefiou a Assessoria Especial de Relações Públicas da Presidência, no governo de Garrastazu Médici. Segundo ele, a Escola das Américas, mantida pelos EUA no Panamá, transmitia aos militares latino-americanos a aplicação de conhecimentos da doutrina francesa apenas em nível de pelotão, companhia e batalhão. Ou seja, o seu uso operacional. A visão estratégica da doutrina foi trazida da França. "Houve ainda um outro componente menor, que foi a influência de autores portugueses, cujo país enfrentava a guerra em Angola", disse Costa. O pensamento dos franceses chegou ao Brasil em

---

57 ROBIN, Marie-Monique. *Escadrons de la Mort: l'École Française*, p. 212.
58 Octavio Pereira da Costa, entrevista em 6 de fevereiro de 2014.

um momento de perplexidade na doutrina militar ocorrido após a 2ª Guerra Mundial, que parecia destinada a ser a última guerra convencional.

> Em Fort Leavenworth, na War School, nos Estados Unidos, debatia-se qual seria a nova doutrina militar. Elaborou-se a doutrina da guerra nuclear, com sua divisão pentômica, passando do uso estratégico dessas armas para o tático. No Brasil, os militares ficaram perdidos, pois a guerra nuclear não existia para nós, era delirante. Nesse vazio, desabou entre nós a Doutrina da Guerra Revolucionária e Insurrecional. Ela ocupou o espaço, já que não era possível acompanhar a guerra nuclear e a convencional não mais existia.[59]

Não é de se estranhar, portanto, que o Estado-Maior das Forças Armadas brasileiras tenha adotado as denominações e conceitos sugeridos por Gabriel Bonnet de guerra revolucionária e guerra insurrecional. O Exército seguiu o modelo em 1963 e definiu a guerra revolucionária como:

> É a guerra interna de concepção marxista-leninista e de possível adoção por movimentos revolucionários diversos que – apoiados em uma ideologia, estimulados e, até mesmo, auxiliados pelo exterior – visam à conquista do poder através do controle progressivo, físico e espiritual, da população sobre a qual é desencadeada.[60]

A guerra revolucionária era uma guerra interna e não entre países. Seu campo de ação era a "mente humana", a conquista do pensamento do homem para a derrubada do governo. Ela seria "total" porque envolveria todos os setores da atividade humana. Seu alcance seria global e ela seria "permanente" e

---

59 Octavio Pereira da Costa, entrevista em 6 de fevereiro de 2014. Ver ainda entrevista com o general Agnaldo Del Nero Augusto, em 29 de junho de 2007

60 Já a guerra insurrecional é aquela em que uma parte da população, empiricamente, rebela-se contra a autoridade. Ver BONNET, Gabriel. *Guerras insurrecionais e revolucionárias*, p. 2 da apresentação feita pelo então coronel Carlos de Meira Mattos. Ligado à Escola Superior de Guerra (ESG), Mattos se tornaria em um dos mais influentes pensadores militares e geopolíticos brasileiros. Comandou o contingente brasileiro na República Dominicana (1965), a Academia das Agulhas Negras e foi Chefe do Estado-Maior das Forças-Armadas.

desencadeada pelos comunistas – o caráter permanente da guerra mostraria como a política se havia transformado em guerra. Além do conceito francês, o Exército brasileiro adotou medidas semelhantes às usadas na Argélia. Exemplo disso foi pôr sob suas ordens a missão de combater a subversão, centralizando o comando responsável pela tarefa e criando uma unidade especializada em informações e operações para destruir a organização política e logística do inimigo. Aqui essa unidade chamava-se DOI. Na Argélia era o DOP, os Destacamentos Operacionais de Proteção. Ambos foram espalhados nos dois países pelos militares e eram responsáveis por interrogar prisioneiros capturados em sua jurisdição territorial. No Brasil, movido pelo anticomunismo, o DOI transformou-se em instrumento de controle dos "cassados, dos descontentes, os subversivos e comunistas" que "tramavam e conspiravam visando o desencadeamento de uma contrarrevolução [isto é, a derrubada do autointitulado governo revolucionário instalado no poder em 1964] no país". O DOI via no líder comunista Carlos Marighella o principal responsável pela alteração do "panorama da revolução comunista no Brasil", em razão de sua decisão de romper com o PCB e fomentar organizações autônomas que criassem as condições para "o desencadeamento da guerra revolucionária no país.[61]

O Destacamento foi criado em 27 de junho de 1969 pelo general José Canavarro Pereira, mas o ato solene de criação do órgão só ocorreu no dia 1º de julho com a presença de várias autoridades.[62] O Destacamento não tinha existência legal e sua atuação devia ser cada vez mais secreta para enfrentar a "luta abstrata contra um inimigo invisível". Para defender-se de um inimigo que queria aliciar, infiltrar e enquadrar toda a população, as instituições e organizações estatais não bastava mobilizar apenas as Forças Armadas e a polícia, mas seriam necessárias, segundo o primeiro comandante do DOI, o então major Waldyr Coelho, "ações permanentes e efetivas, principalmente nos campos político, econômico e psicossocial

---

[61] COELHO, Waldyr. *A subversão e o terrorismo em São Paulo*, mimeo, São Paulo, 1970. Em AESP Deops-SP/50-Z-9-86-16068 a 50-Z-9-86-16095 e 50-Z-9-84-15602 (p. 77 a 119). Coelho era tenente-coronel quando escreveu o texto e comandava o DOI de São Paulo – foi o primeiro oficial a ocupar o cargo.

[62] JOFFILY, Mariana. *No centro da engrenagem: os interrogatórios na Operação Bandeirante e no DOI de São Paulo (1969-1975)*, p. 31.

para remover os antagonismos e imunizar a população da propaganda insidiosa comunista". Era necessário divulgar o perigo da guerra revolucionária a todos os quadros da polícia e das Forças Armadas e garantir "uma boa rede de informações para localizar a subversão em seu nascedouro".[63] Mais uma vez, Coelho demonstra conhecer os autores franceses. Trinquier, por exemplo, diz que durante a guerra revolucionária "o exército deve receber da nação um apoio sem reserva, afetuoso e devotado". "Toda propaganda que danifique seu moral, fazendo com que ele duvide da necessidade de seus sacrifícios, deve ser impiedosamente reprimida." A partir de então, o exército saberá onde golpear. "Todo indivíduo que, de uma forma qualquer, favoreça os desígnios de nossos adversários, será considerado como um traidor e tratado como tal".[64] A guerra deixava de ser um elemento da vida social para passar a dominar a vida da sociedade. Mais tarde se verá como os DOIS evoluíram como instrumentos que retiraram dos estados a autonomia no combate à repressão por meios das polícias estaduais. Por enquanto, o que interessa é ter a dimensão de como o pensamento estratégico militar no Brasil foi influenciado pela doutrina francesa.

A inversão de Clausewitz

Embora a concepção da política como uma guerra não fosse inédita, o que a teoria francesa trazia como novidade era torná-la um estado permanente. Também provocava a perda da tradicional noção de subordinação da estratégia e da tática militares ao objetivo político, o que levava o Poder

---

[63] COELHO. Waldyr, *A guerra revolucionária e a subversão e o terrorismo em São Paulo*, mimeo, São Paulo, 1970. AESP Deops-SP/50-Z-9-84-15602 (folhas 14 e 15 ou 104 e 105). Para um estudo sobre o anticomunismo no país e entre os militares ver MOTTA, Rodrigo Patto Sá. *Em guarda contra o perigo vermelho*. Ver ainda CASTRO, Celso. *Exército e Nação: estudos sobre a história do Exército brasileiro*, p. 153 a 170.

[64] TRINQUIER, Roger. *La Guerre Moderne*, p. 22-24. Para o coronel Trinquier, a guerra moderna era "um conjunto de ações de todas as naturezas (políticas, sociais, econômicas psicológicas, armadas etc.) que visam a derrubada do poder estabelecido em um país e sua substituição por outro regime". Para conseguir seus objetivos, "os assaltantes se esforçam por explorar as tensões internas do país atacado, as oposições políticas, ideológicas, sociais, religiosas e econômicas suscetíveis de ter uma influência profunda sobre as populações que se quer conquistar" (TRINQUIER, Roger. *La Guerre Moderne*, p. 5).

Militar a desejar o controle do Poder Civil.⁶⁵ O descompasso entre o anseio do exército colonial de manter a Argélia francesa e o poder político de Paris enterrou a IV República. A crise de 1958 pôs o general Charles De Gaulle de volta ao poder na França, mas ele mesmo teve de enfrentar em 1961 o *putsch* dos generais na Argélia contrários à sua política, que levava à independência da colônia. Os militares queriam impor sua estratégia, vitoriosa contra a insurgência argelina, à cena política francesa. O Exército por meio da guerra revolucionária transformava-se em partido político armado.⁶⁶

De fato, quem pensa viver uma situação de guerra na praça pública onde se faz a ação política deve enxergar em qualquer dissidente não a diversidade democrática, mas um inimigo. Em vez de a guerra ser a continuação das relações políticas com o complemento de outros meios,⁶⁷ as relações políticas é que passam a ser a continuação da guerra. O conflito ideológico, a rivalidade entre EUA e URSS, levou teóricos franceses e americanos no pós-guerra a dissolverem a fronteira entre paz e guerra. A estratégia da dissuasão por meio da escalada que podia levar ao aniquilamento atômico abrigava a regionalização dos conflitos bélicos. Estaria em jogo a destruição de uma das formas de governo identificadas com cada uma das superpotências, pois a lógica da guerra civil é a da vitória radical e não a da pacificação.

Invertia-se assim o aforismo de Clausewitz. Essa inversão na consciência militar sobre a guerra tornou a política secundária e acessória e legitimou o uso da violência no espaço público, próprio da ação humana. A guerra deixava de ser um estado de exceção para tornar-se permanente, como devia ser a contrarrevolução se quisesse obter sucesso no seu combate à subversão. Nada mais natural durante a Guerra Fria. Era como se virasse

---

65 Para o general Erich Ludendorff, um dos principais responsáveis pela estratégia alemã na 1ª Guerra Mundial, o Estado não podia deixar de se pôr a serviço da guerra.

66 PAHLAVI, Pierre Cyril. *La Guerre Révolucionaire de l'Armée Française em Algérie 1954-1961*, p. 91-127. Com a criação nos anos 1950 da 6ª Seção do Estado-Maior, o Exército francês passou a fazer campanhas, a influir na política, inclusive da metrópole. Ao assumir o governo, De Gaulle logo viu o potencial subversivo desse novo órgão, que fazia do Exército um partido que exigia do governo o cumprimento de sua política. De Gaulle rapidamente se desfez da 6ª Seção. A Doutrina da Guerra Revolucionária exigia um partido fardado, mas a hierarquia militar francesa não estava disposta a tolerá-la.

67 CLAUSEWITZ, Carl Von. *Da Guerra*, p. XCI e p. 870.

realidade uma das hipóteses levantadas por Foucault, de que o exercício do poder não deve ser analisado em termos de "cessão, contrato e alienação", mas em termos de combate, de confronto e de guerra. Nesse esquema de análise de poder, a política era a sanção e reprodução do desequilíbrio das forças manifestadas no conflito armado. As modificações das relações de força em um sistema político são interpretadas como continuações da guerra. Em tempo de paz, o poder político reinscreveria perpetuamente essas relações de força por meio de uma guerra silenciosa nas instituições e nas desigualdades econômicas, na linguagem e até no corpo dos indivíduos. Torna-se biopoder.[68] Nas palavras de Toni Negri, "uma forma de governo destinada não apenas a controlar a população, mas a produzir e a reproduzir todos os aspectos da vida social". Assim, para os teóricos militares que viam em suas doutrinas respostas aplicáveis até ao campo sexual nada mais natural que transformar a guerra em uma "matriz geral de todas as relações de poder e técnicas de dominação, esteja ou não envolvido o derramamento de sangue".[69]

Ao destruir os limites entre a dimensão política e a militar do conflito bélico estava aberto o caminho para a guerra absoluta, pois que já não seria mais necessário pensar em negociar a paz. Em outras palavras: a transformação da política em guerra e a leitura enviesada que faziam de Clausewitz tornavam a falta de moderação e a intolerância, vistas pelo prussiano como qualidades do militar apenas no conflito, em instrumentos indispensáveis à vida política. De fato, os militares sabiam que o prussiano escrevera que "não seria possível introduzir um princípio moderador na própria filosofia da guerra sem cometer um absurdo".[70] É essa falta de moderação que levou a Força Aérea Americana considerar nos anos 1960 como alvos militares "qualquer coisa ou ideia, entidade ou localidade escolhida para ser destru-

---

68 FOUCAULT, Michel. *Microfísica do Poder*, p. 175-177.
69 HARDT, Michael; NEGRI, Toni. *Multidão*, p. 34 e 35. O que ele viu como característica da política global durante a primeira década deste século pode ter as origens identificadas no Brasil e em outros países em que a Doutrina da Guerra Revolucionária foi aplicada no século passado.
70 CLAUSEWITZ, Carl Von. *Da Guerra*, p. 7-9. Trinquier reproduz essa citação (*La Guerre Moderne*, p. 19).

ída ou tornada inutilizável por meio de armas que reduzirão ou destruirão a capacidade do inimigo resistir".[71]

No Brasil, ela está no mais importante documento do Exército sobre a guerra revolucionária: o chamado *Projeto Orvil*.[72] Coordenado pelo general Agnaldo Del Nero, sua missão era desconstruir o livro *Brasil Nunca Mais*, a obra que a Arquidiocese de São Paulo lançara em 1985 denunciando os crimes da ditadura.[73] A história recente do país contada no *Orvil* por militares brasileiros interpreta a política nacional como uma guerra latente. No século XX, os comunistas, diz a obra, tentaram tomar o poder em quatro ofensivas: em 1935, 1964, 1968 e a quarta tentativa estaria em curso quando o trabalho foi escrito em 1987. Para os militares, ao escolherem a luta armada, seus adversários decidiram "igualmente arcar com as consequências de sua atitude". Ela "implicou na ação legítima e oposta do Estado agredido". É revelador o fato de o documento usar Clausewitz para justificar as ações da repressão em sua "Avaliação crítica da terceira tentativa [68-74]". O trecho escolhido pelos militares é o que faz parte na obra do prussiano do subtítulo "uso ilimitado da força" do capítulo sobre "O que é a guerra" [livro I]. Ali é dito que "as almas filosóficas", como diz Clausewitz, podem julgar que existe uma maneira de contrapor-se a essa ação violenta, sem uso da violência. "É um erro", diz o filósofo da guerra, "pensar assim por mais que a brutalidade nos repugne".[74]

---

71 RAPOPORT, Anatole. "Prefácio". In: CLAUSEWITZ, Carl Von. *Da Guerra*, p. LXVII.

72 O *Projeto Orvil* foi elaborado sob a ordem do ministro do Exército Leônidas Pires Gonçalves, durante o governo Sarney (85-90). O trabalho foi coordenado pelo general Agnaldo Del Nero, do Centro de Informações do Exército (CIE), o serviço secreto da instituição. A ideia era produzir uma obra na qual o Exército contasse sua versão sobre a guerra revolucionária no Brasil a fim de ser usada como arma de comunicação social para se opor à história dos comunistas. Para tanto, os militares pesquisaram seus arquivos secretos e produziram uma obra de 900 páginas. Leônidas, no entanto, decidiu não publicá-la. O *Projeto Orvil* permaneceu em sigilo até 2007.

73 FIGUEIREDO, Lucas. *Olho por olho*, p. 73-77.

74 *Projeto Orvil*, p. 802 (grifos no original). *Da Guerra* (p. 8): "As almas filosóficas poderiam então facilmente julgar que existe uma maneira artificial de desarmar e derrotar o adversário sem verter demasiado sangue, e que é para isso que tende a verdadeira arte da guerra. Por mais desejável que isso pareça, é um erro que é preciso eliminar. Num assunto tão perigoso como é a guerra, os erros devidos à bondade humana são precisamente a pior das coisas. Como o uso da força física na sua integralidade não exclui de modo nenhum a colaboração da inteligência, aquele que se utiliza

A obra conclui que "tal método ainda não foi inventado". Não há guerra sem sangue é o que parecem concluir, como os generais de 1914, os autores do *Orvil*. Citações ou ideias semelhantes estão nos livros de Ustra, nas palestras de Coelho e nas obras dos autores franceses da guerra revolucionária.

Militares brasileiros usaram também Mao, como seus colegas franceses, para analisar a estratégia comunista no país. Como o líder chinês dividiu em três fases a guerra popular prolongada – defesa estratégia, equilíbrio estratégico e contraofensiva[75] –, os militares empregaram o esquema para explicar que de 1964 a 1973 a guerra pelo poder movida pelos comunistas esteve em sua primeira fase. De 1974 a 1978, o Brasil teria conhecido o período de equilíbrio estratégico entre as forças e, a partir de então, o país havia entrado na fase da contraofensiva. Em vez de ela ser executada pelo Exército de Libertação Popular, que então enfrentaria o Exército em batalhas de uma guerra regular, o "movimento comunista brasileiro" estava usando uma arma ainda mais eficaz: a propaganda, o chamado trabalho de massas. Essa ênfase na luta ideológica, na propaganda, na cultura e na política é outra característica que reflete o maoísmo. O chinês pensava que a criação e a defesa da teoria revolucionária desempenhavam papel decisivo assim como Lenin afirmara: "Sem teoria revolucionária não pode haver movimento revolucionário".[76] Assim é que

---

sem piedade dessa força e não recua perante a efusão de sangue ganhará vantagem sobre o seu adversário se este não agir da mesma forma. Por este fato, ele dita a sua lei ao seu adversário, de modo que cada um impele o outro para extremos nos quais só o contrapeso que reside no lado adversário traça limites. Eis como devem se considerar as coisas. Ignorar o elemento de brutalidade, devido à repugnância que ele inspira, é um desperdício de força para não dizer um erro".

75 TSÉ-TUNG, Mao. *Problemas estratégicos da guerra subversiva*, ver o capítulo "As três fases da guerra prolongada, na parte III" (*Sobre a guerra prolongada*, p. 182 e seguintes). O mesmo conceito havia sido aproveitado pelos formuladores da doutrina francesa. Ver *Projeto Orvil*, p. 841 e seguintes e a *A subversão e o terrorismo em São Paulo*, folha 12/107. O documento secreto de Waldyr Coelho é o primeiro produzido por um órgão de segurança a dividir as fases da guerra revolucionária em três: conquista do apoio da população, preparação da ação com montagem de estrutura paramilitar e a criação do clima revolucionário e a derrubada do governo.

76 Para a frase de Lenin, ver LENIN, V. I. "Que fazer?". In: *Obras escolhidas*, vol. I, p. 96 e 97. Para a ênfase do maoísmo, ver TSÉ-TUNG, Mao. "Sobre a contradição". In: *Sobre a prática e a contradição*, p. 113 e 114. Em sua crítica a Stalin, Mao diz que o líder soviético deixava de lado as relações entre a superestrutura e a base econômica e mencionava "apenas a economia e não a política". Assim, para o chinês era "forçoso admitir que, em certas condições, aspectos

sem a Doutrina da Guerra Revolucionária não haveria como vencer a revolução ou como disse general francês Marcel Bigeard: "Em face dos revolucionários, é necessário um exército revolucionário [...] Antes de tudo é uma questão de fé: é preciso dar aos soldados o espírito de cruzados."[77] O fim da luta armada, portanto, não significava para os militares o fim da guerra, pois esta continuaria por outros meios.

É importante notar ainda que, para alguns militares, a inversão da fórmula de Clausewitz, ao deixar de subordinar a guerra à política, podia desaparecer com a única moderação no conflito por eles admitida: a do interesse nacional.[78] A guerra atendia ao interesse político de uma nação, mas este se tornava secundário, ou no mínimo indistinto, em relação ao militar. A política, por meio do golpe de força e da solução bélica, livrava-se do incômodo causado pelo diálogo, pela alternância de poder, do reconhecimento da legitimidade do outro, do dissenso e da garantia de sua presença e manifestação social. A noção abstrata de destruição das forças inimigas foi levada pelos radicais à política. Leitores desatentos de Clausewitz, não souberam diferenciar os fins políticos dos objetivos militares. Raymond Aron diz que a ideia de destruição do inimigo sugere, em *Da Guerra*, objetivos concretos: domínio do território, das forças militares e da vontade do inimigo. Os formuladores do *Projeto Orvil* parecem transformá-los em domínio do campo político, dos partidos e de suas propostas e ações.[79] A democracia para os militares virava uma "ideologia", "assim como o marxismo-leninismo".

---

tais como as relações de produção, a teoria e a superestrutura manifestam-se por sua vez no papel principal e decisivo". A respeito de Stalin ver *Problemas econômicos do socialismo na União Soviética*, em *Sobre a Prática e a Contradição*. p. 141 e seguintes.

77 BIGEARD, Marcel. *Ma guerre d'Algérie*, p. 48. Bigeard comandou o 3º Regimento de Paraquedistas em Argel, em 1957, servindo de modelo para o personagem do coronel Mathieu, do filme *Batalha de Argel*, do cineasta Gillo Pontecorvo. "C'est là loi de l'efficacité (É a lei da eficiência)", escreveu Bigeard sobre a *Batalha de Argel*. E concluiu: "É necessário fazê-los compreender que estamos dispostos a tudo para eliminá-los, que somos capazes de resistir a eles não importando o preço".

78 É interessante notar que Engels viu a crueldade como fator de distinção do ser humano dos animais. Ao comentar as guerras tribais, chegou à conclusão de que crueldade "só mais tarde se suavizou pelo interesse" (ENGELS, Friedrich. *A origem da família, da propriedade privada e do Estado*, p. 140).

79 ARON, Raymond. *Penser la guerra, Clausewitz. Vol. 1: L'âge européen*, p. 92 e 93. Essa transposição fica ainda mais clara quando os militares chamam de quarta tentativa de tomada do

O sistema repressivo buscava uma autonomia até mesmo dentro do núcleo de governo e do aparelho militar, como mais tarde se viu, principalmente, quando o presidente Ernesto Geisel (1974 a 1979) decidiu abrir o regime. É conhecido o fato de que a autonomia em relação ao Poder Civil – mesmo que exercido por um general – é um traço marcante da República desde que a Constituição de 1891 definiu que aos militares cabia também a manutenção das leis no interior do país. Desde então, os militares tornaram-se autônomos diante do Executivo, pois seus membros podiam imaginar-se intérpretes da lei. Durante toda a República, a tensão entre os Poderes Civil e Militar permaneceu até se manifestar naquilo que seria a solução do regime para esse impasse em 1964: a transformação de um general em um presidente eleito que vestia terno e gravata. Passo decisivo para essa síntese foi a criação nos anos 1950 da Doutrina de Segurança Nacional (DSN), um projeto para governar o país. Ela não era uma doutrina operacional, de combate, como a da Doutrina da Guerra Revolucionária – embora os integrantes da comunidade de segurança e de informação se vissem como os combatentes sem os quais não seria possível executar os objetivos governamentais. Culpar, no entanto, a DSN por inteiro pelos excessos do regime seria como imputar ao marxismo os crimes do período stalinista.[80] Ao fazer dela a "doutrina política da Revolução", o governo militar elegia "objetivos nacionais", que podiam ser ameaçados por nações amigas ou inimigas. Entre esses, havia os que se deviam "alcançar", os que se deviam "defender" e os que deviam ser "preservados". Entre aqueles que deviam ser defendidos estavam "a democracia, a preservação dos valores morais e espirituais e a paz social". O Brasil se tornaria uma potência, segundos os "mais

---

poder pelos comunistas, sendo as três anteriores em 35, 64, 68-74, aquela que se inicia com a abertura política. Como o *Projeto Orvil* foi feito entre 1985-87, seu objetivo não era emparedar o governo e impedir a abertura como se poderia supor se a obra tivesse sido escrita durante o governo Geisel, o que aumenta ainda mais sua importância.

80 Para a insubmissão do Poder Militar ao Civil, ver BORGES FILHO, Nilson. *Santos e pecadores: o comportamento político dos militares Brasil-Portugal*, p. 91, 92, 115, 117 e 122; para a insubmissão e a autonomia dos militares desde 1891 a diferença entre a DSN e a Doutrina da Contrainsurgência ou da Guerra Revolucionária, ver FERREIRA, Oliveiros S. *Elos partidos*, p. 582-591, e MCCANN, Frank D. *Os Soldados da Pátria*, p. 48 e 49. Para a crise no governo Geisel, ver OLIVEIRA, Eliezer Rizzo de. "Conflitos militares e decisões políticas sob a presidência do General Geisel". In: ROUQUIÉ, Alain (coord.). *Os partidos militares no Brasil*.

altos interesses e aspirações nacionais". Justificava-se a democracia como "uma ideologia de teto e não um instrumento de ação política".[81] Em parte da doutrina, a democracia assumia a forma de um fim em si mesmo, um absoluto, e não um meio de ação. Ao transformar sua visão de democracia em si em uma verdade inquestionável, o pensamento do regime, expresso por Meira Mattos, esbarrava na pretensão de expulsar o arbitrário das relações sociais e a contestação da opinião política. Estes jamais deixarão de existir enquanto houver ação humana. Seu paradoxal conceito de democracia excluía o imponderável do novo, a permissão à opinião de se manifestar sem transformar-se em verdade, sem criar um absoluto. Onde se enxerga a verdade dissociada da prática não há mais democracia, pois a verdade seria o fim do debate e da possibilidade de se compreender os resultados da atividade humana.[82] Cria-se, portanto, uma oposição entre verdade (e a mentira) e a democracia. A serviço da sociedade, ela não deve ser compreendida como algo absoluto – só assim ela não engendrará o seu próprio fim e, com ele, o do espaço da ação pública.

A democracia dos militares virara uma casamata defendida por soldados, que repelia a alternância de poder e a crítica. Em tempos de guerra o "princípio democrático deve ceder terreno a um princípio estritamente autocrático: todos devem prestar obediência incondicional ao líder" analisou o jurista Hans Kelsen. E completou: "quando o líder é escolhido pela Assembleia, ele pelo menos assume a função de modo democrático".[83] Era assim que viam os militares. Uma assembleia que representasse o povo, mesmo que desfigurada e mutilada, garantiria a forma do regime. Mas a linguagem de Meira Mattos mostrava a que ponto a política se havia transformado em guerra. De exceção, a guerra tornava-se situação permanente e engendrava a suspensão da democracia na prática. Assim o aparelho repressivo do nosso regime militar deu sentido a suas ações.

---

81 MATTOS, Carlos Meira. "Doutrina Política de Potência". In: *Revolução, Evolução: 6º aniversário da Revolução*.
82 Ver MARX, Karl. *A ideologia alemã*, p. 611 e 612.
83 KELSEN, Hans. *Teoria Geral do Direito e do Estado*, p. 413.

3 A VIOLÊNCIA
De Marx a Marighella

O FENÔMENO DA FALTA DE MODERAÇÃO não atingiu só exércitos, mas também revolucionários, ainda que estes fossem movidos por um desejo de igualdade e não pela manutenção da dominação colonial ou reação a reformas sociais. Jean-Paul Sartre defendeu que nenhuma indulgência apagaria as marcas da violência sofrida pelo colonizado. "Só a violência é que pode destruí-las."[1] Nesse aspecto, o filósofo francês insere-se na tradição marxista que vê "a força como o parteiro de toda sociedade velha que traz uma nova em suas entranhas". Força aqui nos dá a ideia da violência, poder, autoridade e da coerção usados pela burguesia na acumulação primitiva do capital, levando à separação entre o trabalhador e os meios de produção.[2]

---

[1] SARTRE, Jean-Paul. "Préface a l'éd. de 1961". In: FANON, Frantz. *Les damnés de la terre*, p. 29.
[2] MARX, Karl. *O Capital*, livro I, vol. 2, 20ª ed., p. 864. Reginaldo Sant'Anna usa nessa passagem força para traduzir *Gewalt*, o que conserva o sentido alemão mais amplo do que a versão famosa da frase com a palavra violência – "A violência é a parteira de toda velha sociedade" –, conforme pode ser lida na tradução de Regis Barbosa e Flávio R. Khote (MARX, Karl. *O Capital*, livro primeiro, tomo 2, p. 276 e seguintes) e ENGELS, Friedrich. *Anti-Dühing*, p. 161 (essa tradução usa violência e não força). Na passagem, Marx refere-se à ação da burguesia para abreviar as etapas de transição do modo feudal de produção para o modo capitalista. Marx, no entanto, como dizia Lenin, não era um "liberal vulgar" (LENIN, V. I. "A Revolução Proletária e o Renegado Kautsky". In: *Obras escolhidas*, vol. 3, p. 14, 20, 21 e 45). Ele sabia que sem práxis revolucionária, a burguesia não teria substituído a ordem feudal pela sua. E, para confrontar a ordem capitalista, reconheceu a importância da violência a serviço do proletariado, como atesta sua obra

Ela é parte do processo que constrói o novo sobre o antigo, abreviando as dores do parto. É uma engrenagem para Marx. Em seus textos, Lenin enfatizará a relação da força com as necessidades da prática revolucionária, às vezes com uma linguagem dura. Dizia que a insurreição ia ajustar contas com a burguesia e seu poder "à maneira plebeia", "aniquilando implacavelmente os inimigos da liberdade". Para ele, a função do partido revolucionário era preparar a insurreição armada do povo. "As grandes questões da vida dos povos decidem-se somente pela força, pois as classes reacionárias são as primeiras a pôr a baioneta na ordem do dia." A democracia não era o meio de resolver as questões políticas mais sérias durante a luta entre a burguesia e o proletariado, mas a guerra civil.[3] Lenin citava os textos de Engels no qual este dizia que o Estado nasceu da necessidade de conter os antagonismos de classe e ao mesmo tempo como meio de repressão e exploração da classe oprimida.[4] Por isso afirmava que, quando a revolução estabelecia outro poder – a ditadura do proletariado – ela não o fazia abdicando da violência, pois o Estado permanecia o órgão de domínio de uma classe, desta vez, do proletariado sobre as demais. Ora, fora assim com os revolucionários franceses, que não hesitaram diante do clero, da nobreza e

---

Guerra Civil em França. Lenin usou várias passagens dessa obra para se defender das acusações de autoritarismo e, por sua vez, denunciar a social-democracia como traidora do proletariado. Como a leitura leninista de Marx predominou no século XX, é ela a mais importante nesse trabalho. Ver ainda FAUSTO, Ruy. "Em torno da pré-história intelectual do totalitarismo igualitarista". *Revista Lua Nova*, nº 75, p. 161 e 162.

[3] LENIN, V. I. "Que fazer?", p. 204 e "Duas táticas da social-democracia na revolução democrática", p. 412, 413, 465 e 466, ambos em *Obras escolhidas,* vol. 1. A opção pela violência e pelo trabalho clandestino justificavam-se para Lenin em seu contexto histórico, pois a reação do regime czarista às manifestações populares era sempre violenta, e a luta legal contra a autocracia czarista teria como resultado pôr o partido bolchevique nas mãos da polícia. Depois, a guerra civil e a intervenção das potências capitalistas justificaram o terror. As "questões políticas mais sérias", disse Lenin ao justificar o fechamento da Assembleia Constituinte pelos bolcheviques, "se são agudas e agravadas pela luta, resolve-as a guerra civil" (*A Revolução Proletária e o Renegado Kautsky*, p. 11, 15, 21, 33, 37, 43, 47 e 49; *1º Congresso da Internacional Comunista*, p. 76; *Saudação aos operários húngaros*, p. 137; *Todos à luta contra Denikin*, p. 163 e 165; *Carta aosoperários e camponeses*, p. 192 e 193; *Relatório ao 2º Congresso dos Povos do Oriente*, p. 211 e *As eleições para a Assembleia Constituinte*, p. 238; todos em Obras Escolhidas, Vol. 3).

[4] ENGELS, Friedrich. *A origem da família, da propriedade privada e do Estado*, p. 229; ver ainda *Anti-Dühing*, p. 95 e 96.

do rei. Quando ainda se pensava na Convenção se Luís XVI devia ser julgado, Maximilien Robespierre disse em 1792: "Os povos não julgam como as cortes judiciais; não proferem sentenças, eles lançam o raio; não condenam os reis, eles os mergulham de volta no nada". A assembleia rejeitou os apelos por um julgamento. E Luís XVI acabou na guilhotina.[5]

A Comuna de Paris também não renunciou à violência. Como escreveu Friedrich Engels, "a revolução é indiscutivelmente a coisa mais autoritária que existe". "É o ato em que uma parte da população impõe sua vontade à outra por meio de fuzis, baionetas e canhões". Se não se quiser lutar em vão, deve-se manter o "domínio pelo terror que as armas inspiram aos reacionários". "Portanto, uma das duas: ou os antiautoritários não sabem o que dizem; e nesse caso não fazem senão semear a confusão; ou sabem e, nesse caso, traem o movimento do proletariado."[6] A violência, portanto, era indissociável da história humana, do desenvolvimento das forças produtivas e se baseava na consciência da necessidade, o que fazia "toda esfera da ação política" caracterizar-se pelo seu uso.[7]

No diálogo que manteve com militantes maoístas em 1971, Foucault disse que o controle da violência revolucionária era um direito das massas e não dos aparelhos do Estado, que deviam apenas ajudá-las em seus julgamentos. Não se questionava a legitimidade da justiça popular mesmo quando se abria a possibilidade do terror, o que ficava claro quando o estudante maoísta dizia que o único controle legítimo para determinar o número de patrões que "serão liquidados" era "a necessidade da revolução". Uma aliança dos revolucionários com a pequena burguesia, explicava o militante, podia poupar muitas cabeças, mesmo de quem, abominavelmente, explorava seus trabalhadores.[8] Aqui havia uma única moderação admitida, que não era mais a do interesse nacional, mas a da classe social. Era difícil

---

5   ROBESPIERRE, Maximilien. *Virtude e Terror*, p. 112 a 122.
6   ENGELS, Friedrich. "Sobre a autoridade". In: MARX, Karl; ENGELS, Friedrich. *Obras escolhidas*, vol. 2, p. 187; LENIN, V. I. "A Revolução Proletária e o Renegado Kautsky". In: *Obras escolhidas*, vol. 3, p. 13.
7   ARENDT, Hannah. *Entre o passado e futuro*, p. 49.
8   FOUCAULT, Michel. *Microfísica do Poder*, p. 44 e 45.

para os maoístas dos anos 1960 distinguir a Guerra Fria de uma guerra propriamente dita. Ao contrário, para Mao, a guerra popular prolongada terminava com a vitória da revolução. Esta não significava a continuidade da guerra por outros meios, mas da luta de classes e de suas contradições em meio ao povo. Antes da fase armada, também não havia guerra, pois não se pode chamar de bélico o conflito entre grevistas e a polícia.

Mao e, antes dele, Lenin nunca fizeram a inversão da sentença de Clausewitz, o que permitiria à guerra absoluta deixar de ser irreal. Lenin desenvolveu o pensamento do prussiano, adaptando-o à luta de classes. Ele pensava que a política continuava com a guerra, ou seja, a política das classes, dos partidos e dos Estados anteriores à guerra se exprimiriam na conduta deles durante o conflito. "O caráter social da guerra, o seu verdadeiro significado não é determinado pelo lugar em que se encontram as tropas inimigas [...]. Esse caráter é determinado por qual política a guerra continua [...] e por qual classe que faz a guerra e por qual fim."[9]

Assim, pouco importava se a Alemanha dos Hohenzollern invadira a Rússia do Czar. Eis por que a 1ª Guerra Mundial era um conflito imperialista, pois ele refletia a política das potências europeias anterior a 1914. Eis ainda o motivo do apoio dos sociais-democratas à mobilização dos exércitos decretada por seus governos ser uma traição ao proletariado, pois o imperialismo era política da burguesia e não a dos trabalhadores. À guerra injusta, pois reacionária e de conquista, Lenin opunha a guerra justa, revolucionária, que emanciparia o proletariado, pois a única "guerra verdadeiramente libertadora" era a "guerra civil contra a burguesia". Ele criticava os reformistas sociais-democratas porque estes, defendendo a colaboração com a burguesia "negavam a luta de classes e a sua necessária transformação, em determinados momentos, em guerra civil".[10] Quando escreve "em determinados momentos", ele mostra de forma nítida a

---

9 LENIN, V. I. "A catástrofe que nos ameaça e como combatê-la". In: *Obras escolhidas*, vol. 2, p. 198.
10 *Idem*. "A Guerra e a social-democracia da Rússia". In: *Obras escolhidas*, vol. 1, p. 560-564. Ver ainda "O programa militar da revolução proletária". In: *Obras escolhidas,* vol. 1, p. 679-687 e "As Lições de Outubro (projeto de resolução para o momento político atual)". In: *Obras escolhidas*, vol. 2, p. 163.

separação entre guerra e paz, entre caso político e bélico. Os meios da política não são os mesmos da guerra. Embora a julgue necessária, para Lenin, só em *determinados momentos* é que a luta de classes se transforma em guerra civil. Esta era consequência da reação à revolução socialista desencadeada pela "forma suprema de luta, a insurreição".[11]

Há, pois, um momento em que se passa da palavra à ação, das armas da crítica à crítica pelas armas. A diferença entre esses momentos – a guerra e luta de classes – é nítida ainda em outro autor marxista: Leon Trotsky. "Ninguém faz a revolução de boa vontade [...]. Numa guerra, o papel decisivo é da coação; numa revolução não há coação, a não ser a das circunstâncias". A revolução acontece quando já não há outro caminho. A insurreição é o cume que se eleva da cadeia montanhosa dos acontecimentos da revolução. Trotsky afirma também que a insurreição devia ser um prolongamento da política, uma arte com suas leis. A revolução transforma-se em guerra civil na qual se deve usar o terror revolucionário e a censura à imprensa.[12] Necessidade e inevitabilidade. O recurso ao terror estatal para os comunistas era uma exigência momentânea da luta de classes. Em *Terrorismo e comunismo*, Trotsky diz que não há na história outro meio de quebrar a vontade de uma classe inimiga do que o recurso enérgico à força. "Quanto mais a resistência do inimigo de classe se mostrar encarniçada e perigosa, mais inevitavelmente o sistema de coerção se transformará em sistema de terror." Como distinguir o terror vermelho do terror branco em uma guerra civil? A resposta que Trotsky deu ao social-democrata Karl Kautsky é memorável: "O terror do tzarismo era dirigido contra o proletariado. A polícia tzarista estrangulava os trabalhadores que militavam pelo socialismo. Nossas comissões extraordinárias (Tchekas) fuzilam os grandes proprietários, os capitalistas e os generais que se esforçam por restabelecer o regime tzarista. Vocês conseguem captar

---

[11] Idem. "As lições da insurreição de Moscou". In: *Obras escolhidas*, vol. I, p. 473-477.
[12] "Nós suprimimos a imprensa contrarrevolucionária assim como nós destruímos suas posições fortificadas, seus depósitos, suas comunicações e seus serviços de espionagem" (TROTSKY, Leon. *Terrorisme et communisme*, p. 102).

essa... nuance? Sim? Para nós, comunistas, ela é mais do que suficiente".[13] Ou como disse Lenin: "Não houve nenhuma revolução nem época de guerra civil em que não tivesse havido fuzilamentos".[14]

A partir dos anos 1930, Mao Tsé-Tung aprofundou a noção leninista de continuidade da política durante a guerra. O líder chinês transformou a guerra em instrumento legítimo para se fazer a revolução. Guerra em vez de insurreição. Nada mais natural para um país como a China, dividido entre déspotas locais que se combatiam mutuamente. A necessidade de o partido comunista construir um exército para impedir seu aniquilamento pelas forças nacionalistas do Kuomitang fez Mao concluir que a "política é a guerra sem sangue e a guerra é a política sangrenta".[15] Pensava na violência dentro da tradição marxista que remontava ao Manifesto Comunista, que via a política como a história de uma luta até que a revolução levasse o proletariado à derrubada violenta da burguesia. Para ele, na China, a principal forma de luta era a guerra; e a principal forma de organização, o exército. Em sua carta "Uma só centelha pode iniciar um incêndio na pradaria", de 5 de janeiro de 1930, Mao afirma que "o estabelecimento e expansão do Exército Vermelho, das forças de guerrilha e das áreas vermelhas representam a mais elevada forma da luta camponesa sob a liderança do proletariado". As demais formas de luta dos trabalhadores não podiam ser abandonadas, mas estavam subordinadas

---

13 TROTSKY, Leon. *Terrorisme et communisme*, p. 93, 94 e 99. Para Kautsky, os guardas brancos não traíam os seus princípios quando assim agiam, mas os bolcheviques sim. Kautsky afirma que o respeito à vida humana e à democracia excluíam a guerra civil como meio de luta de classes. (KAUTSKY, Karl. *Terrorisme et communisme*, p. 157 e 221). Seu livro e o de Trotsky têm o mesmo título. O primeiro a ser lançado foi o de Kautsky em defesa do mencheviques e da Assembleia Constituinte russa. A resposta dos bolcheviques veio com a obra de Trotsky e com a de Lenin, *A revolução proletária e o renegado Kautsky*. Ambos defendiam o uso da violência revolucionária e que a única alternativa ao governo deles seria uma ditadura militar dos russos brancos.

14 TROTSKY, Leon. *A História da Revolução Russa*. Vol. 3: *O triunfo dos sovietes*, p. 842-867. Para a frase de Lenin, ver LENIN, V. I. "V Congresso de Toda a Rússia Dos Sovietes (relatório do conselho dos comissários do povo de 5 de junho)". In: *Obras escolhidas*, vol. 2, p. 643.

15 TSÉ-TUNG, Mao. "Sobre a guerra prolongada". In: *Problemas estratégicos da guerra subversiva*, p. 201. A primeira guerra como instrumento revolucionário não foi o russo-polonesa em 1923-4, pois ali tínhamos o confronto entre Estados (soviético e polonês) que não se tornou guerra civil.

aos interesses da guerra.[16] Os militares não deviam esquecer-se dos meios não violentos. O soldado tornava-se um militante.[17]

Apesar disso, em princípio, Mao Tsé-Tung seguia Clausewitz ao subordinar o Poder Militar ao Civil. Mas essa subordinação deve ser entendida como respeito ao povo e obediência ao governo e ao partido. Ele dizia que o Exército de Libertação Popular "nunca" devia "reclamar independência" com relação aos dois últimos. "Todos os comunistas devem compreender a seguinte verdade: 'O poder político nasce do fuzil'. O nosso princípio é o seguinte: o partido comanda o fuzil e jamais permitiremos que o fuzil comande o partido."[18] Não se tratava, pois, de um Poder Civil que incluísse uma esfera de ação pública, mas da ação política restrita à vida interna do partido. Quem dissentia deste era oportunista, traidor ou inimigo. A correlação internacional de forças justificava a imposição da ditadura como forma de defesa do poder nas mãos do proletariado. A admissão do dissenso e da manifestação dos interesses de outras classes seria ingenuidade, desvio pequeno-burguês ou simples traição ao povo. Mas a subordinação do Poder Militar ao Civil não funcionava como fator moderador. Pelo contrário, servia para disciplinar o Exército, para que seus integrantes não se constituíssem em uma burocracia com interesses conflitantes com os do partido/povo. Só o interesse da revolução podia moderar as ações dos soldados vermelhos. Ora, entre as tarefas dos comunistas na luta de classes e de seus soldados estava a de organizar o povo "para abater os reacionários na China".[19]

Essa constante tensão entre o espaço ocupado pelo político e o reservado ao militar está presente no *Livro Vermelho*. As metáforas militares eram usadas pelo líder chinês para descrever como devia ser o trabalho político, o estudo, o método de trabalho etc.[20] A história da revolução chinesa

---

16 TSÉ-TUNG, Mao. *Sobre a prática e a contradição*, p. 40. O título de seu trabalho lembra trechos do capítulo 26 do Livro VI de *Da Guerra*, de Clausewitz, sobre a guerra popular.
17 ARON, Raymond. *Penser la guerre, Clausewitz*. Vol. II: *L'âge planétaire*, p. 68-77 (para Lenin) e 103-117 (Mao).
18 TSÉ-TUNG, Mao. "Problemas da guerra e da estratégia". In: *Problemas estratégicos da guerra subversiva*, p. 254.
19 Idem. *O Livro Vermelho*, p. 24.
20 *Ibidem*, p. 102-105, 157 e 216.

– uma guerra civil que durou 22 anos – pode explicar essa característica do pensamento de Mao. Mas, em suas manifestações mais extremadas, seus discípulos transformaram a ação política em acessório de uma guerra, a guerra de classes, na qual toda moderação se tornava indesejada, determinando as ações do regime do Khmer Vermelho, no Camboja, e de grupos como o Sendero Luminoso, no Peru.

A vitoriosa experiência chinesa parecia mostrar que era possível, como defendia Mao, bater um inimigo mais poderoso desde que se evitasse a busca da batalha decisiva até que a exaustão e a frustração do inimigo lhe roubassem a chance de vitória. Seguia a fórmula de Lenin de que "a estratégia mais segura na guerra é aquela que procura retardar as operações até que a desintegração moral do inimigo torne seu desencadeamento um golpe ao mesmo tempo possível e fácil".[21] Os historiadores militares chamaram a atenção para o alto custo em vidas desse tipo de guerra. Um número incalculável de comunistas e simpatizantes foi massacrado pelo Kuomitang. Há quem estime que um milhão de proprietários de terras foram mortos em 1948, quando a revolução comunista triunfou na China.[22] Nisso eles concordavam com Lenin: "A revolução é a luta de classes e a guerra civil mais aguda, mais furiosa, mais encarniçada. Na história não houve uma só grande revolução sem guerra civil".[23] A guerra civil russa fez 13 milhões de mortos.[24]

A estratégia de cerco das cidades pelo campo por meio do exército popular influenciou a guerra de libertação popular dos vietnamitas contra franceses e americanos e dos argelinos que lutaram pela independência de 1954 a 1962 – na Argélia, o conflito deixou quase um milhão de vítimas. A estratégia chinesa uniu-se à tradição das rebeliões populares e nacionalistas na América Latina contra caudilhos e dominadores estrangeiros para criar em Cuba o mito de que um punhado de barbudos armados no meio do mato podia arrastar multidões. Nascia o modelo de revolução que inspirou por décadas a guerrilha na região. A influência da doutrina militar de Mao sobre os

---

21 LIDDELL HART, B. H. *As grandes guerras da história*, 6ª ed., p. 272.
22 KEEGAN, John. *Uma história da guerra*, p. 68 a 73.
23 LENIN, V. I. "Conservarão os bolcheviques o poder do Estado?". In: *Obras escolhidas*, vol. 2, p. 351.
24 VOLKOGONOV, Dmitri. *Lenin, uma nova biografia*, p. 408.

revolucionários cubanos foi razoável. Ela pode ser constatada pela leitura de *A Guerra de Guerrilha*, de Che Guevara. O livro retoma temas maoístas como a necessidade de uma base territorial para a guerrilha e do apoio popular. Ele define o guerrilheiro como o revolucionário agrário, exibindo a importância do camponês na revolta. O pensamento do chinês está presente em detalhes como a lição de que o guerrilheiro deve resolver seu problema de abastecimento, tomando munição e armas dos soldados do governo.

A ideia de que a guerrilha deve evoluir para uma guerra de posições, após o desgaste do inimigo, é uma das teses centrais do livro de Che e da teoria da guerra prolongada de Mao. A exemplo deste, Che acreditava que "as forças populares podem ganhar uma guerra contra o exército". Cético em relação à via pacífica para a conquista do poder, o revolucionário via a guerra de guerrilha como única alternativa e espécie de continuação da política. Como Lenin, pensava que a destruição do Exército burguês era essencial para o triunfo da revolução. Seu erro foi a transposição esquemática da situação chinesa e cubana a fim de concluir que, "na América subdesenvolvida, o terreno da luta armada deve ser fundamentalmente o campo".[25] A 2ª Declaração de Havana via a região como um conjunto de países não muito diversos da China pré-revolucionária: donos de uma indústria subdesenvolvida e com regime agrário de caráter feudal. O uso de aspectos do modelo chinês parecia, pois, adequado.

A revolução cubana também se inseriu na tradição marxista-leninista da inevitabilidade do uso da violência na passagem para o socialismo. Che lembrava que o *Programa Militar da Revolução Proletária*, de Lenin, "dizia que quem admitir a luta de classes também deve admitir as guerras civis [...]; Negar as guerras civis ou esquecê-las seria cair em um oportunismo extremo e renegar a revolução socialista".[26] "Retomando uma passagem de Engels, Lenin diria que a revolução "é, certamente, a

---

25 GUEVARA, Ernesto Che. *A guerra de guerrilhas*, p. 14-20, 32, 57, 126 e 127. Ver TSÉ-TUNG, Mao. *Problemas estratégicos da guerra subversiva*, p. 16, 67, 68, 107, 182 e 255, e, por fim, LÖWY, Michael. *O pensamento de Che Guevara*, p. 115-130.
26 GUEVARA, Ernesto Che. "Guerra de guerrilha: um método". In: *A guerra de guerrilhas*, p. 126 a 130. Ver ainda HARNECKER, Marta. *Fidel: a estratégia política da vitória*, p. 57 e seguintes.

coisa mais autoritária que há, um ato pelo qual uma parte da população impõe a sua vontade à outra, com o auxílio dos fuzis, das baionetas e dos canhões, meios por excelência autoritários; e o partido que triunfou tem de manter a sua autoridade pelo temor que suas armas inspiram aos reacionários".[27] Só a revolução libertaria o homem da selvageria, da escravidão e da ignomínia da exploração capitalista. Por meio dela, os trabalhadores não deviam conquistar o Estado, mas construir um novo.[28] O pensador e revolucionário francês Régis Debray lembra que foi preciso esperar pela Revolução Cubana para assistirmos à proeza da destruição do aparelho estatal começar pela sua coluna vertebral, o Exército, com a formação em seu lugar de milícias populares.[29] No caso cubano a guerrilha surgia como "uma solução militar madura para uma revolução dentro da ordem falhada e impossível".[30]

Se na China o pensamento de Mao reafirmava a subordinação do Poder Militar ao Civil, em Cuba a inexistência de um partido revolucionário antes da conquista do poder fez o guerrilheiro assumir as tarefas de homem político. "Não há um 'repouso do guerreiro'. A política seria, sem jogo de palavras, um prolongamento da guerrilha por outros meios."[31] As referências ao mundo da guerrilha, à sua fraternidade e ao fervor revolucionário legitimavam o poder, daí o inseparável uniforme militar de Fidel. O poder que nasce do fuzil se estabelecia sem a necessidade de subordiná-lo ao partido, pela quase inexistência dessa organização. A inversão da sentença de

---

27   LENIN, V. I. *O Estado e a Revolução*, p. 80. Lenin usa a passagem da obra de Engels quando analisa a questão da autoridade em sua polêmica com os anarquistas.

28   *Idem*, p. 107 e 133. O Estado, para Lenin e Engels, era o instrumento de opressão de uma classe sobre outra, no caso, da burguesia contra o proletariado. Ver ainda ENGELS, Friedrich. *A origem da família, da propriedade privada e do Estado*, p. 228-230. Os proletários não deveriam simplesmente conquistar a máquina estatal burguesa, mas destruí-la e construir uma nova, como forma de exercer o seu controle e poder.

29   DEBRAY, Régis. *La guerrilha du Che*, p. 30 e 31.

30   FERNANDES, Florestan. *Da guerrilha ao socialismo: a Revolução Cubana*, p. 111 e 112.

31   *Idem*, p. 126 e 127. É interessante notar como Florestan vê na Revolução cubana o mesmo fenômeno analisado por Foucault (*Em Defesa da Sociedade*). A diferença é que Florestan o circunscreve ao contexto cubano. A exemplo de Aron, ele não esposa a ideia de que a política é guerra, apenas diz que os líderes cubanos agiram como se assim fosse.

Clausewitz se completa aqui e torna natural a decisão de exportar a revolução, pois a guerra é a forma de a Ilha fazer política externa.[32]

Os exemplos de Cuba e de Mao afetaram profundamente a política – dos nacionalistas aos partidos comunistas– nos anos 1960. O antagonismo social aumentou ainda mais com a efervescência revolucionária de 1968. É possível conhecê-lo por meio das canções populares, pois refletem o espírito da época, como um diário coletivo. Elas mostram como a violência era vista como parte do processo de construção de uma nova sociedade. A luta armada estava presente em teoria antes de se transformar em fato. A esquerda extraparlamentar italiana cantava, por exemplo, *Mio Caro Padrone Domani Ti Sparo* (Meu caro patrão, amanhã atiro em você), que, em tom satírico, falava da vingança proletária. Aos empresários e sindicalistas, os militantes maoístas de Lotta Continua diziam *non* e exigiam *tutto* em *La Ballata della Fiat*, pois *siamo stanchi di aspetare che tu ci faccia ammazzare* (estamos cansados de esperar que tu – isto é, o patrão – nos faça matar). À violência da chefatura de polícia, os operários de Torino responderiam *senza paura, che la lotta dura bisogna far* (sem medo, que a luta dura é necessária). Queriam que nas fábricas e fora delas o comunismo triunfasse. A música de Alfredo Bandelli advertia o patrão que o silêncio na montadora em greve significava que, *forse, domani, solo il rumori della mitraglia tu sentirai* (talvez, amanhã, só o barulho da metralha tu ouvirás).[33]

Outra música do mesmo autor demonstra como a vanguarda nutria a esperança de que *chi ha esitato questa volta/lotterà con noi domani!* (quem hesitou desta vez, lutará conosco amanhã). A quem dizia que as pedras atiradas pelos manifestantes não eram um argumento, Bandelli respondia: *siamo d'accordo con voi,/miei cari signori,/ma gli argomenti/non hanno la forza di pietre* (estamos de acordo com vocês, mas os argumentos não têm a força das

---

32 Toni Negri diz que "Fidel e as forças guerrilheiras não se subordinavam a qualquer líder político e só constituíram um partido depois da vitória" (HARDT, Michael; NEGRI, Toni. *Multidão*, p. 111). Mais tarde, a estabilização do regime recria um poder civil e, aos poucos, uma nova ordem positiva vai substituindo a negatividade revolucionária do antigo regime.

33 PIETRANGELLI, Paolo. *Mio Caro Padrone Domani Ti Sparo*. Itália, 1969, e BANDELLI, Alfredo. *La Ballata della Fiat*. Itália, 1970.

pedras).³⁴ A violência era ainda a resposta à caça às bruxas, pois os patrões, o governo e a imprensa viam em cada descontente *un sporco cinese* (um chinês sujo). Pregava-se, ainda, a união em defesa das instituições e alertava que podiam abrir mão da paz se as "pessoas de bem" quisessem impor seus interesses, pois se *questo è il prezzo vogliamo la guerra,/vogliamo vedervi finir sotto terra* (se este é preço, queremos a guerra, queremos vê-los terminar sobre a terra). O conflito nos versos entre a luta institucional ou a armada, ainda incipiente, tornar-se-ia dramático mais tarde na Itália quando a violência nas ruas transformou-se em ataque ao coração do Estado.

No Brasil, os que se identificavam com o projeto antagonista romperam com o PCB nos anos 1960, que, apesar de não condenar a luta armada, não achava acertado, dizia Luís Carlos Prestes, que um pequeno grupo de pessoas pudesse fazer uma revolução.³⁵ Prestes pensava como Hobsbawm, que o revolucionário, como um surfista, não cria as ondas em que flutua, mas tenta controlar sua direção e movimento depois que ela surge.³⁶ Por se recusarem a aderir ao mito da onipotente vontade revolucionária, os dirigentes do PCB eram vistos como burocratas pelos críticos. Pegos de surpresa pelo golpe em 64, eram censurados por erros que permitiram à direita ser vitoriosa. Paolo Pietrangelli deixava claro na Itália o que a esquerda extraparlamentar pensava sobre os reformistas do PCI. Em *Contessa*, uma famosa música do 68 daquele país, ele diz que, se *il vento fischiava, ora fischia più forte*, pois *le idee di rivolta non sono mai morte; se c'è chi lo afferma non state a sentire, è uno che vuole soltanto tradire* (se o vento soprava, hoje sopra mais forte, as ideias de revolta jamais foram mortas, se há quem afirma, não fiquem a ouvir, pois é só alguém que deseja trair). Aqui as canções não podiam ser tão diretas por causa da ditadura. É isso que explica o cuidado de Geraldo Vandré, quando escreveu em *Arueira* que "quem tem fé vai me esperar/escrevendo numa conta pra junto a gente cobrar/no dia que já vem vindo/que esse mundo vai virar". Quando a revolução ocorresse seria "a volta do cipó de aroeira no lombo de quem mandou dar". Contra a decisão

---

34 "La violenza (La caccia alle streghe)" é o título da música de 1970.
35 Entrevista de Prestes. In: CARONE, Edgard. *O PCB (1964 a 1982)*, p. 83.
36 HOBSBAWM, Eric. *Revolucionários*, p. 97 e 112.

do PCB de se opor à luta armada, respondia-se com outro verso de Vandré: "quem sabe faz a hora não espera acontecer".

Com o conflito social tornando-se mais agudo, grupos fascistas e paramilitares passaram a enfrentar os militantes comunistas tanto na Itália como no Brasil. Na América do Sul, as ditaduras apressaram a passagem à luta armada de grupos de esquerda, pois o inimigo não se escondia atrás da democracia parlamentar, pelo contrário, cortava à oposição essa válvula de escape, esse caminho para a retirada – o desespero da situação perdida aumenta a determinação de resistir. Mas a preparação para o uso das armas por uma pequena parte da esquerda ocorreu antes mesmo do regime militar. Em fevereiro de 1962, a 2ª Declaração de Havana divulgara o slogan: "O dever de todo revolucionário é fazer a revolução". Era a centelha na pradaria. O deputado federal Francisco Julião, então chefe das Ligas Camponesas, estava em Havana e se manteve neutro quando a conclamação cubana foi acolhida em seu movimento. Clodomir Morais, Carlos Montarroyo e Tarzan de Castro criaram um campo de treinamento de guerrilha em Divinópolis (Goiás). Acabaram descobertos pelo Serviço de Repressão ao Contrabando, que investigava o que acreditava ser uma entrada irregular no país de eletrodomésticos. Em vez de aparelhos de TV, achou armas, bandeiras cubanas e retratos de Fidel, além de uma minuciosa descrição dos fundos financeiros enviados por Cuba. Era novembro de 1962 e João Goulart presidia a República.

Esse antagonismo social, impaciente com uma revolução que não chegava, mas que se esperava para ontem, queria abrir caminho para o que seria o "assalto ao céu" que Marx associou aos *communards*, os revolucionários que haviam tomado o poder em Paris, em 1871.[37] Ele foi uma das causas do repúdio dos jovens à política dos partidos comunistas, considerados conciliadores e sem compromisso com o projeto revolucionário. Levou militantes de esquerda ao caminho da vanguarda militarista, que reafirmava

---

37 MARX, Karl. *O 18 de Brumário e Cartas a Kugelmann*, p. 310 e 311. A carta é a de 12 de abril de 1871, escrita em Londres por Marx: "Compare esses parisienses que vão em assalto ao céu, com os escravos do céu do Sagrado Império Romano Germano-prussiano, com seu disfarce póstumo encobrindo, os quartéis, a Igreja os latifúndios e, sobretudo, os filisteus".

a rejeição à prática parlamentar da democracia. Assim, de Lotta Continua saíram muitos dos integrantes do grupo armado Prima Linea. Dessa atmosfera, que também subordinava a política à guerra, surgiram as Brigatte Rosse (BR) italianas e o alemão Rote Armee Fraktion (Fração do Exército Vermelho, RAF). Todos foram influenciados pelo exemplo dos Tupamaros uruguaios e pelo *Minimanual do Guerrilheiro Urbano*, de Carlos Marighella. Este não deixava dúvidas sobre o que se esperava do guerrilheiro urbano:

> Torna-se necessário a qualquer guerrilheiro urbano ter sempre presente que só pode manter-se vivo se estiver disposto a matar os policiais e todos aqueles dedicados à repressão, se estiver decidido, mas decidido mesmo, a expropriar a riqueza dos grandes capitalistas, dos latifundiários e dos imperialistas.[38]

Após o golpe de 64, Marighella não acreditava mais em uma solução que não fosse a imediata luta armada. Dizia que as condições para a violência estavam criadas no Brasil desde que a ditadura se impôs pela força e acreditava que se devia opor à violência, mais violência como única saída contra os que a utilizaram primeiro para prejudicar os interesses da pátria e do povo. A violência era a luta armada popular concebida como guerrilha, o que o aproximava dos cubanos e dos chineses. Há diferenças, porém. A morte de Che Guevara na Bolívia, em 1967, ao iniciar uma guerrilha rural, praticamente inviabilizou a estratégia continental de criação de colunas guerrilheiras, a partir daquele país, para libertar todas as "províncias" da Pátria Grande, a América Latina.[39] O fato de o Brasil, o Uruguai e a Argentina serem países cuja maioria da população era urbana, traria consequências para as ações da extrema-esquerda. Marighella pensava que os revolucionários deviam atacar com agilidade e constantemente também nos grandes centros econômicos, políticos e militares. Devia imobilizar o ini-

---

38 MARIGHELLA, Carlos. Minimanual do Guerrilheiro Urbano. São Paulo, 1969, in BNM 102 (ALN), p. 525 (p. 5 do texto), AEL-Unicamp, Campinas e ainda os textos dos sites <http://www.marxists.org/portugues//1969/minimanualdoguerrilheirourbano/index.htm> e <http://www.emilianojose.com.br/marighela/marighela_manual.htm>. Acesso em: 10 dez. 2006.
39 DEBRAY, Régis. *La Guerrilha Du Che*, p. 83-86

migo, desgastá-lo psicologicamente e abrir caminho para a guerrilha rural e o Exército de Libertação Popular. Era uma nova visão da luta armada.

Sua guerrilha urbana não tinha relação com o modelo proposto por Lenin. É fato que, após revolução de 1905 na Rússia, o líder russo escreveu que a greve geral "puramente pacífica" estava "obsoleta, ultrapassada", que "era necessário uma luta armada mais intrépida e implacável". As barricadas tradicionais deviam ser substituídas por uma nova tática, a da guerra de guerrilhas. Destacamentos pequenos e móveis de guerrilheiros e o terror das massas ajudariam a preparar a insurreição, pois as grandes questões da vida dos povos decidem-se somente pela força.[40] Seu objetivo aqui não era a coluna rural, mas a insurreição que levaria o proletariado ao poder e abriria o caminho à guerra civil. Muito embora Lenin tivesse conhecimento das ações de expropriações bancárias feitas pelo grupo bolchevique liderado por Stalin, na época conhecido pelo codinome Koba, esse trabalho especial não se destinava à formação de colunas guerrilheiras, mas a ajudar a manter o aparelho clandestino do partido.[41]

Marighella distanciava-se de Lenin bem como da experiência chinesa. Se Mao pregara o cerco das cidades pelo campo, Marighella voltava às cidades para preparar a luta no campo e o exército revolucionário. Embora nunca tenha perdido de vista o objetivo da guerrilha rural, sua obra garantiu-lhe um lugar entre os teóricos da nova guerra e foi o primeiro passo para a mudança da estratégia maoísta em prol de uma luta revolucionária marcadamente urbana, com assaltos, sequestros, execuções de inimigos e atentados à bomba. Há um erro em imaginar que as cidades podiam garantir aos revolucionários a mesma mobilidade e esconderijo que o campo. Sem essas duas características é difícil classificar o combate urbano de guerrilha. A criação de áreas livres, com a transformação de grupos em colunas, batalhões e, finalmente, em exército é impossível nas cidades. Não há como distribuir terra, fazer reformas ou propaganda nas áreas urbanas, exceto em situações insurrecionais

---

40 LENIN, V. I. "As lições da insurreição de Moscou" e "Duas táticas da social-democracia na revolução democrática", em *Obras escolhidas*, vol. I, p. 466.
41 VOLKOGONOV, Dmitri. *Lenin, uma nova biografia*, p. 84-87. Koba era o nome como Stalin era conhecido no partido à época.

em que a autoridade governamental está prestes a cair, caso contrário, os revolucionários serão esmagados – a resistência nas fábricas de Santiago ao golpe de Pinochet, em 1973, é prova disso. Renato Curcio, fundador das BR, defendia, por exemplo, que, superada a temporada de protestos de 68, as vanguardas concluiriam que "a impossibilidade atual da hipótese insurrecional não significava renúncia à guerra de classe, mas o desenvolvimento da mesma na forma de guerrilha urbana".[42] Esta devia unir-se ao conceito da guerra popular prolongada de Mao, transformando-se em uma longa marcha revolucionária nas metrópoles. As cidades eram o coração do sistema e o ponto mais fraco, onde as contradições eram mais agudas e o caos social, mais evidente. Era aqui que o sistema devia ser atacado. As forças revolucionárias deviam "manter constantemente a ofensiva".[43] Sem fazer a reflexão de Curcio, a ALN de Marighella, na fase final, abandonou o sonho da guerrilha rural e manteve-se nas cidades.

Mas, se militarmente não é exato falar em guerrilha urbana, tampouco é chamar o fenômeno de terrorismo. É necessário dizer que o terrorismo individual ou praticado por um grupo de combate das organizações de esquerda foi admitido como método, mas, pelo menos no caso dos grupos brasileiros, os atos de terrorismo – aqueles cuja violência é aleatória, fazendo vítimas indiscriminadamente – foram secundários e, portanto, não eram uma qualidade intrínseca das ações contra a ordem ditatorial. Se considerarmos que os assaltos a banco e sequestros eram ações praticadas por razões políticas ou táticas (financiar a guerrilha rural) e não aleatórias e os assassinatos políticos foram exceções, concluiremos que o fenômeno da luta armada no Brasil insere-se na tradição da violência revolucionária não como continuidade do fenômeno do velho terrorismo,

---

42 CURCIO, Renato. Intervista a Curcio nella sua versione originale e integrale pubblicata parzialmente sull'Espresso. Fonte: Soccorso Rosso, Brigate Rosse, Feltrinelli, 1976 e L'Espresso, nº 1, 1975. Disponível em: <http://www.brigaterosse.org/brigaterosse/index.htm>. Acesso em: 9 dez. 2006.

43 BRIGATE ROSSE. "Risoluzione della Direzione Strategica, febbraio 1978 (L'Imperialiasmo delle multinazionali)". In: CONTROinformazione, nº 11-12 e Progetto Memoria, Le Parole Scritte, Coop. Ed. Sensibilli alle foglie. Disponível em: <http://www.brigaterosse.org/brigaterosse/index.htm>. Acesso em: 9 dez. 2006.

tática usada por extremistas desde os narodiniks russos do século XIX. Era parte de uma política mundial de luta ideológica que convivia com suas erupções bélicas.[44] A identificação dos extremistas de esquerda com o terrorismo do século XIX e começo do século XX não permite a compreensão do fenômeno da luta armada nos anos 1960 e 70, pois faz tábua rasa de particularidades dos grupos, das origens ideológicas e dos contextos históricos, servindo apenas de instrumento político, o que esvazia o sentido do conceito. Não há como pôr em um mesmo "balaio" casos tão distintos, como da Al-Qaeda e da Guerrilha do Araguaia. Também não são os militantes armados meros bandidos, mesmo que com eles se pareçam quando a guerrilha não consegue incendiar a pradaria.[45]

O militante das organizações armadas daqueles anos misturava idealismo com voluntarismo em ações que o PCB considerava como "desesperadas

---

[44] Walter Laqueur considera o terrorismo a utilização de uma violência furtiva por parte de um grupo com fins políticos e afirma que ela se dirige em geral contra governos, grupos, classes ou partidos. Michael Walzer considera o caráter aleatório no assassinato de pessoas inocentes a característica "crucial da atividade terrorista". Segundo ele, o conceito de terrorismo é usado frequentemente para descrever "a violência revolucionária". "Essa já é uma pequena vitória para os defensores da ordem, entre os quais os usos do terror não são de modo algum desconhecidos". A definição de Laqueur respeita a tradição consolidada dos usos das palavras terror e terrorismo desde a Revolução Francesa e tem, justamente por isso, contra si o fato de turvar as diferenças entre as formas de manifestação do uso da violência na política. Por isso, optamos pela definição de Walzer mais restrita, mas que melhor expressa o fenômeno do terrorismo contemporâneo. No mesmo sentido, parece ser a definição de Aron quando diz que o "terrorismo recusa toda distinção entre os inimigos e os neutros". Para Toni Negri, "a dificuldade de estabelecer uma definição estável e coerente de terrorismo está intimamente ligada ao problema do estabelecimento de um conceito adequado de violência legítima." O que me parece que dá mais razão para o uso do conceito de Walzer (LAQUEUR, Walter. *Una historia del terrorismo*, p. 125; WALZER, Michael. *Guerras justas e injustas*, p. 335; ARON, Raymond. *Penser la guerre, Clausewitz*. Vol. II: *L'âge planétaire*, p. 198 e HARDT, Michael; NEGRI, Toni. *Multidão*, p. 51). Ver ainda João Quartim de Moraes, entrevista em 20 de março de 2007: "Métodos terroristas a gente usou no Brasil; a resistência europeia usava, descarrilhava trem. Pra mim, a distinção pertinente não é essa. O terrorismo como doutrina é achar que vai arrebentar bomba e com isso mudar alguma coisa."

[45] "Sob o pretexto de que a ordem civil está perturbada por criminosos, quadrilheiros ou contestadores, recusa-se a aceitar a distinção entre a criminalidade, a luta de classes e a guerra civil. À maneira de certos estatísticos, incluem-se na mesma categoria todas as modalidades de mortes violentas" (ARON, Raymond. *Penser la guerre*. Vol. II: *L'âge planétaire*, p. 252, 269, 270, 277 e 278).

aventuras dos ultra-esquerdistas que carecem de apoio da classe trabalhadora e não contribuem em nada para a causa revolucionária".[46] O guerrilheiro contava com o apoio material, financeiro e ideológico de vários países. Fez treinamento na China (PCdoB, ALA-Vermelha, PCR e AP), em Cuba (MNR, ALN, VPR, MR-8, PCBR, Molipo e VAR-Palmares) e na Coreia do Norte (VPR e ALN) – para essa última, a VPR mandou nove de seus militantes para treinamento militar durante três meses.[47] Receberam dinheiro dos dois últimos países, organizações brasileiras como o MNR, ALN e VPR.[48] Albânia e Argélia e outros países lhes deram apoio político. Tanto na Itália quanto no Brasil as esquerdas privilegiavam em seus programas a justiça social, a libertação nacional e diziam que uma democracia autêntica só existiria depois de resolvida a questão da igualdade e da soberania. Sem isso, ela seria uma farsa. É por isso que esses grupos queriam a derrubada dos governos – ditatoriais ou não – e substituí-los por governos comunistas. As BRs pensavam concluir a libertação da Itália, interrompida em 1945. O inimigo era o Estado que servia às empresas multinacionais. No Brasil, o discurso da revolução misturava-se ao do direito a resistir à opressão. Não importava

---

[46] Entrevista de Luís Carlos Prestes, em *Tribuna Popular*, em 1973, apud LAQUEUR, Walter. *Una historia del terrorismo*, p. 273.

[47] Ver Godoy, Marcelo; *Coreia treinou guerrilha brasileira*, em *O Estado de S. Paulo*, p. A12, edição de 13 de setembro de 2009 e ver ainda na mesma edição: *ALN ganhou dólares e deu Rolex a Kim*. Para a ALN, ver ainda MAGALHÃES, Mário. *Marighella, o guerrilheiro que incendiou o país*, p. 509. Ver ainda Joselina Tonello (militante da VPR), entrevista em 18 de dezembro de 2004, e Irany Campos (militante da VPR), entrevista em 24 de outubro de 2004. Ambos estavam no grupo da VPR que treinou guerrilha na Coreia.

[48] Para o apoio desses países, Rollenberg, Denise; *O apoio de Cuba à luta armada no Brasil*. Ver ainda no AESP Deops-SP/OS201 (História da Subversão), *Relatório Periódico de Informações* (RPI) 01/72, folhas 18 e seguintes. e 37e seguintes, RPI 08/72, RPI 10/72; a OS243 (Aeronáutica), 4ª Zona Aérea para Dops-SP, origem: CIE, informação 0688-Cisa; a OS260 (Exército), Curso na China, origem CIE, de 20/11/73, E2p/Deops; a OS261 (Exército), Cursos em Cuba, 2º Exército, CIE ofício 271-A1-13/11/73 e ainda pasta OS1023 (PCBR e Molipo), documento 4, RPI 01/72, folhas 11 a 13. No mesmo arquivo, há os documentos 50-Z-9-32529 a 32.524 e 50-Z-9-40935 a 40.933; e LAQUEUR, Walter. *Op. cit.* p. 244-246. Há ainda uma dezena de entrevistas feitas pelo autor com integrantes da ALN, VPR, MR-8 e MNR, das quais podemos citar Pedro Lobo de Oliveira (MNR e VPR), Carlos Eugênio Clemente da Paz (ALN), Ricardo Zarattini Filho (ALN e MR-8), Joselina Tonello (VPR), Irany Campos (VPR), José de Araújo Nóbrega (VPR e VAR-Palmares) e Darcy Rodrigues (VPR), AA.

aos militantes o que a ditadura fizesse para aprisioná-los, processá-los e condená-los. A história os absolveria como fizera com Fidel e os cubanos.[49] O projeto de libertação nacional pela via armada contra o imperialismo americano seria o primeiro passo rumo ao socialismo. A maior exceção na esquerda brasileira era o PCB, que definira a luta pela redemocratização como sua tática no VI Congresso:

> Nossa principal tarefa consiste em mobilizar, unir e organizar a classe operária e demais forças patrióticas e democráticas para a luta contra o regime ditatorial, pela sua derrota e conquista das liberdades democráticas.[50]

Naqueles anos, nem mesmo grupos trotskistas livraram-se das influências de Mao e de Cuba. Para Trotsky, a conquista do poder não terminava a revolução, apenas a inaugurava. A construção socialista só seria concebível em escala mundial porque as transformações do capital levaram-no a ultrapassar os limites do Estado nacional. "Dada a dominação decisiva das relações capitalistas no cenário mundial, essa luta não pode deixar de acarretar erupções violentas: no interior, sob a forma de guerra civil; no exterior, sob a forma de guerra revolucionária". Daí porque a revolução devia ser "permanente".[51] Os comunistas não deviam subordinar-se a Moscou, sujeitando-se a serem usados como peões pela burocracia soviética no jogo político das potências. A luta contra a ortodoxia soviética fazia com que a concepção chinesa parecesse a ala do movimento comunista internacional que mais "claramente representava a abordagem trotskista da revolução mundial".[52]

As teses de Mao estiveram presentes na decisão do IX Congresso do Secretariado Unificado da Quarta Internacional (SU-QI), em 1969, de adotar a guerra de guerrilhas como tática de luta para a América Latina, conforme a posição de sua tendência majoritária. Um caso representativo daqueles

---

49 CASTRO, Fidel. *A história me absolverá*, p. 84-90.
50 VI Congresso do PCB (dezembro de 1967), *O caminho da revolução brasileira*. In: CARONE, Edgard. *O PCB (1964 a 1982)*, p. 72 e 73.
51 TROTSKY, Leon. *A revolução permanente*, p. 208.
52 HOBSBAWM, Eric. *Revolucionários*, p. 138.

anos é o do Partido Revolucionário dos Trabalhadores-Combatente (PRT--Combatente), de Mário Roberto Santucho. No congresso, o partido é reconhecido como o representante da 4ª Internacional na Argentina. Um ano depois, seus líderes criariam o Exército Revolucionário do Povo (ERP), derrotado pelos militares argentinos com o fracasso da Guerrilha de Tucumán e da batalha de Monte Chingolo, na Grande Buenos Aires, em 1975.[53] Em 1973, quando o Secretariado Unificado começa a autocrítica contra a luta armada, Santucho rompe com a QI, a quem acusa de ser uma organização "pequeno-burguesa" que "se nega a proletarizar-se".[54] O caminho da QI e de Santucho, as idas e vindas do trotskismo, refletiram-se no Brasil no Partido Operário Comunista (POC).[55] É preciso ainda lembrar que o maoísmo foi a fonte da estratégia militar do Partido Comunista do Brasil (PCdoB), cuja preparação no Araguaia levou anos, como deveria ter toda guerra popular prolongada. Esteve presente ainda em um dos mais famosos lemas da esquerda, o "Ousar lutar, ousar vencer". Adotado pela Vanguarda Popular Revolucionária, ele foi retirado do Livro Vermelho de Mao.[56] A proximidade

---

[53] Os militantes do ERP e dos Montoneros argentinos usavam uniformes em seus ataques a quartéis na tentativa de serem reconhecidos como beligerantes. Monte Chingolo e outros ataques a unidades do Exército argentino são clássicos atos de guerra e dificilmente podem ser qualificados como terroristas, como faz Walter Laqueur (*Una historia del terrorismo*, p. 132 a 135).

[54] SANTUCHO, Mário Roberto. Pór que nos separamos de la Quarta Internacional. *Archivo Santucho*, ago. 1973. Disponível em: <http://www.marxists.org/espanol/santucho/1973/agosto--b.htm>. Acesso em: 26 ago. 2005. Santucho e o ERP fizeram, no entanto, questão de não abandonar as cidades e de manter relações com os movimentos sociais. Não acreditavam na doutrina do foco de Régis Debray. Compreendiam, assim, que a revolução só se faria como um grande movimento de massas do qual a guerrilha seria um ingrediente. Naqueles anos, o apoio ao ERP na QI provocou críticas a um dos maiores representantes do trotskismo: Ernest Mandel (LAQUEUR, Walter. *Una historia del terrorismo*, p. 270-280).

[55] Depois de destroçado pela repressão em 1971, um grupo do POC-Combate estreitou relações com a QI por meio de organizações filiadas da América Latina (REIS FILHO, Daniel Aarão; SÁ, Jair Ferreira de Sá (orgs.). *Imagens da revolução*, p. 231).

[56] É o título do capítulo 7. TSÉ-TUNG, Mao. *O Livro Vermelho*, p. 68. Mao pode ter-se inspirado em duas passagens de Lenin (*Duas táticas da social-democracia na revolução democrática*, em *Obras escolhidas*, vol. 1, p. 449 e *A revolução proletária e o renegado Kautsky*, em *Obras Escolhidas*, vol. 3, p. 28). Na primeira, Lenin relata a disputa entre alas do partido social-democrata alemão, uma das quais se perguntava: "Ousaremos nós vencer?". Na segunda, critica quem dizia aos operários: "lutai, mas não ouseis vencer". É possível que a origem da escolha do

das revoluções na China e em Cuba e da luta de libertação da Argélia deu fôlego às chamadas organizações militaristas, que exigiam dos seus revolucionários uma adesão rápida, irrefletida e completa. "Era a mentalidade militar, só que aplicada ao outro lado do militarismo, o militante."[57]

A opção militarista de parte da esquerda não significa que o campo oposto, o da direita daqueles anos, defendesse a democracia, com sua pluralidade de partidos políticos. "As direitas liberais tendem a reduzir a democracia, quando a toleram, ao exercício do voto, depositado nas urnas em períodos determinados". Privilegiam a liberdade econômica, vendo qualquer interferência ou restrição dela como "antidemocrática". Ela relaciona-se "com os valores democráticos de modo instrumental, sempre envolvida em manobras golpistas... para salvar a democracia, é claro".[58] A direita liberal queria, sobretudo, ordem.

Afirmar que a estratégia de parte da esquerda brasileira nos anos 1960 admitia a luta armada antes da ditadura militar não significa reeditar a chamada "teoria dos dois demônios". Usada na Argentina, ela buscou uma equivalência moral entre os lados do conflito e tornou-se uma desculpa ao terrorismo de Estado, com suas ações aleatórias de repressão. Não se trata, pois, de igualar os lados. Suas práticas eram diferentes não só no Brasil como na Argentina.

> Os militares dizem que se viram obrigados a atuar pela presença da guerrilha. Mas não foi assim, porque os golpes militares foram anteriores à guerrilha. Os métodos tampouco foram os mesmos: os desaparecimentos, os fuzilamentos de prisioneiros, a tortura em todas as suas variantes e o roubo de

---

lema maoísta estivesse nas simpatias de integrantes da Organização Revolucionária Marxista-Política Operária (Polop) que foram parar na VPR. Para tanto, REIS FILHO, Daniel Aarão. "O maoísmo e a trajetória dos marxistas brasileiros". In: MORAES, João Quartim de; REIS FILHO, Daniel Aarão (orgs.). *História do Marxismo no Brasil*, vol. I, 2ª ed., p. 208.

57 ROMANO, Roberto; *Frei Tito, d. Lucas e alguns paradoxos*, em *Tiradentes, um presídio da ditadura. Memórias de presos políticos*, p. 253 a 260.

58 REIS FILHO, Daniel Aarão; SÁ, Jair Ferreira (orgs.). *Imagens da Revolução*, p. 11 e 12.

crianças foi algo que nem Hitler se animou a fazer. A guerrilha nunca cometeu esses atos.[59]

A disputa sobre quem deu o primeiro tiro só tem sentido em uma análise moral da guerra e da tradicional imagem negativa associada aos agressores nos conflitos. Se os grupos não agiram de forma igual, o mesmo vale para os indivíduos. É sabido que, se existe uma responsabilidade política coletiva, à medida que somos responsáveis pelo que nosso grupo social faz ou deixa de fazer, pois será parte de nossa herança histórica, não podemos, contudo, falar em culpa coletiva, que é uma consequência da teoria dos dois demônios para os indivíduos. Em outras palavras: cada agente da história deve ser julgado na medida de suas responsabilidades e segundo seus atos. Integrantes de grupos de esquerda cometeram atos terroristas, crimes e erros, mas isso não serve de justificativa aos agentes do Estado para a perpetração de atos ilegais no Brasil – tortura, execuções e desaparecimentos –, mesmo no contexto internacional em que a América Latina estava mergulhada. Mas foi exatamente isso que ocorreu. Ao tomarem contato com a tradição marxista, os militares enxergaram na defesa do caráter revolucionário da violência apenas uma justificativa para seus próprios atos. Não se prendiam por considerações sobre as diferenças entre os fins da violência do oprimido – resistência e libertação – e a do opressor – submissão e escravidão.

Por fim, pode-se dizer que mortes e torturas são índices da aspereza dos conflitos, de quando a política se transforma em guerra. A radicalização, no século passado, quase sempre esteve ligada à falta de espaço para a ação política. Quanto menor ele for, maior a possibilidade de doutrinas e estratégias militares unirem-se ao conflito ideológico e gerarem guerras

---

[59] GORRIARÁN MERLO, Enrique, entrevista ao site http://www.elortiba.org/gmerlo.html, acesso em 22 de setembro de 2006. Gorriarán foi um dos mais polêmicos dirigentes da esquerda na Argentina e o último líder guevarista do país. Chefe do ERP, guerrilheiro na Nicarágua, ele foi o responsável pelo atentado que matou o ditador nicaraguense Anastásio Somoza, no Paraguai, e pelo ataque ao quartel do Regimento Militar de La Tablada, na Grande Buenos Aires, em 1988. Morreu em 2006 quando organizava na Argentina o Partido para o Trabalho e Desenvolvimento. Há um exagero em Merlo. Como é de conhecimento de todos, Hitler fez muito mais do que sequestrar crianças.

de extermínio e assassinatos em massa. Como vimos, muitos entenderam apenas que, para Clausewitz, a guerra era "um ato de violência destinado a forçar o adversário a submeter-se à nossa vontade" e isso só seria possível pela destruição do inimigo. O conflito, portanto, devia terminar com a vitória completa, a neutralização da ação política do inimigo. O conceito de guerra total alinhou-se, ainda, a uma concepção escatológica do conflito político, no qual ele se transformava na luta final (*C'est la lutte finale*, diz a *Internacional*), onde uns tinham o destino manifesto de salvar o mundo da maré vermelha (EUA) e outros de conduzi-lo ao comunismo (URSS). Daí o radicalismo da decisão de Pol Pot de reeducar os cambojanos, matando 2 milhões de compatriotas para erguer sua sociedade igualitária. Em 1941, Hitler deixara claro essa situação "quando disse que a guerra contra a União Soviética seria uma guerra entre ideologias e, portanto, guerra de extermínio (*Vernichtungskrieg*), na qual as leis da batalha não se aplicariam e não haveria companheiros de armas (*keine kameraden*)".[60] No mesmo ano, editara os decretos *Nacht und Nebel* contra os patriotas franceses, belgas, noruegueses e holandeses.

No passado, Clausewitz justificara o caráter absoluto do qual o conflito armado se aproximara com o advento de Napoleão dizendo que a guerra e "a forma que lhe damos procede das ideias, sentimentos e circunstâncias dominantes do momento".[61] É em seu contexto, portanto, que a ordem de não deixar sobreviventes entre os guerrilheiros do PCdoB capturados cumprida pelos militares brasileiros em meio à selva do Araguaia deve ser compreendida. "Não se combate tal adversário pelos meios clássicos." Essas palavras do general Bigeard ressoam na entrevista do agente Alemão, do DOI, para quem "os Estados Unidos perderam a guerra do Vietnã porque ficaram nos parâmetros da legalidade combatendo o inimigo". Ambos se justificam com o mesmo argumento: a eficiência, a necessidade da vitória.[62] "Os erros devidos à bondade da

---

60 BARTOV, Omer; GROSSMANN, Atina; NOLAN, Mary. *Crimes de Guerra*, p. 16 e n. 13, p. 305.
61 CLAUSEWITZ, Carl Von. *Da Guerra*, p. 829.
62 BIGEARD, Marcel. *Ma guerra d'Algerie,* e Agente Alemão, entrevista em 12 de abril 2005, fita 2, lado B. Na verdade, os EUA usaram largamente métodos semelhantes aos do DOI em Saigon

alma são a pior das coisas."⁶³ O extermínio transforma a guerra em massacre. O sangue cobriu a política porque importava vencer. E a vitória, dissemos, é um conceito tático e não político. Moderação, honra e humanidade, para muitos combatentes, levariam à derrota.⁶⁴

---

durante a chamada Operação Fênix. Ver ainda TRINQUIER, Roger. *La Guerra Moderne*, p. 106: "A nação não lhe pedirá que suscite problemas, mas que ganhe a guerra na qual o exército está engajado".

63 CLAUSEWITZ, Carl Von. *Da Guerra*, p. 8.

64 Em tempos de reedição da guerra contra o terror, deve-se reafirmar a precedência da política, que deve comandar o militar – o poder político legitima-se com eleições e não com o princípio do mando, com o burocrata ou o especialista estatal. Esse é o primeiro passo para a conservação da moderação na vida política, mesmo na proletária, como forma de se evitar o extermínio. Reconhecer a supremacia da política é tão importante quanto afirmar o valor da democracia, cuja realidade deve ser confirmada pela prática, pois, sendo assim permanentemente contestada e reafirmada, consolidará seu valor para a sociedade.

TENSÕES NO REGIME
Poder Civil x Poder Militar

A DOUTRINA DA GUERRA REVOLUCIONÁRIA FRANCESA condicionou não só a estratégia como a forma de repressão à oposição e à luta armada no país. Ela é reflexo de uma época em que se vivia uma guerra civil internacional na qual a tradição marxista de mudança revolucionária pelas armas foi enfrentada pelas classes dominantes por meio da transformação da política em guerra. No Brasil, essa transformação não foi completa. Isso ajuda a explicar a especificidade de uma das faces do regime criado por civis e militares brasileiros, como uma espécie de ditadura envergonhada, na expressão de Elio Gaspari. A preponderância de uma burocracia militar no regime nos obriga a enfatizar as características dominantes desse setor para mostrar seu funcionamento. É isso que nos leva a chamá-lo de ditadura militar, apesar do largo apoio recebido do mundo civil. Aqui os generais procuraram manter, ao menos em aparência, o funcionamento de um Poder Civil, independente do Militar. As contradições surgidas desse arranjo, suas tensões internas, estiveram por trás de muitas das crises do sistema inaugurado pelo golpe de 1964.[1] Mesmo durante elas não foram poucas as vezes em que ministros fardados e presidentes reafirmaram a fórmula protocolar e

---

[1] Para um estudo sobre a crise no regime entre 1964 e 1969, anos que precederam a criação do DOI, ver MARTINS FILHO, João Roberto. *O palácio e a caserna: a dinâmica militar das crises políticas na ditadura*.

simbólica de que o Exército ou as Forças Armadas "manteriam a obediência ao Poder Civil". Era a conciliação entre a autonomia militar, o constitucionalismo e as necessidades da segurança nacional. Mas havia outro tipo de tensão, esta entre os militares, que também teve um papel importante nesse conflito: a oposição entre a doutrina militar clássica e a moderna ou o que os franceses chamaram de disputa entre velhos e modernos. A doutrina clássica, forte entre o grupo de militares ligado à Escola Superior de Guerra, trazia o desejo de evitar a deriva do regime para uma simples ditadura, para distinguir-se das demais quarteladas sul-americanas. Em grande medida ela estava ainda por trás da afirmação da primazia do Poder Civil. Com isso, a ação total e permanente pretendida pelos ideólogos da guerra revolucionária não teve grande alcance no país, como em outras ditaduras – caso da Argentina. Apesar disso, não é possível compreender o tipo de repressão exercida pelo regime sem o exame dos estudos dos teóricos da guerra revolucionária assim como não é possível entender a ditadura brasileira sem a análise de sua face política e governamental – a Doutrina de Segurança Nacional.

O domínio pretendido pela Doutrina da Guerra Revolucionária, com a neutralização da ação política adversa, colocou uma opção diante da França na Argélia: descolonização ou massacre. Se na Metrópole havia, entre os "explorados e o poder, uma multidão de professores de moral e conselheiros, na colônia os intermediários do poder – soldados e policiais – usavam a linguagem do napalm".[2] Daí porque Sartre afirmava que nenhuma moderação podia apagar as marcas da violência. "Somente a violência as pode destruir". O problema é que os responsáveis pela doutrina militar francesa também pretendiam apagar as marcas de sua violência. Para que isso fosse possível, seria necessário um regime que aspirasse à pretensão totalitária de reescrever a história e de eliminar todos os dados que não se ajustassem à sua "ideologia democrática", agindo inclusive na Metrópole. A IV República Francesa nunca permitiu aos arautos da guerra revolucionária o poder para tratar o território europeu do país como zona de ocupação militar, como

---

2   FANON, Frantz. *Les damnés de la terre*, p. 45 e 46

na colônia. E, De Gaulle, que assumira o poder em 1958 em meio à rebelião do exército na Argélia, cortou a cabeça da hidra ao subordinar novamente a guerra à política. E, por isso, tentaram matá-lo.[3]

No Brasil houve também o dilema entre moderação e redemocratização ou massacre. O uso de policiais sob as ordens do Exército, o controle da imprensa, o uso da tortura e do desaparecimento e a criação de uma seção responsável por controlar informantes recrutados entre os integrantes das organizações clandestinas tornam, de fato, a repressão no Brasil semelhante à da Argélia e à da Argentina. O que as fez diferentes não foi só a dimensão do conflito nesses países. Aqui as execuções e desaparecimentos foram limitados, o que não ocorreu em Argel (3 mil desaparecidos) ou na Argentina (10 mil a 30 mil), cujos militares adotaram o modelo francês em todas as suas consequências.[4] É verdade que o regime havia detido cerca de 50 mil pessoas nos meses que se haviam seguido ao golpe civil-militar de 1964. O dissenso nas Forças Armadas foi silenciado à custa de 6.592 militares punidos. Ao todo, 4.862 pessoas tiveram os direitos políticos cassados. Boa parte dessas punições já havia ocorrido antes de o Destacamento produzir o seu primeiro desaparecido: Virgílio Gomes da Silva.[5] De fato, tudo isso pode ter ajudado os militares a se sentirem mais seguros do que em outros países sul-americanos quando decidiram criar a Oban, em 1969, o que podia desaconselhar o uso mais amplo da lição francesa. No ano anterior, o temor de que tudo desandasse, o risco representado pela guerrilha e o medo de que a sociedade fugisse aos seus controles haviam justificado a edição do AI-5. O regime havia já endurecido as regras do jogo. Nesse contexto, o que mais pode ter feito com que a solução francesa não fosse

---

[3] Militares descontentes com a independência da Argélia fundaram a Organisation Armée Secrète (Organização do Exército Secreto, OAS, na sigla em francês). Um comando da organização tentou matar De Gaulle em Petit-Clamart, um subúrbio de Paris. O tenente-coronel Jean-Marie Bastien-Thiry, que chefiou o ataque, foi preso mais tarde, condenado à morte e executado por um pelotão de fuzilamento.

[4] ROBIN, Marie-Monique. *Op. cit.*, p. 295-364.

[5] Virgílio Gomes da Silva era operário e militante da ALN. Foi um dos líderes do grupo que sequestrou o embaixador americano no Rio de Janeiro, em 1969. Seu assassinato ocorreu no mesmo ano. Para as punições ocorridas durante o regime militar (1964-1985), *Direito à Memória e à Verdade*, p. 30.

aplicada em sua plenitude como política pelo regime? Um dos fatores que também impediram no Brasil a adoção total da Doutrina da Guerra Revolucionária foi o espírito de parte da hierarquia militar, apegada aos clássicos da teoria da guerra, ao pensamento conservador e à ideia de que seria reservado ao Exército um papel moderador na República. Misturava-se arbítrio e conciliação, mas se buscava evitar a radicalização, que levasse à quebra da hierarquia, com a instalação de um regime de capitães e coronéis, ou com a divisão do Exército e do país.[6]

A dualidade entre massacre e moderação – que por sua vez estava longe de ser incruenta – talvez seja mais bem compreendida se analisada não como uma oposição entre duros e moderados, que além de inexata não encontra base histórica – tanto castelistas quando costistas foram duros ao seu tempo –, mas como manifestações dos pensamentos clássico e moderno, dos clausewitianos e dos anticlausewitianos, do liberal-conservador e do autoritário e das organizações burocráticas e das políticas, todos em luta e convivência no regime e em suas crises. Aqui entendo o pensamento clausewitiano como o conjunto de ideias que destaca não só a subordinação da guerra à política, mas que sabe diferenciá-la em função de seus meios e objetivos; enquanto que seu antípoda se caracteriza pela dissolução do limite entre guerra e paz, subordinando esta àquela e transformando os meios da política em armas, com a consequente falta de moderação de uma paz negociada, e ainda pela opção de esperar do inimigo uma rendição incondicional, assim como o uso dos instrumentos da guerra revolucionária.

A ênfase em Clausewitz deve-se aqui ao fato de ele ser referência para os militares. Ao mesmo tempo em que encontravam convites à falta de moderação em seu pensamento – estudado nas academias desde a chegada da missão francesa em 1919 –, eles também se expunham a outras características na obra do prussiano, como a primazia da política. Os chefes da hierarquia utilizaram esse princípio para deter a pressão dos quartéis, reafirmando a necessidade de subordinação do Poder Militar ao Poder Civil

---

6 A preocupação com a manutenção da unidade no Exército – assim como a da Nação – é uma constante no discurso dos militares. Ver MCCANN, Frank D. *Soldados da Pátria*, p. 71, 130, 378, 384, 385, 434 e 552.

– normalmente identificado com o Executivo – controlado pelos generais. Já os porta-vozes da insatisfação dos níveis médios militares viam no prussiano o mesmo arauto da guerra total visto por alemães e franceses em 1914. Clausewitz era usado por eles como antes fizeram os autores franceses da teoria da guerra revolucionária ou guerra moderna.

Popular entre oficiais executores da repressão política e alguns generais, a teoria da guerra revolucionária não satisfazia a busca dos objetivos estratégicos de paz e desenvolvimento da maior parte dos chefes da hierarquia militar, que viam com apreensão a formação de um partido fardado impondo sua política ao governo.[7] Ela passou ainda a enfrentar a resistência de militares, como no caso do brigadeiro Eduardo Gomes, por despertar o antigo dilema entre lutar bem ou vencer a guerra.[8] Essa oposição foi documentada pelo próprio Exército. Atribuindo sua existência à campanha das esquerdas contra os órgãos de segurança, ele reconheceu que "ao longo dos anos" esses órgãos foram identificados "como algo a ser temido ou odiado" até "por boa parte do público interno, que passou a ver os que lutavam contra a subversão como os responsáveis pelo desgaste da própria instituição perante a opinião pública".[9] A representação que esses militares – a maioria do público interno – faziam de si, como democratas e pacificadores, impediu que a opção do massacre fosse amplamente adotada. Nesse trecho do *Orvil*, o livro produzido pelos modernos, autoritários e anticlausewitianos (ou maus leitores do prussiano), lamenta-se que os colegas subordinem a guerra à política. Ora, mesmo ao justificar o golpe e a violência na política, a *raison d'état*, do pensamento político clássico, busca explicar esses atos

---

[7] Entenda-se aqui partido fardado conforme a definição Antônio Carlos Peixoto como "uma corrente estruturada e que conduz uma ação sistemática em busca de um certo número de objetivos". Ele coexiste com a totalidade do Exército com o qual interage (PEIXOTO, Antônio Carlos. "O Clube Militar e os confrontos das Forças Armadas (1945-1964)". In: ROUQUIÉ, Alain (coord.). *Os partidos militares no Brasil*, p. 112 e 113).

[8] É conhecido o papel do brigadeiro na defesa dos oficiais do Parasar da Aeronáutica punidos porque se recusaram a cumprir missões militares que envolveriam assassinatos e atentados terroristas. Até o brigadeiro João Paulo Burnier, acusado de ser o mentor do plano, admite esse papel de Eduardo Gomes. Ver D'ARAÚJO, Maria Celina; SOARES, Gláucio A. D.; CASTRO, Celso. *Os Anos de Chumbo: a memória militar da repressão*, p. 210 e 211.

[9] EXÉRCITO – Centro de Informações. *Projeto Orvil*, p. 454-457.

como extraordinários. Nesse contexto, execuções, torturas e outros crimes são descritos por seus defensores como medidas de emergência, "concessões feitas à *Realpolitik* a fim de preservar o poder e garantir a continuação da ordem legal". São exceções que não se punem "porque a existência do Estado em si está em jogo",[10] com a sua progressiva concentração do poder e da força na autoridade estatal.[11]

É importante dizer que a perspectiva organizacional não é suficiente para explicar a atuação dos militares no período. Aqui, no entanto, realço alguns dos aspectos próprios da dinâmica militar no regime, estabelecendo como a teoria da guerra e as doutrinas militares influenciaram e determinaram ações na guerra civil ideológica. Se não se pode enxergar a ação dos militares como mero reflexo de seus aspectos organizacionais, também não se pode classificá-la como simples instrumento de uma classe social. Pode-se enxergar os vencedores de 64 como continuadores do projeto modernizante do Exército iniciado em 1905. Importante papel teve no começo do século XX o grupo de oficiais reunidos em torno da revista *A Defesa Nacional*, os chamados jovens turcos, que consideravam que o Exército devia intervir na vida do país para garantir a sua defesa externa e a ordem interna. Pressionaram a partir de 1918 até 1940 pela criação da siderurgia nacional, pois sem ela não haveria garantia de produção e fornecimento de equipamentos modernos às Forças Armadas. Com o passar dos anos, cresceu a ideia nos quartéis de que os militares deviam participar da política. Os políticos não se mostravam confiáveis. E só o Exército parecia dotado de um programa popular e nacional capaz de desenvolver o país.[12]

---

10 ARENDT, Hannah. *Eichmann em Jerusalém*, p. 314.

11 PISTONE, Sérgio. "Razão de Estado". In: BOBBIO, Norberto; MATTEUCCI, Nicola; PASQUINO, Gianfranco (orgs.). *Dicionário de Política*, p. 1067.

12 Para o grupo em torno de *A Defesa Nacional*, MCCANN, Frank D. *Soldados da Pátria*, p. 216 e seguintes., e SODRÉ, Nelson Werneck. *História Militar do Brasil*, p. 253-270. Para desconfiança em relação aos políticos, ver SODRÉ, Nelson Werneck. *A Coluna Prestes*, p. 113: "Esses políticos não querem fazer a revolução, querem nos explorar. Vou a Buenos Aires conversar com o Prestes e, na volta, mandaremos esses políticos à merda e vamos fazer a revolução com o povo", disse o tenente Siqueira Campos ao amigo e também tenente Aristides Correa Leal. Campos morreria na volta. E a maioria dos tenentes aderiu à tomada do poder em 1930 pelas forças em torno de Getúlio Vargas. Por fim, para o caráter nacional e popular associado ao

No Brasil dos anos 1960, as Forças Armadas, foram expurgadas de sua corrente nacionalista e popular,[13] mas os militares continuaram a pensar em construir um país grande. Daí a Doutrina de Segurança Nacional, a "Doutrina Política de Potência", do texto do general Meira Mattos. Devia-se reformar e conservar ao mesmo tempo para obter-se a sonhada segurança. Assim era natural separar os "objetivos" em três tipos: alcançar, defender e preservar. Não se podia fugir dessa necessidade. Sem a reforma do país, não haveria como o defender. A segurança só seria alcançada com desenvolvimento conforme já pregavam os jovens turcos e, depois, desde os anos 1950, os formuladores da DSN.

Um dos teóricos da guerra revolucionária, o coronel Bonnet ia no mesmo caminho. Ele dizia que "os exemplos, pejados de lama e sangue, exigem dos defensores da ordem, detentores e guardiões da autoridade do Estado, grande sabedoria política; certamente, não têm o direito de deixar sem castigo certas incitações à rebeldia. Mas podem evitá-las, se se aplicam em cuidar das chagas, em desmanchar os obstáculos pelas reformas oportunas." O desenvolvimento seria o remédio para as feridas sociais. Ele era necessário, segundo o francês, porque "só um imenso esforço econômico e social pode lutar ainda, eficazmente, contra as ideias em marcha". Bonnet considerava um erro buscar apenas a vitória bélica na guerra ao comunismo. "Nossa defesa nacional muito mais perde com os antagonismos do que ganha com o reforçar da máquina militar. Só um país socialmente robusto tem possibilidade de resistir às tentações e às investidas da guerra revolucionária."[14] Portanto, o fim da luta facciosa dependia do desenvolvimento ao mesmo tempo em que a paz social era necessária a este.

No projeto dos militares golpistas de 64 o jeito de obter essa paz para a sociedade brasileira passava pela destruição de características da sociedade de então, com seus sindicatos e política partidária influenciados por

---

Exército, ver SODRÉ, Nelson Werneck. *História Militar do Brasil*, p. 492-494. Para a defesa da siderurgia nacional, ver MCCANN, Frank D. *Soldados da Pátria*, p. 241.

13   Nas três forças, o total de oficiais punidos chegou a 1.220 em 1964 (MARTINS FILHO, João Roberto. *O palácio e a caserna*, p. 53).

14   BONNET, Gabriel. *Guerras insurrecionais e revolucionárias*, p. 254-257.

comunistas e simpatizantes, vistos como traidores infiltrados para lhes sabotar o esforço criador ou como responsáveis por "doutrinas desagregadoras" e suas consequências desastrosas, como a "imoralidade administrativa, a hiperinflação e a desordem".[15] Era o momento de uma "revolução irreversível, que consolidaria a democracia no país". A ideia de erguer, construir, fabricar ou até reformar pressupõe, é verdade, certa violência.[16] Os radicais entendiam que a luta para erguer aquele Estado não poderia ser limitada por normas jurídicas e morais. Essa condição era considerada indispensável pelos militares identificados, conscientes ou não, com os ensinamentos franceses para que exercessem sua função ordenadora e civilizadora. Queriam "ir até o fim", "consertar o país", "na marra", "durasse o que durasse" a tarefa.[17] As organizações de esquerda ameaçavam não só o projeto dos radicais modernos e autoritários, mas de todos os que apoiavam o regime de 64. Embora limitado em nossa vida política desde o fim do Estado Novo, o uso da força sempre "reaparece nos momentos de luta aberta pela transformação revolucionária do regime ou de guerra civil".[18]

É difícil quantificar a influência da Doutrina da Guerra Revolucionária nas Forças Armadas. Muitos dos postulados franceses tornaram-se extremamente difundidos – como mostram os depoimentos, palestras, o *Projeto Orvil* e as obras e memórias de militares –, embora exista uma diferença entre aceitar a necessidade de "interrogatórios duros" e admitir a execução de um prisioneiro depois de torturado. Pode-se dizer com certeza, no entanto, que a maioria dos integrantes das comunidades de informação e de

---

15 MATTOS, Carlos Meira. "Doutrina Política de Potência", p. 40, e NUNES, Almirante Adalberto de Barros. "Ordem do Dia do Ministro da Marinha", p. 119. In: *Revolução Evolução: 6º aniversário da Revolução*. Ver ainda MOTTA, Rodrigo Patto Sá. *Em guarda contra o perigo vermelho*, p. 217-273.

16 ARENDT, Hannah. *A condição humana*, p. 240 e 241. "Para fazer uma mesa é preciso destruir uma árvore para se obter a madeira". Ela defende que a substituição da ação pela fabricação na hierarquia do espaço público da era moderna trouxe a violência da fabricação para a política. Quando o homem constrói, em vez de agir, ele destrói governos como abate árvores.

17 Depoimento do coronel Cyro Etchgoyen, em D'ARAÚJO, Maria Celina; SOARES, Gláucio A. D.; CASTRO, Celso. *Visões do Golpe: a memória militar de 1964*, p. 185.

18 PISTONE, Sérgio. "Razão de Estado". In: BOBBIO, Norberto; MATTEUCCI, Nicola; PASQUINO, Gianfranco (orgs.). *Dicionário de Política*, p. 1070.

segurança via a política como uma guerra. A dificuldade maior para determinar a extensão dessas correntes de pensamento é que havia entre nossos militares uma unidade estratégica entre os diversos grupos das Forças Armadas na luta contra a guerrilha, assim como nas crises do regime, quando se tratava de se opor aos políticos civis e à volta deles ao poder.

A edição do AI-5, em 1968 pode ser o maior símbolo de aproximação de um governo, que se pautava pelo uso extraordinário da violência segundo a *raison d'état*, do projeto de consertar o país na marra dos adeptos da guerra revolucionária, controlando a insatisfação nos quartéis sem permitir a quebra da hierarquia e da disciplina. É interessante como, por meio do ato institucional, o presidente Costa e Silva tentava dar ao Estado as condições para enfrentar a oposição e a guerrilha sem que se abandonasse a necessidade de um instrumento legal. Nada mais lógico para os generais que, apesar de empalmarem quase todos os poderes da República, rejeitavam a acusação de submeter o Poder Civil ao Militar e assim reafirmavam a submissão dos quartéis ao governo. É isso que explica por que, mesmo na crise que desembocaria na edição do AI-5, o general Aurélio de Lyra Tavares, ministro do Exército, ao externar por escrito o descontentamento da tropa com o discurso do deputado federal Márcio Moreira Alves (MDB), garantia: "O Exército se aterá à disciplina e serenidade, dentro da obediência ao Poder Civil".[19] Não se tratava apenas de mera conservação das aparências exigida pela vida pública, à medida que a manifestação aberta do caráter negativo do poder torna este odioso e anula sua força produtiva.[20] A alta hierarquia tornava-se porta-voz da insatisfação dos quartéis, mas fazia

---

19 MARTINS FILHO, João Roberto. *O palácio e a caserna*, p. 148-150. Tavares lamenta, porém, a pergunta feita por Alves da tribuna da Câmara: "Quando o Exército não será um valhacouto de torturadores?" e discorre sobre a repercussão negativa do discurso nos quartéis. O discurso de Alves levaria ao pedido para que o deputado fosse processado, o que foi negado pela Câmara dos Deputados. No dia seguinte, o AI-5 foi decretado pelo governo do general Costa e Silva. A discussão, no entanto, sobre o aperto do regime vinha de antes: em julho de 1968 o Conselho de Segurança Nacional já debatia as medidas de exceção adotadas em dezembro. Ver reportagem de Vítor Sion em Última Instância, *http://ultimainstancia.uol.com.br/conteudo/noticias/68040/ai-5+ja+era+debatido+cinco+meses+antes+opondo+costa+e+silva+e+o+futuro+presidente+medici.shtml*, acesso em 5 de fevereiro de 2014.

20 FOUCAULT, Michel. *Microfísica do Poder*, p. 8.

lembrar aos subordinados o que todos oficiais aprendiam nas academias e nas escolas de Estado-Maior durante as leituras de Clausewitz e de Liddell Hart:[21] a primazia do Poder Civil. Ambos entendiam que o objetivo dos militares na política era alcançar os objetivos nacionais, o que significava aumentar-lhe o poder em relação às demais nações. E, se o presidente era o comandante-em-chefe, ficava claro onde entrava a hierarquia. Era a síntese que o regime buscava para resolver o conflito entre a autonomia dos militares segundo o preceito constitucional de que a eles cabiam a manutenção das leis no interior do país e o preceito da submissão da instituição castrense ao Poder Civil, conforme a doutrina militar clássica.

Ora, Clausewitz ensinava, e os nossos generais reafirmavam, que os interesses do Estado e do Exército eram coincidentes. Para o prussiano, o chefe militar era um especialista e seu horizonte podia não ir além do necessário às tarefas militares. Já o homem de Estado aparecia-lhe como uma espécie de "supergeneral" que devia "possuir autoridade decisiva sobre os generais".[22] Liddell Hart considerava que o governo não devia jamais interferir diretamente nas operações militares, mas indicar claramente as tarefas a serem cumpridas. Enquanto o governo era responsável pela formulação da política, *dos objetivos da guerra*, aos militares cabia aplicar os recursos disponíveis e fixar *os objetivos na guerra*, o que subordina nitidamente o Poder Militar ao Civil. Esse tipo de pensamento foi acolhido por nossos generais e ajudou a limitar a atuação da repressão, como veremos adiante. Daí também por que, ao colocarem um general na Presidência da República, tiravam-lhe a farda e davam-lhe terno e gravata e uma duração ao mandato. Onde a sociedade via o poder dos militares, os chefes militares

---

21 LIDDELL HART, B. H.; *As grandes guerras da história*, p. 404. A formação de um militar é um momento ímpar em sua carreira. As notas obtidas ali vão determinar a sua posição dentro de sua turma e essa posição é um dos critérios para as promoções futuras. Desde os anos 1920, o Exército adotou um modelo de formação contínua – herança da missão militar francesa. Sem passar por ele não se é promovidos aos degraus superiores da carreira. Portanto, esse sistema, que visava a profissionalização do Exército, condicionará parte da vida do oficial na caserna, determinando, inclusive, quais as suas chances de ascender ao generalato.

22 RAPOPORT, Anatole. "Prefácio". In: CLAUSEWITZ, Carl Von. *Da Guerra*, 2ª ed., p. 26 e CLAUSEWITZ, Carl von. *Da Guerra*, p. 875.

viam um Poder Civil, mesmo que fosse ocupado por generais da reserva ou um supergeneral, em vez de um Kaiser. Era fácil obedecer a esse supergeneral. É isso o que mostra Orlando Geisel, ministro do Exército do presidente Garrastazu Médici:

> Os pregoeiros da cizânia, que nada constroem, mas deformam os fatos, e os companheiros da desordem e do terror, que vivem do crime e da traição, teimam em acusar as instituições militares de serem fontes de militarismo e tutoras da ação governamental. Em verdade, "no silêncio" e na nobreza da subordinação consciente ao "Poder Civil", somos "meios democráticos da mais alta importância para garantir o desenvolvimento brasileiro [...], o que inclui necessariamente a defesa da Pátria contra a volta da corrupção e da subversão". Muitos povos por falta dessa ajuda, perderam o direito de serem livres.[23]

A subordinação tinha de ser "consciente". Obedecia-se ao governo, mas não se seria leal a qualquer governo, principalmente se colocasse em risco a "Revolução" ou significasse uma volta ao passado e dos políticos civis a ele identificados como demonstraram as crises do regime entre 1964 e 1969. No Brasil, a defesa da recriação do Estado pôs o autoritarismo a serviço do desenvolvimento do capital e da modernização conservadora, como atesta a Ordem do Dia do ministro do Exército. Para executá-la, os militares assumiram o papel executivo e predominante no regime. Criaram uma ditadura constituinte, com suas proscrições, reformulações da divisão de poderes e controle das lutas políticas, o que era considerado um mal necessário.[24] A defesa do Poder Civil não incluía, obviamente, a confiança nos civis. Muitos

---

23 GEISEL, Orlando. *Ordem do Dia do Ministro do Exército*, 31 de março de 1970, em *Revolução e Evolução, 6º aniversário da Revolução*.

24 Penso, por analogia, no modelo da ditadura romana, mais especificamente no modelo de Sila, que não tinha tempo para acabar, exceto o condicionado pela necessidade das reformas. Contra ela, os poderes dos tribunos (*prohibitio, interdictio et intercessio*) nada podiam. Além *do imperium militae* (o direito de comandar o exército até mesmo no interior de Roma), Sila era *dictator legibus scribundis et rei publicae constituendae*, tinha o poder de ditar as leis e de governar como poder constituinte (APIANO. *Op. cit.*, vol. I, p. 141 e 144-198).

dos adeptos da guerra revolucionária pensavam que o poder era ou devia ser exercido em nome dos militares. Eles eram os maiores entusiastas da chamada "utopia autoritária", com sua ideia de "consertar o país na marra", conforme descrito pelos autores de *Visões do Golpe*.[25] A utopia autoritária, no entanto, não destruiu, na maioria dos militares, como atestam as queixas registradas pelos autores do Orvil, a importância que davam à ideia de manter a precedência "consciente" do Poder Civil de uma República, que arrastava consigo a tradicional divisão de poderes, sobre o Poder Militar. Era-lhes fácil compreender, como princípio hierárquico, a importância da sua conservação, desde que os civis do Legislativo e do Judiciário também se subordinassem.

Se a Doutrina da Guerra Revolucionária golpeava a possibilidade da ação política, pois o espírito inclemente da guerra diminui drasticamente a aceitação da pluralidade humana, a afirmação da precedência do Poder Civil sobre o Militar, ao contrário, significava o reconhecimento, ao menos formal, da manutenção de um espaço reservado à ação política. Nele, a moderação é uma virtude por excelência, e a pluralidade, condição básica. Consequentemente, seriam necessários partidos, e o regime aceitou a existência da Arena (situação) e do MDB, cuja função era representar o princípio do dissenso, do que é plural, e, dessa forma, permitir uma ação política mínima na sociedade. Pensava-se a oposição como uma ideia, a partir da qual o artesão faz o objeto. Quando algo sai errado, o fabricante pode substituir as peças defeituosas, cassando mandatos parlamentares. Eis porque o fim da moderação na repressão política encontrava um de seus maiores obstáculos no princípio, mesmo no regime militarizado, da subordinação do Poder Militar ao Civil.

---

25 Devemos o conceito de utopia autoritária para descrever o desejo de reconstruir e consertar o país custasse o que custasse a Maria Célia D'Araujo, Gláucio Ary Dillon Soares e Celso Castro (*Visões do Golpe*, p. 9). Essa utopia baseava-se na ideia de que eles "eram, naquele momento, superiores aos civis em questões como patriotismo, conhecimento da realidade brasileira e retidão moral". Podemos acrescentar que, para os mais exaltados, ela incluía ainda a aniquilação da ação política inimiga. Traços dela podem ser achados em quase todas as correntes políticas militares desde o tenentismo, mas sua manifestação mais radical, a que subordinava a política à guerra revolucionária e aceitava as consequências dessa guerra, estava reservada, principalmente, aos grupos ligados aos órgãos de segurança do regime de 64.

Manter aberto um espaço mínimo para a ação política significava também a realização de outro ideal dos militares: o da democracia com segurança, uma variação do conhecido binômio do regime (desenvolvimento e segurança), parte do projeto de modernização conservadora. O grau de autoritarismo do governo era determinado pela ameaça que este sentia ao seu projeto. Pensava-se que, quanto mais segurança, menos autoritarismo haveria – e menos mortes, portanto. Essa era uma ideia compartilhada por civis que apoiavam o regime, como os que votaram a favor da decretação do AI-5. De fato, a interdição total até desse espaço político mínimo, com o fechamento do Congresso, foi sempre fato excepcional e não a regra no período. Aqui estava mais um aspecto dessa utopia autoritária. Buscava-se manter sob controle o incontrolável: os resultados da ação humana, daí o fracasso. As limitações legais "nunca são defesas absolutamente seguras contra a ação vinda de dentro do próprio corpo político, da mesma forma que as fronteiras territoriais jamais são defesas inteiramente seguras contra a ação vinda de fora". Embora essas limitações (leis e fronteiras) ofereçam alguma proteção contra a tendência das ações de violar os limites, elas são impotentes para neutralizar sua imprevisibilidade. A ação só se revelará plenamente ao olhar retrospectivo do historiador. "Muito embora as histórias sejam resultado inevitável da ação, não é o ator, e sim o narrador que percebe e 'faz' a história."[26] Portanto, não há como controlar o que ainda não se conhece.

Outros fatores agiam contra o completo fechamento do regime. Após 1945, o discurso de afirmação da democracia em contraste com o

---

26 ARENDT, Hannah. *A condição humana*, p. 204 e 205. Mais adiante (p. 313), a filósofa esclarece o caráter irracional do realismo moderno e demonstra como o racionalismo é irreal. "A ideia de que só aquilo que vou fazer será real – perfeitamente verdadeira e legítima na esfera da fabricação – é sempre derrotada pelo curso real dos acontecimentos, no qual nada acontece com mais frequência que o totalmente inesperado. Agir no sentido de fazer alguma coisa, ou raciocinar no sentido de 'prever consequências', significa ignorar o inesperado, o próprio evento, uma vez que seria irrazoável ou irracional esperar o que não passa de 'improbabilidade infinita'. Mas, como o evento constitui a própria textura da realidade no âmbito dos negócios humanos, no qual o 'altamente improvável ocorre regularmente', é altamente irrealista não contar com ele, ou seja, não contar com algo que ninguém pode prever de maneira segura."

comunismo vedava aos defensores do regime a simples retomada do pensamento autoritário que fundamentou o Estado Novo, impedindo a defesa, por exemplo, do sistema de partido único, como forma de expressão dos interesses nacionais. O apoio e interação dos civis liberais antipopulistas e golpistas ao regime até 1966 provocou a hesitação dos militares em reconhecer "as supostas virtudes do autoritarismo". Tudo isso ajudou a manter durante o regime aspectos das instituições democráticas, ainda que como mera formalidade ou, como resumiu o historiador Boris Fausto: "O Congresso Nacional funcionou na maior parte do período, a existência de partidos foi aceita, embora nos limites do bipartidarismo, os generais se revezaram no poder sob o manto das 'eleições' indiretas".[27]

Extensão e subordinação

A manutenção dessas instituições e do espaço público serviu assim de barreira à adoção integral da Doutrina da Guerra Revolucionária. Grupos militares que tiveram papel importante no regime de 64 traziam elementos que discordavam da transformação da política em mera continuação da guerra. Além da influência da formação que receberam nas academias, a postura desses militares expressa o desejo de se preservar a hierarquia e a disciplina como instrumentos de controle do chamado partido armado. Mas os generais não impediram que os órgãos de segurança considerassem a guerra um instrumento legítimo para a realização de sua revolução.[28] Enquanto a maioria dos comunistas via a guerra como instrumento, meio para obter objetivos definidos pela política, conservando assim a subordinação do militar ao partido, os órgãos de segurança de combate à subversão buscavam o consentimento do governo – já que a política seria guerra – para que a repressão excluísse a moderação do combate. Para eles, não bastava pôr generais na Presidência ou editar atos institucionais. Sentiam-se obrigados a aniquilar o inimigo. A tortura e a execução dele era um

---

27 FAUSTO, Boris. *O pensamento nacionalista autoritário*, p. 54, 63 a 65, 69 e 70.
28 Tanto é que incentivaram na Escola de Comando e Estado-Maior do Exército o estudo do fenômeno da guerra revolucionária. Para tanto, ver *Guerras revolucionárias – Cuba, Grécia e China*, 4ª ed., Escola de Comando e Estado-Maior do Exército, curso de preparação.

problema secundário, como, aliás, são os meios para quem deseja construir algo; o importante era o resultado. A discordância entre os militares – antigos ou modernos e liberais ou conservadores – não atingia a estratégia que se devia adotar contra a guerrilha, mas a intensidade da repressão e a subordinação desta à hierarquia militar e aos objetivos do governo, o chamado Poder Civil.

O desejo de autonomia dos órgãos de segurança, por exemplo, criaria mais tarde problemas para o apaziguamento desejado na política de abertura do regime. Como a guerra absoluta de Clausewitz, a guerra revolucionária tinha como possibilidade o uso da força sem limites. Não havia preocupação com o custo moral, situação que se ajusta "e só pode ajustar-se a uma multidão enlouquecida pelo ódio".[29] Quando a moderação transforma-se em vício na condução da guerra, tenta-se superar o dilema "lutar bem ou vencer" pela sua negação. A aceitação do uso de todos os meios, mesmo os ilícitos (assassinatos, torturas etc.), tornava-se nos órgãos de segurança virtude referendada pelo resultado. Esquecia-se, no entanto, que a função da guerra era atingir um objetivo político. Ao perder de vista os fins políticos do regime, a repressão tornava-se injustificada e frágil.[30] Quanto mais o governo se comprometia com esta, menor a quantidade de pessoas em nome de quem atuava. Menor, portanto, o seu poder, entendido aqui como a "capacidade humana de agir de comum acordo", ou o "todos contra um" de Hannah Arendt.

O regime acabou assim por limitar a repressão. Não foi o acaso que circunscreveu o massacre. Certamente o número de opositores e guerrilheiros mortos no Brasil seria mais alto se o DOI tivesse adotado desde o começo o método de desaparecer os opositores, como alegam os que defendem que a demora na adoção do extermínio no Brasil ocorreu porque o país era o laboratório da luta contra a subversão – o modelo, na verdade, havia sido testado na Argélia. Mas, ainda que assim fosse, a repressão não chegaria ao nível de suas irmãs sul-americanas, como comprova o desenvolvimento

---

29 LIDDELL HART, B. H. *As grandes guerras da história*, p. 431.
30 ARENDT, Hannah. *Crises da República*, p. 121 a 129.

dos órgãos de segurança. Mesmo no fim das ações da repressão política, a morte foi reservada aos líderes de organizações e aos com treinamento no exterior. Não se estendeu até aos simpatizantes, como ocorreu na Argentina. Ali os mortos se contam entre 10 mil e 30 mil enquanto no Chile, o regime do general Augusto Pinochet fez 2.279 vítimas, de acordo com o Relatório da Comissão Nacional de Verdade e Reconciliação, o chamado Informe Rettig.[31] Mesmo nos casos em que esses meios radicais foram usados por agentes do Estado, pode-se constatar a preocupação de só utilizá-los na medida em que eram exigidos pelas necessidades objetivas da segurança estatal. Nas palavras do teórico Trinquier, "se é necessário praticar brutalidades inevitáveis, uma disciplina rigorosa deverá sempre estar pronta para proibir aquelas que são inúteis, pois o Exército tem os meios de exigir e de manter uma firme disciplina".[32]

Esse desejo de pôr ordem "na bagunça" criada pela decisão de se empregar as Forças Armadas na repressão a opositores do regime é atestado pelo DOI de São Paulo, onde se criaram regras para disciplinar o interrogatório de presos. Essas regras, segundo o relato de agentes, deviam servir como limite à violência inútil, pois era preciso que o preso estivesse inteiro caso fosse obrigado a levar os agentes a um ponto (encontro com companheiros) que tivesse nos dias seguintes à sua prisão. Os mesmos limites foram aplicados para decidir quem devia morrer e quem sobreviveria à prisão. Daí a criação de categorias de pessoas que seriam assassinadas. Saídas da vivência dos agentes, elas foram referendadas pelos comandantes e acabaram difundidas pelo país. Primeiro decidiu-se matar todos os chamados "cubanos", que eram os combatentes com treinamento no exterior e os "banidos", aqueles militantes banidos do país depois de trocados por algum dos diplomatas sequestrados pelos grupos de esquerda entre 1969 e 1970. Depois, a sentença de morte estendeu-se aos autores de crimes de

---

[31] Ver Anexos, Estatísticas, RETTIG GUISSEN, Raul. *Informe da Comissão Nacional de Verdade e Reconciliação*, Santiago, 1991. Atualmente existem 3.195 pessoas consideradas mortas por atos de violência política e terrorismo no Chile durante o regime militar (Ver Wilson, José Miguel; *La Moneda decide remodelar el memorial de detenidos desaparecidos, La Tercera*, 15 de fevereiro de 2009, pag. 8).

[32] TRINQUIER, Roger. *La Guerre Moderne*, p. 44.

sangue, principalmente aos que tinham como vítimas policiais ou militares, e aos dirigentes de organizações, considerados irrecuperáveis. Os depoimentos dos agentes e a lista dos mortos e desaparecidos confirmam essa decisão.[33] A forma de cumpri-la também variou no tempo. Durante a administração do major Waldyr Coelho (1969-1970), o primeiro comandante do órgão, a decisão de matar era limitada. Com a chegada do major Carlos Alberto Brilhante Ustra (1970-1974), o órgão consolidou o método do chamado teatro, ou encenação de tiroteios nas ruas para justificar a morte de presos, mas também armou emboscadas que vitimaram muitos guerrilheiros urbanos. É no período de Ustra que começam a funcionar os centros clandestinos de prisão – a boate e o sítio – e seus subprodutos: o desaparecimento forçado e o uso de informantes. Mas é só com a passagem do comando para o tenente-coronel Audir Santos Maciel que as pessoas marcadas para morrer passam a sumir sem exceção e explicações. O DOI completava sua escalada. Não é um acidente o fato de a fase mais secreta coincidir com a abertura. Pelo contrário. Ao mesmo tempo em que indica uma evolução em direção ao sigilo, ela também mostra que a abertura condicionava a repressão, aumentando a necessidade do segredo. Quanto menos censura, maior o silêncio, pois menor seria a capacidade de calar.

Se as contradições do regime, seus movimentos de fechamento e de abertura política, o contexto da época e o pensamento militar explicam o alcance das ações da repressão, para entender a forma como agiram os homens da *Casa da Vovó* deve-se somar à doutrina e à estratégia as motivações dos combatentes de todas as guerras e aquelas específicas desse grupo, pessoais e ideológicas. Estas são a vingança pela morte de companheiros, a decisão de dispensar ao inimigo o tratamento que imaginavam que este lhes daria caso pudesse, o anticomunismo visceral e o ódio aos criminosos disseminados nos meios policiais. Esse *ethos* levou ao embotamento do espírito crítico individual que faz ainda hoje os agentes justificarem o trabalho no DOI como mais uma missão, um trabalho, esquecendo-se do velho

---

33   Nenhum dos banidos que retornaram ao Brasil e foram presos entre 1971 e 1973 (dez) sobreviveu. Ver GASPARI, Elio. *A Ditadura Escancarada*, p. 383.

preceito militar de que ordens ilegais não se cumprem.³⁴ Esses homens, em certa medida voluntários, estavam constantemente em contato com a sociedade onde esse embotamento não se consumou. Daí se observar entre os agentes aqueles que relatam traumas psicológicos, casos de alcoolismo e de conversão religiosa durante e depois de terminado o tempo em que passaram no Destacamento. O mesmo fenômeno foi observado em setores da Polícia Militar que adotaram o extermínio de bandidos comuns como prática.³⁵ É para entender essas motivações que foram feitas entrevistas e conversas com 25 homens e mulheres que trabalharam no DOI. Algumas foram curtas, outras estenderam-se por horas, dias e meses. É isto que veremos a seguir.

---

34   ARENDT, Hannah. *Eichmann em Jerusalém*, p. 152 a 155.
35   ARRUDA, Luiz Eduardo Pesce de (coronel da PM). "Polícia Militar: uma crônica", p. 69 e 70, em revista *A Força Policial*, órgão de informação e doutrina da instituição policial militar (São Paulo, n° 13, jan.-mar. 1997).

Parte 2
A TROPA

> *"Diante dos revolucionários, é necessário um exército revolucionário [...] É preciso dar aos soldados o espírito de cruzados"*
>
> Gen. Marcel Bigeard[1]

---

1   BIGEARD, Marcel. *Ma Guerre d'Algerie*, p. 48.

1 OS AGENTES
Recrutamento e motivação

PRIMEIRO DO GÊNERO E MAIOR ENTRE TODOS, O DOI de São Paulo tinha 250 homens do Exército, Aeronáutica, Marinha e Polícias Civil e Militar. Esta última forneceu ao longo dos anos 70% do pessoal do Destacamento, espalhados por todos os setores da unidade, enquanto o Exército colaborava com uns 40 homens do efetivo.[1] Assim, numericamente os PMs eram a coluna vertebral do órgão. Mas aos homens do Exército eram reservados os cargos de chefia de cada seção, além da maioria dos postos-chave e das vagas das áreas mais sensíveis do lugar, como a subseção de Análise e a Investigação. O outro integrante do condomínio era a Polícia Civil. Delegados e investigadores trabalharam no DOI. Depois da compartimentação do órgão, poucos permaneceram na Investigação e nas equipes de Busca e nenhum na Análise. Interrogatório era a área em que numericamente eram mais presentes. Cuidavam ainda do envio de objetos e do dossiê de cada preso ao Departamento de Ordem Polícia e Social, da Polícia Civil. Esse material era um subproduto do DOI. Concebido como uma organização militar para levar a cabo uma

---

[1] Para o total de PMs no DOI, entrevista do autor com o coronel Carlos Alberto Brilhante Ustra, 8 de novembro de 2004; para o total do Exército, *Rompendo o Silêncio*, p. 126. Eram, quando Ustra assumiu, 4 oficiais do Exército, 12 sargentos e dois cabos; 15 oficiais da PM, 22 sargentos e 35 cabos e soldados e 12 delegados e 8 investigadores da Polícia Civil, além de um agente da Polícia Federal e um oficial da Aeronáutica (página 131), em um total de 112. O efetivo, portanto, cresceu depois. O coronel estima ter comandado uns 400 homens no DOI, incluindo substituições.

estratégia militar que previa o aniquilamento ou desbaratamento do inimigo, o Destacamento produzia provas criminais que eram enviadas à Justiça sobre os delitos cometidos contra a Lei de Segurança Nacional como uma função secundária de suas ações. Teórico da guerra revolucionária, Trinquier deixa claro o objetivo que se deve buscar depois da prisão de um suspeito:

> Serão pedidos poucos detalhes sobre os atentados que ele cometeu ou não e que são de um passado antigo, sem interesse imediato e sim informações precisas sobre sua organização. Em particular, cada homem tem um chefe que ele conhece; antes de tudo, é o nome desse chefe e sua residência que ele deve dar a fim de que se possa proceder à sua prisão. Em seu interrogatório, ele não será certamente assistido por um advogado. Se ele fornecer sem dificuldade as informações pedidas, o interrogatório acabará rapidamente; se não, especialistas deverão, por todos os meios, arrancar-lhe o segredo. Ele deverá então, como um soldado, enfrentar o sofrimento e, talvez, a morte.[2]

Além do nome do chefe e das demais pessoas, o DOI se interessava principalmente pelos encontros – os chamados pontos – marcados entre os militantes das organizações, pelos endereços clandestinos – os aparelhos – utilizados pelos grupos. Rapidamente aspectos jurídicos e preocupações legais perderam importância no dia a dia dos agentes. Fazer processos por meio da papelada criada nos chamados interrogatórios preliminares se tornaria só uma forma de manter fora de circulação os prisioneiros depois que os militares pensavam que já não havia mais nada o que lhes arrancar. O objetivo era vencer e não prender. Não queriam confissões, mas informações. O militar sobrepujou o policial.

Nem a grande quantidade de policiais conferiu um aspecto civil ao órgão. É preciso lembrar que a formação desses policiais era muito diferente daquela que hoje tem, por exemplo, um policial militar. Quase todos formados pela antiga Força Pública ou Guarda Civil – a união da duas formou a PM em 1969 –, esses homens recebiam um treinamento tipicamente militar com aulas de tática de infantaria, maleabilidade e outras disciplinas

---

[2] TRINQUIER, Roger. *La Guerre Moderne*. p. 18

abandonadas pelas escolas e academias policiais durante as transformações pelas quais passaram as PMs do país a partir dos anos 1970 e 80. Trinta e um coronéis da reserva da PM, todos formados pela Força Pública dos anos 1940 aos 60, afirmaram que a instrução que receberam era mais militar do que policial – isso se refletia no maior número de horas-aula de disciplinas propriamente militares do que as de policiamento em uma proporção que chegava a dois para um. Isso fazia dos policiais militares homens preparados para essa guerra. Tinham aprendido as táticas policiais ao mesmo tempo em que receberam aulas de estratégia militar. Sabiam, portanto, patrulhar, investigar e, se preciso, aniquilar o inimigo.

> Segundo a lei, num mesmo posto, os militares do Exército têm preferência. Nesse aspecto, nunca tivemos problema. Havia muita camaradagem entre nós. A adaptação do pessoal da PM era mais rápida. Eles eram formados para esse tipo de trabalho de rua. Para nós, tudo era novidade. Aprendemos muito com eles.[3]

Entre os PMs havia vários ex-integrantes da Guarda Civil, que tinham muito conhecimento policial e eram mais acostumados à hierarquia e disciplina do que os investigadores e delegados da Polícia Civil, que sempre foram uma minoria na *Casa da Vovó* – mesmo entre estes havia ex-guardas civis, o que tornava menor ainda o número de policiais civis de origem. Um outro fato ajudava à pequena participação desses últimos no DOI. Era a existência do Dops, a menina dos olhos da polícia paulista e rival do órgão comandado pelo Exército.

Recrutamento

Muito policial enviado por seu chefe ao DOI foi parar lá de castigo, como Alemão, ou transferido de sua unidade por indicação de seu superior, como a tenente Neuza. "Era um trabalho policial com uma forte dose ideológica", disse Alemão.[4] Sinício, que era da Força Pública, nasceu em Ribeirão Preto e

---

[3] Carlos Alberto Brilhante Ustra, entrevista por e-mail em 9 de novembro de 2004. Os 31 coronéis foram entrevistados para outra pesquisa, sobre o papel da PM durante o regime militar.
[4] Agente Alemão, entrevista em 12 de abril de 2005, fita 1, lado A.

trabalhava no 16º Batalhão, no Butantã, na zona oeste de São Paulo, contou: "Voluntário não teve nenhum. Foi como se fosse uma escala de serviço. Fui lá como um cumpridor de dever. 'Pagaram' um serviço, eu tinha de fazer."[5]

Assim como ele, o agente Márcio, que entrara na polícia em 1966. O homem participou da operação que levou ao desaparecimento do casal Ana Rosa Kucinski e Wilson Silva, ambos da ALN, e é acusado pelos colegas de achacar o jornalista Bernardo Kucinski, que buscava informações sobre a irmã. Expulso do DOI após o episódio, é outro que disse ter sido mandado ao Destacamento:

> Disseram pra eu ir pra lá e eu fui. Mandaram eu me apresentar lá pra trabalhar como motorista. [...] Trabalhar fardado é uma coisa e paisano é outra. [...] Mas, pra mim, quando a gente era militar, a gente tava cumprindo ordens, trabalhando. Não era um negócio diferente. Tem uma disciplina. A que eu tinha fora, tinha lá dentro. Eu via como um serviço normal policial, como tem hoje. Não combate bandido e traficante na rua?[6]

De fato, a escolha dos homens por meio de indicação dos comandantes prevaleceu na Polícia Militar, embora a permanência na *Casa da Vovó* não fosse obrigatória. Óbvio que alguns chefes resolveram desfazer-se de pessoas que lhes eram incômodas ou antipáticas. Outros cumpririam a tarefa com zelo, enviando ao novo órgão subordinados bem conceituados na unidade. A maioria deles foi trabalhar na guarda do quartel, nas equipes de busca, acostumados que estavam com o patrulhamento das ruas, ou na Investigação, seção em que tinham uma presença tão forte quanto a do Exército – houve ainda praças e oficiais que frequentaram as equipes de Interrogatório. O sargento da PM Nelson, chamado de Pai Velho pelos colegas, foi um dos que foram parar na Busca.

> Eu nem sei, [por que] me mandaram pra lá. Que eu sempre fui um cara que nunca teve falta nenhuma. Então eles escolhiam,

---

5   Pagar nesse sentido policial significa passar, destinar, encarregar, dar. Agente Sinício, o Habib, entrevista em 21 de maio de 2005, fita 1, lado A.

6   Sargento Irineu, o agente Márcio, entrevista em 21 de abril de 2006, fita 1, lado A.

> mas lá tinha cabra safado também. Fui pra lá trabalhar na rua com o Devanir [Devanir de Castro Queiroz, capitão da PM paulista] Saí de lá quando acabou [o serviço de busca].[7]

Logo que chegavam, os policiais recebiam uma orientação sobre o trabalho que deviam fazer ao mesmo tempo em que lhe eram passadas as normas de segurança e as obrigações em função do sigilo das operações e do serviço.

> Disseram pra gente no patrulhamento ter muita atenção e não dar moleza não. Se o cara reagisse era pra pegar fogo. Não dar colher de chá, não; e não comentar o trabalho nem com minha família... Eu fui pra lá porque tinha mais folga no serviço. Nunca gostei de comunismo, nem de esquerda... eu achava que as Forças Armadas estavam certas.[8]

Isso não impediu que ocorresse a alguns dos escolhidos pedir aos superiores o retorno à unidade de origem quando não se adaptavam às novas funções. Aquilo não era trabalho para o soldado Menezes e ele teve coragem de dizer isso ao então capitão da PM Mário Fonseca Ventura. O oficial trabalhava no 1º Batalhão de Choque e havia enviado o homem à Operação Bandeirante (Oban), a precursora do DOI, quando da sua criação, em 1969.[9] A maioria dos homens recrutados para o novo órgão saíra de unidades de choque e de batalhões da região central da cidade, além da radiopatrulha. Ventura indicou dois: o soldado Menezes e o sargento Fenelon.

> — Geralmente eram homens escolhidos para a Oban, homens de confiança. Numa época eu fui incumbido de apresentar dois [...]. Foi interessante a ida desses dois, pois mostraram características completamente diferentes. Um que se acostumou com o serviço e se deu bem lá, e o outro que uma semana depois veio pedir pra mim para tirá-lo daquele esquema,

---

7   Sargento Nelson, o agente Pai Velho, entrevista em setembro de 2005, fita 1, lado A.
8   Entrevista com Pai Velho, em setembro de 2005, fita 1, lado A.
9   Entrevista com o coronel da Polícia Militar de São Paulo Mário Fonseca Ventura, em 22 de setembro de 2004, fita 4, lado B. Ventura indicou dois de seus subordinados para a formação da Operação Bandeirante, antecessora da DOI, criada em 1969. Ele mesmo nunca trabalhou lá.

uma vez que ele via muita coisa irregular e não estava acostumado a isso [...] o soldado Menezes. Isso deve ter acontecido com os outros [...] Ele foi substituído. Nós indicamos um outro e recolhemos o Menezes.

— *Isso não trouxe nenhum problema para o Menezes internamente, não é coronel?*

— Não, não houve nada, apenas um problema administrativo.[10]

Para se tornar cúmplices, bastava a certeza de que estariam acima da lei. Menezes pôde deixar o quartel porque não concordava com o que ocorria lá, outros puderam fazer o mesmo sem que o ato lhes causasse represálias ou qualquer tipo de problema. Como disse Ventura, a decisão seria tratada como um problema administrativo e não disciplinar. O caso do sargento Absalon, envolvido na morte de um militante da ALN, corrobora o fato de que a manutenção de alguém na Oban estava ligada à adaptação do policial ao serviço, a uma decisão pessoal. Mostra ao mesmo tempo em que a escolha dos chefes tinha um caráter meramente burocrático, com as deformações do apadrinhamento e das punições arbitrárias.

— O motivo de eu ir pra lá foi o seguinte: tinha um colega que foi pra lá, um terceiro-sargento. Ficou um mês lá e ficou apavorado e aí, como ele era peixinho do Raul, ele voltou. Tinha não sei quantos sargentos na companhia, uns 15 ou 20 e [o subtenente Raul] consultou todos eles e nenhum quis ir pra lá. Consultou os outros; pra mim, ele determinou. Um belo dia eu cheguei lá e o estafeta me deu um memorando dizendo que eu devia me apresentar. Aí eu falei: "Chegou a salvação, porque eu não gosto de ficar aqui mesmo" [...]

— *O sargento voltou apavorado por quê?*

— Porque a barra era pesada, o negócio lá não era moleza, não. Ele voltou apavorado e, como nenhum (sargento) quis ir pra lá, eu fui determinado e fui com muito prazer. Fiquei lá 10 anos e seis meses.[11]

---

10   Entrevista do autor com o coronel da reserva da PMESP Mário Fonseca Ventura, em 22 de setembro de 2004, fita 4, lado A.

11   Absalon Moreira Luz, entrevista em 29 de julho de 2005, fita 1, lado A.

No começo, também houve casos de oficiais que não puderam escolher e acabaram na Oban. Mas mesmo esses puderam sair sem maiores consequências, como o então tenente José Aguilar. Ele e outros bombeiros foram indicados pelo comando para o novo órgão sob a desculpa de que havia oficiais demais no Corpo de Bombeiros – a maioria ficou pouco lá. Aguilar estava no trabalho quando mandaram que parasse tudo e se apresentasse ao QG da PM. O oficial chegou à Oban na época que o órgão ainda funcionava na garagem da 2ª Divisão de Exército, no Ibirapuera – só um ano mais tarde ela seria transferida para o famoso prédio da Tutoia. Aguilar participou até de uma ação que terminou na morte de um militante da VPR – Joelson Crispim, em 23 de abril de 1970 –, mas não se adaptou. Aproveitou-se de uma amidalite para sair do órgão e voltar às origens.

> O espírito da gente era outro. O cara quando está no bombeiro e vai para o patrulhamento é diferente. Não se pode usar o mesmo espírito. Eu não queria ficar lá [DOI], mas o major Waldyr [Coelho, o comandante] só queria me liberar se eu arrumasse uma permuta. Não gostei do trabalho. Foi uma fase que passei e não gostei, mas cumpri ordem.[12]

Mais tarde as indicações deixaram de ser quantitativas e passaram a ser nominais – uma inovação do comando de Carlos Alberto Ustra, em 1971.[13] Em vez de ter de mandar um certo número de subordinados ao DOI, o comandante recebia a ordem para mandar "fulano" e "beltrano", previamente selecionados ou convidados. O caráter voluntário não se restringia mais à permanência no Destacamento e passava à própria decisão de trabalhar no lugar. É o que prova o caso do então capitão da PM, Newton Borges Barbosa, que fez o curso de operações no Centro de Estudos de Pessoal (CEP), do Exército. Convidado a integrar o DOI em 1972, depois de se formar no CEP, ele declinou do convite, permanecendo na polícia sem que isso lhe tivesse afetado uma carreira construída no serviço de informações da PM. Barbosa

---

12 José Aguilar, entrevista em 3 de novembro de 2005.
13 *História Oral do Exército, 1964, 31 de março*, tomo II, p. 286 e 287.

seria nomeado em 1983 subcomandante-geral da corporação por Franco Montoro, governador do PMDB e opositor do regime militar.[14]

Aos que escolhiam e se adaptavam ao serviço, o DOI oferecia atrativos. No caso dos policiais civis, por exemplo, havia promoções rápidas. Para os PMs abria-se a perspectiva do abandono da farda e até o uso de cabelos longos. Ambos não seriam mais importunados com intimações da Justiça, como conta o tenente José, que trabalhara nas Rondas Ostensivas Tobias de Aguiar (Rota) antes de ir parar na *Casa da Vovó*, onde permaneceu por 11 anos. Ali se envolveria na morte de um militante do Molipo e nas operações que provocaram o desaparecimento de pelo menos quatro pessoas (Ana Rosa Kucinski e Wilson Silva, ambos da ALN, e dos dirigentes do PCB Hiram de Lima Pereira e José Montenegro de Lima):

> Como eu sempre gostei de trabalhar, eu tinha muito problema [na Rota]. Naquele tempo não se respondia muito processo, mas tinha uma porção de inquérito. Então eu não tinha mais folga, toda hora eu tinha que estar ou no fórum ou na delegacia e ia três quatro vezes na delegacia. Aí eu fui convidado pelo pessoal do Dops, eu fui trabalhar na *Folha de S. Paulo*. Lá tinha uma segurança. O pessoal da ALN tinha incendiado duas ou três caminhões e ameaçava o Otávio Frias. [...] A segurança da Folha era feita por dois delegados do Dops: o Eduardo Quass e o Roberto Quass. [...] Um dia eu comentei com ele [Eduardo Quass]. "Ô Doutor, eu tô cheio de problema, toda hora sendo chamado, não tenho mais sossego." Ele falou assim: "Você quer ir para um lugar que nunca mais vão te chamar?" Eu falei: "Esse lugar existe?". "Existe." "Eu gostaria de ir."[15]

---

14   Newton Borges Barboza, entrevista em 8 de junho de 2004, fita 4, lado A.
15   Tenente José, entrevista em 9 de janeiro de 2007, Fita 1, lado A. A presença de policiais na empresa *Folha da Manhã* se devia sobretudo ao jornal *Folha da Tarde*, dirigido a partir de 1969 por profissionais associados à polícia, daí a presença dos homens do Dops na empresa. Sua direção foi de fato ameaçada pela ALN. Para tanto, ver *Imprensa apoiou ditadura antes de ajudar a derrubá-la*, publicado na *Folha de S. Paulo*, no caderno Tudo sobre a Ditadura Militar, p. 8, de 23 de março de 2014. A partir de meados dos anos 1970, informa o texto do jornalista Oscar Pilagallo, o jornal "fez uma reforma que deu voz à sociedade civil". A *Folha* se tornaria em 1983 o primeiro a encampar a campanha pelas eleições diretas para presidente da República.

No dia seguinte, José se apresentou às 9 horas na Rua Tutoia. Conversou com o então major Dalmo Lúcio Muniz Cyrillo. Recebeu ordem para apresentar-se no quartel-general da PM. Ao chegar, soube que devia passar na 2ª Seção do Estado-Maior (Informações) de sua corporação. Havia mais três com ele. Um era o juiz de futebol Dulcídio Vanderley Boschilia, o outro era José Carlos Lourenço e o último, o cabo Anderson, que ficaria paralítico em um episódio que valeria ao capitão do Exército Otoniel Eugênio Aranha Filho, o Doutor Homero, o ódio dos PMs. Assim como José, muitos outros policiais queriam distância dos regulamentos internos e de suas punições.

> Naturalmente que a parte disciplinar era bem mais tranquila. Não estavam sob os olhos da disciplina. Quem manipulava os homens da Oban dava muito mais liberdade para eles. Trabalhavam "paisano", o horário era mais folgado e era uma aventura, um trabalho diferente. E aí você sabe que o homem tem duas faces e alguns começaram a demonstrar um outro espírito, aquele de vingança, de transportar para um terceiro as mágoas que tinham internamente. Você sabe os problemas de tortura, espancamento e prisões. Essa coisa toda tinha como motivo o fato de o homem pôr para fora um espírito que não havia dentro da PM. Na Oban, não: tinha mais liberdade.[16]

O agente Chico e Sinício confirmaram que muitos dos colegas foram atraídos à *Casa da Vovó* pelo trabalho sem farda e sem a disciplina da corporação, com suas anotações sobre o comportamento do praça que podiam levá-lo à expulsão. Sinício (envolvido em operações que resultaram em seis mortes no DOI, entre elas a de Antonio Benetazzo, dirigente do Molipo) afirmou:

> Essa era a única vantagem. Não usava farda, não tinha problema de usar barba e ter o cabelo comprido, mas hierarquia tinha, que ela enverga, mas não quebra.[17]

E Chico:

---

16 Coronel Mário Fonseca Ventura, entrevista em 22 de setembro de 2004, fita 4, lado A.
17 Agente Sinício, entrevista em 21 de maio de 2005, fita 1, lado A.

> A Polícia Militar tinha um problema interno que era o pavor do "polícia": a parte disciplinar. O cara não cortava o cabelo? Parte e dois dias de cadeia. O cara chegava atrasado? Parte disciplinar e mais dois dias. Isso levava a uma mudança na classificação do comportamento. O cara estava no bom, passava para o regular, depois ia para o mau e no mau estava sujeito à expulsão. E quando ele começava a tomar parte não parava mais. Ele ia se foder. Já a Polícia Civil tinha o P. A. [processo administrativo] Aí era oferecido: vem para cá [DOI] que não tem parte e você vai trabalhar à paisana. E ainda tinha um jetonzinho. Aí o cara ia, pois era um serviço policial como qualquer outro.[18]

O jeton era o equivalente a US$ 117,00.[19] O tenente Chico "estava no bom comportamento" quando chegou ao DOI por indicação de um oficial. Aprendeu ali "o que era ideologia". Apresentou-se ao major Ustra e foi trabalhar em uma das equipes de busca. "Cheguei lá e me mandaram para equipe e falaram o que eu tinha para fazer... mas não se falava muito o quê." Chico entrara na Guarda Civil por causa da falta de emprego na vida civil. Era 1965. Demorava quase duas horas para chegar ao trabalho, pois morava na zona leste e, então, só havia um caminho para o centro, a Avenida Celso Garcia. Seu pai era operário e a mãe, uma dona de casa que, às vezes, fazia faxinas para trazer um dinheiro a mais para casa. Pouco antes de chegar à *Casa da Vovó*, passara pela experiência de ver sua organização ser incorporada à antiga Força Pública, transformada em Polícia Militar.

> O terrorista de esquerda era recrutado por ideologia. Você não pode imaginar encontrar ideologia de direita no policial. Ideólogo de direita é o comandante. [...]. O pessoal do Exército que vinha era principalmente o pessoal do mau comportamento. Não era castigo. É porque lá [DOI] eles também se livravam

---

18 Agente Chico, entrevista em setembro de 2004, fita 1, lado B.
19 Para o valor, FICO, Carlos. *Como eles agiam*, p. 127. Atualizado, o valor do jeton hoje seria de US$ 700 mensais. Era uma espécie de diária alimentação, segundo o agente Alemão. De acordo com Ivan Seixas, que foi preso pelo DOI em 1970, agentes lhe confidenciaram que recebiam recompensas extras pela captura de "terroristas". Não foi possível estabelecer mais detalhes sobre esses pagamentos.

> dessa sequência de punição [...]. Lá era o Paraíso. Quem bebia sua cerveja podia beber.[20]

No Exército, isso valia para alguns praças. Os oficiais eram quase sempre ligados à área de informações, às 2ª Seções de Estado-Maior das unidades. Chegavam sem conhecer muito o trabalho, já que as táticas de combate à esquerda nas cidades eram mais policiais do que militares, embora aplicadas segundo o objetivo de aniquilar o inimigo, uma estratégia militar. Também esses oficiais fizeram uma escolha voluntária de permanecer na *Casa da Vovó*. É o que disse o coronel do Exército José Barros Paes, que chefiou a 2ª Seção do 2º Exército de 1974 a 1976 (à qual se subordinava o DOI), quando ocorreu a ofensiva contra o PCB e a morte do jornalista Vladimir Herzog no órgão.

> Todos que trabalhavam lá dentro, escolheram, pediram ou aceitaram trabalhar lá. Ninguém foi lá forçado. O pessoal trabalhava porque quis. [...] O pessoal que foi lá foi mais por idealismo.[21]

Alemão

Há um riso irônico na boca de Alemão quando se apresenta como um dos "assassinos da ditadura". Investigador de polícia, o homem de cabelos curtos nasceu em uma família católica originária do que foi um dia o Império Austro-Húngaro. Os pais – um operário soldador e uma dona de casa – chegaram ao Brasil depois da 1ª Guerra Mundial. Durante a 2ª Guerra, foram perseguidos pela ditadura de Getúlio Vargas, após o rompimento de relações contra a Alemanha e Itália em 1942. Foi parar na polícia "sem querer". Era uma profissão interessante, as inscrições estavam abertas, enfim, parecia uma boa ideia. Fez os exames e entrou na Guarda Civil em 1965. Tornou-se o primeiro policial da família. "Sou filho legítimo da revolução". Alemão trabalhou na Divisão de Reserva da Guarda Civil, espécie de tropa de choque da corporação. Depois foi para

---

20 Agente Chico, entrevista em setembro de 2004, fita 1, lado B.
21 Coronel José Barros Paes, entrevista em 23 de julho de 2004, fita 2, lado A.

o trânsito. Com o fim da Guarda, em 1970, optou pela Polícia Civil, onde passou por distritos policiais até parar no Dops. Queria trabalhar na delegacia de estrangeiros, que cuidava de portos, aeroportos e da emissão de passaportes por causa do domínio da língua alemã. Contudo, não foi esse seu destino, deslocado que foi para a segurança do prédio do Largo General Osório. Ficou na portaria durante oito meses antes que o enviassem de castigo à Operação Bandeirante ("Era um órgão não oficial"). Alemão sabia qual trabalho lhe aguardava e concordava com o combate "às organizações marxistas que iam contra os princípios do país, com sua liberdade e com a religião católica".

> Eu vivi o período anterior a 64, uma época muito conturbada. A gente andava pela rua e via o que estava acontecendo: greve em cima de greve e os ônibus andando com soldados da Força Pública dentro, quebra-quebra na rua, uma desordem total. Eu achava que isso aí tinha de ter um freio, que foi a contrarrevolução.[22]

Em casa, Alemão não contava nada à família. "Minha família não sabia o que eu fazia; sabia que eu era polícia. Não tinha dia nem hora. Não havia celular, bip etc. Só o telegrama."[23] Ganhou a Medalha do Pacificador em 1974. A discrição dele o acompanhou depois que deixou o DOI, em 1976, após cinco anos na Investigação. Seu nome jamais frequentou as páginas dos jornais. Não enfrentou problemas com a redemocratização por causa do passado no Destacamento. E conserva o orgulho do que fez: "Existe preconceito na imprensa, pra quem nós somos os assassinos da ditadura, mas no meu meio isso não ocorre".[24]

Era 2005 quando Alemão concordou em falar. Marcou dois encontros no sindicato dos investigadores. Trouxe o filho como testemunha de um deles. "Ele é petista e resolveu fazer faculdade de história." Homem que fala pouco, quase à "conta-gotas", ele sabe o que diz. É capaz

---

22 Agente Alemão, entrevista em 12 de abril de 2005, fita 1, lado A.
23 Agente Alemão, entrevista em 12 de abril de 2005, fita 1, lado A.
24 Agente Alemão, entrevista em 12 de abril de 2005, fita 1, lado B.

de uma exposição linear das razões do governo militar. Costuma responder só depois de verificar o que o interlocutor sabe do assunto. Regra de ouro dos interrogatórios... O filho, na época petista, disse que o pai era dedicado à família, um homem de hábitos simples, de poucas posses, que só pediu o anonimato da identificação pelo nome de guerra porque ainda não se havia aposentado. Ele continuava na ativa. Prendendo criminosos. Quando o sequestrador Wanderson de Paula Lima, o Andinho, do Primeiro Comando da Capital (PCC), foi preso em 2002, a polícia precisava saber onde estavam duas mulheres mantidas em cativeiro pelo bandido e por seu grupo. Alemão disse que o chamaram. Ele enfaixou as mãos e os joelhos do preso para não deixar marcas. Passou-lhe um cano entre as articulações e o pendurou no cavalete. Muitos jovens policiais nunca haviam visto um pau-de-arara na delegacia. Andinho confessou tudo. Apesar disso, Alemão não tem ilusões. Sabe que o poder daquela época é passado, que as regras mudaram: muito do que antes era possível, permitido e incentivado pelos chefes hoje o mandaria para a cadeia. Desde que Vladimir Herzog morreu e peritos tiveram de entrar no prédio do DOI para fazer um laudo que comprovasse o "suicídio" do jornalista, a força dos agentes não foi mais a mesma.

> Já era abertura. Onde já se viu entrar a técnica [perícia]. Aí já começou a abertura. Igual falei aqui no prédio [Palácio da Polícia]. Morreu um cara aí, acidente de serviço, um ladrão. Aí eu estava saindo para fazer um serviço no Paraná, negócio de um sequestro. Dá aí que eu já levo [o corpo] – não tem família, não tem nada [o preso]. Ah... chama a técnica? Fazer o inquérito certinho? Vai todo mundo pra cadeia. Igual lá [DOI], quiseram justificar o quê?[25]

Enquanto esteve no DOI, Alemão participou de operações que terminaram na morte de 13 guerrilheiros e no desaparecimento de três: Aylton Adalberto Mortati, do Molipo; Hiram de Lima Pereira, do PCB, e Paulo Stuart Wright, da APML. O policial era uma espécie rara na *Casa da Vovó*, pois

---

25 Agente Alemão, entrevista em 12 de abril de 2005, fita 2, lado A.

lá não havia muitos civis. A maioria não se adaptava ao esquema militar do órgão. É o que disse o então investigador Dirceu Gravina (envolvido em ações que resultaram em pelo menos três mortes), que segundo seus colegas e presos, era o agente JC do Interrogatório.

> Eu não fui preparado pra aquilo. Eu queria fazer investigação de roubo, de homicídios queria poder [...] Mas a investigação lá, naqueles moldes – se era oficial e delegado, sentava numa mesa; se era investigador, sentava em outra – eu achava aquilo discriminatório. [...] Eu já estava cansado.[26]

Dirceu chegou quando a *Casa da Vovó* ainda tinha o nome de Oban, época em que não havia grande preocupação com a compartimentação das informações. Um mesmo grupo de agentes participava das buscas e fazia vigilâncias e outro fazia uma espécie de análise dos interrogatórios, mas também participava deles. Neste último, estava Gravina com 19 anos.

> *— O senhor participou de interrogatórios?*
> — Se eu falar não, você diz que sou um hipócrita. Se eu falo sim, você me pinta como um bandido. Eu participei de sessões de interrogatório, observando, dentro da minha ética. O que eu entendo [por ética?] Se eu chegar pro senhor e dizer que eu falava em altas prosopopeias com o cara, não. Tinha uns que você tinha de gritar, tinha outros que você tinha de amedrontar... é... tortura psicológica há. Agora tortura física sistemática aí é a questão da ética de cada um. Aonde você dá poder, extrapola-se, principalmente, quem não tem ética.[27]

Neuza e as mulheres do DOI

Foi nesse caldeirão que a tenente Neuza foi trabalhar. Nascida em 3 de novembro de 1936, na região de Bauru, no interior paulista, era o sexto

---

26 Dirceu Gravina, entrevista em 16 de maio de 2005, fita 1, lado B. Gravina, na época ele era investigador.
27 Driceu Gravina, entrevista em 16 de maio de 2005, fita 1, lado B.

dos oito filhos de um casal cujo pai era fazendeiro e a mãe dona de casa. Estudou em colégio de freiras, onde aprendeu "civilidade, como se portar à mesa, francês, latim" e tudo o mais que uma jovem como ela devia saber. Sua entrada na Polícia Feminina foi quase por acaso. Ela era solteira e tinha o colegial completo quando veio a São Paulo cuidar da irmã. A moça era casada e havia sofrido um acidente ao cair de um ônibus. Neuza estava na capital quando viu em um jornal que as inscrições para o concurso da Polícia Feminina estavam abertas. Achou interessante pôr o seu nome lá. Como não recebia notícias do resultado, voltou para o interior. Foi lá que soube da aprovação. Ela devia apresentar-se para um teste final. A vaga obtida transformaria aquela mulher em quase um extraterrestre na São Paulo daqueles anos em que o policiamento feminino era raro na cidade. Ele era um ramo da antiga Guarda Civil, criado em 1955 com o nome de Corpo de Policiamento Especial Feminino e com 13 integrantes. Onde passavam, suas fardas atraíam olhares. Ao ingressar, a tenente tornara-se uma das 80 policiais do país – todas da Guarda de São Paulo – e enfrentou muito preconceito dentro e fora da corporação, pois a mulher de então não tinha esse tipo de emprego, considerado pouco feminino. Havia ainda limitações na carreira.

> Tanto é que, na época, seria impensável uma mulher assumir um comando. Nem tanto pelos praças, mas pelos oficiais. E tinha de andar fardada. Quando você passava na rua você era como uma girafa num zoológico: todo mundo olhava.[28]

Durante o tempo em que a Polícia Feminina era parte da Guarda Civil, sua função era cuidar de crianças e idosos e encaminhar mendigos aos abrigos da Prefeitura. Neuza nem mesmo andava armada, "pois era o que faltava: uma mulher dar tiros por aí". Ela vigiava estações de trens e, às vezes, era requisitada para revistar as mulheres que visitavam presos nas penitenciárias da época. Depois, com a incorporação da Guarda à Força Pública, que resultou na criação da PM, ela e suas colegas formaram o Quadro Especial

---

28 Tenente Neuza, entrevista em 21 de março de 2005, fita 3, lado A, e em 11 de março de 2005, fita 1, lado A.

de Policiamento Feminino, que tinha infraestrutura de um batalhão.[29] Era então tenente e morava na zona leste com cinco sobrinhos. Foi quando lhe enviaram para o trabalho de uma semana no DOI que se estenderia pelos próximos seis anos.

> Aí eu fui pro meu "Açougue" [DOI] e aí passaram a acreditar que a mulher também tinha capacidade.[30]

As mulheres que trabalharam no DOI tiveram papel importante na Investigação – não havia nenhuma nas equipes de Busca ou nas do Interrogatório. Elas eram responsáveis pelo trabalho de vigilância, seguindo os alvos, e pelo levantamento fotográfico dos suspeitos. Neuza aprendeu esse ofício em uma espécie de estágio no Dops durante 60 dias. Conheceu todos no departamento, inclusive os repórteres que cobriam o lugar – nunca souberam que ela era policial militar.[31]

> Trabalhar com a turma do Fleury era melhor do que trabalhar com a da *Casa da Vovó*. Lá era tudo descontraído. No nosso [DOI] não podia, era milico. [...] A turma trabalhava, o Campão, o Tralli, com essa turma não tinha tempo ruim.[32]

Não demorou muito para os militares da *Casa da Vovó* perceberem a eficiência daquelas moças. Sobre elas, o coronel Audir Santos Maciel disse: "No telefone fazia um levantamento completo de uma ocorrência, o que economiza horas e horas de paquera".[33] Quase ninguém seguido desconfiava delas. Mesmo assim, era muito raro uma mulher participar de prisão ou de tiroteio, como ocorreu com Neuza na Mooca. As mortes dos três

---

29 Para um breve histórico do policiamento feminino, SOARES, Bárbara Musumeci; MUSUMECI, Leonarda. *Mulheres policiais: a presença feminina na Polícia Militar do Rio de Janeiro*, p. 27-29. Como mostra o livro, o Estado-Maior do Exército só regulamentou a presença de mulheres nas polícias militares estaduais em 1977.
30 Tenente Neuza, entrevista em 21 de março de 2005, fita 3, lado A.
31 João Bussab, entrevista em 20 de agosto de 2005, sem gravar.
32 Tenente Neuza, entrevista em 5 de agosto de 2005, fita 9, lado A.
33 *História Oral do Exército, 1964, 31 de março*, tomo II, p. 148.

integrantes da ALN lhe valeram a medalha do Pacificador, que lhe foi concedida um ano depois, em 1973, em cerimônia em que o general Humberto de Souza Mello, comandante do 2º Exército, condecorou-a no pátio interno do DOI, ao lado de outros agentes. Meses depois, esteve em nova emboscada. Desta vez na Penha, com mais três guerrilheiros da ALN mortos. Ao todo, Neuza participou de operações que levaram à morte de pelo menos dez pessoas e ao desaparecimento de outras três – Hiram de Lima Pereira e José Montenegro de Lima (PCB) e Paulo Stuart Wright (APML).

Depois de Neuza, vieram outras, como Vilma, Regina, Magali e Dyarsi. O sucesso aos olhos dos chefes alcançado por esse trabalho em São Paulo fez com que logo um grupo de sargentos e cabos do batalhão feminino da PM paulista fosse enviado ao Rio para trabalhar no DOI do 1º Exército, pois a polícia carioca não tinha mulheres. Cinco paulistas desceram no Rio e lá permaneceram enquanto durou a fase mais aguda da guerra. Neuza queria ser uma delas, mas teve de ficar, pois não deixaram nenhuma oficial participar do intercâmbio. Contrariada, pois ela tomou parte na formulação do plano de ida das agentes ao Rio, a tenente permaneceu morando com os sobrinhos. Os jovens não desconfiavam do trabalho da tia; sabiam apenas das normas de segurança que deviam observar. A recomendação no DOI, se algo acontecesse a um de seus integrantes, era mandar o colega mais próximo ou conhecido da família do policial avisar os parentes do agente. Neuza orientou os sobrinhos a não dar o endereço de sua casa a ninguém que telefonasse. "Tinha de prevenir. Eram cinco estudantes que eu tinha em casa."[34]

A policial permaneceu no DOI até 1976, quando decidiu voltar à PM por estar descontente com o novo comando do órgão. Pouco depois, foi para a reserva. O dia em que se aposentou, apanhou seus relógios e se desfez de todos. Passara anos sem ter horário para chegar em casa e escrava

---

[34] Tenente Neuza, entrevista em 11 de março de 2005, fita 1, lado A. Para a primeira frase abaixo, entrevista em 11 de março de 2005, fita 2, lado B. Para a frase seguinte (horário de despertar), entrevista em 3 de maio de 2005, fita 5, lado A; para o fim dos relógios em sua vida, entrevista em 22 de maio de 2005, fita 8, lado A; e, depois, para frase sobre a motivação, entrevista em 21 de março de 2005, fita 3, lado A.

das escalas noturnas de paquera. "Até hoje acordo às 3 horas da manhã todo dia, que era meu horário de chegar. Aí fico fazendo hora para dar um tempo antes de levantar". Uma de suas "neuroses", disse, é não querer "saber mais das horas". O que motivava a tenente em seu trabalho? "Era um guerra e eu estava defendendo a minha pátria. Era um patriotismo, um amor à pátria que eu sinto até hoje. Se não fosse nosso trabalho, o Brasil hoje seria uma Cuba. Era o que eles queriam." Em Neuza não há arrependimento, embora acredite que sua corporação tenha vergonha do que ela e seus colegas fizeram. "Todos fomos abandonados. Muitos dos nossos morreram e suas famílias passam necessidade." Ela chegou a dizer que tudo foi "em vão".[35] Jamais se casou.

Vilma

Neuza foi entrevistada mais de uma dezena de vezes. Às vezes confundia nomes e datas, mas confrontada com dados, sempre chegava a uma conclusão sobre os fatos. Quando ela se preparava para deixar o DOI, chegou ao Destacamento uma nova sargento, a agente Vilma. A ideia de ser militar era antiga – ela admirava a farda desde a infância em Sorocaba. Filha de um ferroviário da Companhia Sorocabana com uma dona de casa, Vilma tinha 23 anos quando ingressara na PM em 1973, trabalhando no Centro de Operações (Copom). Dois anos depois foi trabalhar no Destacamento, onde se envolveu em uma operação que terminou em três mortes.

> A gente não era consultada. Não comentaram nada. Não se explicava o que era e por que aquilo era decidido. Simplesmente mandaram que eu me apresentasse no batalhão, pois eu seria transferida. Aí, quando eu cheguei lá [DOI], nunca tinha ouvido falar, não sabia o que era e não sabia o que eu ia fazer.[36]

---

35   Tenente Neuza, entrevista em 30 de agosto de 2005, fita 10, lado A.
36   Agente Vilma, entrevista em 1º de junho de 2010, fita 1, lado A.

Quando chegou ao batalhão, ela e mais três policiais foram enviadas ao DOI. Foi recebida pelo major Dalmo Cyrillo, subcomandante do DOI. Era um momento tumultuado da vida do DOI – estava em pleno desenvolvimento a operação contra o comitê central do PCB e muitas equipes estavam empenhadas em prisões no Rio. Mal pôs os pés no quartel, Vilma foi despachada para sua primeira missão. Sem instrução ou nada. Deram-lhe um rádio na mão e disseram que ela devia ir até um lugar em São Paulo acompanhada pelo motorista da equipe, um militar do Exército. Era a vigilância de um suspeito de participar do PCdoB. "Você não pode perder a pessoa que você vai observar." O homem apanhou um ônibus e Vilma foi atrás. "Ele saltou com o ônibus andando e eu saltei atrás."

> A gente dormia pouco. Muitas vezes não íamos para casa. Uma vez tive de viajar para o Rio com a roupa do corpo e fiquei sem comer durante dois dias. Namorar era difícil, tanto é que eu me casei com alguém de lá. Meu marido foi a única coisa boa de lá.[37]

A operação no Rio era a que levou à localização da gráfica do jornal *Voz Operária*. Ao destruir as seções de imprensa e de agitação e propaganda do partido, o DOI deixou um rastro de uma dúzia de dirigentes mortos e desaparecidos. Vilma participou das vigilâncias naquela operação. Casou-se com o tenente José, o que só foi possível porque ela estava no DOI – o regulamento do policiamento feminino a impedia de se envolver com colegas de serviço, ainda mais um descasado. Foram morar juntos e só se casaram depois, quando José obteve o divórcio. Quando ficou grávida, deixou o serviço de rua e foi trabalhar no almoxarifado. Como as demais mulheres da Investigação, Vilma vigiava, seguia e levantava informações, serviços em que podia passar despercebida. Em dupla com homens, simulando ser um casal, ou sozinha, seu equipamento básico era o rádio portátil. Vilma, ao contrário de Neuza, nunca se envolveu diretamente em tiroteios.

---

37 Agente Vilma, entrevista em 1º de junho de 2010, fita 1, lado A.

> Quando começávamos, éramos orientados a saber um mínimo possível e comentar o mínimo possível. Não soube o que houve com Vladimir Herzog ou com Manoel Fiel Filho. Para a gente, muita pouca coisa mudou depois que o comando mudou [após a morte de Fiel Filho]. O trabalho permanecia o mesmo: vigilância. Não se comentava nada. Com a gente não. O pessoal costuma dizer que mulher tem a língua solta.[38]

No ano seguinte, Vilma se envolveu na preparação da operação, que terminou na chacina da Lapa, com a morte de três dirigentes do PCdoB, dois deles sobreviventes da guerrilha do Araguaia. Dias antes de a operação ser deflagrada, ela vigiou Manoel Jover Telles, o dirigente comunista que traiu os companheiros e levou o DOI até a reunião do partido que acabou na morte de Pedro Pomar e Ângelo Arroyo. Telles era conhecido pelos agentes pelo codinome VIP. A operação começou no Rio. "Ele [o DOI do Rio] transmitiu muita coisa para a gente." Homens do Rio foram para São Paulo. O grupo trazia Mara, uma das cinco mulheres da PM paulista que foram trabalhar na antiga Guanabara. Em 1977, Vilma esteve na Operação Lótus, que derrubou a Convergência Socialista. "Depois, aquilo passou a ser um marasmo. Continuávamos fazendo levantamento, mas muito pouco."[39]

Ao todo, cerca de uma dezena de mulheres trabalhava na Investigação do DOI – sua sede era separada por um muro do resto do Destacamento, onde ficavam presos e onde eram feitos os interrogatórios. Vilma sabia que "às vezes, o pessoal extrapolava". Disse que nunca entrou no interrogatório. Nunca viu o pau. Mais tarde, quando tomou conhecimento das torturas, sentiu mal-estar. "Saber que podia ter acontecido ali ao lado é desconfortável. Não foi confortável nem proveitoso. Não foi uma escolha. Os horários eram malucos."

Apesar de tudo, Vilma afirma que sempre se considerou "politicamente neutra". "Nunca me questionei se aquilo tinha razão de ser." Ela permaneceu no DOI – então rebatizado como 2ª Companhia de Informações, com sede em Quitaúna, em Barueri – até 1985. Foi sua a decisão de sair. Sentia-se prejudicada

---

38 Agente Vilma, entrevista em 1º de junho de 2010, fita 1, lado A.
39 Agente Vilma, entrevista em 1º de junho de 2010, fita 1, lado A.

no Destacamento por ser policial militar, o que a fazia ser preterida em relação a militares do Exército. Insistiu duas vezes até voltar à PM, onde permaneceu mais seis anos antes de pedir exoneração. "Eu estava bastante esgotada e com muitos problemas na família." Virou professora do primário.

Dyarsi

A mais bem-sucedida agente do DOI foi Dyarsi. Quando deixou a corporação onde passou 31 anos, ela era coronel e comandante do Policiamento Feminino no Estado. Era 1991. Vinte anos antes, então tenente, ela também trabalhou na Investigação com Neuza e Vilma. Disse que nunca se envolveu em tiroteios, interrogatórios ou prisões. "Não participei de ações violentas. A violência foi mais no início." Sua função era levantar endereços suspeitos e fazer relatórios para os chefes. Quando chegou, não tinha ideia de como seria o trabalho. "Fui pega a laço." Ficou quase sete anos no órgão.

> Era uma missão, uma ordem, quando você é subordinado você tem de trabalhar onde mandam, então tinha de trabalhar. Eu também fiz, com todo bom gosto, todo o trabalho, eu acho que o que eu fiz foi perfeito. Eu estava mais ali cumprindo uma ordem, uma missão. [...] Se você é subordinado você recebe uma ordem mesmo que ela seja absurda. Você tem de fazer e depois reclamar para não ser punido.[40]

Nenhuma influência familiar fez Dyarsi se tornar policial feminina em 1961. Apenas a leitura de jornais em sua cidade, no interior de São Paulo. "Achava bonito." Nasceu em 1937, em Pederneiras (SP). Filha de uma empregada doméstica com um trabalhador do campo, veio sozinha fazer o curso para entrar na polícia. Ficou na casa de um primo por três meses. Passou e foi morar em uma pensão. Era a número 93 entre as integrantes do Corpo de Policiamento Feminino, o primeiro da América do Sul. Trabalhava com mulheres, idosos e crianças em postos nas estações de trem, rodoviárias,

---

40 Dyarsi Teixeira Ferrraz, entrevista em 9 de janeiro de 2007, fita 1, lado A. Dyarsi recebeu a Medalha do Pacificador (ver Secretaria-geral do Exército, portaria ministerial 1.525, de 15 de setembro de 1977, publicada no Boletim do Exército nº 41, de 21 de outubro de 1977).

aeroportos e delegacias. O serviço era mais social do que policial. Fez também revista em presídios femininos. "Trabalhei com presas políticas, fazendo revistas. Conversávamos com elas."

A jovem se orgulhava do que fazia. "Nossa imagem era melhor do que a da Guarda Civil e a da Força Pública. Trabalhávamos para dar segurança à comunidade." No começo dos anos 1970, foi trabalhar no DOI nas equipes do Dr. Ney. "Era um oficial excelente." Ganhou a Medalha do Pacificador. Em 1980 voltou à Polícia Militar e para as mesmas funções do começo da década. Não aproveitaram sua experiência no Destacamento. "Não me convidaram para ir para o serviço reservado e mesmo que me convidassem eu não aceitaria." Participou da criação do Comando de Policiamento Feminino, foi promovida a coronel e, só então, passou a usar a experiência de levantamento de informações para planejar operações. "Não mandava uma policial fazer um trabalho em uma área sem um levantamento feito para não correr riscos." Criou quatro batalhões femininos no Estado. Era o fim dos anos 1980, durante o governo de Orestes Quércia. Ficou noiva duas vezes. Quiseram que ela escolhesse: o casamento ou a polícia. Ficou com a polícia. E solteira.

"Aqui é do açougue"

O discurso anticomunista vinculado à evocação do patriotismo é comum nos depoimentos dos agentes da *Casa da Vovó*, mesmo entre os que tinham motivos menos nobres para trabalhar no DOI. Há os que até hoje consideram-se "ideologicamente de direita", como o tenente Toninho, do Exército. Nascido em Lavínia, perto de Araçatuba, ele trabalhou na roça até os 11 anos. Aos 18 anos tornou-se soldado, fazendo depois os cursos para cabo e sargento. A formação militar, recebeu-a no quartel, onde também teve educação moral e cívica e aulas de patriotismo que o fizeram ver que "um país não podia fomentar uma guerra civil em outro por meio da subversão".

> Não me arrependo nem um pingo do que fiz. Se tivesse outra vez alguém querendo impor uma ideologia estranha ao país, pode contar comigo, que eu estarei pronto para voltar. Nós, o pessoal do Exército, tínhamos uma visão mais ideológica. A

gente ia para lá para ser guerreiro. Olha, lá existia princípio humano. No entanto, você estava numa guerra, num combate, e não vai tratar a pão de ló o inimigo. É ainda muito importante você não perder de vista o contexto histórico. Vivíamos em meio a uma guerra fria em que a União Soviética tentava dominar o nosso país. O que a esquerda queria era transformar o Brasil em um "Cubão". Quem vê hoje essa história de atrocidades tem de saber o que o outro lado fez também, os justiçamentos, os assaltos a banco e os sequestros. Foram os terroristas que ensinaram tudo isso à criminalidade comum.[41]

A exaltação do "idealismo daqueles homens" é quase a cartilha oficial sobre o tema. O coronel Carlos Alberto Ustra, que comandou a *Casa da Vovó*:

A maioria trabalhava por um ideal: acabar com o terrorismo e impedir que o comunismo tomasse conta do Brasil. Éramos idealistas. Tínhamos muita disciplina, mas uma disciplina diferente, uma disciplina consciente onde o respeito, a camaradagem, a amizade eram imprescindíveis.[42]

Descrito pelos subordinados como pacato, religioso, "um pai para os subordinados", Ustra ou Doutor Tibiriçá foi o arquiteto do DOI – foi declarado torturador pela Justiça – ele recorreu da decisão. "Eu defendia e protegia os meus subordinados daqueles que não estavam na linha de frente como eles e queriam puni-los porque estavam à paisana no quartel, porque estavam com a barba e o cabelo grande e por causa da compartimentação tão necessária para o êxito de nossas ações."[43] Quando chegou ao DOI, havia duas seções no órgão: uma para vigilâncias e outra de interrogatório. As pessoas trabalhavam em regimes diferente: das 8 às 18 horas para o comando, investigação e administração enquanto o Interrogatório e a Busca davam plantões de 24 horas por 48 horas de descanso. Equipamentos, armas, carros e segurança do quartel: tudo era precário. Com ele,

---

41 Dirceu Antonio, o agente Toninho, entrevista em 30 de janeiro de 2006.
42 Carlos Alberto Brilhante Ustra, entrevista em 8 de novembro de 2004.
43 Carlos Alberto Brilhante Ustra, entrevista por e-mail em 19 de novembro de 2004.

reestruturou-se tudo, criando um modelo "genuinamente nacional". Era uma época em que "os terroristas" telefonavam ao DOI e perguntavam: "Prenderam mais um, né?". E os agentes respondiam: "Aqui é do Açougue" ou "Vem pra cá você também!".[44]

Desajustados

A união entre os policiais e militares e o patriotismo e camaradagem cobriram a maioria das diferenças existentes na *Casa da Vovó*. Mas não impediu que muitos de seus homens sofressem com o abuso de álcool e com problemas psiquiátricos. Há relatos frequentes disso entre os que foram entrevistados. Isso para não falar da lenda alimentada por muitos deles sobre as consequências de uma "praga dos terroristas", o que estaria por trás de tantos casos de câncer, mortes violentas, acidentes e perdas precoces de filhos e mulheres. São casos como o do cabo Bambu, assassinado pelo irmão, ou do capitão Coutinho, atropelado ao atravessar uma rua, ou mesmo do Doutor Ney, que se matou com a própria arma no quartel. A "praga" muitas vezes foi usada como justificativa para tantos desajustes envolvendo os agentes da *Casa*. Durante as entrevistas, surgiram revelações de três entrevistados que haviam procurado auxílio psiquiátrico em função do trabalho que haviam feito. Todos são policiais militares, sendo que na época dois eram sargentos e um era tenente. O primeiro caso foi o de Sinício. O segundo era o do tenente Chico, que relatou ter ficado quase um ano "afastado", pois começara a questionar-se sobre a Justiça de seu trabalho, se a esquerda não estaria certa com todo aquele desprendimento que muitos de seus militantes demonstravam. Seu olhar é o de alguém desconfiado. Às vezes conta tudo o que sabe de chofre, sem hesitação. Outras, dissimula, tem receios. Dizia que a guerra para ele não havia acabado, mas depois demonstrou um desejo incomum de compreender o inimigo e uma rara curiosidade em conhecê-lo, saber o que pensava e dividir experiências. "Eles merecem as indenizações, pelo que nós fizemos com eles." É casado

---

44 Três entrevistados – Neuza, Toninho e Melancia – fizeram referência nas entrevistas ao termo "açougue".

e vive numa família religiosa. Sempre pensou que a verdade devia ser revelada, mas às vezes não quer que esse papel lhe caiba sozinho. Por fim, a tenente Neuza contou que, ao sair do DOI, quiseram levá-la para o Serviço Informações da PM. Mais do que não querer aquele trabalho, ela não tinha mais condições de fazer nenhum outro. "No meu caso, o médico falava que eu tinha neurose de guerra." Fez de tudo para passar para a reserva precocemente, interrompendo a carreira que levou muitas de suas colegas ao posto mais alto da corporação: o coronelato.[45]

Ustra disse que não se lembra de nenhum caso de internação em psiquiatria sob seu comando. Também afirmou desconhecer casos de alcoolismo "durante o serviço". Não teria sabido, portanto, do caso do capitão da PM que comandava o sargento Nelson, o Pai Velho, numa das equipes de Busca. O homem, segundo o subordinado, "bebia demais". Tudo isso acontecia com os homens, que se queixavam da falta de acompanhamento psicológico. "Foi uma falha grave do Exército", disse o tenente Chico.

> Acredito que, com o tempo, seria mais que normal que algumas pessoas possam ter tido problemas de estresse devido à tensão do trabalho. Realmente, um acompanhamento psicológico teria melhorado, em muito, as condições e trabalho.[46]

Essa é a opinião de Ustra. O problema não afetou todos indistintamente. Alemão é prova disso:

> — Não encaro isso como uma falha de apoio. Quem estava ali era voluntário. Ninguém era obrigado. Como em qualquer lugar... trabalhando na Homicídios tem "polícia" que vai achar um podrão, um presunto [um morto], num lugar fechado. Quem entra num lugar daquele? Vai ficar traumatizado? Só o cheiro vai levar

---

45 Se policiais civis e oficiais do Exército envolvidos na guerra suja tiveram problemas em suas carreiras após a redemocratização, o mesmo não ocorreu na PM. Pelo menos seis oficiais que trabalharam nas mais diversas fases do DOI tornaram-se coronéis ainda na ativa e um deles chegou a comandar a corporação – este havia trabalhado na fase mais leve do DOI, iniciada em 1976.
46 Carlos Alberto Brilhante Ustra, entrevista por e-mail em 9 de novembro de 2004.

uma semana pra sair do corpo. Não acho que tenha havido trauma por ter visto alguém morto ou a morte de perto.

— *Tem muita gente que tem fantasmas...*

— Sei lá, maluco tem em todo lugar... Talvez a pessoa não estivesse preparada pra esse tipo de trabalho [...]. Teve gente que ficou atrapalhada da cabeça.

— *Por quê?*

— Talvez não estivessem preparadas pra esse tipo de trabalho [...]. Já estou há 40 anos na profissão. Nunca, em lugar algum, me chamaram pra ver pelo menos se eu estou andando, nem pra fazer um exame.[47]

O serviço afetou até um dos homens de confiança do Doutor Ney: o sargento João de Sá Cavalcanti Netto, do Exército.[48] Poucos sabiam tanto quanto ele sobre o que se passava no principal centro clandestino de tortura e morte do DOI de São Paulo, em Itapevi. Desde 1969 na Oban, o sargento participou de operações que terminaram em 12 mortes – a primeira foi a do militante da VPR Joelson Crispim – e nas prisões de pelo menos dez pessoas que desapareceram, quase todas integrantes do Comitê Central do PCB. Recebera as Medalhas do Pacificador e do Pacificador com Palma.[49] Cuidava de informantes, os quais controlava com zelo – levou alguns até sua casa, onde um deles deu aulas de matemática para seu filho pequeno. Sá tinha crises de choro na frente dos colegas. Para uns, ficara "paranoico", para outros, "xarope". Para ele, tudo não passava de estresse. Quando sorria, parecia crispar os dentes de raiva. As mãos eram incrivelmente fortes. Por causa do trabalho chegou a ficar um ano sem ver a mulher e o filho.[50] Chegava em casa sempre dirigindo um Fusca, carro oficial dos agentes secretos de então. Salvara o cunhado, um militante

---

47 Agente Alemão, entrevista em 12 de abril de 2005, fita 1, lado B.

48 Segundo ele e seus colegas, seu codinome como agente era Fábio, o mesmo nome de seu filho.

49 Para as medalhas, ver a portaria ministerial 1.520, de 10 de outubro de 1973, publicada no boletim do Exército nº 45, de 9 de novembro de 1973, e a portaria ministerial 365 de 12 de março de 1974, publicada no boletim do Exército nº 15, de 12 de abril de 1974.

50 Fábio, o filho de Sá, disse que não guardava documentos do pai nem sabia de nada sobre as operações.

do PCB, da prisão em 1975 e veria o filho, estudante de história, entrar para o mesmo partido nos anos 1980. Trabalhava então em Brasília, no Centro de Informações do Exército (CIE). Aposentou-se em 1986, deixou o Planalto e veio morar em São Paulo. Era um homem angustiado, atormentado pelo passado. Sobreviveu a dois infartos. No fim da vida, assistia à novela "Amor e Revolução" na TV, enquanto concordava ou discordava dos depoimentos de guerrilheiros exibidos pelo SBT.[51] De pé, na porta de sua casa, no Jaguaré, concedeu duas longas entrevistas. Contou sobre informantes, operações sigilosas e mortes: "Queria esquecer tudo o que se passou".[52] Morreu em 2011. E com ele levou muitos segredos.

Durante os anos de *Casa da Vovó*, poucos praças tiveram mais acesso a informações sigilosas do que Sá. Como guardião de segredos dos militares, somente outro sargento do Exército rivalizava com Sá. Era Roberto Artoni. Essa condição tinha origem na confiança que o chefe da Investigação, o Doutor Ney, depositava em Artoni. Tornara-se os olhos e ouvidos do chefe nas operações. Ele deixou o Exército nos anos 1980 e trabalhou como chefe de segurança do Mappin e de outras grandes empresas. No Exército, viu nascer as ações antiguerrilha na 2ª Companhia da PE, nos anos 1960. Fez curso de investigação na Polícia Civil, de informações no Centro de Estudos de Pessoal e de contrainsurgência com outros cinco sargentos em Fort Bragg, na Carolina do Norte (EUA). "Uma porcaria de curso", disse. Recebeu a Medalha do Pacificador em 1973 e a do Pacificador com Palma em 1974.[53] Para ele, "três oficiais sustentavam o DOI: "O Ney, o Edgar e o Perdigão". Os colegas diziam que o sargento era um dos poucos militares que sabiam os segredos do DOI, como o local exato onde estão os corpos de mais de uma dúzia de desaparecidos. "Não lhe darei nenhuma informação operacional",

---

51   Fábio Cavalcanti Netto, entrevista em 16 de fevereiro de 2013, em São Paulo.
52   João de Sá Cavalcanti Netto, entrevista em 13 de outubro de 2005. Para as medalhas, Secretaria-geral do Exército, portaria ministerial 1.520, de 10 de outubro de 1973, publicada no Boletim do Exército nº 45, de 9 de novembro de 1973, e portaria ministerial 365, de 12 de março de 1974, publicada no Boletim do Exército nº 15, de 12 de abril de 1974.
53   Secretaria-geral do Exército, portaria ministerial 1.437, de 25 de setembro de 1973, Boletim do Exército número 43, de 26 de outubro de 1973, e portaria ministerial 365, de 12 de março de 1974, Boletim do Exército número 15 de 12 de abril de 1974.

anunciou no começo da entrevista, em sua casa, em São Paulo. Vaidoso, o militar se orgulhava de sua biblioteca com cerca de 2 mil volumes, muitos dos quais trabalhos de geopolítica e economia.

Como tantos outros, sua identidade e papel no DOI foram descobertos pela primeira vez durante essa pesquisa. À Comissão Federal da Verdade, negou as acusações que seus colegas associaram ao seu nome. Era muito amigo de Marival de Chaves, mas, em 2013, Artoni disse que o mataria se pudesse. Como outros funcionários da *Casa da Vovó*, Artoni confirmou a importância do uso dos informantes para as ações do Exército – ele também controlou alguns – e forneceu nomes de dois deles. Foi ainda muito amigo de Sá, a quem também passou a chamar de traidor desde que o identificou como o possível responsável pelo vazamento de informações para essa pesquisa, publicadas em uma reportagem de *O Estado de S. Paulo*.[54] Pelas contas de Sá e pelos relatos de Marival e da agente Neuza, Artoni participou de operações que resultaram na morte de uma dúzia de guerrilheiros e da prisão de outros 14 que desapareceram.[55] Ele sempre negou.

---

54 Ver *A Tortura e a Morte pela Voz dos Porões*, Estado de S. Paulo, 7 de dezembro de 2008, p. H7.
55 Roberto Artoni, em entrevista em 16 de fevereiro de 2013. Ver ainda entrevista com a Tenente Neuza, com João Sá Cavalcanti Netto e com Marival Chaves.

LEÃO E ABSALON
O "espírito guerreiro" contra os "bandidos"

SE É POSSÍVEL ESCLARECER O PASSADO por meio do comportamento dos indivíduos em meio a situações de crise, pode-se buscar no comportamento dos policiais e militares que serviram no DOI explicações para experiências vividas às dezenas no interior do aparelho estatal voltado ao controle da sociedade.[1] Noções como servir, defender o país, a sociedade, a corporação e seus camaradas são facilmente encontradas nos relatos desses homens. O uso da violência é amplamente justificado. Ouvi-los não significa aceitá-los. Imprecisões, mentiras e esquecimentos podem ser detectadas por quem viveu as mesma histórias. Isso não as faz descartáveis, imprestáveis ou indignas de análise e atenção. Não devia ser necessário lembrar, mas, se Hannah Arendt não tivesse visto Adolf Eichmann no tribunal, a ideia da banalidade burocrática do mal talvez não lhe tivesse ocorrido ou pelo menos não ficasse tão claramente ilustrada.

Para os comandantes do DOI, alguns de seus homens podiam personificar o "espírito" daquele Destacamento. O tenente Oswaldo Ribeiro Leão é um desses. Leão guardava em março de 2005 a memória sobre operações que terminaram na morte de cinco guerrilheiros. Concordou em conversar

---

[1] Assim, essas experiências extrapolam o campo do simples anedotário, apesar de singulares como observou Marc Ferro (FERRO, Marc. *Les individus face aux crises du XX siècle*, p. 5-9 e 107-109).

por telefone uma única vez. Depois, aconselhado por Ustra, não mais falou. Em 40 minutos de conversa, recordou-se de como tudo começou.

"Primeiro roubaram um carro de transporte de valor. Depois, roubaram um banco em Pirituba. Foi o Sábato Dinotos."[2] Era o início dos assaltos a bancos e dos casos que fariam o então 1º sargento da Força Pública parar em 1969 na Operação Bandeirante. Assim, Leão já estava no DOI quando o major Ustra assumiu o comando. A partir de então, o policial militar foi trabalhar na Seção de Busca, responsável pelo patrulhamento das ruas, cumprimento de missões de prisões e revistas. Chefiava uma equipe, a B2. Com seu sotaque do interior – nascera em Pirassununga –, ele ficou conhecido entre seus colegas pela "valentia" ao matar guerrilheiros. Por causa disso, tornou-se em um dos únicos praças da história da Polícia Militar de São Paulo a ter duas promoções por ato de bravura – outro homem que trabalhava em sua equipe, João Alves dos Santos, o Joãozinho, também recebeu as promoções – apesar da resistência que os comandantes da corporação tinham a esse tipo de prêmio. Leão chegou ao oficialato com as promoções e foi agraciado com a medalha do Pacificador do Exército, em 1973. O que levou às distinções entre seus pares foi ter o nome associado a um caso instrumentalizado pelo governo como emblemático da violência revolucionária: a execução do tenente Alberto Mendes Junior, da PM paulista. Ao promovê-lo, seus superiores viram em seu exemplo um modelo para a tropa: o do combatente. As qualidades exigidas deste são diversas daquelas do simples policial. O combatente é aquele que faz o inimigo compreender que se está pronto a tudo o que seja necessário para eliminá-lo, que se é capaz de lhe opor resistência, não importando o preço. Os meios são os ditados pela eficiência e não os necessariamente legais. O objetivo do combatente é vencer. Até a prisão, ou a captura do inimigo, subordina-se a esse fim.

---

2   Ufólogo, Dinotos montou um grupo de direita, composto principalmente por componentes da Força Pública de São Paulo, que pretendia impedir uma imaginária conspiração contra o presidente Costa e Silva. Acabou preso por atentados a bomba e roubos, após o que fez com que suas relações com generais se tornassem conhecidas (ver AEL-Unicamp, BNM-221(Dinotos) caixa 1). Sebastião Fernandes Muniz, entrevista em 12 de julho de 2005. Muniz era do grupo de Dinotos. Foi preso e processado e, depois, anistiado. Mais de 30 anos depois, confirmou a realização dos assaltos e atentados.

A morte de Mendes Junior ocorreu em maio de 1970. Ele foi executado depois de ser feito prisioneiro pela VPR durante o cerco à área de treinamento de guerrilha mantida pela organização no Vale do Ribeira, região sul do Estado. Ex-capitão do Exército e quadro importante do grupo, Carlos Lamarca e seis de seus homens estavam numa caminhonete numa estrada quando perceberam a aproximação da patrulha da PM com 18 homens: dois tenentes, três sargentos, um cabo e 12 soldados (17 na conta de Lamarca). Os guerrilheiros esperaram emboscados e atiraram. Feriram onze policiais. Um dos tenentes, José Correia Neto, e um praça fugiram pelo meio da mata – o ato ia custar caro ao oficial, perseguido pela acusação velada de covardia.[3] O outro tenente se entregou a Lamarca. Era Mendes Junior. "Estavam atônitos, clamando por Deus, com medo de serem fuzilados. Detalhe: ainda tinham as armas na mão e pediam clemência."[4]

O capitão libertou os praças e permitiu que os feridos fossem socorridos, mas manteve o tenente como refém para evitar que seu grupo fosse perseguido pelos militares que cercavam a área. De nada adiantou. Depois de escapar de uma emboscada com a perda de dois de seus homens, capturados pelos militares, Lamarca e os demais decidiram matar o prisioneiro. Yoshitane Fujimore e um outro guerrilheiro executaram a sentença, esfacelando o crânio do oficial a coronhadas – tiros poderiam chamar a atenção das tropas.[5] A decisão foi uma necessidade do combate para evitar que a

---

[3] Coronel Francisco Profício, entrevistas em janeiro de 2005 e com o procurador de Justiça Antônio Ferreira Pinto. Ferreira foi colega de turma de Correia Neto e se recorda da perseguição.

[4] *Manifesto da VPR sobre a Experiência Guerrilheira do Vale do Ribeira*, documento escrito por Lamarca sobre a Guerrilha do Ribeira, citado em Lamarca (JOSÉ, Emiliano; MIRANDA, Oldack. *O capitão da guerrilha*, p. 79).

[5] Para o número de policiais e de PMs feridos, *Síntese dos Acontecimentos do dia 8 de maio*, do major Germano Antonino de Mendonça, assistente do comandante-geral e parte 2-018-J do Serviço Médico da PM, de 30 de junho de 1970. Ambos os documentos constam do IPM aberto pela corporação para apurar o caso Mendes Junior, segundo portaria 67-019 assinada pelo coronel do Exército Confúcio Danton de Paula Avelino, então comandante da PM. A íntegra do IPM encontra-se em AEL-Unicamp, BNM 106, caixa 1 (VPR). Para o número de guerrilheiros envolvidos na emboscada e a estimativa dos inimigos feita por Lamarca, *Lamarca o Capitão da Guerrilha*, de Emiliano Jose e Oldack Marinho, p. 79 a 87. Ver ainda Darcy Rodrigues, entrevistas em 22 de julho de 2004 e 5 de fevereiro de 2005. Rodrigues, que fugira do quartel de Quitaúna com Lamarca, foi um dos guerrilheiros presos no Vale do Ribeira.

posição dos guerrilheiros fosse denunciada? Uma vingança pela emboscada para a qual o tenente teria atraído Lamarca e os seus? O certo é que Mendes Junior era um prisioneiro e foi executado, coisa que o Che evitou fazer na Bolívia. Perante as leis da guerra, foi um crime. O corpo do oficial foi deixado numa vala no meio da mata. Era 10 de maio de 1970.[6]

Nascido em 24 de janeiro de 1947, o tenente pertencia a uma família de militares da Força Pública – exceto o pai e o irmão. Frequentou quartéis desde cedo e costumava jogar bola em quadras de casernas com os parentes. Seu pai era adhemarista, assim como os tios, por causa da ligação do político paulista com a corporação. Formou-se na turma de aspirantes de 1966 da Academia do Barro Branco, na qual tinha como um de seus melhores amigos o hoje coronel Josias Sampaio Lopes, um jovem de ideias socialistas.[7] Mendes Junior sonhava em ser policial rodoviário, mas acabou no 15º Batalhão com Josias e, de lá, foi para o 1º Batalhão Tobias de Aguiar trabalhar no embrião da Rota.[8]

No dia em que partiu para o Ribeira, sua mãe arrumou-lhe as malas. "Mãe, não põe pijama que eu vou pro meio do mato."[9] O assassinato do oficial, que não bebia e gostava de montar times de futebol, transformou-o em símbolo de uma corporação, do homem morto em combate, e seu exemplo seria exposto pelo governo e repetido à exaustão aos seus policiais – todo batalhão ganharia uma foto de Mendes Junior. Alberto, o pai, condecorou, a pedido do comando da corporação, pessoalmente oito dos policiais que estavam sob o comando do filho quando caíram na emboscada de Lamarca.

O corpo de Mendes Junior foi achado meses depois, quando foi preso Ariston Lucena, um dos guerrilheiros envolvidos na execução. Lucena havia escapado do cerco com Lamarca vinte e um dias depois da morte do tenente. Roubaram um caminhão do Exército, fizeram reféns, vestiram fardas e passaram pelas barreiras sem problemas. Ele apontou onde haviam deixado o capitão. "Mandei ele [Lucena] entrar na cova e disparei uma

---

6   LÖWY, Michael. *O pensamento de Che Guevara*, p. 49.
7   Coronel Josias Sampaio Lopes, entrevista em 25 de novembro de 2004, fita 1, lado B.
8   Na época o batalhão era empregado como tropa de choque contra distúrbios civis, tanto que a sede de uma de suas companhias ficava nos fundos da sede do Dops, da Polícia Civil.
9   Alberto Mendes e Angelina Mendes, pais do tenente, entrevista em 10 de março de 2005.

rajada para que ele sentisse o que havia feito", contou o coronel do Exército Erasmo Dias, que mais tarde seria o secretário da Segurança Pública de São Paulo. A prisão de outro acusado de matar o tenente quase terminou em linchamento no DOI. Praças e oficiais do Exército tiveram de impedir a entrada dos policiais militares no Interrogatório quando Diógenes Sobrosa de Souza chegou do Rio Grande do Sul, onde havia sido apanhado em dezembro de 1970. Os policiais militares queriam linchá-lo de qualquer jeito.

> O pessoal da PM queria entrar para pegar o cara. Nosso pessoal teve de ficar na escada para impedir que eles entrassem.[10]

O enterro de Mendes no mausoléu da PM no cemitério Araçá, em São Paulo, reuniu de 10 mil a 40 mil pessoas. Era 11 de setembro. "A cidade parou", contou seu comandante, o coronel Salvador D'Aquino, ele próprio um dos participantes do funeral e responsável pelo elogio feito em boletim especial ao oficial morto.[11] O tenente foi velado na sede do 1º Batalhão, um prédio do século XIX. Estavam ali oficiais, secretários de governo, generais e o governador do Estado, Abreu Sodré. Dali saiu o corpo, que seguiu por quatro quilômetros até o Cemitério do Araçá, acompanhado por batedores e pela banda da PM. Por decisão da corporação, Mendes Junior foi promovido a capitão, a única promoção por ato de bravura com a qual o coronel D'Aquino concordou em toda sua carreira na polícia.

> Não existe ato de bravura, mas cumprimento do dever. Sempre fui contra promoções por bravura, pois não existe policial herói, mas policial excelente. Além disso, essas promoções têm um péssimo efeito na tropa, que fica esperando ser promovida em qualquer ocorrência que participa. A única exceção em toda minha carreira foi o caso do Mendes Junior, que foi emboscado e morto covardemente. Bravura não existe, e a covardia a gente tem de punir.[12]

---

10   Dirceu Antonio, o Agente Toninho, entrevista em 30 de janeiro de 2006, em São Paulo.
11   Coronel Salvador D'Aquino, entrevista em 25 de maio de 2004. Fita 2, lado A.
12   Coronel Salvador D'Aquino, entrevista em 25 de fevereiro de 2005. Por telefone, esta foi a última entrevista do coronel, que morreu dois meses depois.

Durante anos, Alberto e Angelina viveram a perda do filho. O quarto de Mendes Junior era mantido sem que nada fosse alterado. A publicidade e a comoção em torno da morte impediam aos pais a conclusão do luto. O casal ia todo fim de semana ao cemitério pôr flores no túmulo do oficial. Também lavavam o lugar. Adauto, o outro filho, era encarregado de levá-los até que o pai achou que não era justo comprometer o rapaz todo fim de semana. Alberto decidiu aprender a dirigir e comprou um carro. Tinha, então, 54 anos. A corporação nunca deixou passar em branco a data da morte de Mendes Junior. O 10 de maio é lembrado até hoje com missa no quartel da Rota, cerimônia que preserva o caráter político anticomunista, como ocorre nas Forças Armadas com o levante de 1935.

De fato, o episódio serviu para traçar as linhas de uma das figuras centrais do imaginário dos agentes: a do guerrilheiro cruel, desleal, bárbaro, monstruoso. "Quanto mais feio o inimigo, menor a piedade."[13] Em 1935, Assis Chateaubriand defendeu em editorial que não era possível enfrentar "adversários tão dispostos a atos tão sanguinários com punhos de seda e espadachins florentinos. A reação deve ser à altura da agressão. Os extremistas que são partidários da força não têm de que se queixar por serem tratados com dureza".[14] A morte de Mendes Junior renovou os traços do anticomunismo entre os militares. Nela estava envolvido Lamarca e, a exemplo dos militares que se sublevaram em 1935, o capitão da guerrilha foi acusado de algo imperdoável nos quartéis: traição à instituição e aos camaradas. Era um "criminoso contra a pátria", pois quem subverte o regime baseado em ideias e apoios estrangeiros só pode ser "um traidor".[15] Essa lógica dos militares está justificada em seus documentos. Na Escola de Comando e Estado-Maior do Exército (Eceme) era ensinado aos oficiais naqueles anos que "o Estado socialista cubano abriu as fronteiras das Américas às ações

---

13 MOTTA, Rodrigo Patto Sá. *Em guarda contra o perigo vermelho*, p. 198.
14 "Questão de Força", por Assis Chateaubriand, *O Jornal*, 15 de dezembro de 1935, p. 2, *apud* MOTTA, Rodrigo Patto Sá. *Op. cit.*, p. 198.
15 Conferir entrevista do general Leônidas Pires Gonçalves, ex-chefe do Codi do 1º Exército (Rio) e ministro do Exército do presidente José Sarney, em D'ARAÚJO, Maria Celina; SOARES, Gláucio A. D.; CASTRO, Celso. *Visões do Golpe: a memória militar de 1964*, p. 127.

da Guerra Fria". Cuba "era uma base avançada da União Soviética no Ocidente" e tinha condições de "pressionar os Estados Unidos nos lances de Guerra Ideológica" enquanto o castrismo difundia a "doutrina marxista-leninista em toda a América Latina".

> Atualmente, Cuba é uma base da Guerra Revolucionária no Continente, influindo com maior intensidade na Bolívia, Venezuela, São Domingos, Peru, Guatemala, Colômbia, Uruguai e Brasil.[16]

Para os militares, com a morte do tenente, somou-se a Lamarca algo ainda pior do que se passar para o inimigo: a covardia de matar um prisioneiro. Mais do que isso: serviu para traçar o caráter do inimigo e justificar o tratamento que lhe era imposto.

> Se eles pegassem a gente, eles também faziam como fizeram com o tenente Mendes. Era uma guerra e eu estava defendendo minha pátria. [...] Você viu o que eles fizeram com Mendes? Quebraram ele inteiro. Você vai tratar eles a pão de ló? Eu não. Quando eu vejo esses bandidos que fazem essas barbaridades, por mim, eu matava todos eles. Eu já estou velhinha, mas ainda dá pra matar.[17]

Dali para frente, consolidou-se também a percepção dos policiais militares de que estavam numa guerra e assim também passaram a justificar seus atos. O medo individual de morrer juntou-se ao temor coletivo, o que fazia o gatilho ser apertado sem hesitação.

> Guerra é guerra. É como se fosse uma guerra. Ele participou dessa guerra e teve infelicidade de ser capturado pelo adversário e aconteceu o que aconteceu. Eu tô aqui, mas podia estar morto... sem mágoa nenhuma, que o que passou, passou.[18]

---

16   *Guerras Revolucionárias, curso de preparação*, Escola de Comando e Estado-Maior do Exército (Eceme), p. 37. Não há menção no texto ao Chile, à Argentina e à Nicarágua.
17   Tenente Neuza, entrevista em 11 de março de 2005, fita 2, lado B.
18   Sargento Absalon Moreira Luz, entrevista em 29 de julho de 2005, fita 1, lado B.

Bandidos

Além de covardes e traidores, os comunistas eram, por fim, identificados como bandidos e assassinos comuns nos jornais. Desde a década de 1930, o subversivo tinha sua foto feita pela polícia no mesmo estilo daquelas dos delinquentes publicadas pela imprensa.[19] Era contra esse inimigo que os homens da *Casa da Vovó* eram preparados para lutar. Executá-los, mesmo depois de detidos, era justificável para muitos desde que a decisão atendesse ao desejo de vingança. Presos nunca tiveram na história do país sua incolumidade garantida pelo Estado, o que subtrai a originalidade nesse aspecto ao governo instalado em 1964. A polícia de Arthur Bernardes já o fazia e a de Getúlio Vargas manteve o expediente. Presos integralistas sob custódia "tentaram fugir" durante o *putsch* de 1938 e foram fuzilados nos jardins do Palácio do Catete porque ousaram tentar matar o presidente durante o levante fascista dos galinhas verdes.[20] Os homens da guerrilha foram as primeiras vítimas dos que justificavam ser lícito "matar quem matava". Essa mesma solução usada contra opositores políticos era adotada ostensivamente nos anos 1960 pelos grupos de extermínio da polícia para lidar com bandidos, muitos dos quais apanhados desarmados ou retirados de prisões. Tudo começara como vingança contra assassinos de policiais. Em São Paulo, o pretexto foi dado por um homem chamado Saponga; no Rio, o nome do criminoso era Cara-de-Cavalo. Caçados e mortos, eles inauguraram uma lista enorme: a das vítimas dos esquadrões da morte. O assassinato de policiais e militares passaria a ser um dos principais motivos que justificaram a política de extermínio das lideranças guerrilheiras e dos envolvidos em crimes de sangue. Elas aumentavam o ódio aos comunistas, transformado em uma vingança corporativa ao mesmo tempo em que impedia o exercício do espírito crítico presente em cada escolha pessoal.

---

19 Para a imprensa e os comunistas, ver MOTTA, Rodrigo Patto Sá. *Em guarda contra o perigo vermelho*, p. 213.

20 Para a execução dos integralistas, ROSE, R. S. *Uma das coisas esquecidas*, p. 166, e SODRÉ, Nelson Werneck. *História Militar do Brasil*, p. 344.

Mais tarde, não só os métodos dos esquadrões seriam emprestados aos militares. Também seus homens lhes seriam enviados. A começar pelo delegado Fleury. Este chefiava nos anos 1960 os guardas civis e os milicianos da Força Pública Paulista no serviço de radiopatrulha de São Paulo. Havia duas delas: a R1, da Força Pública, e a R2, da Guarda Civil, ambas subordinadas à 6ª Delegacia Auxiliar. A R2 foi o maior celeiro do esquadrão – muitos de seus integrantes foram com Fleury para o Dops. Alguns dos milicianos da R1 acabaram no DOI, como o então sargento Nelson, conhecido como Pai Velho:

> – Eu fui da ronda com ele [Fleury], da R1. A R2, da guarda, se envolveu naquele negócio do esquadrão [...]. Mas quando eu vi ele fazer um negócio lá eu me arranquei.
> – *O que que o senhor viu?*
> – Vi ele [Fleury] matar um cara lá de tijolada.
> – *Quando?*
> – Quando ele era ainda da radiopatrulha [...]. Eu vi ele fazer isso e achei um negócio chato. Aí pedi minha saída de lá.[21]

Fleury trocou em agosto de 1969 a radiopatrulha pelo Dops. Tratava-se de um dos mais bem aparelhados instrumentos de polícia política do país. Apreendera as cadernetas de Luís Carlos Prestes em São Paulo em 1964 e mantinha-se infiltrado nos movimentos sindical e estudantil. Um ano antes da chegada do Doutor Fleury, homens do Serviço de Informações (SI) do departamento perceberam que estudantes de grupos de esquerda se preparavam para pegar em armas. Os agentes não foram levados a sério pelos superiores, que pensaram tratar-se de delírio de jovens policiais influenciados pelo radicalismo de direita – era preciso enfrentar o desafio de buscar a informação idônea, sem a deformação causada pela opinião do policial.

Ainda em 1968, cerca de dez homens do SI estavam entre os 704 dirigentes estudantis detidos no 30º Congresso da União Nacional dos Estudantes (UNE). Um deles era o então investigador J. R. A., que acabou fichado

---

21 Agente Nelson, o Pai Velho, entrevista em setembro de 2004, fita 1, lado A.

e fotografado com os demais presos numa encenação promovida para não estragar o disfarce.[22] Na véspera do congresso, seus colegas vigiaram portos, rodoviárias e ferrovias para controlar a chegada dos estudantes. "Já nos primeiros dias de outubro sabíamos o local escolhido para a realização do Congresso: Ibiúna, na região policial de Sorocaba."[23] Todo o esquema de chegada clandestina dos estudantes da Guanabara era de conhecimento do Dops, que mantinha contato com seu irmão carioca. Completou-se o serviço com levantamento topográfico do local com suas entradas e saídas e postos de observação usados pelos estudantes. Assim é fácil explicar por que a reunião acabou com a irrupção de 95 investigadores do departamento e uma centena de policiais militares da Força Pública, que prenderam todos os estudantes, muitos dos quais foram parar na luta armada.

A inspiração dos homens do Serviço de Informações no combate ao comunismo, diziam, era o FBI dos Estados Unidos. Mas isso mudou com a chegada do delegado Fleury, trazendo quadros do Departamento Estadual de Investigações Criminais (Deic) e da antiga radiopatrulha, abrindo as portas da polícia política aos ensinamentos do esquadrão da morte. Essa mistura marcou o começo da reação policial contra organizações de esquerda, um trabalho que levaria o Dops a matar Carlos Marighella e Joaquim Câmara Ferreira, além de prender e torturar mais de uma centena de integrantes da VPR, ALN, MRT e ALA-Vermelha. Suas equipes continuaram ativas mesmo após a reorganização do DOI, promovida por Ustra, que visava centralizar o combate à subversão. Foi só com o fim da VPR no Brasil, em 1973, que o departamento deixou de fazer operações para se transformar em mero esquentador de inquéritos, baseados no que o DOI lhe passava.

---

22 J. R. A, entrevista em 25 de julho de 2005. AESP Deops-SP/OS138-Operação Ibiúna. Relatório do diretor do departamento, Aldário Tinoco, diz: "O Serviço Secreto do Dops conseguiu, desde a morte do estudante Edson Luis, na Guanabara, preciosos informes demonstrando que o Movimento Estudantil era utilizado por grupos da esquerda revolucionária para atingir proporções que representasse uma contribuição real ao Movimento Revolucionário. [...] Nota-se a verdadeira finalidade: agitar as massas populares, indispondo-as contra o governo e sua consequente derrubada". Páginas 1 e 2.

23 AESP Deops-SP/OS138-Operação Ibiúna, p. 2 e 3 do relatório do delegado Aldário Tinoco, diretor do Dops, e a 109 do relatório do delegado Ítalo Ferrigno.

Contam os investigadores que, em meio ao clima de guerra que tomou conta do departamento, Fleury entrou no rádio de seu grupo e pediu que suas equipes se dirigissem com urgência a uma esquina da Avenida São João. Não se sabia o que era, mas a voz do chefe parecia indicar algo sério, pois o homem já havia escapado de duas tentativas da ALN para matá-lo.[24] Houve um engarrafamento policial antes que os investigadores descobrissem o que ameaçava o delegado: tratava-se de um menino de rua. O moleque se aproximara do carro de Fleury e pedira uns trocados.

— Sai pra lá, ô rapaz...

O desdém do todo-poderoso engravatado enfureceu o menino, que enrijeceu o dedo indicador e enfiou-o no meio da bochecha do delegado, dizendo:

— Seu gordo viiiaaaado.

Logo após, virou o guri as costas e correu, em meio ao trânsito. Fleury, irritadíssimo, só pôde chamar reforço para detê-lo.[25]

O "todo-poderoso" da Divisão de Ordem Social era delegado de 3ª classe ao chegar à polícia política. Ascendeu rápido. Em sete anos foi à classe especial, o topo da carreira de um delegado. Quando foi criada a Oban, os homens do Dops de Fleury foram ensinar os militares como trabalhar. Na primeira leva estava o investigador J. R. A., delegados como Davi dos Santos Araújo, o capitão Lisboa, guardas civis e integrantes da Força Pública, muitos deles da radiopatrulha, também foram levar seus conhecimentos ao novo órgão. Pai-Velho, o homem que deixara a radiopatrulha após um dos assassinatos de Fleury, estava entre eles. Ele, que continuaria como sargento até se aposentar, reencontrou um colega da Força Pública com quem trabalhara na RI: o sargento Bordini, o Americano.[26] A parceria entre os dois durara pouco. Um dia, os homens da *Casa da Vovó* encontraram o endereço de Bordini escrito em papéis apreendidos no aparelho de um grupo guerrilheiro. O medo de ser alvo de uma vingança era um dos maiores temores dos integrantes da *Casa da Vovó*. Ustra e

---

24 Em duas vezes, houve tiros. Ver *Autópsia do Medo* p. 246 a 248. Em outra ocasião, a ação foi abortada antes. Ver *Mulheres que foram à luta armada*, p. 227. Para o levantamento da casa de Fleury, entrevistas Ivan Seixas e Carlos Eugênio Sarmento Coelho da Paz.
25 Delegado J. R. A, entrevista em 25 de julho de 2005.
26 Esta pesquisa procurou o sargento Bordini mas não conseguiu encontrá-lo.

alguns oficiais mantinham próximo de suas mulheres e filhos agentes que lhes serviam de motorista e segurança. O sargento estava jurado de morte. Decidiram providenciar sua mudança imediatamente. Assim foi feito. Bordini, no entanto, tinha um daqueles carros conhecidos como "Zé do Caixão" e a casa aonde foi morar não tinha garagem. O major Ustra recebeu a informação sobre o automóvel que dormia à noite na rua, vulnerável a um atentado.

> — Ô Bordini, você precisa dar um jeito no seu carro. Ele não pode dormir na rua. Um dia você vai ligar o carro e ele vai explodir.
> — Não se preocupa, major, já está tudo certo.
> — Sim, mas o que você fez?
> — Major, minha filha tem um namorado. Ele vem comigo todas as manhãs para a cidade. Quando ele chega em casa, eu entrego a chave do carro para ele. Se explodir, explode ele...[27]

Os episódios de Fleury e Bordini são mais do que anedotas contadas pelos colegas: servem para mostrar como reagiam policiais e militares ao "perigo". As ações da guerrilha faziam vítimas entre policiais, o que tornava fácil identificá-la com os bandidos comuns. E quando delinquentes matavam um policial, eles entravam na mira do esquadrão da morte. Duas histórias ilustram como essa prática policial influenciou o destacamento. Trata-se das mortes do soldado Garibaldo Queiroz e do sargento Tomás Paulino de Almeida, ambos da Polícia Militar. Dos seis guerrilheiros envolvidos apenas um sobreviveu à ação dos órgãos de segurança. Quatro morreram em emboscadas do DOI e do CIE e o quinto, em uma ação de uma equipe de Busca do DOI. Naquela fase da guerra, dificilmente eles sairiam vivos.

O primeiro dos casos ocorreu em 10 de novembro de 1970. O soldado Garibaldo ingressara havia menos de dois anos na antiga Força Pública. Era solteiro e morava com a família na Baixada do Glicério. Naquele dia, fazia o acompanhamento de assistentes sociais da prefeitura em uma Favela da Vila Prudente. Elas estavam cadastrando os moradores dos barracos, que seriam removidos

---

[27] Agente Chico, entrevista em setembro de 2004, fita 2, lado A.

do lugar. Garibaldo tinha como parceiro o soldado José Aleixo Nunes. Os dois eram do 12º Batalhão e trabalhavam juntos havia 60 dias. Pela manhã, viram um Fusca passar deixando panfletos pelo lugar dizendo que "o povo estava cansado de ser dirigido por generais". Era a campanha do voto nulo, patrocinada pelas organizações de esquerda, para as eleições daquele ano.

> Você ficava tenso no serviço. Não sabia o que ia acontecer. Você sabia que saía, mas não sabia se voltava. Você não ficava preocupado com os bandidos e sim com os terroristas, os subversivos. A maior preocupação era essa na época. Bandido era de igual para igual. Mas o terrorista era terrível. Eles eram preparados e tinham o fator surpresa. Por mais atento que você estivesse sempre tinha esse fator. Não tinha hora e local, nada. Era uma desigualdade muito grande [...] de arma e de pessoal. Eles não tinham o que perder. Nós tínhamos.[28]

Ambos haviam assistido às preleções sobre como agir nessas situações: a ordem era buscar reforço. Depois que o Fusca passou, eles pegaram os panfletos e encaminharam à sede da companhia. "Era o que tinha de fazer. Não era para ir atrás, não tinha de ir atrás. Foi vibração. Ele [Garibaldo] era muito vibrador", contou Aleixo. Vibrador é como os policiais chamam os colegas que são entusiasmados pelo trabalho. Assim, à tarde, quando os guerrilheiros voltaram, em vez de apanhar os panfletos e levá-los ao quartel, Garibaldo não teve dúvida. Parou um táxi – um Fusca "Zé do Caixão", que levava um garoto de 12 anos – para seguir os subversivos. Aleixo decidiu acompanhá-lo e ambos entraram no banco traseiro. Era um dia claro de sol. O clima estava um pouco abafado.

> Os subversivos passaram lá e atiraram alguns panfletos. Saímos atrás. A gente ia dar parte na companhia no Parque São Lucas, mas, na Estrada da Vila Zelinda, eles atacaram. Eles fizeram outro itinerário, nós não tínhamos vistos eles. Nós só vimos que eles estavam num Fusca bege. Fomos metralhados pelas costas. Não vi de onde vieram os tiros. Eu levei dois tiros de raspão [costas e cabeça] e o Garibaldi seis ou sete tiros. O

---

28 Sargento José Aleixo Nunes, entrevista em 21 de abril de 2006, lado A.

forte da rajada foi em cima dele. E pegou um tiro só no taxista. [...] Eles eram em três: um rapaz, o japonês e a moça.[29]

O japonês era Yoshitane Fujimore, que seria morto um mês depois pelo DOI. Era particularmente conhecido por ter participado da morte do tenente Mendes Junior. A moça era Ana Maria Nacimovic, que morreria na emboscada da Mooca, em 1972. O rapaz era Carlos Eugênio da Paz, o Clemente, o único guerrilheiro que participou dessa ação a sobreviver – nunca foi preso. Garibaldo e o taxista morreram. O menino saiu ileso. Era o primeiro tiroteio da vida dos policiais. Aleixo foi levado ao pronto-socorro do Ipiranga. "Foi um choque." Nascido em 1947, havia feito a escola da PM em Marília, mas acabou classificado no 12º Batalhão, em São Paulo. Não tinha nenhum vínculo político.

> O pessoal daquela época são os políticos de hoje. Eles eram idealistas, tinham aqueles ideais. Certo ou errado era aquele um ideal deles. É o pessoal que hoje está nos dirigindo. Eles queriam mudar a cara do país, queriam um Brasil diferente. Eu não concordava. [...] Eles podiam ter me matado. Na época, você fica revoltado, muito abalado. Não foi fácil, não.[30]

Pressionado pela família, Aleixo pediu transferência de São Paulo após o tiroteio. Foi para a região de Marília, onde moravam os pais. Apesar da revolta, desistiu de buscar vingança. "Prefiro guardar os momentos bons e não os ruins na cabeça." Trabalhou na PM até 1995, quando reformou como 1º sargento. "Naquele tempo você era mais polícia. Hoje você não é nada. Vagabundo tem muito direito. Tenho pena dos colegas."[31]

A outra morte de policial instrumentalizada pelos militares, a do sargento Tomás Paulino, ocorreu quase na mesma época em que Bordini teve a casa descoberta. Paulino foi alvejado em uma perseguição a três

---

29 José Aleixo Nunes, entrevista em 21 de abril de 2006, fita 1, lado A. Em *A Verdade Sufocada* (p. 239), o coronel Carlos Alberto Brilhante Ustra dá incorretamente Aleixo como morto e publica uma foto como se fosse a do PM.
30 José Aleixo Nunes, entrevista em 21 de abril de 2006, fita 1, lado A.
31 José Aleixo Nunes, entrevista em 21 de abril de 2006, fita 1, lado A.

integrantes do Molipo feita por uma das turmas da equipe A do DOI – eram quatro, duas chefiadas pelo capitão da PM Cássio Henrique de Oliveira e pelo tenente Carlos Elias Lott. Formado na turma de 1965 da Academia do Barro Branco da PM, Lott foi aspirante no Corpo de Bombeiros – os bombeiros contribuíram com quase um terço dos oficiais que foram trabalhar no DOI. No dia da perseguição, Lott e seus homens levavam no carro, uma Veraneio C-14, um preso que foi obrigado a colaborar.

A tortura e o terror que ela inspirava produziram a tragédia da "colaboração", que normalmente terminava com o militante acusado de traição pelos colegas e de covardia pelos algozes. Houve quem tivesse sido obrigado a dar choques elétricos nos colegas. E assim o torturador retirava da vítima até a solidariedade que o sofrimento faz despertar. Na maioria dos casos, o prisioneiro recuperava subitamente as rédeas de sua vontade e conduta ao sair do alcance do DOI e denunciava tudo o que lhe ocorrera nas mãos do inimigo. É entre estes que se enquadra o homem que o tenente Lott carregava.

A imagem que mantiveram os agentes do DOI sobre ele foi outra. Os tenentes Chico e José relataram seu caso. O prisioneiro havia sido detido por acaso na saída de um cinema, na zona sul de São Paulo. Acabou nas mãos da equipe B2, a do subtenente Leão[32] e foi levado ao interrogatório. Aí começou o calvário. Chegou a cortar os pulsos, mas a tortura não parou. Ofereceram-lhe, em forma de desafio e de humilhação, uma lâmina de barbear para que se matasse. O preso fazia parte de um grande grupo de jovens de uma cidade do interior de São Paulo que entrara na luta armada. Era acusado de assaltar banco, incendiar ônibus e de pertencer ao grupo tático da ALN. Achavam que tinha muito o que falar, e a tortura lhe foi devastadora. Sobre o que se extorquiu do prisioneiro, conta o tenente José com desdém:

> O V. [nome do prisioneiro] entregou todo mundo. Ele via alguém na rua e falava: "Aquele é da organização". Ele não tinha escrúpulos.[33]

---

32 Oswaldo Ribeiro Leão, entrevista em 2 de março de 2005.
33 Tenente José, entrevista em 9 de janeiro de 2007, fita 1, lado B. Opto por usar apenas uma inicial, o V., do codinome pelo qual o guerrilheiro era conhecido.

Já o tenente Chico diz que o prisioneiro

> nos mostrou os caminhos de rato, as trilhas que os terroristas usavam e também identificava fotos [...] ele se dispôs a colaborar. Só faltou andar armado. Ele saía com as equipes e indicava os terroristas na rua.[34]

Para escapar dos constantes bloqueios e arrastões nas principais avenidas das cidades, os guerrilheiros usavam vias secundárias, menos movimentadas, os tais caminhos de rato. O prisioneiro V. não foi o primeiro a fazer tal revelação. Carlos Eugênio, o Clemente, comandante militar da ALN, lembra-se que uma vez estava em seu Fusca, na Avenida Bandeirantes, quando uma C-14 passou ao seu lado. "Ouvi o cara dizer: 'Olha o Clemente aí."[35] Era um militante da ALN que guiava os policiais. "A primeira coisa que eu pensei foi sair daquela avenida, pois eu estava com um fusquinha e eles com uma C-14. Abri para fazer a curva e entrei. Eles não conseguiram." Carlos Eugênio viu darem marcha-à-ré e entrarem na rua. Era tarde. O guerrilheiro dobrou outra esquina e sumiu. Esse mesmo expediente usado contra Clemente levou o tenente Carlos Elias Lott e sua equipe à trilha dos guerrilheiros em 18 de janeiro de 1972. Lott levava o prisioneiro, no Jardim da Glória, na zona sul, quando cruzaram às 10 horas com Márcio Beck Machado, Lauriberto José Reyes e João Carlos Cavalcanti Reis, todos do Molipo. Os agentes foram atrás. Os guerrilheiros aceleraram o Fusca, fabricado em 1967. Os militares quiseram pará-los à bala. Acertaram um tiro no vidro traseiro do carro, que dobrou uma esquina. Foi quando o motorista da C-14 da *Casa da Vovó* não conseguiu fazer a curva e capotou a viatura. O tenente José contou o acidente:

> Aí tinha um bueiro com a tampa levantada. A boca de lobo pegou a roda dianteira, e a viatura capotou. O V. sai da C-14, recolhe as armas, liga, pede socorro, e vai até as Clínicas [...].

---

34 Agente Chico, entrevista em setembro de 2004, fita 1, lado B. Para o caso de V., AESP Deops--SP/OS-001, p. 274.

35 Carlos Eugênio Sarmento Coelho da Paz, entrevista em 14 de dezembro de 2004. A conversa não foi gravada a pedido de Carlos Eugênio.

> O investigador de plantão [no hospital] pergunta pro V.: "Qual a sua profissão?" "Sou terrorista". Ele recolheu todas as armas, socorreu todo mundo e não fugiu. Não dá pra entender um cara desse.

Ustra relatou-o por escrito dois anos antes:

> O episódio da C-14 que tombou é verdade [...]. O preso era o V., que foi quem recolheu o armamento e levou os feridos ao pronto-socorro do HC. Chegando ao HC, o V. procurou o médico de plantão, contou a sua situação de preso e pediu ajuda para os policiais. Essa é uma história hilariante. Apesar disso, o V., anos depois, acusou-nos de tê-lo torturado. Um cara que apanhou agiria assim, com tanta eficiência?[36]

O coronel Ustra negou o que seus subordinados contaram: V. apanhou e muito para colaborar. Zombaram até de seu direito de morrer. O que Ustra acha hilariante a humanidade considera um escárnio. E o que os agentes não entendiam o mundo inteiro conhecia: a paralisia da vontade arrancada de presos pela tortura no Brasil não era coisa nova. Em Buchenwald e no Gulag, os guardas obtiveram resultados até melhores.[37]

Os guerrilheiros que escaparam da C-14 ainda não haviam se livrado totalmente da polícia. Na esquina das Ruas Tubarana e Colônia de Férias, toparam com o sargento Tomás Paulino de Almeida, então aos 43 anos. Ele

---

[36] Carlos Alberto Brilhante Ustra, entrevista em 8 de novembro de 2004. Outros integrantes do DOI lembraram-se do episódio com detalhes diferentes. Um exemplo disso foi o tenente Chico, que contou que V. saiu do carro, ajudou a tirar os policiais da C-14, apanhou a metralhadora e chamou o socorro. Ele confirmou a tortura contra V. João de Sá Cavalcanti Netto também confirmou a sequência do acidente com a C-14 e a morte do PM, em entrevista em 20 de setembro de 2005. Além do tenente Chico e de João de Sá Cavalcanti Netto, a perseguição é descrita em AESP Deops-SP/OS201; RPI-01/72, p. 43 sem a menção a V.

[37] HACKETT, David A. *Relatório Buchenwald*, p. 381 e 382 e APPLEBAUM, Anne. *Gulag*, p. 414-424. Muitos criminosos comuns contavam com a conivência de guardas para aterrorizar prisioneiros políticos nos dois sistemas (Para o Gulag, ver ainda KHLEVNIUK, Oleg V. *The History of the Gulag*, p. 180). Na União Soviética, Stalin encobriu as acusações de tortura contra os agentes da KGB alegando que eles só faziam o que os serviços de inteligência burgueses faziam com os militantes operários nos países capitalistas (ver KHLEVNIUK, Oleg V. *The History of Gulag*, p. 190 e 191).

ia fardado para o trabalho, no hospital da PM, que ficava na Saúde, e dirigia seu Fusca azul. Viu o carro dos guerrilheiros fugindo, tentou barra-lhes o caminho à bala, mas sua arma falhou. Acabou morto com dois tiros na cabeça. Os fugitivos apanharam seu Fusca, ano 63, e escaparam. Não ia demorar o dia em que o regime os mataria. Repartiriam o mesmo destino que um dia foi de Saponga ou de Cara-de-Cavalo. Haviam matado um policial e, como criminosos comuns, deviam também morrer por isso.

Promoções

O sentimento de vingança é o tipo de disposição que um policial não deve ter. Não justifica a barbárie, nem a torna palatável. Mencioná-lo é necessário, pois esse espírito não pode ser desprezado como motivação para algumas das ações do Destacamento como as que se seguiram à morte do delegado Octávio Gonçalves Moreira Junior. Quando soube que o autor desse trabalho ia entrevistar os pais do tenente Mendes Junior, morto pelos guerrilheiros da VPR, o subtenente Leão disse: "Diga a eles que você conversou com o homem que vingou o filho deles." De fato. Leão foi o homem que matou o guerrilheiro Fujimore. Em sua versão, Leão conta que, no fim de novembro de 1970, levou um militante da VPR, que havia sido preso[38] a um ponto, uma das tarefas das equipes da Busca. Preso em 3 de novembro no Rio Grande do Sul e, interrogado, o homem contou que teria o encontro em São Paulo no dia 20. O militante que devia chegar não apareceu, mas houve um momento em que Leão desconfiou de um japonês que passou ali: era Fujimore. O policial anotou a placa do carro, um Fusca vermelho.

> Descobriram que ele tinha o hábito de passar sempre na mesma rua, sem preservar as normas de segurança. O que chamou atenção que um cara tão importante, tão esperto. [...] Dois, três dias conseguiram cruzar com ele.[39]

---

38   O *Projeto Orvil* diz o nome do militante.
39   Dirceu Gravina, entrevista em 16 de maio de 2005, fita 1, lado B.

No dia 5 de dezembro de 1970, Leão estava em sua Veraneio quando viu passar um Fusca vermelho perto da Igreja Santa Rita de Cássia, na Saúde. Era o mesmo carro e o mesmo japonês. Leão fechou o Fusca de Fujimore, que desceu com seu companheiro, Edson Quaresma. No tiroteio, os guerrilheiros balearam dois policiais do DOI. O dirigente da VPR foi morto por Leão. Fujimore recebera tiros à queima-roupa. Joãozinho matou Quaresma. Ex-marinheiro – ele foi expulso em 64 – Quaresma era mulato e, ao cair, teve o pescoço pisado.[40] Mortos e feridos foram colocados dentro da C-14 e levados ao DOI por ordem do major Ustra.[41] Ele foi esperar seus homens feridos no pátio – um deles estava em estado grave e outro tinha um ferimento na perna. Dali foram a um hospital. Retiraram os militantes da C-14 e colocaram-nos no chão do DOI. Os dois foram fotografados e fichados. A morte dos dois homens da VPR foi a ação de Leão que lhe valeu a primeira a promoção por bravura. O matador de Fujimore transformou-se em um símbolo.

Sua segunda promoção viria pouco mais de um ano depois em decorrência de outro suposto tiroteio, ocorrido em 20 de janeiro de 1972. Nele morreria um policial – o único perdido pelo DOI em confronto com o inimigo. O Destacamento e suas equipes de Busca estavam trabalhando na época com as informações dadas por um preso, o V., da ALN. Submetido à tortura, ele lhes havia ensinado os caminhos que os companheiros usavam em seus deslocamentos pela cidade. A versão dessa história conhecida pelos agentes realça tanto o perigo que um determinado tipo de combatente representava – os chamados cubanos, homens treinados na Ilha – e as qualidades que o combatente deve ter. Policiais e militares entrevistados contam que, em uma dessas patrulhas dirigidas contra os revolucionários, os homens da Equipe B1, do capitão da PM Devanir Antônio de Castro Queiroz cruzaram com um Fusca vermelho na República do Líbano. Era a noite do dia 19 de janeiro. Havia duas pessoas no carro. Os agentes desconfiaram

---

40 A descrição da morte de Quaresma está no site www.torturanucamais-rj.org.br/MDDetalhe.asp?CodMortosDesaparecidos=53.

41 Ustra afirma em seu primeiro livro que determinou a remoção dos corpos em vez de chamar a perícia para o local do fato por razões de segurança. Relata ainda que teve apoio do comandante do 2º Exército, general Humberto de Souza Mello. *Rompendo o Silêncio*, p. 144 e 145.

da placa CK-4848. Na época, uma consulta no Detran demorava, pois o arquivo do órgão não era informatizado. Feita a pesquisa, o capitão descobriu que aquela placa era fria, resultado da junção das letras de uma com os números de outra. Na manhã seguinte, o capitão decidiu passar pela mesma avenida para ver se cruzava com o Fusca. O cabo Sylas Bispo Feche, da Equipe C, que ia entrar de serviço, aceitou o convite para acompanhar os colegas da outra equipe. "Foram dar outra passada lá para ver se avistavam os caras e avistaram."[42] No carro estavam Gelson Reicher e Alex de Paula Xavier Pereira, dois "cubanos da ALN".

Dois dias antes, os agentes do DOI haviam detido um militante da ALN. Sua detenção levou seus companheiros a pensarem que sua prisão estivesse relacionada com as mortes de Reicher e Pereira. Documento achado no arquivo do Dops paulista afirma que ele "colaborou na organização do aparelho que possibilitou a detenção" de sua companheira, Eliana Potiguara de Macedo, a Joana. Também, segundo o documento, revelara um ponto que teria com a organização na Rua Jandira, no Campo Belo. Na manhã do dia 19, depois que Eliana não compareceu a um encontro, seis integrantes da ALN reuniram-se. Discutiam a possibilidade de Joana ter sido presa e decidiram tentar encontrar seu companheiro no dia seguinte, no Campo Belo.[43] Foi a

---

42 Agente Chico, entrevista em setembro de 2004, fita 1, lado A.
43 MIRANDA, Nilmário; TIBÚRCIO, Carlos. *Dos filhos deste solo*, p. 68 e 69. A direção da ALN na época tentou apurar o que ocorrera e achou que os dois guerrilheiros foram vítimas de uma "batida policial". "Teve muita gente que levantou que era diferente, mas a nossa versão sempre foi essa sim", disse Carlos Eugênio Sarmento Coelho da Paz, o Clemente, da ALN. Ele conta que sabia que a repressão descobrira há tempos ser possível encontrar um procurado vasculhando uma região. Às vezes, a informação que os militares recebiam era assim: "Fulano anda em tal lugar ou está andando num Fusca tal ou fulano usa região de ponto tal. Aí eles faziam um acompanhamento daquela região e, como já tava procurando alguém mais precisamente, era alguma coisa que acabava encontrando". Paz diz que, muitas vezes, um militante preso resolvia contar aos torturadores os locais frequentados por um colega, pensando que o companheiro em liberdade, por razões de segurança, trocaria o bairro em que costumava marcar seus encontros. Tratava-se para o preso de uma informação, aparentemente, sem importância, que ele poderia contar e interromper a tortura. O DOI sabia da importância dos hábitos. Já em 1969, a Oban extraía dos presos informações até sobre a lanchonete preferida de um guerrilheiro procurado. "Mas o cara, às vezes, não trocava. Uma das coisas que me fizeram ficar vivo foi a falta de preguiça de mudar de região quando caía alguém. Eu lembro a época em que eu parei de ir a um barbeiro japonês que eu gostava de ir

caminho da Rua Jandira que Reicher e Pereira foram abordados na Avenida República do Líbano pelo capitão e três agentes. Ao ver o Fusca suspeito parado no semáforo, os policiais decidiram abordá-lo. O cabo pediu os documentos. "Se tivessem certeza de que era o Alex e o Gelson no carro, a abordagem seria outra", disse o tenente Chico. Gelson, que estava no volante, afastou-se e Alex, com uma submetralhadora INA, calibre 45, deu uma rajada que acertou em cheio o cabo. Ao seu lado estava Leão.

> Ele levou oito tiros do meu lado. Era uma daquelas armas que eles roubaram da gente, da radiopatrulha.[44]

Sylas caiu. O capitão Devanir reagiu e acertou o primeiro tiro em Reicher, impedindo que o motorista saísse com o Fusca. Leão também atirou, em companhia de Joãozinho, em Alex, que estava com a submetralhadora.

> A equipe abriu fogo e executou os dois. Eles jamais foram presos. Foram mortos no local.[45]

---

fazer aquela barba, à antiga. O japonês botava a tolha no seu rosto, uma maravilha. Mas no dia que caiu um companheiro que conhecia esse meu hábito, eu nunca mais fui ao barbeiro japonês, na Liberdade. Mas às vezes o cara continuava indo. É verossímil (*a história dos agentes sobre como o DOI matou Alex e Gelson*). Aconteceu com companheiros nossos, como o cara que derrubou o Toledo (Joaquim Câmara Ferreira), o que ele fez, quando ele volta a São Paulo? Ele começa a andar pelos lugares que ele encontrava com o Toledo. E o Toledo continuava andando por lá. Eu lembro que a gente encontrou esse cara lá na Vila Mariana, numa padaria da Domingos de Moraes. Por que ele conseguiu? Porque ele pensou: pô, quando eu encontrei com o cara (*Toledo*), foi nessa região aqui. Ele começou a andar por lá e realmente encontrou mesmo... e ele estava a serviço dos caras de lá (*do delegado Fleury, do Dops paulista*)". Para o caso da lanchonete, ver AESP DEOPS-SP/OS-255, resumo do depoimento de César Augusto Castiglione, a lanchonete na Rua General Olímpio da Silveira era frequentada por Alexander José Voerões. Para Clemente, entrevista Carlos Eugênio Sarmento Coelho da Paz, em 8 de outubro de 2004, fita 1, lado A.

44 Oswaldo Ribeiro Leão, entrevista em 2 de março de 2005, fita 1, lado A. Leão ganhou a Medalha do Pacificador (portaria ministerial 1.495, de 4 de outubro de 1973, publicada no Boletim do Exército nº 45, de 9 de novembro de 1973). O capitão Devanir ganhou a Medalha do Pacificador com Palma (portaria ministerial 853, de 19 de setembro de 1972, publicada no Boletim do Exército nº 42, de 20 de outubro de 1972).

45 Agente Chico, entrevista em setembro de 2005, fita 1, lado A. Exame recente de médico-legista (MIRANDA, Nilmário; TIBÚRCIO, Carlos. *Dos Filhos deste Solo*, p. 69) desmente a versão até então aceita mesmo pelos guerrilheiros de que Alex e Gelson morreram no carro. Seus

Chico afirma isso porque os viu chegarem mortos ao DOI, mas não sabe se eles morreram na hora dos disparos ou se, baleados, mas ainda vivos, foram espancados e torturados pelos captores conforme exames médico-legais do caso obtidos pela Comissão Especial sobre Mortes e Desaparecidos Políticos. No DOI os corpos foram fichados e mandados para o IML e de lá para o cemitério Dom Bosco, em Perus. Sylas também foi levado ao DOI, como conta o tenente Toninho, e foi enterrado no dia seguinte.

> Eu o conheci. Era uma boa pessoa, um elemento tranquilo. Vi ele chegar baleado [ao DOI]. O Sylas viu a viatura suspeita e, quando ele foi desembarcar pela porta traseira da C-14, o terrorista do lado dele atirou com a metralhadora. Eu estava no pátio quando ele chegou já morto.... você imagina o que é ver o companheiro ali...dá vontade de chorar, de tudo... não tem explicação... é um sentimento...[46]

O cabo tinha 23 anos quando morreu. O enterro foi outro que se transformou em um momento de reafirmação do apoio ao combate à subversão. O corpo saiu do quartel do Regimento de Cavalaria da PM e seguiu até o mausoléu da PM, no Cemitério Araçá, a cerca de quatro quilômetros dali, em cima de um carro do Corpo de Bombeiros. Carregaram o caixão o governador de São Paulo, Laudo Natel; o general Humberto de Souza Mello, do 2º Exército, e outros três generais, além de dois secretários de Estado, do comandante da PM e do chefe da Casa Militar de São Paulo. Os tiros e as mortes valeram ao capitão, ao subtenente Leão e ao cabo João suas promoções a major, tenente e sargento. Tratava-se de um fato raro, ainda mais envolvendo praças. Se a promoção de um oficial por ato de bravura era difícil, muito mais ainda a de soldados, cabos, sargentos e subtenente – o mesmo não se podia dizer das medalhas e recompensas distribuídas naqueles anos. O processo não é diferente daquele usado em guerras, como nos relatos encontrados por Frédéric Rousseau no Exército francês de 1914-18.

---

ferimentos seriam incompatíveis com isso. Leão, único integrante da equipe do DOI ainda vivo, nega. Leão e o agente Chico dizem que ambos chegaram mortos ao DOI.

46 Dirceu Antonio, o agente Toninho, entrevista em 30 de janeiro de 2006.

Em uma carta à família, um soldado escreveu: "Por falar ainda de covardia, não se deixe enganar pelos relatos oficiais. São maquiados do começo ao fim, como as condecorações".[47]

Apesar dos exemplos históricos, os coronéis da Polícia Militar entrevistados afirmaram que seria difícil, mas não impossível, a corporação promover alguém por bravura baseada em uma farsa. Explicaram que essas promoções são geralmente traumáticas, pois fazem com que alguém mais novo passe na frente de colegas mais velhos na carreira – a antiguidade é um dos critérios de comando numa organização militar. A quebra da ordem hierárquica baseada na antiguidade pode fazer com que alguém ultrapasse na lista de promoções dezenas de oficiais que antes lhe davam ordens e agora deverão recebê-las do recém-promovido. Aí está o desconforto. Uma farsa, disseram, seria descoberta, e o policial não teria mais clima para continuar na tropa. Ainda que contasse com a conivência de um comando, este também muda e, quando isso ocorresse, o policial beneficiado perderia a cobertura e ficaria exposto ao escárnio dos colegas. O que não significa, dizem, que as mortes tenham ocorrido dentro do padrão legal do trabalho policial. O "inimigo" pode ter sido alvejado com base no padrão da guerra, quando não há o cuidado de se fazer prisioneiros, pois o objetivo não é prender, mas matar.

Um caso que demonstraria essa preocupação com as promoções por ato de bravura na PM envolveu o hoje tenente reformado Absalon Moreira Luz. Nascido em 2 de setembro de 1923, em São Vicente, no que hoje é o Estado de Tocantins, Absalon perdeu a mãe quando tinha dois dias de vida. Seu pai, um sapateiro, foi aventurar-se no garimpo e o filho acabou criado pelos avós. Em 1944, chegou sozinho a São Paulo com uma mala de roupas na mão. Trabalhou como operário e, em 1953, entrou na antiga Força Pública como soldado. Em dois anos já era sargento. Sempre esteve no chamado "bom comportamento". Estava numa companhia de guarda da PM, quando lhe mandaram para a então Operação Bandeirante, em julho de 1969. O quartel da Rua Tutoia ainda não existia. Absalon, que era evangélico, apresentou-se na *Casa da Vovó* ao tenente Carlos, da PM, que lhe explicou o serviço. "Era um serviço de

---

47 ROUSSEAU, Frédéric. *La guerre censurée: une histoire des combattants européens de 14-18*, p. 143.

muita responsabilidade." O sargento faria de tudo ali nos 10 anos e seis meses em que permaneceu no DOI. Trabalhando na Seção de Busca, foi um dos primeiro homens a ser baleado por um inimigo.

Ele conta que o nome do homem que lhe acertou um tiro no peito era José Idésio Brianezi, um estudante nascido em Londrina, que tinha 24 anos, e havia ingressado na ALN em 1969. Logo ele se tornou chefe de um dos Grupos Táticos Armados da organização. Brianezi era conhecido pelos colegas como Mariano e esteve em ações como roubos a banco e assaltos a viaturas da Polícia Militar. Nos dias seguintes ao roubo de uma agência do Bradesco, na Vila Leopoldina, três integrantes de seu GTA foram presos pelo DOI, que teria assim descoberto a pensão em que Brianezi morava na Rua Itatins, 88, perto do Aeroporto de Congonhas, em São Paulo.

Em 13 de abril de 1970, o sargento tinha a companhia de seus colegas da equipe C-4: o tenente Carlos, o sargento Manoel Alves do Nascimento e o soldado Neydson Mendes dos Reis, motorista da C-14, que já havia participado da morte de Joelson Crispim, da VPR. "Tratava ele como meu filho e ele [tratava-me] como seu pai", lembrou-se Absalon. O tenente saiu dali e deixou os três praças na vigilância. Neydson ficou no carro, enquanto os sargentos entraram na pensão, que alugava quartos para rapazes – tinha uns 15. O lugar era grande e bem organizado. O proprietário indicou aos policiais qual era o de Brianezi e fez mais: arrumou um cômodo do outro lado do pátio interno de cuja janela era possível ver a entrada do quarto do inimigo. A dupla ficou esperando. Os militares sabiam que o alvo devia voltar tarde. Às 21 horas, quando o viram entrar e acender as luzes, deixaram passar cinco minutos e bateram na porta. Brianezi não respondeu. Bateram de novo e o chamaram pelo nome.[48] Os sargentos estavam sem as metralhadoras INA que usavam no serviço, pois a vigilância na pensão não permitia tal exibição de armas. Assim, levavam apenas revólveres em suas mãos. "Abre, que é polícia". Eis o depoimento de Absalon sobre o que se passou quando o militante da ALN apareceu:

---

48 Ver depoimento de Absalon Moreira da Luz. AEL-Unicamp. BNM-102 (ALN), p. 183. Ainda Absalon Moreira Luz, entrevista com autor em 29 de julho de 2005. Para a participação de Neydson na morte de Crispim ver depoimento de João de Sá Cavalcanti Netto, AEL-Unicamp, BNM-42 (VPR).

> Ele deu o primeiro tiro e eu avancei nele e nós nos atracamos. Ele era um moço alto e eu sou de estatura baixa [...] Meu revólver só deu um tiro, pois uns dias antes ele tinha enguiçado e eu não prestei atenção, pois era um [calibre] 32 ainda, que era meu, particular, e quando aconteceu, que ele [Brianezi] nos atacou e não aceitou a voz de prisão, ele descarregou o revólver em cima de mim e do outro [sargento] e eu só dei um tiro, que foi fatal pra ele. Ele me deu um tiro no peito que saiu nas minhas costas... A pessoa numa situação dessas perde a noção, sei lá de que, e age como um leão, pois quando eu me vi assim [após os tiros], ele estava deitado no chão com os pés em cima da cama, os dois pés em cima da cama e o corpo no chão e eu no canto da sala assim de cócoras, que eu olhei pro meu peito saindo sangue. Aí eu me revoltei com aquilo. Cheguei em cima dele com meu revólver e não saía nada, que meu revólver estava enguiçado – só saiu um tiro, pra minha felicidade. E o dele, eu cheguei e vi o [revólver] dele no chão e peguei o dele e pus a mão em cima da ferida e cheguei com a outra [arma] em cima dele, mas não saía nenhum tiro. Por quê? Porque estava descarregada. Foi uma coisa tão violenta que a gente não escuta tiro. Parece que não escuta, fica surdo, sei lá. Uma coisa tão rápida que... se eu disser que eu escutei ele dar seis tiros eu estou mentido, que eu não escutei, mas ele descarregou o revolver todo.[49]

Absalon chamou o colega, que ficara ferido sem gravidade, Nascimento, que também acertara um tiro em Brianezi, era obeso. A bala entrou do lado esquerdo de sua cintura. "Entrou na banha e saiu quatro centímetros na horizontal", lembrou Absalon. Nascimento tentou socorrê-lo, mas Absalon correu com os dois revólveres na mão.

— Não corre, Absalon, dizia Nascimento.

Absalon foi chamar o motorista. Caminhou 20 metros até sair da pensão e outro tanto até o carro.

— Socorro Neydson, que eu tô ferido.

Absalon e Nascimento foram para a unidade do Corpo de Bombeiros do aeroporto. O primeiro acabou no Hospital das Clínicas, onde chegou

---

[49] Absalon Moreira Luz, entrevista em 29 de julho de 2005, fita 1, lado A.

em oito minutos – ele permaneceria ali 24 horas, 10 dias no Hospital da Polícia Militar e outros 30 dias em casa, convalescendo, para então voltar para o serviço. Meses depois, a Polícia Militar pensou em promovê-lo por ato de bravura. Um capitão foi nomeado pela PM para apurar o caso. Começou a entrevistar os envolvidos e a fazer perguntas sobre a morte de Brianezi. Quis exumar o corpo do inimigo para ter certeza do que ocorrera. Acabou sendo posto para fora do DOI pelo comandante Ustra, e Absalon continuou sargento. A decisão do major revelava a coesão do grupo que formava o DOI, que o colocava acima dos laços entre seus homens e suas corporações de origem. Como outros agentes, ele também descreve o caráter do trabalho no Destacamento como um "serviço normal".

> Sou uma pessoa muito equilibrada. Não me deixou trauma [o ferimento], nada, nunca deixei de trabalhar [...]. Se eu falar pro senhor que deu tremedeira eu tô mentindo. Não é que eu sou herói, não sou nada. Pra mim foi um serviço normal.[50]

A normalidade com que Absalon trata o trabalho no DOI faz parte de um discurso que busca justificar as ações do Destacamento:

> Era um serviço que precisava ser feito, se não virava uma baderna. Já estava virando, tinha de ter uma repressão. Qual o governo que não vai reagir numa situação daquela? O negócio estava tomando um rumo esquisito: bombas, atentados, muitos assaltos e mortes [...]. Chegou um ponto que não dava mais...[51]

---

50 Absalon Moreira Luz, entrevista em 29 de julho de 2005, fita 1, lado A. A história da morte de Brianezi consta ainda de relatório do arquivo do Dops (apud MIRANDA, Nilmário; TIBÚRCIO, Carlos. Dos filhos deste solo, p. 48), que se baseia na versão de Absalon. A Comissão de Anistia do Ministério da Justiça, no entanto, considerou que o guerrilheiro foi executado. Isso porque identificou dois ferimentos à bala no militante da ALN disparados de cima para baixo. Além disso, verificou, por meio de fotos do laudo do IML, que ele estava com o rosto debilitado e com a barba por fazer, o que não era seu hábito segundo disse Carlos Eugênio Sarmento da Paz, um dos líderes da ALN.

51 Absalon Moreira Luz, entrevista em 29 de julho de 2005, fita 1, lado B. Ele recebeu a Medalha do Pacificador (Ver Secretaria-geral do Exército, portaria ministerial 1.475, de 1º de outubro de 1973, no Boletim do Exército nº 44, de 2 de novembro de 1973).

Absalon ficou no DOI de São Paulo até 1979. Deixou o órgão por ter alcançado o limite de idade como sargento e foi reformado. O caso do sargento mostra que seu exemplo não era só estimulado, mas protegido pela hierarquia, como condição necessária ao desempenho da função. Que os integrantes do DOI eram estimulados a desenvolver ações de guerra é fato que pode ser comprovado ainda por outro episódio: uma emboscada na qual morreram três integrantes da ALN. Era setembro de 1971, quando os integrantes da ALN começaram a assaltar, sem levantamento prévio, radiopatrulhas da PM ou veículos do Exército. Chamavam isso de "Patrulhas Revolucionárias". O alvo, além da propaganda da organização, era obter mais armas, ainda que fossem velhas submetralhadoras INAS, pistolas e revólveres. Eis o depoimento de Leão:

> Aí eu estudei um meio e passei pro Ustra: Chefia, arma uma "arataca" que eles vão entrar.[52] Aí montamos ali na João Moura. Na primeira vez fui eu, mas tinha uma feira ali e estorvou. No segundo dia, o Cafuringa, que era cabo do Exército, chegou em mim e disse: "Chefia, já falaram um monte de coisa aqui, mas o senhor, que tem muita malícia, me diz o que é que eu devo fazer". Aí eu ensinei a ele o que é que ele tinha de fazer na hora em que os caras fossem pra cima dele. Eu disse: "O que eles querem é arma. Ora, joga a arma no chão e sai de pinote, porque se você sair com a arma eles vão atirar na hora, vão te derrubar. Eles querem a arma e a condução do Exército que você está aí, aí na volúpia do querer, eles vão dispensar você". E num minutinho ele já se enfiou na casa de uma mulher lá.[53]

O comando da ALN havia decidido pôr fim àquelas arriscadas ações improvisadas. Mas um grupo da organização resolveu fazer um último ataque. Nele estavam três homens e uma mulher: Antônio Sérgio de Mattos, Eduardo Antônio da Fonseca, Manoel José Mendes Nunes de Abreu e Ana Maria Nacimovic Correa. O comando da ALN descia a Rua João Moura quando viu o

---

52   Ustra credita a ideia da emboscada em seu livro ao major Dalmo Lúcio Muniz Cyrillo. *A Verdade Sufocada*, p. 299.
53   Oswaldo Ribeiro Leão, entrevista em 3 de março de 2005, fita 1, lado A.

jipe com o cabo Cafuringa, segurando uma INA. Os revolucionários não sabiam que agentes do DOI estavam emboscados. Mattos decidiu agir. Ele dirigia o carro e parou um pouco antes do jipe. Desceram Ana Maria e Eduardo. Quando ela apontou a arma para o cabo, este cumpriu o combinado. Soltou a submetralhadora e pulou o muro de uma casa. Na fuzilaria que se seguiu Mattos e Manoel não conseguiram sair do carro. Eduardo caiu de imediato, acertado por um tiro de fuzil. "Mataram os meninos com balas de .30 [metralhadora]."[54] Ana Maria escondeu-se atrás do jipe e saiu correndo em meio aos tiros que passavam perto de sua cabeça. Cruzou com um uma viatura da Delegacia de Homicídios e apontou-lhes onde era o tiroteio. Apanhou depois um ônibus, guardou a arma. Chorava. Desceu do ônibus, apanhou um táxi e foi embora. Sabia que seus companheiros deviam estar mortos.[55] Mais uma vez, disseram os agentes entrevistados, ninguém apareceu vivo no DOI, para onde foram levados os corpos.[56]

Além de promoções, os chamados atos de bravura eram reconhecidos por meio da concessão da Medalha do Pacificador. Ao todo, 90 integrantes do DOI do 2º Exército receberam-na, "todos por terem entrado em combate, várias vezes tendo sempre demonstrado disciplina, acatamento às ordens dos superiores e praticado atos de bravura".[57] A bravura nesse caso podia ser,

---

54 Depoimento de Lídia Guerlenda ao livro *Mulheres que foram à luta armada*, p. 227.
55 Para a descrição do tiroteio, PAZ, Carlos Eugênio Sarmento Coelho da. *Nas trilhas da ALN*, p. 183 e 184; USTRA, Carlos Alberto Brihante. *Rompendo o silêncio*, p. 152; e MIRANDA, Nilmário; TIBÚRCIO, Carlos. *Dos filhos deste solo*, p. 63-65.
56 Conversas com os tenentes Chico e Leão. Não foram gravadas. Ver ainda o depoimento de Lídia Guerlenda em CARVALHO, Luiz Maklouf. *Mulheres que foram à luta armada*, p. 227 e 228. Ela diz que, naquele horário, outros quatro guerrilheiros da ALN cruzaram com outro jipe do Exército. Parecia outra emboscada, mas ninguém mordeu a isca. No carro estavam Lídia Guerlenda, Gelson Reicher, Alex de Paula Xavier Pereira e Antônio Carlos Bicalho Lana. Quando passavam pela Avenida Sumaré, avistaram o delegado Fleury com outros três homens no carro. Decidiram matá-lo – executar Fleury era o sonho de todo revolucionário. "Só que quando viramos à esquerda, atrás dele, apareceu uma multidão, a duas quadras. O Gelson desceu do carro, foi ver o que era e descobriu os companheiros mortos. Nos mandamos de lá." É incerto se os três guerrilheiros morreram no local ou se alguém foi levado vivo ao DOI. Para a versão de morte sob custódia, ver MIRANDA, Nilmário; TIBÚRCIO, Carlos. *Dos filhos deste solo*, p. 63-65.
57 PEREIRA, Freddie Perdigão. "O Destacamento de Operações de Informações (DOI) no EB – histórico papel no combate à subversão: situação atual e perspectivas", p. 29. Perdigão diz

segundo os agentes, desarmar uma bomba sem ter os conhecimentos técnicos para isso. Vinte e nove dias depois da armadilha contra a ALN descrita por Leão, naquela mesma Rua João Moura, a guerrilha abandonou um Fusca pichado com a frase "Ditadura Assassina".[58] O Fusca na Rua João Moura foi achado por uma radiopatrulha, que chamou o Dops e o DOI. Muita gente curiosa também foi olhar o que se passava. O DOI não se havia livrado totalmente da improvisação que marcara seu nascimento em 1969. Foi ela que fez com que os agentes tentassem abrir a porta do carro. Não conseguiram. Tentaram de novo até que um deles alertou-os de que o Volks podia ser uma armadilha. Mas os investigadores JC e Alemão deram um jeito.

> Tiraram o friso de metal, tiraram o para-brisa traseiro e fizeram um gancho para destravar a porta. Não conseguiram, pois a porta era novinha e a maçaneta era muito dura. Um entrou e "vê embaixo do banco". Levantaram o banco traseiro onde na época tinha a bateria, e acharam um cotovelo de três polegadas ligado na fiação, na fiação que acende a luz quando abre a porta. O anjo da guarda estava de prontidão naquele dia, porque ia morrer um monte de gente se ele abre a porta.[59]

JC entrou no carro, segurado pelo colega. A sorte o ajudou a desativar a bomba.

> Eu não deixei abrir a porta e desarticulei a bomba. Entrei pelo vidro de trás. [...] Percebi que tinha um duto elétrico. Se abrisse a porta, ela explodiria. Fizemos uma coisa de moleque, sem nenhum tecnicismo, que hoje tem esquadrão contra bomba... e jogamos na sorte, que era o fio desse ou aquele. Não estourou... porque o problema, o nosso medo era poder estourar

---

que o DOI teve 2 integrantes mortos e outros 24 feridos em combate – ele omite um terceiro morto, sargento da PM, vítima de fogo amigo.

58 Um grupo da ALN havia invadido dias antes uma indústria de autopeças, a Companhia Indústria Material Automobilístico (Cima), em Santo André, levando Cr$ 15,8 mil e deixando outra pichação: "Verbas do patrão para a Revolução, Comando Antônio Sérgio de Mattos". Era a primeira homenagem ao guerrilheiro morto na armadilha. Ver *Jornal da Tarde* de 22 de outubro e de 12 de outubro de 1971.

59 Agente Alemão, entrevista em 30 de maio de 2005, fita 3, lado A.

e matar todo aquele povo ali em volta. Então eu disse: "Seja o que Deus quiser, alguém tem de tomar uma providência". [Cortei um dos fios]... porque até vir os caras do Exército, os especialistas em bomba do Rio de Janeiro, podia, se fosse bomba relógio, ser tarde. Nós não sabíamos nada disso e graças a Deus deu certo. Foi um ato de irreflexão.[60]

O espírito guerreiro e a associação da guerrilha à criminalidade comum alimentavam a ideia de que importante era aniquilar o inimigo detestável, apoiado pelo movimento comunista internacional. A perspectiva de promoções, medalhas e outras vantagens serviram de incentivo aos que abraçaram, mais do que o anticomunismo, o trabalho com destemor e iniciativa. Eram exemplos exaltados pelos chefes e admirados pelos colegas. Não lhes ocorria indagar as consequências de seus atos para eles, para o Exército, para o país e, principalmente, para seus adversários. O DOI, assim como a "revolução" que defendia, legitimava-se a si mesmo. A vitória militar, a eficiência e a defesa de sua autonomia, de seus agentes e de seus atos era o que realmente contava. O discurso desses homens tem uma lógica. E ninguém melhor representa esse pensamento e o manteve coeso do que o oficial que se tornou símbolo dessa organização: o coronel do Exército Carlos Alberto Brilhante Ustra.

---

60 Entrevista com Dirceu Gravina, o JC, em 16 de maio de 2005, fita 1, lado A. A repressão acusou o guerrilheiro Aylton Mortati de haver preparado a bomba. Acusava-o de pedir a um colega que comprasse os canos e de ter ficado aborrecido por ela não haver explodido. AESP Deops-SP/OS-1308 (Artur Machado Scavone). Trata-se de depoimento de Scavone, do Molipo, dado ao Dops paulista.

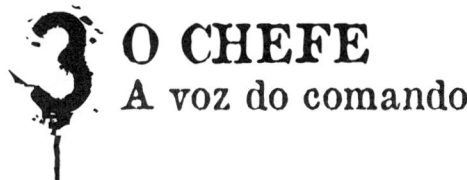

O CHEFE
A voz do comando

QUEM LÊ SUAS FOLHAS DE ALTERAÇÕES, nas quais está registrado seu histórico militar, fica sabendo que os superiores o consideravam um "homem de fino trato, de elevadas qualidades morais, com uma tranquilidade interior absoluta, além de equilibrado, educado, humano, leal e responsável". Em suma, alguém de "excepcionais qualidades de caráter".[1] Carlos Alberto Brilhante Ustra recebeu a medalha do Pacificador com Palma, reservada aos que cumpriram o dever com risco da vida, uma condecoração para aqueles que se envolvem em combate. Mas esse oficial gaúcho nunca deu um tiro ou precisou se expor ao fogo inimigo para obter suas condecorações como fez o general Ernani Ayrosa, que foi seu chefe no Estado-Maior do 2º Exército. Herói de guerra, Ayrosa foi ferido duas vezes em combate pelos alemães na Itália. A guerra de Ustra era diferente. No dia 28 de setembro de 1970, ele entrou na sala do general José Canavarro Pereira, então comandante do 2º Exército.

— Major, amanhã o senhor vai assumir o comando do DOI do 2º Exército. Estamos numa guerra. Vá, assuma e comande com dignidade.[2]

---

[1] Para os elogios, ver FIGUEIREDO, Lucas. *Ministério do Silêncio*, p. 397.
[2] Para a frase, USTRA, Carlos Alberto Brilhante. *Rompendo o silêncio*, p. 130.

Nacionalista e religioso, o major se transformou no dedicado Doutor Tibiriçá, um símbolo da unidade. Conhecer sua voz, seu pensamento não é um capricho. Mesmo em organizações regidas pela disciplina e hierarquia, o perfil do comandante é extremamente importante, pois ele estabelece as normas, as regras não escritas que vão determinar os verdadeiros limites da conduta quotidiana impostos à tropa. Se ficarmos apenas nos regulamentos e documentos produzidos pelo Destacamento não acharemos uma ordem para torturar presos. Não encontraremos o papel dos chefes e da hierarquia militar no período em que o arbítrio não era exceção, mas a própria lógica do sistema.[3] Oficial da Artilharia, Ustra transformou o quartel com seu espírito organizador. O agente Alemão disse:

> Éramos uma família grande, estávamos imbuídos de uma missão diferente do resto da polícia, uma guerra né, e tínhamos uma força.[4]

O major é dos poucos oficiais poupados de críticas pelos agentes. O jeito maleável permitiu-lhe diminuir os atritos do DOI com o Dops, estabelecendo até um certo intercâmbio de homens e informações, algo impossível com Waldyr Coelho, seu antecessor. A proximidade com a tropa podia ser medida pelo seu hábito de passar o Natal no quartel ao lado de seus homens. Disse ter feito isso nos quatro Natais, de 70 a 73, que esteve no comando do DOI, sempre acompanhado pela mulher e pela filha mais velha.

> Primeiro preparávamos a ceia para todo o nosso pessoal de serviço lá. Todos nós juntos no refeitório, fazíamos a ceia. Quando terminávamos a nossa ceia, o refeitório era limpo e preparado para a ceia dos presos com suas famílias. A comida era a mesma da nossa e algumas famílias levavam mais alguma coisa. Aos presos incomunicáveis, a ceia era servida na cela. Eu mesmo, acompanhado de carcereiro, levava a ceia

---

[3] A inexistência de orientação escrita para tortura é atestada nos documentos militares e policiais do período no Brasil. O mesmo vale para a França durante a guerra da Argélia (ver BRANCHE, Raphaëlle. *La torture et l'armée pendant la guerre d'Algérie*, p. 56, 91 e 423).

[4] Agente Alemão, entrevista em 30 de maio de 2005, fita 2, lado B.

> para eles, desejava-lhes um feliz Natal e explicava-lhes por que não podiam estar junto aos demais. Numa dessas ocasiões, um preso que agora reside em Brasília, que não me recordo o nome e parece que é jornalista, me fez um pedido: disse-me que todo ano, neste dia, ele ligava para a mãe e que, se neste ano ele não ligasse, a mãe teria um Natal horrível, pensando que estava morto. Fiquei com pena dele e ao mesmo tempo desconfiado de uma armação de sua parte. Mas ele me parecia sincero e cedi. Levei-o ao meu gabinete, liguei para o número que ele me deu e ele falou com a mãe. Cumpriu o que combinou comigo. Não disse onde estava e falaram bastante. Gostaria de reencontrá-lo. Há meses passados, ele contou essa história para o meu irmão, aqui, em Brasília.[5]

O major, de fato, parecia crer que sua missão à frente do "Açougue" ou da *Casa da Vovó* era mais do que combater o comunismo e derrotar os inimigos que pegaram em armas e tentavam desestabilizar o governo. Ustra era daqueles que acreditava ser necessário separar o "joio do trigo" ou reservar um tratamento para os "fanáticos terroristas" e outro aos "jovens, frutos de famílias desestruturadas, que eram iludidos" por aqueles que "manipulavam a rebeldia natural da idade para empregá-la na luta política". Esses últimos eram entregues aos pais, depois da estadia no DOI, em cerimônias feitas no quartel.

O messianismo de Ustra não se preocupava em "salvar" apenas jovens estudantes, mas também mulheres, "levadas por amor aos companheiros", à luta armada. Um grupo delas foi mantido no DOI durante meses pelo major e por sua mulher, Joseíta, que levava a filha mais velha do casal para o quartel. Aos presos, diz Ustra, "servia a mesma comida da tropa", com a exceção das colheres e facas de plástico. Havia ainda a entrega de comida feita pelas famílias dos prisioneiros: "Quando vinha coisa muito boa, comia todo mundo [isto é, os agentes]", disse o tenente Chico.[6] Esse tratamento seria uma deformação do preceito militar de que o "cavalheirismo na

---

5 Carlos Alberto Brilhante Ustra, entrevista por escrito em 9 de novembro de 2005.
6 Agente Chico, entrevista em 26 de agosto de 2005, fita II, lado A.

guerra pode ser uma arma muito eficiente para enfraquecer a vontade do adversário e fortalecer o moral dos companheiros".[7]

Um agente do DOI – o sargento do Exército Moacyr Piffer, que participou da operação que matou Joelson Crispim – sempre fazia a segurança de sua família, pois ela, segundo o comandante, vivia sob a tensão de se tornar alvo de alguma represália. Temia-se um ataque da guerrilha contra os chefes dos órgãos de segurança. Na época, houve apenas um caso de ataque a um hierarca da polícia, o atentado a tiros em 1972 contra a casa do comandante da PM, coronel Theodoro Cabette,[8] ação nunca assumida pela esquerda.

O Doutor Tibiriçá costumava conversar com presos no interrogatório e aconselhá-los a colaborar e a contar o que sabiam. Batia e berrava, segundo testemunhas, mas tinha lá os seus caprichos. Reconhecer isso não lhe reduz a responsabilidade, mas serve para mostrar a complexidade do homem. Ele não só ameaçou e bateu. É acusado de mandar ou deixar torturar presos e permitir ou mandar que seus homens executassem prisioneiros sem que isso tivesse outra explicação aparente do que a de uma política de extermínio seletiva de guerrilheiros treinados em Cuba ou dos banidos pelo regime, de dirigentes de organizações e dos envolvidos em crimes de sangue. Cerca de 400 das 876 denúncias de tortura catalogadas pelo projeto *Brasil Nunca Mais* contra o DOI do 2º Exército, entre 1969 e 1977 ocorreram nos quatro anos de seu comando. Ustra permaneceu no DOI até novembro de 1973, quando aceitou o convite para ser instrutor da Escola Nacional de Informações (Esni). Oficialmente, deixou o órgão em janeiro de 1974, mas já se havia afastado antes por meio de férias. No ano seguinte, foi convidado pelo general Confúcio Danton de Paula Avelino para trabalhar no Centro de Informações do Exército, onde ficou três anos. Em 1977, depois da queda do ministro do Exército Sylvio Frota, foi comandar o 16º Grupo de Artilharia de Campanha, em São Leopoldo, no Rio Grande do Sul. Era coronel e adido militar no Uruguai, quando foi surpreendido pela atriz e então deputada federal Bete Mendes, que o acusou de tê-la torturado no DOI – Bete

---

7   LIDDELL HART, B. H. *As grandes batalhas da história*, p. 407.
8   Coronel Theodoro Cabette, entrevista em 10 de junho de 2004, e Carlos Alberto Brilhante Ustra, entrevista por e-mail em 8 de novembro de 2004.

militava na Vanguarda Armada Revolucionária-Palmares (VAR-Palmares) e foi presa em 1970. Ustra sempre negou a tortura e acusou a atriz de simular uma farsa. O oficial aponta outros casos do que chama de "mentiras e exageros". Em 1987 escreveu sua resposta. Tinha o título de *Rompendo o Silêncio* e transformou-se no primeiro livro de um oficial do DOI sobre o trabalho do órgão. A obra fez dele o porta-voz dessa comunidade.

Ustra preserva muitos segredos. O oficial fala no livro dos agentes que foram mortos pelo inimigo, da organização do DOI e justifica suas ações: "guerra é guerra". Embora a obra não trate explicitamente da tortura ou de execuções, ele segue a maioria dos militares do período e adota o conceito de guerra revolucionária, como definido pelos franceses. Nesse tipo de conflito, explica o coronel Ustra, "o inimigo é o terrorista que milita no âmbito de uma organização clandestina". Trata-se de "alguém com preparo ideológico, que recebe recurso de uma nação estrangeira" e "possui mecanismos de segurança extremamente eficientes, onde a compartimentação os isola da maioria de seus companheiros [...] não usa uniforme; ataca de surpresa [...] Quando o guerrilheiro ataca, ele é um combatente que julga ter o direito de fazer justiça com as próprias mãos. Quando ele é atacado, exige que seja tratado como um cidadão comum".[9]

Para ele, não é possível "combater o terrorismo amparado nas leis normais, eficientes para o cidadão comum", até porque os "terroristas não eram cidadãos comuns". Não existiria, portanto, na chamada guerra revolucionária, forma de vencê-la compatível com o que os militares aprenderam na guerra clássica, isto é, observando a Convenção de Genebra e suas regras de inviolabilidade e de tratamento dos inimigos feitos prisioneiros. Assim, o que são crimes de guerra, segundo a Convenção, podiam transformar-se em "ação legítima e necessária contra a subversão comunista que ameaçava tragar um país".

Ustra não nega, pois, a violência contra os presos assim como os militares franceses. Mas tenta mostrar que ela obedecia a regras e limites de funcionalidade, além de servir às necessidades do país e do Exército. Parece

---

9 USTRA, Carlos Alberto Brilhante. *Rompendo o silêncio*, p. 157 e 158.

que, por meio da recusa do rótulo de tortura, tenta-se apagar o próprio conceito do delito, pois não seria crime usar tais métodos quando se tem o propósito de obter informações para "salvar vidas". Por que, então, a questão da tortura não é enfrentada por Ustra em seus dois livros (o segundo, *A Verdade Sufocada*, ele lançou em 2006)? Liddell Hart diz que a falha mais comum nos líderes, e Ustra é uma liderança entre seus pares, é o sacrifício da verdade às conveniências, sem vantagem para a causa final. "Quem habitualmente suprime a verdade, no interesse pessoal, criará uma deformidade nas profundezas de seu pensamento."[10]

Alguns militares comparam as execuções feitas pelos serviços de segurança de então com os assassinatos seletivo, imputados ao serviço secreto de Israel, dos integrantes do Setembro Negro, responsáveis pelo massacre de atletas israelenses na Olimpíada de Munique, em 1972. A regra seria "matar os que mataram". Defensores do regime militar[11] difundem essa ideia em sites como o do movimento Ternuma (Terrorismo Nunca Mais, ligado a Ustra). "Acho que todas as armas devem ser usadas contra o terrorismo, inclusive as legais", disse um deles, que se identifica com o pseudônimo de Carlos Ilich Azambuja.[12] Há uma semelhança entre esse raciocínio e a ordem de 16 de dezembro de 1942 dada pelo marechal-de-campo Wilhelm Keitel, chefe do Estado-Maior do Comando das Forças Armadas Alemãs contra os guerrilheiros que agiam na Rússia ocupada.

> O inimigo emprega, na guerra de guerrilha, fanáticos treinados pelos comunistas que não hesitam em cometer nenhuma atrocidade. É mais do que nunca uma questão de vida ou

---

10 LIDDELL HART, B. H. *As grandes guerras da história*, p. 21 (revisão técnica do general Reynaldo de Mello de Almeida, que comandou o 1º Exército de 1974 a 1976).

11 Esse parágrafo está em texto de 28 de dezembro de 2004 de Carlos I. S. Azambuja, reproduzido pelo Ternuma em 2005. "É sim, verdade que, à vista disso, os militares envolvidos no combate à guerrilha, de moto próprio, seguiram à risca o que os Serviços de Inteligência de Israel fizeram após o massacre de Munique, em 1972, quando então a Primeira-Ministra de Israel, Golda Meir, ordenou "matar os que mataram". É também possível encontrá-lo em http://www.midiasemmascara.org/artigo.php?sid=3154, acesso em 22 de janeiro de 2006, e em http://www.ternuma.com.br/azambuja10.htm, acesso em 13 de maio de 2005.

12 Carlos I. S. Azambuja, entrevista em abril de 2006, por e-mail.

> morte. Essa luta nada tem a ver com a bravura militar ou com a Convenção de Genebra. [...] Qualquer consideração pelos guerrilheiros é um crime contra o povo alemão.[13]

No mesmo sentido há a ordem de 17 de junho de 1944 dada pelo marechal-de-campo da Força Aérea alemã Albert Kesselring, comandante-em-chefe dos Exércitos do Eixo na Itália, contra os *Partigiani*, os guerrilheiros italianos que atuavam atrás das linhas alemãs. Estes salvaram a vida de pilotos brasileiros e americanos abatidos pelos fascistas, servindo ainda de apoio às tropas do 8º Exército Britânico e do 5º Exército Americano, ao qual a Força Expedicionária Brasileira (FEB) estava subordinada:

> A luta contra os guerrilheiros deve ser travada com todos os meios à nossa disposição e com o máximo de rigor. Protegerei qualquer comandante que exceder nossa contenção habitual na escolha do rigor dos métodos adotados contra os guerrilheiros. Quanto a isso, aplica-se o velho princípio de que um erro na escolha dos métodos ao cumprir suas ordens é melhor do que uma falha ou a falta de ação.

Três dias depois, Kesselring expôs melhor o "máximo rigor" em nova ordem:

> Sempre que houver indícios de um número considerável de grupos guerrilheiros, uma proporção da população masculina da área será detida e, caso algum ato de violência seja cometido, esses homens serão fuzilados.

Erros e excessos na escolha dos métodos, de fato, ocorreram, como o fuzilamento de mulheres e crianças no vilarejo de Civitella (212 mortos, em 18 de junho de 1944), o que foi demonstrado por sir David Maxwell Fyfe no julgamento de Nuremberg. Mas isso era, para Kesselring, melhor do que

---

13 GOLDENSOHN, Leon. *As entrevistas de Nuremberg*, p. 380. Keitel foi condenado à morte no julgamento de Nuremberg e enforcado em 1946.

a "falta de ação".[14] O objetivo aqui não é comparar Ustra e os seus com os oficiais da Wehrmacht. Trata-se apenas de ressaltar um aspecto da lógica militar: o de que é melhor errar por excesso do que por omissão, pois é melhor derrotar o inimigo do que perder a guerra. Eis a lógica que se esconde por trás da frase: "guerra é guerra". Mas a crueldade do inimigo ou mesmo atos de terrorismo que uma guerrilha tenha cometido, como sabotagens e atentados a bomba, não deviam servir de justificativa para ações militares no Brasil. Isso pelo menos nos ensinou a vitória dos Aliados na 2ª Guerra e, mais recentemente, o combate ao terror na Itália nos anos 1970 e 1980.

Nos anos 1990, Ustra uniu-se a outros militares e civis simpatizantes do regime instalado em 1964 na organização não governamental *Terrorismo Nunca Mais* ou *Ternuma*. Era uma resposta a uma das mais tradicionais organizações de direitos humanos do país, o Grupo Tortura Nunca Mais. Defensor do regime de 64, o coronel teve um aborrecimento em 2004 quando leu um artigo publicado por Jarbas Passarinho, no qual o ex-ministro do general Costa e Silva acusava a prática da tortura e as atrocidades cometidas pela comunidade de segurança nos anos 1960 e 1970 como o motivo principal de os governos militares terem perdido o apoio popular. O político, coronel reformado do Exército, afirmou que "crueldades foram praticadas de ambos os lados, mas só vem a público a hediondez das torturas, que não eram uma política de governo, mas deformações dos que esqueceram a Convenção de Genebra, aprendida nas escolas militares, e preferiram seguir o exemplo dos paraquedistas franceses na Argélia". A referência às torturas, assassinatos e desaparecimentos de combatentes da Frente de Libertação Nacional na Argélia nos anos 1950 e 1960 durante a guerra de independência daquele país é importante para Passarinho mostrar a origem da doutrina que inspirou muitos no Brasil. O ex-ministro continua o texto, dizendo que tudo de "bom o que os militares fizeram foi posto a perder". Primeiro por causa da demora da devolução do poder aos civis além de 1973. Ele explica que a guerrilha urbana estava derrotada

---

14 Ver GOLDENSOHN, Leon. *As entrevistas de Nuremberg*, p. 380 a 382. Kesselring foi condenado à morte por um tribunal britânico em Veneza, depois teve a pena comutada para prisão perpétua e, finalmente, foi libertado em 1952. Morreu em 1960.

e a do PCdoB, no Araguaia, não ameaçava a segurança do Estado em seu isolamento amazônico. Depois, vinha a tortura. "À vitória na luta armada, que prescindiria das atrocidades, seguiu-se a derrota da batalha das comunicações, ganha pelos que esconderam as felonias que praticavam e hoje são quase deificados herdeiros de recompensas milionárias."[15] O texto, publicado na *Folha de S. Paulo*, levou Ustra a conceder uma rara entrevista por escrito.[16] Ela traz seu pensamento, uma defesa dos atos praticados sob seu comando sem entrar em detalhes de suas ações e operações. Não há ali um traço de autocrítica como a feita por alguns dos oficiais franceses que combateram na Argélia. O homem que organizou o DOI e o comandou em sua fase mais dura concordou com a publicação da entrevista para este livro, desde que as suas respostas estivessem na íntegra. Ei-las:[17]

> *O senhor preferiu seguir o exemplo dos franceses? Caso tenha seguido esse exemplo, quais as justificativas históricas e militares para tal decisão?*
>
> Eu não preferi seguir exemplo nenhum. Apenas, como digo no meu livro, às vezes, para salvar vidas, como foi o caso do Abílio Diniz, não se trata terrorismo com flores.[18] Se a polícia na época do sequestro dele tivesse usado os métodos usuais apregoados, ele, provavelmente, estaria morto. O que se fala hoje em dia é muito exagerado. Existe um grupo que, por ideologia e por fanatismo, conta barbaridades que nunca aconteceram.

---

15 PASSARINHO, Jarbas. "Apogeu e declínio do ciclo militar". *Folha de S. Paulo*, São Paulo, 19 de dezembro de 2004, p. A-3. Ao contrário do que diz Passarinho, a tortura foi uma prática do governo (Ver GASPARI, Elio. *A Ditadura Derrotada*, p. 324).

16 Em 21 de novembro de 2006, o ministro deu sua solidariedade a Ustra quando os ex-guerrilheiros César e Maria Amélia Teles processaram o coronel para que a Justiça o declarasse um torturador – o que ocorreria mais tarde. Ustra concordou ainda em falar porque outra parte dessa pesquisa lhe interessava: a que tratava de policiais mortos em ações armadas de grupos de esquerda nos anos 1960 e 1970.

17 A entrevista foi feita por e-mail entre os dias 23 e 24 de dezembro de 2004.

18 O empresário Abílio Diniz foi sequestrado em 1989 por um comando formado pelo Movimento Esquerda Revolucionária (MIR, na sigla em espanhol) chileno e pelas Forças Populares de Libertação (FPL) salvadorenhas. A polícia de São Paulo prendeu três dos envolvidos no caso e os fez apontar o local do cativeiro. Os sequestradores acusaram os policiais de tortura, mas a Justiça absolveu os agentes.

Veja, por exemplo, o caso da deputada Bete Mendes, que durante o tempo em que esteve presa sob o meu comando foi tratada a "pão de ló" e disse o que disse. Qual o amigo que eu lhe mostrei morto a pauladas? Até hoje ela, apesar de cobrada várias vezes, não respondeu. Quais os corpos de inocentes que ela disse ter visto e que estão na lista de desaparecidos? Ela jamais respondeu, pois eles não existem. Isso virou uma bandeira para denegrir as Forças Armadas e em muitos casos para tirar dinheiro do contribuinte. O que sofreu Cony[19] para ser premiado com a pensão que receberá para o resto da vida? Basta ex-terroristas, subversivos e guerrilheiros falarem o que dizem ter sofrido para que essa comissão, composta por seus assemelhados, sem exigir provas, aceite a versão mentirosa como verdadeira. Entretanto, se exigissem, todos eles se uniriam e confirmariam a versão. É o caso de "mulheres estupradas", "crianças presas e torturadas", "familiares torturados" e tantas outras barbaridades que jamais aconteceram e são aceitas como verdadeiras. Esse assunto me deixa tão irritado, que, sem sentir, já respondi a questão abaixo.

O que há de verdade e de mentira sobre a tortura no período? O senhor em seu livro relata o impasse entre obter informações "rapidamente para salvar vidas" e ter pela frente "um preso treinado" para não fornecê-las. Como o senhor resolveu esse impasse?

O que há de verdade é que tínhamos que ser rápidos no interrogatório e que, às vezes, precisávamos ser um pouco mais duros. As mentiras são tantas que não consegui enumerar. Quase todos os subversivos e terroristas presos, durante o julgamento na Auditoria Militar, para não serem condenados, alegavam que confessaram seus atos criminosos, no DOI, mediante tortura. Hoje, eles admitem os atos praticados, mas continuam dizendo que foram torturados.

É possível a aplicação da Convenção de Genebra em uma guerra revolucionária ou seja reconhecer o inimigo como força beligerante?

---

19 O coronel se refere ao jornalista Carlos Heitor Cony, que recebeu indenização e pensão da Comissão de Anistia do Ministério da Justiça, responsável por julgar os casos de reparação de danos às pessoas perseguidas pelo regime militar, por ter perdido o emprego que tinha no jornal *Correio da Manhã*.

Em nenhum país assolado pela guerra suja do terrorismo a Convenção de Genebra foi aplicada. Eles não usam uniformes, praticam atos de terrorismo contra inocentes e não respeitam as leis da guerra. Os Estados Unidos, quer queiram ou não, são a maior democracia do mundo. Ninguém pode duvidar da Justiça americana e nem ignorar que lá, mais do que em outro país, os direitos humanos são respeitados. Você viu advogado defendendo os terroristas em Guantánamo?[20] Você sabe o nome deles [dos terroristas]? Por que eles não aplicam nesse caso a Convenção de Genebra? Porque são terroristas e para eles essa Convenção não existe. O terrorismo devia ser tratado por lei diferente dos bandidos comuns, como fazem os americanos.[21]

A vitória contra a luta armada "prescindiria das atrocidades", como diz o ministro Passarinho? Ocorreram casos que possam ser qualificados assim?

O coronel Passarinho, se estivesse na ativa, se tivesse lutado nessa guerra, arriscando sua vida, talvez tivesse soluções melhores que a que nós empregamos para trazer de volta a paz e a democracia para o país. Lembre-se que os terroristas brasileiros não são menos fanáticos que os seus companheiros da América Latina. Veja o exemplo da Colômbia, onde não endureceram o regime e hoje, 40 anos depois, ainda lutam contra as FARC, que tomaram a terça parte de seu território e fizeram mais de 40 mil mortos. Nós debelamos as guerrilhas rural e urbana com um saldo de 284 terroristas mortos e 120 pessoas assassinadas entre agentes da lei e cidadãos que nada tinham a ver com essa guerra suja. Compare a população e o tamanho territorial da Colômbia com o do Brasil e faça o mesmo com a Argentina, o Uruguai e o Chile. O nosso número de mortos foi imensamente menor. Por que isso? Porque fomos eficientes e rápidos no combate ao terror. Nosso êxito,

---

20 O coronel faz referência aos presos mantidos pelos EUA na base de Guantánamo depois da invasão do Afeganistão, em 2001.

21 Os teóricos franceses da guerra revolucionária foram largamente estudados pelos militares americanos. Para a influência detalhada da doutrina francesa entre os militares americanos, ROBIN, Marie-Monique. *Escadrons de la mort: l'école française*, p. 238-256, e AUSSARESSES, Paul. *Je n'ai pas tout dit*, p. 115-130. O depoimento do general Aussaresses tem imprecisões históricas e tendência a aumentar seu papel nos fatos (p. 141 a 160).

também, foi conseguido graças ao AI-5, do qual o ministro Jarbas Passarinho foi um dos signatários.

A prática da tortura levou à derrota na batalha das comunicações, como diz Passarinho?

Não houve derrota, pois nem batalha houve para reverter a situação. O que levou a isso, que você chama de derrota na batalha, eu chamo de omissão. Foi a incompetência de algumas autoridades que assumiram os destinos da nação, entregando a formação dos jovens a ex-terroristas, a ex-subversivos que, através de mentiras, fizeram a cabeça de toda uma geração. Ladislau Dowbor, por exemplo, um dos terroristas mais perigosos da época, entre muitos outros, leciona em uma faculdade, contando o que quer sobre os "anos de chumbo". Também o que levou a isso foram os livros escritos pelos subversivos, como o Frei Beto e Leonardo Boff, entre muitos outros, adotados em escolas de primeiro grau, influenciando muitas crianças a partir dos 8 anos de idade; foram as subvenções concedidas pelas próprias autoridades do governo militar a peças e filmes de cunho ideológico altamente subversivo; são os programas de emissoras de televisão endividadas que precisam das benesses do governo; são jornais como O Globo, que até 1984 [ler editorial "Julgamento da Revolução", de 7.10.84] glorificavam a Revolução como salvadora da pátria. Em 1984, época do editorial, já não havia presos políticos e as "torturas hediondas", como "estupro de grávidas" e "tortura de crianças", já tinham "acontecido". O jornal só elogiava a Contrarrevolução. Qual foi a batalha? Você viu alguma voz oficial se levantar para reverter a situação? Eu não vi, portanto, não houve batalha. O que eu vejo é um grupo de pessoas que viveram a situação e que, principalmente, pela internet, tentam abrir a cabeça dos jovens mostrando-lhes a verdade tão distorcida pela esquerda.

Houve falha de comunicação com a sociedade na época, ou seja, deixar claro quais as intenções dos que pegaram em armas contra o regime?

Houve falha e falha grave. O governo, com a intenção de não alarmar a população, escondeu da sociedade o que se passava no Araguaia. O que era publicado pelos jornais sobre a guerrilha urbana ninguém pesquisa hoje. Só os interessados de um lado ou de outro. Do lado dos subversivos, para deturpar o que foi praticado e afirmar que eram matérias plantadas nos jornais. Do outro lado, o nosso, não temos voz nem vez para dizer nada.

O senhor é sempre muito crítico em relação às organizações de esquerda. O senhor saberia apontar algum ato que elas praticaram que seria contrário à Convenção de Genebra?

Eles são uns "anjos": realizaram atentados a bomba no Aeroporto de Guararapes, em linhas férreas, no QG do II Exército, em veículos da polícia e do jornal *Folha de S. Paulo*; mataram inocentes; "justiçaram" companheiros e opositores; assaltaram bancos; sequestraram três embaixadores e um cônsul; sequestraram aviões; mataram 120 pessoas, oficialmente identificadas, muitas à sangue frio, pelas costas. Pergunto: estariam eles dentro das regras da Convenção de Genebra?

O inimigo, como diz Passarinho, foi supervalorizado, como no Araguaia?

Só quem pode valorizar o poder de fogo dos subversivos, guerrilheiros e terroristas são aqueles que os combateram frente a frente, como já disse, arriscando as suas vidas e de suas famílias. Só quem sabe o que foi essa guerra suja é quem a vivenciou; quem viu seus companheiros e subordinados mortos ou feridos; quem ouviu os tiros sibilando em seus ouvidos ou as bombas explodindo e matando seus amigos e conhecidos. Só quem ouviu coisas desse tipo: "Nunca me diga o seu nome, nem onde a senhora mora, pois quando eu sair daqui posso ser obrigada pela organização a fazer com a senhora o que eu não gostaria". Isso foi dito por uma das presas com as quais a minha mulher fazia uma pequena obra assistencial ["Bia e as suas amigas", no livro Rompendo o Silêncio]. As pessoas que estavam nos gabinetes, que sabiam o que estava acontecendo, pois todas a sabiam por informes, estas jamais saberão avaliar o poder de fogo desses grupos, muitos dos quais treinados em Cuba, China, União Soviética e Albânia. Talvez, muitos dos que hoje nos criticam não estariam vivos se não agíssemos de forma mais dura e a revolução comunista tivesse triunfado. Segundo o artigo "A Nostalgia das Ossadas", do senador Roberto Campos, "Fidel, só na primeira noite pós-revolucionária, fuzilou 50 pessoas num estádio. Nas semanas seguintes, na Fortaleza La Cabana, em Havana, despachou mais 700 [os quais 400 membros do governo anterior]". E era a cartilha de Cuba, Fidel e Guevara que eles seguiam. Como se vê, muita gente deveria dar graças a Deus por nós termos agido rápido.

Além dessa entrevista, Ustra respondeu a e-mails que lhe foram enviados. Três entrevistados para esse trabalho disseram que foram torturados pessoalmente pelo oficial. O primeiro foi o publicitário Fernando Casadei Sales, o segundo foi o deputado estadual Adriano Diogo (PT-SP) e o terceiro, o jornalista Ivan Seixas. Preso aos 16 anos em companhia do pai, Joaquim Alencar Seixas, Ivan conta que o major levou-o até a sala de interrogatório e ameaçou matá-lo caso ele não revelasse o que sabia. "Ele é um mentiroso fanático", disse o major. Ustra afirmou que na época da prisão de Ivan, em abril de 1971, estava convalescendo de uma cirurgia. A informação constaria de sua ficha militar, que ele não mostrou. Sobre as acusações de Diogo e de Sales, Ustra não respondeu.

Ustra não era, entretanto, um celerado, um major que aproveitava os descuidos dos generais para fazer "o pau comer solto" em seu quartel. Tanto o general José Canavarro Pereira quanto seu sucessor no comando do 2º Exército, o general Humberto de Souza Mello, sabiam do que se passava no DOI e aprovavam. Durante o governo de Juscelino Kubitschek, Mello esteve entre um grupo de oficiais do Exército enviado à Inglaterra para conhecer as técnicas do serviço de informações e contrainformações inglês. "Entre o que aprenderam havia vários procedimentos sobre tortura."[22] Durante o tempo em que chefiou o 2º Exército, Mello visitava os subordinados no Destacamento, pedia empenho no combate à subversão, distribuía medalhas aos agentes e, acima de tudo, os defendia. Escapou de pelo menos uma emboscada que lhe foi montada pela ALN. Era admirado pelos agentes, assim como Ustra.

---

22 D'ARAÚJO, Maria Celina; CASTRO, Celso. *Ernesto Geisel*, p. 225.

Lista

A defesa desses homens é parte importante do discurso de Ustra. É em torno dele que os veteranos do DOI se reúnem. Nenhum outro comandante exerce essa atração. Ustra promoveu durante anos, com a ajuda de oficiais do 2º Exército, uma reunião de confraternização de ex-integrantes da *Casa da Vovó*. O tenente Chico disse sobre o ex-chefe:

> Ele pegou o comando dentro de uma operação de guerra sem ninguém que o orientasse. De onde veio a orientação dele? Dos policiais civis que o ajudavam na parte de investigação, do pessoal da PM que sabia como operar na rua e de alguns oficiais capacitados que tinham muita competência: André Leite Pereira Filho [Doutor Edgar], Carlos Sérgio Maia Mondaini [Doutor José, oficial médico chefe de uma das equipes de torturadores da Seção do Interrogatório nos anos 1970], que tinha um espírito humanitário fantástico; Ênio Pimentel da Silveira [Doutor Ney] também tinha esse espírito, ele pra tropa era pai e irmão. Tivemos muitos generais e comandantes que nos viam com maus olhos. Por quê? Teve alguns na época da guerra braba, que tiveram culhão e disseram "nós vamos enfrentar os terroristas". Em seguida, acabou o terrorista. O general que entrava lá não olhava a segurança nacional. Estava olhando a carreira dele. O que acontecesse ia foder a carreira dele. Esse era o problema. O cara vinha com outra visão.[23]

Além da defesa do grupo, outra peça importante para o discurso de Ustra é a lista de supostas vítimas de ações dos grupos que pegaram em armas contra a ditadura. Papel importante têm nessa lista os policiais e militares assassinados no período. Os casos de Mendes Junior, Tomás Paulino, Sylas Feche e Garibaldo Queiroz têm espaço importante na tentativa de justificação dos atos dos órgãos de segurança durante a guerra. Ustra sempre enumera assassinatos, atentados a bomba, assaltos a banco,[24] sequestros e

---

23 Agente Chico, entrevista em 10 de novembro de 2004, fita 6, lado B.
24 Até 30 de setembro de 1970 a guerrilha havia roubado cerca de US$ 2,5 milhões em assaltos a banco no Brasil (FICO, Carlos. *Como eles agiam*, p. 231).

outras ações que os revolucionários viam como legítimas para financiar e divulgar o projeto de uma guerra popular, primeiro passo para a conquista do poder no país. O problema da violência do oprimido foi tratado por Jacob Gorender em sua obra *Combate nas Trevas*. "Se quiser compreendê-la na perspectiva de sua história, a esquerda deve assumir a violência que praticou. O que em absoluto fundamenta a conclusão enganosa e vulgar de que houve violência de parte a parte e, umas pelas outras as culpas se compensam."[25] Para Gorender, é imoral matar prisioneiros e explodir bombas que vitimarão inocentes, mesmo que, como disse, a violência original seja sempre do opressor e a do oprimido, a resposta. O total de militantes de esquerda que morreram no Brasil e no exterior entre 1964 e 1985 varia de 336 – 13 dos quais morreram no Chile, na Argentina e na Bolívia – a 382.[26] Ao mesmo tempo, o coronel Ustra lista 120 pessoas mortas pela guerrilha. Condena ações como o atentado no Aeroporto de Guararapes, em 25 de julho de 1966, em Recife. A bomba endereçada ao futuro presidente Costa e Silva deixou dois mortos, entre eles um jornalista.

Dos casos listados por Ustra para justificar a atuação dos órgãos de segurança, esta pesquisa constatou que quatro eram de responsabilidade da polícia ou do DOI. Outros quatro foram cometidos por ladrões comuns. Em seis casos há dúvidas razoáveis sobre a autoria do crime que não permitem afirmar se os autores foram criminosos comuns ou guerrilheiros. Por fim, havia o caso de um policial dado como morto que estava vivo (entrevistado pelo autor, o soldado da PM José Aleixo Nunes foi ferido quando o sargento Garibaldo morreu) – ao todo 15 corpos ou não devem ou há dúvida razoável para que sejam incluídos na lista. Nesse trabalho se verificou ainda outros 43 casos de mortes que podem ser atribuídas à guerrilha urbana. Não se quer aqui negar à esquerda a autoria de suas mortes. O que se pretende é resgatar a verdade histórica e livrá-la de manipulações.

---

25 GORENDER, Jacob. *Combate nas trevas*, p. 269 a 283.
26 Para o número de 336, ver MIRANDA, Nilmário; TIBÚRCIO, Carlos. *Dos filhos deste solo*, p. 635. No livro *Direito à Memória e à Verdade*, o número de mortos em razão da violência política no Brasil (o que inclui suicídios causados pelo trauma da tortura) e no exterior é de 382.

Entre os casos de responsabilidade da polícia estão dois mortos em passeatas estudantis no Rio e dois mortos na ação do Dops que matou Carlos Marighella. Os policiais que trabalharam naquele departamento afirmam que a investigadora Stela Borges Morato e o protético Friederich Adolf Rohmann foram atingidos por balas disparadas pelos colegas. Duas outras pessoas foram vítimas em ações do DOI. O primeiro é o aposentado Napoleão Biscaldi, atingido por balas perdidas quando os agentes mataram dois guerrilheiros, entre eles Lauriberto Reyes. O outro caso é o do sargento Geraldo Nogueira, que morreu em uma trapalhada patrocinada por um oficial do Exército, o capitão Otoniel Eugênio Aranha Filho, o Doutor Homero. Os tiros acertaram ainda o soldado Anderson, da PM, que ficou paraplégico. Eis aqui a história como foi contada pelos agentes.

Era 10 de abril de 1974. Um dia antes, os agentes da *Casa da Vovó* haviam descoberto um aparelho e detido um homem, levado ao DOI a fim de ser interrogado. No local, uma casa, ficou uma equipe da Busca, aguardando a chegada de algum companheiro do preso. No dia seguinte, durante a troca do plantão, o Doutor Homero esqueceu de avisar o oficial-de-dia que havia deixado a equipe no aparelho. Mais tarde, o oficial precisou mandar o preso sob escolta para o lugar a fim de que apanhasse alguns objetos no lugar. O problema é que a equipe que o conduzia não sabia da existência da que estava na casa e vice-versa. Quatro agentes contam o que se passou: Pai Velho, Chico, Absalon e José.

> Tinha um patrulha nossa dentro da residência e o rapaz foi para pegar a roupa, que estavam procurando o irmão dele [...]. Era meu amigo, o Geraldo Nogueira... e balearam o cabo [Anderson], que ficou paraplégico. Quem baleou ele [Geraldo] foi o cabo Bambu.[27]

> Quando chegou lá, ele [o sargento] entrou sozinho e voltou correndo. Tem gente aí dentro. O pessoal daqui puxou as armas para o pessoal de lá. Saiu o tiroteio e morreu o sargento.

---

[27] Agente Nelson, o Pai Velho, entrevista, em setembro de 2004, fita 1, lado A.

Não aconteceu nada com o militante. A coisa foi tão séria, baixou o ânimo tanto, que ninguém mexeu com ele [o preso].[28]

O Geraldo era companheiro nosso. Era um cara legal. Foi por engano. Ele entrou lá [Homero] e saiu, mas não deixou no quadro quem estava de serviço [...]. Foi lamentável, muito triste. Ele [Homero] foi o culpado por não comunicar direitinho.[29]

— Esse Anderson ele foi baleado e ficou impossibilitado de trabalhar. Ele foi aposentado. Ele foi baleado lá. Foi num aparelho. Foi na cagada em que morreu o Geraldo.
— *Foi aquele caso do Doutor Homero?*
— Não fala nesse nome pra mim. [...] No dia que aconteceu isso, simplesmente ele [Bambu] foi lá para matar o Homero. O Homero teve de fugir. Foi lá pra matar o Homero, pois o Geraldo era amigão dele, de almoçar um na casa do outro [...]. Nós arrumamos pra ele [Homero] ir pra Santa Maria da Boca do Monte (RS). Um coronel da PM que arrumou isso aí. Fomos lá conversar com ele: "Não é possível aguentar mais esse homem". "Nós estamos providenciando a transferência dele para Santa Maria da Boca do Monte." Só que ele ficou um tempo lá e conseguiu voltar. Osso duro, incompetência à toda prova."[30]

A ação do Doutor Homero transformou-o em alvo de críticas, principalmente dos policiais militares do DOI, como são ainda os casos de Neuza e Chico.

O Nabaloca [Homero] não sabia fazer nada. Tava todo mundo aprontando. Morreu gente nossa de graça, foi morto com tiro nosso.[31]

A única coisa de especial que ele tinha é que era um idiota. Não existe idiota completo, mas ele era.[32]

---

28 Agente Chico, entrevista em setembro de 2004, fita 1, lado A.
29 Sargento Absalon Moreira Luz, entrevista em 29 de setembro de 2005, fita 1, lado B.
30 Tenente José, entrevista em 9 de janeiro de 2007, fita 1, lado A.
31 Tenente Neuza, entrevista em 11 de março de 2005, fita 1, lado B.
32 Agente Chico, entrevista em 2 de abril de 2005, fita 9, lado A.

Entre os outros casos relatados por Ustra de policiais supostamente mortos pela guerrilha existem dois que devem ser desconsiderados: os assassinatos dos soldados Romildo Ottênio, no dia 7 de outubro de 1969, e o dos soldados Guido Bone e Natalino Amaro Teixeira, mortos e queimados dentro da viatura que ocupavam no dia 22 de junho de 1969. No primeiro caso, o esclarecimento está nos jornais da época: Ottênio foi assassinado pelo assaltante Milton da Silva Martins, que resistiu à prisão e acabou morto com cinco tiros pelo policial.[33] Já o caso de Natalino e de Bone é um história mais complicada. Na época, o crime foi atribuído a um ato terrorista. Muitos na PM ainda acreditam nisso.[34] Quem esclareceu o que houve nesse crime foram o coronel da PM Mário Fonseca Ventura e o tenente-coronel da PM Osnir Geraldo Santa Rosa. O coronel Ventura conta que

> alguns policiais militares da zona leste e outros que pertenciam a [destacamento de] Mogi das Cruzes aproveitaram essa onda de terrorismo pra fazer o terrorismo particular deles. Então usaram, foram na barca dessas ações subversivas e acharam de roubar alguns bancos lá pros lados de Itaquá [Itaquaquecetuba, na Grande São Paulo] e, naturalmente, em uma dessas investidas eles toparam com uma viatura onde estavam o Guido Bone e o Natalino. Esses homens surpreenderam essa quadrilha. Eram uns quatro policiais militares e eles foram presos e confessaram esses atos todos.
> — O que eles fizeram com o Guido e o Natanael?
> — Eles puseram fogo na viatura, queimaram, praticamente carbonizaram os dois policiais [...]. Naturalmente para sumir com os vestígios e, como os atos subversivos aconteciam diariamente, levou-se à crença de que fosse também ato terrorista. À primeira vista tudo levava a crer. Depois é que surgiu a denúncia anônima de que alguns PMs lá dos lados de Itaquá estavam fazendo os assaltos. [...] Foram todos expulsos e presos. Eu conversei com um deles, que estava preso em Poá, que eu conhecia em Poá. Perguntei por que ele havia cometido

---

33 *Jornal da Tarde*, 8 de outubro de 1969: "O ladrão perigoso contra o bravo soldado: duas mortes".

34 Roberval Conte Lopes, entrevista em dezembro de 2004, por telefone, sem gravar.

aquilo e ele disse que ganhava pouco e que a situação havia levado a isso.³⁵

O tenente-coronel Osnir Geraldo Santa Rosa, na época sargento, estava detido no presídio militar Romão Gomes sob a acusação de ligação com a organização Resistência Democrática (Rede), liderada pelo guerrilheiro Eduardo Leite, o Bacuri. Ele contou ter ficado na mesma cela que os assassinos dos dois policiais militares.³⁶

Dos casos de policiais militares mortos citados por Ustra é possível ter certeza ou indícios razoáveis que apontem para a guerrilha em 16 mortes. Um outro caso, considerado como a morte de um segurança, na realidade trata-se do assassinato de um PM que fazia bico, o cabo João Batista de Souza, o que eleva o número de PMs mortos para 17. Há outros dez policiais assassinados em que não há prova ou em que a vítima não foi morta pela guerrilha. Já o DOI perdeu apenas dois homens no período – um cabo da PM e um delegado da Polícia Civil. Segundo Ustra outros 14 agentes ficaram feridos.

O número maior ou menor de baixas não é desprezível. Ele mostra como os cadáveres foram instrumentalizados em ações de propaganda, como no caso de Bone e Natalino. Eles serviram para legitimar a reação e a vingança, criando espírito de corpo e unindo a tropa contra o inimigo comum. A violência que se quer legitimar está retratada no Projeto Brasil Nunca Mais. O BNM listou 876 denúncias de tortura de 1969 a 1977 relacionadas com a Oban e o DOI paulista, a maioria classificada como coação física (461 relatos). Desse total, 351 casos ocorreram de 1971 a 1973, portanto, no período em que Ustra esteve no comando. De 1974 a 1976, ocorreram outras 276 denúncias contra o órgão. Para uma ideia da dimensão desses números basta compará-los com as denúncias contra o Dops paulista. De 1964 a 1977 foram 290 acusações de tortura[37] contra o departamento.

---

35 Mário Fonseca Ventura, entrevista em 22 de setembro de 2004, fita 4, lado A.

36 Tenente-coronel Osnir Geraldo Santa Rosa, entrevista em agosto de 2004, fita 1, lado B. Para a prisão de Santa Rosa, ver AEL-Unicamp, processo BNM 162 (Rede).

37 AEL-Unicamp; Projeto BNM, *As Torturas*.

O Relatório Periódico de Informações (RPI) feito pelo DOI em novembro de 1973 mostra que a organização admitia que 50 pessoas haviam morrido em ações do Destacamento – nessa conta não estão desaparecidos como Aylton Mortati, do Molipo. Os agentes haviam detido 1.804 pessoas, dos quais 708 foram enviadas ao Dops a fim de que respondessem a inquérito.[38] Até 1970, as mortes sob tortura eram quase sempre um acidente de trabalho. Só a partir de 1971 é que a eliminação física se tornou sistemática por meio de encenações de atropelamentos ou tiroteios. Mais tarde as mortes nem mesmo seriam contabilizadas, pois, a partir de 74, predominaram os desaparecimentos, principalmente de líderes comunistas contrários à luta armada – já não havia matadores de policiais disponíveis nas ruas para serem mortos. A terceira parte deste trabalho será dedicada às táticas usadas pelo DOI e as mudanças pelas quais ele passou desde a criação da Operação Bandeirante até o fim do comando de Ustra.

---

38 AE-SP/0S263 (Exército), RPI-11/73. A contabilidade oficial de mortos chegaria a 54 em 1977.

Parte 3
TÁTICAS

"O verdadeiro poder começa onde o segredo está."

Hannah Arendt[1]

[1] ARENDT, Hannah. *Origens do Totalitarismo*, p. 453.

1 MANDA QUEM PODE
O Exército e o combate à guerrilha

A MORTE DE IURI XAVIER PEREIRA SOBREVEIO, assim como a de seus companheiros da ALN na Mooca, quando o DOI havia já conquistado a primazia nas operações contra a guerrilha em detrimento do Dops, o órgão da Polícia Civil que se ocupava dos delitos políticos e sociais no Estado. Tratou-se de um processo relativamente curto, um reflexo na estrutura estatal do deslocamento do poder dos civis para os militares em 1964. Se os processos judiciais contra a segurança nacional haviam trocado a Justiça Comum pela Militar em 1966 porque os chefes da caserna achavam aquela mais leniente do que esta, nada mais natural que o mesmo ocorresse com a repressão propriamente dita.

O aparecimento de um serviço como o DOI foi justificado pela necessidade de o Estado "pôr ordem" na luta contra a subversão. Até então, os esforços eram feitos aleatoriamente pelas organizações policiais e militares. Não havia comunicação entre elas. Rivalidades e ordens conflitantes punham a perder oportunidades e ações contra o inimigo. Por isso, a autonomia das polícias estaduais no combate aos subversivos devia acabar. Os DOIS respondiam ao desejo de um comando unificado, exigência de um Estado cada vez mais centralizado. Mas o Exército não inventou a roda. Buscou nas instituições policiais as táticas para desarticular a guerrilha. Delas trouxe ainda a maioria dos homens usados na guerra. Ditou-lhes, porém, a estratégia, retirada da doutrina francesa. Com o tempo, as operações ostensivas viraram secretas. Queria ganhar a guerra; não fazer inquéritos e esclarecer crimes. As informações que procurava eram operacionais – pontos de encontro, esconderijos, nomes de militantes e identidades. Tudo o que ajudasse a desmantelar a organização do inimigo. O Destacamento mandava para a prisão os infratores da Lei de Segurança Nacional porque soltos é que eles não poderiam ficar. Confissões interessavam porque traziam os dados operacionais e militares almejados e pelo efeito psicológico devastador que tinham. A desmoralização de militantes, de seus chefes e grupos lhes tirava a vontade de resistir, o que era importante para a vitória do regime. O subproduto desse sistema – as declarações de presos nos chamados interrogatórios preliminares e o manuscrito com elas feito de próprio punho pelos acusados – era enviado ao Dops. Cabia aos bacharéis a tarefa tradicional de formalizar inquéritos ouvindo guerrilheiros e militantes detidos com base no que recebiam da *Casa da Vovó*. O resultado era despachado à Justiça Militar, que se encarregava de encarcerar os opositores durante o tempo que lhe parecesse razoável a fim de garantir a ordem. Os interrogatórios deixaram, portanto, rastros nos papéis, mas as outras táticas do DOI na sua guerra não estão nos documentos. Sem conhecê-las, a tarefa de mostrar a engrenagem do Destacamento se torna difícil. É necessário abrir-lhe as entranhas e exibir as transformações pelas quais passou.

Na prática, a ação do Exército contra a guerrilha começou a ser moldada na 2ª Companhia da Polícia do Exército, no quartel do Ibirapuera, em São Paulo. Em 8 de agosto de 1968 assumiu o comando daquela unidade o capitão de Infantaria Jayme Henrique Antunes Lameira. Recém havia sido promovido a major quando um ato seu de indisciplina criou a primeira operação de envergadura do Exército contra a guerrilha em São Paulo. Foram os homens de Lameira que participaram da ação, que marca o início do que seriam mais tarde Oban e DOI. A data do começo dessa história foi 23 de janeiro de 1969. Fazia 41 dias que o AI-5 estava em vigor quando quatro homens da VPR foram presos em Itapecerica da Serra, na Grande São Paulo, pintando um caminhão com as cores do Exército. Os prisioneiros foram levados à companhia. Os militares queriam saber quem eram e o que planejavam. Um dos detidos delatou tudo, menos o que pretendiam com o caminhão. Lameira pensou que ele seria usado em um novo atentado contra um quartel, como o que a VPR fizera em 1968 contra o QG do 2º Exército. O plano, no entanto, era muito mais ambicioso. Seria a maior ação da guerrilha no país e envolveria também a ALN. Ele começaria com a retirada de centenas de armas do 4º Regimento de Infantaria, em Osasco. Um morteiro de calibre 81 mm seria usado para bombardear o Palácio dos Bandeirantes, sede do governo paulista. Outra peça, de calibre 60 mm, ia ser usada para atacar o QG. Por fim, uma bomba com 100 a 200 quilos de explosivos seria posta na Escola de Polícia, na Cidade Universitária, e várias outras seriam distribuídas em São Paulo pela ALN. Tudo na noite de 25 de janeiro, marcando a entrada do capitão Carlos Lamarca para a guerrilha.[1] Ex-sargento da Força Pública, cassado em 1964, o militante da VPR Pedro Lobo de Oliveira devia participar da ação, mas acabou preso em Itapecerica da Serra.

> Havia um sobradinho de tábua no quartel, nos fundos da PE, onde se davam as sessões de tortura. Primeiro a pancadaria no chão, a gente apanhando de uns dez. Chute, pontapé, soco. Eles queriam saber para que seria usado o caminhão. Isso foi no primeiro dia. Naquela mesma noite eu subi no pau-de-arara. Aí foi pau-de-arara a noite toda. Fiquei das 23 horas à 5 horas pendurado. [...]. Depois foi choque elétrico e, no terceiro dia, me carregaram pra cima, me amarram num banco com a cabeça mais baixa e me deram salmoura pelo nariz. Era terrível. Quem comandava era o Caetano, um investigador.[2]

No dia 24, o major Lameira entrou em contato com seus superiores e pediu autorização para deslocar a tropa até Itapecerica, o que não lhe foi permitido. Instado a usar o bom senso, Lameira respondeu que, se fizesse isso, teria de deslocar seus homens para o sítio usado pelos presos. E assim o fez. Para apoiar os recrutas de sua companhia, emprestou homens e blindados M-8 do 2º Esquadrão de Reconhecimento Mecanizado, comandado pelo major Inocêncio Fabrício de Mattos Beltrão. Recebeu ainda o apoio

---

[1] Pedro Lobo de Oliveira, entrevista em 5 de junho de 2004, fita 4, lado A.
[2] Pedro Lobo de Oliveira, entrevista em 5 de junho de 2004, fita 4, lado A.

de dois helicópteros e se pôs em marcha. A operação pegou de surpresa a cidade. Mas o major só obteve uma informação: a placa de um Fusca usado pelos guerrilheiros. Ninguém foi preso. Toda vez que a tática militar convencional foi usada para enfrentar a guerrilha, o fracasso foi a regra. Foi assim em Itapecerica, no Vale do Ribeira e no Araguaia.

Por acaso, horas mais tarde, o Fusca foi encontrado na zona sul de São Paulo. Um guarda civil telefonou para o Exército para informar que havia armamento das Forças Armadas no carro abandonado pelo motorista depois de ser perseguido. Escondido em um dos bancos havia um caderno com endereços e o recibo da venda de uma Kombi para um tal de Carlos Lamarca. O major Lameira logo associou o nome ao capitão do 4º Regimento de Infantaria. Eram 2h30 da madrugada de sábado, dia 25 de janeiro. O major avisou os superiores na 2ª Divisão de Infantaria. Ouviu de um coronel que o problema seria resolvido na segunda-feira. Ficou revoltado. Horas depois, o capitão Lamarca, o sargento Darcy Rodrigues, um cabo e um soldado deixaram o quartel do 4º RI em uma Kombi com 63 fuzis, três submetralhadoras e uma pistola. Só não levaram mais armas porque o caminhão que seria usado para transportá-las era o que fora apreendido em Itapecerica.

A fuga de Lamarca convenceu o Exército da necessidade de organizar um órgão ágil e com autonomia para o combate à subversão. Essa certeza aumentou mais ainda quando se descobriu que, desde setembro de 1968 o comandante do 4º RI, coronel Antonio Lepiane, e o comando da 2ª Divisão do Exército haviam sido informados sobre as atividades de Lamarca e do sargento Darcy. Eles determinaram que o assunto fosse tratado em sigilo e mandaram observar os dois militares. No dia 21 de janeiro, um cabo do regimento soube dos planos de Lamarca e os denunciou aos superiores, que se limitaram a determinar mais vigilância sobre o oficial. Foi ainda na operação de Itapecerica que o Exército atuou em conjunto pela primeira vez com policiais, como o investigador Caetano, que passou a trabalhar com os militares no quartel. Eram ele e mais três homens do Dops, um esquema completamente informal.[3] Só dois meses depois, em 17 de março de 1969, o Exército preocupou-se em autorizar por

---

3 Para o histórico da 2ª Cia da PE, a investigação sobre Lamarca, ver DEL NERO AUGUSTO, Agnaldo. *A grande mentira*, p. 291 a 302, e USTRA, Carlos Alberto Brilhante. *A verdade sufocada*, p. 202-212.

escrito a 2ª Companhia de Polícia do Exército a fazer "investigações e diligências relacionadas, exclusivamente com as ações contra o terrorismo e a subversão". A ordem foi redigida pelo então general-de-divisão Vicente de Paulo Dale Coutinho, no comando do 2º Exército.[4] O documento estabelecia ainda que essa tropa fosse subordinada diretamente ao comando do 2º Exército. Seus homens podiam ser requisitados pelos oficiais encarregados de inquéritos só com a prévia autorização do comando. Porém, em caso de "absoluta emergência", ficava a companhia autorizada a fazer operações sem o conhecimento dos superiores. Ela também poderia atender a solicitações do Dops. Por fim, Dale Coutinho autorizava a permanência de presos no quartel da companhia e a realização de interrogatórios dos detidos e de testemunhas.

O modelo evoluiu e, em 27 de junho daquele ano, a experiência transformou-se no primeiro órgão híbrido de combate à guerrilha no país: a Operação Bandeirante. Ela era resultado direto dos esforços do general Ernani Ayrosa, chefe do Estado-Maior do 2º Exército. A tarefa inicial da Oban era "identificar, localizar e capturar os elementos integrantes de grupos subversivos".[5] Para tanto, seria o centro de coordenação das atividades contra a guerrilha, que contava com o apoio dos comandantes do 2º Exército, da 2ª Região Militar, da 2ª Divisão de Infantaria, do 6º Distrito Naval, da 4ª Zona Aérea, do secretário da Segurança Pública de São Paulo, do Superintendente da Polícia federal e do chefe da agência São Paulo do SNI. Os militares buscavam, antes de tudo, unidade de comando e de coordenação das ações antiguerrilha, o que no começo não devia significar perda de autonomia de ação dos diversos órgãos envolvidos nesse combate.[6] Criaram uma Central de Operações e uma Central de Informações. Subordinado a esta havia uma coordenação de execuções, uma espécie de Destacamento Operacional que ficou conhecido como Oban. Em 1º de julho, uma cerimônia solene com a participação de empresários e autoridades civis e militares marcou a inauguração do novo órgão.

---

4   Para a ordem, Coutinho, Vicente de Paulo Dale Coutinho, Instruções para investigações e diligências por parte da 2ª Cia de Polícia do Exército, AESP Deops-SP/50-Z-9-45-7753.
5   USTRA, Carlos Alberto Brilhante. *A verdade sufocada*, p. 221.
6   DEL NERO AUGUSTO, Agnaldo. *A grande mentira*, p. 307.

O então prefeito Paulo Maluf e o governador Roberto de Abreu Sodré deram apoio, e o ministro Antônio Delfim Neto e o banqueiro Gastão Vidigal cuidaram de passar a sacolinha entre os financiadores da repressão.[7] No fim de 1969, a Oban mudou-se para sua sede mais conhecida, os fundos do 36º Distrito Policial, na Rua Tutoia.

Menos de um ano depois, em setembro de 1970, uma Diretriz Presidencial de Segurança Interna transformou a Central de Operações em Centro de Operações de Defesa Interna (Codi), que manteve as centrais de Operação e de Informação. Já a Coordenação de Execuções, o órgão operacional, passou a se chamar Destacamento de Operações de Informações (DOI). Antes subordinado à 2ª Divisão do Exército, o complexo passou ao controle direto do chefe do Estado-Maior do comandante do 2º Exército. Ficaria conhecido pela sigla: DOI-Codi. Em São Paulo, contou o brigadeiro Délio Jardim de Matos, esse aparato estava nas mãos de radicais. "Eu diria que em nenhum momento, de 1969 a 1970, ela escapou do controle dos radicais. Nós do IV Comar procuramos evitar a exacerbação."[8] Para o coronel do Exército Sebastião Ferreira Chaves, conspirador de primeira hora em 1964, foi na Oban que "os radicais passaram a dominar o regime e a polícia sob a implacável autoridade do delegado Sérgio Fleury".[9] O sistema, por fim, foi espalhado para os demais comandos militares do país, exceto no Rio Grande do Sul, onde as operações permaneceram com a Secretaria da Segurança até 1974.

Embora tenha sido obrigado a conviver com Fleury e o Dops no começo de suas atividades – principalmente por causa dos resultados alcançados pelo delegado, como as mortes de Carlos Marighella e de Joaquim Câmara Ferreira –, o Exército desde então não mais abriu mão de ter a primazia no combate à subversão. Para tanto, foram necessárias duas regulamentações expedidas pelo 2º Exército para deixar claro quem mandava na área. Após um incidente com o Dops, em fevereiro de

---

7 GASPARI, Elio. *A Ditadura Escancarada*, p. 62 e 63.
8 CONTRERAS, Hélio. *AI-5, a opressão no Brasil*, p. 41. Délio foi ministro da Aeronáutica no governo João Figueiredo e comandou a antiga 4ª Zona Aérea (São Paulo).
9 *Idem*, p. 49.

1970, sobre quem tinha a primazia de manter preso Chizuo Osava, militante da VPR, os militares distribuíram uma nova norma aos integrantes da comunidade de segurança. O documento de abril de 1970 tenta pôr ordem no fluxo descontrolado de informações entre os diversos órgãos militares, federais e estaduais.

Regulou-se então a difusão de informes e informações para a Comunidade de Informações da Cidade de São Paulo – informação é o fato inconteste e informe é o relato feito por um informante ou agente. Pelo novo regulamento, "todo e qualquer fato anormal" que ocorresse em São Paulo devia ser relatado de imediato à Central de Informações (CI) do 2º Exército. A central devia repassá-lo ao DOI. Por sua vez, ela devia repassar informes e informações de interesse dos demais órgãos. Nascia oficialmente a "Comunidade de Informações". Seus membros eram definidos pelo regulamento. Eram a 2ª Seção do 2º Exército, da qual a CI fazia parte, a 2ª Divisão de Exército por meio de sua subárea A, a 4ª Zona Aérea, o 6º Distrito Naval, o Serviço Nacional de Informações por meio de sua agência no Estado, a Coordenação de Informações e Operações (Ciop) da Secretaria da Segurança Pública, o Dops e a Polícia Militar.[10] A centralização das informações foi seguida pelo direito de interrogar primeiro os detidos, consumado em setembro de 1973, já no fim da guerra contra a guerrilha urbana, quando o Exército emitiu novo regulamento. Não só os presos por terrorismo, mas também meros suspeitos lhe deviam ser mandados imediatamente. "O DOI tem prioridade para a execução de qualquer operação de busca de informes referentes à subversão e terrorismo na área do 2º Exército". Caso a polícia, leia-se Dops, prendesse alguém que se encaixasse nesse perfil, todos – "pessoas presas, vítimas e testemunhas" – deviam ser, na linguagem dos militares, "encaminhados ao DOI no mais curto prazo". Para tanto, diziam, que bastava "telefonar ou usar a rede de rádio". A ordem era do general de brigada Mário de Souza Pinto, então o chefe do Codi em São Paulo.[11] Nessa

---

[10] AESP Deops-SP/OS255 (Exército); *Nota de serviço 2/E2* de 2 de abril de 1970. Documento assinado pelo comandante do Codi e chefe do Estado-Maior do 2º Exército, general de brigada Ernani Ayrosa da Silva.

[11] AESP Deops-SP/OS262 (Exército); nota de serviço 03/73 do 2º Exército de 11 de setembro de 1973.

época, o Codi era formado pela CI, pela Central de Operações e pela Central de Assuntos Civis. A essa estrutura subordinava-se o DOI.

De todas as *Casas da Vovó*, a de São Paulo era a maior, que chegou a contar em meados dos anos 1970 com cerca de 250 homens. Quarenta deles eram do Exército e os demais, policiais civis e militares. Tentava-se manter uma boa convivência entre eles, apesar das desconfianças mútuas entre os integrantes de organizações distintas e, às vezes, rivais, como as polícias estaduais. No começo da Oban, não houve muita harmonia. Disputas pela chefia de operações entre militares e policiais ocorreram no quartel. Em 1969, o então capitão da Força Pública Mário de Abreu Filho ameaçou sacar sua pistola calibre 45 em uma discussão com o delegado Raul Nogueira de Lima, o Raul Careca. Tudo porque este saíra com os homens do capitão sem lhe pedir autorização. O duelo não ocorreu, e o delegado obteve que o desafeto fosse expulso da Operação Bandeirante. Protegido pelo comando, Raul Careca obtivera para a operação móveis e até um mimeógrafo por meio de amizades que mantinha com a organização ultramontana católica Tradição Família e Propriedade (TFP).[12]

Além da propensão natural para cruzadas contra o comunismo, a TFP tinha outros motivos para envolver-se com a Oban. Em agosto de 1969, a mais famosa sede da TFP, em Higienópolis, foi alvo de um atentado a bomba. Seus seguidores resolveram se preparar para a guerra contra os comunistas e acabaram surpreendidos por homens do Dops em 15 de dezembro de 1969. Um informante levou a polícia a um terreno na Rua Sábato D'Ângelo, em Itaquera, na zona leste, onde 46 jovens faziam um rústico treinamento militar. Tinham revólveres e uma carabina de pressão. Em um documento secreto, o Dops informava que os detidos eram integrantes da TFP. "Verificou-se que havia vestígios de rastejamento e de simulação de combate", contava o informe, que chamava a iniciativa da TFP de "treinamento antiguerrilha". Os nomes dos jovens foram anotados no documento, mas não há indicação de que tenham sido mandados para a cadeia ou

---

12 Para a briga e as doações de móveis para a Oban, entrevista com o coronel da PM Mário de Abreu Filho, em 1º de outubro de 2005. Fita 1, lado B.

que a TFP tenha sido alvo de alguma investigação mais séria. As relações com a *Casa da Vovó* facilitaram esse desfecho.[13]

O Major

Quem dava as ordens no DOI era o major Waldyr Coelho, um dos sócios-fundadores da Oban e seu primeiro e único comandante. Era um linha-dura, cuja "firmeza ideológica" não permitia concessões aos subversivos. Falava quatro línguas e era professor de português. Gostava de repetir aos subordinados que o objetivo da "revolução era combater o terrorismo, a subversão e a corrupção". Resolveu em 1969 então caçar fiscais corruptos da Prefeitura e investigar a caixinha do Departamento Estadual de Trânsito (Detran), atividade que o obrigou a pôr soldados de guarda em sua casa. No fim, o major teve de se contentar apenas com o combate à subversão. Nessa tarefa também teve de render às tensões internas do regime e submeter-se às circunstâncias. Sua determinação e o desejo de autonomia se chocaram com os interesses do poder. Em setembro de 1969, o major disse não aos superiores e quase foi à guerra para impedir que os presos exigidos pelos guerrilheiros em troca da libertação do embaixador americano Charles Burke Elbrick fossem embarcados para o Rio – oito dos 15 estavam em São Paulo – e, de lá, para o México.[14] Quando soube da exigência, Coelho teve uma conversa tensa com o general Aloysio Guedes Pereira, comandante da 2ª Divisão de Exército:

— General, eu não vou aceitar. Eu não gastei minhas viaturas e o trabalho do meu pessoal para ver esses homens saírem daqui dando risada da gente.

— Mas esse é um problema internacional, não podemos fazer nada.

Coelho achava que podia. Havia procurado o major Inocêncio Fabrício de Mattos Beltrão, que servia no Regimento de Reconhecimento Mecanizado

---

[13] Para o atentado contra TFP, AESP Deops-SP/OS-016; para o treinamento AESP Deops-SP/OS017-folha 95- *Treinamento Antiguerrilha-Secreto*. Outro próximo à TFP era o general Humberto de Souza Melo, que comandou o 2º Exército de 1970 a 1973, ver *Dicionário histórico e biográfico*, FGV-CPDOC.

[14] DA-RIN, Silvio. *Hércules 56: o sequestro do embaixador americano em 1969*. Eram eles: José Dirceu, Luís Travassos, Wladimir Palmeira, Onofre Pinto, Agonauta Pacheco, José Ibrahim, Rolando Frati, Maria Augusta Carneiro Ribeiro e José Leonardo Rocha.

(RecMec), cujo quartel ficava no Ibirapuera, no mesmo complexo que abrigava a então Oban. Conseguiu que o amigo mobilizasse os blindados M-8 do regimento, colocando-os no pátio com os motores ligados, prontos para marchar em coluna. A ideia era seguir até o presídio e cercá-lo. Depois, cortariam as comunicações com o Rio. Caso alguém tentasse retirar os prisioneiros de lá, ele os executaria. Tudo estava armado quando o general chegou.

> Eu era novo e ele me disse: Corre, que nós vamos cercar os caras lá. Só a muito custo é que se conseguiu tirar os caras [os presos] dali. Foi uma noite terrível. Depois mandaram um pessoal falar com ele, tudo passou e os presos embarcaram.[15]

Na época, o jovem que ouviu essa ordem era sargento do Exército. Toninho tornar-se-ia mais tarde um dos cérebros da Subseção de Análise do DOI. Além dele, outros agentes confirmam que foi preciso intervenção de outros militares para acalmar o major.

— *Ele não queria entregar os presos?*
— Não. Ele [Coelho] até ameaçou executar os prisioneiros.[16]

A reação ao sequestro do embaixador americano levaria os policiais e militares da Oban até um prédio na Avenida São João, no centro de São Paulo. Ali vivia a família de Aton Fon Filho, guerrilheiro da ALN. Era 29 de setembro. O grupo de agentes chefiado pelo capitão do Exército Maurício Lopes Lima invadiu o lugar e se manteve emboscado ali à espera do operário Virgílio Gomes da Silva, o Jonas. Líder do GTA da organização, ele participara do sequestro de Elbrick. O alvo dos militares apareceu às 9 horas. Desceu de um carro e, quando se aproximou do prédio, percebeu o cerco. Tentou fugir. Atiraram. Detido, foi conduzido à Oban. Algemaram seus pés e mãos, enfiaram-lhe um capuz e espancaram-no. A tortura prosseguiu por 12 horas. "Estão matando

---

15   Dirceu Antonio, o agente Toninho, entrevista em 30 de janeiro de 2006.
16   Agente Chico, entrevista em 23 de setembro de 2005. Sem gravar. João de Sá Cavalcanti Netto confirmou a informação. Segundo o delegado J. C. A., na época agente do Dops, Coelho não queria entregar os presos.

um patriota", disse aos torturadores. Quebraram três de suas costelas, além de fraturarem seu crânio. Morreu à noite. Seu corpo – com hematomas por toda a parte – foi escondido da família pelos militares, o que fez dele o primeiro desaparecido político da luta armada do período no Brasil.[17]

A operação contra o líder do GTA da ALN foi uma das maiores da gestão de Coelho, que também levou o órgão para atuar no interior do Estado.[18] O major vivia às turras com o delegado Fleury, a quem reprovava a liberalidade com que tratava bens e valores apreendidos. O delegado acabou transferido do Dops para o 41º Distrito Policial, uma delegacia da zona leste de São Paulo, porque não quis entregar-lhe o preso Chizuo Osava, o Mário Japa. Osava havia sido preso por acaso em 27 de fevereiro de 1970, depois de capotar seu Fusca na Estrada das Lágrimas, na zona sul. Ficou desacordado. Os policiais que foram socorrê-lo acharam um revólver calibre 38, 1.300 cartuchos de calibre 12, cartas geográficas, dois impressos sobre tática e estratégia militares e dois livros do revolucionário e historiador Isaac Deutscher, biógrafo de Trotsky e de Stalin.[19] Chamaram o Dops, que levou o suspeito. Mário Japa era dirigente da VPR e sabia a localização da área de treinamento de guerrilha comandada por Carlos Lamarca no Vale do Ribeira. Seus colegas perceberam que ele havia caído porque Osava faltara a um encontro. Era urgente retirá-lo das mãos da polícia para evitar que a área de treinamento de Lamarca fosse descoberta. A solução foi sequestrar Nobuo Okushi, o cônsul japonês em São Paulo. O guerrilheiro Ladislau Dowbor pediu ajuda ao Movimento Revolucionário Tiradentes e à Resistência Democrática. Em 11 de março, um comando das três organizações estava no caminho que o cônsul fazia de seu trabalho para casa, em Higienópolis. Na esquina das Ruas Bahia e Alagoas, um Fusca azul, dirigido por Devanir José de Carvalho, o líder do MRT, manobrou e fechou o Oldsmobile do diplomata. Ao seu lado estava um militante da VPR recém-chegado do sul, Marco Antônio Lima Dourado, que desceu com uma submetralhadora na

---

17 Para um relato sobre a morte de Jonas, cf. MAGALHÃES, Mario. *Marighella*, p. 522-525.
18 Para a atuação da Oban no interior, entrevista do coronel da PM Paulo Casillo, em 6 de novembro de 2004, fita 2, lado A, e do guerrilheiro Leopoldo Paulino (ALN), entrevista em 15 de agosto de 2004.
19 BNM 100 (ALN). É lá que se encontra cópia do Boletim de Ocorrência sobre o capotamento.

mão e a apontou para o cônsul. Ladislau dominou o motorista do diplomata,[20] enquanto Liszt Benjamin Vieira, armado com uma pistola, aproximou-se do Oldsmobile e se dirigiu a Nobuo, ordenando:

— Get out! Quick![21]

Estavam com eles ainda Oswaldo Soares, o Fanta, que, com mais uma submetralhadora, ficou na cobertura. O cônsul foi levado para outro Fusca, um vermelho, dirigido pelo líder da Rede, Eduardo Leite, o Bacuri. Nobuo contou que ficou no banco traseiro com Liszt enquanto Ladislau sentou ao lado do motorista. Fanta também entrou no carro, mas desceu perto do Pacaembu. O veículo com o refém foi escoltado pelo outro, com Dourado, Henrique e mais um militante até a Avenida Doutor Arnaldo, onde se dividiram. Os guerrilheiros com o refém seguiram para uma casa da Avenida Ceci, na zona sul, que Bacuri dividia com sua mulher, Denise Peres Crispim, filha do ex-deputado federal José Maria Crispim, e irmã de Joelson Crispim, outro militante da VPR.

Durante as negociações, a guerrilha exigiu a libertação de Mário Japa e de Damaris Lucena, uma homenagem ao operário Antônio Raymundo Lucena, morto aos 47 anos, em 20 de fevereiro daquele ano em tiroteio com a polícia em Atibaia (SP). Com o casal Lucena caiu boa parte do arsenal levado por Lamarca ao deixar o quartel do 4º RI. Pediram ainda a libertação de madre Maurina Borges, outra homenagem, desta vez aos religiosos presos, e ainda a soltura de mais dois militantes. Quando os guerrilheiros apresentaram suas exigências para libertar o cônsul, Coelho reclamou, mas, desta vez, entregou os prisioneiros. Tudo acabou resolvido por telefone, e os presos embarcaram para o México em 15 de março. Ao anoitecer, Nobuo foi solto. Pouco depois, a repressão destroçou a VPR em São Paulo. Em menos de 60 dias o campo de treinamento de Lamarca foi descoberto e o que restara da liderança do grupo no estado, presa.

---

20 Marco Antônio Lima Dourado, entrevista em 5 de novembro de 2005, por telefone.
21 Para a ação, CARVALHO, Luiz Maklouf. *Mulheres que foram à luta armada*, p. 85 e 86, além do BNM 42 (VPR), p. 2.526, depoimento do cônsul e BNM 365 (VPR), p. 74 a 78, relatório do presidente do IPM assinado pelo general Enéas Martins Nogueira, de 25 de maio de 1970. Entrevista com o jornalista Ivan Seixas sobre as razões de inclusão de cada preso na lista. Ver ainda versão dos militares (acesso em 11-01-2006) em http://www.ternuma.com.br/consulja.htm, "O Sequestro do Cônsul do Japão".

Pior ainda: em 17 de maio a organização teria a sua primeira desaparecida. Tratava-se de Alceri Maria Gomes da Silva, morta na explosão de uma granada ao lado do companheiro Antônio dos Três Reis de Oliveira, da ALN. Eles estavam em um aparelho que foi cercado por uma equipe da Oban, comandada pelo capitão do Exército Maurício Lopes Lima. O agente Carlos Setembrino da Silveira jogou o artefato por um alçapão que fechava o compartimento no qual o casal estava escondido. O paradeiro dos dois foi mantido em sigilo pelo DOI, apesar de os militares terem conhecimento do que se passara, como demonstra o ofício 572/72-E2-DOI, de 21 de agosto de 1972, assinado pelo então comandante do destacamento, o major Ustra. O documento sigiloso encontrado no Arquivo do Estado durante a pesquisa para este livro traz o relato de Ustra para seus superiores com detalhes das mortes, que nunca foram confirmadas pelo Exército durante o regime.[22]

No fim do ano, um militante da organização seria forçado, depois de detido, a colaborar com os militares, tornando-se o primeiro infiltrado na VPR. De volta às ruas, o guerrilheiro transformado no agente Dourado contatou esquemas da organização e foi ao Chile, misturando-se à multidão de exilados brasileiros que escolhera o país como porto seguro no governo da União Popular, do socialista Salvador Allende. O homem manteve contato com os órgãos de segurança até os anos 1980, sendo auxiliado quando foi preso no interior de São Paulo e acusado de homicídio, um crime comum. Então, os agentes do DOI plantaram uma reportagem em um jornal para ajudá-lo a dissipar as suspeitas que existiam contra o agente no partido em que ele então militava. Depois, obteve-se sua absolvição.[23]

---

22 Para o caso de Antônio dos Três Reis de Oliveira e de Alceri Maria Gomes da Silva, ver *O Estado de S. Paulo*, 1º de agosto de 2009. A morte do casal ocorreu quando o comandante da Oban era Waldyr Coelho. Em 1972, quando o ofício 572/72-E2-DOI foi feito, o comando da unidade já havia passado para Ustra. Ver ainda *Folha de S. Paulo*, 8 de dezembro de 2010, *Militar revela mortes em ação na ditadura*. Lima afirma que a morte de Três Reis ocorreu em tiroteio com os agentes e Alceri teria morrido a caminho do hospital. A pesquisa procurou Silveira e Lima, mas não conseguiu encontrá-los.

23 Para o informante na VPR, entrevista com o agente Chico em setembro de 2005. Outra fonte, o agente João de Sá Cavalcanti Netto, confirmou a existência do informante chamado Dourado.

Mudança

Depois de a Oban ser transformada em DOI, Coelho, já promovido a tenente-coronel, foi substituído pelo então major Ustra, um oficial mais maleável e diplomático do que o antecessor. Com a troca, iniciou-se a segunda fase da vida do Destacamento, com a reforma de sua estrutura operacional. Tentava-se pôr ordem na associação entre policiais e militares, que constituía a base do sistema. Isso já havia ocorrido no governo Vargas, quando oficiais do Exército e da Marinha envolveram-se na repressão a comunistas e integralistas. A diferença era que, no passado, os militares foram trabalhar como policiais nas delegacias, chefiando-as. Agora, era a polícia que ia trabalhar nos quartéis.[24] Oficiais da área de informações culpam essa migração dos policiais pelo que chamam de "contágio de métodos", esquecendo-se que eles já haviam sido usados no quartel da 2ª Companhia da PE antes da incorporação definitiva de investigadores e PMs com a criação da Oban. A tortura era amplamente aceita e sua adoção era vista como necessária na época. Dois coronéis da PM, que nunca se envolveram com ela, explicam o que pensavam seus colegas:

> Você assiste ao seriado *24 Horas*? Você vê que a violência tem razão direta com a necessidade urgente de se evitar um ato. Na conversa você não vai tirar o ato de ninguém. Se tivesse tempo, podia ir devagar, mas dada a velocidade dos fatos... A esquerda cobria pontos. Se você não chegasse às 14h30 naquele ponto, você não pegava mais ninguém. Tinha de antecipar o que se ia fazer para desmantelar. E qual o meio mais simples? A tortura. Isso tanto a esquerda quanto a direita faz. Era uma guerra.[25]

A mesma explicação de outro coronel:

---

24 Para o envolvimento dos militares do Exército na repressão durante o governo Vargas, ver ROSE, R. S. *Uma das coisas esquecidas*, p. 114-116. A exceção era a Marinha, que resolveu montar sua repressão própria.

25 Newton Borges Barbosa, entrevista em 9 de junho de 2004, fita 2, lado B. Ele chefiou a seção política do serviço de informações da PM, assim como o próprio serviço, antes de se tornar subcomandante-geral da corporação durante o governo de Franco Montoro (1983-1987).

> Esses excessos cometidos são normais dentro de um contexto. Eles passam a ser necessários até, apesar de indesejáveis, como você falou. Mas no momento ele é necessário. Você vê, por exemplo, no Dops pessoas que ficaram despidas de cabeça pra baixo, submetidas a um intenso interrogatório. Isso aí na época era necessário. Como é que você vai tirar do camarada o que ele tem na cabeça, ele não vai contar pra você se você usar de meios normais: "Você pode contar pra mim o que aconteceu?" Ele não vai falar nunca. Ele tem de ser submetido a uma tortura.[26]

Alguns militares do Exército admitem apenas como hipótese que a polícia pode ter trazido tais métodos ao DOI. É o que disse o poderoso coronel José Barros Paes, que chefiou a 2ª Seção do 2º Exército de 1974 a janeiro de 1976, mantendo sob suas ordens o Destacamento no período da grande caça ao PCB.

> Pode contagiar inclusive os militares que trabalham com eles. Isso pode ser verdade. Mas os que aderiram a isso [tortura] tinham uma mente distorcida. Agora, forçar uma pessoa a dar informações para evitar um mal maior, isso pode acontecer, pois você tem de se antecipar e salvar vidas [...]. Aqui no Brasil não se fez como na Argentina, onde jogavam pessoas de avião. Aqui ninguém matou freiras.[27]

De fato. O regime brasileiro não fechou, mas também não abriu como o nosso vizinho. A aplicação de tortura pela polícia aos presos comuns era fato incontestado. Muitos policiais achavam normal pendurar um preso no pau-de-arara. Tinham a proteção de seus chefes, inclusive políticos e magistrados. Houve uma vez em que o secretário da Segurança Pública de São Paulo, um diretor da Polícia Civil e um delegado foram surpreendidos pelo repórter João Bussab, do *Diário da Noite*, em torno de um preso despido e dependurado num daqueles cavaletes que formavam uma

---

26 Mário Fonseca Ventura, entrevista em 27 de agosto de 2004, fita 3, lado A. Ventura nunca trabalhou na área de informações. Exerceu funções no policiamento de choque e no da capital.
27 José Barros Paes, entrevista em 7 de outubro de 2005.

verdadeira linha de montagem de confissões, que os policiais extraíam em série após as 18 horas no prédio do Palácio da Polícia, na Rua Brigadeiro Tobias, no centro de São Paulo. Ali ficavam a Secretaria da Segurança e o antigo Departamento Estadual de Investigações Criminais, o Deic. Bussab tinha uma câmera no peito, sem filme. Abriu e fechou a porta. O gesto mobilizou a polícia para impedir que a foto, que não se sabia inexistente, fosse publicada.[28] O pavor do secretário tinha uma razão. É que a tortura não seria praticada nas delegacias em tal escala sem que fosse "filha do poder" ou sem contar com certa conivência social inconfessável. Tratava-se de uma tradição, um "segredo de polichinelo", mas que devia ser sempre negado pelas autoridades.

---

28 Entrevista com o jornalista João Bussab, em maio de 2005. Bussab deu meia-volta, fechou a porta e saiu do prédio e foi para redação dos *Diários Associados*. Quase acabou preso, e a edição do jornal, apreendida.

2. O DIABO TEM MEDO
Reorganização e métodos do DOI

A REORGANIZAÇÃO DA *CASA DA VOVÓ* ocorreu no momento em que já se havia adotado no país o Sistema de Segurança Interna (Sissegin) e as Zonas de Defesa Interna (ZDI), chefiadas pelos comandantes de Exército, o que aumentou a eficiência da repressão e, consequentemente, significou mais mortos e desaparecidos.[1] A necessidade de eficiência levou à transformação do DOI e à ampliação de suas táticas na fase final de combate à guerrilha urbana. Até 1970, contam os homens da *Casa da Vovó*, "os presos, ao serem interrogados, iam 'entregando', isto é, iam contando tudo a respeito de suas organizações".[2] Com o pau, a tortura, o prisioneiro devia revelar seus próximos encontros com outros militantes (os pontos) e os endereços de imóveis da organização, os aparelhos. A busca pela informação transformara a violência em uma arma. Mas, quando os grupos da esquerda armada criaram novas regras de segurança, trabalhar só com a tortura tornou-se menos produtivo. O aprimoramento da guerrilha desafiou o interrogatório e levou à criação de uma nova seção do DOI, a Investigação, marcando o começo da transição para a penúltima fase da guerra dos militares, a do extermínio. Com a Investigação, o DOI obteve

---

1 FICO, Calos. *Como eles agiam*, p. 136-143.
2 USTRA, Carlos Alberto Brilhante. *Rompendo o silêncio*, p. 73.

e consolidou a hegemonia no "combate ao inimigo" em São Paulo, até então disputada com o delegado Fleury, do Dops. Em 1970, por exemplo, quando o Dops ainda mantinha um "lugar ao sol" na repressão, a equipe de Fleury quebrou as costelas de um prisioneiro para impedir que os militares pudessem interrogá-lo.[3] A criação da nova seção foi acompanhada pela reforma dos demais setores do órgão, planejada pelo novo comandante: o major Ustra. Com isso, seu Destacamento se tornou em modelo para outros no país e se inseriu na grande engrenagem nacional da repressão, coordenada em Brasília pelo Centro de Informações do Exército.

Interrogatório

O major, que assumiu a *Casa da Vovó* em 29 de setembro de 1970, reorganizou o órgão e redistribuiu o efetivo pelas suas seções. Aumentou suas instalações, com a incorporação de toda a carceragem do 36º DP e de metade do prédio, além de receber armas e equipamentos do Exército. Ustra criou uma seção de contrainformação, cujo principal trabalho era "queimar militantes", levantando a suspeita em suas organizações de que fosse um colaborador da polícia. Também orientava os agentes a manter sigilo sobre o trabalho, não expondo o que faziam nem mesmo aos familiares. Por fim, o novo comandante instituiu que o setor operacional seria dividido em três seções compartimentadas, todas chefiadas por oficiais do Exército: a Seção de Busca e Apreensão, a de Investigações e a de Informações e Análise, que era dividida em duas subseções: a Análise e o Interrogatório.[4]

> Antes tinha a turma de busca e a de campana. Quando o Ustra chegou, a tenentada encostou nele e disse: "Chefe, aqui todo mundo tem de ser [de] busca, se não vai ficar um negócio esquisito." Eu era chefe de uma equipe de campana e fui parar em uma de busca.[5]

---

3 SKIDMORE, Thomas. *Brasil de Castelo a Tancredo*, p. 257.
4 USTRA, Carlos Alberto Brilhante. *A verdade sufocada*, p. 292 a 295.
5 Entrevista do autor com o subtenente da PM Oswaldo Ribeiro Leão, em 2 de março de 2005.

Na Oban de então, a Busca fazia rondas e estourava aparelhos enquanto os demais ficavam responsáveis pelo serviço de vigilância. Todos podiam fazer prisões. Era comum seus agentes comportarem-se como se estivessem em uma delegacia. O policial que "dava a cana" levava o preso ao quartel e trabalhava, interrogava, o acusado. O esquema permaneceu inalterado nos primeiros meses do comando de Ustra. Era assim que as coisas funcionavam quando foram detidos os militantes do MRT Joaquim Alencar Seixas e Ivan Seixas. Ambos foram espancados violentamente no pátio do Destacamento e levados em seguida para a seção de Interrogatórios, onde foram brutalmente torturados. Pensavam que tivessem ligação com a morte do empresário Henning Boilesen.

Com a mudança, cada preso, ao chegar ao DOI, era entregue por seus captores a uma equipe de interrogadores de plantão. Ao término, os agentes passavam as anotações sobre o que fora arrancado do cliente – assim os agentes referiam-se aos detidos – aos homens da equipe auxiliar, que datilografavam os depoimentos, os chamados interrogatórios preliminares. Nessas folhas não constava nenhuma informação operacional importante ou sigilosa, pois cópias desses documentos eram enviados a outros órgãos do sistema de informações, como o Dops. Cada vez que o interrogatório era retomado, anotava-se a equipe que daria continuidade ao pau e, no fim, o que o preso acrescentara às declarações anteriores. O processo durava dias ou semanas. Em meados dos anos 1970, o Destacamento inventou o "perguntório". Tratava-se de um questionário apresentado aos prisioneiros com o objetivo nítido de lhes quebrar o moral. Perguntas como "foi válido seu sacrifício?", "O que você fez de objetivo para o bem do povo?", "Algum dia você pensou em ser preso e cumprir longos anos de prisão?" ou "Acha que o comunismo é o regime ideal para o povo brasileiro?" deviam ser respondidas por militantes cuja vontade havia sido devastada pela tortura.[6] No fim, o acusado era obrigado a escrever uma declaração de próprio punho, que devia reunir tudo o que

---

6   Para o perguntório, ver AESP Deops-SP/OSI879 (Vicente Sylvestre) e OSI544 (João Buonome). As respostas do tenente-coronel da PM Vicente Sylvestre aos torturadores entre os dias 20 e 21 de julho de 1975 é desses raros momentos em que a dignidade de um homem não se deixa quebrar em meio à tragédia pessoal. Seu comportamento é do tipo que só em obras de ficção julgamos existir. Ao ser questionado se o comunismo era o melhor para o país, por exemplo, Sylvestre manteve-se firme e respondeu: "Não só para o Brasil, como também para todos os povos".

havia contado nas sessões de interrogatório. Era uma forma de impedir que o preso voltasse atrás, pois a perícia identificaria sua letra no papel, além de garantir um roteiro ao escrivão do Dops que formalizaria o depoimento do acusado quando este fosse despachado pelo DOI à Polícia Civil. Milhares de folhas desses interrogatórios estão guardadas no arquivo do Dops.

> Qualquer informação operacional razoavelmente importante não estava lá no interrogatório preliminar. Não há um "ponto" lá, notou? Quando o interrogado dava um "ponto" era feito à parte um informe, que era encaminhado à Busca. As informações operacionais não eram incluídas no interrogatório até porque esse documento não era secreto. Ele era feito em seis vias e, assim, não devia conter nada de importante. O perguntório era uma idiotice. Era usado como prova na auditoria. O ofício com resumo da atuação do cara que ia com o preso para o Dops era mais importante. O objetivo do DOI era identificar, neutralizar e eliminar. Essa era a função. O processo judicial e o inquérito do Dops eram para guardar o cara depois em algum lugar.[7]

O relato acima foi feito por quem conheceu a engrenagem em funcionamento: o tenente Chico, que chegou em 1970 no órgão e saiu só em 1991. Havia três turmas de interrogatório preliminar no Destacamento que se revezavam de plantão. Seus integrantes eram na maioria policiais civis. Foram eles, por exemplo, que levaram para a Oban uma invenção do Dops: a cadeira do dragão. Havia homens do Exército no setor, quase sempre oficiais que comandavam as equipes. Todas eram subordinadas ao chefe da Seção de Análise e Interrogatório, um modelo que saiu da cabeça de Ustra.

Além de reorganizar o pessoal, o novo comandante impôs regras, como a compartimentalização, princípio pelo qual quem era de uma seção não devia saber ou interferir no que se passava em outra. Assim, só quem pertencia a uma das três turmas de interrogatório tinha autorização para pôr a mão num

---

[7] Agente Chico, entrevista em 31 de janeiro de 2009. Mariana Joffily mostra em sua obra que em alguns interrogatórios constavam informações sobre pontos e endereços "revelados" pelos presos. Isso ocorria quando a equipe tinha de justificar por que o interrogatório fora interrompido. Ver JOFFILY, Marina Rangel. *No centro da engrenagem: os interrogatórios na Operação Bandeirante e no DOI de São Paulo (1969-1975)*, p. 232-237.

cliente. Quem desrespeitasse as normas do major teria problemas. O trabalho ali era intenso. Às vezes faltava gente para "atender tantos presos", o que não ocorria só em São Paulo, mas no DOI do Rio também.[8] Cada turma tinha seis homens, incluídos aí os que pertenciam à equipe auxiliar, com seus datilógrafos e carcereiros. A presença de pessoas estranhas era restrita no interrogatório. Podia ser difícil entrar, mas todos sabiam o que acontecia naquele lugar:

> Eles batiam demais. Batiam em mulher, que a gente tinha de levar no braço para ela apontar um aparelho. [...] Matou-se muita gente no pau, dependurada. Nas mulheres, eles davam choques. Eu só vi umas duas vezes lá os caras no pau-de-arara. Um sofrimento da porra. Tinha gente também que não era terrorista, mas calhava de entrar e os caras ferravam.[9]

De fato, muitos foram os mortos no pau, a maioria vítima de "acidentes de trabalho". Ou seja, não era o objetivo do interrogador matar. Havia casos, no entanto, em que a violência contra o preso ultrapassava o "normal". Assim foi com Joaquim Alencar Seixas, dirigente do MRT preso e assassinado em 1971. Joaquim foi detido em companhia do filho, o então adolescente Ivan, que denunciou as torturas que mataram o pai. Quem confirma a acusação de Ivan aqui é um agente do DOI:

> O pai dele chegou no DOI algemado, daí não se sabe como ele quebrou a algema. Deram-lhe uma bordoada no interrogatório, e a costela furou o pulmão.[10]

Na *Casa da Vovó*, o então sargento Nelson não era o único a ter restrições sobre o pau. Havia mais gente que não gostava daquela parte do

---

8   Agente Chico, entrevista em 10 de novembro de 2004, fita 6, lado B. Para o Rio, CALDAS, Álvaro. *Tirando o capuz*, p. 102. No DOI de São Paulo em mais de uma época houve fila de espera para ser torturado, como em 1975, durante a ofensiva contra o PCB; ver em JORDÃO, Fernando Pacheco. *Dossiê Herzog*, p. 233 e 234.

9   Agente Nelson, o Pai Velho, na época um sargento que trabalhou na equipe B1, da Busca do DOI, entrevista em setembro de 2004, fita 1, lado A.

10 Agente Chico, entrevista em 10 de novembro de 2004, fita 6, lado A. Na verdade, houve afundamento do osso esterno.

serviço. São casos como o da tenente Neuza, que considerava isso como uma "fraqueza pessoal" – é importante notar que não havia mulheres trabalhando no interrogatório.

> Eu fui lá fazer um serviço [na sala de interrogatório], alguma coisa, e eu entrei rápido e saí quase correndo. Eu falei: "Isso aí eu não faço. Eu não faço". Uma das minhas fraquezas é que interrogatório eu não faço. Agora, se for serviço [na rua] e tiver que matar o cara, não tenha dúvida: ele vai. O que eu faço por eles eu quero pra mim também.[11]

A restrição à participação em interrogatórios é relatada quase sempre por policiais militares. Ela é associada ainda a uma divisão informal de trabalho no órgão segundo a origem do agente. Isso é o que diz o tenente José:

> O Exército fazia a parte da inteligência. O Jonas [Melancia, da investigação] era uma exceção. [...] A Polícia Civil era mais encarregada do interrogatório apesar de ter alguns da PM que acabaram participando dele, como o nosso amigo Nobuo [tenente da PM]. A regra geral era a PM na linha de frente para tomar tiro, prender, fazer o que tinha de fazer na rua.[12]

Quem tinha contato com o Interrogatório disse que ele tinha limites na sede do DOI, como a necessidade de o preso "estar inteiro" para cobrir um ponto, uma das regras estabelecidas:

> Havia muito mito quanto ao que se fazia com o preso. Dizia-se que se estuprava, que arrancava olho [...]. Não tinha estupro. Punha-se a mulher nua, dava choque, mas estuprar jamais. Se o Ustra soubesse de algo semelhante, ele ferrava bem. O Ustra é um cara muito íntegro [...] esse negócio de quebrar

---

[11] Tenente Neuza, entrevista em 22 de maio de 2005, fita 8, lado A.
[12] Tenente José, entrevista em 9 de janeiro de 2007, fita 1, lado B.

nariz, queimar olho não existia, mesmo porque precisava do cara inteiro para o ponto.[13]

O interrogador não usava arma de fogo. A exceção era um grupo de Fuzis de Assalto Leve (FAL), de calibre 7,62 mm, mantidos na seção, mas que não tinham relação com o cotidiano. A razão da presença de tais armas era uma ordem superior: se um grupo subversivo tentasse invadir o DOI, e a defesa do quartel se tornasse impossível, os homens da seção deviam fuzilar os presos. A ordem foi dada depois que a informação sobre um suposto plano de resgate chegou ao DOI em 1972. No dia a dia, tinha-se à disposição dos torturadores instrumentos como o pau-de-arara, as máquinas de choque, a cadeira do dragão (feita com folhas de ferro galvanizado onde o prisioneiro era amarrado para receber os choques) e as palmatórias para bater nos pés e na bunda, além das mãos para espancar, é claro. No DOI de então se procurava justificar o tratamento dizendo-se que a barra só pesava contra quem havia provas efetivas de participação na subversão, norma que impediria a tortura de um inocente. Só não teriam opção os que já estavam "descobertos", ou seja, contra quem já havia um certo grau de suspeita a autorizar o início do castigo. Esses tinham de falar, mesmo que fosse só para confirmar o que a repressão já sabia.

Mas nem sempre era assim. Todo agente sabe de casos, sempre "exceções". Os relatos a seguir são histórias exemplares de como o arbítrio em busca de "alvos legítimos" atinge indistintamente culpados e inocentes sem que isso o faça modificar os métodos. Um dos relatos recolhidos nessa pesquisa é o de um casal preso por engano pelo DOI. Uma sentinela da Rua Tomás Carvalhal viu passar em seu posto uma Brasília com um casal. Pouco depois, o carro voltou. Diante do que seria um ato suspeito, o rapaz avisou o chefe do plantão. Era o Capitão Ubirajara.[14] Naquela época, namorados

---

13 Agente Chico, entrevista setembro de 2004, fita 1, lado B. Há relatos de presas que sofreram abusos sexuais no DOI. São os casos de Maria Amélia Teles e de Eugenia Zerbini.

14 Ubirajara era um dos mais cruéis torturadores do DOI. Tinha um prazer considerado sádico pelos colegas em criar novos métodos de tortura, como as argolas chumbadas alto na parede nas quais presos eram fixados. Ex-prisioneiros o identificaram como o delegado Aparecido

no carro podiam ser um disfarce para um ataque ao DOI. Ubirajara, um homem de 1,70 metro de altura e cabelos pretos cortados à militar, mandou que telefonassem para o Detran e verificassem a placa. Antes do computador, isso era feito consultando-se um arquivo de fichas de papel. Assim foi. A resposta informou que a placa pertenceria a um Aerowillys e não a uma Brasília. Ubirajara deu a ordem: capturar os suspeitos. O sargento Bordini cumpriu a missão e, em menos de dez minutos, casal e carro estavam no DOI.

Começaram a interrogar o homem. Queriam saber se ele era terrorista. O rapaz negava, e a mulher também. Tempos depois, o tenente Chico virou-se para um amigo do interrogatório e disse: "Esse cara tá me parecendo sincero".

> Daí eu peguei a placa da Brasília e liguei de volta pro Detran e descobri que o cara de lá fez o levantamento errado. Realmente aquela placa era de uma Brasília. Aí, deu-se uma dura no cara [o preso], perdoou o cara. Disseram: "Vou quebrar esse galho essa vez. Você vai ser liberado e vê se não aparece mais aqui". E o cara saiu devendo um favor, mas o cara tomou um cacete até oito horas da manhã, e não era um bandido; era um coitado.[15]

Outra vez, um homem preso numa operação foi levado ao Interrogatório e entregue ao policial Pedro Mira Granciere, o Capitão Ramiro, que se orgulhava de ser "um dos melhores interrogadores do DOI".[16] Mas o torturador, que exibia uma âncora no braço e se tornaria o último homem a ver o

---

Laertes Calandra, da Polícia Civil de São Paulo. "Ele tinha uma voz meio metálica e estridente, se vestia bem, fazia pose, era muito agressivo e cínico, particularmente cínico", contou o ex-preso Artur Scavone (*Folha de S. Paulo*, 14 de abril de 2003). Em depoimento à Comissão Federal da Verdade, Calandra, que sempre negou ser Ubirajara, voltou a negar ser o toturador. O delegado ganhou a Medalha do Pacificador (Secretaria-geral do Exército, portaria ministerial 351, de 12 de março de 1974, publicada no Boletim do Exército nº 15, 12 de abril de 1974). O jornal *Movimento*, em 19 de junho de 1978, publicou o retrato-falado de Ubirajara [apud AQUINO, Maria Aparecida. *Censura, Imprensa, Estado Autoritário (1968-1978)*, p. 130]. Lá estavam o bigode e o cabelo para trás.

15 Entrevista agente Chico, em 30 de março de 2005, fita 7, lado A.
16 *Isto É*, 25 de março de 1992. Na entrevista, Pedro Mira Granciere se gaba ainda de ter escrito apostilas sobre interrogatório que foram distribuídas entre os seus colegas.

jornalista Vladimir Herzog com vida no DOI, em 1975, não conseguia "tirar o serviço", extrair nada do preso, nem mesmo sua identidade. O diálogo a seguir foi feito com base no relato de agentes:

— Não sou eu, não sou eu, repetia o cliente.
— Como não é você?! É você, sim!!

Depois de tanta resistência do preso para assumir algo tão simples, como seu nome verdadeiro, o capitão Ramiro achou que o sujeito talvez dissesse a verdade.

— Quem foi que prendeu esse cara!!!???
— Foi o pessoal da Investigação, responderam-lhe os companheiros.
— Pede pro responsável vir aqui um pouco...

E lá veio o agente da Investigação que havia detido o suspeito. Chegou coçando a cabeça. Aproximou-se da sala e olhou o preso pelo vidro da janela, no meio da porta.

— Ih!!! Esse não é esse cara, não. Esse aí é o porteiro do prédio.

Levado como testemunha com o preso, o porteiro transformou-se, em meio à confusão, em terrorista. Já estava lá havia duas horas por algo que "não era nada com ele".

— Olha aqui, você vai embora, pois você teve sorte, vão te liberar, disse Ramiro.

— *Mas ele já tinha ido pro pau ou não?*
— Ele já tinha levado umas porradas, mas não tinha... pra ir pro pau-de-arara só ia mesmo na certeza e esse critério pelo menos tinha. Tipo assim, é o cara. Daí vai, né.[17]

Aos responsáveis pelo interrogatório, a eficiência do trabalho e a reação dos presos ocupam um espaço maior em suas memórias do que a culpa ou o arrependimento. "Quando o couro comia, sumia o idealismo, sumia a coragem, sumia tudo."[18] Diante deles havia quase sempre apenas um trabalho em que era necessário extrair informações de quem se negava a falar. Tratava-se, dizem, de criminosos, terroristas e inimigos, e essa

---
17   Agente Chico, entrevista em 30 de março de 2005, fita 7, lado A.
18   Agente Chico, entrevista em 30 de março de 2005, fita 7, lado A.

era a tradição policial. Havia ainda o ódio devotado ao bandido comum e aos seus atos, o que tornava, muitas vezes, o interrogador indiferente ao sofrimento que lhe impunha. Ele via o ofício como uma arte, uma *mise-en-scène* em busca da informação ou o castigo merecido daqueles "facínoras". Não foi só no século XVIII que o ritual da tortura judiciária para produzir a verdade caminhava junto com o ritual que impunha a punição, fazendo do "corpo interrogado no suplício o ponto de aplicação do castigo e o lugar de extorsão da verdade".[19] Assim também foi no DOI. Basta trocarmos a busca da verdade pela busca da informação. O interrogatório, peça necessária ao processo legal, transformava-se em uma arma. Mas era também um suplício para o preso e um ofício para o agente.

Há entre os militares muitos que enxergam exageros nas denúncias dos prisioneiros. São comuns em seus relatos histórias de prisioneiros que "confessaram sem levar um tapa, por covardia ou medo" e de detidos "bem tratados". "Coisas que a esquerda não diz." Dada a recorrência desses relatos, é possível que alguns presos tenham "colaborado" sem que tivessem experimentado a mais dura tortura física. E, assim, "se o preso cooperava", era tratado "direitinho", mas quem não "cooperava ia pro pau". O importante era "fazer o preso falar".

Raros são os agentes que criticam os "métodos de combate". Não se veem cometendo um crime, mas um trabalho, apesar de brutal, necessário. Afirmam que era uma luta travada com normas e orientada por análises do que o detido dizia e pelos limites da dor imposta ao prisioneiro. Para ilustrar essa constatação, um entrevistado contou uma história. Disse que uma vez, prenderam um militante após a queda da célula de sua organização no interior paulista. Ele usava o nome falso de Sebastião Machado Nunes. Enquanto esperava sua vez de ser interrogado, pediu um cigarro a um agente, que lhe atendeu. O prisioneiro apanhou o cigarro aceso, abriu a mão e apagou a brasa na palma. Virou-se, então, para o militar e disse: "O que você vai fazer comigo não vai doer mais do que isso. Pode começar."

---

[19] FOUCAULT, Michel. *Vigiar e Punir*, p. 41.

> Imagine. Demorou três minutos pra ele falar o nome dele e depois contar tudo. A dor tem um limite.[20]

Os agentes do Interrogatório achavam-se orientados pelo que se chamava de "lógica da informação". Por meio dela, os militares prestavam atenção na história que o preso contava em busca de omissões de fatos já conhecidos ou de mentiras, contradições ou lacunas no relato. Era a constatação dessas falhas no depoimento do prisioneiro que determinava quando alguém devia ser "apertado". Mas, se a história do preso era convincente, dizem os agentes, ele "contava tudo o que queria e podia escolher o que não queria dizer", evitando revelar aquilo que não fosse sabido pela repressão.

> Era uma luta de inteligência. Os presos, todos, eram mais inteligentes do que o interrogador, e isso era compensado com a pressão física. [...] O interrogador era apoiado pelo analista. O preso logo aprendia que não podia mentir. Ele podia omitir, mas, quando ele mentia, vinha a pressão no outro dia.[21]

O Destacamento modernizava a tortura, tentando legitimá-la por meio de novos métodos e como arma de guerra. No direito medieval ela tinha seu lugar dentro do processo inquisitorial, que precisava da confissão para produzir a verdade, completando as provas da apuração secreta, como se o acusado se rendesse à Justiça.[22] A tortura não era tida como uma selvageria, pois também tinha suas regras. Nem se tentava obter a verdade a qualquer preço. No DOI, pensava-se de forma semelhante, daí o recurso a médicos e enfermeiros durante o pau para saber se o preso podia aguentar mais ou se era hora de parar. No passado também havia um espécie de disputa entre o juiz que ordenava a tortura e o suspeito que seria torturado. O investigado era submetido a uma série de provas, cuja severidade era gradual. O homem ganhava se aguentasse ou perdia se confessasse. O juiz não impunha

---

20 Agente Chico, entrevista em 2 de abril de 2005, fita 8, lado B.
21 Agente Chico, entrevista em 2 de abril de 2005, fita 8, lado B.
22 Para o uso da tortura no fim da Idade Média durante os processos da Inquisição, ver EYMERICH, Nicolau. *Manual dos Inquisidores*, e BETHENCOURT, Francisco. *História das Inquisições*.

a tortura sem riscos, pois ele sabia que devia abandonar as acusações quando não havia confissão. O mesmo jogo pode ser visto quando os homens da Oban informaram ter certeza de que Antenor Meyer e Roberto Ricardo Cômodo, presos em 1969 e acusados de militar na ALN, não mentiam quando diziam não conhecer mais ninguém na organização. "Face ao intenso interrogatório a que foram submetidos", os agentes tinham "quase certeza de que os mesmos nada mais podiam informar".[23] É que a "a tortura para fazer confessar tem alguma coisa de inquérito, mas tem também de duelo".[24]

Esse mesmo jogo entrou em campo no DOI, que usou ainda o trabalho da Subseção de Análise para averiguar se o que preso dizia era verdade. O processo de modernização era completado pela organização do trabalho. Não se tratava propriamente de uma linha de montagem, mesmo que às vezes o excesso de trabalho fosse o fator que motivava o término de uma sessão de interrogatório – havia outros clientes na fila, o que não era problema, pois o interrogatório podia sempre ser retomado. Falava-se com o preso num dia, segundo uma lista de perguntas. As respostas eram datilografadas e encaminhadas aos analistas. Esses homens confrontavam as declarações do preso com as de outros que haviam sido detidos pelo DOI para averiguar cada informação. Verificavam se o que havia sido relatado fazia sentido e se não entrava em contradição com o que já era conhecido e armazenado em seu mais importante instrumento de trabalho: o fichário. Nas pastas mantinham-se as fotos e as informações sobre pessoas e organizações. O uso do fichário foi mais um método policial adotado pelos militares. Além de funcionar como uma espécie de controle de qualidade, o arquivo da Análise e as conclusões dos analistas também orientavam os agentes do interrogatório sobre o que ainda devia ser perguntado, quais as brechas dos depoimentos tinham de ser exploradas, as dúvidas e as contradições que tinham de ser esclarecidas, auxiliando a compor a nova lista de perguntas a serem feitas aos presos. Só quando a Análise se sentisse satisfeita é que o interrogatório acabava. Esse jogo podia demorar dias e meses.

---

23 AESP Deops-SP/OS252 (Exército), documento arquivado em 5/01/70, origem 2ª DI-2ª Seção, Resumo especial solicitado pelo major chefe OB.
24 FOUCAULT, Michel. *Vigiar e Punir*, p. 40. Ver ainda p. 36-41.

Raros foram os militantes que não forneceram alguma informação ao inimigo, são as exceções em qualquer movimento revolucionário. Os militantes mais lúcidos sabem o significado do drama causado pela tortura e a tragédia que se abate sobre os torturados que falam, muitos dos quais estigmatizados como traidores ou como gente que "se comportou mal", "vacilou" ou prejudicou companheiros e organização. Sobre um alto dirigente do PCB preso em 1975, o líder comunista Luís Carlos Prestes disse: "[...] Derrubou todo o esquema do partido porque falou. Ele não podia falar. Morria, mas não falava".[25] Preso em 1975 por causa de sua militância no PCB, o editor Renato Guimarães escreveu um livro sobre o drama da experiência da tortura:

> Um prisioneiro tem deveres para consigo mesmo e para com os companheiros, além de obrigações que o prendem à família. Esses deveres incluem o de permanecer vivo e sair da cadeia no mais breve prazo possível, sempre que o preço pago não seja a sua desonra. Daí a importância vital que assume a noção-limite de honra pessoal, esse último reduto da dignidade, para cuja defesa um homem sacrifica até a vida, pois nele bate a fronteira do autorrespeito, sem o qual não vale a pena viver nem tem sentido a liberdade.[26]

Documentos das organizações deixam claro o despreparo da guerrilha para enfrentar a tortura:

> O militante preso deverá ter comportamento condizente com sua responsabilidade no quadro revolucionário. É inadmissível qualquer comportamento derrotista que prenuncia moral baixo e é o terreno fértil para a vacilação. [...] Como regra geral, deve-se negar ligação com a Organização [...] declarar somente o que não compromete os companheiros e a organização e, se necessário, abrir sua residência 48, 72 horas depois.[27]

---

25 MORAES, Denis; VIANA, Francisco. *Prestes: lutas e autocríticas*, p. 209.
26 GUIMARÃES, Renato. *Travessia: da tortura e dos meios de resistir a ela*, p. 75.
27 AESP Deops-SP/OS255 (Exército); *Normas de segurança revolucionária*, documento de janeiro de 1971 que o DOI atribuiu à VAR-Palmares.

À dor física, as organizações opunham a firmeza da moral dos revolucionários. Respondiam com uma análise fria a uma situação em que o instinto é tudo e se transforma em verdade infinitamente palpável. Os que leram esses documentos, provavelmente, acreditaram. Nada explica mais o trauma de perder a sua voz e a consciência e entregá-las ao torturador, uma ferida que não cicatriza em muitos militantes que foram dominados pelos que lhes esgarçaram a humanidade ao retirar-lhes a liberdade de falar e calar.

> Não podemos exigir que alguém aguente até a morte sem falar nada [...] sem deixar de compreender que abrir informações sob tortura não é traição, é limite de resistência.[28]

De fato. Hannah Arendt diz que "nenhuma violência exercida pelo homem, exceto a tortura, pode igualar a força natural com que as necessidades da vida compelem o homem". Ela é a "necessidade que nenhum homem pode suportar".[29] Trata-se de fato reconhecido mesmo por quem trabalhou no DOI:

> Dizer que passou lá e não falou está mentindo ou era mudo. O Monir não podia falar, então escrevia. A dor é o limite do homem [...][30]
> — *Por que você diz que não tem como não falar?*
> — Você já viu o pau-de-arara em ação?
> — *Não.*
> — Se você quiser conversar com alguém da esquerda que passou... a coisa é tão terrível, que muitos nem vão querer falar nisso. Fica trauma, fica marca. Você já ouviu falar do inferno? O diabo não passa por perto do pau-de-arara. Com certeza ele respeita e tem medo. Naquela época tinha um livro muito falado do Solejnitsin, *O Arquipélago Gulag*. Arrumei o livro emprestado e fui lá no capítulo das torturas. Fui lá e vi que

---

28 PAZ, Carlos Eugênio Sarmento Coelho da. *Viagem à luta armada*, p. 132.
29 ARENDT, Hannah. *A condição humana*, p. 141 e 142.
30 Agente Chico, entrevista em 2 de abril de 2005, fita 8, lado B. Monir Tahan Sab foi preso com um ferimento que fez com que fosse operado com a colocação de uma sonda no pescoço. Quando queriam fazê-lo "falar", tiravam-lhe a sonda e ele era obrigado a escrever.

> não era nada, que aquilo era um paraíso comparado com aqui [...]. Eu não acredito que deixar o cara sem sono por quatro ou cinco dias sirva pra tirar informação. Não. É pra judiar do cara, é pra martirizar o cara. Quando se quer extrair uma confissão com urgência, a coisa tem de ser mais depressa, rápida. Ou o cara colabora espontaneamente ou tem que ter pressão física.[31]

A funcionalidade da tortura é a explicação e justificação mais recorrente que os agentes dão para sua utilização. Aceita como necessária mesmo por quem não trabalhava no DOI, a tortura marcou o regime. Para cumprir sua missão, os agentes não podiam raciocinar em termos morais, mas do ponto de vista da eficiência. É como disse o presidente Ernesto Geisel: "Acho que a tortura em certos casos torna-se necessária para obter confissões".[32] Há nos arquivos dos inquéritos sobre a morte de policiais em 1969 dois casos que colocam em xeque essa lógica. Feitos no Deic, eles apresentavam presos comuns que confessaram o assassinato de um investigador de polícia e o de um cabo da Força Pública, crimes mais tarde imputados também a grupos de esquerda pelo Dops – o primeiro à ALN e o segundo à Rede. Na falta de culpados, a tortura podia encontrá-los aos borbotões.[33] Mas o diabo mesmo era que dela não saíam "somente confissões falsas", conforme cabia aos advogados argumentar. De fato, muita informação foi obtida ultrapassando-se o limite da barbárie. "No meio de elementos inverídicos, os depoimentos arrancados sob tortura contiveram, em sua maioria, informações úteis à repressão policial."[34] Sua existência, admitida na maioria das

---

31 Agente Chico, entrevista em 26 de agosto de 2005, fita 12, lado A.
32 D'ARAÚJO, Maria Celina; CASTRO, Celso. *Ernesto Geisel*, p. 225. Para a questão da eficiência, ver AUSSARESSES, Paul. *Services Spéciaux, Algérie 1955-1957*, p. 34 e 35. Aussaresses disse que, depois de interrogar os presos, abatia os que tinham relação com a FLN.
33 O caso da morte do soldado da PM Abelardo Rosa da Silva é exemplar [Ver AEL-Unicamp BNM 180 (Frente), p. 435 a 442]. Três homens e dois adolescentes foram presos e acusados do crime, apurado pelo inquérito 193/70, do 27º DP. Dois dos homens confessaram o crime no Deic e apontaram os comparsas. Mais tarde, o Dops prendeu dois militantes da Rede, que confessaram o mesmo crime, ocorrido em 6 de outubro de 1969. Ver ainda AEL-Unicamp BNM 162 (Rede).
34 GORENDER, Jacob. *Combate nas trevas*, p. 261.

vezes de forma velada, levaria à necessidade da anistia, pois ela corroeu até a pouca legitimidade que alguns setores da sociedade admitiam no regime para punir quem se lhe opunha pelas armas.

Busca

As informações obtidas por meio da tortura e confrontadas com o arquivo de fotos e de informações da Subseção de Análise eram completadas com os relatórios dos trabalhos da Investigação. Nossos militares aprenderam que, na guerra, é prova de sabedoria não subestimar o adversário, procurar "compreender como funciona seu cérebro e descobrir que métodos aplica, pois só assim é possível prever e prevenir as ações inimigas".[35] Desse complexo de informações surgiam os endereços dos aparelhos e dos pontos passados à Busca, espécie de tropa de choque do DOI. Formada principalmente por policiais militares, esta verificava tudo e fazia novas prisões e apreensões que iam alimentar novas sessões de interrogatório. Ela era ainda responsável por fazer intimações de testemunhas. Muitos dos tiroteios que os homens do DOI travaram com guerrilheiros envolveram os agentes dessa seção, que andavam nas famosas Veraneios C-14 com espingardas, fuzis e revólveres. A Busca era a face mais visível da repressão. Era comum a pancadaria começar na rua mesmo, logo depois da detenção. "Tem 'polícia' que é foda. Faz o diabo, batia mesmo."[36] Aos aparelhos, os agentes iam em grupos de cinco, geralmente. Quando entravam, apesar da negativa do comando, era comum o saque. Às vezes, eles explicam esses casos como um desvio de comportamento de alguns policiais e militares:

> Tinha um capitão que se chamava Maurício, onde ele ia, nos aparelhos, ele roubava. E tinha "polícia" sem-vergonha... o "polícia" safado ia na frente, passava a mão e dizia que era ele [o capitão]..., mas ele [o capitão] roubava também.[37]

---

35 LIDDELL HART, B. H. *As grandes guerras da história*, p. 271.
36 Agente Nelson, o Pai Velho, entrevista em setembro de 2004, fita 1, lado A.
37 *Idem*.

Essas ações, no entanto, são explicadas ainda como um ato normal durante uma guerra:

> Não tinha corrupção lá. Você falou do negócio de saquear aparelho. Você sabe o que é butim? Num aparelho, normalmente, o que tinha lá dentro era roubado, já havia sido expropriado. Era máquina de escrever, mesa, esse tipo de coisa que tinha utilidade no DOI, pois lá se lutava também com falta de material [...]. Agora, quando o agente pegava um sapato ou uma blusa, ele ficava com eles.[38]

Quando os agentes negam a corrupção, eles querem dizer que não se recebia dinheiro para aliviar a barra do preso. O botim, ao contrário, chegava até aos chefes, mas isso não os deixou milionários. Às vezes, a prática se transformava em roubo comum, como no caso dos dólares apreendidos com um bispo da Igreja Católica Brasileira que tentara embarcar para a Itália, no Aeroporto de Viracopos, em Campinas. O religioso foi denunciado como "pombo-correio dos subversivos" e detido por uma equipe chefiada pelo sargento Bordini, da Polícia Militar, que fizera curso de informações do Exército, no Forte do Leme, no Rio. Durante a revista, nada foi encontrado em suas malas até que o agente cismou com a imagem de um santo. Apanhou-a e espatifou-a no chão. Havia US$ 11 mil dentro dela, quando o limite de dólares que se podia levar ao exterior era de US$ 2 mil – valores da época. O bispo e seu motorista foram parar na *Casa da Vovó*. Acabaram soltos dois dias depois; sem os dólares, é claro. Estes foram parar no bolso de um capitão do Exército.[39] Quando a Busca "apanhou uma terrorista e apreendeu perucas roubadas pela ALN", os mimos abasteceram esposas de oficiais, que foram escolher o presente no quartel. Uma das peças ficou no DOI para servir de disfarce à tenente Neuza, que não quis usá-la.[40] Houve, contam os agentes, tentativas de controlar o botim, tais como mandar

---

38   Agente Chico, entrevista em setembro de 2005, fita 1, lado B.
39   Agente Chico, entrevista sem gravar, em 11 de maio de 2005.
40   Tenente Neuza, entrevista em 12 de maio de 2005, fita 6, lado A.

integrantes da análise aos aparelhos para listar tudo o que lá havia antes que as equipes de busca ocupassem o lugar à espera de novas prisões.

> Um analista ia junto e relacionava todo o material da cozinha, do guarda-roupa, o que tivesse na casa e entregava a relação para quem ia ficar lá dentro. Houve até uma vez que um advogado pediu, depois de três anos, os bens que haviam sido apreendidos com o cliente e tudo foi devolvido: cinto, carteira, documentos. Tudo foi enviado para o juiz junto com a relação assinada pelo preso e por quem fez a relação.[41]

O butim, porém, era secundário na vida da Busca. Sua função maior era realimentar a moagem do DOI, trazendo novas pessoas para serem interrogadas, que acusariam mais pessoas e assim por diante. Quando esse trabalho de prender para interrogar começou a falhar entre o fim de 1970 e o começo de 1971, o DOI resolveu apostar na investigação para prender. Não que a tortura se tornasse inepta. Não era o caso. Tratava-se, antes, de complementá-la. O velho método de baixar o cacete não frutificava mais como outrora, principalmente contra a ALN. "Descobrimos no interrogatório que a esquerda havia criado o ponto sobre ponto e o ponto de polícia", lembrou-se o tenente Chico.[42]

O que era isso? O ponto de polícia ou ponto de queda, como era chamado pela ALN, era simples: marcavam-se dois horários. Um era para o encontro, o ponto, no qual os militantes entravam, ou seja, apareciam. Caso um dos companheiros não chegasse no horário combinado, o outro ficava à distância observando o local em que o encontro devia ter ocorrido. Se o guerrilheiro atrasado surgisse ali no segundo horário, por exemplo, uma hora depois, significava que ele havia sido preso. Sabia-se que os agentes interrogavam os detidos para saber seus próximos pontos. Quando um militante revelava essa informação, ele era levado pelos homens do DOI ao lugar do ponto para cobri-lo, ou seja, para se reunir com o companheiro que não sabia de sua queda. Como muitas detenções ocorriam

---

41 Dirceu Antonio, o Toninho, entrevista em 30 de janeiro de 2006, em São Paulo.
42 Agente Chico, entrevista em setembro de 2004, fita 1, lado A.

nesse momento, os guerrilheiros inventaram o ponto de polícia para que a pessoa presa tivesse uma forma de alertar os companheiros sem que os militares desconfiassem.

Já o ponto sobre ponto funcionava da seguinte forma: a pessoa que se encontraria com alguém importante da organização só o faria depois de passar por pontos com outros militantes e de passear com eles, o que inviabilizava a intervenção da polícia, pois o preso poderia escapar em seu deslocamento ou avisar que estava detido. O atraso tolerado nos encontros era de apenas 5 minutos, pois a pontualidade era prova do comportamento revolucionário do militante.[43] Carlos Eugênio, o Clemente da ALN, era um dos guerrilheiros que só se encontravam dessa forma. Cumprir horários, criar o ponto de queda e o ponto sobre ponto foram medidas de segurança úteis às organizações de esquerda, embora muitos de seus militantes não entendessem o porquê.

Havia ainda os horários-teto durante o dia. Quando alguém não chegava a uma casa às 20 horas ou 19 horas, a ordem era dar no pé e, então, fazer um reconhecimento da área a fim de detectar se havia algum problema. Um militante devia mudar de "chatô" (aparelho) a cada três meses e só os moradores do lugar podiam conhecê-lo.[44] A rigorosa observância das regras de segurança praticada por Carlos Eugênio garantiu-lhe a vida,[45] mas também provocou um de seus maiores erros: a execução em 23 de março de 1971 do militante Márcio Toledo Leite, que pertencera à Coordenação Nacional da ALN e tornara-se suspeito de querer abandonar a luta. O comunicado deixado ao lado do corpo dizia:

> Tolerância e conciliação tiveram consequências funestas para a revolução brasileira. [...] Ao assumir responsabilidade na organização cada quadro deve analisar sua capacidade e seu preparo. [...] As divergências políticas serão sempre

---

43 AESP Deops-SP/OS255 (Exército); *Normas de Segurança Revolucionária*, documento de janeiro de 1970 atribuído à VAR-Palmares.

44 AESP Deops-SP/OS255 (Exército); documento que o DOI diz ter encontrado na casa de Eduardo Leite, o Bacuri (ALN); informação 1497/70.

45 Carlos Eugênio Coelho Sarmento da Paz, entrevista em 8 de outubro de 2004.

respeitadas. Os recuos de quem não hesitou em aceitar responsabilidade tão grandes, não! O resguardo dos quadros e estrutura da organização é questão revolucionária. A revolução não admitirá recuos.[46]

Anos mais tarde, Clemente arrependeu-se e fez uma crítica à decisão, explicando-a como consequência das traições que haviam provocado mortes, como a de Joaquim Câmara Ferreira, e dezenas de prisões, como as ocorridas com base nas delações feitas por Hans Rudolf Manz, em 1969.[47] Tudo contribuía na época para o clima de desconfiança nas organizações da esquerda. Clemente não foi o único a criticar a execução de companheiros:

> Hoje avalio o justiçamento como totalmente desnecessário [...]. Naquela ocasião não tínhamos como avaliar as consequências do ato. Vivíamos uma situação em que cada passo era o limite entre a vida e a morte.[48]

Com as normas de segurança virando obsessão na esquerda e entre os militares, aumentaria cada vez o papel daquela que se transformaria na mais importante e secreta seção do DOI na fase do extermínio: a Investigação. Ela deixaria de servir apenas para verificar "pontas" que vinham do Interrogatório ou do setor de Análise. Seus crimes, nem mesmo os cometidos em plena abertura política, nunca foram investigados, ao contrário do ocorreu no Destacamento a partir da morte do jornalista Vladimir Herzog. Com o aumento da necessidade de sigilo para suas ações, a Investigação tornou-se um verdadeiro DOI clandestino. Ela efetuava prisões assim como a Busca, mantinha seus presos em endereços clandestinos onde os submetia a interrogatórios secretos e tinha uma minisseção de análise comandada por um militar do Exército de origem nipônica. Era até fisicamente

---

46 Anexo 5.501 do BNM, ligado ao processo BNM 70, AEL, Unicamp.
47 Cloves de Castro, entrevista em 14 de fevereiro de 2005, fita 1 lado A.
48 Depoimento de Maria do Amparo de Almeida Araújo em CARVALHO, Luiz Maklouf. *Mulheres que foram à luta armada*, p. 405. Maria participou do planejamento do justiçamento, no Rio, em 1973, do professor Francisco Jacques Moreira de Alvarenga, a quem a ALN imputava a morte do militante Merival Araújo. Preso e sob tortura, o professor levara os militares a Merival.

separada das demais instalações do DESTACAMENTO – sua entrada era na Rua Tomás Carvalhal. Seus homens faziam vigilâncias, tiravam fotos de suspeitos, grampeavam telefones. É em grande medida o trabalho executado por essa seção que ainda será feito pelo DOI de 1977 até 1991. Ustra foi o organizador desse sistema. A reestruturação interna do Destacamento consumiu seu primeiro ano de comando. O modelo estava praticamente pronto no fim de 1971, concluindo a fase de consolidação de poder e de métodos. A partir de então, a maioria dos mais duros e sigilosos golpes desferidos contra as organizações subversivas foram quase exclusivamente obra da Investigação, o que a pôs no centro da engrenagem em São Paulo.

3 INVESTIGAÇÃO
Quanto maior o sigilo, maior o poder

INTERROGATÓRIO E INVESTIGAÇÃO foram as engrenagens que moveram o DOI do começo ao fim. O embrião da última, a seção mais secreta do Destacamento, contava com dois guardas civis e dois sargentos do Exército. Ela nascera em 1970 pelas mãos do capitão de Infantaria Maurício Lopes de Lima, que seria substituído na futura Investigação pelo capitão Ênio, o Doutor Ney. "Foi uma evolução muito rápida, isso... seis, sete, oito meses."[1] O mineiro Lima era um dos personagens mais odiados pelos presos da Oban. Ele havia estado no Batalhão Suez, que compunha as forças de paz da ONU mandadas ao Sinai depois da guerra de 1956. Certa vez, inquirido como testemunha em processo contra integrantes da VAR-Palmares, alegou razões de segurança para se esquivar das denúncias de violência feitas pelos prisioneiros. De 17 réus, 11 relataram torturas e apontaram no tribunal os capitães Maurício, Benoni de Arruda Albernaz e Lauria como os responsáveis – todos eram do Exército e trabalhavam no DOI. Maurício não negou as acusações. Disse que "não poderia responder à pergunta por envolver assuntos diretamente ligados à segurança interna de sua organização, pois não poderia revelar 'a maneira de trabalhar internamente'".[2]

---

[1] Entrevista com o delegado Dirceu Gravina, em 16 de maio de 2005, fita 1, lado B.
[2] Ver BNM 95, caixa 3, p. 3302. AEL-Unicamp. Maurício foi um dos responsáveis por torturar a então militante da VAR-Palmares Dilma Rousseff.

Pouco depois, Maurício foi substituído, e o setor passaria pelas transformações trazidas por Ustra. O serviço ali era divido entre os agentes como se cada um tivesse uma peça de um quebra-cabeça. Só poucos tinham ideia geral da apuração, além do chefe do setor. As equipes eram orientadas a vigiar alvos identificados apenas por seus codinomes. Assim, os informantes eram Jota, VIP, Vinícius etc. Os agentes eram instruídos a não perguntar e a não falar sobre as operações nem mesmo entre eles. Nem sempre, porém, cumpriam essas normas. Alguns guardaram nomes, lugares e o destino de quem caiu nas mãos dos homens chefiados pelo Doutor Ney. Era ele o centro dessa máquina.

Boates

As mudanças fizeram da seção comandada pelo Doutor Ney a principal fonte de informações do DOI, com suas paqueras, informantes e prisões. Ele tinha sob seu comando até um setor próprio de interrogatório, que poucos no DOI conheceram de tão clandestino que era. Chamavam-no simplesmente de boate.[3] Era uma casa na Estrada da Granja, em Itapevi, na Grande São Paulo, que abrigara nos anos 1960, de fato, um desses negócios com moças desinibidas. O imóvel pertencia a um irmão do subtenente Carlos Setembrino da Silveira, que chegou a capitão quando passou para a reserva do Exército.[4] Conhecido como Tião da ALN, por causa de sua semelhança física com o guerrilheiro Otávio Ângelo, o verdadeiro Tião, Setembrino era um caso raro no DOI. Trabalhava na Busca, mas fazia "uns bicos" no Interrogatório, tanto na seção que tinha vida oficial, na sede do órgão, como também no centro clandestino da Investigação. A maioria dos presos que visitou a casa de Itapevi ou morreu ou virou informante, como explica o tenente José:

> Na Investigação [o agente] não era para ser conhecido, não era para prender ninguém. A não ser que fosse para outra

---

3   Entrevistas com os tenentes Chico (fita 10) e Neuza (fita 5 lado A) e com Alemão, "Autópsia das Sombras", *Veja*, 18 nov. 1992, AEL-Unicamp, BNM 26, p. 997 e o livro *Brasil Nunca Mais*, p. 243.

4   Setembrino ganhou a Medalha do Pacificador com Palma (portaria ministerial 135, de 2 de fevereiro de 1972, publicada no Boletim do Exército nº 9, de 3 de março de 1972).

finalidade. [...] Quando a investigação pegava era mau sinal. Na melhor das hipóteses, o cara virava informante.[5]

São raríssimos os casos em que um prisioneiro entrou na boate e saiu com vida sem que tivesse mudado de lado. Isso só ocorreu quando foi necessário à estratégia do DOI ou quando algum outro comando militar, como o 1º Exército, sabia de suas prisões. Os mais notórios casos foram os dos dirigentes do partidão Renato de Oliveira Mota e Aristeu Nogueira Campos, ambos presos em 1975.[6] O imóvel de Itapevi tinha argolas nas paredes e blocos de cimento nos quais se acorrentava o preso. Era prático levá-los para lá, pois a casa não tinha vizinhos que pudessem dedurar o trabalho. Além de Setembrino, trabalharam no lugar o sargento do Exército Pedro Aldeia, o agente Fábio e os capitães André Leite Pereira Filho (o Doutor Edgar), Freddie Perdigão Pereira (o Doutor Flávio) e Ênio (o Doutor Ney). Outros também teriam tido acesso ao lugar. São eles: o motorista de Pedro Aldeia, o policial militar Collucci ou Amarelinho; o terceiro-sargento do Exército Melancia (agente Jonas) e o agente Valdir, o Cartucheira, do Exército. Quando iam fazer uma desova, partiam à noite com o corpo no porta-malas do carro. Geralmente iam quatro homens em dois carros, quase sempre homens do Exército. O corpo saía de Itapevi esquartejado.

Quando o sargento Marival Chaves, ex-agente do DOI, revelou em 1992 detalhes desse trabalho, Melancia telefonou preocupado para a tenente Neuza:

— Vão descobrir os corpos, disse o cabo.

— Deixa de ser besta, já foi tudo embora, respondeu a tenente.

---

5 Tenente José, entrevista em 10 de janeiro de 2007, sem gravar.
6 Mota foi salvo, segundo os agentes, porque precisavam de seu depoimento para acusar os policiais militares de São Paulo que compunham o setor militar do PCB por meio da "célula comunista da PM". Para seu caso, ver processo BNM 26 e *Brasil Nunca Mais*, p. 243 a 246. Nogueira, assim como Marco Antônio Tavares Coelho, foi salvo porque preso no Rio, com o conhecimento do 1º Exército, o que quebrou o sigilo da operação do DOI de São Paulo. A repressão precisava ainda deles vivos para "denunciar a ligação do PCB com o MDB". A prisão de Tavares Coelho foi ainda denunciada com estardalhaço. Para o caso de Tavares Coelho, entrevista com o autor em março de 2005 e os livros *Herança de um sonho*, p. 369-408, e *A Ditadura Encurralada*, de Elio Gaspari, p. 24-28 e 40-44.

A preocupação se justificava. Pela primeira vez alguém abria o esquema da boate. Marival passou a ser um traidor para os colegas, que nunca lhe chamaram de mentiroso, pois era sabido que "eles, o nosso pessoal, jogavam [os corpos] de cima de uma ponte. Isso eu sabia. Amarravam as partes em pedaços de mourão de cimento e jogavam no Rio".[7]

O modo como eles desfaziam-se dos corpos em Itapevi é semelhante ao usado pelo Centro de Informações do Exército (CIE) na Casa da Morte, em Petrópolis, entre 1971 e 1974, segundo o depoimento do coronel Paulo Malhães à Comissão Nacional da Verdade.[8] Lá os corpos eram também cortados, com o sumiço de digitais e destruição da arcada dentária antes de terem a barriga aberta e as partes amarradas a pedras antes de serem jogados em rios da região serrana do Rio. Malhães eras amigo de Ustra e trabalhara na Casa da Morte com o capitão Freddie Perdigão,[9] que depois foi transferido para São Paulo. O Dops de São Paulo entregou esporadicamente presos à Casa da Morte, assim como o DOI paulista. No primeiro semestre de 1974, o Destacamento levaria quase uma dezena de presos a Petrópolis para serem mortos ao mesmo tempo em que punha para funcionar a boate de Itapevi. Quando a Casa da Morte foi fechada em junho de 1974 em razão de o então comandante do 1º Exército querer a retirada dos aparelhos do CIE do Rio, a boate de Itapevi se transformou no principal centro de execução e de desaparecimento de presos no país. Passou a ser operada em consórcio pelo DOI e pelo CIE.

Ela não foi a única "boate" dos órgãos de segurança em São Paulo. Fleury, o delegado, também teria a sua, denominada jocosamente de "boate

---

7 Tenente Neuza, entrevista em 14 de abril de 2006. Ela diz que só integrantes do Exército frequentavam a boate, mas em pelo menos um caso foi possível identificar a participação de policiais civis e militares na tortura e morte de um militante do Molipo. Ver ainda Neuza, entrevistas de 18 de fevereiro de 2006, fita 10, lado B, e 8 de dezembro de 2007, fita 11, lado A, e Marival Chaves, entrevista em 17 de maio de 2013.

8 Para o depoimento de Malhães, *O Globo*, p. 3, em 21de fevereiro de 2014.

9 No Rio, Perdigão era o Doutor Nagib. Entre a enorme lista de crimes atribuídos a ele estão atentados a bomba, assassinatos na Casa da Morte e na Boate deItapevi assim como o assassinato do jornalista Alexandre von Baumgartem, de sua mulher do barqueiro que acompanhava o casal, em 1982, no Rio. Para tanto, ver o depoimento do coronel Paulo Malhães em *O Estado de S. Paulo*, p. A7, em 25 de março de 2014. No dia 24 de abril de 2014, Malhães morreu durante a invasão de sua casa por três homens. A polícia prendeu o caseiro do sítio, que disse ter participado do crime, que tinha por objetivo roubar armas da coleção do militar.

tchibum". Era assim que chamavam no DOI o lugar no Rio Tietê, perto da Rodovia Castelo Branco onde, dizia-se, Fleury se livrava de corpos de vítimas do esquadrão da morte, fossem presos comuns ou políticos.[10]

> O Fleury pegava um tambor desses grandes e punha o defunto lá e depois jogava cimento. Depois jogava o inimigo, o tambor no rio. Eles chamavam isso de boate tchibum, ia levar pra lá. Era na Castelo, onde o Tietê passava. A turma do Fleury jogava. Não era a turma da *Casa da Vovó*, não. A *Casa da Vovó* devia ir um pouco mais longe. Iam lá pra onze e meia, meia-noite levar, levar as coisas, desovar. O Marival não inventou isso de jogar no Rio. Só que o Fleury tinha um local e eles [o DOI] tinham um local um pouco mais longe.[11]

A *Casa da Vovó* teve, além da boate, outros dois centros clandestinos de tortura: um era o Sítio. Ele ficaria no bairro do Cipó, perto de Parelheiros, uma área de Mata Atlântica próxima da Serra do Mar. O lugar fora batizado com o sugestivo nome de 31 de Março. Ele também servia para "encachorrar" guerrilheiros ou para fazê-los viajar, como os agentes se referem às execuções. Passaram pelo Sítio Aylton Adalberto Mortati, Antonio Benetazzo e Antônio Carlos Bicalho Lana, todos executados depois de presos. O Sítio abrigaria ainda churrascos das famílias dos chefes do DOI e do delegado Fleury. O outro lugar era uma fazenda em Araçariguama, perto da Rodovia Castelo Branco, usada a partir de 1975.

Por fim, existiu no Ipiranga, na zona sul, um cárcere clandestino destino aos que os militares pretendiam cooptar como informantes. Também servia para encontros com infiltrados. O imóvel passou a ser usado em meados dos

---

10 Para as características da casa, depoimento à *Veja* do sargento Marival Chaves, já citado. Para os frequentadores da casa, entrevistas da tenente Neuza de maio de 2005 e fevereiro de 2006. O mesmo vale para a "desova" e a boate de Fleury. Os tenentes José e Chico confirmaram nomes e participantes de execuções.

11 Tenente Neuza, entrevistas em maio de 2005. O sargento Marival Chaves disse que os corpos do DOI eram atirados em um rio em Avaré. "Ele participou muito pouco. Ficava lá com o Pedro (Pedro Aldeia era homem de confiança de Ney)". Ao contrário do que disse em suas entrevistas, Marival não seria da Subseção de Análise. "Da análise ele não era não, ele era da investigação. O que ele sabe foi através do Pedro", disse a tenente Neuza. Outros integrantes do DOI confirmaram essa informação sobre Marival, que nega.

anos 1970. O primeiro imóvel desse tipo usado pelo Destacamento foi uma casa na Mooca, na Praça Pinheiro Raposo, perto da Rua dos Trilhos, por onde passaram presos políticos e, no fim dos anos 1970 passou a servir de ponto para entrevistas e conversas. O primeiro hóspede dela foi o guerrilheiro Eduardo Leite, o odiado e temido Bacuri, a quem os militares acusavam de participação em sete mortes em assaltos, no atentando contra o quartel-general do 2º Exército e de ser um dos chefes dos sequestros do cônsul japonês Nobuo Okushi e do embaixador alemão Ehrenfried von Holleben. Preso em 21 de agosto de 1970 no Rio de Janeiro por Fleury e pelo Centro de Informações da Marinha (Cenimar), Bacuri foi torturado na Casa de São Conrado, no Rio, o primeiro centro clandestino de tortura usado pelo militares. Depois foi trazido para o Dops de São Paulo e enviado ao DOI em 22 de setembro. Permaneceu oficialmente na cela 3 da *Casa da Vovó* até 16 de outubro, quando retornou ao Dops. No dia 24, o então tenente Chiari, da PM, levou a Bacuri uma cópia da *Folha da Tarde* onde se lia que Leite havia fugido. Era a senha sobre o que ia acontecer: Bacuri ia morrer. À 1 hora do dia 28, retiraram-no do Dops, onde foi visto por inúmeros presos. Fleury entregou o prisioneiro ao 2º Exército, mais precisamente ao capitão Carlos Alberto de Francicis, homem da 2ª Seção do Estado-Maior. Francicis nutria um ódio especial por Lamarca, de quem fora contemporâneo nas Agulhas Negras.[12]

Ao passar para as mãos do militares, Bacuri foi levado pelo capitão para a casa da Mooca. O sítio e a casa pertenceriam ao empresário Joaquim Rodrigues Fagundes, um amigo dos militares.[13] Bacuri ficou lá e chegou a ser atendido por outro amigo dos militares, o médico José Carlos Fasano. O prisioneiro já não conseguia andar, mas mantinha a valentia.[14] Mais tarde, o militante foi transferido para um quartel do Exército em Santos, onde foi executado em 7 de dezembro de 1970, mesmo dia em que a VPR, liderada por

---

12 Entrevista com a advogada Denise Moreno Boulhosa, ex-mulher do capitão. Em 21 de setembro de 2005. São Paulo, sem gravação. Para a permanência de Bacuri no DOI, AESP Deops-SP/OS255.
13 Agente Chico, entrevista em 21 de maio de 2005, fita 10, lado B.
14 Ver o relato preciso sobre Bacuri em SOUZA, Percival de. *Autópsia do Medo*, p. 176-178. Para o uso da casa da Praça Pinheiro Raposo e a amizade de Fagundes e Fasano, agente Chico, entrevista em 20 de maio de 2005, fita 10, lado B.

Lamarca, sequestrou no Rio o embaixador Suíço – temia-se que os guerrilheiros exigissem a libertação de Bacuri em troca do embaixador. Depois de Bacuri, não houve, segundo um dos que conheciam o endereço, mais tortura na casa, pois o lugar tinha muitos vizinhos. "Era só um lugar para levar pessoas que estavam dispostas a falar", contou o tenente Chico.

Aquela residência não foi o único imóvel que o empresário Fagundes, dono de uma transportadora, arrumou para os militares do DOI. Era dele o sítio 31 de Março. Pelos serviços prestados, "o paisano" foi condecorado pelo Exército nos anos 1980, uma "indicação e exigência do Ney",[15] seu grande amigo. A existência desses centros clandestinos é explicada pelos agentes como parte da concepção militar sobre a guerra revolucionária.

> Ali era outro tipo de guerra. Uma guerrilha urbana não tem lei. Essa lei estava sendo imposta por eles que faziam as expropriações. Os Estados Unidos perderam a guerra do Vietnã porque ficaram nos parâmetros da legalidade combatendo o inimigo... [...] Guerra com a Convenção de Genebra só se houver pessoas devidamente identificadas de cada lado.[16]

Quase 50 anos depois, Alemão usa uma justificativa clássica dos teóricos da guerra revolucionária. Trinquier dizia que o guerrilheiro que luta contra um exército regular, pelo simples fato de transgredir as leis da guerra ao combater sem uniforme, evitando os riscos que isso traz, deixa de ter a proteção dessas leis.[17] Mas o conhecimento da existência desses centros, no entanto, não significava ter obrigação de lá trabalhar. Há relatos de agentes da Investigação que recusaram esse serviço sem que isso resultasse em afastamento do setor. É o que conta o tenente José. Segundo ele, o agente Sá, do Exército, fez-lhe a proposta: "Você gostaria de participar de uns interrogatórios fora daqui?"

---

15   Encachorrar, isto é transformar em cachorro, em informante. As frases citadas são do tenente Chico, cujo nome verdadeiro será mantido em sigilo enquanto ele viver, fita 10, lado B. Ao todo, cinco agentes do DOI fizeram relatos consistentes sobre as estruturas clandestinas do órgão. Marival Chaves acrescenta ainda uma casa no Ipiranga, em São Paulo (*Veja*, 18 nov. 1992).
16   Entrevista do autor com Alemão, em 12 de abril de 2005, fita 2, lado B.
17   ROBIN, Marie-Monique. *Escadrons de la Mort: L'Ecole Française*, p. 123 e TRINQUIER, Roger. *La Guerre Moderne*, p. 18-24.

> Eu falei: "A coisa funciona assim comigo: no calor, se a pessoa tiver armada e reagir, eu vou atirar pra matar, não vou atirar pra imobilizar. Não vou enfrentar esse tipo de serviço porque no calor é uma coisa, mas quando pessoa está presa, está detida, cessou minha ação, não vou dar mais um tapa nela, um tiro nele; acabou. Ele vai responder pra Justiça. Já vem da formação nossa isso aí."[18]

Cachorros

Quando um paciente era detido, a equipe da Investigação responsável pela prisão dirigia-se a um ponto pré-determinado onde esperava a chegada da Clínica Geral. Para cada operação havia um lugar de encontro. O preso permanecia entre os bancos traseiro e dianteiro. Era obrigado a manter os olhos fechados até o Doutor Ney aparecer em seu Corcel, quase sempre acompanhado por Pedro Aldeia, seu braço-direito e sargento de confiança, ou por Perdigão. Depois de transferir o preso para seu carro, Neyzinho ia embora. A tenente Neuza conta que o preso que "não queria participar, viajava". Quem colaborava podia ir além de contar o que sabia. Podia ganhar um codinome, um contrato, um salário e um apelido de seu controlador: cachorro.

> Quando o cara demonstrava fraqueza já nos primeiros interrogatórios fazia um trabalho nele pra ver se ele virava informante. Se conseguisse, o cara assinava um papel, ele recebia um dinheiro e podia soltar sossegado. A Investigação fazia isso. A equipe que prendia na rua já vinha interrogando o cara, dando uma prensa e, se ele vinha "quietão", o pessoal dizia quando chegava: esse cara é duro. Mas quando o cara era mole, se dizia: "Dá pra pegar o cara". Mas teve caso de muito informante que deu duas, três informações e depois sumiu.[19]

Havia três formas de se convencer alguém a tornar-se informante. A primeira, e mais utilizada, foi a ameaça. Preservar a vida em troca da cabeça dos companheiros. Muitas vezes, o medo inicial era superado e aí o

---

18 Tenente José, entrevista em 9 de janeiro de 2007, fita A, lado B
19 Agente Chico, entrevista em 2 de abril de 2005, fita 8, lado B.

informante podia transforma-se num outro tipo de cachorro: o que trabalhava por convicção ideológica. Isso ocorreu com o Cabo Anselmo e com Jota. Por fim, havia os que não tinham problemas de consciência, pessoas cujo instinto de preservação estava intimamente ligado ao bolso. Esses trabalhavam por dinheiro. Foi o caso de VIP, que derrubou o PCdoB. Só o chefe da Investigação, o subchefe e alguns agentes sabiam a verdadeira identidade do informante ou mantinham contato com ele.

O uso de informantes foi um dos métodos mais eficazes, às vezes até mais do que a tortura, para a destruição das organizações de esquerda.[20] E isso vale para quem pegou em armas como para os que se mantiveram no trabalho de massas. A tortura entregou Marighella e levou a Lamarca, mas um informante destruiu a VPR no Brasil e outro provocou a morte de Joaquim Câmara Ferreira. Foram os cachorros que levaram os homens da *Casa da Vovó* de São Paulo ao coração do que restava da Ala-Vermelha (Edgar de Almeida Martins), da ALN (João Henrique Ferreira de Carvalho, o Jota e os agentes Benedito, Godofredo e Fritz), da VPR e da VAR-Palmares (José Anselmo dos Santos, o Kimball, e o agente Dourado), do PCdoB (Jover Telles, o VIP), da APML (Gilberto Prata Soares), do Molipo (Camilo)[21] e do PCB (Vinícius), permitindo esmagá-los em meio a torturas e desaparecimentos.[22]

O informante apareceu quando os militares aperfeiçoaram o processo de investigação, seguindo seus alvos para saber com quem se encontravam. Militantes e dirigentes eram vigiados até o momento propício para que tudo fosse rápido, súbito e sem rastros. Na hora das prisões, escolhiam três ou quatro pessoas que permaneceriam livres, entre elas o informante.

---

20 Ver depoimento de Cyro Etchgoyen em D'ARAÚJO, Maria Celina; SOARES, Gláucio A. D.; CASTRO, Celso. *Os Anos de Chumbo: a memória militar sobre a repressão*, p. 63 e 64. A opinião é quase consenso entre militares e tem adeptos na esquerda (Ver Ricardo Zarattini Filho, entrevista em 21 de fevereiro de 2006, fita 1, lado A, e Pedro Lobo de Oliveira, entrevista em 12 de dezembro de 2006).

21 No caso do Molipo, a informação sobre Camilo é sustentada por um único depoimento, o de João de Sá Cavalcanti Neto, que, de fato, mantinha relações com informantes na área do DOI do 2º Exército. Além dele, o agente Chico relatou que recebia orientação para omitir o nome de Camilo dos interrogatórios quando algum preso se referia ao informante.

22 Oito dos agentes entrevistados fizeram referências nominais a informantes. A família de Martins nega a acusação e diz que ela se deve a uma confusão com o nome de um agente. Camilo morreu antes que fosse possível localizá-lo.

Montava-se a operação de tal forma que nenhum dos detidos falasse do informante e assim preservasse o trabalho. Mas, quando, apesar disso, o nome dele aparecia, podia-se excluí-lo dos interrogatórios ou até mesmo prendê-lo. Mera formalidade, pois a detenção era mais um jeito de protegê-lo. Ele "fugiria" ou seria enviado ao Dops, que o remeteria à Auditoria Militar, onde o autorizariam a responder ao processo em liberdade. Solto, voltava a militar e a fornecer informações.[23]

Assim ocorreu com um taxista italiano preso em fevereiro de 1971 pela segunda vez pelo DOI. Ele bem que explicou a Ustra que era informante de um investigador da Secretaria da Segurança Pública, mas não teve jeito. O homem contou que procurava subversivos para atraí-los e entregá-los à polícia. Para dar prova do que dizia, dizia ter participado da fundação, na Itália, do Movimento Social Italiano (MSI). O fato foi usado por Ustra como indício de subversão. Talvez o major não soubesse, mas o MSI foi o partido no qual se abrigaram os fascistas italianos no pós-guerra. É impossível dizer se o italiano, de fato, era informante da polícia, pois as pastas com seus nomes foram expurgadas dos arquivos do Dops antes de sua entrega ao Arquivo do Estado, em 1992.[24] O DOI também tinha sua pasta, onde mantinha recibos, fotos e contratos dos informantes.

> Existia... existe em algum lugar uma pasta chamada pasta dos cachorros. E lá nessa pasta dos cachorros estavam todos os contratos que eram feitos com os informantes. Por que faziam contrato com os informantes? Faziam contratos em que ele se comprometia em fornecer informações sobre as organizações e movimentos contra o governo. Aí ele assinava e, mediante pagamento mensal, era remunerado. Pegava-se recibo do dinheiro e arquivava. Você amarrava o rabo do cara. Essa pasta existia. Se alguém teve o cuidado de guardá-la, deve estar em algum lugar [...]. Eu sei porque ela esteve em minhas mãos.[25]

---

23 Os detalhes sobre a Investigação foram prestados, principalmente, por quatro integrantes da seção (Sá, Alemão, Neuza e Melancia) e em USTRA, Carlos Alberto Brilhante. *A verdade sufocada*.

24 AESP Deops-SP/OS256; inquérito sobre o taxista S. C., de 39 anos e ofício de 12 de fevereiro de 1971.

25 Agente Chico, entrevista em 3 de junho de 2005. Ele trabalhou na subseção da Análise, onde teve acesso à pasta.

Alemão contou o que sabia sobre isso:

> O que a gente sabia é que existia uma forma de envolvimento, de comprometimento pra que, se a pessoa resolvesse não cumprir o contratado, estaria tudo sacramentado dela como colaboradora.[26]

O colaborador fazia relatos sempre verbais e periódicos aos seus controladores ou padrinhos, os agentes responsáveis pelos cachorros. Neles deviam descrever com quem haviam mantido contato e informações recebidas. Alguns dos cachorros transformaram-se em amigos dos policiais, como o cabo José Anselmo dos Santos, até hoje ligado ao delegado Carlos Alberto Augusto,[27] que teve a ajuda de Kimball para se transformar em chefe de GTA da VPR em Pernambuco. Ali montaram uma arapuca para atrair guerrilheiros – seis foram mortos no chamado massacre da Chácara São Bento.

O trabalho do cachorro sempre comportava riscos. Anselmo quase morreu no Chile depois que seus colegas desconfiaram que ele tivesse sido cooptado pelas forças de segurança. Houve ainda o caso de um guerrilheiro do Molipo colaborador do DOI que quase morreu num tiroteio. Era 1972 e a cidade, São Paulo. Conhecido pelo codinome Camilo, ele atraiu um amigo para uma armadilha, onde eram esperados por agentes do DOI. A equipe de Busca não poupou munição. O cachorro foi atingido. À noite, o homem telefonou para a *Casa da Vovó* e reclamou com o capitão Freddie Perdigão Pereira.

Apesar da importância de seus serviços, os informantes eram vistos com desconfiança pelos militares, pois "todo traidor é mal visto".[28] Se traiu os companheiros, podia fazer o mesmo com o DOI. O modelo desse tipo de operação surgiu com o cabo Anselmo, o mais importante dos agentes da repressão. Foi principalmente o seu trabalho que liquidou a VPR. Em um dos primeiros

---

26 Agente Alemão, entrevista em 12 de abril de 2005, fita 1, lado A.
27 Augusto foi investigador do Dops. Era conhecido como Carteira Preta e se infiltrou com Anselmo na VPR em Pernambuco. Augusto confirmou a amizade em entrevista em agosto de 2004.
28 Para o caso do Molipo, João de Sá Cavalcanti Netto, entrevista em 13 de outubro de 2005. Para a desconfiança em relação aos cachorros, agente Alemão, entrevista em 12 de abril de 2005, fita 1, lado A.

pontos que o ex-marinheiro foi cobrir, os agentes do Dops perderam-no de vista. Pensaram que o informante, recém-conquistado, fugiria. Nada disso. O homem voltou ao seu "canil" tranquilamente.[29] Mais tarde, levou os policiais do Dops a um ponto na zona sul onde devia encontrar-se com Iuri Xavier Pereira e com Carlos Eugênio, o Clemente, ambos do comando da ALN. Os guerrilheiros perceberam a armadilha e reagiram, acertando uma bala de raspão no delegado Fleury. O episódio fez com que a ALN rompesse suas relações com a VPR por causa da infiltração na direção dessa organização. Clemente mandou ainda um emissário para o Chile e para Cuba a fim de alertar a VPR e a ALN sobre a infiltração. Sem resultado. Onofre Pinto, o sargento do Exército que mandava na organização no exterior, não lhe deu ouvidos. Sua aposta em Anselmo custaria a vida de quase uma dúzia de militantes. Foi o marinheiro, por exemplo, que permitiu aos policiais que vigiassem José Raimundo da Costa, o Moisés, um dos dirigentes da organização. Moisés foi seguido no centro de São Paulo. O aparelho dele era em uma rua perto da Consolação. Quem conta é a tenente Neuza, que, ao lado do capitão Ênio, foi fazer um estágio no Dops para ver como funcionava a ação dos cachorros. Eles e o Doutor Fleury participaram pessoalmente dessa paquera.

> Ele tinha uma cara de bravo [...]. A turma do Fleury, os investigadores todos, conseguiram prendê-lo. Aí foi que ele foi levado para o Rio e morreu lá. Ele não era daqui. Ele vinha aqui só para fazer contato.[30]

Moisés desconfiava de Anselmo desde que o marinheiro lhe contara que havia sido preso e fingia colaborar com a polícia, que lhe pusera em liberdade. Ele não guardou a revelação para si e contou o que ouviu a outros integrantes de sua organização.[31] Moisés foi preso de fato em São Paulo pelos homens do Dops e levado ao Rio, onde foi interrogado. Queriam saber dele onde estava Carlos Lamarca. O prisioneiro disse aos militares que não sabia e se soubesse não diria. Acabou executado no dia seguinte. O 1º Exército informou que

---

29 Delegado J. R. A., na época investigador do Dops, entrevista em 25 de julho de 2005.
30 Entrevista tenente Neuza, fita 2, lado A, em 11 de março de 2005.
31 Para a desconfiança de Moisés, cf. GASPARI, Elio. *A Ditadura Escancarada*, p. 347.

seu corpo havia sido encontrado em um terreno baldio depois que reagira à prisão, em Pilares. Era 5 de agosto de 1971. O dirigente da VPR tinha 32 anos quando foi atingido pela traição do companheiro. Era um ex-marinheiro, assim como Anselmo, e estivera no Vale do Ribeira com Lamarca, no campo de treinamento guerrilheiro montado pela organização em 1970.[32] A guerrilheira Inês Etienne Romeu foi seguida e presa depois de um ponto com Moisés em São Paulo. Ia deixar a VPR, da qual fazia parte do Comando Nacional, e acabou levada pelos militares para um aparelho clandestino do CIE, em Petrópolis. Ela contou que um dos agentes de lá lhe disse que a morte de Moisés foi encenada num "teatrinho" no Rio. Inês teve de assinar contrato de informante como se fosse colaborar com os militares.

Esse trânsito de presos entre o São Paulo e Rio não era incomum na época: o dirigente da ALN Hélcio Pereira Fortes, o Fradinho, foi visto no DOI do Rio por uma presa e no de São Paulo pelos agentes. O capitão Ubirajara entrou na cela em que estava presa a militante da ALN Darcy Miyaki e anunciou: "O Hélcio está sendo empalado". Era Ramiro quem estava com o preso. Chico viu Fortes.

> Ele foi executado. Era um dos cubanos. Pegaram o Fradinho aqui e o trouxeram morto pra dentro do DOI. Aí ele foi fotografado e levaram pro Dops.[33]

Fortes foi entregue aos cuidados do coveiro da polícia política, o delegado Alcides Cintra Bueno, o Porquinho, responsável pelos enterros no cemitério de Perus, na zona oeste da capital. O guerrilheiro estava marcado para morrer. Isso é o que revelam números e testemunhos. A partir de julho de 1970, nenhum dirigente da ALN preso escapou vivo.

A transferência de presos entre os DOIs dos dois estados não era a única forma de cooperação entre os órgãos. Eles também trocavam agentes.

---

[32] Para a história de Moisés e a versão oficial de sua morte, MIRANDA, Nilmário; TIBÚRCIO, Carlos. *Dos filhos deste solo*, p. 273 e 274; e MACIEL, Wilma Antunes. *Repressão judicial no Brasil: o capitão Carlos Lamarca e a VPR na Justiça Militar*, p. 69-71.

[33] Agente Chico, entrevista em 10 de novembro de 2004, fita 3, lado A. Para a frase de Ubirajara, ver depoimento de Darcy Toshiko Miyaki à Comissão Nacional da Verdade em 12 de dezembro de 2013.

Houve agentes do DOI de São Paulo emprestados para operações na Guanabara e dois deles serviram de álibi a um informante infiltrado em um grupo de fogo de uma organização de esquerda.

Alemão recorda-se quando o Doutor Tibiriçá aproximou-se dele e disse: "Toma cuidado lá, meu filho". O investigador não sabia qual seria a missão no Rio, mas boa coisa não seria se não o comandante não viria dar conselho e tapinhas nas costas. Soube do que se tratava quando chegou ao destino: para ter credibilidade no grupo, o informante inventara que havia levantado informações sobre os seguranças de um empresário, que andavam armados. Bastava abordar o alvo para obter mais armas para a revolução. A tarefa de Alemão seria tornar a mentira realidade para que os militares não perdessem o informante, que sua memória diz que trabalhava na VAR-Palmares para o Centro de Informações da Marinha. Nesse teatro, Alemão faria o papel de segurança, pois era desconhecido no Rio. "Me deram uma metralhadora e combinamos até para que lado eu fugiria depois da expropriação da arma." No dia marcado, Alemão e seu companheiro de São Paulo foram ao lugar marcado. O outro agente faria o papel do segurança que iria buscar o empresário dentro do prédio, enquanto Alemão aguardava na rua. O GTA chegou, dominou o investigador e levou sua arma. "Nunca soube quem era o infiltrado nem os *terroras* souberam que haviam expropriado um agente do DOI [...]. O Cenimar era o mais bem organizado dos serviços secretos e o mais profissional deles."[34]

De volta a São Paulo, Alemão testemunhou o nascimento de outro informante exemplar. Foi em 1972. Os agentes localizaram um estudante do setor de inteligência da ALN: João Henrique Ferreira de Carvalho. Ele morava em uma casa da Rua Santo Irineu, na Saúde, na zona sul paulistana, e dividia o aparelho com seu melhor amigo na organização: Hamilton Pereira da Silva, o Pedro Tierra. Nascido em Porto Nacional, norte de Goiás (atual Tocantins), o rapaz chegara a São Paulo no fim dos anos 1960 e iniciara a militância no movimento estudantil secundarista, o que lhe pôs em contato com a ALN. Era magro e andava feito notícia ruim. Um dia, de volta à sua

---

34 Agente Alemão, entrevistas nos dias 6 e 12 de abril, esta última na fita 2, lado A. João de Sá Cavalcanti Netto disse, sem gravar, que se tratava de um informante da VAR-Palmares.

cidade, João levou um susto. Pedro Tierra, apareceu em sua casa dizendo que estavam sendo seguidos. Não restaria ao estudante, cujos pais eram separados, outra alternativa do que passar à clandestinidade.

Tornou-se o Jair da ALN, como era conhecido por colegas de militância. A partir de outubro de 1971, dividiu um apartamento na Rua 13 de Maio, no centro de São Paulo, com Pedro Tierra, Athos Pereira da Silva e Edmilson de Souza Lima. Em maio de 1972, foi morar na Saúde, endereço que seria descoberto pelos militares. Em vez de invadi-lo de imediato, os agentes da *Casa da Vovô* passaram a vigiá-lo. Fizeram isso durante 20 dias.[35] Chegavam de madrugada, pois Jair e Pedro Tierra saíam cedo. No dia 10 de junho, Pedro Tierra foi acompanhado até a Rodoviária de São Paulo. Viram-no apanhar um ônibus para Anápolis, em Goiás. Os agentes telefonaram para seus colegas naquele Estado, que ficaram esperando a chegada do guerrilheiro e detiveram-no assim que ele desceu do ônibus. Para disfarçar a operação, disseram que ele era suspeito de carregar maconha. Acharam um revólver, um panfleto e um jornal clandestinos. Pedro ia encontrar-se com um apoio da ALN. Planejavam uma ação: roubar a casa de armas, disse aos seus captores para justificar a presença no estado. Os contatos de sua organização ali eram antigos e tinham origem no plano de se criar um foco de guerrilha rural em Goiás.

A notícia da prisão de Pedro Tierra era desconhecida em São Paulo. Jair continuou seu quotidiano de encontros com os companheiros. Os pontos sucediam-se durante o dia e lá iam os agentes atrás. Ele transformou-se na grande aposta dos militares para derrubar o comando da ALN, pois sabiam que ele se encontrava com Iuri Xavier Pereira. No dia 14, o plano deu certo. Depois de um ponto com o futuro Jota, Iuri foi seguido e morto ao lado de Ana Nacimovic e Marcos Nonato. Depois dessas mortes, João Henrique retirou a barba e quase enganou os agentes do DOI que o continuavam vigiando.[36] Jota procurava seus contatos e não encontrava

---

[35] Ver BNM 68 (Molipo), caixa 1, p. 53 e 54, denúncia do procurador militar Dácio Gomes de Araújo, de 5 de janeiro de 1973. No mesmo processo, o depoimento de Pedro Tierra, p. 2.579 a 2.582 AEL-Unicamp. Silva diz que foi preso no dia 10 de junho. João de Sá Cavalcanti Netto relatou que Jota tornou-se informante após ser detido na mesma época das mortes de Ana Maria, Iuri e Fonseca na Mooca. De fato, as mortes ocorreram no dia 14 de junho.

[36] Tenente Neuza, entrevista em 12 de maio de 2005, fita 6, lado B.

ninguém. O cerco em torno dele se fechava. Um dia voltava para seu aparelho sem perceber que, como sempre, uma equipe o seguia, e viu em frente da casa em que morava um grupo de equipes da *Casa da Vovó*. O Doutor Ney havia dado a ordem para que o aparelho fosse estourado com todo o estardalhaço de uma grande operação policial. Jair passou reto entre aqueles homens. Continuou sendo seguido pela Investigação. Ao distanciar-se do aparelho, foi abordado pelo capitão Ênio e por dois sargentos do Exército. "Nós já tínhamos informações de que ele era uma pessoa fraca, que podia ser convencida", disse o agente Sá. Tudo se passou dentro do carro. Jair aceitou cooperar com o DOI. Era isso ou morreria. Em minutos ganharia um novo nome: Jota.

O primeiro grande teste do novo informante foi logo uma viagem para o exterior. Tratava-se de um dos métodos preferidos dos militares para averiguar a idoneidade e disposição de colaborar do informante. Anselmo viajou para o Chile, Vinícius para a União Soviética e assim por diante. A missão ajudava a mapear os guerrilheiros exilados e saber o que preparavam. Em 1972, por exemplo, um grupo de militantes da ALN foi plotado no Chile por um infiltrado. Entre eles estavam Luiz José da Cunha, o Crioulo, de quem a repressão não sabia o nome verdadeiro, e José Júlio de Araújo, que seria morto pelo cabo do Exército Abel Rodrigues de Lima, o Foguinho, em agosto, depois de cair em uma operação montada pelo DOI.[37] O informante dos militares afirmava que, além de preparar a entrada no Brasil de cinco militantes da ALN, Crioulo havia ido ao Chile para tratar de problemas políticos, ocasionados pelo segundo racha na ALN, com a criação da Tendência Leninista (TL), dissidência liderada por Rolando Frati e Ricardo Zarattini Filho.[38]

Jota contou uma versão diferente ao Ministério Público Federal e à imprensa. Disse que resolveu exilar-se na Argentina quando soube da prisão de

---

[37] Agente Chico, entrevista em 23 de setembro de 2005. Foguinho receberia a Medalha do Pacificador com Palma (Secretaria-geral do Exército, portaria ministerial nº 536, de 23 de julho de 1972, publicada no Boletim do Exército nº 29, de 21de julho de 1972). Esta pesquisa não conseguiu encontrar Lima.

[38] AESP Deops-SP/OS259 (Exército); Informação 657/72/S-102-SI-CIE. Trata-se de documento confidencial do Centro de Informações do Exército.

um amigo que conhecera em sua terra natal.[39] Antes que o ano acabasse, voltou ao Brasil e entregou-se aos órgãos de segurança. Não foi bem assim. De fato, no exterior, Jair podia deixar de ser Jota. Preferiu, no entanto, voltar e seguir as instruções de seus padrinhos. No começo, só os dois sargentos do Exército, o Doutor Ney e Ustra, o Doutor Tibiriçá, sabiam que Jair havia sido conquistado e aprovado no teste. O informante assinou um contrato, um dos primeiros feitos pelo DOI com um cachorro, e ganhou dinheiro para a tarefa de dedurar amigos. "Não me arrependo", disse.[40] A *Casa da Vovó* montou uma operação específica para João Henrique – o informante era controlado pelo agente Sá, da equipe Radar da Investigação.[41] Ele cumpriu tão bem a tarefa, que virou amigo dos policiais e, a exemplo de Anselmo, não se limitou apenas a dar informações. Deu também tiros em direção a um integrante da ALN que resistiu à prisão. "Tava um tiroteio danado e o Jota meteu uns tiros nos colegas dele."[42] O confronto foi na Vila Mariana. "Eu sabia atirar, não era como aqueles intelectuais que não tinham ideia do que fazer com um revólver."[43]

Desconfiaram dele uma única vez. A direção da ALN decidira roubar a sede da fábrica de vidros Nadyr Figueiredo, em São Paulo. Cerca de 10 guerrilheiros foram convocados para a empreitada, entre eles o estudante. O Doutor Ney estava com Neuza naquele dia. Seguiram Jota e viram quando aos poucos todo o GTA da ALN foi se encontrando. Os guerrilheiros estavam em dois fuscas e iam entrar na fábrica para apanhar o dinheiro do pagamento dos funcionários quando um carro da PM chegou. Os policiais estavam fazendo um bico como seguranças para a empresa, que solicitara o serviço sem saber de nada. Mas a presença inesperada deles levantou suspeitas nos guerrilheiros. Mais tarde, Jota confidenciaria a Sá que Bicalho Lana, o Bruno, desconfiou que o estudante fosse o culpado pelo fracasso da ação. Por pouco,

---

39 Ver FILHO, Expedito. *Anatomia da Sombra*, Veja, 20 de maio de 1992, p. 42 e 43.
40 Veja, 18 de novembro de 1992, p. 27.
41 Agente Chico, entrevistas em 10 de novembro de 2004, fita 6, e 2 de abril de 2005, fita 8.
42 Tenente Neuza, entrevista em 11 de março de 2005, fita 1, lado B. Alemão, entrevista em 12 de abril de 2005, fita 1, lado A, confirma a participação de Jota no tiroteio. "Eu soube, ele ajudou o pessoal."
43 Veja, 20 de maio de 1992 e 18 de novembro de 1992.

Jota não teve de enfrentar uma acusação mais séria que podia levar ao seu justiçamento pelos colegas.[44] No fim, nunca foi descoberto e transformou-se por isso e por sua letalidade em um modelo para os órgãos de segurança. Terminado o serviço que o mantinha na coleira, o DOI lhe pagou uma operação plástica e forneceu-lhe documentos novos, a exemplo do que Fleury fez por Anselmo. "O Jota praticamente acabou com a ALN."[45] O ex-sargento do Exército Marival Chaves imputou-lhe a morte de "umas vinte pessoas".[46] Ao todo, cerca de dez pessoas foram mortas ou desapareceram depois de terem sido localizadas pelos militares com a ajuda do informante em São Paulo.

Pacientes, montarias e paqueras

As tarefas de lidar com os informantes e de interrogar presos na boate eram as mais fechadas da Investigação. Havia outras, porém, que envolviam indistintamente seus integrantes. Tratava-se da vigilância dos pacientes, como eram chamados os suspeitos, por meio de montarias e paqueras. Qualquer guerrilheiro ou opositor do regime podia ser vítima de uma paquera, a vigilância exercida pelo DOI. Esta acabava quando se decidia que o alvo não tinha interesse para a investigação ou quando se decidia prendê-lo. Todas as equipes da seção participaram desse tipo de operação. Cada uma delas havia recebido um nome código durante a reestruturação do Destacamento: havia a Aldeia, a Pluma, a Jandaia, Cúria, a Curinga etc. Ao todo eram 20, formadas por duplas – cada integrante tinha um rádio, uma submetralhadora (INA ou Beretta) e um revólver ou uma pistola. Seus homens e mulheres levantavam dados disponíveis em todos os órgãos de informações da época e faziam campanas móveis ou fixas, as chamadas paqueras. Usavam carros descaracterizados, fotografavam e tinham a ajuda de grampo telefônico, apesar de essa prática ser mais usada na época pelo Serviço Nacional de Informações (SNI). Faziam também o que se denominava operação lixo: revistar os sacos de lixo

---

44 João de Sá Cavalcanti Netto, entrevista em 20 de setembro de 2005.
45 Para a plástica, tenente Neuza, entrevista em 12 de maio de 2005, fita 6, lado B. Só outro informante mereceu esse tratamento completo dos órgãos de segurança: cabo Anselmo/Doutor Kimball.
46 Entrevista do sargento Marival Chaves à revista *Veja*, em 18 de novembro de 1992, p. 27 e 29.

de quem estava sob vigilância. Alugavam casas ou apartamentos próximos quando descobriam um aparelho. O trabalho era acompanhar tudo e não intervir em nada para não queimar o serviço. Isso significava, às vezes, deixar gente em liberdade para ser alvo de novas vigilâncias, permitindo a identificação de outros inimigos. Essas pessoas eram conhecidas como montarias.

A equipe de Alemão era a Cúria. O nome surgiu de uma missão que ele cumprira um ano antes: vigiar o padre de uma igreja na Avenida Itinguçu, na Vila Ré, na zona leste de São Paulo. O homem era suspeito de fazer pregação "esquerdista contra o governo". Para o trabalho tiveram de encontrar uma policial, pois a ideia do major Coelho era infiltrar um homem e uma mulher nos encontros de casal promovidos pelo pároco. E foi assim que a primeira mulher – a tenente Neuza – acabou na *Casa da Vovó*. Ela faria o papel de mulher de outro agente enquanto Alemão ficaria com a vigilância externa. Testemunharia o início de uma época na Igreja, a da Teologia da Libertação, doutrina que deixava contrariado o investigador, para quem "os padres tinham de cuidar da alma e não do corpo das pessoas".

> Nesses encontros de casais, o que se passava era pura ideologia marxista, filmes de Che Guevara, filmes da Albânia, e os padres levavam os filmes em lambretas de uma igreja para outra para exibi-los. Quase não se mexeu na Igreja. Foi pouco, muito pouco. O único que teve peito para fazer o que fez – e resultou na morte do Marighella – foi o Doutor Fleury.[47]

De fato, a opção mais comum da *Casa da Vovó* quando tinha a Igreja pela frente era acompanhar os contatos dos padres e colher as informações. Foi assim na infiltração da Vila Ré. "Não se chegou a prender ninguém. O pessoal fazia um tipo de subversão, mas tinha uma vida normal, uma vida legal, não ligada à clandestinidade." Não era só a esquerda que

---

47 Agente Alemão, entrevista em 12 de abril de 2005, fita 1, lado A (A frase seguinte pertence à mesma entrevista). Com a prisão dos frades, Fleury obteve deles a informação sobre como chegar a Marighella e usou-os para atrair o líder da ALN a uma armadilha conforme relata Jacob Gorender em *O Combate nas Trevas*. Frei Beto defende em *Batismo de Sangue* uma versão diferente, na qual o papel dos dominicanos torna-se secundário, em desacordo com as provas documentais e testemunhos sobre a morte de Marighella.

encontrava apoio na Igreja. O DOI também tinha um padre, um peculiar capelão militar. "O padre era mais louco do que a gente. Ele rezava para que todas as balas nossas acertassem o alvo. Aí tinha a hora da comunhão, e os caras iam confessar e recebiam a hóstia e eu falava: que cara de pau",[48] contou Neuza. O capelão pedia ainda aos céus que as armas dos "terroristas falhassem". Terminado o serviço na igreja, que devia durar só uma semana, a tenente devia voltar à PM. O problema é que gostaram tanto de seu trabalho que não a deixaram retornar ao seu batalhão. Neuza tinha temor de que sua comandante na Polícia Feminina a mandasse prender. "É mais fácil ela ser presa do que você", respondeu o major Ustra, que então havia assumido o destacamento.[49]

A tenente ficou e, como Alemão, presenciou as mudanças no DOI. Eles viram surgir na mesma época as montarias. Ao contrário dos informantes, as montarias eram usadas pelos militares sem que elas soubessem disso. O DOI mantinha um controle sobre as montarias para saber o que faziam e com quem se encontravam. Esporadicamente eram seguidas, aleatoriamente, por períodos de dois a três dias, e seus contatos, fotografados. As imagens eram mostradas a colaboradores ou a presos forçados a identificar os companheiros. Alemão era um dos fotógrafos da Investigação – o Exército dava cursos para seus homens. Algumas das montarias eram militantes que já haviam sido presos, caso do metalúrgico Cloves de Castro, da ALN, montado e paquerado de 1973 a 1979. Outros nunca passaram pela prisão ou souberam que os militares sabiam de sua militância. Alguns até desconfiavam que eram seguidos, como um jovem engenheiro, funcionário de uma empresa que trabalhava no projeto de construção de um dos primeiros trechos do metrô paulistano. Seu nome era José Vítor Soalheiro Couto.[50]

A história de José Vítor começa quando o primo de uma bibliotecária do Departamento Estadual de Investigações Criminais (Deic) da Polícia

---

[48] Tenente Neuza, entrevista em 3 de maio de 2005, fita 5, lado A. Ver ainda agente Chico, entrevista em 6 de outubro de 2004, fita 3, lado B.

[49] Durante seu tratamento, o major Waldyr Coelho foi substituído por Ustra.

[50] Couto percebeu que era seguido em mais de uma ocasião. José Vitor Soalheiro Couto, entrevista em 4 de maio de 2005, fita 1, lado A.

Civil estava com o telefone de sua casa grampeado pelo DOI.[51] Neuza escutava as fitas com as conversas, tarefa que desempenhava quando não havia paqueras que exigissem sua presença. "Só podíamos grampear três telefones de cada vez. Se você quisesse outra pessoa, tinha de desistir de uma." Uma das pessoas que conversava com o rapaz lhe chamou a atenção, era o Engenheiro, como o DOI chamaria José Vítor. Neuza levou a descoberta ao chefe da Investigação e pediu que a escuta passasse a ser feita no telefone do trabalho do novo alvo. Foi atendida. Em pouco tempo, os agentes perceberam que localizaram um peixe grande.

"Ele mantinha encontros com gente do GTA da ALN", contou Alemão. José Vítor era da Inteligência da ALN, responsável pela confecção de documentos falsos para os companheiros. Um amigo apresentou-lhe o líder da organização, Joaquim Câmara Ferreira, que lhe designou a função. Depois manteve, sucessivamente, contatos com os militantes José Milton Barbosa, da direção regional de São Paulo, Iuri Xavier Pereira, da coordenação nacional e Arnaldo Cardoso Rocha, o Jiboia, também da direção estadual, todos envolvidos em ações armadas da ALN.[52] Também teve encontros esporádicos com os superprocurados Luiz José da Cunha, o Crioulo, e Antônio Carlos Bicalho Lana, o Bruno.

Como não sabiam seu nome, os agentes usaram um estratagema simples para identificá-lo. Neuza foi algemada e conduzida pelos agentes Melancia e Alemão pelos andares do prédio na Rua Major Sertório, no centro, onde o alvo trabalhava. José Vítor havia saído. "Dissemos que estávamos atrás de um comparsa da Loira, que foi visto entrando no prédio. Na época havia uma ladra que estava roubando taxistas na cidade", lembrou-se Alemão.[53] Com esse álibi, os policiais olharam as fichas dos funcionários de empresas que funcionavam em três andares, incluindo a do engenheiro. Mas, ao contrário do que pensaram os agentes, a ação não passou desper-

---

51 Para os grampos, entrevistas com a tenente Neuza e com a agente Vilma. Ver ainda o depoimento do coronel Audir Santos Maciel em *História Oral do Exército, 1964, 31 de março*, tomo II, p. 148. Apesar de não admitir os grampos explicitamente, ele conta que as mulheres no DOI cuidavam dos "levantamentos de informações" feitos por telefone.

52 José Vitor Soalheiro Couto, entrevista em 4 de maio de 2005, fita I, lado A. Durante a administração de Luiza Erundina na prefeitura de São Paulo, José Vítor seria o presidente da Emurb.

53 Agente Alemão, entrevista em 6 de abril de 2005.

cebida. O gerente do escritório sabia das atividades políticas de José Vítor e deu um jeito de avisá-lo sem despertar suspeita.

> Nesse mesmo dia havia uma festa de aniversário no escritório e ele contou para todo mundo que estava na festa que naquele dia tinham ido lá procurar um traficante ou coisa parecida e examinado as fichas dos funcionários. Achei muito estranha a história.[54]

Era setembro de 1971. Os agentes do DOI viram seu nome e o endereço de sua casa, numa rua ali perto da empresa, e para lá mudaram a vigilância. Vítor estava diferente da foto do trabalho, pois passara a usar barba. Pela manhã, Neuza o viu sair e deu o alerta. "É ele", disse. "Você está louca, como você sabe?", perguntou Alemão. "É ele sim." Neuza dificilmente errava quando se tratava de identificar alguém. Os agentes seguiram o suspeito 24 horas por dia durante um mês – depois o controle seria esporádico. Presenciaram encontros durante o horário de almoço, muitos dos quais não eram com integrantes da organização. Um dia, José Milton Barbosa, o Cláudio da ALN, alertou-o num ponto. "Companheiro, você está sendo vigiado." Ex-sargento do Exército, Barbosa deixou em José Vítor a lembrança de um homem doce, um militante que abria espaço em seus encontros para conversas amenas e confidências pessoais, apesar das normas de segurança.

O ex-sargento contou que achava que havia sido seguido depois do último ponto que mantivera com o engenheiro. Disse que eram necessárias normas adicionais de segurança, como andar de carro, e propôs uma forma de flagrar os agentes. Bolaram um encontro perto do Estádio do Pacaembu no qual só o engenheiro compareceria. Barbosa ficaria à distância, num mirante. No dia combinado, seguiram o roteiro, mas nada de anormal foi percebido. Talvez – pensaram – o ex-militar estivesse enganado. Não estava. "Nossa sorte era que os terroristas não tinham a malandragem dos bandidos."[55] Os agentes do DOI notaram a desconfiança de José Vítor e colocaram-no na geladeira por um ano para que ele parasse de ficar "grilado". O engenheiro era

---
54 José Vítor Soalheiro Couto, entrevista 4 de maio de 2005, fita 1, lado A.
55 Agente Alemão, entrevista em 17 de maio de 2005.

uma pessoa importante para os militares. Havia quem acreditasse que ele fosse o responsável por receber os guerrilheiros que voltavam do treinamento em Cuba. Na verdade, essa não era a sua função na ALN.

José Vítor aprendeu a desempenhar o trabalho no setor da Inteligência, num curso feito em um aparelho em São Paulo. Levaram-no com os olhos vendados ao imóvel da organização, onde lhe foi ensinado como falsificar documentos. Ele recebeu ainda outras tarefas. Teve, por exemplo, a incumbência de levar a militante Iara Xavier Pereira, irmã de Iuri, a Bertioga para lhe ensinar a dirigir. "Terminado o curso, eu lhe dei a carteira." Com a morte de Barbosa, em dezembro de 1971, o engenheiro passou a encontrar-se com Iuri, o Big. Depois do confronto na Mooca, José Vítor ficou sem contato com a organização até que o retomou por meio de uma militante, que o levou a Arnaldo, o Jiboia. Eles combinaram um segundo encontro, quando este lhe deu duas opções: entrar para a clandestinidade ou ser desligado da organização. O motivo da proposta foi que Jiboia também havia sido seguido depois do primeiro ponto com o engenheiro.

> Decidi me desligar. Na verdade, foi um desligamento provisório. Marcamos um encontro para dali a seis meses e nesses seis meses eu ia correr o risco de ser preso, que era grande.

Àquela altura, José Vítor havia notado que o estavam seguindo, mas não queria cair na clandestinidade porque achava que ele se tornaria mais um peso para a organização sustentar com ações armadas. O engenheiro, porém, não seria preso. Interessava aos homens da *Casa da Vovó* deixá-lo circulando para que lhes servisse de guia. A lógica dos militares era cristalina: nunca se conhece todo mundo que faz parte de uma organização. Assim, jamais se deve prender todo mundo, pois quem age dessa forma, perde a possibilidade de descobrir os remanescentes ou de detectar uma reorganização daquele grupo. O correto é deixar "uma ponta", algum militante solto, para depois segui-lo quando for preciso. Muita gente não foi presa por isso. José Vítor não foi o único.[56]

---

56 Isso ocorreu com outras pessoas e organizações, como Salomão Malina (PCB), seguido por quase dois anos antes de ele sair do Brasil para o exterior. João de Sá Cavalcanti Netto, entrevista em 20 de setembro de 2005.

Em meio à sua solidão, o engenheiro resolveu procurar uma antiga namorada, Zelinda Lavigne. Ela morava com os pais em um apartamento da Rua Tomás Carvalhal, onde ficava uma das duas entradas do DOI. Zelinda não tinha nenhuma relação com a política – eles se conheceram antes de José Vítor entrar na ALN. A moça esteve duas ou três vezes com o militante. Um dia, marcaram um encontro, um almoço num barzinho na Rua da Consolação. Zelinda não apareceu. Ele resolveu telefonar de um orelhão.

> Ela me disse que a polícia havia estado na casa dela e tinha dito a ela que ela estava se encontrando com um terrorista, que estava anotando placas dos carros dos policiais. [José Vítor conta que nesse período constatou que era seguido e anotou a placa de um Fusca verde.] Como ela morava próximo do DOI, pedi que ela verificasse se havia um Fusca verde com essa placa nas imediações [...] se ela via esse carro por perto, que eu achava que estava me seguindo, para ter uma confirmação.

Bingo. Era o carro de José Antonio Mainardes, o agente Zezo, um sargento do Exército da equipe Pluma da Investigação. O engenheiro, porém, cometera um erro: fez o pedido à moça do telefone do trabalho, e este telefone estava grampeado. Neuza ouviu e levou a descoberta a Ustra: a ALN plantou uma jovem para anotar as placas dos carros do DOI. O Doutor Tibiriçá ficou bravo. O apartamento de Zelinda foi invadido pelos agentes, e ela, conduzida ao quartel vizinho. Seus pais foram chamados e advertidos de que a filha estava envolvida com gente perigosa, terroristas. Depois do susto, a família resolveu mudar-se.[57]

Passados seis meses, José Vítor foi ao ponto que havia marcado com Jiboia. Devia andar do número 1.000 ao 2.000 da Avenida Santo Amaro, que, em algum lugar, seria abordado. Cumpriu o combinado apesar do medo, mas Jiboia não apareceu. Nos anos seguintes, o engenheiro perdeu todo contato com o que restava da ALN. Passou a trabalhar no curso de alfabetização para adultos

---

57 Tenente Neuza, entrevista em 21 de março 2005, fita 3, lado A.

na Vila Santa Catarina do padre Giorgio Callegari,[58] outro homem vigiado pelo DOI. Quem também ajudava o padre era o metalúrgico Cloves de Castro. Cloves levou para lá um amigo, um bancário,[59] que havia sido preso em 1969, assim como Cloves, na esteira das delações feitas pelo suíço Hans. Ligado ao PCB, o bancário se transformaria em 1972 no agente Fritz, mais um infiltrado do Doutor Ney.[60]

No curso de alfabetização, o destino colocaria o engenheiro uma vez mais em contato com um dirigente da ALN. José Vítor se dirigia ao lugar quando se encontrou com Bruno, que ele reconheceu de um ponto que mantiveram em 1971. Bruno conversava com outro homem e despediu-se da companhia, passando a falar com o engenheiro. Os dois nunca mais se veriam. Bruno foi executado alguns meses depois pelos agentes da *Casa da Vovó*. José Vítor também nunca mais viu Zelinda, que se casou com um fazendeiro. A confirmação da suspeita sobre a placa do Fusca que ele tanto queria que a moça obtivesse só viria mais de 30 anos depois quando foi confrontado com os depoimentos dos agentes.

Os homens que o seguiram ainda se lembram dele. Disseram que fizeram muitas prisões por meio dos contatos que o engenheiro mantinha. Não se lembram, porém, do nome de nenhuma dessas pessoas. Todos os dirigentes da ALN com quem José Vítor Soalheiro Couto contou ter mantido contato foram mortos aparentemente sem relação imediata com a paquera sob o engenheiro. O último contato do militante antes de se desligar da organização, Arnaldo Cardoso Rocha, o Jiboia, por exemplo, morreria quase seis meses depois de encontrá-lo. "Nós seguimos o Jiboia, mas nós o perdemos, o que era comum", disse Neuza.[61] Ele só foi localizado pelo DOI em março do ano seguinte. Primeiro, balearam-no na perna e, 13 dias depois, mataram-no ao lado de dois companheiros na Penha. Os homens

---

58 As ligações de Callegari com a esquerda já o haviam levado a passar uma temporada no presídio Tiradentes (Ver CALLEGARI, Giorgio; em *Tiradentes, um Presídio da Ditadura*, p. 247-252).
59 O bancário seria Wilson Müller. João de Sá Cavalcanti Netto, entrevista em 20 de setembro de 2005.
60 Agente Chico, entrevista em 10 de novembro de 2004, fita 6, lado B. João de Sá Cavalcanti Netto, sargento do Exército, confirmou a identidade de Müller.
61 Tenente Neuza, entrevista em 12 de maio de 2005.

da Investigação transformaram o Destacamento em uma arma lubrificada. A estrutura compartimentada de Ustra inseriu-se perfeitamente no organograma da repressão, controlado pelo CIE, em Brasília. Cada DOI tinha autonomia em sua área. É verdade. Quando matava publicamente, a morte podia ser encenada em um teatro. Mas, nas operações coordenadas pelo comando do Exército, quando o preso devia sumir, era levado à Casa da Morte, mantida pelo Centro em Petrópolis. O "subversivo" então ia "viajar", como diziam os agentes. Da mesma forma que repassava informações e presos, a *Casa da Vovó* de São Paulo também os recebia do Rio de Janeiro, de Pernambuco, do Rio Grande do Sul e de Brasília. Alguns foram interrogados. Outros, executados. Em público ou em sigilo.

4 A ORDEM ERA MATAR
Cubanos, banidos e dirigentes

HOUVE UM MOMENTO, EM OUTUBRO DE 1971, em que a equipe Cúria teve de parar a paquera em José Vítor. O motivo era um outro serviço mais importante: vigiar uma casa na zona leste. Foi a primeira grande paquera do DOI surgida das informações dadas por um informante. Terminou em morte, desaparecimento, teatrinho, armadilhas e vingança. A repressão mudara de qualidade no fim de 1970. A reorganização do DOI tornou-a mais efetiva e trouxe a definição de que tipo de prisioneiro devia morrer. Nenhuma organização sentiu mais as consequências disso do que o Movimento de Libertação Popular, o Molipo, que representava então uma das maiores ameaças ao regime. Primeiro, em razão do apoio de Cuba e depois pelo empenho em abrir uma área de guerrilha em Goiás.

Alemão lembra-se da casa na zona leste: "Era um aparelho na Vila Prudente. A gente sabia que tinham uns cubanos lá dentro".[1] A repressão diferenciava os suspeitos em três grandes categorias: simpatizantes de organizações clandestinas, pessoas que serviam de apoio aos grupos e as que participavam de ações armadas. "Em razão da própria periculosidade."[2] Entre as últimas, havia subdivisões, como a dos cubanos, considerados os

---

1 Agente Alemão, entrevista em 12 de abril de 2005.
2 Agente Alemão, entrevista em 12 de abril de 2005.

mais perigosos. "Eles tinham curso de guerrilha e vinham para cá pegar em armas." Cubanos era como os agentes chamavam os guerrilheiros treinados na Ilha. Compunham uma das quatro categorias de pessoas marcadas para morrer, gente que viajava:

> — Tinha um critério. Foi preso, fez curso em Cuba ou na China ou na Argélia... um abraço: era na rua mesmo.
> — [...] *Eles eram considerados irrecuperáveis?*
> — Ali ninguém pensava em recuperar ninguém não.[3] [Isso] tinha alguma simpatia até de escalões superiores. [...] Convém, mas ninguém assume. [...] Foi uma cultura que se criou [...] Eu acha que era porque o cubano era uma ingerência de outro país.[4]

Essa ordem "dentro da área operacional" não veio de forma oficial do Ministério do Exército. Não havia nada escrito, como a ordem do comissário – a obrigação imposta ao exército alemão de fuzilar os comissários políticos do exército soviético capturados na 2ª Guerra. Mais do que ordem, propriamente dita, ela representava, segundo os agentes, uma espécie de cultura da linha de frente. "Nasceu entre o pessoal de rua: 'É o seguinte: foi fazer curso lá fora tem de morrer e tal'. E virou uma sentença."[5] Dirigentes das organizações de esquerda e acusados de crimes de morte também corriam enorme risco de morrer. A vontade de matá-los permanece 40 anos depois em alguns agentes. "Esse Zé Dirceu matou um PM, e ele ainda não pagou pelo que fez", disse Pedro Aldeia.[6] Havia, por fim, uma outra categoria para quem se reservava o mesmo destino dos cubanos: os guerrilheiros banidos do país pela ditadura que voltavam ao Brasil.

---

3 Agente Chico, entrevista em setembro de 2004, fita 1, lado A.
4 Agente Chico, entrevista em setembro de 2004, fita 3, lado B.
5 Agente Chico, entrevista em 6 de outubro de 2004, fita 3, lado B.
6 Agente Pedro Aldeia, entrevista em 16 de fevereiro de 2013. Aldeia engana-se de pessoa. Não existem indícios ou testemunhas que apontem para a participação do ex-deputado federal José Dirceu (PT) na morte do cabo da PM Nelson Martinez Ponce, em uma ação do Molipo, em 1971.

> O banido era uma beleza. Entrava e já dançava. Não tinha mais registro nenhum. Quando esse pessoal caía era pra viajar.[7]

A obsessão dos militares com o treinamento no exterior pode ser medida pelas apostilas produzidas sob os títulos de Cursos de Guerrilhas em Cuba ou China. Em 1973, o Centro de Informações do Exército resolveu reunir todas as informações de que dispunha sobre frequentadores de cursos na China. Listou 30 integrantes da AP, 52 do PCdoB, 2 do PCR, 4 do PCB, 16 da Ala Vermelha, 2 da ALN, um da DI-GB e 1 do PRT. Trazia nas últimas páginas 44 fotografias. No mesmo ano, o órgão esmerou-se em reunir o que sabia e podia compartilhar com outras agências de informação sobre "Cursos em Cuba". Nomeou 204 guerrilheiros, dos quais 89 da ALN, Molipo e Corrente, 43 sem organização e 28 da VPR – os demais eram divididos em 14 organizações. O documento apresenta "o fato de ter frequentado um 'curso de guerrilha' em Cuba como um indício importante para a caracterização da periculosidade de um terrorista".[8]

Ao receber a tarefa de vigiar o imóvel na Vila Prudente, a equipe Cúria sabia que estava atrás de cubanos. Alemão e o delegado Cyrino[9] ficaram mais de um mês acompanhando o movimento da casa. Chegavam cedo, antes de amanhecer. Um deles entrava num escritório de contabilidade e observava a residência com um binóculo. Atenção especial era dada quando os cubanos saíam com um Fusca. O DOI sabia que eles eram dissidentes da ALN, do recém-organizado Molipo. Um dos comandantes do grupo, Aylton Adalberto Mortati, o Tenente, e a guerrilheira Maria Augusta Thomaz formavam o casal que, para os vizinhos, habitava a residência 7 da Rua Cervantes.

---

7   Tenente Neuza, entrevista em maio de 2005, fita 8, lado A. Os banidos eram os militantes de esquerda trocados por diplomatas sequestrados nos anos 1960 e 70. Foram banidos segundo legislação feita pelo regime. Estatisticamente todos os banidos detidos pelos órgãos de segurança acabaram mortos.

8   AESP Deops-SP/os260 (Exército), *Curso China*, Do 2º Exército para o Dops; origem CIE-p5911/73 de 20/11/73 e os261 (Exército), *Cursos em Cuba*, Do 2º Exército para o Dops, informação 731/73; origem CIE, of.271-A1-13nov73, p. 8786/72.

9   Cyrino Francisco de Paula Filho foi durante um ano (1971-1972) subchefe da Seção de Investigação. Foi substituído pelo capitão Freddie Perdigão Pereira.

Mortati tinha 25 anos. Nascido em Catanduva, veio a São Paulo para cursar a Faculdade de Direito da Universidade Mackenzie. Morava com a mãe, no Paraíso. Militante do movimento estudantil, acabou preso no 30º Congresso da União Nacional dos Estudantes, realizado em Ibiúna. Era pianista e faixa preta em caratê. O apelido vinha do fato de ele ser 2º tenente do Exército, formado pelo Centro Preparatório de Oficiais da Reserva (CPOR), de São Paulo. Uma noite, em outubro de 1968, ele saiu de casa e não voltou. Dois dias depois, o delegado Fleury em pessoa bateu na porta da família.

Em meio à balbúrdia da batida policial, o delegado estapeou o irmão de 12 anos de Mortati, enquanto seus homens, armados, mantinham submetralhadoras apontadas para as costas de seus familiares. O bando saiu dali sem dar satisfações. Passados dois dias, seria a vez de mais 12 homens irromperem na casa da família do estudante. Desta vez, tinham coturnos e fardas. Eram da Aeronáutica. Carmem Martim, a mãe do rapaz, foi levada para depor. Acusavam Mortati, Maria Augusta, e Lauriberto José Reyes, o Lauri, do sequestro de um Boeing da Varig, ocorrido entre Buenos Aires e Santiago.[10] Disseram à mãe que, em dois anos, ao término do treinamento de guerrilha, o filho voltaria ao Brasil e seria morto.

De fato os três foram treinar em Cuba, onde formariam uma dissidência da ALN que se transformaria no Molipo. Ao lado de outros 25 guerrilheiros, ficariam conhecidos como o Grupo da Ilha ou Primavera, pois quase todos eram do acampamento Primavera, em Piñar Del Rio – havia dois campos de treinamento dos brasileiros, o Primavera e o Verão. Um ano depois, o jovem mandou uma carta à mãe. Pediu que ela se orgulhasse dele.[11] O tenente e seu grupo, quase todo o 3º Exército treinado pela ALN em Cuba, decidiram retornar clandestinamente ao Brasil. Joaquim Câmara Ferreira, o Toledo, que substituíra Marighella no comando da ALN, queria que o engenheiro Ricardo Zarattini Filho organizasse a volta da turma ao

---

10 Serviço de Informações, Dops-SP, ficha de Maria Augusta Thomaz, que cita boletim informativo 290 do SNI, de 13/12/1969, que só identifica os três dos nove participantes do sequestro. O documento do Dops está no processo BNM 410, p. 67 e 68, AEL-Unicamp.
11 Para os detalhes da mãe de Mortati, *Isto é Senhor*, de 10/10/1990.

país. Era final de 1970. Mas Zarattini começava a trilhar um caminho que o levaria à crítica da luta armada, distanciando-se do que ainda restava da ALN no Brasil, bem como daqueles jovens em Cuba. Com o engenheiro nascia o embrião da Tendência Leninista (TL), outro racha que atingiu a ALN naqueles anos.

> Eu não queria que eles [do Molipo] voltassem rapidamente, pois, na minha análise, as quedas sucessivas me impressionavam muito. Junto com o Frati [Rolando], nós fomos às embaixadas do Vietnã, da Coréia [do Norte] e da Guiné e combinamos com os caras: "olha nós temos esse grupo, seria interessante convidá-los pra eles escolherem passar um tempo vendo a experiência na Guiné, no Vietnã e na Coréia". Fizemos uma boa relação, principalmente com o Do Van Thai, o secretário da embaixada do Vietnã, uma cabeça política fora de série. Mas aí o Toledo mandou essa carta que eu deveria organizar a volta.[12]

Toledo mandou a carta aos cubanos, que não a repassaram a Zarattini. Este só ficou sabendo do documento por meio dos jovens que ele queria desviar da possível prisão e morte no Brasil, enviando-os para um dos três países socialistas. Foi Lauriberto, o Lauri, quem procurou Zarattini e disse: "Nós não queremos que você dirija nada, pois você está com uma visão de que a luta armada deve recuar." Zarattini foi discutir com os cubanos. Daniel Herrera, o Olof, do Departamento América do PC cubano, informou-lhe que o 3º Exército da ALN havia debatido a carta de Toledo e não aceitava sua designação para organizar o retorno. Zarattini acreditava que as condições não favoreciam a volta. Desconfiava de infiltração nas organizações e levou suas preocupações tanto aos cubanos quanto para Lauri e a seus companheiros.[13]

> Você deslocar um grupo naquele momento com o domínio da repressão... ela já tinha gente infiltrada até no aparato

---

12　Ricardo Zarattini Filho, entrevista em 21 de fevereiro de 2006, fita 1, lado B. Mais tarde, Do Van Tai se tornou embaixador do Vietnã na Ilha.
13　ROIO, José Luiz Del. *Zarattini, a paixão revolucionária*, p. 141 a 143.

cubano. Houve um tal de Castro que se exilou em Paris. Era da G2 [polícia secreta cubana] e o cara conhecia lá todo o esquema da América Latina. [...] Apesar disso, os cubanos ficaram malucos comigo, disseram que eu queria acabar com a nova coluna guerrilheira e tal. O Fermin, capitão que dirigia o treinamento, me deu uma bronca. Eu disse: "Longe disso, quem conhece o Brasil somos nós e não vocês". Nunca dei palpite nos rumos da revolução cubana.[14]

A direção da ALN ainda tentou mais uma cartada para impedir a partida do grupo de forma independente da organização. Um dos líderes da ALN no Chile tentou embarcar para a Ilha a fim de demover os companheiros, mas foi impedido pelos cubanos. O Grupo Primavera recebeu apoio da inteligência de Cuba, o que lhes permitiu viajar sem que a ALN fosse contatada. A volta, porém, foi um desastre. Distantes da realidade do país, não sabiam como os órgãos de segurança haviam evoluído, desconhecimento que lhes seria mortal – 18 deles foram mortos. Os recém-chegados usaram esquemas e aparelhos abandonados por falta de segurança e procuraram militantes queimados. "Eles entraram em contato com 'apoios' que nós tínhamos mapeado", contou o sargento Roberto Artoni.[15] Questionavam o militarismo da ALN no Brasil e pregavam mais ênfase no trabalho de massas. Acabaram no mesmo ciclo perverso das ações armadas para garantir a simples sobrevivência dos militantes.

Em apenas um inquérito, o Dops paulista acusou o Molipo de 38 crimes contra a segurança nacional, ocorridos de agosto de 1971 a outubro de 1972.[16] O primeiro foi o roubo de uma submetralhadora e de revólveres

---

14 Ricardo Zarattini Filho, entrevista em 21 de fevereiro de 2006, fita 1, lado B. Fermin era o major Henrique Valdés Menendes, que trabalhava com Manuel Piñeiro Losada, comandante do Departamento América do PC cubano.

15 Roberto Artoni, entrevista em 16 de fevereiro de 2013. Apoios eram as pessoas que davam apoio aos guerrilheiros, mas que não eram militantes clandestinos do grupo.

16 GORENDER, Jacob. *Combate nas trevas*, p. 228 e 229. Ver ainda PAZ, Carlos Eugênio Sarmento Coelho da. *Nas trilhas da ALN*, p. 79. Para o número de mortos, *Nas trilhas da ALN*, p. 78 fala em 18. Em *O apoio de Cuba à Luta Armada no Brasil – o treinamento guerrilheiro*, Denise Rollemberg, p. 59, fala-se em seis sobreviventes do grupo de 28, que jamais foram presos. É curioso notar que a polícia tinha opinião assemelhada sobre um aspecto do destino do Molipo. "Ele

de policiais em Santo André. Depois, o grupo levou Cr$ 21 mil de um restaurante. Os militantes do Grupo Primavera resolveram montar um setor de inteligência, com material completo para a falsificação de documentos. Levaram 400 carteiras de trabalho em branco e carimbos de um posto no Ipiranga, na zona sul paulistana. Dias depois, apropriaram-se de 539 cédulas de identidade e de uma máquina de escrever em Santo André e, por fim, invadiram uma empresa na Lapa e apanharam uma máquina de plastificação. Em setembro veio o rompimento definitivo com a ALN. Surgia o Molipo. "Quando consumaram o racha, nós lhes entregamos até metralhadoras", contou Carlos Eugênio, o comandante-militar da ALN.[17]

> Infelizmente [eles] sentiram na pele que estávamos [a guerrilha] cercados, fazendo ações de sobrevivência, assaltando bancos e supermercados na véspera do vencimento dos aluguéis e tentando não desaparecer. Grande coisa lutar pelo poder numa organização destroçada... Desconfiaram das intenções de companheiros que cometiam erros, mas davam a vida honestamente. O que me revolta é que caíram como moscas e hoje ninguém assume suas responsabilidades.[18]

Traição

Não só a repressão estava mais bem preparada, como Zarattini tinha razão. Ela conseguira esgueirar-se no coração das principais organizações guerrilheiras, plantando traidores. Os ocupantes do imóvel da Rua Cervantes não desconfiavam de nada nem perceberam que estavam sendo vigiados. "Não sei como descobriram o aparelho", disse o agente Alemão. A operação não saiu de nenhuma informação obtida no interrogatório.[19] Alemão não sabe, mas um colega dele da Seção de Investigação, o agente João de Sá Cavalcanti

---

passou a fazer o que fazia a ALN, praticando assaltos para a sobrevivência", escreveu o delegado Edsel Magnotti, do Dops paulista, no relatório do inquérito policial 09/72, folha 9 (AESP Deops-SP/OS-001, p. 267). Para o número de ações do Molipo, AESP Deops-SP-os-001, p. 269.
17 Ainda para as ações do Molipo, ver AESP Deops-SP/OS-201-RPI-01/72 (Molipo) e RPI 03/72, ambos do 2º Exército. Entrevista Carlos Eugênio, dezembro de 2004.
18 PAZ, Carlos Eugênio Sarmento Coelho da. *Nas trilhas da ALN*, p. 79.
19 Agente Chico, entrevista em 10 de novembro de 2004, fita 5, lado B.

Netto lembra-se como muitas informações chegavam ao DOI. Sá era um dos "cachorros grandes da Investigação", homem de confiança do Doutor Ney. Segundo ele, havia quatro informantes que os órgãos de segurança mantiveram no Molipo na curta existência do grupo. Assim, ou os ocupantes da casa contataram algum militante queimado – como disse o agente Pedro Aldeia – ou foram denunciados por um informante, como sugeriu Sá.

Sempre houve lendas sobre infiltração no movimento. Para muitos era cômodo dizer que a fuga de informações havia ocorrido no aparato de segurança cubano, revelando assim aos americanos – e estes aos brasileiros –, a identidade e a volta ao Brasil dos homens do 3º Exército da ALN. Sá era um dos poucos que trabalhavam com informantes em São Paulo. Seus colegas entrevistados foram unânimes em apontá-lo como um dos militares que mantinham contato com os cachorros no DOI – os demais eram os capitães Ênio e Perdigão (já mortos), e o agente Pedro Aldeia. Dos informantes nomeados por Sá, cinco também foram citados por seus colegas (dois da ALN, um da VPR e dois no PCB). No caso do único cachorro do Molipo que ele revelou – um militante chamado Camilo – só foi possível saber que, quando seu nome surgia na seção oficial de interrogatórios no DOI, os agentes eram orientados a deixá-lo de fora, procedimento usado para proteger informantes.

> Toda vez que algum preso falava dele [Camilo] a ordem era aliviar no depoimento, tirava o nome ou citava só o codinome. A ordem veio do Edgar [capitão André Leite Pereira Filho, comandante da Seção de Análise e Interrogatório], que acertava com o Ney essas coisas. Quando precisava fazer aparecer o nome de alguém, que o informante havia entregado, interrogava-se um preso e fazia, induzia o preso a citar a pessoa que se queria prender. Assim se encobria a ação do informante.[20]

Sá contou que o jovem Camilo foi o principal informante que conheceu no Grupo Primavera. Ele treinara em Cuba ao lado de Mortati. O homem foi cooptado pelo capitão Perdigão, com quem fez uma troca:

---

20 Agente Chico, entrevista em 31 de janeiro de 2009.

manteve a cabeça para entregar a dos colegas. Chegara ao Brasil na segunda leva do Molipo e nunca esteve na lista de possíveis delatores elaborados pelos colegas. De acordo com Sá, suas informações permitiram aos militares apanhar pelo menos três dos 18 integrantes do grupo que morreram no Brasil.[21] Além dos oficiais, só o sargento conhecia o informante em São Paulo.

Em 1972, ao levar um companheiro do Molipo para uma armadilha, o informante foi ferido pelos disparos atabalhoados feitos pelos homens chefiados pelo delegado Vilela. Ninguém sabia ou se importou com a presença do cachorro ao lado do alvo. À noite, segundo o militar, ele telefonou ao DOI para queixar-se com Perdigão, seu padrinho, antes de partir para o Chile, numa tentativa de se infiltrar em Cuba. O plano falhou porque seus companheiros de organização desconfiaram da história e não lhe autorizaram a ida à Ilha.[22]

O Exército admitiu a existência do informante em um de seus relatórios secretos. Nele o CIE conta que seu "informante se havia encontrado com Fleury (o guerrilheiro Carlos Eduardo Pires Fleury) em Governador Valadares (MG) e no Rio". Também diz que o guerrilheiro do Molipo Flávio de Carvalho Molina devia ter "coberto dois pontos" com Fleury em Teófilo Otoni, em Minas, mas não pôde viajar porque estava sem documentos. Disse ainda que tinha um ponto com Fleury em Petrópolis, em 11 de novembro, em frente ao Museu Imperial. Há indícios, portanto, que confirmam a versão de Sá. Mas eles são apenas isso: indícios.[23]

---

21 Flávio de Carvalho Molina, Antonio Benetazzo e João Carlos Cavalcanti Reis. O cruzamento de informações do agente com as de documentos do Exército torna possível suspeitar de que ele tenha causado ainda as quedas de Carlos Eduardo Pires Fleury, Aylton Adalberto Mortati e José Roberto Arantes. Para a identificação de Camilo, segundo os militares, ver AEL Deops-SP/os261, *documento 2, Cursos Relizados em Cuba* (álbum), origem CIE, ofício nº 721 de 13 de novembro de 1973, informação 731/73-M.

22 João de Sá Cavalcanti Netto, entrevista em 20 de setembro e 13 de outubro de 2005.

23 MIRANDA, Nilmário; TIBÚRCIO, Carlos. *Dos filhos deste solo*, p. 128 a 130. O documento citado mostra que o informante tinha certeza sobre informações a respeito da parte do Molipo que vivia em São Paulo, mas, quando se tratava de falar sobre a parte do grupo que foi para Goiás, ele trabalhava só com possibilidades. Assim, é possível dizer que ele não era da direção nem do grupo da área rural. Em carta à mãe de Molina, Camilo (o informante) diz que era do

A presença de um informante desde os fins de 1971 no Molipo explica muita coisa na organização, como a rapidez com que a repressão a desbaratou. Ela (ou a tortura de Mortati) pode ter permitido ao DOI achar com facilidade um papelzinho com nomes e informações escritos com letra minúscula que José Roberto Arantes, o terceiro guerrilheiro que morava na Rua Cervantes, trouxe de Cuba em um barbeador elétrico. O papel havia sido embutido no aparelho, pois Arantes precisava dele para lembrar-se dos dados no Brasil.[24] Em dezembro de 1971, o CIE produziu um relatório, repassado ao Dops. Nele diz que a prisão de "Eduardo Pratini [identidade falsa]" levou à descoberta de um grupo de 28 brasileiros que fizeram curso em Cuba e retornaram. Há detalhes curiosos no documento. O primeiro é que ele conta a volta ao Brasil de cinco guerrilheiros e fornece até o número dos passaportes falsos de quatro deles, que, por coincidência, àquela altura estavam mortos.[25] O documento segue com nomes e codinomes de três guerrilheiros que já estavam no Brasil e de outros 19 que ainda estariam em Cuba aguardando retorno. No fim, há um acréscimo no documento, dizendo que as investigações mostraram que oito daqueles 19 já estavam no Brasil e identificaram mais quatro militantes. Em fevereiro de 1972, o 2º Exército listava 19 integrantes do Molipo retornados de Cuba. Poucos sobreviveram.[26]

---

grupo urbano e Molina cuidava do trabalho rural (AA). Disse que se havia encontrado com Molina em São Paulo e que ele ia levar armas, munição e dinheiro para o grupo do campo, chefiado por Fleury, na Bahia. Nenhuma dessas informações se choca com o documento citado em MIRANDA, Nilmário; TIBÚRCIO, Carlos. *Dos Filhos deste Solo*. Quem conheceu Camilo tem dele a lembrança de um militante firme e comprometido.

24   ROLLEMBERG, Denise. *O apoio de Cuba à luta armada no Brasil*, p. 61, depoimento de Domingos Fernandes.

25   Três morreram depois de presos: Mortati, Flávio de Carvalho Molina e Francisco José de Oliveira. AESP Deops-SP/OS243 (Aeronáutica), da 4ª Zaer para Dops, Informação 0677-Cisa--ESC-RDC, origem CIE.

26   O documento diz que 14 haviam feito curso de guerrilha e cinco não. Afirma ainda haver outros 14 em Cuba e 8 militantes da ALN no Brasil que se incorporaram ao Molipo após o racha. AESP Deops-SP/50-Z-9-40.934 e 40.935, onde está arquivada parte do RPI 01/1972 do 2º Exército.

Prisão e viagem

Alemão disse que não sabia nada disso porque seu acesso às informações era limitado. Primeiro por ser policial civil e depois pelo sigilo mantido pelos homens do Exército. Durante a paquera na casa da Rua Cervantes, o investigador testemunhou uma das ações do Molipo. Ele estava em um Fusca do DOI enquanto Cyrino vigiava a casa com o binóculo. De repente, saíram dali a mulher e o homem. Entraram no Fusca placa AC-1953 pouco antes das 4 horas. O investigador foi atrás sozinho, deixando para trás o delegado. "Eles pegaram a trilha dos guerrilheiros." Tratava-se do espigão da Avenida Paulista até a Avenida Cerro Corá. Pararam na Pompéia, encontraram mais dois colegas e seguiram para a zona oeste. Iam fazer uma ação numa empresa de ônibus. "Era dia de pagamento", contou Alemão. Um policial militar que fazia a segurança do lugar reagiu e foi baleado. "Ele morreu." O investigador viu tudo: "Eu estava sozinho e não achava o pessoal, então, voltei para a Vila Prudente para não queimar o nosso serviço, que era de informações, retornei."

O que interessava ao DOI era a colheita de dados e não prisões. A morte do policial, segundo Alemão, jamais foi debitada na conta do Molipo. "Houve muitos outros assim, que passaram como se fossem crimes praticados por assaltantes comuns." A opção consciente de não apurar a autoria do crime, o que "queimaria o serviço" dos agentes, é mais um fato que revela o objetivo principal da Investigação e, por extensão, do DOI: descobrir e destruir o inimigo, em vez de reunir provas para punir legalmente delitos praticados. A tática policial estava a serviço de uma estratégia militar. O padrão de comportamento dos agentes nos tiroteios não era a de quem age em legítima defesa, mas a do militar em guerra, a quem é permitido matar em emboscada, atirar pelas costas, enfim, condutas que poderiam levar um policial à prisão. A identificação do criminoso e a punição do crime se tornam secundárias. A informação não deve transformar-se em prova, mas em arma.

No fim de outubro, os homens da Cúria notaram que o Fusca, com a placa AC-1953, havia sumido da frente da casa. Pensaram que a presença deles no escritório da imobiliária houvesse levantado suspeita e decidiram afastar-se. No dia 1º de novembro, Mortati e Maria Augusta reuniram-se com sete companheiros para um "protesto armado", como chamavam os guerrilheiros, contra o aumento da tarifa de ônibus. Chegaram às 5h30 na Praça João Kaiser, na Vila Brasilândia, na zona norte. Francisco José de Oliveira, o Chico Dialética, arrancou os fios telefônicos da padaria São Mamede. Flávio de Carvalho Molina pichou a frase "Abaixo 0,45" nos muros. Duas mulheres e sete homens com submetralhadoras e revólveres dominaram o ponto final das linhas que iam para o centro e abordaram um ônibus da Empresa de Transportes Urbanos SA. Uma moça com um laço na cabeça e uma submetralhadora na mão aproximou-se do veículo e mandou o cobrador Juvenal Ramos descer. Pela outra porta, subiu um rapaz com um revólver. O cobrador viu ainda, quando caminhava para a padaria, um terceiro homem chegar com um galão de cinco litros e despejar gasolina no ônibus. Em seguida, ateou fogo. Naquele momento desembarcou de outro coletivo o cabo Nelson Martinez Ponce. Ele trabalhava nas Rondas Ostensivas Tobias de Aguiar. Sua morte revoltou os colegas, como contou seu comandante, o coronel Salvador D'Aquino. "Ele era uma ótima pessoa. Ia para casa quando o mataram. Foi uma covardia."[27] Martinez foi surpreendido pelo comando do Molipo. Mandaram que levantasse as mãos e se rendesse. Em vez disso, o cabo tentou sacar a arma. Acabou metralhado. Recebeu 12 tiros e ainda cambaleou em direção à padaria, gritando: "Ai, ai meu Deus." Um taxista apanhou o policial e levou-o ao Hospital das Clínicas, mas em dez minutos ele morreu. Mortati teria sido o autor da rajada. Além dele, de Maria Augusta, de Molina e de Chico Dialética, o DOI também acusou do crime Márcio Beck Machado, Hiroaki Torigoe, José Carlos Gianini, Pedro Rocha Filho e Silvia Peroba Carneiro Pontes.[28]

---

[27] Salvador D'Aquino, coronel da PM, entrevista em 25 de maio de 2004. D'Aquino criou a Rota. Ele era tenente-coronel na época e comandava o 1º Batalhão de Choque.

[28] Em interrogatório judicial, José Carlos Gianini disse que ouviu de Hiroaki Torigoe a informação de que Mortati matara o policial. Disse ainda que confessou o crime sob tortura e, por isso, negava a validade de seu depoimento anterior. Outro preso na época, Pedro Rocha Filho, também negou a confissão na polícia e disse que soube de detalhes do crime pelo relato que também lhe fez Torigoe. Em ambos os casos, ver processo BNM 68, Recurso Criminal

Mais tarde, os agentes da Cúria descobriram por que o Fusca sumira da frente da residência. Um ônibus havia derrubado o muro de uma casa onde havia um armazém, numa rua próxima. A pm mandara uma de suas viaturas "preservar o local", o que deixou os guerrilheiros temerosos. Decidiram, então, parar o Volks longe, perto da Avenida Paes de Barros. No dia 4, os agentes receberam a ordem para derrubar o aparelho da Rua Cervantes. A equipe de Alemão esperou o tenente sair. "Vimos o Mortati sair, subir a Paes de Barros até perto da caixa d'água e nós acompanhando." O Tenente caminhou em direção do Fusca sem perceber que era seguido pelos homens da *Casa da Vovó*. Alemão tinha a submetralhadora INA no colo e nenhuma preocupação em dissimular. "Já havia a ordem para prender."[29] A equipe deixou o alvo chegar no Fusca. Quando o guerrilheiro pôs a mão na porta do carro, foi detido por Alemão e Cyrino. Em seu bolso havia uma conta de água da casa. O detalhe foi divulgado pelo DOI na versão oficial sobre o caso para justificar como descobrira o endereço, que foi cercado em seguida pelas equipes de Busca. O DOI não sabia quantos cubanos escondiam-se ali, mas a profusão de tiros parecia indicar muitos. Toda a artilharia, no entanto, era obra de um só homem: José Roberto Arantes, outro que treinara na Ilha. Atirando de vários pontos na casa, ele confundia os homens da *Casa da Vovó*. Em meia hora, estava morto. Durante o cerco, Maria Augusta, terceira moradora do imóvel, voltou. Abordou um agente e perguntou o que estava ocorrendo. "Estão prendendo uns traficantes." Só depois os homens do DOI identificaram aquela curiosa.[30]

Na casa, o DOI relatou a apreensão de duas submetralhadoras INA, dois revólveres calibre 38, e cópias de depoimentos do delegado Fleury em um processo em que era acusado de tentar matar o padre Gerald Manzeroll, testemunha da execução do bandido conhecido como Nego Sete,

---

1.356, 2ª Turma do Supremo Tribunal Federal (STF), p. 3.202 a 3.204. Em seu voto, o relator do processo, ministro Moreira Alves negou o recurso contra o acórdão do STM que condenou todos, presos ou foragidos ou desaparecidos a 12 anos de prisão. Ver ainda AESP Deops-SP/OS-001, p. 348-356. Relatório do inquérito assinado pelo delegado Manuel Nunes em 9/8/1972.
29 Agente Alemão, entrevista em 12 de abril de 2005, fita 1, lado B.
30 Entrevistas do autor com Alemão, com o tenente Chico e com o jornalista Ivan Seixas, que estava preso na época por causa de sua militância no MRT.

em Guarulhos. Haveria, segundo documento do Dops, "um bilhete com dizeres 'para a publicação no jornal *Venceremos*'" das acusações contra Fleury. Anos mais tarde, o procurador de Justiça Hélio Bicudo identificou o documento como mais uma tentativa de desacreditá-lo, ligando-o à subversão. Era Bicudo quem investigava os crimes do esquadrão da morte da polícia paulista.[31]

Plantado ou não pelos policiais, o documento dava a Fleury uma oportunidade de ouro para tentar desacreditar a investigação sobre seu esquadrão, relacionando-a com a subversão política. O plano era retirar o caso da Justiça Comum e passá-lo à Militar, onde réus policiais se transformariam em vítimas, e os acusadores, como o procurador Bicudo, em criminosos contra a segurança nacional. No relatório do inquérito do caso, o delegado Edsel Magnotti escreveu que os documentos demonstravam o "interesse das esquerdas subversivas em colocar o delegado [Fleury] como chefe de um esquadrão da morte em represália à sua atuação no combate à subversão". Tanto esforço para nada. O oportunismo de Magnotti para negar a relação de Fleury com o esquadrão, porém, jamais convenceu quem quer que seja.[32] Por fim, havia na Rua Cervantes fotografias 3x4 de dois dos principais pupilos de Fleury, acompanhadas pelos seus respectivos endereços residenciais: João Carlos Tralli, no Bom Retiro, e Miguel José de Oliveira, no Jardim Brasil.[33]

Não há quase nada nos papéis oficiais sobre o destino do homem preso naquele dia. Os detalhes do que ocorreu com Mortati são desconhecidos – ele é um dos desaparecidos que oficialmente nunca passaram pelas celas do regime. O prisioneiro, que usava a identidade de Eduardo Janot Pacheco,

---

31 Hélio Bicudo, entrevista em 20 de fevereiro de 2006, em São Paulo.
32 AESP Deops-sp/os-001, p. 269. Relatório do IP 09/72 de 13-10-1972, Edsel Magnotti. Ver também AESP Deops-sp/OS243 (Aeronáutica); Informação 382-Dseg4, 4ª Zaer, síntese do prontuário de 16/12/71, origem Cenimar: "Bicudo é de extrema esquerda e o trabalho dele para descobrir e esclarecer os crimes do Esquadrão da Morte tem apenas a finalidade de desmoralizar o governo federal."
33 Para as apreensões, BNM 68 (Molipo), caixa 1, volume 1, folhas 3 a 5 e 66 a 68. São dois autos. Um feito pelo DOI em 11 de novembro de 1973, que cita um envelope com o nome Venceremos, e outro feito pelo delegado Edsel Magnotti, do Dops, em 24 de abril de 1972, citando o bilhete. AEL-Unicamp.

não foi visto na carceragem da *Casa da Vovó*. "Eu o entreguei para o interrogatório", disse Alemão. O tenente Chico confirmou a passagem de Mortati por lá uma única vez. Nesse dia, apontou o agente JC, da equipe A, como uma das pessoas que tiveram contato com o preso. "O Mortati morreu. Lembro que a gente tinha uma pasta no interrogatório no qual constava o nome dele como morto."[34] Quem o prendeu, sabe o que houve. "Ele não está mais aqui. O Tenente viajou."[35]

Naqueles dias, a mãe de Mortati recebeu um telefonema anônimo. Mandaram que procurassem o filho no DOI. Lá disseram que ele não estava. Ela foi à Justiça Militar e o procurador Dorval Moura Araújo lhe disse que o filho estava morto e estava enviando ao Dops a certidão de óbito. Depois, tentaram dizer-lhe que o procurador enganara-se. Araújo acabou transferido para o Rio de Janeiro e Carmem voltou ao DOI atrás do filho, mas obteve apenas uma ameaça de prisão feita por Ustra. Um mês depois, deixaram um embrulho na porta de sua casa. Ela abriu o pacote e achou o anel com uma safira e dois pequenos brilhantes que Mortati usava desde os 18 anos, quando se formara pianista no conservatório.[36] Mais de um ano depois, o procurador militar Dácio Gomes de Araújo denunciou Mortati por 15 roubos, atentados e ações de propaganda armada em São Paulo – em outro processo, ele era acusado da morte do cabo Martinez.[37] Naquele ano o relatório do inquérito 29/73 da Divisão de Ordem Social do Dops paulista aumentou o absurdo da situação: ali Mortati era classificado como "falecido".[38] Mais tarde o delegado que fez o documento disse que houve um erro. O mesmo "engano" ocorreu no arquivo do Dops

---

34 Agente Chico, entrevistas nos dias 20 de maio e 23 de setembro de 2005.
35 Agente Alemão, entrevista em 6 de abril. Em 14 de abril, Alemão disse não saber o destino final de Mortati depois da prisão. Segundo o tenente Chico, "alguém como Mortati não escaparia vivo".
36 Para o calvário da mãe de Mortati, IstoÉ Senhor de 10/10/1990.
37 Processo BNM 68 (Molipo), caixa 1, p. 44 e 45, AEL-Unicamp.
38 Processo BNM 706 (Molipo), p. 45. AEL-Unicamp. Em uma pasta [AESP Deops-SP/OS261 (Curso de Guerrilha em Cuba), do 2º Exército para o Dops, origem CIE ofício 721-A1-13nov73 p. 8786/72], ao lado dos nomes dos mortos, alguém no Dops anotava um "M". Mortati está entre os que receberam essa marca.

quando o DOI produziu outro extenso relatório sobre o Molipo.[39] Os policiais anotaram a letra M ao lado dos nomes dos guerrilheiros mortos, entre os quais no de Mortati.

Morte sob o sol

Depois da operação na Rua Cervantes, o alvo seguinte foi outro cubano. Tratava-se de Chico Dialética. Ele e Maria Augusta deviam comparecer a um ponto na Rua Turiaçu, em Perdizes, do outro lado da cidade. Para que um ponto fosse descoberto, a informação só podia vir do Interrogatório. A única pessoa presa com vida pelos agentes naqueles dias era Mortati, o que pode confirmar o relato de Alemão. Desde cedo, a equipe do Doutor Vilela aguardava os guerrilheiros em frente a um bar. A manhã se foi e a tarde começou sem que o casal aparecesse. Os policiais, porém, não arredaram. Entregando-se ao fato de que os guerrilheiros não atrasavam em seus encontros e previam pontos alternativos em caso de um inesperado contratempo, Vilela decidiu desarmar suas redes, pois era inútil continuar à espera. Assim foi. Entrou em seu Opala com seus homens, mas o motorista da equipe, cansado da vigilância, sugeriu que fossem ao bar tomar um café, antes que pegassem o caminho do DOI. E lá foram os quatro policiais. O delegado e o motorista desceram do carro e entraram no bar. Um casal entrou logo atrás. Vilela olhou para o homem e este levou a mão direita para baixo do braço esquerdo. Francisco tentou apanhar o revólver calibre 38, mas a arma enganchou no coldre, embaixo da blusa. O instante perdido fez a vantagem passar ao delegado, que sacou uma pistola calibre 45 e disparou um tiro no peito do guerrilheiro. O homem desabou, como nos filmes, de braços abertos e arma na mão. Maria Augusta virou-se e correu. Trombou os agentes Tonello e Chico, que entravam no bar, e escapou. Chico correu atrás da moça, atirou, mas a guerrilheira, que escapara na Rua Cervantes, revidou, apanhou um táxi e sumiu. No bar, o delegado foi logo falando para o dono que ali era a polícia, que mandaria uma viatura para resolver tudo. Enquanto isso, um dos agentes foi pegar o guerrilheiro baleado, que

---

39 ROLLEMBERG, Denise. *O apoio de Cuba à luta armada no Brasil*, p. 89 e 90.

permanecia imóvel no chão. Parecia morto. Queriam levá-lo rápido. Tonello apanhou-lhe o braço para levantar o corpo, quando Chico Dialética despertou e lhe deu um murro no rosto. A força do golpe fez rodar o agente, que teve a reação reflexa de apertar o gatilho. O tiro disparado por Tonello errou o alvo e foi alojar-se na perna de Vilela. O impacto, o sangue, os gritos. Os homens apanharam o guerrilheiro, imobilizaram-no e o colocaram no porta-malas do Opala. Quando chegaram ao DOI, Vilela desmaiou e foi levado a um hospital. Enquanto o socorriam, Chico Dialética permanecia guardado no carro estacionado debaixo do sol no pátio da Rua Tutoia. Sangrou no porta-malas em silêncio, até morrer sufocado. Exangue.[40]

---

40 Para o relato sobre o tiroteio e a morte agonizante de Francisco, entrevistas com o tenente José em 9 de janeiro de 2007, fita 1, lado A, e em 10 de janeiro de 2007, sem gravar. Em MIRANDA, Nilmário; TIBÚRCIO, Carlos. *Dos Filhos Deste Solo* (p. 131 a 137), consta a informação de que Francisco levou quatro tiros, segundo laudo. O tenente, que trabalhava na Busca na época, não fez menção aos demais disparos nem quando eles ocorreram.

TEATRO
Tiroteiros e atropelamentos

PASSARAM-SE MAIS 24 HORAS até que a polícia fizesse outra vítima no Molipo. Desta vez os homens da equipe da Busca, chefiada pelo capitão da PM Devanir Antônio de Castro Queiroz, detiveram o guerrilheiro Flávio de Carvalho Molina na Rua Agostinho Gomes, no Ipiranga, na zona sul paulistana. Há agentes que se lembram da passagem de Molina pelo DOI.[1] Ao regressar ao Brasil, Molina encontrou-se em São Paulo com um guerrilheiro que se transformou em informante. Dias depois, foi preso e torturado. Era mais um cubano e devia morrer. Os militares contariam a versão de que Molina foi levado à Rua Padre Marchetti para um ponto e morto ao tentar fugir. No dia 9 de novembro, a imprensa publicou a morte de "três terroristas". Eram Arantes, que o *Estado de S. Paulo* informava ter morrido na casa da Rua Cervantes, outro que morrera ao "chegar à prisão" (Hiroaki Torigoe) e o terceiro homem morrera na Rua Turiaçu, após tiroteio (era Chico Dialética). Nenhuma menção a Molina, nem mesmo no Relatório Periódico de Informações 01/72, do 2º Exército, no qual são listados três mortos do Molipo: Arantes, Torigoe e Francisco. O fim de Molina tornou-se público somente em 29 de agosto de 1972.

---

1   Agente Chico, entrevista em 20 de maio de 2005, fita 10, lado B.

> Tinha muita gente que era presa e o jornal, você sabe que tinha censura, era complicado. Então falavam que o cara havia morrido no tiroteio. Levavam uma pessoa parecida, balas de festim e "matavam" um dos nossos lá. Mas o cara [o preso] ainda estava vivo. Aí ia ver se ele entregava alguma coisa, mas dificilmente entregava [...]. Eles tentavam interrogar, mas o cara não queria falar nada e aí viajava. [...] Uma vez, eles [os guerrilheiros] fizeram um panfleto dizendo que eles sabiam do endereço de várias pessoas de lá da *Casa da Vovó*. Não se podia arriscar, que [os guerrilheiros], sabendo que ele [o preso] estava vivo, tentassem pegar alguém dos nossos para fazer uma troca. Então tinha que falar que ele [o preso] tinha morrido. Eu lembro um dia do Sinício... coitado ele não sabia de nada. Chegaram lá e deram uns tiros de festim num colega dele. [...] Ele não sabia do cirquinho que iam fazer e pra ele foi real. O Aldeia que deu os tiros. "Por que é que o Aldeia está matando ele?" [dizia o Sinício], depois o Sinício me contava [...] Fazia o cirquinho e o jornal publicava que eles tinham sido mortos num tiroteio.[2]

O teatro que surpreendeu o agente Sinício envolvia dois militantes do Partido Comunista Revolucionário (PCR): Manoel Lisboa de Moura e Emmanuel Bezerra dos Santos. Em 4 de setembro de 1973, uma caravana policial partiu para o Largo de Moema, na zona sul de São Paulo. Ali foi encenada a morte dos dois guerrilheiros, cujo principal crime de que lhes acusavam era o atentado a bomba no Aeroporto de Guararapes, em Recife, em 25 de julho de 1966. O explosivo era endereçado ao general Arthur da Costa e Silva. Mas o futuro presidente da República mudou seu roteiro na última hora e a explosão, em vez de atingi-lo, matou o jornalista Edson Régis Carvalho e o almirante Nelson Gomes Fernandes.[3]

---

[2] Tenente Neuza, entrevista em maio de 2005. O tenente Chico confirmou o caso no mesmo mês.

[3] Mais de 30 anos depois a autoria do atentado foi desvendada. Ele foi praticado pelo ex-padre Alípio Freire, então militante da Ação Popular. Ver GORENDER, Jacob. *Combate nas trevas*, p. 123. Para a acusação contra o PCR, p. 2 a 7 do processo BNM 77 (PCR), AEL-Unicamp.

Manoel e Emmanuel haviam sido presos no Recife, em 16 de agosto. Foram transferidos para São Paulo e entregues no DOI.[4] Eram inocentes da acusação do atentado – o que a *Casa da Vovó* não sabia –, mas eram dirigentes do PCR, outra organização da esquerda que pegou em armas contra o regime militar. Depois de "matar os colegas" diante de "testemunhas do povo", os agentes do DOI voltaram à base com "os corpos". Divulgaram depois à imprensa a versão de que, preso, Manoel contara que Emmanuel chegaria do exterior naqueles dias. Disseram ainda que o primeiro revelara um ponto com o segundo em São Paulo, daí a transferência de Pernambuco. Na hora em que Emmanuel viu que seria preso por causa de Manuel, ele atirou no companheiro, sendo baleado em seguida pelos agentes.[5] Na verdade, eles estavam presos e vivos. Morreram sob a guarda dos homens da *Casa da Vovó*.

Dentro dessa mesma lógica, Mortati e outros foram mantidos vivos enquanto ainda tinham informações para "entregar". Quando não eram mais úteis, foram mortos, tornando verdade a notícia já publicada. Para os homens que os executaram, tratava-se de um ato mais do que justificado. Primeiro, eram "cubanos". Depois, estavam envolvidos em crimes de sangue. E o que era pior: mataram policiais. Quando um agente morria, os colegas enterravam-no, davam uma salva de tiros e, depois

> cada um jurava sua vingança, que é próprio do policial. O mesmo com a Rota, na rua. Noite em que morre um policial vira um banho de sangue. É o instinto animal.[6]

O silêncio sobre Molina e o desaparecimento de Mortati obedeciam ainda a uma outra tática: desorientar os integrantes do Molipo. Eram também necessários para encobrir a ação do informante. Assim, os militares pretendiam fazer os colegas de Mortati acreditarem que o Tenente tivesse

---

4   Para a transferência de Manoel Lisboa de Moura, ver p. 7 e 8 do processo BNM 702 (PCR), ofício 144-B-E/2, do 4º Exército, assinado pelo general de Exército Walter de Paes, AEL-Unicamp.
5   Para a versão oficial do DOI, MIRANDA, Nilmário; TIBÚRCIO, Carlos. *Dos Filhos deste Solo*, p. 217 e 218.
6   Agente Chico, entrevista em setembro de 2004, fita 2, lado A.

aberto meia dúzia de pontos, expondo seus companheiros. Isso ajudaria o informante a continuar incógnito,[7] permitindo aos militares a certeza de terem conseguido "o completo levantamento do Molipo, bem como a identificação de todos os seus militantes, à exceção de quatro que ainda não foram 'levantados'. Com as baixas sofridas, o grupo ficou em situação difícil, já que seu comando está totalmente desarticulado".[8] Os militares acompanharam passo a passo o retorno do Molipo. Em janeiro, um mês depois do primeiro relatório extenso sobre o grupo, novo documento confidencial do Exército, o que fazia a análise acima, mostrava os nomes de 19 militantes que já haviam retornado de Cuba naquele momento. Outros 14 estavam na lista dos que em breve deviam chegar ao Brasil e havia ainda os nomes de mais oito militantes que abandonaram a ALN no Brasil para se juntarem aos dissidentes. Os militares imputavam 25 ações ao grupo – roubos de armas, atentados a bomba, homicídio, panfletagens, roubos e pichações. Na linguagem da comunidade de informações, o Molipo estava *plotado*. De novembro de 1971 a outubro de 1972 o grupo seria massacrado. Uma série de prisões ia levar a uma espiral da qual poucos escapariam. Muitos tiveram a morte encenada pelo DOI. Foram "atropelados" ou "baleados em tiroteios" com o propósito de encobrir os assassinatos. O teatro era um método. Ocorreu com Molina e com os militantes do PCR. Assim também se fez com Antonio Benetazzo.

Morreu na contramão

Era um fim de tarde quando o preso chegou ao interrogatório. Estava abatido, derrotado. Sabiam seu nome, qual sua organização, os contatos que mantinha e as ações das quais participara. Agiam sem urgência, pois não precisavam perguntar-lhe muita coisa, já que o informante lhes havia franqueado o que mais interessava aos militares sobre o dirigente guerrilheiro. Se tudo era sabido, o passado e o presente, sua entrada no DOI só

---

[7] Para a história de cobertura do informante, entrevista em 13 de outubro de 2005 de João de Sá Cavalcanti Netto.

[8] AESP Deops-SP/OS201-*RPI-01/72*-Molipo, folha 1, confidencial.

tinha um significado: a repressão resolvera parar de brincar de gato e rato com o que sobrava do Molipo. A ordem era pegá-los antes que os remanescentes escapassem, reagrupassem e retornassem mais fortes. Antonio Benetazzo esperava pelas piores sevícias em busca de suas informações e não entendeu a falta de pressa e volúpia de seus captores, a ausência da brutalidade aguda nos homens que lhes faziam as perguntas. Ao seu redor estavam investigadores, policiais militares, o delegado conhecido como capitão Ubirajara e um capitão do Exército, que chefiava a equipe. Havia ainda Chico, que, curioso, perguntou ao chefe o que aconteceria com o preso. A resposta foi curta: "Ele vai viajar amanhã".[9]

A história de Benetazzo é desses segredos que os militares gostariam de ver sepultados. Trata-se de um caso brutal e traumático, um tabu entre os próprios integrantes da *Casa da Vovó*. A história dos suplícios mostra que, por serem por demais cruéis, acabavam por despertar a simpatia do povo pelo condenado, que era muitas vezes esquartejado em um ritual encenado em praça pública. As modernas ditaduras tentaram resolver o problema fazendo do tratamento cruel e desumano um segredo, algo inverossímil, que mesmo relatado ninguém acreditaria. É aí que entra a memória para demonstrar que nada humano é tão perfeito que torne viável o esquecimento absoluto. O esquecimento era o desejo de Ustra. Não será a guerrilha, que apenas pressupôs – e errou – o que se passou com Benê, que contará os fatos. Serão os antigos subordinados do coronel que vão revelar uma das mais cruéis execuções do Destacamento. O acidente descrito por Ustra em sua obra e usado para simular o suicídio de Benetazzo, ao contrário do que pensou, por exemplo, o Grupo Tortura Nunca Mais, realmente ocorreu. O problema é que o motorista do caminhão que passou por cima do guerrilheiro não sabia que atropelara um corpo sem vida, jogado sob as rodas do seu veículo. Para os agentes que simulavam tiroteios para justificar mortes, encenar um suicídio era fácil.

Benetazzo era o Benê de muitos amigos, arquiteto, filósofo e pintor. Nasceu em 1941, em Verona, na Itália, e veio morar no Brasil ainda menino,

---

[9] Os detalhes da morte de Benetazzo foram fornecidos pelo tenente Chico e por João de Sá Cavalcanti Netto. A maioria das entrevistas está gravada e foi feita em 2005.

no pós-guerra. Ao contrário de tantas famílias de fascistas que se refugiaram aqui na época, os Benetazzo haviam combatido o *vintenio* fascista de Mussolini. Começou na política antes de 1964, como militante do PCB entre os secundaristas, e passou pelo Centro Popular de Cultura, o CPC da União Nacional dos Estudantes. Era a época em que a Ação Popular dominava o movimento estudantil. Benê entrou nas Faculdades de Arquitetura e Urbanismo e na de Filosofia da Universidade de São Paulo (USP) e logo se tornou o presidente do centro acadêmico da segunda. Ganhava a vida dando aulas de história em cursos preparatórios para o vestibular. "Eu sempre lembro do Benetazzo [...]. Seguramente teria sido um grande escritor, um grande pintor", afirmou um de seus melhores amigos, o então líder estudantil José Dirceu.[10] Em 1967, acompanhou os colegas de Dissidência de São Paulo, liderados por Carlos Marighella, e deixou o partidão. Chegara o momento da ação, de acender a pólvora da revolução e arrastar o povo consigo. Mais tarde a "Ala Marighella", como a polícia chamava o grupo que saíra do PCB, ganharia um nome e uma sigla: ALN.

Em 1968, Benê, Dirceu e centenas de outros estudantes foram presos no 30º Congresso da UNE, em Ibiúna. Acabou fichado pela polícia, mas foi solto, ao contrário de Dirceu que teve de esperar na cadeia pelo sequestro do embaixador americano em 1969 para ser libertado. O italiano voltou a estudar e a lecionar até que, em julho de 1969, foi novamente procurado pela polícia. Ele havia participado de algumas ações da ALN e teve de passar para a clandestinidade, abandonando a USP e as aulas que dava. Benetazzo acabou em Cuba, onde treinou guerrilha. Reencontrou ali o amigo Zé Dirceu. Este desembarcara no México com os demais presos libertados em troca do embaixador Charles Elbrick e foi para a Ilha aprender como se fazia guerrilha em um curso que lhe parecia mais um "vestibular para o cemitério". Da turma faziam parte Mortati, Frederico Mayr, Lauriberto José Reyes, Molina e o Chico Dialética, todos mortos nas quedas de novembro de 1971 a

---

10 Entrevista do então ministro-chefe da Casa Civil, José Dirceu, no lançamento do projeto "Memória do Movimento Estudantil Brasileiro", no Museu da República, no Rio de Janeiro, em 27 de maio de 2004, em https://www.presidencia.gov.br/casacivil/site/exec/arquivos.cfm?cod=505&tip=ent.

fevereiro de 72 que atingiram o Molipo. Havia ainda João Carlos Cavalcanti Reis, Maria Augusta Thomas, Márcio Beck Machado, Arno Preis, Boanerges de Souza Massa e Natanael de Moura Girardi. Concluído o curso, todos ficaram numa casa cedida pelo governo cubano, onde faziam exercícios pela manhã e à tarde estudavam. Visitavam cidades e iam à praia, enquanto aguardavam a volta ao Brasil.

Benê chegou com o primeiro grupo. Ele participou de ações armadas nessa nova fase – expropriou armas da PM e dinheiro para a revolução. Em 17 de dezembro de 1971, ao lado de seus colegas teve um dia de Robin Wood. Invadiram às 7 horas a Indústria de Roupas J. Casanova, na Rua Xavantes, no Brás, no centro de São Paulo, e apanharam roupas. Muitas roupas. Seguiram nos carros até Sapopemba – um lugar conhecido pela pobreza e distância do centro da cidade –, onde deram aos moradores as roupas obtidas direto da fábrica em meio à distribuição de panfletos.[11] Mais tarde o Molipo fez outra dessa, entregando cartões de Natal na Favela de Vila Palmares e toda a carga de um caminhão frigorífico da Swift. Uma das principais funções de Benê era a de redator do jornal *Imprensa Popular*, órgão oficial do Molipo. Este seria o próximo alvo da ofensiva do DOI no segundo semestre de 1972 depois das quedas do começo do ano.

O jornal clandestino não passava de uma iniciativa tímida, mesmo para aqueles tempos de imprensa alternativa. Mimeografado em oito páginas, tinha pouca penetração. Seu número 4, de junho de 1972, reproduzia a letra do hino da *Internacional* e notícias de *O Estado de S. Paulo*. Comentava a greve de fome dos presos políticos do Presídio Tiradentes e apresentava uma biografia de José Roberto Arantes, morto no cerco da Rua Cervantes, em uma seção bem ao estilo da época: Heróis do Povo Brasileiro. Em sua última página, o jornal deixava claro as intenções do grupo com um artigo ilustrado sobre a submetralhadora INA, com suas especificações técnicas e instruções de como armá-la, desarmá-la, limpá-la, montá-la e principalmente, como atirar com INA. Às vezes, enviavam-no pelo correio para professores do interior e da capital de São Paulo. Nem todos o recebiam de bom

---

11 Para o roubo das roupas e sua distribuição; AESP Deops-SP/OS-001, p. 281; OS 201 RPI 03/72 (Ações do Molipo) e AEL-Unicamp Processo BNM 68, caixa 1, página 21.

grado. Uma professora de Votorantim entregou seu exemplar à polícia.[12] De vez em quando, a organização fazia panfletagem com o jornal em estação de trem de subúrbio ou na porta de escola. Era distribuído quase sempre sob escolta armada. "Era uma tentativa de dar uma tonalidade política, para a ação não ficar sufocada na ação militar, onde a derrota era iminente", lembra-se o militante do Molipo Fernando Casadei Sales, outro estudante que estivera em Ibiúna, onde conhecera Lauriberto Reyes, que lhe abrira em 1969 as portas da ALN em São Paulo.[13] O *Imprensa Popular* apresentava-se como um antídoto às notícias do regime com o slogan: "Contra a mentira reacionária, a verdade revolucionária".

Mas, afinal, como foi que a polícia prendeu o redator desse jornal? Como os agentes chegaram à Rua Luiz Pinto, na Vila Carrão, na zona leste, a casa na qual o dirigente do Molipo usava um quartinho nos fundos? O imóvel pertencia ao torneiro mecânico Rubens Carlos da Costa, o Operário. "Havia uma paquera", contou o investigador Alemão. Ele não sabia quem era o "paciente", mas sabe que houve uma vigilância feita pela Investigação sobre outra pessoa que levou ao Benê. Um colega de Alemão, o agente Sá do Exército, foi um pouco mais preciso: "Foi o informante". Tratava-se de Camilo, que fizera o acordo com o capitão Perdigão, o subchefe da Investigação, o que lhe salvou o pescoço.

Era 24 de outubro de 1972, quando homens da Investigação do DOI entraram na casa do torneiro mecânico. Rubens trabalhava na época em uma indústria na Barra Funda. Era amigo de Otávio Ângelo, o Tião da ALN, outro metalúrgico. Tião e Operário se conheceram no sindicato da categoria, em 1965. Ângelo já era do PCB e passaria por meio da Dissidência de São Paulo à ALN. Os dois frequentavam-se e suas famílias eram amigas. De repente, Tião sumiu, só retornando a procurar o amigo em 1969, quando deixou com ele um embrulho com roupas. Dois anos depois, João Carlos Cavalcanti Reis, o Marcos, apareceu em sua casa. Queria apanhar o embrulho deixado por Tião. Assim foi refeito o contato entre Operário e

---

12   AESP Deops-SP/OS213 (S1).
13   Fernando Casadei Sales, entrevista em 5 de fevereiro de 2005, fita 1, lado A.

os ex-integrantes da ALN, que agora estavam no Molipo.[14] Reis visitaria o torneiro mecânico outras vezes e eles também se tornariam amigos. Em fevereiro de 1972, a casa do Operário passou a ter Benê, que usava então o codinome de Paulo, como frequentador. Um dia, o novo amigo perguntou ao torneiro mecânico se ele era capaz de levar o cano de um revólver à metalúrgica em que trabalhava para fazer uma rosca externa na arma, onde seria colocado um silenciador. Operário bem que tentou, mas não conseguiu fazer o favor ao amigo. No quarto dos fundos da casa, os guerrilheiros do Molipo trabalhavam com um mimeógrafo e uma máquina de escrever. Aquele pequeno cômodo transformara-se ao mesmo tempo em aparelho da inteligência do Molipo, responsável pela emissão de documentos para seus militantes clandestinos, e em redação de jornal. Quando os agentes do DOI chegaram, encontraram uma máquina para plastificação de documentos, cédulas de identidade em branco roubadas de um posto de identificação em Santo André e certidões de nascimento que haviam sido retiradas do 37º Cartório de Registro Civil, além de documentos da organização e de militantes.[15] No dia de sua prisão, Rubens foi levado ao DOI e entrou no interrogatório. Extraíram-lhe pouco do que sabia. Ele revelou contatos e disse que não entendia direito o que seus amigos falavam nem compreendia aqueles documentos sobre o partido comunista que às vezes lhe davam para ler. Nada importante. O que os militares queriam com seu depoimento era um álibi para esconder o informante. Montaram, então, uma operação e ocuparam até uma casa ao lado do imóvel do Operário.

Na manhã de 27 de outubro, Benetazzo chegou ao imóvel. Usado como isca, ao vê-lo, Rubens derramou álcool em seu corpo e ateou fogo para alertar o amigo, mas não teve jeito.[16] Benê foi detido pelos agentes Sinício e pelo agente Sá.[17] Nos últimos tempos, o líder do Molipo tentava sair do

---

14   Otávio Ângelo foi um dos militantes da ALN que aderiram ao Molipo.
15   Para a história de Operário, a sentença do processo 19/73-3 da 2ª Auditoria Militar, no qual é citado seu interrogatório judicial, página 206 do processo BNM 88 (Molipo). Ainda sobre o Operário, entrevista com Fernando Casadei Sales, em 5 de fevereiro de 2005, fita 1, lado B. Para o dia da prisão, AESP Deops-SP/OS-201-RPI 10/72, do DOI-Codi/2º Exército, folha 16.
16   O jornalista Ivan Seixas disse que ouviu esse relato de Rubens na prisão.
17   João de Sá Cavalcanti Netto, entrevista em 20 de setembro de 2005.

isolamento político e recuperar o trabalho de massas do movimento sem abandonar as ações armadas. Discutira pouco antes um assunto tabu naquela época em um de seus encontros com Casadei Sales, um companheiro da organização: a necessidade de um quadro como ele sair do país. O dirigente não aceitou:

> Não era um recuo. Propus que ele fizesse uma reavaliação e mudasse o encaminhamento tático. Se a luta era de longo prazo, não podíamos pôr todas as nossas forças em objetivos de curto prazo. Tínhamos de mudar o objetivo de curto prazo. Em vez de ofensiva, ênfase no trabalho político e diminuir trabalho militar. [...] Ele concordava, mas não abria mão da posição da luta armada. Ele achava que essas coisas deviam ser feitas conjuntamente.[18]

Naqueles seis ou sete encontros que os dois militantes mantiveram, Benê discutiu a proposta do companheiro e preferiu ficar no Brasil. A história da Revolução Cubana, com seu mito da desigualdade de forças na Sierra Maestra, exercia forte atração no militante. O espírito voluntarioso de Benetazzo o impedia de ver o isolamento político que as organizações viviam e a ineficiência militar de suas ações para rompê-lo. Mesmo ele, o "quadro mais intelectualmente preparado entre nós", que "tinha um espírito de compreensão da realidade muito grande",[19] não foi capaz de uma grande mudança tática e muito menos de assumir o risco de ser chamado de reformista.

Fazia quatro meses que Benê participara de um assalto à Editora Abril, na Lapa em companhia de três outros militantes. Era ele que vestia farda de tenente do Exército, apreendida na casa do Operário. Levaram 30 mil reais e o revólver do vigia[20] Quando Benê foi detido, boa parte dos quadros do

---

18 Fernando Casadei Sales, entrevista em 5 de fevereiro de 2005, fita 1, lado B.
19 Fernando Casadei Sales, entrevista em 5 de fevereiro de 2005, fita 1, lados B e A.
20 Interrogatório de Paulo Miguel Novaes na 2ª Auditoria da Justiça Militar, folha 327 do processo BNM 209 (Molipo), AEL-Unicamp. Relatório do inquérito 29/73, da Divisão de Ordem Social, do Dops paulista, assinado pelo delegado Edsel Magnotti, em 4 de outubro de 1973 traz a mesma acusação – BNM 706, página 47 (Molipo), AEL-Unicamp. Ver ainda AESP Deops--SP/OS-201, RPI 06/72, p. 15 a 24.

Molipo estava morta ou presa sem que a organização pudesse fazer qualquer coisa, apesar dos planos de resgate.[21] Os órgãos de segurança queriam exterminar o grupo – o que sobraria dele, incluindo o informante, sairia aos poucos do país. Naquele momento havia ainda no Brasil três células: a ligada a Benetazzo, uma liderada por um militante conhecido como Barbudo e a de Márcio Beck Machado e de Maria Augusta Thomaz, a guerrilheira que sobrevivera às mortes de Mortati e de Arantes.

Os policiais que detiveram Benê disseram ter encontrado com ele um revólver calibre 38 que havia sido roubado do soldado da PM Dorgival Tavares Pequeno, em uma ação em 28 de agosto de 1971, em São Caetano do Sul. Naquele dia, cinco homens num Fusca atacaram os policiais. Armados com submetralhadoras, desceram do veículo e mandaram que Dorgival e seu colega, o soldado Reinaldo Augusto Mendes, saíssem da radiopatrulha.[22] Era mais uma expropriação de armamento para a revolução. Levaram dos PMs uma submetralhadora INA e dois revólveres, um deles o que estava com Benê.

Colocado dentro de um Fusca da Investigação, Benetazzo foi levado à *Casa da Vovó*. O guerrilheiro não era um homem que escaparia vivo. Não devia, portanto, entrar no quartel da Rua Tutoia e sim ir para um centro clandestino, como o Sítio. Por isso seu nome não constou da chamada "grade dos presos", a lista interna de pessoas detidas no lugar. Ficou, na linguagem policial, "enrustido, guardado no esquisito", em uma sala do Interrogatório. Foi fichado e interrogado durante algumas horas no DOI. Tentaram, sem muito esforço, arrancar-lhe alguma informação que lhes tivesse escapado. Em vão.

Benê teve de explicar o mimeógrafo e documentos datilografados apreendidos na casa do Operário. No dia 29, Benetazzo disse que tinha um ponto na Penha. Foi levado pelos militares para o lugar. Esperaram em vão. Era um ponto frio. "Se eu fosse ele, eu corria para que me matassem. Ele já devia saber

---

21   *Idem*. Novaes afirma que Benetazzo pensou em resgatar Artur Machado Scavone e Monir Tahan Sab, que estavam no Hospital Militar.
22   BNM 68, Caixa 1, volume 2B. IPM do 24º Batalhão da PM aberto pela portaria 24-010-BS/IPM

que ia morrer."[23] Como ninguém apareceu, Benetazzo levou uns tapas de um investigador antes de ser levado de volta ao DOI. Ao chegar, colocaram-no na mesma sala, no interrogatório. Acreditavam que não havia mais o que lhe perguntar. "Não estava sob pressão."[24] Ou seja, não foi mais brutalizado, triturado. O preso não revelou o pouco que importava e a repressão ainda não sabia, como o ponto marcado com João Carlos, o Marcos, ou os outros dois que devia cobrir com Casadei Sales na Liberdade, perto das obras do metrô. "Um era ponto e outro era uma referência, e ele não apareceu."[25] Os policiais achavam que, mesmo se "fosse necessário apertá-lo, Benetazzo não ia abrir nada". Tinham a sensação de que já sabiam tudo o que deviam sobre o preso, o que os deixava tranquilos. Umas poucas perguntas ainda lhe seriam feitas, mas sem as sevícias próprias do lugar.

Fantasma

O dirigente do Molipo passou a última noite de sua vida em companhia de cinco policiais da equipe de Interrogatório B. O guerrilheiro ficou sem capuz na sala do interrogatório, como um cliente qualquer da seção. Fizeram-lhe algumas perguntas e, ao término, colocaram-no em uma outra sala para aguardar o amanhecer. Nesse restante da madrugada, os agentes se revezaram em sua vigilância. Chico estava entre os escalados para a tarefa meramente porque era seu turno de trabalho. No silêncio daquele cubículo, o agente deu-se conta de que estava diante de um condenado à morte. Pensou nos filmes americanos em que o preso vai trocando de cela até chegar na reservada para o dia da execução. Não sabia o que dizer para Benetazzo, o que conversar.

— Às vezes você vai a um hospital, visitar um paciente terminal. É natural, o cara vai morrer. Não te choca. [...] Participar

---

[23] Tenente Neuza, entrevista sem gravar em 14 de abril de 2006, em sua casa, no interior paulista, para onde ela se mudou depois de se aposentar.

[24] O tenente Chico falou sobre o caso três vezes. Na primeira, não quis gravar seu depoimento. Depois, cedeu. Esse primeiro trecho é da entrevista de 26 de agosto de 2005, fita 11, lado A.

[25] Fernando Casadei Sales, entrevista em 5 de fevereiro de 2005, fita 1, lado B.

> de tiroteio, assistir a um acidente, socorrer pessoas na rua é algo inevitável, quando a consequência foi a morte. Mas nesse caso não era algo inevitável, era programado. Ali não tinha o que falar. Você pega um doente e diz: "Vai melhorar, a vida é assim mesmo, tenha paciência". Mas ali não dava pra falar isso pro cara [...] Primeiro porque era um cara inteligente, conscientizado. Segundo porque eu não podia fazer nada por ele.
> — *E ele sabia?*
> — Olha, ele não falou isso, mas com certeza sabia. Ele tinha uma cara de resignação que parecia saber o que ia acontecer. [...] Não falamos sobre nada. Foi um silêncio. Fiquei ali, olhando pro rosto do cara.[26]

Essa cena se transformaria em um dos "fantasmas" do tenente da PM. "Você abre o armário e ele está lá olhando pra você." A tentação para o bem experimentada ao ver o preso "condenado à morte programada" transformou-se em trauma. No começo, Chico tentou driblar as perguntas sobre o destino do dirigente do Molipo. Depois, deixou a verdade sair aos poucos, resumindo-a na primeira vez que falou:

> — Você não tem ideia do que é passar uma noite inteira vendo um homem e sabendo que no dia seguinte ele vai morrer... E você ali com ele... Essa foi uma das coisas que me deixaram mal depois. Todos nós carregamos um fantasma que te acompanha a vida inteira. Esse é o meu.[27]

Essa visão foi um dos motivos que levaram o tenente Chico a fazer um tratamento psicológico nos anos 1980, quando ainda trabalhava para o Exército.

> — Aquilo foi marcando, marcando; depois, foi chocando, foi me alterando a ponto de eu precisar fazer tratamento lá pra frente, dez anos depois; pois o fantasma vem vindo e o fantasma não te abandona. [...] Todo mundo tem sangue, tem cabeça. E agora, se você procurar o pessoal [do DOI], quantos

---
26 Entrevista com o tenente Chico, em 26 de agosto de 2005, fita 11, lado A.
27 Entrevista com o tenente Chico em 16 de junho de 2005. Não foi gravada.

você vai encontrar... com um fantasma? Cada um tem o seu fantasma, cada um teve a sua participação, que não escolheu, não programou, não o beneficiou em nada e não fez parte de um projeto individual. Você estava numa guerra, e a guerra era essa.

— *Como você fez para lidar com esses fantasmas?*

O que são esses fantasmas? É o indivíduo e também aquela pergunta: estava certo? O que é o certo e o errado. Eu entendi que o certo e o errado era o que povo decidia. Consertei minha cabeça com a eleição do Collor [em 1989], quando a esquerda foi derrotada nas urnas. Ela não foi derrotada no sangue. Eu percebi que o povo que rejeitou o Lula foi o mesmo povo que aceitou aquela barbaridade... era uma barbaridade.

— *Mas você não tinha receio que esse povo dissesse que ninguém o consultou para isso?*

— Vou responder sobre isso. Pergunte quantos brasileiros são a favor da escravidão. Hoje, zero por cento. Na época, 100%. É preciso ver o que a geração da época pensava. Teve apoio. O Exército não teria feito nada disso se o povo estivesse contra. O momento histórico permitiu isso [...]

— *Você conversava* [sobre os traumas] *com seus colegas?*

— A maioria que aposentou estava com a cabeça atrapalhada. Ninguém falava. Você precisava perceber nas caras. Policial é fechado. [...] Ele leva pra dentro o trauma, e a função do policial é massacrante...

— *... Eu tive a impressão de que você quase chorou ao descrever a noite que você passou com o Benetazzo...*

— É... emociona, mas chorar, já chorei – agora não... Esse negócio eu não tenho coragem de contar pra ninguém, nem pras pessoas do meu conhecimento. Não dá pra você contar. [...] É um negócio ruim pra burro... Terrorista, torturador é o cacete: é muito fácil falar sobre isso e escrever sobre isso sem ter estado lá. [...] Éramos dois inimigos numa guerra que nós não fizemos.

— *Mas toda guerra não é um pouco assim? Você tem o soldado na linha de frente, não o general?*

— Então é o soldado que faz a guerra? Não. [...] A guerra é programada por governos e executada por soldados. Mas não tem lógica; eu não consigo ver lógica em te odiar porque você é argentino: eu sou homem, você é homem, eu sou humano e você também, mas isso eu só aprendi agora. Na época da juventude, isso pra você é o que te falam: esse cara é o teu inimigo e acabou. E você vai pro combate contra o seu o inimigo. A hora do fantasma é quando você percebe que o seu inimigo era um pobre coitado como você.[28]

O policial militar do interrogatório não foi o único a ter essa reação entre os colegas. Na manhã do dia 30, depois de fazer a escala na *Casa da Vovó*, o dirigente do Molipo "foi viajar". Quatro homens da Investigação levaram o guerrilheiro ao Sítio 31 de Março. Sinício dirigia o veículo onde estava Benetazzo. Ao seu lado, estava Pedro Aldeia. No banco traseiro iam o cabo Jonas e um investigador. Colocaram-no entre os bancos traseiro e dianteiro. Benê viajou encapuzado. Ao chegar, desceram-no do carro e, sem que ele pudesse pressentir o que ia lhe acontecer, deram-lhe um golpe na cabeça. Em seguida, deitaram-no no chão e passaram com a roda do Fusca em cima de seu crânio.[29] Para os homens do DOI, havia sido suficiente para fazer o paciente morrer. Colocaram-no no carro. O próximo passo foi levar o corpo à Rua João Boemer, no Brás. Um dos agentes conhecia o delegado do distrito policial da área, o que facilitaria a operação. A ideia era encenar um atropelamento, como se o guerrilheiro houvesse revelado um ponto e, levado para cobri-lo pelos agentes, tivesse decidido atirar-se debaixo de um caminhão. Mas a caminho do Brás, Benê acordou, olhou para os lados e perguntou:

— O que está acontecendo? O que vocês estão fazendo comigo?

Os militares passaram por cima do horror, deram meia-volta e retornaram ao Sítio para terminar o serviço. Desta vez, não usaram o carro: Benetazzo ia morrer a pedradas. E assim o fizeram. Golpearam sua cabeça até que não houvesse mais dúvida. "É... foi mal feito, né", limitou-se a dizer um dos agentes – segundo seus colegas – envolvido no crime. Certos da morte de Benê, o grupo voltou ao Brás. Eram 15 horas. Os agentes esperaram por um caminhão até que o Chevrolet dirigido por Nelson Aparecido

---

28 Agente Chico, entrevista em 26 de agosto de 2005, fita II, lado A.
29 Entrevistas com os agentes Chico, Neuza, José e Alemão feitas em 2005 e 2006.

Franceschini virou a esquina da Avenida Celso Garcia e entrou na Rua João Boemer. Eles estavam em um ponto de ônibus a cerca de cem metros do cruzamento. Franceschini transportava no veículo uma carga de três toneladas de embalagens, metade de sua capacidade. Aproximou-se da parada de ônibus, onde havia muita gente. De repente, a quatro metros a sua frente, uma pessoa deu "um mergulho, com a clara intenção de se suicidar".[30] O motorista estava a 35 ou 40 km/h e teve tempo de frear o caminhão, arrastando suas rodas. Franceschini fez questão de dizer à polícia que não passou "por cima do indivíduo", atingido por uma de suas rodas dianteiras na altura da perna e arrastado por um ou dois metros. A consequência foi que o corpo de Benetazzo virou e "sua cabeça ficou debaixo do bloco do motor". O motorista foi ouvido pelo Dops a respeito da morte. Em resposta a uma pergunta do delegado Edsel Magnotti, Franceschini afirmou que não sabia se a vítima sofrera algum impacto na cabeça na primeira queda, mas que, depois que "seu corpo virara, isso era possível". A condução do depoimento era necessária para explicar os ferimentos em Benetazzo descritos no laudo do Instituto Médico-Legal, assinado pelo legista Isaac Abramovitcs. O médico constatara na cabeça de Benetazzo uma "fratura cominutiva com afundamento e exposição de massa encefálica no hemisfério direito do crânio". Também viu, conforme contara o motorista do caminhão, que o corpo tinha um "ferimento lácero-contuso extenso, interessando o terço inferior da coxa, o joelho e terço superior da perna esquerda". Por fim, havia "escoriações generalizadas".[31] Fez-se o motorista acreditar que atropelara um suicida, sugerindo-lhe como se havia produzido o ferimento na cabeça da vítima.

O difícil foi apagar da memória de Sinício a visão do guerrilheiro acordando a caminho do teatrinho. Rapaz do interior, Sinício era motorista da equipe chefiada pelo agente Sá. Um dia, teve um ataque nervoso e quebrou

---

[30] Termo de declarações do motorista Nelson Aparecido Franceschini na Divisão de Ordem Social do Dops paulista, página 142 do processo BNM 88 (Molipo), AEL-Unicamp. Mais uma vez era o delegado Edsel Magnotti o responsável por tomar as declarações do "suspeito".

[31] Exame Necroscópico nº 44.328, de 6 de novembro de 1972 do Instituto Médico-Legal de São Paulo, sobre a morte de Antonio Benetazzo. Além de Abramovitcs, o legista Orlando Brandão assina o documento, registrado na página 134 do processo BNM 88 (Molipo), AEL-Unicamp.

o volante do carro aos murros. O episódio o fez tomar calmantes receitados por um psiquiatra da PM e provocou sua saída do dia a dia da Investigação. Acabou transferido para uma função mais amena: tornou-se o motorista da mulher do Doutor Ney. A partir de então, raramente participava de paqueras. O tratamento não surtia efeito, ele se sentia inseguro, perseguido e desabafava com os colegas. "Posso te dizer que, se trabalhar lá teve vantagem pra alguém, eu não sei. Pra mim só teve prejuízo."[32] O agente Sá não tem dúvida de que Sinício ficou assim pelo que aconteceu com Benetazzo. "Não falo sobre isso com ninguém, nem com minha família. Quando encontro um colega daqueles tempos, conversamos sobre futebol", contou o agente. Outros companheiros de Sinício se recordaram (Neuza, Chico, José e Sá) da história:

> Tinha gente lá que não tinha estrutura pra'quilo. Os meninos viviam num sufoco. Eu me sentia a última criatura do mundo, pois estudei em colégio de freira, sabe, mas, no final, alguém tem de fazer o serviço. E o Sinício viu determinadas coisas que a cabeça dele não aguentou. Como talvez a minha não aguentasse. [...] O Ney falava: "vocês podem tomar uma pinga pra ficar valente"... meu Deus do céu... Sei lá, eles [os policiais] eram muito assim... do interior. Você pensa que a maioria é bandido. Não é não. [...] Olha, meu filho, eu voltaria a fazer tudo de novo. Não me arrependo; só me arrependo de estar na situação que está isso hoje, com eles todos no Poder. Aconteceu, meu filho. Alguém precisava fazer esse serviço.[33]

> O que deixou ele xarope foi o fato de que o Benetazzo tomou a porrada pra morrer, pensaram que estava morto, puseram no carro e estavam trazendo, quando ele acordou, falou algumas coisas e levaram pra fazer de novo o serviço. Aí foi que o Sinício ficou assim. O caso do Benetazzo foi foda.[34]

---

32 Agente Sinício, entrevista em março de 2005, fita 1, lado A.
33 Tenente Neuza, entrevista em 22 de março de 2005, fita 8, lado B.
34 Agente Chico, entrevista em maio de 2005. João de Sá Cavalcanti Netto confirmou as informações dadas pelos PMS. "Foi o que ocorreu com o Benetazzo depois da prisão que deixou ele traumatizado". Entrevista feita em 20 de setembro de 2005 sem gravar.

Ele ficou um ano em tratamento. O Sinício estava preparado talvez para morrer, mas não para matar.[35]

Teve muita gente com trauma e fantasmas. Todos nós nos sentimos abandonados. O Sinício era meu motorista. Um dia ele teve um ataque e destruiu aos murros o volante de um carro. Foi o que aconteceu com o Benetazzo depois da prisão que o deixou assim. Não falo sobre isso com ninguém, nem com a minha família.[36]

À espera

Três dias depois da queda de Benê, João Carlos Cavalcanti Reis e Natanael foram procurar o companheiro que não comparecera ao ponto com o primeiro. Pelo menos foi o que disse Natanael anos depois. Disse que planejava com João Carlos, a exemplo de Márcio e Maria Augusta, partir para o interior. O sonho era ainda ter uma área de guerrilha rural. Durante aquele dia, os dois ficaram à deriva em São Paulo e foram no fim da tarde à casa do Operário, onde agentes da *Casa da Vovó* permaneciam à espreita.

Essa espera nos aparelhos podia arrastar-se por dias ou levar a situações inesperadas. Uma vez, Alemão e seus colegas estavam no interior de uma casa que era usada pelo setor de inteligência da ALN. A moradora do lugar havia sido presa no Rio e os homens do DOI foram lá ver o quê e quem encontravam. No imóvel havia microfilmes, documentos e pólvora preparada no interior das lâmpadas, caso fossem acesas por um invasor desavisado. Os agentes arrombaram a porta dos fundos. Levaram bastante comida e bebida, pois sabiam que o trabalho demoraria. Logo na primeira noite, alguém se aproximou. O homem trazia uma lanterna e ia para os fundos da casa. "Ele vai ver a porta", pensou Alemão. O estranho jogou o facho pela janela para varrer o interior da casa. Os agentes abaixaram-se, mas um deles não escapou da luz. A equipe estava descoberta. O homem tentou fugir. Alemão, que estava ajoelhado com a submetralhadora Beretta na mão, deu a primeira rajada em direção à luz. Segundos depois, ele escutou os passos

---

35 Tenente José, entrevista em 9 de janeiro de 2007, fita 1, lado B.
36 João de Sá Cavalcanti Netto, entrevista em 20 de outubro de 2005.

apressados. Mirou a porta, que fazia linha reta com o portão, e disparou novamente. Pensou que estava tudo resolvido, mas o homem conseguira escapar outra vez dos tiros, pulando o muro. Mais do que isso, o suspeito chamou a Rota. Por pouco o patrulhamento das ruas não atira nos homens barbudos dentro da casa, no Jaguaré. "Daí veio o Ney, veio todo mundo e clareou o que era." Descobriu-se então que a moradora do imóvel, uma militante da ALN, pedira ao vizinho, antes de viajar ao Rio, que olhasse a casa. O vizinho assim o fez e, quando viu os vultos no interior da residência e os tiros, não teve dúvida em chamar a polícia. A equipe do DOI que os estava apoiando fora da residência e seus chefes intervieram. Ao amanhecer, os militares tiveram de cumprir mais uma tarefa: arrumar um vidraceiro para consertar as janelas dos vizinhos quebradas pelos tiros. A equipe ainda permaneceu mais algum tempo lá. "Mas aí virou festa." A vizinhança levava comida aos agentes, pensando se tratar de policiais atrás de bandidos comuns, mas nenhum suspeito apareceu. Toda aquela confusão devia ter queimado a operação,[37] o que não aconteceu na casa do Operário, apesar da prisão de Benetazzo ter ocorrido no lugar.

No mesmo dia em que Benê foi jogado debaixo do caminhão, Reis e Natanael aproximaram-se da mesma armadilha do DOI que pegara Benê na Rua Luis Pinto, na Vila Carrão. Instantes antes de chegar, João Carlos e Natanael correram pelas ruas do bairro em direção à Avenida Conselheiro Carrão. Ali pararam num ponto de ônibus, aguardando o primeiro táxi ou ônibus. Em vez disso foram surpreendidos por uma equipe do DOI. Natanael contou ter visto os homens em um Corcel. Testemunhas disseram à polícia que os agentes eram quatro e estavam em um Fusca. Era a equipe do DOI do delegado Antonio Vilela. Os alvos não tiveram tempo para nada. "Uma rajada de metralhadora atingiu João Carlos quando ele tentava sacar sua arma da sacola que carregava. Natanael sentiu a coxa arder e queimar." Baleado, viu João Carlos no chão, ajoelhado; pareceu-lhe que estava morto.[38] Natanael correu até a esquina e parou um Fusca. Armado com uma

---

37 Em conversa com o autor, o tenente Chico confirmou a quebra das vidraças.
38 Para a descrição, Miranda Nilmário e Tibúrcio, Carlos; *Dos filhos deste solo*, p. 157. O caso de João Calos é outro em que a comissão de anistia do Ministério da Justiça entendeu que a

submetralhadora, entrou no carro e mandou que o motorista o tirasse dali. Naquele momento, a funcionária dos Correios Vera Lucia Moreno Barbosa acabava de entrar no jardim da casa de seu primo, na Avenida Conselheiro Carrão, quando ouviu os tiros. Ela bateu na porta, pediu que abrissem, mas antes foi atingida por uma bala perdida na perna esquerda. Não viu quem atirou, mas foi levada a um hospital por policiais. Dois vendedores e um escriturário foram as testemunhas dos militares para contar que os guerrilheiros sacaram armas e iniciaram o tiroteio no qual morreu João Carlos, um dos matadores do sargento da PM Tomás Paulino.

O que se seguiu foi a retirada de militantes do Molipo do país e das cidades para o interior, na tentativa de escapar ao cerco policial. Pouco antes da queda de Benetazzo, o metalúrgico Cloves de Castro, da ALN, foi contatado por Luiz Roberto Clauset, militante do Molipo, para arrumar um lugar para esconder Maria Aparecida Horta, companheira de Benê. Por segurança, Castro, que procurara Clauset para refazer seus contatos com a ALN, não deveria procurar ninguém da organização naquele período. A situação complicou-se quando os documentos que Cidinha usaria para sair do país foram localizados na casa do Operário; o DOI sabia a identidade que ela estava usando. Mais tarde, ela saiu da casa de Castro e foi enviada pela organização de volta a Cuba.[39] Não seria a única a deixar o país naquela época: Casadei Sales providenciou a saída de Silvia Peroba Carneiro Pontes para o Chile, onde foi recebida pela organização.

As mortes de Benetazzo e de João Carlos coincidiram com o início da reavaliação da luta armada dentro das organizações de esquerda. A questão já existia entre os integrantes do movimento estudantil, entre os quais havia os que faziam questão de se manter na legalidade, como o futuro deputado estadual Adriano Diogo (PT), então estudante de geologia na USP e militante da ALN. Não havia razão, pensavam, em perder "gente impressionante, tão qualificada quanto o Benetazzo, se a gente podia fazer a luta

---

morte não ocorreu no tiroteio, mas sob tortura no DOI. Alvejado às 19 horas, só chegou ao IML às 22 horas e de cuecas, seguindo laudo do IML. Os agentes explicam a demora e as vestes da mesma forma que no caso das mortes na Mooca.

39 Cloves de Castro, entrevista em 9 de fevereiro de 2005, fita 2, lado B.

política pela inteligência, pois nas armas nós seríamos derrotados. Eles é que tinham as armas".[40] Além da desproporção da luta, a maioria da população "não se identificava com os grupos armados nem com seus repressores, como se também soubesse que a atuação política mais ativa naquele momento poderia levar à morte e não à Justiça".[41] Naquela época, o teatro simulando tiroteios e atropelamentos era comum. Tornaram-se uma das marcas da passagem de Ustra pelo DOI. Durante seu comando 15 pessoas tiveram a morte encenada pelo Destacamento nas ruas da cidade.

---

40 Diogo tornou-se vereador e deputado estadual pelo PT-SP. Adriano Diogo, entrevista em 4 de fevereiro de 2005, fita 1, lado A.
41 Ver RIDENDI, Marcelo; *O Fantasma da Revolução Brasileira*, p. 254. Para uma compreensão melhor da dinâmica da clandestinidade e da morte do projeto revolucionário, *idem* p. 248 a 276.

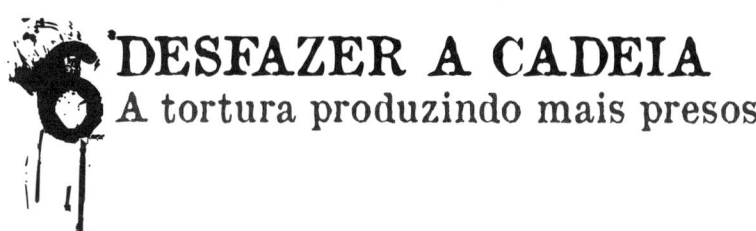

6 DESFAZER A CADEIA
A tortura produzindo mais presos

A REESTRUTURAÇÃO DO DESTACAMENTO e a ampliação da estrutura da Investigação não significaram o abandono da tortura nos interrogatórios oficiais. Permanência em todo o processo de funcionamento do DOI até a Anistia, ela foi, por exemplo, o denominador comum nos caminhos diversos que levaram aos guerrilheiros envolvidos na morte do sargento Tomás Paulino. Ou para criar informantes, como Camilo, ou como moenda a triturar um a um os elos de uma cadeia. A engrenagem do DOI passou por uma festa um mês depois da morte do sargento. Chegou lá depois de esmagar um preso até lhe extrair um endereço. "Prenderam a Márcia numa festa de aniversário."[1] Tratava-se de Márcia Aparecida Amaral, militante do Molipo. Era 22 de fevereiro de 1972 quando uma equipe da Busca bateu na porta de sua casa. Um dos homens da *Casa da Vovó* disse que tinha "um recado do Tenente". Márcia conhecia Mortati. "Ela falava muito dele."[2] A guerrilheira foi ver, mas quem aguardava do lado de fora era um oficial da PM: o tenente José Irineu Clerk. Acabou presa e conduzida ao interrogatório. Passaram-na pela moenda. Na manhã seguinte, ela teria dois pontos

---

1 Agente Chico, entrevista em 20 de maio de 2005, fita 10, lado A.
2 Agente Chico, entrevista em 10 de novembro de 2004, fita 5, lado B.

na Avenida Paulista. O primeiro com Frederico Eduardo Mayr.[3] Nascido em Timbó, em Santa Catarina, Mayr estudara na Faculdade de Arquitetura da Universidade Federal do Rio de Janeiro. Em 1969, a militância política lhe valeu uma condenação à prisão. Passou à clandestinidade, foi a Cuba treinar guerrilha e voltou ao Brasil em 1971. Além de Mayr, Márcia se encontraria com Mari Kamada, a Xiruca.[4] Eufóricos com a informação, os chefes da *Casa da Vovó* montaram uma operação com os homens da Busca e da Investigação – apesar da divisão de trabalho, era comum as duas seções fazerem operações conjuntas durante o comando de Ustra. Entre os escalados para o serviço estava o então 2º sargento do Exército João de Sá Cavalcanti Netto, o agente Sá.

Sá era um veterano no DOI. Começou a combater a subversão quando nem existia a Operação Bandeirante. Era o tempo do grupo de pioneiros da 2ª Companhia da Polícia do Exército. Entrara nas Forças Armadas em 1962 e conviveu no quartel de Quitaúna com o sargento Onofre Pinto, que, depois de cassado em 1964, transformou-se em um dos principais líderes da VPR. Mais tarde, Sá reencontraria o conhecido. Disse ter recebido a missão de reconhecer o guerrilheiro morto em uma ação do Centro de Informações do Exército em 1974. Em 29 de julho de 1970, sentou-se diante do delegado Alcides Singillo, do Dops, para contar como ele e seus colegas da Oban haviam matado o guerrilheiro Joelson Crispim, também da VPR, um dos homens acusados de participar do sequestro do cônsul japonês em São Paulo. Nascido em São Paulo, ele tinha então 34 anos.

> No dia 22 de abril do corrente ano, o depoente recebeu determinações do Chefe de Coordenação da Operação Bandeirante [o então major Waldyr Coelho] para, juntamente com o 2º tenente da Polícia Militar José Aguillar, o 2º sargento do Exército Moacyr Piffer, o sd PM Neydson Mendes dos Reis e o

---

3 Agente Chico, entrevista em 20 de maio de 2005, fita 10, lado A. Clerk deixou o DOI durante uma investigação sobre rufianismo.

4 Mari Kamada, entrevista em 18 de maio de 2005. Fita 1, lado A. Depois, outro militante do Molipo também seria preso ao comparecer em um ponto que ele tinha com Márcia: Artur Machado Scavone, que reagiu e também foi baleado pelos agentes do DOI. Scavone sobreviveu.

motorista Silvino Basílio de Lima, diligenciarem no sentido de localizarem a efetuarem a prisão de Joelson Crispim.[5]

O depoimento segue com o sargento contando como ele e seus colegas levaram Liszt Benjamin Vieira, o Fred, até um ponto que este teria com Crispim na Avenida Celso Garcia, no Brás, no centro de São Paulo. Fred havia sido preso um dia antes em São Paulo e era outro veterano do sequestro do cônsul. Quando chegaram ao lugar, perto da Companhia de Gás de São Paulo, o tenente da PM Aguilar ficou tomando conta de Liszt.

Aguilar era mais um dos bombeiros a serviço do DOI. Tido como um sujeito pacato, entrou na Academia da PM em 1963, mas repetiu o primeiro ano e formou-se na turma de 1968, tendo como colega o futuro governador de São Paulo, Luiz Antônio Fleury Filho. Eram 94 aspirantes e 19 foram para o Corpo de Bombeiros, Aguilar entre eles. No dia da morte de Crispim, enquanto o tenente ficou perto do prisioneiro à espera de quem entraria no ponto, o sargento Sá e os demais aguardaram a 15 metros dali. "Em dado momento, o depoente notou que Liszt esbarrava em um elemento que transitava pelo local e disse-lhe alguma coisa que o depoente não pôde ouvir em virtude da distância." Aguilar contou que entrou em luta com o suspeito, que sacou a arma, um revólver calibre 38, e atirou.

— Foi tão rápido e você tenta sair fora da coisa. A distância era muito curta, e a situação era atracar o cara. A coisa é rápida. Só depois que chega no fim que você vê que está inteiro, disse Aguilar.[6]

Os agentes afirmaram, como de praxe, que revidaram. Alvejado, Crispim foi posto num táxi por Sá e levado ao Hospital D. Pedro 2º. Sá acabou também baleado – o tiro foi disparado pelo sargento Piffer, do DOI. Não era a primeira vez que o sargento Sá envolvia-se em um

---

5   BNM 42 (VPR), p. 2.476 a 2480 para o depoimento do sargento Sá e, ainda, a p. 3.408 para a prisão de Liszt Benjamin Vieira –AEL-Unicamp. A prisão de Liszt ocorreu um dia antes da morte de Crispim. Da equipe que participou dela, Piffer tornou-se, mais tarde, segurança pessoal do comandante Ustra. Sá foi parar na Investigação. Apenas nove dias antes, a equipe original de Neydson se envolvera em outra morte, a do guerrilheiro José Idésio Brianezi.

6   José Aguilar, entrevista em 3 de novembro de 2005.

tiroteio. Em 1969, quando foi prender o militante Percival Menon Maricatto, da ALN, recebera um tiro de raspão na orelha. Quando a Investigação foi remodelada, Sá foi um dos militares do Exército que o Doutor Ney selecionou como subordinado. Tornou-se um dos agentes responsáveis por informantes. A partir de 1974, segundo o que ele contou e o relato de seus colegas, passou a frequentar a Boate. Enquanto Ustra permaneceu no órgão, continuou sendo escalado para operações em conjunto com os homens da Busca.

Foi assim que um ano e meio depois da morte de Crispim, o agente participaria de outra operação que terminaria em morte e na qual ele teria um papel importante. Naquele dia, Sá e seus colegas foram cedo à Avenida Paulista. Levaram consigo Márcia Aparecida Amaral, a jovem guerrilheira presa na festa de aniversário. O alvo deles era Frederico Mayr. Quando o homem do Molipo chegou, houve um primeiro choque com os agentes e a pistola do guerrilheiro caiu. Os militares pararam um Opala ao lado do "cubano". Era uma das primeiras operações em que esses carros foram usados. A Busca recebera cinco dos seis Opalas adquiridos por sugestão do delegado Octávio Gonçalves Moreira Junior, o Otavinho. Já rodeado pelos agentes, que tentavam colocá-lo no automóvel debaixo de empurrões, safanões e coronhadas, Mayr resistia e era ajudado pelo novo automóvel do DOI, um carro baixo. Acabou irritando o sargento Sá, que encostou sua arma na barriga do guerrilheiro.

— Não vai entrar?!, gritou e meteu uma bala no abdome do inimigo.

O projétil provocou um ferimento que parecia superficial. Levaram-no à *Casa da Vovó* e chegaram no momento da mudança das equipes de trabalho, por volta das 8 horas. O comandante Ustra, que havia liberado o plantão para a nova equipe assumir, abriu a porta do interrogatório e aproximou-se de Mayr:

— Ô, meu filho, fala aí, é melhor pra você...

— Eu não vou falar, seu gorila filho da puta...

Ustra deu-lhe as costas para sair e o guerrilheiro enfiou-lhe o pé na bunda. O chute tornou mais duro o tratamento que lhe foi reservado.

Achavam que Mayr, que foi fichado e fotografado,[7] não abriria nada. Colocaram-no na cadeira do dragão. José Carlos Gianini estava preso na época e viu o companheiro do Molipo debilitado pelas torturas e pelo tiro. Sangue saía do ferimento que uma coronhada abriu-lhe na cabeça e também da ferida da bala na barriga. Mayr agonizou nas mãos do capitão Ramiro e morreu na sede do DOI em consequência dos ferimentos e das torturas. A solução encontrada para encobrir o crime foi a de sempre: um "cirquinho" ou "teatrinho". Colocaram seu corpo no carro e levaram-no a uma rua no Jardim da Glória. Ele ia "cobrir um ponto" onde "haveria um tiroteio". "Faziam aquele teatro, juntavam o cara e... IML."[8] O guerrilheiro morreria com três tiros disparados pelos agentes em seu corpo quando o grupo estava a caminho do tiroteio.

O pessoal do pau, do interrogatório, também conversou com Xiruca. O investigador JC, que se apresentava orgulhosamente aos presos como um sádico,[9] foi um dos homens que estiveram com Mari Kamada naqueles dias. A tortura havia moído Xiruca até extrair-lhe a informação sobre um ponto com dois "cubanos" no Tatuapé, na zona leste. Levaram-na até lá, pois ela devia fazer uma anotação num poste de ônibus, espécie de senha de confirmação do ponto para seus companheiros.

> Aí passou um casal de velhos e parou onde era o ponto. A Xiruca falou pros caras [do DOI]: "São aqueles lá". Mas o chefe da equipe desconfiou. O pessoal ensarilhou as armas, e ele disse: "Caaaalma".[10]

O chefe era o subtenente Leão. Os agentes do DOI esperaram uma eternidade o casal se mover. Marido e mulher deram a volta na esquina,

---

7 AESP Deops-SP/OS260; ficha individual no DOI de Frederico Mayr.
8 Para as frases e diálogo, entrevista com o tenente Chico em 27 de outubro de 2004, fita 4, lado B.
9 Ivan Seixas, entrevista em maio de 2005.
10 Agente Chico, entrevista em 27 de outubro de 2004, fita 4, lado B. Leão, o chefe da equipe, confirmou sua participação em entrevista ao autor em 2 de março de 2005. É de Chico ainda as descrições da prisão de Mayr (fita 10, lado A, em 20 de maio de 2005) e de sua prisão (fita 4, lado B).

entraram em uma viela e estacionaram o Fusca. Eram moradores do bairro. Xiruca foi levada de volta ao DOI. "O chefe disse: 'Essa filha da puta quis fazer a gente matar um casal de velhos'. Deram outro aperto nela e ela disse que o ponto era para amanhã cedo."[11] Quem "cobriu ela no pau" foi o torturador conhecido como capitão Ubirajara, da equipe B do Interrogatório.[12] Obrigaram Mari a subir em um banquinho e passaram-lhe uma corda pelo pescoço. Se ela não contasse o que sabia, iam enforcá-la. A corda foi passada por cima da porta da sala e amarrada na maçaneta do lado de fora. A todo momento JC ameaçava chutar o banco. Sem que Mari soubesse, Ubirajara desamarrou a corda, mas continuou segurando-a firme em sua mãos. Quando, finalmente, JC cumpriu a ameaça, chutando o banco, Ubirajara soltou a corda. A militante do Molipo caiu no chão desmaiada.[13]

Na manhã seguinte, um domingo de carnaval, os homens do DOI saíram sem muita convicção. Tudo parecia que o ponto arrancado de Xiruca era mais uma forma de ganhar tempo e evitar novas quedas na organização. JC, aquele mesmo da equipe A do Interrogatório, mais uma vez fora de seu plantão no pau, apanhou uma submetralhadora e colocou-a numa sacola para acompanhar os homens da Busca e da Investigação. Foi dar uma força aos colegas. Os homens disponíveis foram reunidos e voltaram à Rua Serra de Botucatu. Cada agente recebeu uma tarefa, e os militares pediram aos moradores que entrassem em suas casas, pois ia "haver barulho". JC com seus cabelos longos acompanhou a moça no ponto. Eram ele "e outro do interrogatório", um rapaz da Polícia Militar. Os homens da Busca e da Investigação ficaram mais longe. Eis sua versão:

> Eu e esse outro rapaz da PM fomos no carro com a moça. Entrei no ponto sem camisa, gente. Como é que eu estou com metralhadora? E estava tudo cercado. A menina entrou no ponto bem do lado. O rapaz que foi comigo ficou bem próximo, mas não entrou no ponto. Ela estava quietinha e eles passaram. Aí passaram de novo, aí voltaram. Quando voltaram e

---

[11] Agente Chico, entrevista em 27 de outubro de 2004, fita 4, lado B.
[12] Ubirajara seria o delegado Aparecido Laertes Calandra, que sempre negou ser o torturador.
[13] Agente Chico, entrevista sem gravar, 31 de janeiro de 2009.

> foram encostando, ela gritou: "Corre! Foge!". O [guerrilheiro] do lado pulou pra trás e com a 12 começou a dar tiro e o outro que estava no volante começou aquele tiroteio. [...] O que estava dirigindo abandonou [o carro] e saiu. Viu que estava cercado, recebendo tiro de tudo que era lado, e tentou sair. Porque o que estava atrás quebrou o vidro traseiro e já deu o tiro. Nesse ínterim, começou aquele tiroteio violento. O rapaz do volante saiu e veio pra esquerda [...] foi quando encontrou os outros tiros. Não andou 50 metros. O outro ficou já no carro. Eu peguei a moça e vim pra trás. Eu me agarrei a ela e vim pra trás [...], de cócoras.[14]

Alemão contou que estava em apoio, recuado:

> Só tinha um bar, não dava pra abrigar tanta gente. Então o pessoal estava mais recuado. Eu falo assim, um quarteirão, meio quarteirão. Aí, quando aconteceu, nós entramos na área. Tinha esse senhor morto [um aposentado] e dois terroristas. Um tava a pé e outro dentro do carro.[15]

Tombou ali Lauriberto José Reyes, o primeiro dos acusados de matar o sargento Tomás Paulino que o DOI eliminou. Seu companheiro era Alexander José Ibsen Voerões e, por fim, uma bala perdida matou um aposentado. Lauri, como era chamado pelos amigos, nasceu em São Carlos (SP) e cursava a Escola Politécnica da USP quando se viu indiciado no inquérito aberto por causa dos policiais tomados como reféns por estudantes do Crusp, o conjunto residencial da USP, em 1968. Depois, foi indiciado no inquérito sobre o 30º Congresso da UNE, em Ibiúna. Solto, o homem que escrevia músicas e cantava passou à clandestinidade e foi parar em Cuba, onde integrou a dissidência dos 28 que daria origem ao Molipo.[16] Tinha 27 anos quando voltou

---

14 Dirceu Gravina, entrevista 21 de maio de 2005, fita 2, lado A. Gravina foi apontado como o autor da rajada que matou os militantes. Ele nega, mas admite a possibilidade de ter ido com a arma ao lugar e tê-la deixado com alguém para entrar no ponto. O investigador Alemão garantiu ter visto Gravina armado no lugar.
15 Agente Alemão, entrevista em 30 de maio de 2005, fita 3, lado A.
16 Carlos Eugênio Sarmento Coelho da Paz e outros militantes da ALN, como Takao Amano, identificam a mão do serviço de inteligência cubano por trás do racha na ALN.

com Antonio Benetazzo para morrer no Brasil.[17] Voerões era chileno. Seus documentos falsos em nome de José Roberto Soares Coimbra deixaram os militares de cabelos em pé. Tudo por causa da forma como foram obtidos. Voerões apanhou duas testemunhas e foi à Justiça requisitar um registro de nascimento, alegando que jamais havia sido registrado antes. O pedido era baseado em lei federal que regulamentava o assunto. Assim, ele obteve documentos perfeitos com base na certidão de nascimento. Com esse artifício, imaginaram os militares, era possível que "terroristas ingressassem ou se infiltrassem nas Forças Armadas".[18]

O DOI constatou que um dos tiros dos policiais atravessou o motor do Fusca, furou o banco do motorista, acertou-lhe as costas e deixou uma grande mancha de sangue – o carro ficou parado na altura do número 1.030 da rua.[19] Isso explica a fuga desesperada do guerrilheiro a pé. Uma testemunha ouviu os primeiros tiros e viu um rapaz mancando. Atrás dele vinha um Opala branco com alguns policiais com a metade do corpo para fora do automóvel. Os homens atiraram e acertaram o fugitivo.

O aposentado morto no tiroteio era um morador da rua que se chamava Napoleão Felipe Biscaldi, de 61 anos.[20] Na pressa, seu corpo quase foi colocado nos carros dos agentes e levado para o DOI, "como qualquer terrorista". No fim, deixaram-no na rua para que a perícia o examinasse. Só mais tarde soube-se por que Napoleão estava na rua naquele momento. Maria Celeste Matos, sua vizinha, contou que o filho dela estava jogando bola com o de Napoleão num campinho ao lado de sua casa. O aposentado ouviu os tiros

---

17 Entrevista de José Dirceu no dia 27 de maio de 2004 no lançamento do projeto "Memória do Movimento Estudantil Brasileiro", no Museu da República, no Rio. O texto encontra-se em https://www.prsidencia.gov.br/casacivil/site/exec/arquivos.cfm?cod=505$tip=ent

18 BNM 87 (Molipo), p. 61. *Informação 154 – SSA/DOI – 72*, de 20 de março de 1972. Origem: DOI/Codi/2º Exército. AEL-Unicamp.

19 Agente Chico, entrevista em 20 de maio de 2005, fita 10, lado B.

20 Organizações de direitos humanos acusam o DOI pela morte. Organizações ligadas a ex--integrantes dos órgãos de segurança (Ternuma) imputam a morte à esquerda. Em MIRANDA, Nilmário; TIBÚRCIO, Carlos. Dos Filhos deste Solo, há o relato de duas testemunhas que afirmam que os tiros partiram dos agentes. Não há menção sobre a autoria dos disparos na descrição das mortes em AESP Deops-SP/OS201-RPI 02/72 guardado em ALN.

e disse à mulher, Alda, que buscaria o garoto. Estava de bermuda colorida, meias pretas e chinelo de couro marrom quando foi baleado.[21]

O dispositivo montado para pegar os cubanos foi considerado "tão bem feito que nem uma mosca" que estivesse no Fusca conseguiria escapar. "O que eu me lembro realmente foram os tiros, eu gritando e pedindo pra eles pararem de atirar. Foi a única memória que ficou da coisa toda", contou Mari.[22] Ela teve a impressão de que só participaram dois carros do DOI, com uns oito homens. Mari não sabia, mas havia até uma equipe encarregada de executá-la se "a coisa desandasse" e ela "tentasse fugir". Por fim, a guerrilheira não se lembra de JC ao seu lado, durante o tiroteio.

— Eu lembro dele, na verdade, no DOI-Codi. Eu não lembro dele no local.
— O JC era um dos torturadores?
— Era.[23]

Contrainformação

Mais do que extrair informações verdadeiras, a tortura podia ser usada para fabricar mentiras para neutralizar o inimigo por meio da chamada contrainformação. No começo de 1972, em meio à ação contra o Molipo, o DOI montou uma de suas mais ambiciosas ações de despistamento: a impressão de um número falso do jornal *Venceremos*, o órgão oficial da ALN. Essa história começa após uma ação desastrada de militantes daquela organização que se haviam aproximado do Molipo. Eram 7h10 de 6 de outubro de 1971 quando quatro guerrilheiros foram expropriar um carro, cujo dono ficava "dando bobeira" na rua, parado ao volante do Fusca bege, fabricado em 1968. Tratava-se de Erasmo Correia Bueno, que todos os dias estava lá, na Rua Artur Dias, no Bosque da Saúde, na zona sul. Ele era, no entanto, uma pessoa

---

21 Para a pressa dos agentes, ver Alemão, entrevista em 30 de maio de 2005, fita 2, lado B. A entrevista de Maria Celeste está em MIRANDA, Nilmário; TIBÚRCIO, Carlos. *Dos filhos deste solo*, p. 153.
22 Mari Kamada, entrevista em 18 de maio de 2005, fita 1, lado A.
23 *Idem*.

atenta e percebeu quando Yutaka Nishikawa, o Cabeção, e Monir Tahan Sab, o Careca, passaram pelo carro e dobraram a esquina. Estavam nervosos e pareciam carregar algo em seus blusões de nylon. A dupla voltou e Bueno viu Monir levantar a roupa e sacar dois revólveres, dizendo: "Não se mexa!".

O japonês exibiu uma pistola. Teria sido fácil levar o carro se Bueno não fosse um soldado da PM. O Fusca não era seu, mas um dos veículos disfarçados da corporação. Bueno ia todos os dias ali apanhar o capitão Francisco Antonio Coutinho e Silva, de quem era motorista, para levá-lo ao trabalho. Coutinho também não era um capitão qualquer, desses que engordam atrás de escrivaninhas observando a tropa em meio a papéis. O homem era um ex-funcionário da *Casa da Vovó*, que voltou à PM depois uma confusão, a exemplo do que ocorrera com seu antecessor, o capitão Mário de Abreu Filho, o que desafiara para um duelo na Oban o delegado Raul Careca. Oficialmente, o problema que envolveu Coutinho foi "um preso que se atirou" do Viaduto do Chá, no centro de São Paulo, enquanto outro militante fugia. A morte do guerrilheiro Roberto Macarini, da VPR, ocorreu em 17 de abril de 1970, mês trágico para a organização. Coutinho e equipe foram designados para levar Macarini a um ponto às 12 horas na Praça do Patriarca. O capitão contou que, quando o preso recebeu a ordem para atravessar a rua em direção à praça, ele "subiu na grade". Coutinho disse que tentou impedi-lo e quase caiu, mas foi ajudado por um sargento. Ao sentir-se seguro, Coutinho soltou "o terrorista, que se projetou no espaço, indo cair no Vale do Anhangabaú".[24] Naquela época, o capitão, que começara a carreira como policial rodoviário, fazia questão de dizer aos colegas de farda onde trabalhava e orgulhava-se de dizer que pertencia à Oban,[25] mas depois dessa história, contada ao depor, saiu do DOI. Até então parecia ser um homem de sorte. Uma vez o agente Sá salvou-lhe a vida quando um DKW desgovernado vinha na direção do oficial em frente à sede do DOI – em 2002, morreu atropelado ao atravessar a Avenida Brasil, em São Paulo.

---

24 Conferir BNM 42 (VPR), p. 2499 e 2429. AEL-Unicamp.
25 Antonio Ferreira Pinto, entrevista em 2005. Procurador de Justiça, ele foi aspirante PM em 1968.

No dia em que Monir e Yutaka aproximaram-se do carro, Coutinho servia no quartel-general da PM. Sem que os guerrilheiros esperassem, o motorista do capitão apanhou o revólver e atirou duas vezes, derrubando Monir. O japonês foi proteger-se atrás do carro. Acabou baleado pelo policial na barriga, deixando cair a pistola. "Se pegar a máquina eu te mato", gritou o soldado. Quando tudo parecia sob controle, o soldado chamou o capitão. De repente, apareceram dois homens num Fusca vermelho: era a cobertura. Os guerrilheiros Paulo Miguel Novaes e Venâncio Dias da Costa Filho atiraram nos policiais, acertando o soldado na coxa esquerda e o capitão na mão esquerda, amputando-lhe um dos dedos. Coutinho refugiou-se em casa "para apanhar um outro revólver".[26] Quando saiu novamente, os guerrilheiros já haviam recolhido os colegas baleados e levado os dois para um aparelho da ALN. Um havia sido alvejado na perna e o outro, no pescoço. Com medo de morrer e desconfiando que seus colegas fossem abandoná-lo à própria sorte, Monir resolveu, com a ajuda do irmão, entregar-se aos militares, pois queria ser atendido num hospital que pudesse tratá-lo.

> O Monir ficou com medo, embora nós tivéssemos todas as condições de tratar dele, como nós tratamos do Yutaka, que recuperou o movimento das pernas, porque a bala entrou na barriga, deu a volta e saiu na coluna. Nós tratamos dele aqui e depois mandamos ele pra Cuba, e ele se tratou lá. A mesma coisa que nós íamos fazer com o Monir, que ficou com medo. Foi o irmão dele que negociou para ele se entregar e ele se entregou e acabou passando por tudo isso.[27]

Monir e seus colegas não sabiam que as primeiras suspeitas da polícia recaíram sobre um ladrão comum, o Jorginho, um sujeito "manhoso", detido ali perto com uma bala no abdome. Careca foi levado pelo irmão ao Hospital São Camilo. De lá foi para o Hospital das Clínicas, que o entregou ao Hospital Geral do Exército, no Cambuci. Fez três cirurgias, entre elas

---

26 Folha 4, do relatório do major Othon Fernandes de Oliveira e Silva, encarregado do IPM 281-013-SP, feito pelo 35º Batalhão da PM (BNM 68, caixa 1, volume 2b).
27 Carlos Eugênio Sarmento Coelho da Paz, entrevista em 8 de outubro de 2004, fita 1, lado A.

uma traqueostomia, com a colocação de um tubo para que respirasse. Os agentes do DOI acompanharam tudo. Monir ficou muito tempo com a sonda no pescoço e era interrogado no hospital.

Quando queriam fazê-lo "falar", retiravam-lhe o tubo do pescoço. Para continuar respirando, Careca teve de escrever o que sabia. Contou aos policiais sobre o Molipo e também sobre a ALN. Sua prisão permitiu à *Casa da Vovó* descobrir um endereço da Rua Domingos de Moraes, a sala 62 do número 2.132, onde funcionava a gráfica em que trabalhava o jornalista Jorge Fidelino Galvão de Figueiredo, o Cachimbo. Era ali que a maior organização guerrilheira do país imprimia o seu jornal, o *Venceremos*.[28] Em 3 de fevereiro de 1972, os agentes chegaram ao lugar e apreenderam tudo – livros, panfletos, máquinas e livros caixa com guias de recolhimento de todos os impostos da época. Cachimbo e Ladislau Crispim de Oliveira, aluno do 4º ano de Economia na Pontifícia Universidade Católica (PUC) de São Paulo, foram presos e acusados de imprimir o jornal e de falsificar documentos para a ALN.[29]

A gráfica nascera havia pouco mais de um ano depois de uma discussão interna sobre sua conveniência. A organização forneceu o dinheiro para a compra dos equipamentos e criou-se um esquema de segurança por meio do qual nenhum militante saberia onde ela estava instalada, além de Cachimbo. Este tinha um único contato na ALN: Monir. Quando o jornalista terminava a impressão do jornal, levava pessoalmente os exemplares para o apartamento do companheiro, que se encarregava de repassá-los a fim de que fossem distribuídos. Assim foi durante os cinco números rodados clandestinamente. O sexto foi obra do DOI.

---

28 Para a ligação entre Careca e a queda do jornal, entrevista do tenente Chico em 20 de maio de 2005, fita 10, lados A e B. Para os dados sobre o *Venceremos*, auto de exibição e apreensão do DOI feito dez dias depois que a gráfica foi achada. O documento é assinado pelo delegado Cyrino Francisco de Paula Filho, então subchefe da Investigação, e pelo capitão do Exército Pedro Ivo Moézia de Lima.

29 AESP Deops-SP/OS259 (Exército); fichas individuais no DOI de Cachimbo e Ladislau. São nelas que constam as datas das prisões.

> Realmente, quando "bolamos a nova edição" me chamaram de doido. Foi muito engraçado.[30]

Ustra queria aproveitar a oportunidade. "A gráfica e os redatores do *Venceremos* haviam caído. Então, por que não os usar para contrainformação?" Obrigaram o jornalista preso a diagramar e datilografar a edição. As reportagens foram escolhidas pelo DOI. A Manchete "Semana de 1922: a briga PCB x PCdoB" relatava uma disputa entre os dois partidos e tinha como base o relato de presos que haviam sido interrogados naquela época. Seu começo era irônico e dizia que a seção carioca do "velho PCB" "teve a brilhante ideia" de comemorar seu cinquentenário ao mesmo tempo em que fazia uma festa para outro cinquentenário, o da Semana de Arte Moderna. A proposta "foi muito aplaudida nos círculos da esquerda festiva da Guanabara, principalmente por se tratar de uma manifestação de caráter legal (com o patrocínio do MEC até) e por não trazer grandes problemas com a repressão". E assim o DOI usava a publicação da ALN para criar intriga entre a esquerda clandestina. Havia ainda no jornal uma longa lista de "mortos em combate" no qual se descrevia, uma a uma, as ações pelas quais os guerrilheiros eram acusados. Usaram, no entanto, termos como assaltos ao lado de expropriações, como os militantes chamavam os roubos. Denunciava ainda prisões de integrantes de diretórios acadêmicos da PUC-SP – dois do PCdoB e um da ALN – e agradecia as contribuições em dinheiro e em papel prestadas pelos presos para o jornal. O que o DOI queria com isso era mostrar os nomes e as organizações às quais os estudantes pertenciam, além de acusá-los de desviar dinheiro e material das organizações estudantis.[31]

O *Venceremos* trazia ainda reportagens sobre "ações revolucionárias", mas também uma com um título sugestivo: "Repressão enfrenta guerrilha". A edição abria espaço para duas outras organizações comunistas: o Partido Operário Comunista e a Ação Popular Marxista-Leninista (APML). Por fim, sua contracapa trazia editorial "A Posição Política do Papado", pesadamente antirromano ao mesmo tempo que tentava vincular o clero progressista

---

30 Carlos Alberto Brilhante Ustra, entrevista por escrito em 15 de março de 2005.
31 USTRA, Carlos Alberto Brilhante. *A verdade sufocada*, p. 295-298.

brasileiro às lutas populares em desobediência ao desejo de Paulo VI. Como se quisesse denunciar o embuste, o redator fez publicar um desses cartazes de Jesus Cristo retratado como terrorista procurado. A edição saiu a custo zero para os militares, pois o material de impressão era o estocado na gráfica da ALN. "Ainda tenho um exemplar guardado", disse Ustra. Para distribuir o *Venceremos* nº 6, o Doutor Tibiriçá encontrou dois meios muito criativos que lhe permitiriam, talvez, levantar novas informações. Primeiro, mandou seis de seus homens barbudos e jovens da Investigação apanhar parte da edição e levá-la em seus Fuscas até a Cidade Universitária. Os agentes começaram a entregar o jornal de seis páginas aos estudantes da Escola de Comunicação e Artes da Universidade de São Paulo e ficaram perambulando pelos barracões da USP, abordando estudantes que lhe pareciam suspeitos com a oferta do novo *Venceremos*.

> Eu ajudei na distribuição do jornal já sob o domínio do setor de inteligência. [...] [Havia o objetivo de] manter sob sigilo e continuar atuando por um tempo. Distribuí uma vez só. Estávamos em cinco agentes.[32]

E estavam tensos, como estariam se fossem militantes da ALN. O motivo, porém, era outro: para eles, entrar na USP daqueles tempos lhes parecia perigoso. Temiam a cada instante que fossem descobertos pelos estudantes. Mas o temor não se justificava. Desempenharam tão bem a tarefa que chamaram a atenção de uma patrulha da Polícia Militar. Para proteger o disfarce, tiveram de fugir como subversivos. A patrulha foi atrás, mas um dos agentes não conseguiu escapar. O barbudo estava sem documentos e foi posto no banco traseiro da viatura e levado ao 36º Distrito Policial, a antessala da *Casa da Vovó* a fim de prestar esclarecimentos.[33]

Assim terminou a primeira fase da distribuição do jornal. A segunda foi feita pelo correio. O major mandou seus homens postarem um exemplar do *Venceremos* para a casa de cada professor da USP. A ideia era fazer

---

32 Agente Alemão, entrevista em 12 de abril de 2005, fita 1, lado A.
33 Alemão participou da distribuição do *Venceremos*. 6 de abril de 2005.

um teste: verificar se algum docente denunciaria à polícia a entrega pelo carteiro do jornal subversivo em sua residência. Ustra mandou que seus homens fizessem um controle nas delegacias e o resultado foi que nenhum professor achou que valia a pena sair de casa para revelar aquele ardil da subversão, do Movimento Comunista Internacional. Mesmo assim, para o major comandante do DOI, a operação foi um sucesso. "Eles ficaram atônitos. Até perceberem que ele era falso, demorou muito e o estrago já tinha sido feito."[34]

Em maio, a *Voz Operária*, órgão oficial do PCB, apareceu com um anúncio na primeira página com o título "Falsificação". Nele dizia que as "forças de repressão [Oban] falsificaram e distribuíram fartamente uma edição do *Venceremos*, que estava sendo publicado clandestinamente pela ALN". A *Voz* informava que as matérias do número falsificado continham "grosseiras provocações contra o nosso partido e outras organizações antiditatoriais". Os comunistas chamavam atenção para a tentativa de comprometimento do clero progressista e chamava a ação do DOI de "processo fascista". O jornal cumpria sua parte, pois considerava o "desmascaramento vigoroso" da trama um "dever de todos os democratas".[35] O anúncio é um indicador do incômodo causado.

O DOI não se limitou à impressão do jornal. Foi preciso acobertar legalmente sua ação clandestina. E nada melhor do que os presos para isso. Apreendidos pela polícia, os exemplares da edição nº 6 passaram a constar do inquérito do Dops e do processo na 2ª Auditoria Militar como se tivessem sido impressos por Cachimbo e Ladislau para a ALN. Chegou-se a fazer constar do interrogatório de Ladislau a seguinte frase: "O interrogando e Jorge Fidelino foram presos no interior da gráfica quando imprimiam o número seis." Já Cachimbo foi obrigado a assinar no inquérito que, "quando rodava o sexto número, foi preso e o material todo apreendido". O delegado Edsel Magnotti, presidente do inquérito do Dops, foi o responsável por obrigar os presos a confessar algo que sabidamente não fizeram. Só no

---

[34] USTRA, Carlos Alberto Brilhante. *A verdade sufocada*, p. 295-298.
[35] *Voz Operária*, número 87. AESP Deops-SP/OS210-SI, informe 1045-B de 26/06/72.

interrogatório judicial é que Cachimbo pôde revelar onde havia sido feito o falso *Venceremos*.[36]

Rio Verde

O mesmo sistema usado para desmantelar o *Venceremos* e para atingir parte do Molipo no começo de 1972 foi usado mais tarde para acabar com a última célula ativa da organização que restava no país. Foi a tortura que permitiu aos militares provocarem uma nova sequência de quedas que atingiria a ALN na qual reencontraram um personagem ligado à história do *Venceremos*: o militante Paulo Miguel Novaes, o Gordo, então estudante de administração na Fundação Getúlio Vargas (FGV). Novaes, que estivera na ALN, passara para o Molipo após ter sido expulso por causa da tentativa de roubo do Fusca do capitão Coutinho, aquela ação que terminou com Monir baleado. Novaes havia perdido o contato com sua nova organização após o assassinato de Benetazzo em 1972. Restabeleceu-o quando passou a encontrar-se com Fernando Casadei Sales, de quem recebia panfletos e exemplares do jornal *Imprensa Popular* para distribuição na cidade. Sales logo seria preso também e torturado no DOI.

> — A predominância [da tortura] foi o aspecto físico: choques, cadeira do dragão, pau-de-arara, paulada aqui em São Paulo e porrada na cara, inclusive amarrado na cadeira do dragão, desse coronel que você falou aí, o Brilhante Ustra.
> — *O Ustra torturou o senhor pessoalmente?*
> — Pessoalmente deu vários e vários tapas na minha cara e eu amarrado. Ele é um grande canalha. Eu vi um álbum de fotografia, eu negava qualquer relacionamento, e tive a impressão de ter visto uma fotografia do Benetazzo com um tiro na cabeça. Ele estava de lado e foi só a cabeça [...][37]

Naquela época, Novaes e um militante da ALN – Gabriel do Prado Mendes – escondiam um segredo: o nome do homem que podia levar os

---

36 Processo BNM 174 (Gráfica da ALN), AEL-Unicamp.
37 Fernando Casadei Sales, entrevista em 5 de fevereiro de 2005, fita 1, lado B.

militares à última "área de guerrilha" montada a partir de São Paulo, uma fazenda em Goiás que serviria para treinamento de militantes do Molipo. Na verdade, a área não passava de um esconderijo miserável. O segredo deles durou pouco. Em breve Irineu de Moraes, o Índio, seria preso. Nascido em 29 de junho de 1912, em Araraquara, no interior paulista, ele era casado e vivia em Barretos. Iniciara a militância política em 1945, no PCB, em Ribeirão Preto e organizava os camponeses da região em associações. Em 1961 viajou a Moscou e depois a Sófia, na Bulgária, onde participou como delegado paulista do Congresso Mundial dos Trabalhadores e Lavradores Agrícolas. Em 1967, ligou-se à Dissidência de São Paulo e recebeu a tarefa de arrumar um sítio na região de Ribeirão que serviria para o treinamento de guerrilha. Conheceu Virgílio Gomes da Silva, o Jonas, comandante do sequestro do embaixador americano e morto sob tortura no DOI. Esteve com Marighella e outros dirigentes da ALN. Acabou preso em 1969 na esteira das quedas que sacudiram a organização no interior. Solto, voltou a fazer contatos com os companheiros em 1971. Quem o procurou foi Monir, que lhe apresentou uma pessoa. Não era um desconhecido. Tratava-se do Gordo, com quem Índio estivera preso no Dops em 1969. Monir e o Gordo queriam que Índio arrumasse uma área em Goiás para treinamento de guerrilha. Pouco depois, Monir foi preso, mas Novaes manteve o contato com Irineu.

O racha na ALN, com a criação do Molipo, conduziu Gordo à nova organização e, com ele, Índio. No começo de 1972, um amigo de Índio estava de partida para a cidade de Jataí, em Goiás. Era Mário Barbosa, outro antigo militante do partidão de mudança de São Paulo, uma oportunidade rara para apresentá-lo à organização. Foi o que Índio fez. Revelou aos companheiros que havia a possibilidade de transportar militantes para o interior do país. Irineu encontrou-se com Gordo, que trouxe Gabriel e um outro homem no ponto. Era alguém que treinara guerrilha em Cuba e estava com a cabeça a prêmio pela polícia: Márcio Beck Machado. Este e Irineu conversaram a sós e marcaram um encontro na rodoviária de uma cidade do interior, onde Márcio seria apresentado a Mário Barbosa, o militante que arrendara umas terras em Goiás.[38] Os agentes contam o que souberam da história. Essa é uma operação que oficialmente não existiu, mas produziu mais dois desaparecidos:

> Tinha um sujeito, amigo do Paulo Miguel Novaes, chamado Irineu de Moraes. Ele se encostou no Miguel e disse que estava montando uma área de guerrilha em Goiás e que precisava de dinheiro. Então ele vinha periodicamente a São Paulo, de trem e pegava grana pra área. Numa dessas vindas, o Paulo Miguel Novaes e o Monir [Careca] deram pra ele, a Maria Augusta Thomaz e o Márcio Beck Machado. [...] E ele [Irineu] era o cara que vinha fazer o contato aqui e pegava o que ele arrumava e levava para a área de guerrilha. [...] Esse cara [Irineu] foi preso, trazido, interrogado e abriu a área.[39]

Na verdade, foram Paulo Miguel e Gabriel os responsáveis pelo contato de Márcio Beck com o Índio. Quando compareceu ao segundo encontro com Índio, Marcio levou, sem avisá-lo, Maria Augusta. O casal foi para Jataí com Mário Barbosa, onde ficou escondido nas terras arrendadas. De tempos em tempos, Irineu vinha a São Paulo encontrar-se com Paulo ou com Gabriel. Este se encontrava com Fernando Casadei Sales. Assim, a organização sabia como estava o trabalho no campo. Na última vez que Índio veio de trem a São Paulo, um homem subiu em seu vagão na estação de São Carlos sem que ele reparasse. Era o tenente Carlos Elias Lott, que havia saído da Busca e agora estava na Investigação. Sua missão era acompanhar o paciente que vinha do interior. A paquera no trem continuou até São Paulo, quando o passageiro foi detido e levado à *Casa da Vovó*. O que se arrancou dele, a área de Goiás, provocou uma operação que envolveu não somente o DOI de São Paulo, mas também o Centro de Informações do Exército, ligado ao gabinete do Ministério do Exército. O Doutor Ney levou alguns de seus homens de confiança

---

38 Para a história de Irineu, conferir Interrogatório judicial de Irineu de Moraes na 2ª Auditoria Militar de São Paulo, em 28 de agosto de 1973, p. 343 a 345 do processo BNM 209 (Molipo), AEL-Unicamp e entrevistas com o tenente Chico, da PM, e com o agente Jonas, o Melancia, do Exército.

39 Agente Chico, entrevista em 27 de outubro de 2004, fita 5, lado A.

na operação. Entre eles estava o agente Jonas, o Melancia. Índio partiu com o grupo, obrigado que foi a colaborar com os militares e a levá-los até as terras arrendadas onde estavam Márcio e Maria Augusta.

> — Eu fiquei numa área secundária com o Índio. Foi ele quem nos levou até lá.
> — *Foi ele que arranjou a área?*
> — É, foi. [...]
> — *...mas o que aconteceu lá?*
> — Como eu te falei, quando nós chegamos lá, nós estávamos com o CIE... e o CIE falou: "Você fica aí com o Índio". E era na casa de uns outros camaradas, não sei quem era. Gente que morava por lá...Então nós ficamos numa área secundária. Eu não sei o que houve lá. Não posso te dizer porque não sei.
> — *Vocês ficaram muito tempo lá, um dia, horas ou foi rápido?*
> — Foi rapidinho.[40]

Márcio e Maria Augusta foram localizados pelos militares em uma choupana na Fazenda Rio Doce, entre as cidades de Rio Verde e Jataí. Mal perceberam a chegada dos militares e tentaram reagir. Acabaram fuzilados.[41] Eram 3 horas de 17 de maio de 1973. Seus corpos foram enterrados ali mesmo, mas quando os familiares tentaram recuperá-los em 1980, o CIE descobriu a iniciativa e passou lá antes, desenterrando os militantes e transportando-os a outro lugar para que os corpos não fossem localizados. Depois das mortes, os homens do CIE voltaram à casa onde estava Melancia. "É mesmo uma regra de ouro: não querer saber mais do que o necessário, por isso que eu sei muito pouco." Irineu foi levado de volta à *Casa*

---

[40] Melancia, o agente Jonas, entrevista em 15 de junho de 2005, fita 1, lado A. Outro agente do DOI confirmou a ida de Irineu até o Rio Verde. Em depoimento à Comissão Federal da Verdade, Roberto Artoni confirmou que a morte de Beck Machado foi uma vingança, mas, em vez do sargento Paulino, ele argumentou que era procurado em razão da morte do agente da PF Cláudio Ernesto Canton. Segundo Artoni, a ele e a Maria Augusta foi aplicada a "Lei de Talião".

[41] Para uma descrição detalhada da execução do casal, DIAS, Renato. *As quatro mortes de Maria Augusta Thomaz*, p. 148-160. Ver ainda MIRANDA, Nilmário; TIBÚRCIO, Carlos. *Dos filhos deste solo*, p. 158.

da Vovó, de onde saiu, como os demais presos, para formalizar no Dops o interrogatório, inspirado no que dissera no Açougue.

A Guerrilha do Rio Verde, como ficou conhecida a operação, levou os homens do DOI ao último guerrilheiro do Molipo acusado de participar da morte do sargento Tomás Paulino de Almeida: Márcio Beck Machado. Nenhum dos acusados de matar o policial foi deixado vivo pelo DOI. Já Maria Augusta era a mulher que escapara de um cerco do DOI baleando um delegado que lá trabalhava. Nascido em São Paulo, Marcio estudara economia no Mackenzie e havia sido preso no 30º Congresso da UNE. Com eles morria a última célula ativa do Molipo no país. "Márcio e Maria Augusta tinham convicção de que o processo de Cuba, a guerrilha no campo, a vinda para a cidade, o foco, ia se repetir. E o compromisso moral de se manter junto."[42] Os dois permanecem desaparecidos até hoje. Dali em diante poucos seriam os militantes das organizações de esquerda envolvidos em ações armadas que escapariam com vida. As operações do DOI seriam cada vez mais sangrentas. A vingança pela morte de um policial ou de um militar atingiria extremos no Rio e em São Paulo após o assassinato do delegado Octávio Gonçalves Moreira Junior, o Otavinho, com os assassinatos de integrantes do ALN, Partido Comunista Brasileiro Revolucionário (PCBR) e VAR-Palmares. O caráter de exemplo, de intimidação, buscado com o estardalhaço, a publicidade dessas mortes, seria o canto do cisne das encenações, do teatro. Em breve, o tempo dos espetáculos daria lugar ao período em que o silêncio dos desaparecidos iria predominar. Uma fase na qual o papel dos cachorros foi fundamental.

---

42 Fernando Casadei Sales, entrevista em 5 de fevereiro de 2005. Fita 1, lado B.

VINGANÇA
A violência revolucionária e a do DOI

A VINGANÇA É UMA LICENÇA. É o que permite o castigo irretorquível que se abate sobre o celerado, o injusto, o mau. Ela liberta o desejo de violência ao isentá-lo de culpa, de toda condenação que seu agente julga moralmente válida. A vontade satisfeita pela brutalidade pensa afastar a impotência diante da ofensa, a lembrança da agressão sofrida ou o que é chamado ressentimento. Em vez de fazer Justiça, ela justifica. Ela não tem medida. Não se apazigua a perda da visão com a cegueira imposta ao agressor. A vingança vai além do instante de fúria. Ela deseja ser inteira e irrespondível. Macbeth não tem filhos, daí porque a vingança de Macduff é impossível.[1] Nada pode detê-la, exceto a natureza. O que a limita é o que está além da capacidade humana ou do indivíduo. Nas sociedades modernas, a cidadania pôs a vingança além do juízo e do alcance das pessoas e dos grupos. A permissão à família da vítima para assistir à execução de um prisioneiro condenado à morte nos Estados Unidos é uma forma de o Estado disciplinar seus mecanismos. Mais do que a força, o que ele quer tomar para si é o monopólio da vingança. O suplício estatal tem seu rito e cerimônia. A última refeição do condenado parece acender brasas em sua cabeça. "Minha é a vingança e a recompensa", Deus disse a Moisés

---

1   SHAKESPEARE, William. *Macbeth*, p. 97.

na Bíblia.[2] Sem a vingança não há força e sem a força não há vingança. Só quando os regulamentos e as normas sociais são suspensos é que essa licença pode novamente manifestar-se entre os homens. Com a anomia, o vingador vê-se limitado só pelos benefícios ou pelos malefícios que seus atos podem lhe trazer. O maior risco que ele enfrenta é ser também alvo de uma resposta violenta, o que é ainda a sua maior fraqueza. Por isso, apenas nos momentos em que a anomia encontra o máximo poder, aquele que nasce do segredo e nutre-se do sigilo, é que a vingança alcança seus extremos. Nada então do que é natural e humano parece detê-la. O opressor pensa encontrar diante de si somente a sua vontade.

O oprimido usa a vingança como instrumento de dissuasão. Quer limitar a violência do opressor lembrando àquele que também pode lançar mão dos mesmos mecanismos. Durante a 2ª Guerra Mundial, os alemães só pararam de fuzilar os resistentes franceses quando estes adquiriram a capacidade de fazer prisioneiros e submetê-los ao mesmo rigor das represálias nazistas.[3] O recurso à violência é o caminho do oprimido para retirá-lo do alcance do arbítrio de quem o brutaliza. Assim pensou Frantz Fanon ao sugeri-lo como forma de libertar o colonizado de seu colonizador. Ele quer ter o direito de retaliação, de punir os culpados. Nos anos 1970, as primeiras ações das Brigadas Vermelhas na Itália dirigiam-se aos capatazes odiados pelos operários nas fábricas do norte industrializado. Primeiro queimaram seus carros. Depois, resolveram atirar nas pernas de quem os oprimia. Chamavam isso de *gambizzare*, o que pode ser traduzido como "pernalizar". Os brigadistas justificavam-se com o lema maoísta: *colpirne uno per educarne cento* (atinja um para educar uma centena). A violência revolucionária de então não abria mão de seu caráter pedagógico, simbólico, propagandístico e exemplar.

---

[2] Moisés; *Deuterônimo*, 32: 35 "Minha é a vingança e a recompensa" e Paulo; *Romanos* 12: 19-20. "Não vos vingueis a vós mesmos, amados, mas dai lugar à ira, porque está escrito: Minha é a vingança; eu recompensarei, diz o Senhor. Portanto, se o teu inimigo tiver fome, dá-lhe de comer; se tiver sede, dá-lhe de beber; porque, fazendo isto, amontoarás brasas de fogo sobre a sua cabeça."

[3] WALZER, Michael. *Guerras justas e injustas*, p. 354 e 355. Os resistentes fuzilaram 80 alemães em Annecy em agosto de 1944 depois que estes executaram 80 resistentes, apesar dos apelos dos franceses para que fossem reconhecidos como beligerantes.

Assim também ocorreu no Brasil. No começo de 1973, alcaguetes trouxeram ao DOI informações sobre possíveis represálias da guerrilha contra o Destacamento.

> O DOI havia recebido uma informação de que alguém nosso ia ser pego no Rio de Janeiro. O DOI trabalhava com essa informação já há uns 15 dias. Daí o comandante [Ustra] chamou o Otavinho e mais dois agentes que frequentavam o Rio e avisou-os.[4]

Antes que o informe sobre o plano de matar um policial do DOI se tornasse realidade, o tempo esquentou em São Paulo. Era 16 de fevereiro, às 7h30, quando dois integrantes da ALN roubaram uma Variant na Rua Indiana, no Brooklin, na zona sul. Os guerrilheiros surpreenderam o dono do veículo quando ele saía de casa. Quatro militantes entraram no carro e seguiram em direção à Cidade Universitária. Estariam ali Arnaldo Cardoso Rocha, o Jiboia, de 23 anos; Francisco Emanoel Penteado, de 20; Francisco Seiko Okama, de 20, e Antônio Carlos Bicalho Lana, de 24, o Bruno. Foram ao Departamento de Matemática Aplicada da USP, aonde chegaram às 8h45. Apanharam máquinas de escrever e mimeógrafos e levaram tudo para um aparelho da organização. O material serviria para a impressão de mais um *Comunicado Ao Povo Brasileiro*. O panfleto seria deixado no local da próxima ação do último GTA da ALN em São Paulo: a vingança pelas mortes de três integrantes da organização na Mooca. O alvo havia sido identificado por uma apuração da ALN. No dia seguinte às mortes, Francisco Emanoel Penteado foi incumbido por Carlos Eugênio Sarmento Coelho da Paz de verificar o que ocorrera e foi almoçar no restaurante Varela. Francisco contou a Clemente que o comerciante Manoel Henrique de Oliveira, o dono do lugar, estava vangloriando-se de ter denunciado os "terroristas" ao DOI. Dizia ter ligado para o número de telefone do cartaz de procurados depois de reconhecer Ana Maria Nacimovic por meio da foto.[5] A apuração da ALN

---

4   Agente Chico, entrevista em setembro de 2004, fita 1, lado B.
5   PAZ, Carlos Eugênio Sarmento Coelho da. *Nas trilhas da ALN*, p. 37 e entrevista Carlos Eugênio Sarmento Coelho da Paz em 8 de outubro de 2004, fita 1, lado A.

não descobriu o caminho percorrido pelo DOI para chegar à reunião no restaurante: a paquera em Jair, o futuro Jota.

No dia 21, Aristides Lopes da Silva, de 44 anos, trabalhava na padaria da Rua da Mooca, n° 3.262, quando viu chegar uma Variant com um negro e um japonês. Mais tarde ele reconheceria o dirigente da ALN Luiz José da Cunha, o Crioulo, e Francisco Seiko Okama. O negro vestia um paletó folgado e segurava a ponta dele com a mão, como se escondesse algo embaixo. O carro estava parado na Rua Antunes Maciel, em frente ao restaurante. Em seguida passou um Fusca com outros dois homens, que fizeram um sinal com o dedo polegar à dupla na Variant. O padeiro Silva lembrou-se que logo atrás vinha o comerciante Manoel Henrique de Oliveira. Manoel não pôde passar pelo outro Fusca, onde estavam os guerrilheiros Arnaldo Cardoso Rocha, o Jiboia, e Francisco Emanoel Penteado. O alvo do comando da ALN trazia seu sobrinho, Manoel Martins de Pinho, no carro. Este desceu e foi em direção à porta de ferro da Churrascaria para abri-la, enquanto o tio trancava o Volks. O padeiro, então, distraiu-se, virou o rosto e, de repente, ouviu dois tiros. Quando olhou de novo, o negro e o japonês já estavam no carro. Deram a partida e saíram dali, seguidos pelo Fusca, enquanto Okama jogava panfletos no ar.

> A 14 de junho de 1972, nesta mesma rua, foram barbaramente assassinados pela polícia da ditadura os revolucionários Iuri Xavier Pereira, Ana Maria Nacimovic Correa e Marcos Nonato da Fonseca. Passados 8 meses, o Comando Aurora Maria Nascimento Furtado, da Ação Libertadora Nacional, vem a este mesmo local e faz justiça. O assassinato desses três valorosos combatentes do povo só foi possível através da delação desse traidor que hoje é justiçado. [...] Este será o fim de todos os policiais-torturadores, delatores e traidores.
>
> OLHO POR OLHO, DENTE POR DENTE
> OU FICAR A PÁTRIA LIVRE OU MORRER PELO BRASIL
>
> COMANDO AURORA MARIA NASCIMENTO FURTADO
> AÇÃO LIBERTADORA NACIONAL.[6]

---

6   Para a descrição do crime, depoimentos do padeiro e do sobrinho nas p. 12 e 16 do processo BNM 670 (ALN), AEL-Unicamp. Para o panfleto, página 5 do BNM 670 (caixa 1).

"Esse cara morreu de graça", disse o tenente Chico. "Aqueles cartazes de procurados nunca funcionaram."[7] Carlos Eugênio sustentou a informação de que o comerciante vangloriou-se das mortes. É possível. O guerrilheiro alerta que "há muita contrainformação nessa área". De fato, tem razão. Ustra foi o primeiro a apresentar a versão da inocência do comerciante, mas também sempre negou sua responsabilidade sobre a tortura praticada no DOI, como lembrou Jacob Gorender,[8] o que nunca lhe ajudou a ter credibilidade em seus escritos. Mas, por que agentes que falam abertamente sobre tortura, mortes e outras "barbaridades" mentiriam sobre a vigilância feita sobre Jota? Por que admitir fatos graves e silenciar sobre detalhes? Os agentes foram entrevistados em locais e horas diferentes. Suas histórias são parecidas e distantes das versões oficiais apresentadas à época. É que a mentira dificilmente é relembrada em detalhes depois de tanto tempo. Os próprios militares valiam-se disso nos interrogatórios. Por fim, quando repetidas, as entrevistas trouxeram as mesmas respostas e alguns esclarecimentos: o DOI chegou ao restaurante Varela por meio da vigilância sobre o futuro Jota.[9] Ustra disse em seu livro que dois militantes da ALN haviam sido seguidos até a Mooca. A informação é falsa. Se fosse verdade, o golpe teria sido muito maior, com a localização do aparelho onde estavam Clemente e para onde Bruno foi depois de baleado. Sem ter como descobrir a verdade em 1972, a ALN pode ter encontrado pela frente a bravata de um comerciante. Se o dono do Varela vangloriou-se de algo que não

---

7   Agente Chico, entrevista em setembro de 2004, fita 1, lado A. No mesmo sentido a entrevista com o Silvio Giglioli, em 16 de fevereiro de 2013. Ele também foi ouvido pela Comissão Nacional da Verdade, onde contou ter participado da ação que resultou na morte do militante da ALN Dorival Ferreira, ocorrida em Osasco, em 3 de abril de 1970. Giglioli recebeu as Medalhas do Pacificador e do Pacificador com Palmas [Secretaria-geral do Exército, portarias ministeriais números 1.520 (10 de outubro de 1973) e 365 (12 de março de 1974), publicadas nos Boletins do Exército de 9 de novembro de 1973 (nº 45) e de 12 de abril de 1974 (nº 15)].

8   "Supondo que a versão do coronel seja verdadeira, não haveria como a ALN ter dela conhecimento em 1972", afirma Jacob Gorender em *O Combate nas Trevas*, p. 272. Gorender tem razão.

9   Tenente Neuza, entrevista em 12 de maio de 2005, fita 6, lado B. Alemão, entrevista em 12 de abril de 2005, fita 1, lado B. Entrevista com oficial do Exército que pediu anonimato. O oficial confirma a paquera como a forma como o DOI chegou ao restaurante na Mooca.

fez, se tentou "mostrar serviço" a amigos e clientes contando vantagens, pagou o erro com a vida. Mas isso não justificaria sua morte e a decisão de executá-lo. Mostraria apenas que a apuração revolucionária foi superficial; a sentença, açodada e o assassinato, um erro. Em suma, o homem podia até ser um alcaguete, mas as provas de sua culpa seriam frágeis. A vingança do oprimido encontraria seu limite.

O delegado

Quatro dias depois, um outro assassinato abalou o DOI: a execução no Rio de Janeiro do delegado Octávio Gonçalves Moreira Junior, o Otavinho. Havia duas semanas que ele fora advertido pelo comandante. A *Casa da Vovó* sabia por meio de um informante que se preparava algo contra um de seus integrantes no Rio.[10] Otavinho disse que Deus estava com ele, que nada lhe aconteceria. Era sócio-fundador do DOI, aonde chegou em setembro de 1969 quando o Destacamento se chamava Oban. Aos 33 anos, chefiava a equipe A2 da Busca. Era ligado à Tradição Família e Propriedade (TFP) e militou no Comando de Caça aos Comunistas (CCC). Quando ia ao Rio, hospedava-se na casa do tio, o médico Matias Gama e Silva, irmão do ministro da Justiça do general Costa e Silva.[11]

Há muito que a ALN estava na cola do delegado, desde que em 1969 ele participara por acaso da prisão da militante Maria Aparecida Costa, no Rio. Otavinho encontrou a estudante, já militante clandestina da ALN na Rua República do Peru, em Copacabana. Eles haviam sido colegas de faculdade, em São Paulo; ela na esquerda e ele, no Comando de Caça aos Comunistas. Além do trabalho no Rio feito pelas organizações, um informante da ALN que trabalhava na polícia permitiu aos guerrilheiros descobrirem o endereço da casa do tio do delegado. "Contou-se com informação privilegiada", disse Carlos Eugênio, então comandante militar da

---

10   Em vez do que Ustra diz em *Rompendo o Silêncio*, p. 214, não foi uma lista de pessoas na mira da ALN encontrada num aparelho que despertou a suspeita de um ataque contra integrantes do DOI, mas a informação dada ao destacamento por um informante.

11   Para o parentesco e a militância política, ver SOUZA, Percival de. *Autópsia do Medo*, p. 165 e 166.

ALN.¹² Era um sábado, aquele dia 25 de fevereiro. Otavinho foi almoçar no Leme com o amigo Carlos Alberto Matias. Depois, foi a Copacabana. Vestia bermuda azul, camisa estampada e sandália. Aproximou-se da esquina da Avenida Atlântica com a República do Peru com o amigo. Pararam num orelhão quando três pessoas, aparentemente homens, saíram de um Opala. Uma delas trazia uma esteira de praia no braço. Alcançaram o delegado rapidamente e, do interior da esteira, saiu o primeiro tiro, dado por uma espingarda calibre 12 escondida. O impacto nas costas fez Otavinho cair. Ele ainda receberia mais um tiro da espingarda enquanto outro guerrilheiro chegou com uma pistola calibre 9 mm e disparou-lhe duas vezes no rosto. Teve morte imediata. Seu amigo, de 22 anos, foi atingido por 2 tiros – um na perna e outro no braço. Os guerrilheiros entraram no Opala e fugiram. O comando era formando por integrantes de três organizações: ALN, PCBR e VAR-Palmares. Só dois de seus integrantes escapariam dos órgãos de segurança.¹³ Em vez de dissuadir seu inimigo, a ação da guerrilha faria a vingança dos militares chegar a extremos. No rastro da morte de Otavinho dezenas de guerrilheiros foram presos e onze foram assassinados em emboscadas ou sob tortura para depois terem as mortes encenadas no Rio e em São Paulo.

Em São Paulo, a notícia do assassinato de Otavinho deixou em choque o DOI. Desde o começo uma coincidência não passou despercebida pela repressão. O delegado foi morto na mesma rua em que prendera quatro anos antes, a ex-colega de faculdade.¹⁴ Diziam que os "terroristas" tinham outros nomes em sua lista negra. Três chefes da polícia paulista foram ao Rio apanhar o corpo: os delegados Fleury, Romeu Tuma e Walter Suppo. O primeiro achou entre os pertences de Otavinho um cartão no qual ele pedia que, se lhe acontecesse algo, um padre fosse chamado. E lá foram dois

---

12   Carlos Eugênio Sarmento Coelho da Paz, entrevista em 8 de outubro de 2004, fita 1, lado A.
13   Para fazer um paralelo, nenhum dos brigadistas vermelhos que sequestraram e mataram o presidente da Democracia Cristã, Aldo Moro, em março de 1978, foi executado pela polícia italiana.
14   AESP Deops-SP/OS253 (Exército); declarações do delegado sobre a prisão em 19 de dezembro de 1969.

tiras do Dops – entre eles o então investigador J. R. A. – procurar um sacerdote na madrugada carioca. Trouxeram um, que encomendou a alma do delegado. Os amigos diziam que Otavinho tinha uma simpatia contagiante, era uma pessoa boa, alegre e comunicativa.[15] Chamavam-no de "Caronte", em referência ao barqueiro que transportava as almas para o inferno.[16] Seus inimigos consideravam-no "um fanático que se salientou pela perseguição implacável às organizações clandestinas. [...] Caçador maldito, devia esperar que um dia fosse o da caça".[17] Durante muito tempo, as delegacias de São Paulo tinham o retrato do delegado em seus plantões. Em 1990, um delegado quis retirar o quadro no 1º Distrito Policial, no Parque D. Pedro 2º. Alertado por um jornalista que conhecera Otavinho, o delegado Jorge Miguel, então chefe da polícia na Grande São Paulo, puniu o delegado que se recusava a trabalhar debaixo do retrato com uma transferência para uma delegacia da periferia.[18]

Mas, se afirmavam combater uma guerra, os militares deviam aceitar que Otavinho transformava-se em alvo legítimo nesse conflito. O delegado e os outros agentes tinham consciência de que podiam morrer. Os guerrilheiros não esconderam que o mataram. Assumiram a ação de imediato. As três organizações não se viam limitadas pelas leis de um Estado que procuravam subverter. Tinham seus julgamentos revolucionários que lançavam o raio. E essa Justiça lhes parecia melhor do que a dos tribunais. Não viviam, portanto, na contradição dos que detinham o poder – ter de manter a ordem e achar que podiam desrespeitá-la ao mesmo tempo. As reações à morte descritas pelos agentes retratam essa situação. Dois deles foram trabalhar normalmente na segunda-feira. Disseram que não seria preciso que alguém lhes cobrasse uma reação, mas quem estava de plantão no dia contou outra história:

---

15 Absalon Moreira Luz, entrevista em 29 de julho de 2005, fita 1, lado B.
16 Tenente José, entrevista em 9 de janeiro de 2007, fita 1, lado B.
17 A expressão é de Jacob Gorender. Ver GORENDER, Jacob. *Combate nas trevas*, p. 272.
18 João Bussab, entrevista em 2004. Jornalista dos *Diários Associados*, da *Folha da Tarde* e do SBT, Bussab trabalhou com reportagens policiais de 1960 a 2009.

> Eu estava de serviço. Jogaram os panfletos e fugiram. Houve em seguida uma retração do DOI. O comandante do exército [general de Souza Mello] disse: "Eu quero todo mundo aqui e ninguém na rua". Passou uma semana lá e ele chegou e disse: "Agora eu quero uma resposta". E foi dada... pesada. [...] Quem caiu morreu.[19]

O que houve de comum entre os agentes foi a comoção. É o que conta Dyarsi:

> Foi uma coisa chocante, claro, pois afinal de contas era um colega de trabalho. A gente ficou chocado, lógico, com medo que acontecesse com a gente. Ele era muito conhecido.[20]

Além da vingança do grupo, havia a individual. Neuza conversou no dia seguinte com o delegado Cyrino Francisco de Paula Filho, que foi seu superior na Investigação. O delegado pensava em largar o DOI; a policial tinha outros planos e os contou a Cyrino:

> Como costumava costurar eles no meio da rua eu também queria que me costurassem no meio da rua. Eu não queria ir lá pra apanhar [ser presa e torturada pela guerrilha]. Se tivesse de matar que me matassem no meio da rua.

Neuza disse ainda:

> Eu queria matar eles todos e eu conhecia a maioria dos que mataram. [...] Mataram bestamente o Octávio, que nunca deu um tapa em ninguém. Era um cara de paz [...]. Era uma moça.[21]

Neuza dizia conhecer os guerrilheiros por causa do roubo frustrado na fábrica Nadyr Figueiredo, aquele mesmo cujo fracasso levantou suspeitas contra Jota.

---

19 Agente Chico, entrevista em setembro de 2004. Fita 1, lado A.
20 Dyarsi Teixeira Ferraz, entrevista em 9 de janeiro de 2007, fita 1, lado A.
21 Tenente Neuza, entrevista em 22 de maio de 2005, fita 8, lado A e entrevista em 11 de março de 2005, fita 1, lado A. Otávio não era essa "moça" quando encontrava guerrilheiros.

> Eu e o Melancia ficamos namorando. Eles vinham de dois em dois em cima do viaduto, pegavam o ônibus e desciam dois pontos depois. Daí eles se reuniram numa rua próxima. Nós passamos e estavam todos lá. Então eu conhecia todos. Enquanto eu não matasse todos eu não ia dar sossego. Havia uns 16 ali.[22]

Alemão estava trabalhando na rua no fim de semana da morte de Otavinho. Ele nega ter havido uma caçada aos matadores e disse desconhecer o pedido do general:

> A gente é profissional. Lá era diferente da polícia comum, da polícia de patrimônio [que apura roubos e furtos]. Polícia de patrimônio sim, quando o bandido se atrevia a atirar na polícia, a polícia se juntava toda e ia caçar o cara. Ali [no DOI] era diferente. Era um outro tipo de guerra. Ninguém ficava com ódio. [...] Foi um baque porque, além de ele [Otavinho] ser uma pessoa muito extrovertida, um bom camarada, a forma como foi feito foi provocativa. [...] Quanto a isso de querer [o general] uma resposta, não precisava nem falar.[23]

Os integrantes da *Casa da Vovó* desenvolveram um espírito de corpo maior do que aquele que os unia aos colegas de suas corporações originais, Forças Armadas ou polícias estaduais. Reflexos desse espírito são os encontros anuais mantidos pelos agentes que serviram com Ustra e a rede de proteção criada pelo grupo:

> Não sei dizer o que acontecia com a gente. É claro que você... não é revolta, que é uma palavra muito dura para isso, mas você se emociona. Ali era uma família, não sei em outros lugares, mas falando especificamente do açougue [o DOI], ali... ali era uma família. É claro que qualquer dos membros é atingido emocionalmente... Justamente por ser um serviço de risco, isso aproxima muito as pessoas. Você praticamente passa a depender de seu companheiro, você tem de saber quem é

---

22 Tenente Neuza, entrevista em 11 de março de 2005, fita 2, lado B.
23 Agente Alemão, entrevista em 12 de abril de 2005, fita 2, lado B.

seu companheiro para poder dar as costas para ele. Não é? Isso estreita relações.[24]

A 26 de fevereiro de 1973 Otavinho foi enterrado em São Paulo. O corpo saiu num carro dos bombeiros, acompanhado pelo governador de São Paulo, pelo comandante do 2º Exército e por centenas de outros militares e policiais. Dispararam três salvas de tiros e muitas outras quando encontraram seus inimigos nos dias subsequentes. "Eu nem fui lá, se você quer saber... eu falei: 'Um dia a gente acerta as contas'. E acertamos."[25]

Execução na Penha

A reação à morte de Otavinho aproximou-se de um extremo só possível quando a anomia encontra o poder que acredita depender apenas de sua vontade. Em sua vingança os militares atingiriam indistintamente autores do crime e seus companheiros no Rio e em São Paulo em duas chacinas e dezenas de prisões nos dois estados. Essa onda de assassinatos e torturas provocaria a primeira missa de protesto depois do AI-5 contra uma morte ocorrida dentro de um órgão de segurança. A resposta do poder secreto foi usar mais sigilo ao compreender que não estava mais limitado somente por sua vontade.

A primeira grande ação dos homens do DOI depois da morte de Otavinho ocorreu na Rua Caquito, na Penha, zona leste de São Paulo. Mataram ali três integrantes da ALN. Foram entrevistados três dos quatro agentes que participaram diretamente da emboscada. Outros dois também contaram o que sabiam – um acompanhou a operação no DOI e o outro estava em uma das equipes de apoio aos que se envolveram no tiroteio. "Lembro que o Flávio Sales era um dos procurados. Aqui não tinha quase nada. O comando que participou era de lá [Rio]."[26] Para encontrar o rastro dos homens da ALN de São Paulo, Neyzinho soltou seus cachorros atrás dos guerrilheiros. O

---

24 Agente Jonas, o Melancia. Entrevista em 15 de junho de 2005, fita 1, lado A.
25 Tenente Neuza, entrevista em 22 de maio de 2005, fita 8, lado A.
26 Agente Alemão, entrevista em 12 de abril de 2005, fita 2, lado B.

estudante João Henrique ia ter um ponto com um dos chefes da organização. Era Arnaldo Cardoso Rocha, o Jiboia, da Coordenação Regional de São Paulo. Jota avisou seu controlador, o agente Sá, e lá estavam os homens da Investigação acompanhando os passos do cachorro em 2 de março de 1973. Depois do ponto com Jota, Jiboia foi seguido pelos militares. O dirigente da ALN apanhou um ônibus e, quando percebeu a armadilha, desceu na Rua Tabapuã, no Itaim Bibi. O agente que o seguia no coletivo apertou o botão do rádio de comunicação uma única vez. Ouvindo o bip no rádio, seus companheiros tentaram deter Jiboia. Trocaram tiros, e o guerrilheiro fugiu, apesar de baleado na perna. Escapou sem ter certeza da traição.

Em poucos dias, outra informação chegaria ao Doutor Ney. Jota contara a Sá que a ALN planejava assaltar uma das sedes da Tabacow, perto do centro da cidade. Quem estava encarregado do levantamento do local para a organização era o japonês envolvido na morte do comerciante da Mooca: Francisco Seiko Okama.[27] Okama começara a militar na esquerda quando era operário em São Carlos, sua cidade natal, no interior paulista.

> Sabia que havia uma paquera em cima do japonês. Eu estava de plantão no dia [da emboscada] e acompanhei tudo pelo rádio... o pessoal da Investigação em cima do Francisco Okama.[28]

Quando chegou na empresa, Okama foi identificado pelos agentes. Neuza era um deles. O paciente entrou em um ônibus e foi à Penha, na zona leste. Neuza saiu em seu encalço. Apanhou o mesmo veículo e com aquele toque no rádio avisou os colegas quando Okama se levantou e tocou a campainha para descer. O guerrilheiro andou, andou e entrou em várias agências bancárias do bairro. Era dia de pagamento. Chegou à Rua Caquito, ainda na Penha, e caminhou de uma ponta à outra da rua. Então, começou a voltar. "Em vez de eu seguir ele, ele me seguia. Eu morava lá perto e a turma me gozava pelo HT (rádio de comunicação), dizendo que

---

27 Tenente Neuza, entrevista em 21 de março de 2005, fita 3, lado A. João de Sá Cavalcanti Netto confirmou a informação em entrevista em 20 de setembro de 2005.
28 Agente Chico, entrevista em 21 de maio de 2005, fita 10, lado A.

ele estava procurando minha casa."²⁹ Okama estava nesse vai-e-volta quando um homem se aproximou. O guerrilheiro acendeu um cigarro e atirou-o fora praticamente inteiro. Era a senha, pensaram os agentes, para indicar que tudo estava tranquilo, que o colega podia entrar no ponto, o que ocorreu. Neuza manteve-se do outro lado da calçada. Estava sempre bem vestida para operações. Quando falava pelo rádio, despertava a atenção no QG do 2º Exército, onde oficiais acompanhavam o desenrolar de paqueras importantes. Neuza e três homens das equipes da Investigação Curinga e Cúria vigiavam de perto o ponto. De repente, chegou um terceiro guerrilheiro. Ele mancava. Um dos militares o reconheceu e falou no rádio: "Está entrando o Jiboia".

Nascido em Belo Horizonte em uma família de nove irmãos, o guerrilheiro Arnaldo Cardoso Rocha trabalhara no Colégio Militar, na Pampulha, onde iniciou sua militância no PCB. Rompeu com o partidão e entrou na Corrente, passando depois à ALN. Em 1972 havia ido para o exterior, mas retornou ao Brasil. Tinha 25 anos quando entrou no ponto com Okama e Francisco Emanoel Penteado. Só quatro homens do DOI presenciaram o que ocorreu ali: a execução dos três militantes. A Clínica Geral estava na área, deu ordens e acompanhou pelo rádio.

> O resto estava cercando a área, lá embaixo, na Rua Terezinha Assunção, na Amador Bueno da Veiga [...]. Aí, esse menino do Exército, que tem um vozeirão, falou no rádio – e eu estou com o HT na rua –, ele falou assim: "Eu vou passar lá e metralhar eles". Eu tava na mesma quadra que eles, só que na outra calçada. [...] Passaram e costuraram, que só deu tempo de um sair correndo e descer a rua. Foram os três [agentes] que foram fazer o serviço, pois o resto não vinha. [...] Eles [os guerrilheiros] atiraram. Esse menino que correu estava armado [...]. No fator surpresa, de onde eu estava, deu pra ver: um caiu e não levantou mais, o outro caiu e tentou se levantar e o outro correu.³⁰

---

29 Tenente Neuza, entrevista em 11 de março de 2005, fita 2, lado A. João de Sá Cavalcanti Netto também confirmou a informação sobre Okama e o levantamento da Tabacow.
30 Tenente Neuza, entrevista em 21 de março de 2005, fita 3, lado B.

O que tentou levantar-se sacou a arma, disse a tenente, mas também foi "costurado". O terceiro guerrilheiro correu pela Caquito e desceu a ladeira Lauro Vergueiro, quando foi atingido por outra equipe, que participava do cerco. Para uma testemunha que depôs nos anos 1980, era Jiboia.[31] A testemunha viu o guerrilheiro cambalear e cair de bruços. De seu bolso, caíram papéis. "Dava pra prender todo mundo", disse o agente Sá, que estava na equipe que matou Jiboia. Pouco tempo depois, dois agentes chegaram e levantaram-no do chão. Ao lado deles, parou um Fusca verde da Investigação. Do veículo desceu, segundo descreveu uma testemunha, uma mulher branca "com cabelos castanhos e uma mecha branca": era tenente Neuza.[32] Colocaram o corpo no vão entre os bancos e um dos agentes entrou no banco traseiro. A oficial sentou-se na frente e o carro saiu a toda dali. Alemão estava ao volante.

O investigador recorda-se da paquera daquele dia. Ela começou cedo e o trabalho veio do centro da cidade para a zona leste. Alemão era também o motorista da equipe que fez a abordagem dos três guerrilheiros no ponto – havia ainda o terceiro-sargento Jonas, o Melancia, do Exército e o sargento Ovídio Carneiro de Almeida, o Everaldo, da PM, no carro.[33] Ele contou que o Dr. Ney deu liberdade de ação para a equipe pelo rádio. E o capitão, quando dava uma ordem, não era contestado:

> Era pra pegar, pra efetuar a detenção. [...] Ali foi um negócio muito extraordinário porque... 11h30... saída de estudantes, quando foi feita a abordagem... calor, muito sol e

---

[31] A descrição da morte de Jiboia está nas p. 93 e 94 de MIRANDA, Nilmário; TIBÚRCIO, Carlos. *Dos Filhos deste Solo* e é muito semelhante ao que dizem os agentes, até na descrição física de Neuza. A única diferença é a entrevista com o tenente Chico, fita 7, lado A, 30 de março de 2005. Segundo ele, quem morreu na ladeira foi Francisco Emanoel Penteado e não Jiboia. Já o agente João de Sá Cavalcanti Netto disse o guerrilheiro era o Jiboia. Ele estava na equipe que o matou.

[32] O depoimento da testemunha é citado na p. 94 de MIRANDA, Nilmário; TIBÚRCIO, Carlos. *Dos Filhos Deste Solo*. Para o agente João de Sá Cavalcanti Netto. Entrevista em 13 de outubro de 2005.

[33] Esta pesquisa não conseguiu localizar Ovídio. Ele ganhou a Medalha do Pacificador (Secretaria-geral do Exército, portaria ministerial 355, de 12 de março de 1974, publicada no Boletim do Exército nº 15, de 12 de abril de 1974).

> todos eles de capotão: tudo armado. Um deles estava com uma P38, que depois nós pegamos. Quando eles olharam, que viram que iam ser abordados, já começou o tiroteio, cheio de criança na rua. Não sei como é que não machucou ninguém. Caiu um, dois correram. O terceiro correu a pé e aí uma equipe conseguiu pegar ele lá embaixo. [...] Como é que você acha que seria a abordagem de um polícia sabendo que o cara está armado e vai reagir? Com a arma na mão e engatilhada, pronta pra atirar, porque é fração de segundo, o alvo vê o seu olho estalado e você tá mirando, não está enxergando mais nada. Você está enxergando só o que você vai pegar. Quando ele sentiu... um correu pra um lado outro pro outro, todos eles atirando e o terceiro correu e foi cair no fim da rua... uma outra equipe que vinha chegando pegou o cara.[34]

Havia ali em meio aos tiros um outro mineiro além de Jiboia. O homem do Exército com o tal vozeirão nasceu no interior de Minas. Seu pai era industriário e a mãe, uma dona de casa. O agente Jonas era chamado de Melancia pelos amigos.

> Hoje eu sou cego, não enxergo um palmo na frente do nariz. Já sou um velhinho, tenho problemas crônicos de doença, então não vou mais combater ninguém. Se vier aqui na porta da minha casa vai me matar mesmo, pois nem arma eu uso mais. Pra mim, a guerra acabou.[35]

O homem do vozeirão era o único militar da família. O confronto de ideias, viveu em casa. "Aliás, meu irmão era meio comunista... Ele já morreu." Ele explica que escolheu a carreira militar por falta de opções, pois naquela época, em 1964, emprego era difícil, e o serviço público transformara-se em uma "boa" saída. Como qualquer jovem, alistou-se no Exército aos 18 anos. Não tinha, então, meios de saber "se a esquerda era boa ou ruim". E aprendeu "logo que era ruim". "Eles [organizações guerrilheiras] podiam

---

34 Agente Alemão, entrevista em 12 de abril de 2005, fita 1, lado B. Para as armas que o DOI diz ter aprendido com os guerrilheiros, ver AESP Deops-SP/0S233-Terroristas mortos.
35 Agente Jonas, o Melancia, entrevista em 15 de junho de 2005, fita 1, lado A.

até reivindicar o que queriam, mas de outra maneira, sem pegar em armas. Isso é que revoltava."

Pensou em servir dez meses apenas, "mas era época da revolução e já era obrigado a ficar mais tempo". Fez curso de cabo e de sargento, arrumou família para criar e foi ficando. Entrou no DOI quase por acaso. Foi trabalhar na companhia de guardas, cuja sede ficava no Parque D. Pedro 2º. Era lá que ele estava quando o soldado Mário Kozel Filho morreu no atentado à bomba ao quartel do QG do 2º Exército, feito em 1968 pela Vanguarda Popular Revolucionária. Kozel teve o corpo estraçalhado ao se aproximar do carro que levava 50 quilos de dinamite que os guerrilheiros lançaram em direção ao quartel. "Nós tínhamos, mais ou menos, a mesma idade. Isso é uma das coisas que te move a pensar contra e até trabalhar contra quem fez isso." A companhia de guardas foi transformada em batalhão em 1969 ao mesmo tempo em que foi criada a Operação Bandeirante. O cabo achou que ia ter muita gente na unidade, pois um batalhão são quatro, cinco companhias e cada uma com 90 homens. Pensou: "Vou dar um jeito de sair daqui, vou para o QG." Acabou na 2ª Seção do Estado--Maior, a de Informações, da 2ª Região Militar. Lá apareceu uma ficha de inscrição em um curso no Centro de Estudos de Pessoal, no Forte do Leme, no Rio. Era a última turma de informações e operações que o centro formaria antes da criação da Escola Nacional de Informações (Esni), em Brasília. O homem do vozeirão foi indicado para o curso em 1970. Acabou em 1º lugar e, quando voltou a São Paulo, mandaram-no para o DOI, onde trabalhou com o Doutor Ney, na Investigação. Ganhou a Medalha do Pacificador com Palma em 1974.[36] Nunca teve nome ou endereço descoberto "pelos inimigos". "Eu era bagrinho." No fim da entrevista, desculpou-se pelo tom lacônico das suas respostas:

> Sinto muito não lhe poder dizer mais nada, até porque é dever de ofício, mesmo. Sabe, um profissional ficar falando é complicado [...]. Eu já dei serviço aqui como eu não dei nos últimos

---

[36] Secretaria-geral do Exército, portaria ministerial 365, de 12 de março de 1974, publicada no Boletim do Exército nº 15, de 12 de abril de 1974.

30 anos e você nem me pendurou. Mas isso tudo é passado mesmo. Você só tem que escrever aí que eles [os guerrilheiros] começaram a guerra. Isso é importante. Esse foi o erro deles, pois você tem que entrar numa guerra que pode ganhar. Se não, tem que dar outro jeito.

O vozeirão confirmou a existência da paquera da Investigação que levou até os guerrilheiros na Caquito e descreveu a cena:

> Nós estávamos passando onde eles estavam quando o Ney falou: "Vamos pegar". E nesse momento vinha passando umas crianças de escola e ficou complicado, por isso que eles tiveram, praticamente, a iniciativa. Eles viram a gente dentro do carro, parando e as crianças passando. Aí não podia fazer nada. Foi quando eles jogaram a mala no chão, puxaram as armas e foi a merda toda... não deu tempo de prender. [...] Eu não vi lá embaixo, mas sei que ele [o terceiro guerrilheiro] foi atingido lá, ele desceu a Rua Caquito e veio outra equipe e pegou ele ali embaixo. Eles morreram na hora.[37]

O chefe da operação informou a base pelo rádio: "Três terroristas mortos".[38] Naquele dia, Ney chegou atrasado. Estava a pé e jogou a sacola com a submetralhadora no chão para alcançar mais rápido o lugar do tiroteio. Chegou irritado. Com os militantes da ALN, os agentes disseram ter achado uma pistola calibre 9 mm, dois revólveres calibre 38 e uma escopeta calibre 12 com cano e coronha serrados. Além deles, uma mulher foi atingida de raspão perto do olho direito por uma bala perdida. A moça estava de costas quando o projétil passou, quebrando-lhe uma lente dos óculos. O comando da ALN sempre desconfiou que Arnaldo Cardoso Rocha havia caído depois de uma vigilância do DOI em cima de um dos "meninos que morreram com ele". "Um deles estava sendo seguido. Eles [os militares]

---

37 Todos os trechos da entrevista com o agente Jonas, o Melancia, são de 15 de junho de 2005.
38 A versão de que os três morreram em decorrência dos tiros na Caquito está presente em todos os depoimentos dos agentes. O que não se sabe é se eles morreram na hora ou se foram detidos e torturados depois de baleados. Em dezembro de 2013, a autópsia após a exumação do corpo de Rocha, mostrou que ele foi espancado antes de morrer, o que indica que ele ainda estava vivo quando caiu nas mãos dos militares.

chegaram no ponto rapidinho e morreram os três." Eles agiam sempre assim: "Tentavam seguir até que chegasse alguém da Coordenação Nacional. Daí, eles davam o bote".[39]

Depois dos tiros, os guerrilheiros foram colocados nos Fuscas da Investigação e levados à sede da *Casa da Vovó*. "Foram colocados no chão, os três, bem mortos e fotografados. Depois chamaram o IML." Segundo um agente, tiraram a roupa de Arnaldo e encontraram uma faixa em sua coxa.[40] Mas o professor universitário Amílcar Baiardi tem uma outra versão. Militante da VAR-Palmares, ele estava naquele dia preso na *Casa da Vovó* – havia sido detido em março de 1973. Baiardi conta que estava em um quarto no 1º piso do DOI, onde havia uma janela que lhe permitia ver o pátio interno. Avistou, pouco depois do almoço, naquele dia 15, dois prisioneiros com ferimento no tórax e no abdome. Sangravam. Ele estava a 40 metros deles. Eram jovens e um deles tinha traços orientais. Reconheceu mais tarde Okama, mas não soube identificar quem seria o segundo:

> Em meio ao regozijo e comemorações ruidosas, os agentes da repressão colocaram os feridos, ainda com sinais vitais, sobre a quadra de cimento e tentaram, por cerca de meia hora, extrair informações por meio de ameaças e maus-tratos generalizados. Após as tentativas de interrogatório, que, aparentemente, para o observador, não surtiram efeito, foram deixados sobre a quadra esvaindo-se em sangue, até serem recolhidos por um rabecão.[41]

Arnaldo levou sete tiros; Francisco, três e Okama, cinco. Para os agentes, foi "um êxito muito grande para o gabarito das pessoas".[42] Nenhum deles tinha ligação direta com a morte de Otavinho. Contudo, o que importava na guerra dos homens do DOI é que poucos homens da ALN ainda

---

39 Carlos Eugênio Sarmento Coelho da Paz, entrevista em 8 de outubro de 2004, fita 1, lado B.
40 Agente Chico, entrevistas em 24 de outubro de 2004, fitas 4, e em 30 de março de 2005, fita 7, lado A.
41 Para o depoimento de Baiardi, ver MIRANDA, Nilmário; TIBÚRCIO, Carlos. *Dos filhos deste solo*, p. 94.
42 Agente Alemão, entrevista em 30 de maio de 2004, fita 3, lado A.

estavam vivos. Em 27 de outubro, os militares do DOI do 1º Exército (Rio) mataram quatro integrantes do PCBR em uma praça em Jacarepaguá. Entre eles estavam Ranúsia Alves Rodrigues e Ramirez Maranhão do Vale, que eles acusavam de participar do assassinato do delegado. Outros três acusados do assassinato – dois da ALN e um da VAR-Palmares – foram sequestrados e mortos entre 1973 e 1974.

A participação de Jota nas mortes da Rua Caquito foi revelada em 1992 pelo ex-sargento do Exército Marival Chaves. Foi Jota quem deu à *Casa da Vovó* as informações que provocariam mais mortes na ALN e permitiriam aos agentes desarticularem a última ligação que a organização mantinha com a sociedade: o setor estudantil na Universidade de São Paulo.[43] Seria lá que a vingança dos militares buscaria novas vítimas.

---

43   COSTA Caio Túlio. *Cale-se*, p. 28. "[A ALN] Não possuía a simpatia da imprensa e junto à população, tinha zero de popularidade. O derradeiro celeiro de recrutamento era a universidade".

# ARRASTÃO
Prisões de estudantes da USP

JOTA E JURANDIR FAZIAM UM EXCELENTE TRABALHO. Parecia que toda vida da ALN chegava ao conhecimento do DOI. Os dois traidores levaram os policiais aos últimos redutos vivos, que ainda podiam fornecer quadros à organização: os da Geologia e da Medicina da USP. Em sua disposição de acabar com os matadores do "comerciante português do restaurante Varela" e de Otavinho, os homens da *Casa da Vovó* chegaram aos contatos da ALN no movimento estudantil, que ensaiava uma reorganização de sua estrutura em São Paulo. O primeiro preso foi Alexandre Vannucchi Leme, o Minhoca, da Geologia. Ele caiu no momento em que a desarticulação da guerrilha e extermínio dos chefes contava tanto quanto a vingança como motivação para alguns dos agentes do DOI.

Estava a plenos pulmões a operação Radar. Os informantes detectaram Vannucchi e apresentaram-no aos militares, que passaram a vigiá-lo. Minhoca foi apanhado no meio da semana de recepção dos calouros na USP e faltou a dois pontos com uma colega da universidade. Desconfiado da prisão, Alberto Alonso Lázaro, o Babão, e uma amiga foram ao sobrado onde ele morava na Rua Tabapuã, no Itaim Bibi. Limparam o lugar para que nada comprometedor fosse achado pela polícia. Lázaro morava em uma pensão na Rua Sergipe, 303, em Higienópolis, com outro personagem importante, o ex-estudante de geologia, Ronaldo Mouth Queiroz, que presidira o

Diretório Central dos Estudantes (DCE) da USP de 1970 a 1971. Vivendo clandestinamente, Queiroz era o Papa da ALN. Ele era o responsável pelos contatos da organização com o movimento estudantil e por levar os estudantes até Bruno a fim de que fizessem treinamento de tiro e de explosivos na represa de Guarapiranga. Quando teve de cair na clandestinidade, depois de escapar de um cerco do DOI na universidade, Queiroz foi substituído por Vannucchi na USP.[1]

Papa insistia em ficar no país. Quase foi pego outra vez em 1972, quando o Destacamento deteve o jornalista Jorge Fidelino Galvão de Figueiredo, o Cachimbo. O jornalista havia indicado para Papa e Enzo Luis Nico Junior, outro militante da ALN, o endereço de uma pensão na Rua Clélia, na Lapa, na zona oeste de São Paulo. Enzo estava no quarto, quando Queiroz chegou contando que Cachimbo havia sido preso. Imediatamente pensaram que o jornalista podia revelar no interrogatório o endereço do lugar, o que tornava a pensão altamente insegura. Enzo e Papa discutiram. Queiroz queria sair dali no dia seguinte, mas seu companheiro exigia que se mandassem naquela hora. Mesmo sem ter onde dormir, resolveram abandonar tudo. Passaram a noite fora da pensão e, na manhã seguinte, Papa quis voltar e apanhar algumas roupas. Tomaram um ônibus, passaram em frente ao lugar. Viram não só um homem estranho na porta como também uma C-14 parada ali perto com mais gente. Conclusão óbvia: os agentes aguardavam a volta dos dois para prendê-los. Enzo, que já havia participado com Queiroz da fuga espetacular de um cerco do DOI na USP, resolveu que era demais e partiu para o Chile. Queiroz mudou apenas de pensão e de companheiro de quarto: foi morar com Babão.[2]

Papa e Babão nunca se deram conta da quebra da segurança representada pela moradia compartilhada entre um militante clandestino e outro não. Outra coisa que os começava a diferenciar era a forma de pensar e a crítica das armas. Babão questionava Queiroz por causa das últimas ações

---

[1] Para a descrição, ver COSTA Caio Túlio. *Cale-se*, p. 17-22.
[2] Para Queiroz e Enzo, ver *idem*, p. 111 e 112.

da ALN. Dizia que a organização estava com seus dias contados e alertava o colega: "Você vai acabar morrendo".

> Quem ia para a luta armada ia pra morrer. Não tinha nenhuma chance de ficar vivo, era sobrevivência. Era suicídio, era pra não ser pego vivo e pra não morrer na tortura, pra não entregar ninguém, uma forma de autodefesa. Não havia mais luta armada, era sobrevivência armada.[3]

Esse era o raciocínio de Adriano Diogo, o Mug da ALN. Ele seria mais uma das pessoas atingidas pela ofensiva do DOI. O arrastão que lotava a carceragem do Destacamento ocorria de tempos em tempos, sempre que o Destacamento metia-se a desarticular setores de organizações ou partidos clandestinos ligados a movimentos sociais e não às ações armadas. Era o que ocorria naquele momento. Mug, a exemplo de Vannucchi, estudava geologia na USP. A discordância entre o movimento estudantil e os militantes clandestinos crescia na medida em que o chamado movimento de massas renascia aos poucos no país e seus protestos não mais ficavam restritos a peças de teatro popular. Expor a vida na luta armada começava a perder o sentido.

Vannucchi deixou em um dos agentes com quem teve contato no DOI a impressão de que se tratava de um "bobão, alguém que pensava que ia consertar o mundo".[4] Apanhou por quase 15 dias. Contou aos interrogadores que o torturavam que tinha um ponto. Era falso. Minhoca queria ganhar tempo e dar chance para que os colegas percebessem que havia sido preso. Para isso, enganara os agentes. Levado ao tal ponto, no Brás, o estudante aproveitou um descuido dos militares e correu. Ao atravessar a rua, bateu a cabeça de raspão em um caminhão. Nada de grave, exceto um corte na

---

3   Adriano Diogo, entrevista em 4 de fevereiro de 2005, fita 1, lado A.
4   Agente Chico, entrevista em 10 de novembro de 2004, fita 6, lado A. Sua descrição sobre o caso Vannucchi é contrária à versão oficial, mas é idêntica à versão apresentada pelo delegado Edsel Magnotti aos pais de Vannucchi (COSTA, Caio Túlio. *Cale-se*, p. 61) e à que os carcereiros do DOI contaram aos presos naquele dia. Para os amigos e colegas de Vannucchi, trata-se de uma primeira e mal arrumada versão, que seria substituída pela segunda, mais verossímil e igualmente fictícia: a do atropelamento.

cabeça, que sangrava. Os agentes, nervosos com a tentativa de fuga, levaram-no de volta ao DOI.

> Voltou para o xadrez e o carcereiro chamou o enfermeiro, que era um cabo do Exército, pra ver o cara. E o enfermeiro trouxe a malinha dele com gaze, material de sutura. Tinha um aparelho de gilete para a raspar a cabeça e fazer o curativo e algumas lâminas de reserva. Não precisou dar ponto. Fez o curativo, mas o moleque roubou a gilete quando enfermeiro se distraiu e [...] ele foi colocado numa cela, que era fechada, não se via dentro, uma solitária. Quando foram levar comida pra ele... ele estava com garganta aberta e a gilete com ele. Por que não se falou isso? Por que era um preso sob custódia. Aí como havia ocorrido a ocorrência na rua, usou-se a ocorrência na rua pra dar esse cunho à morte dele, mas ele mesmo se matou. Ele era um moleque meio maluco. Um idealista, ia mudar o mundo.[5]

Trata-se de um relato controverso. Adriano Diogo – assim como outros colegas de Vannucchi – disse não acreditar no suicídio do colega, que morreu pouco antes de sua chegada à *Casa da Vovó*. "Eles seriam capazes de montar um teatrinho lá para justificar a morte para os presos."[6] O jornalista Caio Túlio Costa apresenta a versão de que Vannucchi morreu em sua cela, em consequência da tortura. Quando abriram a porta e viram-no morto, um dos agentes teve a ideia de cortar-lhe o pescoço para simular o suicídio. "Ele tentou se matar e está indo para o hospital", disseram os agentes aos cerca de 20 presos que estavam nas outras celas.[7] Outros presos relataram o sofrimento de Alexandre no cárcere. O engenheiro Marcus Costa Sampaio relatou ao ser interrogado que "no início seus gritos tinham certa intensidade, que foi diminuindo gradativamente até se tornar débil; que esse rapaz foi chamado a depor, ocasião em que deixou caminhando normalmente essa solitária, e, em seguida, retornou à mesma solitária nos braços de alguns soldados". O

---

5 Agente Chico, entrevista em 10 de novembro de 2004, fita 6, lado A.
6 Adriano Diogo, entrevista em 4 de fevereiro de 2005.
7 COSTA, Caio Túlio. *Cale-se*, p. 24 e 25.

vendedor Roberto Ribeiro Martins contou ao depor que ouviu os gritos de Alexandre por dois ou três dias antes de ver o corpo de Minhoca ser retirado da cela. Há dezenas de relatos como esses sobre a morte de Alexandre.[8]

Para o tenente Chico, "o suicídio de Vannucchi foi um ato de coragem", pois ele pensava que a "revolução dependia do seu silêncio". Chico estava naquele dia no DOI e foi visto pelos presos no corre-corre que se seguiu à abertura da cela onde estava Minhoca. Foi o carcereiro Alemão quem chamou os colegas. Logo chegou o chefe da equipe A do interrogatório, o capitão do Exército Carlos Sérgio Maia Mondaini, um carioca que se identificava como Doutor José e tinha o hábito de traçar o perfil psicológico dos clientes.[9] Havia ainda o investigador Antonio Vieira Costa, o Doutor Rubens.

> A perspectiva dele era falar ou não. Afastado de advogado, de família e de companheiros, aquele isolamento levou ele a se colocar como um sustentáculo de tudo em que ele acreditava, e a solução que ele encontrou para não falar foi essa. [...] Na época ele foi um dos caras que mais teve coragem. Muita gente que era revolucionário, curso em Cuba, quando entrou lá falou.[10]

Mesmo na versão que Chico julga ser a verdade é inegável que foi a tortura, a humilhação que ela traz, a causa da morte que ele descreve. Em situações assim, a exemplo de frei Tito de Alencar Lima, mesmo o suicídio deixa de ser um atentado contra a própria vida para se transformar em decisão induzida pela dor e provocada pelo torturador, mesmo depois de anos. Não foram poucos os presos que tentaram se matar quando submetidos à tortura ou depois dela. Sabiam disso os militares, o que os torna cúmplices do desespero das vítimas, pois assumiram o risco de provocá-lo, como se fosse o agente a lhes cortar os pulsos ou a colocar a corda no pescoço para aliviar o suplício.

---

8 ARQUIDIOCESE DE SÃO PAULO. *Brasil Nunca Mais*, p. 254 a 256.
9 Mondaini ganhou as Medalhas do Pacificador e do Pacificador com Palma. Não foi possível localizar nem Mondaini nem Costa.
10 Agente Chico, entrevista em 26 de agosto de 2005, fita 12, lado A.

Há outro problema para a versão do policial: o Destacamento contou tanta mentira para encobrir mortes e torturas que se tornou difícil separar o joio do trigo, problema que fez parte de cada linha desse trabalho. Seria necessário que outros agentes revelassem mais detalhes publicamente do caso – o que não foi possível obter – para que a versão de Chico sobre a morte de Vannucchi pudesse ser mais bem avaliada. Para se ter ideia do problema da credibilidade, a versão contada aos presos do suicídio descrita por Diogo e Caio Túlio não foi a divulgada pelo DOI à imprensa. Preferiu-se a história do atropelamento. Em 23 de março de 1973, a *Folha de S. Paulo* noticiou: "Terrorista morre atropelado no Brás".

Os homens da *Casa da Vovó* não faziam ideia do que aquela morte lhes ia causar. Divulgaram a versão de atropelamento para aproveitar, segundo o tenente Chico, a tentativa de fuga de Vannucchi, evitando o constrangimento de uma morte no quartel. O delegado Edsel Magnotti colheu o depoimento do motorista João Coscov, que dirigia o caminhão no qual Minhoca fez o corte na cabeça. Seu depoimento é interessante. Disse que viu um indivíduo correndo em direção ao seu caminhão e afirmou ter freado bruscamente.

> Aquele indivíduo, ao que parece, deu um tropeção, sendo lançado para frente, caindo defronte o caminhão já parado e, ao que parece, batendo contra o para-choque. [Assim] como o declarante não atropelou o indivíduo, os policiais certamente apenas anotaram a chapa do veículo para posterior depoimento.[11]

Foi o que ocorreu. Não houve atropelamento. O desmentido do motorista ficou registrado em um termo de declarações produzido no próprio Dops. Como no caso Benetazzo, o departamento ouviu o motorista como se fosse o suspeito de um crime que o delegado sabia não ter sido praticado por Coscov. A única verdade, aparentemente, é que Vannucchi, conforme o tenente Chico e o motorista do caminhão, bateu de fato a cabeça quando tentou fugir no ponto inventado. Sofreu uma lesão nada grave, mas que

---

11   O trecho pertence ao depoimento de Coscov. Ver Inquérito Policial 7/73, Delegacia Especializada de Ordem Social, Dops, processo BNM 670 (ALN), p. 80, AEL-Unicamp.

serviria de álibi. O Dops e o DOI acusaram ainda Minhoca de participar da morte do dono da churrascaria Varela. Falso. Também disseram que ele estava metido no roubo do mimeógrafo da USP. Falso – ele se recuperava na época de uma operação de apendicite. Por que, então, acreditar no suicídio?

Como nada batia nessa história, começaram os pedidos de explicações aos órgãos de segurança. Primeiro, foi o reitor da USP, o jurista Miguel Reale, homem de insuspeito passado integralista, quem fez o pedido à polícia. A morte do estudante mobilizou depois a Ordem dos Advogados do Brasil (OAB) e foi denunciada pelo deputado federal Lysâneas Maciel (MDB) no plenário da Câmara dos Deputados. A morte de alguém desconhecido e acusado de envolvimento na luta armada saía da clandestinidade. Vannucchi Leme virava um *affair*. Os estudantes da USP decidiram protestar. Panos pretos espalharam o luto pela universidade. Um grupo de alunos foi à casa do arcebispo de São Paulo, dom Paulo Evaristo Arns. O religioso voltara de Roma – onde fora feito cardeal –um dia depois da morte de Minhoca.[12] Ele escutou os estudantes e demoveu-os da ideia de fazer uma marcha. "É suicídio." Um aluno teve a ideia da missa, que o cardeal concordou, contanto que fosse feita na catedral da Sé e não na Cidade Universitária, o que seria, para dom Paulo, uma provocação. A missa de 7º dia pelo estudante Vannucchi reuniu 3 mil estudantes e policiais na igreja cercada pelo Dops e pela Polícia Militar. PMs fizeram bloqueios em pontes perto da USP. Paravam carros com suspeitos e os levavam ao Dops a fim de passá-los por triagem, na qual se decidia o destino do detido: a liberdade ou o DOI.

A celebração da missa coube ao bispo d. José Melhado Campos, de Sorocaba, terra natal de Vannucchi, mas o sermão foi de d. Paulo. "Só Deus é dono da vida. D'Ele a origem e só Ele pode decidir o seu fim." Era o primeiro de muitos que o deixariam marcado pela polícia e pela extrema-direita, que nunca lhe perdoaram o gesto de rezar pelo estudante morto. Dali para frente ele seria o "defensor de bandidos, que não orava pelo cidadão de bem" e outras coisas do gênero. Era o primeiro embate público da reivindicação do respeito aos direitos humanos como forma de luta contra o arbítrio e da

---

12 SERBIN, Kenneth P. *Diálogo na sombra*, p. 394 e 395.

indisposição dos ambientes ligados à segurança pública contra àqueles que genericamente passaram a ser denominados como o "pessoal dos direitos humanos". Na Oração dos Fiéis, o recado ao DOI foi direto: "Por nosso irmão Alexandre, para que sua vida e morte não tenham sido em vão, mas que seu exemplo permaneça sempre entre nós, para que nossa vida esteja comprometida com o serviço do bem e da verdade, rezemos ao Senhor: Senhor, que o vosso amor nos liberte".

Alemão e outros agentes foram enviados pela *Casa da Vovó* para vigiarem o culto.[13] Alguns estudantes foram presos durante a celebração. Outros foram "pinçados" pelos policiais no fim.[14] O delegado Edsel Magnotti, responsável também pelo inquérito do Dops sobre as atividades de ALN e sobre o caso Vannucchi, escreveu em seu relatório final uma resposta ao cardeal, o primeiro libelo da polícia contra os "direitos humanos":

> [...] seus próprios companheiros infiltrados nos órgãos estudantis promoveram todo o movimento em colaboração com elementos de esquerda da igreja católica, elementos estes que souberam, protestar, embora sem justificava, pela morte de Alexandre Vannucchi Leme, mas não levantaram sequer uma palavra nos púlpitos da Igreja, para protestar contra o bárbaro homicídio praticado pelos agentes subversivos da ALN contra um pacato, simples e humilde comerciante, Manoel Henrique de Oliveira, que foi morto à traição simplesmente porque a ALN precisava dar mostras de força e poderio, bem como intimidar testemunhas. É lamentável que alguns setores do clero que pregam o amor e a justiça, silenciem quando se praticam atos de violência por elementos subversivos terroristas orientados por países comunistas.[15]

A missa, de fato, irritou as autoridades. Jarbas Passarinho, ministro da Educação, escreveu ao cardeal que a celebração, com sua homilia

---

13 Agente Alemão, entrevista em 30 de agosto de 2005, sem gravar.
14 Para a missa, a descrição de COSTA Caio Túlio. *Cale-se*, p. 96-106 e SERBIN, Kenneth P. *Diálogo nas sombras*, p. 395.
15 Inquérito Policial 7/73 da Delegacia Especializada de Ordem Social, folha 21, p. 362 do processo BNM 670 (ALN), AEL-Unicamp. A pontuação do original foi preservada.

"extremamente severa" aos policiais e militares, podia ter acabado num "banho de sangue de inocentes" que só não aconteceu "mercê de Deus e graças à prudência das autoridades". A boa vontade dos governantes não se fez presente naquela tarde na *Casa da Vovó*. O estudante Adriano Diogo estava entre os que presenciaram a raiva dos agentes.

> Eles ficaram muito nervosos, principalmente o major Ustra. Entraram em delírio e deram o repique. A gente apanhou de graça no pátio do DOI. Aquele dia foi o dia do horror. A pancadaria foi generalizada. O major estava tão louco que arrancou a minha roupa e me deixou só de cuecas no pátio. Batia na gente e xingava o cardeal [d. Paulo]: "filha da puta, bichona". Ele urrava. Davam tiros para o ar, meu Deus... aquele dia... os caras enlouqueceram.[16]

Diogo ocupava a cela que havia sido pouco antes do amigo que morrera. Fora preso em 17 de março. A exemplo de Minhoca, desconfiava que era seguido. Quando foram detê-lo, os agentes montaram uma turma de choque. "Pensavam que iam prender o Hulk", disse o tenente Chico. De fato, Diogo sentiu que os homens não estavam para brincadeira quando entraram em seu apartamento. Foi pego ao lado da mulher e torturado. Queriam obter informações sobre Vannucchi e Queiroz. Mug conheceu quase tudo na sala do pau. Foi recebido por Ustra, que disse: "Teu amigo [Vannucchi] foi despachado para a VPC, a Vanguarda Popular Celestial e riu, riu muito". Fizeram um corredor polonês e os agentes lhe obrigavam gritar "Viva Médici" – houve guerrilheiro que foi obrigado a assistir na televisão ao programa *Amaral Neto, o Repórter*, que louvava o regime. Depois, apresentaram-lhe a cadeira do dragão, o pau-de-arara, a palmatória e os choques, muitos choques. Diogo seria um dos últimos a deixar o DOI.

Depois da missa por Vannucchi, o Papa Paulo VI enviou uma carta ao advogado da família do estudante, transmitindo-lhe "uma palavra de alento".[17] Oito presos denunciaram as torturas sofridas por Minhoca em

---

16 Adriano Diogo, entrevista ao repórter Fausto Macedo, em março de 2006.
17 Para a carta, MIRANDA, Nilmário; TIBÚRCIO, Carlos. *Dos filhos deste solo*, p. 102 e 103.

depoimentos na 1ª Auditoria da Justiça Militar. Anos mais tarde, o general Rodrigo Otávio Jordão Ramos, ministro do Superior Tribunal Militar (STM), votou pela abertura de investigação sobre as denúncias de tortura, um fato raríssimo no regime militar. Seu voto solitário foi vencido pelos dos outros 13 juízes da corte. A vingança do destacamento encontrou seu limite: a repercussão social do crime lhes mostrou que o futuro de suas vítimas não dependia mais apenas de sua vontade.

Vazamentos

A caçada aos estudantes da USP, entretanto, continuou. Ela não seria detida por missa, carta ou denúncia no Congresso. Enquanto d. Paulo rezava pelo estudante, todos os dias de manhã um capelão militar rezava no DOI e pedia a Deus que fizesse "com que as armas dos terroristas falhassem" e as dos agentes acertassem o alvo.[18] De março a maio daquele ano passariam 44 estudantes e um advogado pela *Casa da Vovó*, a imensa maioria da USP. Alguns eram militantes da ALN, mas também havia integrantes da Ação Popular e trotskistas presos no arrastão. Seus nomes tornaram-se públicos por obra dos estudantes: listas foram distribuídas na USP denunciando a ofensiva dos militares. A divulgação da relação dos presos na *Casa da Vovó* mostrou aos militares mais uma limitação à vingança. Sem o sigilo de suas ações e o anonimato das mortes de suas vítimas, a liberdade de ação do Destacamento ficava gravemente comprometida. Chegaram a desconfiar da existência de um infiltrado entre eles.[19] Só isso explicaria o acesso dos estudantes ao que eles chamavam de grade de presos – a relação diária e oficial dos detidos na carceragem. Um dia incluíram um nome falso e, juram os agentes, ele também apareceu na USP.

Havia ainda mais mistérios que alimentaram a paranoia dos funcionários da *Casa da Vovó*. Naquele período, alguém vazou às famílias de presos o paradeiro de alguns desaparecidos. O militante do Molipo Fernando Casadei Sales foi detido na mesma época em que os estudantes da USP.

---

18 Agente Chico, entrevista em 6 de outubro de 2004, fita 3 lado B.
19 Tenente José, entrevista em 9 de janeiro de 2007, fita 1, lado B.

Estava isolado da organização. Eram 2 horas ou 3 horas quando o levaram da pensão onde morava – os vizinhos foram informados pelos policiais de que se tratava de um traficante de drogas. Sales não tinha ponto nos dias seguintes. Assim ninguém sentiria sua falta ou desconfiaria da queda. No terceiro dia de interrogatório, o telefone da casa de seu pai tocou: "Seu filho está sendo morto no DOI". Sales era filho de um bancário, um gerente do Bradesco que trabalhava na instituição financeira desde sua fundação. Conhecera ali um diretor chamado Laudo Natel. Aquele homem se havia transformado em político e era o governador do Estado, cargo que exercia pela segunda vez. O pai telefonou ao amigo, pedindo pelo amor de Deus que intercedesse pelo filho.

— Vou ser sincero com você, é muito difícil. Eu vou falar com o comandante do 2º Exército, mas não sei o que vai dar. Eles não fazem a menor concessão.

Surpreendentemente, dois ou três dias depois, Sales foi transferido para o Rio.

> O Laudo Natel disse ao meu pai que eu não morreria no 2º Exército [São Paulo]. E eu saí e fui pro Rio, pro 1º Exército... talvez eu morresse lá... Até hoje não sei quem avisou meu pai que eu estava lá.[20]

Sales voltaria à Oban e testemunharia outro fato importante: a morte de um dos últimos comandantes da ALN. Apesar do que houve com Sales e com as listas de presos, o comandante da *Casa da Vovó* na época nunca teve tanta certeza, mas suspeitava de que havia uma infiltração em algum quartel.[21]

> A grade de presos era do conhecimento dos membros do DOI e era difundida para a comunidade de informações, entre

---

20 Fernando Casadei Sales, entrevista em 2 de fevereiro de 2005, fita 2, lado A.
21 Em 1975, o sargento Zaqueu Alves de Oliveira, da PM de São Paulo, foi preso e torturado no DOI durante 18 dias sob a acusação de ser o infiltrado. Ele trabalhara na equipe C da Busca e tinha ligações com PMs que compunham a célula do PCB na PM. Zaqueu negou em junho de 2004 em entrevista ter vazado informações do destacamento à esquerda e manteve a versão nos anos seguintes.

outros para os seguintes órgãos: CIE, 4ª Zona Aérea, 6º Distrito Naval, PMESP [Polícia Militar do Estado de São Paulo], DPF [Departamento de Polícia Federal], Dops etc. e seria, praticamente, impossível saber de onde partia o vazamento.[22]

A preocupação do DOI com o vazamento de informações ou com a possível presença de um infiltrado era justificada pelos estragos que isso podia causar. O informante poderia revelar nomes e funções dos integrantes da *Casa da Vovó* e contar quem havia sido preso para que seus companheiros fugissem. Ustra, no entanto, tem certeza de que, no caso de vazamento de informações mais sensíveis e restritas do que a lista de presos, a compartimentação do DOI permitiria "identificar o traidor".

Mouth

Com a onda de prisões ceifando a ALN, Mouth foi aconselhado a deixar o país. Disse que pensaria. Dividia o quarto com um militante que estava na legalidade e guardava ali seu revólver calibre 38. Foi alertado pelos colegas que estava sendo seguido, mas não deu bola. Era outro que não sabia que um de seus contatos era informante do Doutor Ney. Além de encontrar-se com o traidor, Mouth levou-os até os militantes da Faculdade de Medicina da USP e apresentou-lhe ao estudante Jurandir Duarte Godoy, que também seria preso e forçado a assinar um contrato para servir à Clínica Geral. Godoy revelou ter entregue apenas um militante, mas, antes que fosse preso, avisou-o para que o rapaz tivesse tempo de fugir do país. Seria assim o único caso conhecido de informante que traiu seus controladores. Mouth não teve mesma sorte. Um dia, três agentes foram à casa de seus pais, na Penha. Eram Melancia, Alemão e Neuza. Conversaram com a mãe do estudante.[23] Disseram que procuravam um esclarecimento sobre livros que comprara. Depois, afirmaram que ele delatara seus colegas terroristas e, por isso, era necessário protegê-lo de um justiçamento. A mãe de Mouth contou-lhes

---

22 Carlos Alberto Brilhante Ustra, entrevista por escrito em 9 de novembro de 2004.
23 Tenente Neuza, entrevista em 22 de maio de 2005, fita 8, lado A. seu depoimento é complementado por informações da p. 116 de COSTA, Caio Túlio. *Cale-se*.

em detalhes as dificuldades que teve para criar os filhos, principalmente Papa. Os agentes voltaram à base.

> Estávamos com o coração partido. Aí o Ustra falou assim: "Se esses três voltaram assim, é melhor já fazer a coisa". Aí foi um dia na Angélica que encontraram com ele.[24]

Papa havia perdido os contatos com a organização. "Ele passava fome", lembra-se Neuza. Mouth saíra da pensão cedo naquela sexta-feira, dia 6 de abril. Virou na Avenida Angélica e parou num ponto de ônibus. Um ex-aluno da Geologia, Paulo Antonio Guerra, que ia a uma entrevista de emprego no Metrô, estava subindo por acaso a avenida. Eram 7h30. Guerra viu uma C-14 por ali, descendo em baixa velocidade. Seus homens passaram pelo ponto de ônibus, retornaram, frearam em frente dele e desceram. Eram três. Entre ele os sargentos Ovídio Carneiro de Almeida, o Everaldo, e Milton, o Mimi, PMs da equipe Curinga, que vestia uma jaqueta azul. "É ele, é ele!", disse um policial. Mimi aproximou-se e atirou no queixo de Queiroz, que recebeu ainda um segundo tiro no abdome.

Guerra, que testemunhou tudo, conhecera Queiroz na faculdade. Depois dos tiros, os homens subiram na Veraneio e foram embora no momento em que outros agentes, em dois Fuscas, apareceram para recolher o corpo. Na versão da época, assinada pelo major Ustra, Mouth morrera num tiroteio. Em um relatório com o qual informou o Dops sobre o caso, o oficial acusa Papa de participar do GTA da ALN e ter agido no roubo ao carro pagador do Banco Português em 6 de dezembro de 1972. Diz que ele roubou uma empresa de ônibus em janeiro de 1973, acusa Mouth de ser coautor da morte do comerciante português do restaurante da Mooca e ainda do roubo de equipamentos gráficos na Escola Politécnica da USP. As fontes de tantas acusações não são explicitadas.[25] Neuza chegou atrasada à Avenida Angélica. Estava naquele dia com o Doutor Flávio (o capitão Perdigão) e

---

24 Tenente Neuza, entrevista em 22 de maio de 2005, fita 8, lado A. Conferir ainda Neuza, entrevista em 21 de março de 2005, fita 3, lado A. O restante do relato de Neuza sobre o caso foi dado na mesma entrevista de 22 de maio.

25 AESP Deops-SP/OS262 (Exército), ofício 260/73-E/2-DOI do Quartel do 2º Exército ao Dops.

perdera-se no caminho. "Eu acho que não era pra matar. Era pra prender. Porque eu sei que o Mimi foi muito criticado por fazer isso." O assassinato de Mouth obedeceu, no entanto, a uma outra lógica: a de vingar o assassinato do delegado Otavinho, do DOI.

> — Você sabe como foi a resposta pela morte do Otavinho?
> — Eu sei de um caso. Tem aí Ronaldo Mouth Queiroz. Ele era da ALN. [...]
> — ... Mas ele teve alguma participação no crime?
> — Não, o negócio é o seguinte: bateram no meu irmão, vou bater no seu irmão.[26]

O tenente José explica assim esse tipo de ação:

> Não vou tapar o sol com a peneira, não. A pessoa que começa a matar, ela se sente um ser superior. A pessoa se sente um semideus. Hoje ele mata um e amanhã ele quer matar outro. Ele se sente bem. Eu trabalhei com muita gente assim e é difícil de frear a pessoa. É muito difícil.[27]

Entrega dos filhos

No quarto de pensão do Papa os agentes apreenderam uma montanha de documentos. Eram cartas a jornalistas, religiosos e políticos do MDB e a ministros do governo, panfletos e livros. Havia ainda máquina de escrever, mimeógrafo e um revólver calibre 38.[28] A caçada aos estudantes da USP só acabou em maio, quando houve mais um daqueles espetáculos que o Doutor Tibiriçá adorava encenar no DOI: a entrega dos filhos iludidos pelos "terroristas" aos pais. Não era a primeira vez que Ustra desempenhava o papel de salvador de uma juventude enganada por maus professores e descuidada pelos parentes. Sobre o que chamava de infiltração comunista no

---

26 Agente Chico, entrevista em 27 de outubro de 2004, fita 5, lado A.
27 Tenente José, entrevista em 9 de janeiro de 2007, fita 1, lado B.
28 Auto de exibição e apreensão, Ministério do Exército, 2º Exército, quartel-general, 2ª Seção, Destacamento de Operações de Informações, BNM 670 (ALN), p. 263 a 266.

movimento estudantil, o delegado Magnotti escrevera no inquérito 09/72 da Divisão de Ordem Social do Dops:

> Os elementos que são aliciados e integrados nas organizações terroristas em sua maioria sofrem de traumas psíquicos bem como trazem problemas familiares, o que facilita o aliciamento e, na maioria das vezes, são iludidos pela promessa de um mundo melhor, ficando na completa ignorância da realidade e da motivação das esquerdas subversivas, pois alguns desconhecem que a finalidade de todo o movimento é uma ditadura comunista.[29]

Para Ustra, era preciso salvar esses jovens dos comunistas. A primeira turma de redimidos apresentada pelo major aos pais no DOI foi a de 1970. Eram jovens da inteligência da VAR-Palmares, presos com a atriz Bete Mendes. De fato, o major mantinha no quartel alguns hábitos peculiares em relação aos colegas que ocuparam outras *Casas da Vovó* e Açougues pelo Brasil. Um deles era o tratamento que dispensava às mulheres presas. Dentro daquele ambiente, os agentes achavam que Ustra "aliviava a barra", ou "dava alguns privilégios" às militantes da ALN e do Molipo, incluindo duas que treinaram em Cuba. Ustra manteve cinco delas em seu quartel, mesmo depois de interrogadas no DOI e no Dops, enquanto durava a gravidez de Linda Tayah, que esperava um filho de seu companheiro, José Milton Barbosa, morto ao tentar furar um bloqueio da polícia em 1971. A mulher de Ustra, Joseíta, ensinava-lhes tapeçaria e tricô. Após a criança nascer, foram todas transferidas ao presídio Tiradentes. Em Argel, era a mulher do general Jacques Massu que obteve do marido proteção para as presas da FLN.[30] Durante o tempo em que Ustra esteve à frente do DOI do 2º Exército, o órgão registrou o assassinato de uma única presa: Sônia Maria de Moraes Angel Jones, número pequeno se comparado com o Rio. Em seu último ano de comando, Ustra encenou o espetáculo da volta dos jovens aos lares em 25 de maio. Ele e dois delegados fizeram a entrega dos meninos da USP às

---

29 AESP Deops-SP/OS-001; p. 268 do relatório do IP 09/72, de 13 de outubro de 1972.
30 AUSSARESSES, Paul. *Services Spéciaux Algérie 1955-1957*, p. 182 e 183.

famílias. A cerimônia ocorreu no DOI, em uma sala onde se improvisou um auditório. Apenas quatro dos jovens permaneceram encarcerados, entre eles estavam Mug e Casadei Sales.

A volta

Depois de sua viagem ao quartel da Rua Barão de Mesquita, mantido pelo 1º Exército, Sales retornou ao DOI do 2º Exército. No Rio conhecera a geladeira, onde eram mantidos nus os presos e submetidos a frio, ruídos e luzes intensos. Em São Paulo, testemunharia mais um fruto da ação dos informantes: a queda de Luiz José da Cunha. Nascido no Recife, Crioulo ingressara no PCB ainda quando estudante secundarista na capital pernambucana. Foi para Moscou, onde estudou na Universidade dos Povos Patrice Lumumba. Voltou ao Brasil e ligou-se ao movimento estudantil no Rio. Ficou ao lado de Carlos Marighella no racha do partidão e foi treinar em 1968 guerrilha em Cuba com o 2º Exército da ALN. Viajou pelo menos mais uma vez a Cuba e, no retorno, parou no Chile para conversar com Ricardo Zarattini Filho e Rolando Frati a fim de tentar acertar as desavenças da direção da ALN com a Tendência Leninista.

> Tentei de todas as formas que ele não voltasse ao Brasil, porque o pessoal estava muito infiltrado. Eles nos derrotaram com uma só coisa: a infiltração, além da incapacidade política nossa de conseguir apoio do povo. [...] Aquele milagre do Médici foi uma bosta pra nós.[31]

Crioulo não escutou Zarattini e voltou ao país com uma mala cheia de dólares. Eram US$ 50 mil vindos da Coreia do Norte para financiar a luta da organização.[32] Em janeiro de 72, o DOI sabia apenas o nome falso que ele usava – Antonio de Oliveira Santos – e seu apelido. Só em agosto daquele ano os militares descobririam a verdadeira identidade do homem que

---

31 Ricardo Zarattini Filho, entrevista em 21 de fevereiro de 2006, fita 1, lado A.
32 Carlos Eugênio Sarmento Coelho da Paz, entrevista em 14 de dezembro de 2004.

integrava a comando nacional de ALN.[33] Um ano depois, foi com o auxílio de um cachorro que o Doutor Ney montou a mais desgastante de todas as suas paqueras: a que visava pegar Crioulo. Os agentes tiveram de percorrer em São Paulo os lugares, segundo o informante, que ele frequentava: a Avenida Santo Amaro e a Lapa.

> Tínhamos de rodar devagarzinho para ver se a gente encontrava ele na calçada. Ficamos três meses fazendo isso até que encontramos. Encontramos ele na calçada. Íamos olhando a calçada. Devia ter algum informante que deu onde ele estava.[34]

Era um serviço que fazia a tenente levantar às 3 horas e voltar para casa depois da meia-noite. O guerrilheiro foi baleado na Avenida Santo Amaro, em 13 de julho de 1973. Casadei Sales acompanhou no DOI a movimentação dos policiais. Ele conhecia a família da primeira mulher do capitão Ênio, o Doutor Ney. Preso em uma cela do primeiro andar, pôde ver por um furo no tapume que vedava o lugar o que se passou no pátio naquela tarde: a rivalidade entre o Dops e o DOI era coisa do passado, pois o delegado Fleury e o major Ustra receberam de braços abertos os policiais que voltaram da ação. Eram os homens que vingavam a morte do comerciante da Mooca, que derrubaram mais um do grupo que matara o delegado Otavinho.

"Quando chegou a equipe do Ney e trouxeram o Crioulo, jogaram o corpo no chão, e urraram e tal, parecia um gol de Copa do Mundo." Os policiais abraçavam-se efusivamente. O dirigente da ALN estava inerte, enrolado em um lençol. Casadei sabia de quem se tratava porque ouviu os comentários dos agentes: "O Crioulo já era".[35] Sabe-se que o dirigente da ALN tentou reagir à prisão. Um cabo da Aeronáutica a serviço do DOI foi acusado pelos colegas de se ter acovardado por não ter atirado no guerrilheiro pelas

---

33 AESP Deops-SP/OS-201 (pasta ALN).
34 Tenente Neuza, entrevista em 12 de maio de 2005. Fita 6, lado A. Ela não sabia sobre a participação de Jota no caso.
35 Fernando Casadei Sales, entrevista em 2 de fevereiro de 2005, fita 2, lado A. Ver MIRANDA, Nilmário; TIBÚRCIO, Carlos. *Dos filhos deste solo*, p. 111-113.

costas – o alvo tentou fugir em um carro onde estavam duas mulheres, mas não conseguiu. "O Jota estava presente com uma equipe. O Jota é que identificou ele [Crioulo]. [...] Depois desse caso na Santo Amaro eu não tinha dúvida sobre o Jota."[36] Embora possa ter sido Jota, como disse Neuza, quem identificou o Crioulo, a tenente não sabe, todavia, se foi o cachorro que levou os agentes ao guerrilheiro, ou seja, se foi ele que revelou que o guerrilheiro estaria ali naquele dia, o que pode ter sido obra de outro informante. Jota nesse caso teria apenas confirmado a identidade do alvo. "Sei que alguém entregou ele."

Che

Durante o arrastão na USP, os estudantes estavam no térreo quando ouviram um agente gritar: "Advogado terrorista! Filha da puta!" Logo em seguida, um deles viu pela grade da cela Idibal Piveta passar. "Estamos fodidos", disse ao companheiro, que lhe perguntou por quê. "O nosso advogado acaba de passar por aqui, preso."[37] Piveta era a quinta prisão de outro arrastão feito pelo DOI naqueles dias. Iniciado em São Paulo, ele só terminaria com as mortes dos militantes Márcio Beck Machado Maria Augusta Thomaz, ambos do Molipo. Essa ação foi um desdobramento da que atingiu a USP. Ele começara em 3 de maio com a detenção da estudante Nádia Peres Vilela. Militava nas Ciências Sociais, onde tentava organizar um grupo de discussões. Era acusada de manter contatos com a VAR-Palmares e com um grupo de ex-militantes da ALN. Conhecidos de Ronaldo Mouth Queiroz, eles serviam de apoio ao Molipo. A prisão de Nádia foi denunciada no dia 8 por uma carta aberta redigida pelos alunos de Ciências Sociais da USP. Seu nome estava ao lado de outros 35 com prisão conhecida.[38]

Uma das pessoas com quem ela se relacionava era o ex-militante da ALN César Augusto Stephan Castiglione, de quem recebia panfletos para a

---

36   Tenente Neuza, entrevista em 3 de maio de 2005, fita 4, lado A.
37   Para a entrada de Piveta no DOI, ver COSTA, Caio Túlio. *Cale-se*, p. 129.
38   Para as relações políticas de Nádia, interrogatório judicial de César Augusto Stephan Castiglione na 2ª Auditoria da Justiça Militar no qual reproduz o que disse ao Dops, p. 303 e 304 do processo BNM 209 (Molipo), AEL-Unicamp. Para a carta, COSTA, Caio Túlio. *Cale-se*, p. 118.

discussão. Castiglione defendia a necessidade de revisão da luta armada, de abandoná-la como tática. Preso em 1970 e solto em agosto de 1971, depois de cumprir sua pena de dez meses de prisão, Castiglione tentou reorganizar a vida. Conheceu Nádia no Equipe Vestibulares. Em 1972 começou a namorar Lays Machado Rodrigues de Lima, então secretária do advogado Idibal Piveta. Na manhã do dia 5, Lays procurou-o. Disse que Nádia havia sido presa pelo DOI. Isso podia significar problemas para Castiglione. E dos grandes. Era uma péssima época para ser preso, ainda mais para alguém que seria considerado reincidente em subversão. Separaram-se e marcaram um ponto às 20 horas. Cada um teria a missão de encontrar um lugar para dormirem. Lays conseguiu a casa de um amigo e levou Castiglione para lá. Às 9 horas do dia seguinte, nova separação. Marcaram um encontro às 12 horas, na esquina das Avenidas Paulista com a Brigadeiro Luis Antônio. O militante telefonou à mãe, Geni. Nervosa, ela disse que o tio do rapaz estava passando mal do coração. César foi até lá sem nada desconfiar. Chegou ao apartamento da Rua Sampaio Viana, no Paraíso, e descobriu que era aguardado pelos homens da equipe B1 da Busca, a do capitão Devanir Antônio de Castro Queiroz. Foi levado para alguns quarteirões abaixo, na Rua Tomás Carvalhal, a sede do DOI.[39] Castiglione relatou todos os detalhes de sua prisão ao ser interrogado cinco dias depois. Eram 23h45 do dia 10 de maio quando os homens da equipe A do Interrogatório começaram a sessão que se estendeu até as 4 horas do dia 11.

Pode-se, por meio do inquérito policial militar instaurado pela portaria 09/73, do 2º Exército, acompanhar quase hora a hora as sessões de interrogatório de Castiglione. Ali estão as folhas do interrogatório preliminar datilografadas pela Turma Auxiliar do DOI. Além de datilógrafos,

---

39 A descrição da prisão de Castiglione está documentada na p. 22 do IPM conduzido pelo tenente-coronel Ricardo Gianordoli no quartel-general do 2º Exército por ordem do então comandante daquela unidade, general de exército Humberto de Souza Mello (conforme ofício de 4 de junho de 1973, na p. 7 do IPM – portaria 09/73SJ) O IPM transformou-se no processo arquivado sob o número BNM 214 (CSR/ALN/Molipo), AEL-Unicamp. O objetivo da investigação, segundo o próprio general, era apurar a participação de um subtenente e de dois sargentos do 2º Exército suspeitos de participarem com Carlos Augusto Stephan Castiglione "da organização subversivo-terrorista Comitê de Solidariedade Revolucionária". Foram todos absolvidos.

seus homens manuseavam o rádio usado pela Investigação e ainda serviam de apoio aos carcereiros. Era, talvez, a única área do órgão que quebrava a compartimentação de Ustra para proteger as informações. O tenente Chico estava de plantão quando Castiglione chegou. A reação da *Casa da Vovó* à morte de Otavinho dominava o ambiente.[40] O oficial descreve sua versão:

> O pessoal acolheu ele e meteu ele numa sala de espera... tinha muito serviço naquele dia, muito cliente sendo atendido... o pau comendo; os interrogadores não conversaram imediatamente com ele. [...] Aí, quando o carcereiro veio trazer a comida, por volta do meio-dia, ele disse: "Pô eu preciso ser ouvido por alguém. Eu só tenho um ponto e é uma hora da tarde". Ele estava desesperado para dar o ponto [...]. Tirou-se do almoço uma equipe e mandou. O ponto era em São Bernardo [na verdade em Santo André]. Quando chegaram no local, já tinha passado a hora. [...] Aí viram dentro da padaria o cara. [...] A equipe foi lá e grampo no cara: era o Gabriel do Prado Mendes.[41]

Detido, Gabriel passou a ser ouvido, nas palavras do tenente, "mediante ações coercitivas". Castiglione ficou em outra sala. A mulher de Gabriel era a estudante Tânia Regina Mendes, atriz e cantora do grupo de teatro popular União e Olho Vivo, dirigido por Piveta, ou melhor, por César Vieira, o nome do advogado no meio teatral.[42]

— Cadê sua mulher?!!! Onde é o aparelho?!!!

Os interrogadores faziam perguntas insistentemente a Gabriel, que também já havia sido preso antes por suas relações com a ALN. Nesse ambiente, os militares extraíram de Castiglione a informação que queriam e foram atrás de Tânia, no centro de São Paulo. No dia 7 de maio, Castiglione foi ouvido pela equipe C do Interrogatório das 2 horas às 7 horas. Em cinco horas arrancaram-lhe aquilo que ele não havia contado aos homens

---

[40] Para o medo, ver também COSTA, Caio Túlio. *Cale-se*, p. 37, diálogo entre Babão e Queiroz após a morte do delegado.

[41] Tenente Chico, entrevista em 10 de novembro de 2004, fita 6, lados A e B.

[42] Para o trabalho com teatro popular do União e Olho Vivo, ver ainda Belisário dos Santos Junior, entrevista em janeiro de 2011.

da equipe B. A tortura produziu informações que levaram à prisão um subtenente do Exército, um 2º sargento e um militante do Partido Operário Revolucionário Trotskista (PORT), que estavam montando o Comitê de Solidariedade Revolucionária para ajudar presos políticos. A partir das 10 horas do dia 7 foi ouvido pela equipe A, que seguiu as perguntas que a Seção de Análise passou ao Interrogatório. No dia 8, foi cliente da equipe B, das 15h30 às 17 horas. Dois dias depois, foi ouvido pela equipe A sobre detalhes de sua prisão. No dia 11, participou de uma acareação das 23h45 à 0h40 com o técnico em papel Delamare Machado, pai de sua namorada. Castiglione foi ouvido ainda nos dia 16, 17 e 18, somando mais quatro horas e quarenta e cinco minutos. Finalmente, no dia 19, os homens da equipe A interrogaram-no e acarearam-no com outro preso das 15h30 às 17 horas.[43]

O arrastão foi atrás também de Tânia, a mulher de Gabriel. Os agentes localizaram-na e começaram a vigiá-la. Seguiram-na até o lugar em que seria apresentado o espetáculo de seu grupo teatral, que encenava na época a peça *Rei Momo*, de autoria de Piveta. Fazia dois dias que Tânia não via Gabriel e ela desconfiava da prisão do marido. O diretor do União e Olho Vivo contou que o espetáculo naquele dia seria numa igreja. "A gente trabalhava muito dentro de igreja [...] eles estavam seguindo a Tânia pra ver se ela teria contatos com alguém."[44] Piveta e os seus saíram em carros do Largo São Francisco, formando um comboio que transportava cenário, figurino, iluminação e os atores. Tudo já estava programado com o pessoal do bairro que encomendara a apresentação.

> Daí chegamos no bairro e eles [os militares] atrás. Eles assistiram ao *Rei Momo* e, como eles eram pouquíssimo cultos, ficaram muito putos [...]. Eles informaram que a menina estava participando do espetáculo e nós estávamos falando contra o governo violentamente, que era uma aberração etc. que

---

43 A sequência de interrogatórios ficou registrada entre as páginas 9 e 28 do IPM do 2º Exército, aberto com base na portaria 09/73, processo BNM 214, AEL-Unicamp. Além dos dois primeiros militares, outro sargento do Exército ainda seria envolvido no caso do Comitê (p. 7 do IPM).
44 Idibal Piveta, entrevista em 13 de junho de 2005, fita 1, lado A.

> estava ofensiva demais para o governo, coisa que não era. No *Rei Momo* eles viram coisas que a gente nunca viu.[45]

Os integrantes do grupo faziam um debate depois da peça, o que aumentou a curiosidade dos agentes. Uma parte do grupo foi ao restaurante Cordeirinho, na Rua dos Pinheiros. Jantou em companhia dos policiais, que ocupavam uma mesa próxima. Ninguém prestou atenção àqueles homens. Era tarde da noite quando Piveta deixou o restaurante com o estagiário de seu escritório, Roberto da Cunha Azzi, e com Tânia. Foram para a casa dela. Tânia queria ver se Gabriel estava lá, bem como retirar coisas do imóvel antes que a repressão aparecesse. Era 1 hora quando chegaram. A casa ficava no fundo de um corredor estreito. Ao abrir a porta, Piveta teve uma intuição:

— Você tem arma aqui?
— Tenho.

Tânia passou a arma para o diretor de teatro, que, imediatamente, escondeu-a embaixo de um fogão.

— Vamos esconder isso aqui, que isso não é uma boa coisa.

Piveta acabara de escondê-la quando os homens da seção de Busca irromperam pela casa da Rua Sebastião Rodrigues, na Vila Ipojuca, e deram no advogado uma "porrada" com a coronha de um revólver. Não sabiam quem era ele. Colocaram-no atrás de um carro, no assoalho, já encapuzado. Por sorte, não encontraram a arma naquele momento.

> Ele não sabe, mas iam matá-lo. Se o pessoal tivesse achado o revólver dele, ele não teria vindo... estaria armado, teria reagido.... Aí, foi cana em todo mundo.[46]

Levaram os três para o DOI. Quando chegou ao quartel, o advogado identificou-se. Era a senha para começar a ouvir dos agentes: "Prendemos esse filha da puta, que solta os subversivos". Jogaram-no em uma cela.

---

45 Idibal Piveta, entrevista em 13 de junho de 2005, fita 1, lado A.
46 Agente Chico, entrevista 20 de maio de 2005, fita 10, lado A, e entrevista em 10 de novembro de 2004, fita 6, lado B.

Piveta sabia que estava entre conhecidos. Naquele momento ele tinha 18 clientes presos, incluindo Adriano Diogo e seus colegas da Geologia da USP. Começaram os interrogatórios. Foi assim que ele soube da prisão de César Castiglione. "Queriam que eu assumisse um comando de centralização das esquerdas", contou Piveta. Seu escritório, de fato, era frequentado por gente de todas as tendências. Pegaram os livros caixa do escritório para saber se ele cobrava dos clientes. O não-recebimento de honorários serviria de indício para ligá-lo às organizações. Como a maioria dos estudantes não pagava, porque não tinha dinheiro, Piveta virou um advogado que, para viver, só podia mesmo receber o famoso ouro de Moscou. Foram à casa do advogado e fizeram uma devassa em suas estantes:

— Pega esses livros aqui que representa o outro lado, disse o advogado aos agentes.

E eles pegavam também, entre eles uma edição do *Protocolo dos Sábios do Sião* além de três exemplares do jornal *Imprensa Popular*, do Molipo. No quarto do advogado descobriram mapas da região dos sete povos das missões, tema da próxima peça de Piveta, *Mortes aos Brancos*, com "informes do general Assis Brasil". Era o que precisavam para novo interrogatório. Piveta lembra o diálogo:

— Quem é esse filho da puta? É o general do Jango? Não é?[47]

O relatório do general falava em 5 mil, 10 mil homens em Santa Catarina. Piveta liquidou as perguntas com uma piada:

— Porra, se tivesse 10 mil caras em Santa Catarina, 15 mil no Rio, eu não estaria aqui. Vocês é que estariam aqui.

O chefe da equipe riu:

— Mas que filha da puta, ele tá gozando...

— Não, pô... como é que pode ter 50 mil caras em armas pra lá, pra cá, e eu estou preso se sou advogado dos 50 mil? Vocês é que estariam aqui no meu lugar...

---

[47] O chefe da Casa Militar do presidente deposto João Goulart era o general Assis Brasil, homônimo do general que escrevera sobre o relato sobre a guerra em Sete Povos das Missões que Piveta utilizava.

Também quiseram saber sobre o revólver, pois Piveta contara aos interrogadores que havia escondido a arma embaixo do fogão. O problema é que os agentes encarregados de encontrar a arma não conseguiram achá-la. "Alguém da repressão levou o revólver. Então deu aquela puta confusão." Diziam que a arma não estava ali, que era mentira, até que a arma apareceu. Piveta permaneceu quase 50 dias no DOI. Em pouco tempo, uma dúzia de pessoas estava presa. Na carceragem, o advogado estava inquieto quando recebeu um convite inusitado: "O Ustra foi à minha cela e me convidou para jogar xadrez." O advogado disse que não sabia, mas o Doutor Tibiriçá não acreditou.

— Ah, não joga xadrez com a repressão?!!!
— Não jogo xadrez, porque eu não sei jogar xadrez...

Presa com Piveta, Tânia chegou ao DOI e foi levada até Gabriel, que até então não havia revelado o paradeiro da mulher. Empurram-na para dentro da sala onde o marido estava. À noite, na carceragem, ela cantava em sua cela músicas da peça *O Evangelho Segundo Zebedeu*, a história de Antônio Conselheiro, da luta dos jagunços contra o governo. Logo vieram os esporros dos carcereiros para que a presa parasse com a cantoria. Em seu lugar, Piveta passou a ler a *Bíblia* em voz alta, simples leituras das histórias de Salomão durante 30 minutos, uma hora. Veio então nova ordem: as "leituras dramáticas" tinham de cessar. Os interrogatórios do grupo sucediam-se. As sessões deixariam sequelas em todos. Piveta, por exemplo passou a ter problemas de coluna e de artrite. "Além das porradas no momento da prisão, lá não fui torturado fisicamente, mas ficava horas e horas de pé e eles me interrogando."[48] O advogado era o "filho da puta" que soltava os terroristas que matavam, roubavam e ainda por cima denunciava a tortura na Auditoria Militar. Quando saía da cela para conversar com os interrogadores, Piveta, como os demais, era obrigado a apanhar um capuz e colocá-lo na cabeça. O carcereiro conduzia o preso pela mão até a sala do pau. No começo, um simples ranger da porta deixava a todos na carceragem sobressaltados. Depois, aquilo se tornava comum; e todos se acostumavam.

---

48 Idibal Piveta, entrevista em 13 de junho de 2005, fita 1, lado A.

Era 14 de junho de 1973 quando o estudante Adriano Diogo e o advogado Piveta deixaram o DOI.[49] Juntos foram parar na mesma cela do Dops, que dividiam com o advogado Carlos Brandão e outros dois presos, um deles da VPR. Também defensor de presos políticos, Brandão foi detido no Rio e levado a São Paulo, onde ficou três meses. À noite, na carceragem de paredes repletas de mensagens escritas por prisioneiros de outras épocas e ditaduras, o grupo fazia sessões espíritas.

> [...] com leituras e aquele copo com letras do alfabeto, sabe como é que é isso? Um dia baixou o Che Guevara. E ele escrevia lá, conversava, advertia, falava dos erros e dos acertos do movimento brasileiro. Até hoje ninguém sabe quem foi que manuseou o Che em seus conselhos e advertências. Era um negócio demorado, que você tinha de ler: "Yo soy Ernesto..." Ele escrevia em castelhano.[50]

Nada mais fiel como retrato do que se passava com as organizações guerrilheiras: a maioria dos que não haviam ido para o exílio estava presa ou morta. Molipo POC, MRT, ALA-Vermelha e VPR haviam acabado. Restavam em São Paulo o PCB, o PCdoB e frações da APML, do PORT e do MR-8. Estava no fim a ALN, a organização de Marighella, que Régis Debray e Che procuraram a fim de coordenar suas ações com as de outros grupos latino-americanos.[51] Ela ainda tinha um comando nacional, mas cada vez menos militante para serem chefiados e orientados pelos dirigentes. Além do erro de análise que motivou a luta armada, aquele que viu uma economia em crise e estagnada quando se iniciavam os anos do milagre econômico, as organizações ignoraram que onde um governo mantém "pelo menos uma aparência de legalidade constitucional", e esse era o caso brasileiro, "o foco guerrilheiro é impossível de

---
49 AESP Deops-SP/OS262 (Exército), ofício do Quartel do 2º Exército 363/73-E/2-DOI.
50 Idibal Piveta, entrevista em 13 de junho de 2005, fita 1, lado B.
51 Para os contatos entre Debray e Marighella, ver CASTAÑEDA, Jorge G. de. *Che Guevara: a vida em vermelho*, p. 423. Para a reunião de Marighella e Joaquim Câmara Ferreira com Che em São Paulo, ver BANDEIRA, Luiz Alberto Moniz. *De Marti a Fidel: a Revolução Cubana e a América Latina*, p. 569 e 570. O encontro foi em 1966 na casa do arquiteto Farid Helou.

produzir, por não se haver esgotado as possibilidades da luta cívica".[52] Fidel só se decidiu pela luta armada após o golpe do ditador Fulgêncio Batista em 10 de março de 1952.[53] Ou seja, a questão no Brasil era se ainda havia ou não espaço para a revolução dentro da ordem. Para o PCB, por exemplo, ela não havia falhado ou se tornado impossível, como ocorrera com a revolução nacional em Cuba, abortada pelo intervencionismo americano. A situação revolucionária não foi improvisada ou fabricada na Sierra Maestra – sem ela a guerrilha seria fadada ao fracasso, como ocorreu no Brasil.[54] O que a guerrilha não viu foi que a situação revolucionária não seria criada por ela, assim como não o foi por Fidel. Ela só poderia ser fruto de uma longa evolução, que, mesmo no caso cubano, não começou sequer no século XX.

> Começa com o desenvolvimento do sistema colonial, na maneira pela qual a dominação dura até o fim do século XIX e é substituída não pelo regime representativo da burguesia, mas por um regime títere, governos sucessivamente ditatoriais de articulação de interesses burgueses internos e externos, principalmente estadunidenses. Eles [cubanos] não viram que a situação revolucionária não é a guerrilha que cria; ela é produto da história. O que eles tiveram foi a inteligência de se localizar dentro dessa situação revolucionária e de ver que aquela ditadura poderia ser removida com o poder militar e de levar a revolução até o fim.[55]

No fim da primeira metade da década de 1970, o chamado movimento de massas começava a degelar ao mesmo tempo em que cada vez mais a ação dos grupos armados tornava-se pífia. Limitavam-se a roubar uma leiteria, uma farmácia ou um supermercado para manter militantes clandestinos, pagando aluguéis e outras despesas – já não se guardava dinheiro para financiar o tão sonhado trabalho de campo. No caso da ALN, já fazia

---

52 GUEVARA, Ernesto Che. *A guerra de guerrilhas*. In: *Obras Completas*, vol. 3, p. 14. Ver ainda HARNECKER, Marta. *Fidel: a estratégia política da vitória*, p. 57-64.
53 HARNECKER, Marta. *Fidel: a estratégia política da vitória*, p. 57 e 58.
54 FERNANDES, Florestan. *Da guerrilha ao socialismo: a Revolução Cubana*, p. 111-132.
55 *Ibidem*, p. 331.

três anos que ela organizara pela última vez uma tentativa séria de mandar militantes à zona rural a fim de iniciar o foco guerrilheiro.[56] Essa situação aumentava a dificuldade da população em diferenciar o guerrilheiro do bandido comum. Estavam todos os grupos encurralados nas cidades, túmulos das revoluções para muitos comunistas desde o massacre de Xangai em 1927. A única organização que não foi parar nesse beco sem saída era o PCdoB. Mas isso não significa que a situação daquele partido fosse melhor: eles também estavam cercados, mas no meio da mata do Araguaia. A crítica das armas entrava nas organizações e entre militantes que buscavam reagrupar-se em novas siglas depois da implosão das antigas. A Tendência Leninista e o Movimento Revolucionário-8 de Outubro começavam a enviar militantes para o Brasil com o objetivo de retomar o trabalho de massas, aglutinando forças nos movimentos populares à espera de um momento político melhor. Surgiam na periferia de São Paulo os grupos de alfabetização e clubes de mães incentivados pela Igreja Católica. Em breve, essas mulheres seriam um dos sustentáculos do Movimento contra o Custo de Vida. Começava ainda a despertar um novo sindicalismo no país.

A favor das organizações da guerrilha brasileira pode-se dizer que não cometeram esse erro sozinhas: foram seguidas por inúmeros outros grupos latino-americanos que usaram os dogmas guevaristas de que "na América subdesenvolvida o terreno da luta armada deve ser fundamentalmente o campo", ao mesmo tempo em que "nem sempre há que se esperar que se deem todas as condições para a revolução; o foco insurrecional pode criá-las".[57] Não perceberam que a região, e o Brasil estava incluído, passava por mudanças radicais, como a transformação do camponês em migrante e da população majoritariamente rural em urbana. De fato, a revolução só ia triunfar novamente na América em 1979, num país agrário, a Nicarágua, governado pela ditadura dinástica dos Somoza.

---

56 O assassinato de Joaquim Câmara Ferreira interrompeu a iniciativa. Entrevista com Ivan Seixas.
57 GUEVARA, Ernesto Che. *A guerra de guerrilhas*. In: *Obras Completas*, vol. 3, p. 13.

9 TRANSIÇÃO
Do teatro ao desaparecimento

Uma lenta efervescência tomava conta do país. Novos personagens apareciam nas universidades, fábricas e bairros das cidades. Influenciada pelas teses da 2ª Conferência Geral do Episcopado Latino-americano, que fez aplicar na região as diretrizes do Concílio Vaticano 2º e da encíclica papal *Populorum Progressio*, as Comunidades Eclesiais de Base (CEBs) começaram a multiplicar-se nos anos 1970. Era uma Igreja nova, que reconhecia como aspiração legítima dos homens "ser libertos da miséria, encontrar com mais segurança a subsistência, a saúde e um emprego estável". E ainda viver livre de qualquer opressão ou situação que ofendesse a dignidade humana. Enfim, "realizar, conhecer e possuir mais". "Tal é a aspiração dos homens hoje, quando um grande número deles está condenado a viver em condições que tornam ilusório este legítimo desejo." Os padres pediam mais instrução e criavam cursos de alfabetização para adultos. Ampliavam o trabalho das pastorais, como a operária, e buscavam envolver os leigos no trabalho de organizar as reivindicações sociais. À oração, cada fiel devia acrescentar o compromisso decidido de empenhar-se, segundo suas possibilidades e forças, na luta contra o subdesenvolvimento. "Mais do que qualquer outro, aquele que está animado de verdadeira caridade é engenhoso em descobrir as causas da miséria, encontrar os meios de a combater e vencê-la resolutamente."[1] Os leigos, portanto, deviam assumir como "tarefa própria a renovação da ordem temporal". Em pouco mais de uma década, as CEBs seriam cerca de 80 mil e contariam com mais de 2 milhões de membros no país.

A mensagem reformadora do papa Paulo VI encontrou um forte apoio nos bispos brasileiros. E entre eles estava d. Paulo Evaristo Arns, o arcebispo de São Paulo. Poucos meses depois de ser nomeado, o religioso viu dois agentes pastorais – o padre Giulio Viccini e a assistente social Yara Spadini – presos pelo DOI. Eles carregavam material denunciando a morte sob tortura do militante operário Raimundo Eduardo da Silva, ligado à Ação Popular. Os maus-tratos sofridos pelos dois colocaram de vez a hierarquia católica da maior cidade do país à disposição dos leigos que assumiram a tarefa de renovação do país que lhes cabia segundo a encíclica de Paulo VI. As CEBs, os clubes de mães na periferia da cidade, os grupos de alfabetização e as outras formas de intervenção pastoral assumiram a premência da ação, mas em vez de buscar a ruptura da ordem, buscavam a reforma, a paciência que se deve ter em uma longa caminhada. A imagem de Cristo tornava-se referência para essa libertação.[2]

A Igreja ajudou a reagrupar diversos militantes dispersos das antigas organizações guerrilheiras em torno de cursos de alfabetização que aplicavam o método Paulo Freire. A Igreja abria espaços para que os protestos sociais viessem à tona. Assim seria com o Movimento Contra o Custo de Vida. A eles se juntariam o novo sindicalismo das oposições metalúrgicas na Grande São Paulo com a participação de grupos trotskistas, do PCdoB, da AP, do PCB e do MR-8 e de setores do MDB, o partido da oposição consentida pelos militares. Na USP, essa nova geração redescobria a música popular brasileira, a poesia concreta, o marxismo e aos poucos se mostrava nos espaços públicos. Sua irreverência e suas festas estavam distantes da dramaticidade que levou à luta armada. Era o tempo em que o regime vencedor

---

[1] Paulo VI. *Populorum Progressio*, 6, 32, 75 e 81. Disponível em: <http://www.vatican.va>. Acesso em: 21 jan. 2013. Acusadas pelos setores conservadores de transformar a Igreja Católica em uma espécie de ONG, as CEBs seriam alvo da reação conservadora a partir de meados dos anos 1980.

[2] SADER, Eder. *Quando novos personagens entraram em cena*, p. 146-167.

da guerrilha preparava a abertura política. Em 15 de novembro de 1974 essa efervescência e o fim do milagre econômico levariam a oposição a ganhar 16 das 22 vagas em disputa para o Senado – uma 17ª coube a Teotônio Vilela, que, embora da Arena, passaria mais tarde à oposição ao regime. Foi a primeira eleição do governo de Ernesto Geisel. Redemocratização não significava, no entanto, renúncia à segurança. Ela traria, contudo, novas exigências. Não era um recuo nem o fim da guerra, pois os meios políticos seriam apenas a continuação do conflito. O disparo do último tiro significava para os teóricos da guerra revolucionária apenas que a esquerda mudara de armas.

Ao comentar a época, o brigadeiro Deoclésio Lima de Siqueira, que foi chefe do Estado-Maior da Aeronáutica, explicou o que se passava: "os salvadores da pátria" acreditavam que as razões de Estado predominavam sobre "as garantias do cidadão".[3] Geisel era dos que pensava que as regras do combate teriam de ser diferentes. O novo presidente buscava, sobretudo, discrição e profissionalismo, em vez da extroversão e inexperiência. Queria restabelecer a cadeia de comando, comprometida pela autonomia operacional dos centros de informação das Forças Armadas e pelos DOIS.[4] Não se desistiria do combate segundo o princípio de que "a guerra é sempre uma luta onde ambos os contendores tratam de aniquilar um ao outro".[5] Para os agentes, eles faziam com o inimigo o que este faria com os militares caso vencesse.

> Se eu fosse aprisionado por eles possivelmente eu seria executado. Por que eles me soltariam? Eu era o inimigo.[6]

Pensava-se que a política de aniquilação do inimigo permitira a abertura do regime, com a transição do poder lenta e gradual aos civis. Havia segurança, pois a "subversão já estava praticamente terminada". "Tínhamos

---

3   SADER, Eder. *Quando novos personagens entraram em cena*, p. 166.
4   D'ARAÚJO, Maria Celina; CASTRO, Celso. *Ernesto Geisel*, p. 225-228.
5   GUEVARA, Ernesto Che. *A guerra de guerrilhas*. In: *Obras Completas*, vol. 3, p. 18. Nisso ele estava de acordo com Clausewitz.
6   Agente Jonas, o Melancia, entrevista em 15 de junho de 2005, fita 1, lado A.

acabado com os chefes, com os cabeças."[7] E era justamente atrás das poucas cabeças que faltavam rolar que a *Casa da Vovó* concentraria o seu trabalho naquele fim de 1973, um período de mudanças. Na Presidência do país entrava o general Ernesto Geisel e saía o general Garrastazu Médici. Ambos não só tinham conhecimento como aprovaram muito do que se passou no combate à subversão. Prova disso é a conversa entre os generais Dale Coutinho e Ernesto Geisel, revelada pelo jornalista Elio Gaspari. Recém-convidado pelo novo presidente para ocupar o Ministério do Exército, Coutinho disse a Geisel: "E eu fui pra São Paulo logo em 69, o que eu vi naquela época para hoje... Ah, o negócio melhorou muito. Agora, melhorou, aqui entre nós, foi quando nós começamos a matar. Começamos a matar". A resposta de Geisel não deixa dúvidas: "Porque antigamente você prendia o sujeito e o sujeito ia lá para fora. [...] Ó Coutinho, esse troço de matar é uma barbaridade, mas eu acho que tem que ser".[8]

Em São Paulo, o general Humberto de Souza Mello, comandante do 2º Exército de janeiro de 1971 a janeiro de 1974, tinha um "carinho especial" pelos homens do DOI. Ia à *Casa da Vovó* cumprimentar seus agentes e distribuir medalhas. Sabia de tudo, pois era informado de tudo. Foi substituído por Ednardo D'Ávila Melo, o general que devia supervisionar o DOI e zelar para que ele atendesses às novas exigências de sigilo. D'Ávila Melo também sabia de tudo o que se passava no DOI. Na única entrevista que concedeu até hoje, o coronel José Barros Paes, comandante da 2ª Seção (Informações) do 2º Exército de 1974 a 1976 afirmou isso duas vezes ao falar sobre a ofensiva do destacamento contra o PCB: "O general [D'Ávila Melo] sabia de tudo que estava acontecendo. Tudo o que estava acontecendo eu informava a ele. Nunca deixei de informar pra ele coisa alguma. [...] O que era feito, tudo que o DOI fazia, eu dava ciência ao general. O general estava acompanhando tudo e ele concordava. Ele estava de acordo. Ele sabia".[9] A

---

[7] General José Luiz Coelho Neto, subcomandante do CIE no governo Médici, em D'ARAÚJO, Maria Celina; SOARES, Gláucio A. D.; CASTRO, Celso. *A volta aos quartéis: a memória militar sobre a Abertura*, p. 202.

[8] GASPARI, Elio. *A Ditadura Derrotada*, p. 324.

[9] José Barros Paes, entrevista em 23 de julho de 2004, fita 1, lado B e fita 2, lado A.

alteração do comando no Exército foi acompanhada pela troca da chefia do Destacamento. Ustra seria substituído pelo tenente-coronel Audir Santos Maciel. Os tempos exigiam novos métodos. As encenações teatrais de tiroteios para justificar assassinatos cederiam lugar ao silencioso desaparecimento de opositores marcados para morrer. Foi em 30 de novembro de 1973 a última vez em que os agentes simularam um confronto armado para tornar crível a morte de guerrilheiros que haviam sido presos, torturados e assassinados horas antes em um centro de detenção clandestina da Investigação. Depois deles, ninguém mais assassinado fora do DOI apareceu. O sumiço passou a ser a regra. Tudo virou segredo.

As duas vítimas da última encenação foram os guerrilheiros Antônio Carlos Bicalho Lana, o Bruno, e sua companheira, Sônia Maria de Moraes Angel Jones. Filha do então tenente-coronel do Exército João Luiz de Moraes, Sônia fora casada com o líder do MR-8 Stuart Edgar Angel Jones, cuja morte em 1971 fez a mãe, a estilista da alta sociedade carioca Zuzu Angel, iniciar sua militância contra o regime. As mortes de Sônia e de Bruno pareciam embutir um recado, como se fosse necessário afirmar que todos eram iguais perante o DOI, da mesma forma que, nos anos 1970, a placa na entrada do Palácio da Polícia, no centro de São Paulo, informava: "Contra a Pátria não há direitos".[10] Bicalho Lana, seu companheiro, era quase um prêmio.[11] "Ele virou 'objeto de desejo' depois que mataram o Otavinho", disse o tenente Chico. Era um dos últimos cabeças da ALN. Havia escapado por entre os dedos dos militares no tiroteio em frente ao restaurante Varela. Depois, foi visto no assalto à USP. Creditavam-lhe ainda alguma participação no planejamento da execução do dono do restaurante. Os militares estranharam o seu desaparecimento depois das ações no começo de 1973 – Bruno passara uma temporada no Rio de Janeiro antes de retornar a São Paulo.[12] Ele era mineiro de Ouro Preto, onde nascera em 2 de março de

---

10 Sônia não foi a primeira nem seria a última parente de oficiais das Forças Armadas a sofrer ou morrer no DOI, como se verá na caçada ao PCB. Para o cartaz, ver SOUZA, Percival de. *Autópsia do Medo*, p. 29.

11 Entrevistas de Neuza, Chico, Alemão e outros agentes.

12 CARVALHO, Luiz Maklouf. *Mulheres que foram à luta armada*, p. 431.

1946. Seu destino não se diferenciava de tantos outros militantes daquele Estado: movimento estudantil, filiação à Corrente e depois à ALN. Atuou no Rio em 1969 e, depois, em São Paulo.

O casal foi alvo de uma operação em que se mesclaram o controle de militantes em liberdade (montaria), a vigilância de quem será preso (paquera), o uso de informante (cachorros), a prisão, a tortura, assassinato e o teatro onde uma policial-atriz desempenharia o papel de Sônia. "Eles estavam em um ônibus, que parou em um posto de venda de passagens, perto do Canal 1, em Santos", conta o agente Alemão. Lana desceu e foi comprar os bilhetes para São Paulo – Sônia ficou no ônibus. Enrolada em uma toalha, ele carregava uma pistola. "Ele [Bicalho Lana] não pensava duas vezes: metia bala", disse Neuza.

Antes de ele chegar ao guichê, um homem baixo, de cabelo castanhos, aproximou-se a passos largos e atirou-se em cima de Lana. Em segundos, outros cinco homens armados se atracaram com o guerrilheiro enquanto dois passageiros levantaram-se e detiveram Sônia. Quatro dias depois, a morte do casal foi noticiada pelos jornais. O comunicado dizia que haviam resistido à prisão, na zona sul de São Paulo, sendo alvejados em um tiroteio. Quem comandou a operação e foi o primeiro homem a pôr as mãos em Lana foi o Doutor Ney, o chefe da Investigação.

O nome código da operação que levou às prisões em Santos era Fritz-Litoral. Ela começou meses antes, quando Ney transformou em informante um bancário ligado à ALN. Era o agente Fritz. Seu nome seria Wilson Müller.[13] Funcionário do Banco do Brasil, ele integrara a base dos bancários do PCB desde 1963 e havia sido membro do Comitê Municipal de São Paulo do PCB ao lado de Agonauta Pacheco, Lindolfo Silva, Cloves de Castro e Hans Rudolf Manz[14] em 1967, ano do racha de Marighella. Acabou preso em 1969 como "elemento de apoio da ALN". Solto em 1971, Fritz foi novamente detido. Desta vez sua passagem pelo DOI não deixou registro. A prisão havia sido feita pelos homens do Doutor Ney e quando isso acontecia era mau sinal. "Ou virava informante ou viajava", disse o

---

13   Não foi possível localizar Müller para esta pesquisa.
14   Cloves de Castro, entrevista em 9 de fevereiro de 2005 e AEL-Unicamp, BNM 100 (ALN), caixa 1, p. 1904, folha 2 do interrogatório de Hans Rudolf Manz em 15 de janeiro de 1970 no Dops.

tenente José. O informante mantinha uma gráfica na Vila Maria, na zona norte, um negócio consentido pelo DOI. Nenhum de seus amigos na ALN sabia a origem dela e como Müller tornara-se um dos sócios. Em 1973, foi trabalhar no curso de alfabetização de adultos do padre Giorgio Callegari, nas salas paroquiais da Igreja da Vila Santa Catarina, na zona sul. O padre era outro ex-preso político. As aulas eram à noite para turmas de até 40 alunos. Fritz ensinava nas 3ª e 4ª séries do curso. Fazia isso duas vezes por semana. Ficou ali até 1979.

> Eu conheci o Wilson [Müller] pessoalmente e vi ele cobrir ponto como apoio da ALN. Foi preso pelo Doutor Ney, foi pro pau e virou. O Ney fez dele informante.[15]

Cada informante tinha um controlador. No caso de Fritz, era o agente Sá, do Exército. Era Sá quem controlava outro informante muito mais importante do que Fritz: Jota. Os dois cachorros ajudaram o Destacamento a descobrir o paradeiro dos remanescentes da ALN em São Paulo, entre eles Lana. O informante permitia que os agentes o seguissem até que seus contatos fossem identificados e vigiados. Também relatava suas conversas aos militares. "Eu nunca desconfiei dele [Fritz]", afirmou Cloves de Castro.[16] Integrante da ALN, Castro tomava, em todo caso, cuidado. Saía às 5 horas de casa. Manteve dois encontros com um dos membros do último comando nacional da ALN no país, Wilson Silva. Na terceira vez, Silva não apareceu. Ele detectara que o colega estava vigiado e mandou um recado por outro militante.[17] Castro era desses militantes, a maioria ex-presos, que vez ou outra os militares seguiam em segredo. Eram as montarias. Fritz informou ao DOI que um de seus contatos, o jornalista Luiz Roberto Clauset, lhe falara de um militante importante, comando da ALN, chamado Mateus – codinome que Bicalho Lana usava na época. Curiosos em saber quem era o homem, os militares passaram a vigiar Clauset, chamado de Maverick pelos

---

15 Agente Chico, entrevista em 16 de dezembro de 2004, por telefone, sem gravar.
16 Cloves de Castro, entrevista em 9 de fevereiro de 2005, fita 2, lado B.
17 Idem.

homens da *Casa da Vovó*, até que ele tivesse um novo contato com Mateus. Era 19 de novembro de 1973.

Os homens das equipes Aldeia, Cúria, Jandaia, Pluma e Curinga, da Investigação, estavam no DOI quando a notícia chegou. Mais de 20 agentes recebiam a Medalha do Pacificador em cerimônia com a presença do general Humberto de Souza Mello. Entre eles estava a tenente Neuza, a mulher da mecha branca nos cabelos. A policial estava de folga, pois receberia a medalha pelos "serviços prestados ao Exército e à Nação". Seria a primeira mulher envolvida na guerra a recebê-la.[18] Para a cerimônia, a tenente teve de comparecer com uma calça social, o que não era peça de seu figurino diário. O Doutor Ney chamou-a na véspera para lhe perguntar se estava tudo bem. Se fosse necessário, estava disposto a lhe emprestar uma calça. Não foi. A entrega da medalha à tenente foi feita pelo general. Ele habituara-se a ouvir as transmissões de rádio de seu DOI durante as operações e conhecia bem a voz e o nome de guerra da tenente.

— A senhora é muito famosa. Quando a senhora sai na rua, o 2º Exército para e fica escutando o que o senhora fala, disse-lhe o general ao entregar-lhe a medalha.[19]

Pouco depois da cerimônia, a folga lhe foi cassada. Teve de se apresentar para a paquera, justo a que levaria a Bruno.

> Um belo dia, perto da antiga Rodoviária, ele [Clauset] foi a um ponto e quem entrou foi o Bruno. Aí pega, não pega e a turma foi atrás dele [Lana]. Se ele desconfiasse, era pra pegar. Se ele grilasse era pra pegar ali. Da hora que viram ele não escaparia mais. [...] Ele [Lana] foi reconhecido por um agente que esteve no tiroteio da Mooca, quando o Bruno escapou. Veio então a ordem para abandonar tudo e seguir o Bruno.[20]

---

18 Ver Secretaria-geral do Exército, portaria ministerial 933, de 7 de junho de 1973, publicada no Boletim do Exército de 27 de julho de 1973.

19 Tenente Neuza, entrevista em 11 de março de 2005, fita 2, lado B.

20 Agente Chico, entrevistas em 24 de outubro, fita 4, lado A, em 16 de novembro de 2004, por telefone, e entrevista de 10 de novembro de 2004, fita 6, lado A.

O relato foi feito pelo tenente Chico. O agente que esteve na Mooca era a tenente Neuza. "Eu reconheci ele [Lana] no ponto, mas não disse pra eles [os colegas] que era o Bruno. Eu disse que desconfiava que era o Bruno... eu tinha uma sede de catar ele também."[21] Os militares seguiram o suspeito até a zona sul, onde ele comprou passagem numa agência da empresa de ônibus Cometa para o litoral. Estava difícil reconhecê-lo, pois ele tingira os cabelos de preto. Dois agentes subiram no ônibus e uma equipe foi atrás em um Fusca. Neuza só voltaria para casa às 3 horas do dia seguinte. Em Santos, na divisa com São Vicente, o suspeito entrou em um prédio. Aparentava não ter percebido a paquera.

> Era um prédio mixuruca na avenida que sai da linha do trem e, lógico, que eu fui atrás dele. Eu vi que ele parou no 1º andar e nós todos fazendo rodinha embaixo da janela dele.[22]

Foi quando o Ney chegou. O capitão ficou bravo e mandou que todos saíssem dali para não alertar o alvo. De manhã, quando voltaram ao lugar, descobriram que Lana se mudara com uma mulher. Pego de surpresa, Ney e seus homens perguntaram ao porteiro como Lana fizera sua mudança. Souberam que ele e a companheira haviam saído em um táxi. O motorista que fez a corrida dirigia um Opala, modelo de carro raro entre os táxis de Santos naquele tempo – havia apenas dois veículos assim na cidade. Os agentes descobriram o homem e ele contou que deixara os guerrilheiros e suas coisas no 3º andar do prédio 163 da Rua Saldanha da Gama, em São Vicente. O motorista pensava que os policiais procuravam criminosos comuns. Para tirar qualquer dúvida sobre a identidade do suspeito, o agente Sá o trouxe o informante Jota. Ele viu o homem vigiado e confirmou: Mateus era Lana. O DOI alugou um apartamento em frente ao do casal. "À noite os meninos ficavam e eu chegava às 3 horas para eles saírem do prédio."[23] Queriam identificar os contatos de Lana. Ele costumava sair às

---

21 Tenente Neuza, entrevista em 11 de março de 2005, fita 1, lado A. Ver ainda fita 2, lado B.
22 Tenente Neuza, entrevista em 11 de março de 2005, fita 2, lado B.
23 Tenente Neuza, entrevista em 12 de maio de 2005, fita 6, lado B.

7 horas. Uma vez foi ao mercado. Outra foi com Sônia à praia. A vigilância durou uma semana.

Mais dois cachorros foram mobilizados por Ney no litoral na operação para tentar identificar a rede de apoio a Bruno. Tratava-se de Lessa e de Marta, codinomes de um casal de militantes que havia sido preso em 1970, em Santos, por causa de suas ligações com o grupo de Marighella.[24] Entre os militares, Lessa também ganhou um novo nome. Era o agente Benedito. Depois de certificarem-se da rotina do casal, os homens do DOI conversaram com os funcionários do prédio e contaram que ali moravam dois terroristas. Neyzinho deu, então, a ordem para apanhá-lo. "Ele [Bruno] era uma das figurinhas carimbadas da época", disse Alemão.

No dia da captura, a tenente Neuza estava com o agente Valdir, o Cartucheira, no apartamento alugado.[25] Ney chegou com o capitão Freddie Perdigão Pereira, o Doutor Flávio. Haviam acabado de abastecer o Corcel da Clínica Geral. O chefe da Investigação entrou e foi ao banheiro. Foi quando Neuza viu o casal sair. "Sai, que o cara saiu", gritou a tenente para Ney, batendo na porta. Parte da tropa já estava na rua, acompanhando os passos de Bruno e de Sônia. Às 6 horas daquele dia, de acordo com os militares, o casal apanhou um ônibus da Viação Zefir, que ia para São Paulo. O DOI foi atrás. Como não tinham bilhetes, Lana desceu para comprá-los.

> O único que não tinha medo era o Ney. [...] No dia pra pegar esse Bruno [Lana], olha, meu filho, se o baixinho não sai com tudo e voa em cima do cara... e a turma aproveitava e batia no chefe. O Ney era uma coisa fora de série. Tava todo mundo esperando pelo Bruno, mas quem chegava para fazer a coisa era o baixinho. Ele não pensava duas vezes... Ele [Bruno] estava com a menina, dentro do ônibus com duas máquinas [armas]. Se eles pegam o Bruno, que foi comprar passagem, ela

---

24 Agente Chico, entrevista em 22 de dezembro de 2004. Por telefone, sem gravar. Para os nomes, de guerra, relatório do delegado Edsel Magnotti, 2 de julho de 1970, Dops-SP, BNM 102 caixa 1 (ALN), AEL-Unicamp.

25 Tenente Neuza, entrevista em 30 de novembro de 2008.

matava os meninos ali. Só que tinha entrado alguém [agentes] no ônibus para pegar a mulher também.[26]

A tenente estava com Alemão, que relata a mesma confusão na hora da prisão no Itararé, ali no canal 1, logo depois da Ilha Porchat, em Santos.

> Foi aquela briga. Um algema a mão do outro [...] Ele [Lana] estava de abrigo [moletom] e uma 45 enrolada numa toalha. Daí, quando ele saiu de lá, ele pegou o ônibus, que ia pra São Paulo, mas que você pega no meio do caminho para descer na rodoviária e comprar a passagem...O ônibus ia de São Vicente pra Santos e para São Paulo. Pegava lá pra descer naquela agência do Itararé. Quando ele desceu, cana nele; e o pessoal do ônibus pegou a mulher.[27]

Bruno recebeu uma coronhada, assim como Ney, ferido acidentalmente por um subordinado. No ônibus, dois agentes prenderam Sônia. Cada detido foi posto em um carro. Lana subiu a Serra do Mar no Corcel com o Doutor Ney. Ele e Sônia foram levados a um dos centros clandestinos de detenção da Investigação: o Sítio, no bairro do Cipó, na zona sul de São Paulo. Dali para frente, o trabalho era da Clínica Geral e para a turma do serão. "O Ney queria os cabeças. Ele não matou o Bruno [Lana] antes porque queria informação. É que um informante contou que eles [os guerrilheiros] tinham os endereços de vários oficiais do DOI, daí porque não se podia 'fazer' [matar] na hora", contou a tenente Neuza."[28] O destino de Bruno, no entanto, estava selado. Ele ia morrer. Sua companheira também não ficaria viva. Ex-aluna da Universidade Federal do Rio, Sônia foi cassada em 1969 com base no decreto 477, que expulsava das instituições de ensino estudantes que tivessem militância política. Quando foi atingida pela medida, ela trabalhava como professora de português e era aluna da Faculdade de Economia e Administração da Universidade Federal do Rio de Janeiro (UFRJ). Vivia, então, com Stuart, o filho de Zuzu. Em 1970, exilou-se na França. Lá

---

26 Tenente Neuza, entrevista em 11 de março de 2005, fita 2 lado A.
27 Agente Alemão, entrevista em 12 de abril de 2005, fita 2, lado A.
28 Tenente Neuza, entrevista em 14 de abril de 2006.

soube, no ano seguinte, que o companheiro morrera. Ele havia sido torturado por militares para revelar o paradeiro do ex-capitão Carlos Lamarca. Arrastaram-no amarrado a um jipe, respirando a fumaça do escapamento. Sônia decidiu voltar ao Brasil. Contatou a ALN e, em 1973, entrou clandestina no país. Tornara-se Esmeralda Siqueira Aguiar. No Sítio e na Boate, o outro centro clandestino de detenção do DOI, os presos ficavam acorrentados em argolas presas às paredes. "O Sítio era do Fagundes, um paisano amigo do Ney", disse o tenente Chico. Fagundes era ainda muito ligado ao sargento Genésio, o agente Pé-de-Porco, da Investigação. No sítio, depois de torturados, Sônia e Lana foram executadas. Os agentes chegaram a fazer tiro ao alvo com os dois.[29]

> A pessoa que ia viajar não entrava no Açougue. Porque tinha muita gente, a guarda toda. Era uma porção de pessoas e não dá pra tirar o cara e esconder ele. Ou ia pro Rio ou para o sítio.[30]

Depois de executar o casal com tiros no tórax, cabeça e no ouvido, era preciso justificar as mortes. Os corpos foram colocados nos porta-malas de carros e levados até a zona sul. Ali ocorreu o teatro simulando a perseguição e o tiroteio. Uma outra tenente da PM, amiga de Neuza, encenou o papel de Sônia enquanto um outro agente fez o de Bruno. A agente era conhecida por ser amiga do sargento do Exército Moacyr Piffer, o motorista de Ustra. Essa é a história que contaram os agentes do DOI. Era 30 de novembro quando o tenente Chico presenciou Ney trazer os corpos de Sônia e Lana para o DOI. "Aí foi feito aquela fotografia para o fichário, depois mandaram para o IML."[31]

---

29 Para o tiro ao alvo, entrevista com Marival Chaves em 10 de maio de 2013.
30 Tenente Neuza, entrevista em 21 de março de 2005, fita 3 lado B. Benetazzo, Molina e Mayr foram exceções.
31 Agente Chico, entrevista em 24 de outubro de 2004, fita 4, lado A e entrevista em 10 de novembro de 2004, fita 6, lado A. Ver ainda entrevista com tenente Neuza. Piffer ganhou a Medalha do Pacificador com Palma (portaria ministerial 135, de 2 de fevereiro de 1972, no Boletim do Exército 9 de 3 de março de 1972).

Em 1º de dezembro, o pai de Sônia leu em *O Globo* que "as forças de segurança" mataram Esmeralda e seu companheiro. O tenente-coronel reuniu a família e todos foram a São Vicente. Ao chegar, encontrou o apartamento da filha ocupado por cinco homens do DOI que esperavam que algum militante incauto se aproximasse.

> O coronel foi na casa onde ela morava em Santos. Ou coronel contatava a organização ou a organização contatava ele [...]. Haviam pego uma equipe de Busca e montado uma campana dentro do aparelho. À noite, chegou o coronel. Ele tomou umas porradas sim, porque chegou botando banca... Foi mais na base do vamos ver quem manda mais.[32]

Moraes recusou-se a entregar sua carteira de militar aos agentes e foi agredido. Os policiais ameaçaram-no, dizendo que iam jogá-lo da janela do apartamento. O coronel telefonou para o oficial de dia do 2º Exército, que ordenou à equipe que soltasse o coronel, desde que ele e seus familiares fossem hospedar-se num hotel em São Paulo. A mãe de Sônia ainda teve tempo de levar um par de óculos e um carretel de linha, lembranças da filha, que nunca participara de ações armadas. No dia seguinte, o pai depôs no DOI. "Indaguei aos interrogadores a respeito do paradeiro da minha filha e um me respondeu que o corpo só podia ser visto com a autorização do comandante do 2º Exército", contou ao Grupo Tortura Nunca-Mais.[33]

Na tarde do mesmo dia, o coronel foi ao Rio de Janeiro com a mulher e conversou com o amigo, o general Décio Palmério Escobar, chefe do Estado-Maior do 1º Exército, que lhe deu uma carta para que entregasse ao general Humberto de Souza Mello, o fanático anticomunista que comandava em São Paulo havia três anos. O general Décio escreveu ao colega pedindo-lhe que liberasse ao coronel e à mulher o corpo da filha. Moraes foi ao quartel do 2º Exército, mas Mello não quis recebê-lo. Em vez disso,

---

32 Agente Chico, entrevista em 24 de outubro de 2004, fita 4, lado A. Alemão também soube do incidente, 12 de abril de 2005, fita 2, lado A.

33 Relato do coronel João Luiz de Moraes sobre a morte da filha no site www.torturanuncamais-rj.org.br/MDDetalhe.asp/CodMortosDesaparecidos=166. Ver ainda o relato de MIRANDA, Nilmário; TIBÚRCIO, Carlos. *Dos filhos deste solo*, p. 116-120.

um coronel apanhou a carta e levou-a ao general. Pouco depois, o coronel voltou com a resposta: "O general manda te dizer que por causa desta carta você está preso a partir deste momento". O coronel levou Moraes pessoalmente ao quartel da Polícia do Exército, onde o pai da guerrilheira permaneceu quatro dias. Libertaram-no com as seguintes recomendações: voltar ao Rio, não falar nada, não ir atrás de advogado, aguardar em casa o atestado de óbito e não procurar o corpo, pois ele havia sido enterrado. Seu relato ao Grupo Tortura Nunca Mais registra: "Decorridos muitos anos pude entender minha prisão, ou seja naqueles dias Sônia Maria ainda estava viva e sendo torturada e, na medida em que era mantido preso, era possível evitar minha interferência.".

Em depoimento à *Biblioteca do Exército*, o coronel Audir Santos Maciel, o homem que assumiu o DOI em substituição a Ustra, logo após a morte do casal, conta que deu ao colega o número da sepultura da filha no cemitério Dom Bosco. "O problema acabou para nós. Anos depois, esse cidadão, já como professor, transformou-se no primeiro chefe ou líder de terroristas [referência ao fato de o coronel chefiar o Grupo Tortura Nunca-Mais], embora fosse um tenente-coronel da arma de Engenharia. [...] Fico até hoje revoltado quando me lembro do fato por isso ter partido de um companheiro." Quarenta anos depois, Maciel insiste na mentira desmascarada por seus subordinados e continua a afirmar que o casal morreu em tiroteio, o último "na rua que houve em São Paulo".[34] De fato, em seu comando não houve mais teatro. O método acabou com Ustra. A partir de então, todos desapareceram, sem que Maciel desse explicações. A transição estava completa.

Desaparecidos

Foi o que ocorreu com o casal Wilson Silva e Ana Rosa Kucinski em abril de 1974. Os agentes contam que, sob o comando de Maciel, eles foram presos em São Paulo em 22 de abril de 1974.

---

34 *História Oral do Exército, 1964, 31 de março*, tomo II, p. 149-151. Maciel chama erroneamente o coronel Moraes de "coronel Cavalcanti" em seu depoimento à série publicada pelo Exército.

> Eu prendi o Wilson Silva no Anhangabaú. Ele era comando nacional da ALN. Ele trabalhava, se não me engano, como programador de computador em um prédio do outro lado do Vale, onde hoje seria o Banco Panamericano. Seguimos muito tempo o Wilson. Ele tinha uma casa na Rua Padre Chico e um outro aparelho em um sobrado perto da hípica, onde havia armas, munição e recursos. Ele era muito capacitado, assim como a Ana Rosa.[35]

O ex-agente Marival Chaves era até então o único a confirmar a prisão. Marival era amigo de Pedro Aldeia, homem de confiança de Ney. "O casal foi levado para o Rio", contou o agente Sá. Lá, em Petrópolis, havia outra prisão clandestina mantida pelo CIE. Wilson caiu preso porque manteve contato com gente vigiada pelo DOI por meio de cachorros como Fritz e Jota. "Ele [Wilson] sabia que estava sendo seguido. Todo ponto que ele ia cobrindo ele avisava as pessoas", disse o tenente José.[36] Wilson recomendava aos companheiros que não mais se vissem. Entre os agentes que o seguiam havia um, com quase dois metros de altura, que era míope. Policial militar, ele bateu na Rua Santa Cruz, na zona sul, na traseira do carro dirigido por Wilson, que engatou a marcha e saiu. "Deve ter pensado que, se descesse, ia ser preso por nós."[37] Naquele dia, ele foi para Santos, onde se encontrou com um companheiro. Depois do encontro, o homem embarcou em ônibus circular da linha Santos-São Vicente. Os agentes foram atrás. Provavelmente avisado por Wilson, o homem viu os agentes. José alertou Perdigão, o Doutor Flávio, que chefiava a operação. O suspeito ficou no ônibus até que ele retornasse ao ponto em que havia embarcado e assim teve certeza de que era seguido. A reação de Perdigão foi imediata: "Pega o cara". Todo o grupo subiu no ônibus para apanhá-lo. Em seu apartamento havia um guarda-roupa com fundo falso que escondia armas.

Wilson voltou a São Paulo e foi cobrir um ponto na Rua 24 de Maio, no centro. Era um fim de semana. O dirigente encontrou-se com um homem

---

35 Tenente José, entrevista em 10 de janeiro de 2007, sem gravar.
36 Tenente José, entrevista em 27 de dezembro de 2007, fita 3, lado A.
37 Tenente José, entrevista em 27 de dezembro de 2007, fita 3, lado A.

mulato, que exibia uma arma nas costas. No meio da conversa, o mestiço virou-se, viu os agentes e empalideceu. "Eu disse ao Perdigão: Ele [*Wilson*] avisou o cara. Mas o Perdigão disse que eu 'tava' vendo fantasma." Terminado o encontro, o contato de Wilson correu e entrou na Rua Direita. Ia e voltava, como se quisesse surpreender quem o seguia. Pegou um ônibus e desceu na Rua da Consolação. Desarmados, dois agentes foram atrás dele. Os homens do DOI carregavam rádios de comunicação enormes. Estavam sozinhos. "Ele saiu do coletivo tão apressado que quase atropelou uma agente nossa, a tenente Dyarsi, e apanhou um táxi." Foi parar na Avenida Yervant Kissajikian, em Interlagos, onde deixou o táxi e entrou em uma favela.

> Eu parei e entrei num boteco, mas o Perdigão desceu e disse que agora ia pegá-lo. Ele entrou lá na favela e ao passar numa pinguela, ele caiu no esgoto. O cara nunca mais foi visto. Era um baixinho, crioulo de óculos.[38]

Assim, Wilson cumpria seus pontos, avisando, segundo os homens do DOI, seus companheiros. Veio então a ordem para pegá-lo. O dirigente saiu da casa na Rua Padre Chico e foi trabalhar. Antes do almoço, saiu do escritório da empresa, na Avenida Paulista, com um colega. Foram fazer um serviço no centro. Terminado o trabalho, disse ao amigo que se encontraria com a mulher, com quem almoçaria antes de voltar ao escritório. Mais tarde, no Vale do Anhangabaú, desceu do Fusca de Ana Rosa. Olhou para cima e para os lados e, quando começou a atravessar a Avenida 23 de Maio, foi subitamente agarrado pelo tenente José.

> Eu grudei nele. Daí uns quatro ou cinco grudaram nele eu soltei. Todo mundo queria o homem, e levaram ele embora. A mulher já tinha saído com o carro e foi pega depois.

Em outra entrevista, ele forneceu mais detalhes:

> O Candel me deu uma "bundada" que quase me derrubou. A hora que eu segurei a gravata do Wilson, ele sufocou e

---

[38] Tenente José, entrevista em 10 de janeiro de 2007, sem gravar.

começou a se debater. E começaram a gritar: "Ele está reagindo". Aí eu soltei a gravata.[39]

José contou que o preso foi entregue ao "ao pessoal que estava com o Ney". "Tudo daqui, Pedro Aldeia, Sá, Candel." O tropa que acompanhava o casal se dividiu. Uma parte dos agentes foi atrás de Ana, detida depois. Os presos foram levados pelo agente Junior, que dirigiu o carro, e pelo Doutor Flávio à Casa da Morte de Petrópolis.[40] Wilson tornou-se o último chefe da ALN em São Paulo a morrer. Fundada por Marighella, a organização chegou ao fim em 1974. O destino do casal começou a ser desvendado quando agentes do DOI tentaram em 1975 vender informações sobre Ana Rosa ao irmão, o jornalista Bernardo Kucinski. Descobertos, Jamil, Junior e Irineu (o agente Márcio) foram expulsos do Destacamento – uma mulher também teria participado do plano. Os dois primeiro eram do Exército e Irineu, da PM.[41] Essa era a resposta àquela corrupção que não era tolerada pelo comando, pois ajudava o inimigo. Bernardo nunca soube o que houve com o casal – a dupla que lhe ofereceu informações não tinha acesso aos detalhes da operação que fez sua irmã desaparecer.

Oficialmente o casal nunca foi detido. Só em 1992 é que o ex-sargento Marival Chaves, que trabalhava na Investigação, revelou o destino dos dois. "O Marival era abalizado [para contar o destino do casal], pois ele era um dos homens de confiança. Ele é um traidor, mas não mentiu."[42] O sumiço do casal era o prenúncio do que ocorreria com parte do comitê central do PCB. O Partidão era contra a luta armada. Defendia a volta das liberdades democráticas e a política de frente ampla com a oposição legal agrupada no

---

39 Entrevista tenente José em 27 de dezembro de 2007. Candel era PM. Depois se tornou policial civil.

40 Para Junior e Perdigão no transporte do casal para Petrópolis, entrevista de Marival Chaves, em 17 de maio de 2013. O agente Sá confirmou a transferência do casal para Petrópolis, em 20 de setembro de 2005.

41 Para a extorsão, entrevistas dos tenentes Chico e Neuza, fita 10 em 10 de janeiro de 2006, além de MIRANDA, Nilmário; TIBÚRCIO, Carlos. *Dos filhos deste Solo*, p. 121 e 122. E ainda *Autopsia da Sombra*; *Veja*, 18 de novembro de 1992. Irineu recebeu a Medalha do Pacificador em 1974.

42 Tenente José, em 10 de janeiro de 2007, sem gravar.

MDB. Mas o DOI pensava diferente. "O PCB era a base de todo o terrorismo. De lá haviam saído Marighella, Joaquim Câmara Ferreira e outros. O Comitê Central era importante acabar, pois ele é que organizava o partido, que era ilegal", disse o tenente Antônio, oficial do Exército que trabalhou quase 20 anos na Subseção de Análise do DOI. Na Guerra Revolucionária, não há espaço para o dissenso. Se as ideia são armas, quem as tem e as organiza seria um alvo tão legítimo da violência estatal quanto os que decidiram defendê-las na ponta de um fuzil. Os comunistas do PCB pagarariam caro a incompreensão da doutrina adotada pelo Exército.

Parte 4

CLANDESTINO

1 IMPÉRIO DO QUARTEL
O poder da comunidade

À MEDIDA QUE OBTINHA SUCESSO no combate à guerrilha com o DOI, os militares eram tentados a aumentar seu poder e área de atuação. O comandante do Exército transformara-se no responsável pela segurança pública ao nomear ou referendar os titulares da pasta nos estados, como o coronel Erasmo Dias, em São Paulo. As Forças Armadas pareciam mesmo um substituto da polícia comum, pois eram chamadas a agir não só em casos em que havia alguma suspeita de subversão, mas também para consertar a ineficácia da polícia e a lentidão do Poder Judiciário. Do papel de moderador da política nacional, conforme defendido pelo general Góes Monteiro nos anos 1930,[1] os militares assumiam a função de árbitros da segurança pública local. Foi o próprio Exército quem percebeu esse fenômeno em relatório confidencial de maio de 1972.

> É tendência da população em geral procurar as autoridade militares para expor problemas em vista da omissão das autoridades policiais bem como a morosidade observada no Poder Judiciário, que vem colocando as Forças Armadas em situação delicada.[2]

---

1 MCCANN, Frank D. *Soldados da Pátria*, p. 15.
2 AESP Deops-SP/OS201, *RPI 05/72*, p. 30.

A ação do DOI contrastava com a morosidade no combate ao crime comum, atividade regulada por direitos que eram negados aos que punham em risco a segurança nacional. Em 21 de agosto de 1973, o Exército encaminhou ao Dops paulista uma lista de 26 suspeitos de tráfico de drogas no Vale do Paraíba, em São Paulo, pedindo providências.[3] Essa preocupação dos militares escondia o desejo de levar a mesma eficiência à segurança pública ordinária e mostrar aos bandidos que nesse campo também a "revolução era irreversível". A ambição de onipresença da comunidade de segurança e de informações levava a isso. De fato, tudo podia ser incluído no chamado "campo psicossocial", dos estudantes às escolas de samba. Acompanhar a evolução da sociedade para detectar possíveis fatores adversos era uma das principais funções do sistema de informações.

Mesmo o DOI, cujo uso contra criminosos comuns tentou-se impedir, era envolvido nessas questões quando a fronteira entre crime político e comum era nebulosa. Quando o engano era percebido, o caso era remetido ao Dops. Foi isso que ocorreu com a investigação que levou à primeira prisão do mafioso italiano Tommaso Buscetta, no Brasil, em 1972. Homem importante na hierarquia da *Cosa Nostra*, Buscetta estava no país cuidando de negócios da organização – era o sucessor no controle do tráfico internacional de drogas de Joseph Ricord, preso no Paraguai, e de Lucien Sarti, morto no México.

A descoberta de Buscetta foi quase acidental. Os agentes da *Casa da Vovó* receberam uma informação de outro órgão de segurança sobre um estrangeiro que estava fazendo negócios no Brasil. Com base nessas informações, os militares detiveram um francês, François Antoine Canazzi, logo depois de ele desembarcar no aeroporto de Congonhas. Ali estavam Neuza, Alemão, o Doutor Ney e outros agentes. Logo perceberam que não se tratava de terrorismo, mas de crime organizado – o homem faria parte da União Corsa.[4] "Um hotel no Guarujá era deles." Além dele, o francês era dono

---

3   AESP Deops-SP/OS262, documento de 21 de agosto de 1973.

4   A União Corsa atuava no tráfico internacional de droga, refinando e enviando heroína para os Estados Unidos, no que ficou conhecido como *french connection*. Seus serviços eram usados pelos chefes sicilianos Gaetano Badalamenti e Salvatore Inzerillo em seus negócios com

de boates como Tangará e L'Admiral em São Paulo. "Aí passaram o serviço para o Fleury, que deu continuidade a tudo", contou Alemão.

O Dops grampeou telefones e filmou, por ordem de Fleury, os frequentadores de um apartamento no centro de São Paulo que havia sido alugado pelo francês. Por meio das escutas, os homens de Fleury descobriram o italiano. Buscetta morava em uma casa alugada na praia de Itapema, em Santa Catarina. Acabou preso no feriado de Finados. O mafioso, acostumado a ternos bem-cortados e a ser muito bem tratado pelos que o conheciam, foi levado ao Dops e conheceu o pau-de-arara como qualquer preso comum. Don Masino apanhou, levou choques elétricos e teve de quebrar *l'omertà*, a lei do silêncio mafiosa, contando suas atividades no país. Fleury gostava de gabar-se de que em suas mãos até a Máfia entrara no cacete. Na casa em que Buscetta foi preso, um saco cheio de dólares foi apreendido. O dinheiro serviu para a pintura e o revestimento de lambril de todo o 2º andar do Dops, um mimo que Fleury deu às paredes da Divisão de Ordem Social, onde trabalhava. "Que cheiro de dólar, essas paredes parecem todas verdes", dizia o delegado Renato D'Andrea para quem quisesse ouvi-lo no Dops. D'Andrea era um dos homens da *Casa da Vovó* que faziam a ligação com o departamento. Até um barco foi comprado pelos policiais com o dinheiro da Máfia. Buscetta foi extraditado para a Itália, onde cumpriu pena, e voltou ao Brasil, onde foi preso novamente, em 1983. Acabaria novamente extraditado e se tornaria o primeiro chefe da Máfia a fazer um acordo com a Justiça, iniciando a série de delações que levariam à prisão a cúpula da organização.[5]

Quando a dúvida sobre a razão política do caso permanecia, o caso não saía do DOI. Assim foi em 30 de maio de 1972, quando Grenaldo de Jesus Silva, de 31 anos, marinheiro cassado em 1964 por ter participado da rebelião dos

---

o primo deste último, o *capo* Carlo Gambino, de Nova York. No fim dos anos 1970, *Cosa Nostra* abandona a *french connection*, passa a se abastecer diretamente no extremo oriente e a refinar a droga, contratando para tanto técnicos marselheses. Ver LUPO, Salvatore. *História da Máfia: das origens aos nossos dias*, p. 375 e 376. Buscetta era um dos artífices dos negócios entre as famílias mafiosas do Novo e do Velho Mundo.

5   Para o caso Buscetta, SOUZA, Percival de. *Autópsia do Medo*, p. 386 e 387 e 487-489; entrevistas de Alemão, em 12 de abril de 2005, fita 2, lado B, e de Neuza em 3 de maio (fita 4, lado B), 22 de maio (fita 7, lado B e fita 8, lado A) e 5 de agosto de 2005 (fita 9, lado B).

marujos no Rio, entrou em um Electra 2 da Varig. Grenaldo estava com uma pistola calibre 9 mm e resolveu sequestrar o avião depois que este levantou voo do Aeroporto de Congonhas com destino a Curitiba e Porto Alegre. Queria um paraquedas e Cr$ 1,5 milhão em troca dos passageiros. Ele obrigou o avião a retornar para São Paulo. Quando a aeronave pousou, militares da Aeronáutica, chefiados pelo brigadeiro Délio Jardim de Matos, futuro ministro do governo Figueiredo, cercaram-na. De Brasília, vieram ordens para não deixar o avião decolar. Pensavam que Grenaldo queria ir a Cuba. O marinheiro entrou na cabine do comando da aeronave e passou a comunicar-se com a torre do aeroporto. Logo em seguida, no começo da tarde, chegaram ao aeroporto os homens do capitão Albino Pazzelli, do Comando de Operações Especiais (COE) da PM. Pazzelli estava no quartel da Rota, quando o coronel Salvador D'Aquino lhe disse:

— Tem um avião sequestrado no Aeroporto de Congonhas. Pegue sua tropa, que é especializada, e parta pra lá. Pelo amor de Deus, tome cuidado e não se exponha demais.

D'Aquino considerava Pazzelli um bom oficial, mesmo que ele vivesse lhe dando dores de cabeça. Em um único dia, deu-lhe três prisões "todas bem motivadas".[6] O capitão apanhou 25 homens e rumou para o aeroporto, onde se apresentou a um oficial da Aeronáutica que lhe mandou ficar "do outro lado do alambrado", pois a Aeronáutica tomaria conta do caso. Logo chegava ao aeroporto o Doutor Ney, do DOI, que estava com o capitão Devanir Queiroz, da Busca. Alemão, Neuza e o sargento da PM Dulcídio Vanderley Boschilia, mais conhecido por sua outra atividade profissional, árbitro de futebol, foram chamados pelo rádio: o Doutor Ney queria um rádio HT. Neuza foi entregar o rádio para o Doutor Ney e recebeu uma ordem: "A senhora põe uma farda de aeromoça que nós vamos tirar os passageiros." Os homens do DOI, apoiados pelos PMs de Pazzelli, entraram e retiraram os passageiros em troca da entrega do dinheiro ao sequestrador, que mantinha a tripulação como refém. A tripulação aproveitou um descuido

---

6   Salvador D'Aquino, entrevista em 16 de fevereiro de 2005.

de Grenaldo e o trancou na cabine de comando. Os militares encheram o avião de gás lacrimogêneo e o sequestrador resistia no banheiro.

> O avião ficou lá. Daí, começou aquela briga entre a PF, a polícia estadual e a FAB para saber quem entra, quem não entra que aqui é meu território. Estávamos lá eu e o capitão. Eu a Neuza e o capitão. Nós estávamos lá com a roupa da SAT. E embaixo do avião, a escada lá. Era só subir e não deu outra. Enquanto eles estavam discutindo vai, que vai... pum, pum. Não tinha nada ideológico. [...] Eu falava: "Ô capitão, não sobe não". Ia dar uma merda porque estava aquela briga. Ele acabou subindo lá e resolveu tudo. [...] Ele era bom, era um bom estrategista.[7]

Grenaldo morreu com um tiro na cabeça. Segundo o chefe da equipe de controle de voo do aeroporto, Alberto Bertolucci, ele foi executado. Eram pouco mais de 23 horas quando o desfecho ocorreu. Na versão registrada pelo delegado Alcides Cintra Bueno, do Dops, ele se matou com um tiro quando os policiais entraram na aeronave. "Virou piada: um sequestrador suicidado com um tiro na nuca."[8] A tenente Neuza reafirmou a versão do suicídio e dá mais detalhes da operação:

> Isso é mentira. Ele estava com um Beretinha [pistola da marca Beretta] e ameaçou explodir o avião. Como era muito gás, ele entrou no banheiro e se matou. Ninguém entrou. Ninguém é louco de entrar lá dentro. Eles jogaram bastante gás e depois entraram e tiraram o cara, pois ninguém resistiria a tanto gás daquele jeito. [...] Quem jogou o gás foi o Devanir [capitão da PM].[9]

Em uma segunda entrevista, Alemão também falou em suicídio.[10] Pazzelli apresentou uma nova versão para a morte de Grenaldo. Disse que houve

---

7 Agente Alemão, entrevista em 12 de abril de 2005, fita 2, lado B.
8 Depoimento de Bertolucci para Eliane Brum e Leandro Loyola, em *Assassinatos de Estado*, revista Época, em 10 de novembro de 2003.
9 Tenente Neuza, entrevista em 5 de agosto de 2005, fita 9, lado A.
10 Agente Alemão, entrevista em 30 de maio de 2005, fita 3, lado A.

tiroteio, o que não é citado por mais nenhuma outra testemunhas ou apoiado por qualquer documento.[11] "Deu tudo certo. Ele realizou um ótimo trabalho. É evidente que sempre há melindres", disse o coronel Salvador D'Aquino, o chefe de Pazzelli. O corpo de Grenaldo foi colocado no Corcel da Clínica Geral e levado por Alemão, Neuza e Boschilia ao DOI. "Aí pegamos o presuntão e levamos para a nossa base no Ibirapuera", disse Neuza. Até o sapato do marinheiro cheirava a gás. No dia seguinte os policiais apreenderam documentos e cartas num quarto de hotel no centro da cidade onde o sequestrador hospedava-se. Estava tudo terminado. O destino de Grenaldo foi a mesma vala comum do cemitério Dom Bosco, de Perus, destino de tantos outros mortos e desaparecidos.

Interesses

A força do DOI não atraía só os que viam no órgão uma alternativa à ineficiência legal do aparelho judiciário. Seu poder era sustentado por uma rede de apoios civis, a maioria empresários, que também lhe abasteciam de informações sobre atividades subversivas em suas empresas praticadas por funcionários ou sindicalistas que resolvessem exigir seus direitos. Essa relação vinha desde a fundação do órgão e se baseava no que a burguesia considerava uma necessidade: a defesa de sua sobrevivência contra a revolução comunista. O susto causado pela onda de violência e de assaltos a bancos era o motor que fazia a sacolinha correr com desenvoltura entre os empresários da Federação das Indústrias de São Paulo. A Prefeitura já havia asfaltado e trocado a rede elétrica do futuro quartel da Oban, construído em um terreno cedido pelo Estado atrás do 36º Distrito Policial. A construção foi feita ao mesmo tempo que a ampliação e reforma do quartel onde funcionava a Polícia do Exército, que deixou de ser uma companhia para transformar-se num batalhão em 1969. Mais tarde, uma dúzia de banqueiros reunidos em torno de Gastão Vidigal, dono do Mercantil de São Paulo, e de Delfim

---

11   Albino Pazzelli em 16 de fevereiro de 2005, fita 2, lado A. Para uma descrição sucinta do caso, AESP Deops-SP/OS201, RPI 05/72, folha 30, e ainda MIRANDA, Nilmário; TIBÚRCIO, Carlos. *Dos filhos deste solo*, p. 587.

Neto, puseram a mão no bolso para doar cada um o equivalente a US$ 110 mil. Tudo para equipar o Exército no combate à subversão. Montadoras de veículos, como a Volkswagen, a GM e a Ford, enviaram carros à Oban. A Supergel mandava comida congelada, que se transformava nas quentinhas do DOI, e a Ultragaz emprestava-lhe caminhões. Tudo isso era de conhecimento dos agentes.

> — A Supergel entregava comida. Tinha a turma que cooperava, tinha a turma do Jóquei. A turma do Jóquei também cooperava com dinheiro. Quem ia buscar o dinheiro era o Cyrino [Cyrino Francisco de Paula Filho], mas ele morria de medo. Morria de medo dos terroristas saberem e pegarem ele na saída.
> — *Ele ia pegar no Jóquei?*
> — Não. Não tem uma sala deles aí no centro? Não me lembro onde é. Um dia o Cyrino me pediu pra mim ir junto com ele porque ele morria de medo. [...] Eu lembro que uma vez eu bati o meu carro particular e, lógico, fiquei a pé. Aí teve um tenente do Exército que ia sempre na GM e arrumou um carro. A Chevrolet deu um carro pra ele me entregar enquanto o meu não ficava pronto, só que eles não me entregaram o carro da GM. Eu sempre tive carro da Chevrolet e quiseram me dar um Fusca e eu disse: "Eu não entro aí dentro, a barata vai subir na minha perna que eu vou direto pro poste". E eles ficaram com o carro, os chefes lá. Ficaram com o carro que a Chevrolet havia mandado.[12]

Não era porque os empresários tinham seus motivos para financiar os militares, que eles escapavam de serem vigiados também. A falência da empresa Intertex foi atribuída pelos agentes à má-gestão. Uma disputa entre a empresa Mikrogenan e seus fornecedores fez a comunidade de informações apurar uma possível extorsão sob a alegação de que a empresa era fornecedora da Marinha e da polícia paulista.[13] Mas o combate a esse tipo

---

12 Tenente Neuza, entrevista em 22 de maio de 2005, fita 7, lado B. Para o apoio de empresário e banqueiros no financiamento da Oban, ver GASPARI, Elio. *A Ditadura Escancarada*, p. 61-63.
13 AESP Deops-SP/OS055 (Ciop)-documentos 136 a 134.

de ameaça à segurança nacional os militares delegavam de bom grado às polícias estaduais.

Comunidade

Com o fim da guerrilha urbana, o Exército ampliou a comunidade de informações em vez de reduzi-la. Há várias hipóteses para o fenômeno. A primeira é o receio de que a oposição armada se reorganizasse. Um indício disso são os informes constantes que a comunidade passou a trocar a partir de 1973 sobre a rearticulação do movimento estudantil e o medo que cada roubo de explosivos em pedreira lhe despertava. Uma série misteriosa deles ocorreu de março a julho de 1974 e mereceu atenção detalhada do 2º Exército – em 1968 a guerrilha urbana começara depois de uma série igual desses assaltos.[14]

Nessa época, a 2ª Seção do 2º Exército, cujo chefe, o coronel José Barros Paes, recebera a delegação de chefiar o sistema Codi-DOI, funcionava com quatro subseções. A primeira era a Política. Ela estava atenta ao crescimento da oposição legal, o MDB, e o que poderia haver de infiltração comunista dentro do partido. Depois da Seção Política, vinha a Seção Psicossocial, que englobava os chamados campos estudantil, eclesiástico e sindical. Por fim havia mais duas seções: a Militar e a Econômica. Cada uma delas tinha o seu oficial responsável. "A Psicossocial era cuidada pelo major Lourival. Ele me trazia as informações por escrito e preparava a informação e mandava para o CIE", contou Paes.[15] Essa estrutura o coronel herdou quase toda de seus antecessores. Aluno de uma das primeiras turmas da Escola Nacional de Informações (Esni), Paes tinha larga experiência em Estado-Maior quando chegou a São Paulo. Com o olhar duro, fez da segurança nacional uma preocupação diária no Estado. Com ele, as reuniões da comunidade de informações chegaram a ter 50 participantes. Toda quarta-feira, ela se encontrava.

---

14 AESP Deops-SP/OS055 (Ciop), documento 131, 25 de julho de 1974.
15 José Barros Paes, entrevista em 23 de julho de 2004, fita 2, lado A.

> — Se chamava comunidade complementar de informações. Você reúne todo o pessoal de informações, inclusive das empresas da cidade. No caso aqui de São Paulo, ia todo mundo, tinha 50 participantes. Eu que convidei e vieram participar, então fazia a reunião para a troca de informações e eu também dava as informações que eu tinha e eles davam a parte deles, cada um informava o que tinha.
> — *Que empresas?*
> — Tinha a parte de energia elétrica, a parte de telefônica. Banco não participava. Interessava a parte industrial e a parte de serviços públicos, todos.[16]

Todas as montadoras com sede em São Paulo também iam às reuniões, nas quais entregavam relatórios sobre a situação na área sindical. Um dos mais detalhados diários da greve na Volks em março de 1979 foi feito pelo Controle de Segurança Industrial da empresa, que o repassou ao Dops e ao Exército. Era um documento de 14 páginas que trazia em anexo os nomes de 47 líderes grevistas, além de denúncias de piquetes, de ameaças e de agressões contra fura-greves.[17] Para a 2ª Seção do Estado-Maior da Polícia Militar, os encontros serviam para o planejamento do policiamento, pois ali se decidia onde seria necessária a presença da parte visível da repressão – a tropa de choque – para cuidar de passeatas estudantis ou greves de trabalhadores. Também se discutia infiltração comunista nos diversos órgãos da administração pública. Quando a PM recebia alguma informação, registrava tudo no dossiê da pessoa citada e só informava os demais órgãos se fosse assunto de interesse coletivo. Apesar disso, nem todos acreditavam na eficiência dessas reuniões.

---

16 José Barros Paes, entrevista em 23 de julho de 2004, fita 1, lado B. De acordo com o estudo--parecer sobre o projeto de lei do Senado de nº 16, de 166, C. jan. 1971 DI/P Cx 3547, as empresas participavam na época do que era chamado de comunidade complementar de informações para "satisfazer as necessidade de informações para o desenvolvimento, levantamentos estratégicos e, eventualmente, para o acompanhamento de determinadas pressões e antagonismos" (*Apud* FICO, Carlos. *Como eles agiam*, p. 94).

17 Para a participação das montadoras na Comunidade de Informações, coronel Francisco Profício, entrevista em 29 de julho de 2004, fita 3, lado B. Para o relatório da Volkswagen, ver AESP Deops-SP/OSI098, *documento 1*.

> Você sabe o que é uma reunião da comunidade de informações? É uma reunião onde todo mundo vai esconder tudo de todo mundo.[18]

Fazia parte dos interesses da comunidade ainda empresas como a Petrobrás e as grandes montadoras de veículos, todas com suas divisões de segurança interna. Antes de ser admitido, um funcionário era submetido a uma "investigação político-social", que lhe verificava os antecedentes e seu dossiê nos órgãos de informações.[19] A ocupação de cargos de chefias nessas empresas só era feita mediante consulta ao sistema de informações, discussão que não raro chegava às atas das reuniões. Tudo isso para manter sob controle o movimento sindical. No caso das empresas metalúrgicas, a principal preocupação era com a criação de comissões de fábrica, detectadas pela comunidade em maio de 1973. Os agentes infiltrados nas fábricas pela Polícia Militar informaram que os sindicatos dos metalúrgicos do ABC, de São Paulo e de Osasco pretendiam organizar essas células, principalmente na indústria automobilística, considerada o calcanhar de Aquiles do governo. Estavam corretos. A primeira das vitórias alcançadas pelo novo sindicalismo, representado por Luiz Inácio Lula da Silva, nasceu com a greve de 1978 em uma dessas indústrias, a Saab-Scania, em São Bernardo do Campo. Embora não reconhecida, a comissão de fábrica da empresa foi fundamental para a ação sindical em uma época em que a luta na maioria dos sindicatos oficiais estava bloqueada pelos "pelegos" e pela delação.[20] A regulamentação desse instrumento tornou-se tão importante para o sindicalismo renascido que, em 1981, o 1º Congresso Nacional das Classes Trabalhadoras (Conclat) assumiu a medida como uma de suas principais reivindicações.[21]

---

18   Agente Chico, entrevista em 10 de novembro de 2004, fita 5, lado B. Ver ainda Newton Borges Barbosa, entrevista em 8 de julho de 2004, fita 5, lado A.
19   AESP Deops-SP/OS269 (Exército), *Doc. 104-31, ofício 025/71*, Petrobrás, investigação social 17/04/74.
20   SADER, Eder. *Quando novos personagens entraram em cena*, p. 226.
21   Para a criação das comissões de fábrica, AESP Deops-SP/OS055 (Ciop), documento 65, de 21 de maio de 1973, origem PM, informe 142-029/73-PM2 de 27/04073. Para o 1º Conclat, AESP Deops-SP/OS068 (Conclat), documento 11, confidencial, da Divisão de Informações do Dops. Ver ainda SADER, Eder. *Op. cit.*, p. 242-261.

A infiltração de agentes no movimento sindical era antiga. Havia policiais que se formavam e eram enviados para atuar em sindicatos ou trabalhar em seu aparato burocrático. O Serviço de Informações da Polícia Militar mantinha na sede do sindicato dos Metalúrgicos de São Paulo um policial com um disfarce insuspeito. O homem exercia a função de apontador do jogo do bicho no prédio no centro da cidade e assim podia deslocar-se por todas as salas do lugar e conversar com quem bem entendesse sem despertar a mínima suspeita. O Dops foi ainda mais longe em sua tarefa de manter sob controle os sindicatos. Um de seus homens transformou-se em líder sindical e participou da direção da Federação dos Metalúrgicos de São Paulo nos anos 1970.[22]

O objetivo de toda essa estrutura era antecipar os passos do adversário e neutralizá-los. Já não havia espaço para as reivindicações políticas do sindicalismo trabalhista do CGT dos anos 1960. Os líderes dos sindicatos tinham de agir dentro da estrutura oficial e acabaram por limitar seu trabalho às discussões sobre as condições do ambiente de trabalho. Enquanto isso ocorria, o DOI apenas observava o trabalho de vigilância, quase sempre deixado a cargo dos órgãos estaduais. No começo dos anos 1980 é que isso mudaria.

Maluco Beleza

O mesmo valia aos demais campos de interesse da estrutura de segurança nacional. A cultura e os costumes do país despertavam também o interesse da comunidade de informações, mesmo quando se tratava de escolas de samba, de Hata Yoga ou do movimento hippie. Este último foi alvo de uma "informação confidencial" repassada pela Polícia Federal aos demais órgãos de informação – na época, a PF havia sido incluída na comunidade. Diziam os federais que detenções em Fortaleza revelaram que alguns barbudos e cabeludos haviam feito contato em Manaus com "elementos de nacionalidade russa". Estes convidaram os hippies, classificados como "seres

---

22 Para o policial bicheiro, entrevista com o coronel Francisco Profício em 1º de junho de 2004, para o policial sindicalista, entrevista com o delegado Massilon José Bernardes, em 17 de setembro de 2004.

essencialmente nômades", para viajarem à União Soviética. O grupo espalhou-se pelo país, daí por que o Serviço de Informações da PF pedia atenção à comunidade, pois os hippies, "andarilhos por todo o território nacional", podiam ser usados para contrariar os interesses governamentais.[23]

Além de subversão, os militares viam o tráfico de drogas por trás do movimento hippie. Em junho de 1974, agentes da PF e do Exército em Lorena, no interior de São Paulo, evitaram a realização de um festival de rock, que se pretendia réplica de Woodstock. Relatório do Exército não deixa dúvidas sobre o que estava sendo combatido naquela ação necessária para segurança nacional. Para o autor do documento, os organizadores do evento eram "um grupo de viciados em tóxicos" que contavam com o patrocínio da Kibon, da Coca-Cola, da Antártica e da Prefeitura da cidade. Oficialmente, nada foi proibido, mas o proprietário do terreno e os patrocinadores foram visitados pelos agentes, após o que "o movimento esvaziou e o festival não se realizou".[24] Em São Paulo, o mesmo trabalho foi feito pela PM, que impediu show semelhante na zona sul.

No mesmo ano que os brasileiros não tiveram seu Woodstock, o CIE apreendia e analisava um estranho panfleto "distribuído clandestinamente contendo propaganda subversiva com mensagens justapostas e subliminares". tais como "faça você mesmo o seu bodoque" ou "estão salvos aqueles que ainda acreditam na imaginação" ou "o grande poder das crianças é não oferecer perigo". As mensagens falavam do "império de Krig-Há" e tinham um autor: o cantor Raul Seixas. O Exército via as mãos de um perigoso subversivo, apontado como integrante do PCBR, por trás de toda aquela mensagem sobre o poder maior da imaginação, da sua embriaguez e vida. Os agentes farejavam o rastro do escritor Paulo Coelho. Não se convenciam também com a explicação dada pelo Maluco Beleza à música "Ouro de Tolo" ("uma crítica não ao cantor Roberto Carlos, mas ao que ele representava"). De fato, aquele negócio de sociedade alternativa só podia cheirar

---

23 AESP Deops-SP/OS055 (Ciop), confidencial, "Atividades suspeitas de hippies – contato com elemento russo", de 12 de dezembro de 1972, *Informação 4065/72*.

24 AESP Deops-SP/OS265 (Exército), *Documento 11*, confidencial, RPI 07/74, folha 22.

mal,[25] tanto quanto a Hata Yoga e seu guru Dogmar Singh Chidrupananda Avadhuta. A chegada do indiano ao Brasil em agosto de 1973 entrou no radar dos agentes. O homem faria palestras justamente nas universidades, celeiros de tanta subversão, e tinha a pretensão de escolher lugares no país para instalar seus centros de ensino da Hata Yoga.

Dogmar era considerado o representante da Ananda Marga, "uma organização subversiva que tem como objetivo a destruição violenta dos governos democráticos". Isso porque defenderia o "governo de intelectuais progressistas". O documento do CIE concluiu que a Ananda Marga acusava "a relação profana entre a democracia parlamentar e o *laissez-faire* de engendrar o imperialismo capitalista". Para o centro, o grupo era "altamente reservado e subversivo [...], com elementos de mistério, coesão e violência" cujo objetivo era erguer uma "fraternidade cósmica e a aliança mundial". Além disso, o governo hindu, asseverava o CIE, acusava pessoas ligadas ao guru de posse de arma e de conspiração. E assim Dogmar, que circulou vigiado por três meses pelo Brasil, foi parar na cadeia em 6 de novembro de 73 em Porto Alegre.[26]

Para a comunidade não se tratava de um exagero. É errado pressupor que tudo não passava de trapalhada de agentes despreparados. Antes seria o caso saber por que se davam a esse trabalho. A resposta é simples. Tudo o que perturbasse a ordem, que, no imaginário deles, tivesse potencial de se transformar em manifestação contrária ao governo e aos valores favoráveis ao controle social devia ser vigiado e castigado. Vigiar melhor para punir com racionalidade. Essa é a razão para que fatos corriqueiros, como pichações, levassem a investigações e à troca de informes entre os órgãos da comunidade. Foi o que houve em 1982, já no fim do regime, quando os muros da escola de samba Vai-Vai amanheceram pichados. A agremiação era a bicampeã do carnaval paulistano, tinha cerca de 5 mil sócios e vivia uma disputa interna por seu controle entre a oposição, que reclamava eleições, e a direção, que se mantinha ali desde 1974. Não era de estranhar que os

---

25 AESP Deops-SP/OS264 (Exército), *Informação 2º Exército 411/74PSS*. Origem CIE 41/74.
26 AESP Deops-SP/OS263 (Exército), *Informação 74, CIE 082/s-102-53- CIE-p. 800/74*. A Ananda Marga é um grupo espiritualista ligada à Yoga e à meditação.

opositores de José Jambo Junior, o Chiclé, presidente da escola, aproveitassem o clima da época e pintassem nas paredes da quadra da Vai-Vai frases como "Abaixo a ditadura na Vai-Vai" e "Vai-Vai é povão, queremos eleição".

Os agentes do IV Comar, no entanto, estranharam tudo aquilo. E lá foi o pessoal da Aeronáutica verificar o que podia estar por trás daquela disputa entre sambistas. O resultado ficou registrado num informe que circulou pelos órgãos de informações de São Paulo sob o título: "Infiltração comunista em escola de samba". Esse relatório recriminava as relações entre a atriz e candidata a deputada estadual pelo PMDB, Ruth Escobar, com a escola, dizendo que ela prometera auxiliar a Vai-Vai caso seus componentes apoiassem a "luta pela democracia". O enredo tinha ainda a participação de um notório subversivo: Ricardo Zarattini Filho, "elemento por demais conhecido dos órgãos de informações". Afirmava-se que o homem que militara no PCR, na ALN, na Tendência Leninista e que estava no MR-8 tentava infiltrar-se na escola de samba para "aliciar o compositor Sérgio Edson Ferrari, autor do último samba enredo campeão do carnaval de 82".[27] Zarattini era candidato a deputado federal pelo PMDB e fazia dobradinha com Ruth. Ele morava perto da quadra da escola. Fora isso, tinha até um amigo na escola, mas nunca pensara em aliciá-lo. Anos depois, Chiclé resumiu o episódio dizendo que a Vai-Vai sempre apoiou o governo. "Acho que esse grupo da Aeronáutica não tinha mais nada o que fazer."[28]

Não só os comunistas perturbavam a ordem e criavam situações desfavoráveis ao governo. A própria comunidade e seus aliados eram motivos de preocupação. Se os primeiros deviam ser desentocados e expostos em público, os crimes, falhas e omissões dos órgãos de segurança e dos amigos do regime pediam a segurança do sigilo. Foi assim quando o governo paulista esteve diante de um surto de meningite que fez 731 mortos em São Paulo, de agosto a outubro de 1974, e durante o surto de dengue hemorrágica em

---

27 AESP Deops-SP/OS1158 (Infiltração nas escolas de samba) *Informe 125/A-2*, de 15 de abril de 1982, origem A2-IV Comar. Do Ministério da Aeronáutica para o Dops-SP.
28 GODOY, Marcelo; *Perigo: tem comunista no samba*, O Estado de S. Paulo, 26 de fevereiro de 2006, p. C7. Ver ainda AESP Deops-SP; OS1158 (Infiltração comunista em escola de samba), *Documento 1*, de 12/04/82.

Altamira, em maio de 1972, no Pará.[29] Foi assim com a corrupção, apesar de o seu combate fazer parte da origem udenista do discurso do regime. Exemplo claro do uso que se fazia da moralização dos costumes está no Relatório Periódico de Informações do Exército de janeiro de 1972:

> Terá grande repercussão, caso venha a público, a fraude posta em prática contra esse instituto no recolhimento do seguro--acidente, agora a cargo do INPS, não só por envolver funcionários do instituto que conta em seus quadros com mais de um general R1 do Exército, mas, principalmente, pela situação difícil de grandes empresas de São Paulo que voluntariamente ou não ficaram com vultosas dívidas para com o instituto.[30]

E assim o sigilo em nome da segurança nacional viu o seu uso expandir-se como instrumento necessário à manutenção da impunidade dos militares e para o expurgo da realidade. Um movimento desastroso que se juntou a mais um crime: a operação que pretendia acabar com o PCB. O partido comunista sairia destroçado, mas a comunidade de segurança não seria mais a mesma depois dessa vitória.

---

29 FICO, Carlos. *Como eles agiam*, p. 239.
30 AESP Deops-SP/OS201 (História da Subversão), *RPI 01/72*, do DOI do 2º Exército.

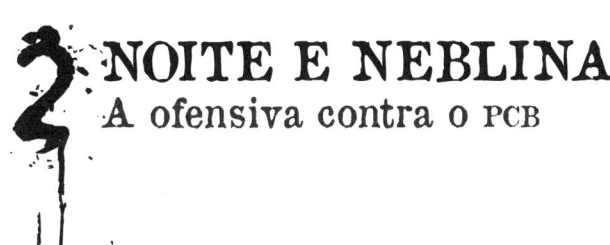

NOITE E NEBLINA
A ofensiva contra o PCB

CABELOS BEM ARRUMADOS, o velho comunista caminhava em direção à casa da namorada jovem na Vila Formosa, na zona leste de São Paulo. A cidade transformara-se no abrigo de quase todo o comitê central do PCB. Era 1974. Dois negros se aproximaram do dirigente do Partido. Um deles lhe pediu fogo para acender um cigarro. O homem parou e, imediatamente, foi agarrado pelos braços. Surgiu uma mulher de 1,70 metro de altura e mecha branca no cabelo. Ela o puxou pela perna, mas levou um pontapé. Deram uma coronhada na cabeça dele e o enfiaram no Fusca. Obrigaram-no a deitar-se no assoalho do banco traseiro do carro. Na frente, iam os negros e atrás a mulher, com os pés em cima do preso. As equipes do DOI se haviam dividido para vigiar o lugar e fazer a prisão. Havia uma semana que se dedicavam a esse trabalho. "Mandei [o preso] ficar de olho fechado", disse a tenente Neuza. A agente perguntou se o homem queria comer alguma coisa. "Podemos conversar sobre qualquer coisa, menos por que você foi preso. Sobre isso, você vai saber depois."[1] Na frente estavam os agentes Dutra e Raposinha.

Levaram-no para as proximidades da represa Billings. Uma área com eucaliptos. Aguardaram quatro horas até a chegada do Doutor Ney. A Clínica

---

1 A Tenente Neuza por diversas vezes abordou esse caso, o que ficou registrado nas fitas 1, 5, 7, 10 e 14 das entrevistas dos dias 11 de março, 3, 12 e 22 de maio de 2005, 18 de fevereiro de 2006 e 04 de agosto de 2008. Em todas Neuza forneceu detalhes sobre o informante.

Geral apareceu naquele dia com seu Corcel. Mais uma vez o capitão estava acompanhado pelo sargento Pedro Aldeia e pelo Doutor Flávio. Doutor Ney levou o homem embora e dispensou os agentes que efetuaram a prisão.

> — Era sempre o mesmo ponto de encontro?
>
> — Nas vezes em que era a equipe da gente que pegou o paciente, nós fomos para esse local. Pode ser que outras equipes fossem pra outros locais.[2]

De lá, o velho militante foi levado para a casa de Itapevi. "Ficava um tempo em Itapevi. Ou viajava [era morto] ou virava informante. E esse senhor, que era do partidão, virou informante." O imóvel do irmão do subtenente Carlos Setembrino, o Carlão, abrigara a Boate Querosene. Neuza conheceu o lugar em um dia de festa. "Eu fui lá depois que tinha desativado. O Carlão deu uma festa para uma amiga minha e me convidou." A tenente testemunhou o nascimento daquele que é apontado pelos agentes como o maior informante que o DOI teve dentro do PCB: "Ele era o agente Vinícius".[3] A transformação ocorreu depois de quase um mês de torturas. O homem poupado por Ney assinou um contrato. Receberia um salário, mera formalidade, espécie de humilhação que seus captores impunham em troca do caráter, de vidas e de informações. Depois de 15 dias em Itapevi passou por outro lugar, e outro, e então começou a apontar ao Destacamento como chegar aos seus colegas. Veterano da Revolução de 1935 e ex-militar, ele dedicara a vida ao comunismo e ao Partido, que não abandonara – como tantos outros – mesmo depois da denúncia dos crimes de Stalin, em 1956. Era do Comitê Central. Escrevia documentos importantes

---

2   Tenente Neuza, entrevista em 21 de março de 2005, fita 3, lado B.

3   João de Sá Cavalcanti Netto, entrevista em 20 de setembro de 2005. Em depoimento em 16 de fevereiro de 2013, o agente Roberto Artoni confirmou a identidade de Vinícius como informante. Mais tarde, Artoni reafirmaria a identidade do informante ao depor na Comissão Nacional da Verdade (CNV). O relatório da CNV registra a identidade de Vinícius – Severino Teodoro de Mello, que sempre negou – e confirma que Artoni e Marival em seus depoimentos o apontaram como o infiltrado. Ver COMISSÃO NACIONAL DA VERDADE. *Relatório*, vol. I, tomo I, p. 150 e 151. Marival Chaves foi o primeiro a revelar sua identidade para o jornalista Expedito Filho (ver FILHO, Expedito. "Autópsia da Sombra". *Veja*, 18 de novembro de 1992, p. 20-32). Ver ainda Marival Chaves, entrevistas em 17 e 18 de maio de 2013.

que lhe garantiam o respeito de amigos e militantes. Enfim, um revolucionário exemplar. Mas Vinícius teve a tentação de viver. Em troca, permitiu que lhe sequestrassem toda uma vida. No relato dos agentes, traiu e ficou vivo. A morte foi o limite que não conseguiu enfrentar. Em vez da lembrança do martírio, a vontade de esquecer a covardia na hora obscura. Não era um canalha. Era um fraco. Só isso. Nem mesmo o único ele era. Havia outros, menos importantes, mas igualmente delatores; outros a quem se podia censurar por traições ainda mais abjetas e surpreendentes. Vinícius manteve-se em silêncio. Negou tudo – sempre – e passou as últimas décadas de vida rodeado pela névoa, de onde via surgir, de tempos em tempos, o fantasma de uma acusação que o lembrava de seu crime e desgraça. Poucos acreditaram nas revelações de Marival Chaves, o agente que primeiro o denunciou.[4] Viram na acusação mais uma manobra para atingir o PCB e o seu então secretário-geral, Luís Carlos Prestes. "O partido avaliou isso na época", contou o deputado federal Roberto Freire, secretário-geral do PCB quando de sua transformação em PPS. "Ele [Vinícius] foi procurado por um agente da CIA e o partido permitiu que ele mantivesse contatos, pois tinha interesse nas informações", explicou.[5]

De fato, coisas estranhas estavam ocorrendo com os comunistas naqueles anos antes de o Exército decidir pôr um fim ao partidão. Seus dirigentes eram abordados na rua por agentes americanos com propostas semelhantes às que fizeram ao homem que se tornaria o agente Vinícius. Sabe-se de pelo menos outros quatro: Dinarco Reis, Orestes Timbaúba, Jarbas de Holanda e Almir Neves. Em março de 1971, o Comitê Central do Partido reunira-se em São Paulo. Hércules Côrrea dos Reis informou que soubera por meio de um amigo industrial que o delegado José Paulo Bonchristiano, do Dops, dissera que o secretário-geral do PCB, Luís Carlos Prestes, estava marcado para morrer assim como haviam sido mortos Marighella, Mário Alves e como seria o capitão Lamarca. Veterano da polícia política paulista, Bonchristiano fora o responsável pela apreensão das cadernetas de Prestes.

---

[4] Marival Chaves, entrevista em 17 de maio de 2013. Ver ainda FILHO, Expedito. "Autópsia da Sombra", p. 20-32.

[5] Roberto Freire, entrevista em 6 de julho de 2012.

Eram 20, além de 54 pastas de documentos com indicações sobre conversas mantidas pelo chefe comunista com líderes políticos e integrantes do Partido. Prestes deixara tudo para trás quando fugiu do aparelho em que vivia. Foram encontradas pelo Dops pouco depois do golpe contra Goulart, em 19 de abril de 1964. O Exército e a CIA obtiveram cópias dos documentos. "Foi o maior golpe dado até hoje pelo Dops", disse o delegado.[6] Ele estivera na operação em Ibiúna, que colocara a UNE na cadeia em 1968, como o chefe da Divisão da Ordem Política. Perdera, no entanto, a precedência no combate à subversão para a Divisão de Ordem Social, onde pontificava o delegado Fleury. Preservara olhos e ouvidos. Viu a tortura e soube dos planos do amigo.

> Os militares nunca souberam fazer polícia política. Eles só sabiam fazer guerra. Era mais importante matar o inimigo do que prender. [...] Polícia política não era matar, mas ter informações. O único que matava lá no Dops era o Fleury, porque ele estava ligado aos militares.[7]

Porte atlético e vaidoso, Bonchristiano conhecera Marighella e o advertira em 1965. "Vocês não vão conseguir vencer." Sabia o que pensavam os militares sobre a guerra revolucionária e percebera que a época da polícia política, com seus informantes no Uruguai, Argentina, Chile, Peru, França, nos sindicatos, partidos políticos e no movimento estudantil, havia acabado. Sua análise sobre o futuro de Prestes caso caísse nas mãos dos militares ajudou o Partido a decidir pela imediata retirada do líder comunista do país, assim como a de dez outros integrantes do Comitê Central – ao todo um terço do órgão.[8]

Prestes deixou o Brasil no carnaval de 1971. Estava em um grupo dividido em três automóveis. De bigode e óculos, o Velho viajou em um carro ao

---

[6] José Paulo Bonchristiano, entrevista em 28 de maio de 2008, fita 1, lado B. Segundo ele, o delegado Antônio Ribeiro de Andrade estava aposentado quando recebeu dos colegas a tarefa de guardar os documentos. Quando ele morreu, os colegas foram à sua casa e a revistaram. Abriram seu cofre, mas não encontraram nada.

[7] José Paulo Bonchristiano, entrevista em 28 de maio de 2008, fita 1, lado B.

[8] Hércules Corrêa dos Reis, entrevista em 11 de fevereiro de 2006, fita 1, lado B.

lado do médico Fued Saad. Rumaram para a Argentina, onde o partido local ajudou a organizar a viagem para Paris e, depois, Moscou, onde se instalaria em um apartamento na Rua Gorki. Além de Saad, outro quadro importante do PCB participou da operação. Era Adauto de Oliveira, o Pereira, membro da Comissão de Relações exteriores do Partido, criada no VI Congresso, em 1967. A comissão era controlada por Prestes e tinha entre suas funções os contatos confidenciais com as embaixadas soviéticas e de países do bloco socialista dos quais recebiam material de propaganda e informações. Prestes ainda controlava a seção de negócios do Comitê Central, onde trabalhava o dirigente Marco Antônio Tavares Coelho, encarregado da tesouraria do PCB. A seção intermediava negócios com o bloco socialista cujos dividendos revertiam para o Partido. Eram estruturas por onde passavam o dinheiro fundamental para a sobrevivência clandestina do Partido no Brasil.[9]

As divisas vindas do exterior ajudavam a manter os dirigentes que permaneceram no país. Eles tinham a tarefa de cuidar das finanças, da agitação e propaganda, da impressão e distribuição do jornal *Voz Operária*, dos contatos com a Igreja e com os políticos da oposição, além de garantir a sobrevivência das organizações partidárias de base. A situação de então cada vez mais se assemelhava à de um cerco. Os velhos dirigentes levavam uma vida de privações – a maioria escolheu, por razões de segurança, morar longe de mulher e filhos, com quem se encontravam raramente. O PCB apostava as fichas na luta pelos direitos democráticos, pregava a formação de uma frente única contra a ditadura e era estigmatizado pelos demais grupos clandestinos da esquerda por causa da política reformista. Quando a repressão quis acabar com sua estrutura, dirigiu o ataque ao Comitê Central e principalmente aos setores que controlavam as finanças da organização, os contatos com o exterior e o jornal oficial do Partido.

Os sinais de que as coisas não iam bem para os comunistas começaram em 11 de agosto de 1972, quando a repressão pôs a mão em Saad e em Célio Guedes. Agentes do Cenimar detiveram os dois no Rio Grande do Sul, logo

---

9 Ver FALCÃO, João. *Giocondo Dias: a vida de um revolucionário*, p. 290-292.

depois de o primeiro entrar no país. O médico trazia dólares para o Partido, e Guedes era encarregado de buscá-lo. Os dois foram levados ao Rio de Janeiro, onde quatro dias depois Guedes foi morto e atirado do sétimo andar da sede do 1º Distrito Naval – o Cenimar contava com informantes no PCB e chegara aos dois depois da prisão de um jornalista ligado ao Partido.[10] A versão oficial registrou o caso como suicídio. Pouco antes, havia sido detido na zona leste de São Paulo o secretário de organização do PCB no Estado, Moacir Longo. Membro substituto do Comitê Central, ele fora apanhado quando recolhia doações de um simpatizante da causa. Torturado, teve duas costelas quebradas. Longo passou 44 dias no DOI. "Vamos pegar vocês, pois vocês são os mais perigosos", ouviu de um torturador. Quando saiu, estava isolado, sem nenhum contato com os companheiros, mas o Partido permanecia de pé.[11]

Pouco depois, Giocondo Dias, que ficara chefiando o PCB no Brasil, recebeu de Prestes a informação de que a KGB desconfiava de que Adauto de Oliveira era na verdade o agente Carlos, da CIA. Não demorou muito para que as suspeitas se confirmassem. Adauto ou Carlos deu uma inusitada entrevista ao *Jornal do Brasil* – publicada em 3 de dezembro de 1972 – na qual revelou as relações internacionais do Partido, a composição do Comitê Central e se disse arrependido de sua militância. Para os antigos companheiros não havia mais dúvida: Oliveira era um agente americano. Isso não era tudo. Foi então que diversos dirigentes do PCB passaram a ser abordados por homens da CIA, que tentaram convencê-los a colaborar. Entre eles, o futuro agente Vinícius, então integrante do Comitê Central.

Hércules Reis estava em Porto Alegre quando leu a entrevista do agente Carlos. Era um domingo. "Era um negócio tão extravagante, tão surpreendente. E aí a Executiva criou a comissão para apurar isso, e eu fui eleito para ser relator dela." Reis vivia clandestino no país e, designado pela Comissão Executiva do PCB, redigiu o documento intitulado *Que merda é*

---

[10] Ver ROCHA, Leonel; *Os infiltrados da Ditadura*, em revista Época, 25 de novembro de 2012.

[11] Moacir Longo, entrevista em 11 de dezembro de 2013. Hércules Corrêa dos Reis disse a respeito dele: "Se tivesse falado, não sobraria pedra sobre pedra no partido em São Paulo", entrevista em 11 de fevereiro de 2006.

essa? Na época, ele cuidava da Juventude Comunista e sabia que um de seus subordinados – José Montenegro Lima – mantinha contatos com a ALN de Marighella. Naqueles anos, o Partido ajudou muita gente a deixar o país. "O cara te procurava para tirar documento falso, atravessar a fronteira porque ia ser morto, fuzilado. O que ia fazer? Deixar o cara ser massacrado ou botar o cara fora do país? A filha do Quintino Bocaiúva se meteu com a luta armada. Um dia o pai dela procura o partido e diz: o que eu faço? Deixa com a gente, tiramos documento, passamos para fora do país. Íamos deixar morrer? Não." Reis diz que advertiu a ALN de que seus líderes seriam mortos.[12] O Partido mantinha-se afastado da luta armada, mas boa parte dos que aderiram a ela havia saído de suas fileiras.

Para os militares, eram todos de uma forma ou de outra adeptos do que chamavam genericamente de Movimento Comunista Internacional. Somente os analistas mais atentos da Comunidade de Informações sabiam as diferenças que marcavam o campo socialista, do trotskismo ao eurocomunismo. Em uma guerra que, para os agentes, começava quando o primeiro panfleto adversário era distribuído não fazia muito sentido deixar o PCB intocado só porque ele não pegara em armas reais – a guerra revolucionária não era combatida só com fuzis. Em 1973, o DOI continuara a desfechar golpes esporádicos no Partido. Derrubou a célula da Volkswagen, empresa cuja segurança mantinha estreita ligação com o Dops.[13] Na mesma época, foram presos Jarbas de Holanda e o engenheiro José Ivandro Dourado Rodrigues. "Eu tinha recuado. Em 1973, eu deixei a militância. Tudo em volta levava a crer que ia explodir a qualquer momento. O Jarbas de Holanda conseguiu driblar os homens. O preço era recuar."[14] Holanda, Dourado e Longo só voltariam a militar no fim dos anos 1970.

Aos poucos, o DOI de São Paulo controlaria a ofensiva final contra o PCB. Ele contou com a ajuda da Seção de Operações do CIE, para onde seria transferido o tenente-coronel Brilhante Ustra. Órgão do gabinete do

---

[12] Hércules Corrêa dos Reis, entrevista em 11 de fevereiro de 2006, fita 1, lados A e B.
[13] Ver entre outros AESP Deops-SP/OSI098, relatório do departamento de segurança industrial, *documento 01/1979*.
[14] José Ivandro Dourado Rodrigues, entrevista em 09 de outubro de 2005, fita 1, lado A.

ministro do Exército, o Centro emprestou um de seus aparelhos clandestinos – a Casa da Morte de Petrópolis – para que lá fossem assassinados e esquartejados dois integrantes do Comitê Central do Partido: David Capistrano da Costa e Walter Ribeiro. O imóvel na região serrana do Rio foi organizado pelo Doutor Pablo – o então major Paulo Malhães. Como lugares similares em São Paulo, ali quem entrava virava informante ou morria. De outra forma, só por acidente saía vivo. Malhães disse que tudo o que era tratado ali era repassado aos superiores. Aguardavam então a ordem. "Se era o fim da linha? Podia ser, mas não era ali que determinava."[15]

Enquanto preparava a operação para atingir o PCB, o Exército ainda estava ocupado em esmagar a Ação Popular Marxista-Leninista e o PCdoB. Assim explicou o tenente Dirceu Antonio, o Toninho, um dos cérebros da Análise do DOI:

> Fez-se a operação porque começamos a chegar ao Comitê Central, e ele era importante. O PCB era a base de todo o terrorismo. De lá haviam saído Marighella, Joaquim Câmara Ferreira e outros. O Comitê Central era importante acabar, pois ele é que organizava o partido, que era ilegal.[16]

A primeira providência contra o partidão foi, assim, mapear o seu Comitê Central, a Comissão Executiva e o Secretariado. Seus alvos principais eram Giocondo Dias, Hércules Corrêa dos Reis, Orlando Rosa Bonfim Júnior, Jaime Amorim de Miranda, Aristeu Nogueira Campos, Renato de Oliveira Mota, Elson Costa e Hiram de Lima Pereira.[17] A lógica dos militares está expressa em um documento produzido pelo DOI de São Paulo e intitulado "Neutralizar o PCB". O Destacamento usa então três critérios para fundamentar a escolha dos nomes: a repercussão política das prisões, a capacidade e importância dos militantes e o interesse do DOI por informações.

---

15 Ver *O Globo*, 23 de julho de 2012.
16 Dirceu Antonio, o Toninho, entrevista de 30 de janeiro de 2006.
17 Conferir AESP Deops-SP/50-Z-9-39313, de 14 de março de 1975, que traz a listra dos alvos. O documento foi produzido pelo DOI do 2.º Exército quando alguns dos comunistas citados já haviam sido sequestrados e mortos pelo destacamento.

Poder-se-ia acrescentar a essa lista os nomes de Almir Neves, Salomão Malina, José Salles, Dinarco Reis, Marco Antônio Tavares Coelho e Prestes, que também eram caçados. De um modo geral, além do secretariado e da comissão executiva – importantes para o quotidiano do Partido – atacava-se quatro importantes setores dos comunistas: Agitação e Propaganda, Finanças, Relações Exteriores e o Militar.

Foi nesse clima que o Comitê Central reuniu-se no Brasil pela última vez naquele período, em novembro de 1973. O encontro ocorreu perto de São Paulo. O escândalo envolvendo o agente Carlos dominou os debates. Dinarco Reis, ex-oficial do Exército e veterano do levante militar de 1935, disse: "Vamos ser aniquilados." Surgiu então a proposta de retirar todo o comitê central para o exterior, que perdeu. "De 31 pessoas, 16, 17 pessoas ficaram contra a saída e aprovaram a saída só de dez, pois tinha a teoria de que concordar com aquilo seria fugir da luta", disse Hércules Corrêa dos Reis. "O Salomão Malina [que seria secretário-geral nos anos 1980] achava que era fugir da luta. O Giocondo Dias era favorável a mandar dez para o exterior. Eu o Dinarco Reis e outros fomos favoráveis de mandar todo o comitê central para o exterior porque as coisas estavam demais, estavam evidentes." Decidida a saída do país de mais um terço do Comitê Central, passou-se à escolha dos nomes. Hércules Reis, Orestes Timbaúba e José Salles iriam para a União Soviética. Severino Teodoro de Mello, Salomão Malina, Givaldo Siqueira e Almir Neves deviam acompanha-los[18] à Europa. A saída ia começar em 1974.

Em 7 de janeiro daquele ano, assumiu o comando do 2º Exército o general Ednardo D'Ávila Melo. Quase ao mesmo tempo o coronel José Barros Paes se tornou chefe da 2ª Seção do Estado-Maior (Informações), e o tenente-coronel Audir Santos Maciel passou a chefiar o DOI. Maciel havia trabalhado por dois anos na seção que Paes assumira. Era um velho conhecido dos oficiais da área que atuavam em São Paulo e anticomunista extremado – o cardeal-arcebispo de São Paulo, d. Paulo Evaristo Arns, era para

---

18   Ver FALCÃO, João. *Giocondo Dias: a vida de um revolucionário*, p. 300-302. Para a frase de Reis, Hércules Corrêa dos Reis, entrevista em 11 de fevereiro de 2006.

o oficial um "amigo do demônio".[19] Maciel era colega de turma (1954) de Ustra na Academia Militar das Agulhas Negras – ambos saíram aspirantes na mesma arma, a Artilharia. Com Ustra em Brasília – ele assumiria em 1975 a Seção de Operações do CIE – e com os contatos dos capitães Ney e Perdigão no Centro, o DOI de São Paulo ganharia autonomia e poder. Deixou, no entanto, que a maior presa lhe escapasse entre os dedos. Era fevereiro de 1974, quando o aparelho de Giocondo Dias foi invadido por "ladrões". Na ausência de Prestes, Dias era o secretário-geral de fato do Partido no Brasil, o que tornava esse veterano do levante da Aliança Nacional Libertadora que tomou Natal, em 1935, o alvo principal do Destacamento. O dirigente não engoliu a versão do furto. Deixou o imóvel arrombado e foi até a casa de um companheiro: Hércules Reis. Dois dias antes, a casa em que o amigo morava no Tucuruvi, na zona norte paulistana, também havia sido invadida. Levaram o aparelho de TV e jogaram suas roupas pelo chão, deixando para trás o dinheiro no bolso de seu paletó. Pensou em chamar a polícia. Decidiram chamar um motorista para apanhar as coisas de Dias, que partiu para o Rio.

Hércules ficou em São Paulo e, por sorte, escapou quando decidiram prendê-lo. Era março. Os agentes do DOI abordaram-no na Praça das Bandeiras, no centro. Lá estava a tenente Neuza, com sua mecha branca no cabelo. "Ela estava dentro do carro com um revólver na mão e mais dois agentes", lembrou Reis. Um dos homens estava ao volante e o outro, do lado de fora do Fusca, deu-lhe a ordem para entrar no carro. "Eu gritei para a população que estava sendo assaltado. Dei uma cotovelada nos culhões do cara, daí a arma pulou e caiu, e a população caiu em cima dele." Hércules fugiu. Horas antes, havia se encontrado com Aristeu Nogueira Campos, o companheiro Caetano, que era o secretário de organização do Partido em São Paulo – substituíra Longo. Em abril, Hércules receberia documento frio, dinheiro e instruções para encontrar na semana seguinte um motorista na Praça da Árvore, na zona sul, que ia levá-lo ao Uruguai. Em vez de esperar, decidiu usar seus contatos na seção juvenil do Partido para alcançar a Argentina. "Eles mandaram roupa e documento para mim por meio de um

---

[19] Para a frase sobre d. Paulo Evaristo Arns ver entrevista de Audir Santos Maciel em *História Oral do Exército, 1964, 31 de março*, tomo II, p. 156.

estudante, por via aérea. Rapaz, eu havia saído por terra, de alparcata, de calça jeans, entendeu? E de ônibus de um Estado para outro. Gastei 48 horas para chegar lá."[20] Hércules tinha certeza de que teria sido preso e morto se tivesse usado o esquema oficial do Partido para sair do Brasil.

A ofensiva pegava o Partido desprevenido. Em dezembro de 1973, ele soltara um documento que afirmava que a mudança na Presidência da República – de Médici para Geisel – dava "às forças democráticas a possibilidade de intensificar, a partir da denúncia do próprio processo de escolha do novo ditador, a defesa das liberdades democráticas". Aos comunistas cabia aproveitar ao máximo a oportunidade das eleições de 1974 "para impulsionar a mobilização das forças populares".[21] Descuidos com a segurança pessoal de quem não imaginava tornar-se o alvo de uma ofensiva assassina contribuíram para que o Partido saísse destroçado. Mas nada ajudou tanto, segundo os agentes, quanto a prisão feita na Vila Formosa. Vinicius cuidara durante três anos da entrada e saída de comunistas do país. Também se ocupava dos aparelhos clandestinos de muitos dirigentes e pertencia à Executiva Municipal de São Paulo, além de ser membro efetivo do CC. Era, portanto, peça-chave na burocracia partidária. Os agentes passaram a segui-lo e, assim, mapeavam a direção do PCB. Na sequência, foram sequestrados quatro integrantes do Comitê Central: David Capistrano da Costa, Luiz Inácio Maranhão Filho, João Massena de Melo – os três ex-deputados estaduais – e Walter Ribeiro. O primeiro a cair foi Capistrano, preso em companhia de outro militante, José Roman, que fora buscá-lo em Uruguaiana, no Rio Grande do Sul. Ex-militar e veterano das brigadas internacionais na Guerra Civil Espanhola, Capistrano voltara ao Brasil depois de passar três anos na Tchecoslováquia. Foi trazido para São Paulo por uma equipe de agentes do CIE, entre os quais o major Brandt e os sargentos Carioca e Boa Morte.[22]

---

20   Hércules Corrêa dos Reis, entrevista em 11 de fevereiro de 2006, fita 1, lados A e B. Ver ainda tenente Neuza, entrevista em 18 de fevereiro de 2006, fita 10, lado B.
21   CARONE, Edgard. *O PCB, 1964 a 1982*, vol. 3, p. 147. Trata-se do documento em que o Partido pela primeira vez caracterizava o regime militar como fascista.
22   Boa Morte ou Laicato é, segundo Marival Chaves e segundo Inês Etienne Romeu, a única sobrevivente da Casa da Morte de Petrópolis, o sargento Rubens Gomes Carneiro, que esteve envolvido em outras ações clandestinas do CIE. Conferir entrevista com Marival Chaves em

Capistrano mal parou na cidade. Dali foi despachado à Casa da Morte, em Petrópolis, onde os três agentes davam expediente. Ao chegar, passaram-no por um alçapão que dava em um cômodo de dois metros por três de comprimento, no porão, como se fosse aguardar o interrogatório. Seria morto naquela noite mesmo. Seu corpo foi esquartejado no quarto dos fundos do imóvel, onde penduraram o seu tronco em um gancho no teto, como em um açougue. Seus membros foram postos em sacos plásticos.[23] Roman, o motorista, também foi esquartejado. Ambos desapareceram.

Dez dias depois, em 28 de março, foi a vez de o DOI prender Maranhão Filho. Amigo do cardeal-arcebispo do Rio, d. Eugênio Sales, o dirigente era o responsável pelo diálogo entre o Partido e a Igreja. Foi preso em uma praça, algemado e colocado em um dos carros da Investigação. O líder comunista foi entregue à equipe que o levou à Boate Querosene, onde foi torturado e morto com uma injeção de curare, droga usada para sacrificar cavalos. Seu desaparecimento foi denunciado em maio pelo amigo e deputado federal do MDB, Thales Ramalho, na tribuna da Câmara: o político oposicionista queria que Geisel mandasse apurar o caso. Em 3 de abril, João Massena de Melo teria o mesmo destino: o cárcere da Estrada da Granja, em Itapevi, a tortura e a injeção de curare. Seus corpos foram atirados no Rio Avaré.[24] Por fim, apanharam Walter Ribeiro, o secretário político do Comitê Estadual de São Paulo. Ele havia saído de casa para encontrar-se com Massena. Decidiram mandá-lo para o Rio. Ribeiro era militar do Exército, reformado ainda tenente em 1951 porque assinara um manifesto contra o uso de armas atômicas e o envio de tropas brasileiras à Guerra da Coreia. Acabou esquartejado na Casa de Petrópolis.[25]

---

17 de maio de 2013 e depoimento de Inês Etienne Romeu à Comissão Nacional da Verdade. Para Carioca e Boa Morte, ver ainda MORAIS, Taís. *Sem vestígios*, p. 173 e 174. Para o major José Brandt Teixeira, FILHO, Expedito. "Autópsia da Sombra". *Veja*, 18 de novembro de 1992 e depoimento do coronel Paulo Malhães, em *O Globo*, p. 3, em 21 de março de 2014.

23 Para o esquartejamento de Capistrano, ver FILHO, Expedito. "Autópsia da Sombra"; e MORAIS, Thais. *Sem vestígios*, p. 172-176.

24 Para as desovas no rio, entrevistas com tenente Neuza em 22 de maio de 2005, fita 7, lado B, e 14 de abril de 2006; João de Sá Cavalcanti Netto, em 20 de setembro de 2005, e Marival Chaves, em 18 de maio de 2013.

25 Marival Chaves, entrevista em 17 de maio de 2013.

Nos meses seguintes, o DOI de São Paulo e o CIE hibernaram a operação contra o PCB. Pelo menos dois motivos estão por trás dessa decisão operacional. O primeiro está ligado à necessidade de não se interromper o combate prioritário às organizações armadas. Era preciso acabar com o que restava da ALN (quedas de abril e maio em São Paulo e no Rio) e lidar com a volta de guerrilheiros exilados na Argentina que tentaram entrar no país em julho. Seis ou sete deles acabaram mortos na operação do CIE, em Medianeira, no Paraná, que contou com a participação do Doutor Ney e do sargento Sá, do DOI paulista. Este último reencontrou na operação um velho amigo, o ex-sargento Onofre Pinto, líder da VPR, com quem servira no 4.º Regimento de Infantaria, em Osasco, no começo dos anos 1960.[26] Onofre foi o último do grupo a ser executado pelos militares.

A segunda razão foi a mudança de comandos no Exército. O general Sylvio Frota, deixou o 1.º Exército, no Rio, e assumiu o Estado-Maior da Força. Dale Coutinho foi nomeado ministro do Exército por Geisel. Era preciso saber o que os chefes queriam. No projeto de abertura de Geisel, não havia lugar para mortes em público.[27] Que se matasse, mas em sigilo. O rearranjo dos comandos passava ainda pelo fato de o general Reynaldo Mello de Almeida – afinado com o presidente – ter assumido o 1º Exército, dificultando a autonomia das ações da linha dura no Rio. Ele era contrário à atuação do CIE em sua área. O centro mantinha um "escalão recuado" no estado. O general, no entanto, não convenceu Dale Coutinho, que manteve a estrutura do órgão no Rio. Em 24 de maio, Dale morreu. Geisel escolheu Frota para sucedê-lo, pois era o mais antigo entre os generais e parecia desprovido de ambição. A assunção dele ao comando da Força desempenhou um papel catalisador entre os militares contrários à abertura. Antes, porém, em junho de 1974, atendeu ao pedido de Reynaldo e retirou o CIE do

---

26 João de Sá Cavalcanti Netto, entrevista em 20 de setembro de 2005. Marival Chaves confirmou a participação de Ney, em entrevista de 17 de maio de 2013.
27 Ver entrevistas de Geisel em COUTO, Ronaldo Costa. *Memória viva do regime militar*, p. 210 e D'ARAÚJO, Maria Celina; CASTRO, Celso. *Ernesto Geisel*, p. 225. Na p. 226, sobre Reynaldo, diz Geisel: "No caso do 1º Exército, quando assumi a presidência, lá coloquei o general Reynaldo de Almeida, que era meu velho conhecido. O Frota ficou encismado. Mas o Reynaldo tomou conta do problema e evitou muita coisa".

Rio. A partir de então, a linha dura manteria São Paulo como a maior base para a grande ofensiva contra o PCB.[28]

E assim a *Casa da Vovó* voltaria a golpear o partidão. Ela atuaria de forma clandestina até na área do 1º Exército, deixando de usar o aparelho de Petrópolis para matar, esquartejar e desfazer-se dos corpos. O ritual se realizaria só em São Paulo. Primeiro em Itapevi e, depois, em um sítio perto da Rodovia Castelo Branco. Os corpos eram seccionados e suas partes amarradas em mourões de cercas para que não viessem à tona. Transportadas no porta-malas dos carros da Investigação, as vítimas eram jogadas do alto de duas pontes em um rio da região de Avaré. O comboio para fazer a desova normalmente incluía de dois a três carros. Uma vez, ele foi parado pela Polícia Rodoviária Estadual. O guarda pediu documentos. Foi informado por um oficial do Exército que se tratava de uma operação militar. Não desconfiou de que no bagageiro de um dos veículos estava o cadáver despedaçado de um comunista. Trinta anos depois, diante de sua casa, em São Paulo, o agente Sá, um dos homens de confiança do Doutor Ney, desabafou: "Vi muito sangue da esquerda. Não só de velhos comunistas. Havia jovens também."[29]

Um de seus colegas disse ainda:

> Havia o pessoal que fazia o serão [interrogatórios clandestinos], que fazia isso [cortar]. Eu sabia que tinha esse esquema... Isso aí não poderia acontecer.[30]

A retomada da ofensiva contra PCB destroçou as Seções de Finanças e de Agitação e Propaganda. Ela visava sobretudo acabar com a imprensa clandestina do Partido. Representada pelo jornal *Voz Operária,* sua alma era

---

28 Para a resistência de Reynaldo à ação do CIE no Rio e a saída encontrada por Frota, ver FROTA, Sylvio. *Ideais traídos*, p. 361.

29 A frase é João de Sá Cavalcanti Netto, em entrevista em 13 de outubro de 2005. O relato mais completo das desovas noturnas foi feito pela tenente Neuza em entrevista em sua casa, no interior de São Paulo. Ela abordou o tema uma dúzia de vezes. O agente José também confirmou o método denunciado pela primeira vez por Marival Chaves (ver FILHO, Expedito. "Autópsia da Sombra"). Em entrevista no dia 18 de maio de 2013, Marival confirmou a ocultação dos corpos na região de Avaré.

30 Tenente José, entrevistas em 9 de janeiro e 2 de fevereiro de 2007.

uma gráfica na Estrada do Morro Cavado, em Campo Grande, no Rio, escondida por uma caixa d'água, no fundo da qual havia um alçapão. Era preciso esvaziá-la para entrar. "Aquilo era coisa de cinema", lembra-se o agente José. Desde 1965 ela imprimia mensalmente cerca de 6 mil exemplares da *Voz* e do jornal *Notícias Censuradas*. Em outubro de 1974, a *Voz* publicara um editorial desafiador: *Como levar mais longe a nossa Voz*. Ele dizia:"há 9 anos e 8 meses – 116 meses consecutivos", chegava "às mãos dos comunistas brasileiros, representando 116 derrotas da ditadura". O agente Chico conta por que decidiram acabar com a festa.

> O jornal ia fazer dez anos de clandestinidade e algum iluminado achou que não devia deixar. A ordem veio de cima. O Maciel [comandante do DOI] não tinha capacidade e precisava de dinheiro pra manter a operação na rua e essa verba vinha do Exército. [...] O Ednardo [comandante do 2º Exército] tinha conhecimento. Não se podia fazer sem conhecimento dele.[31]

Correto. A ação do DOI contava com o aval do ministro do Exército, Sylvio Frota. As ideias e a ambição fizeram Frota, em poucos meses no cargo, assumir a iniciativa de acabar com o Partido. É o que diz o coronel José Barros Paes, então chefe da Seção de Informações do 2º Exército. "Essa ação vinha do Frota, que era ministro. A ordem era levantar o Partido Comunista em todo o país e fazer a campanha anticomunista."[32] Ao exibir as entranhas do PCB, do apoio soviético ao Partido à sua influência nas eleições de novembro de 1974, a linha dura queria forçar o presidente a abandonar o projeto político de abertura. O voto havia dado à oposição 16 das 22 vagas de senadores e a maioria nas Assembleias Legislativa de São Paulo, Rio de Janeiro e Rio Grande do Sul. Das urnas saíram eleitos Orestes Quércia (SP), Paulo Brossard (RS) e Saturnino Braga (RJ). Em São Paulo, o Partido fizera Marcelo Gatto deputado federal com 100 mil votos e Alberto Goldman e Nelson Fabiano, estaduais. Em abril, o PCB defendera a participação nas eleições para lutar contra o arrocho salarial,

---

31 Agente Chico, entrevistas de setembro (fita 1, lado B) e de outubro (fita5, lado A) de 2004.
32 José Barros Paes, entrevista em 23 de julho de 2004.

pela volta das garantias individuais, direito à greve, anistia, fim do AI-5, fim da censura e por eleições diretas para todos os cargos. Depois da vitória nas urnas, a *Voz* publicou o editorial: *Apertar o cerco*. Reconhecia que o resultado do pleito tinha efeitos limitados. "O regime fascista ficou cercado, repudiado por dois terços dos eleitores. Mas seus instrumentos de poder ditatorial e sua máquina repressiva estão intactos."[33] Mais do que intactos, eles contavam agora com alguém que podia guiá-los por dentro da hierarquia partidária.

Vinícius tinha relações com uma das gráficas do Partido e era um dos responsáveis por fornecer documentos falsos para os companheiros. Um dia, ocorreu o que Prestes chamou mais tarde de "fato desagradável". Ele alegou ter esquecido em um táxi uma pasta com a sua carteira de trabalho, na qual havia o registro dele como funcionário de uma das gráficas, e o passaporte de um militante, Cláudio José Ribeiro. Este era secretário de organização do Partido em Santos e embarcaria para um curso na União Soviética. Vinicius só contou aos colegas a perda dos documentos depois de ser questionado em uma reunião, após a prisão de Ribeiro. O informante, que sempre negou a delação, também afirmava não ter relação com as gráficas do PCB. Em um encontro com Hércules Reis, Vinicius perguntou o que fazer. "Vai até a casa onde você mora, esvazia a casa e vai para um hotel." O episódio dos documentos, no entanto, deu início a mais uma sequência de sequestros, torturas, mortes e desaparecimentos. Três horas depois da perda dos documentos, a polícia bateu na gráfica Isbra, no Brás, no centro de São Paulo.[34] Em 11 de janeiro de 1975 foi preso em São Paulo o tipógrafo Raimundo Alves de Souza, de 50 anos, a quem o DOI tentou debitar a origem de todas as informações sobre as gráficas. Souza cuidava do aparelho no

---

33 Para os textos de maio e de dezembro ver *Voz Operária* 11 e 116, apud CARONE Edgard. *O PCB, 1964 a 1982*, p. 152 a 155. Para a votação dos deputados, ver GASPARI, Elio. *A Ditadura Encurralada*, p. 27. Ver ainda MONTORO, Franco. *Memórias em linha reta*, p. 156-158.

34 Para a história dos documentos, ver entrevistas com Hércules Corrêa dos Reis e Moacir Longo, além de *Na Cabeça do PCB*, *Veja*, 20 de maio de 1992, p. 45. Para Prestes, ver MORAES, Dênis de; VIANA, Francisco. *Prestes: lutas e autocríticas*.

Rio e vinha uma vez por mês para São Paulo a fim de receber do Partido o pagamento por seus serviços.[35]

Quase simultaneamente caíram nas mãos dos agentes do DOI dois personagens do Comitê Central: Elson Costa e Hiram de Lima Pereira. Costa vivia clandestinamente com a identidade de Manoel de Souza Gomes, em Santo Amaro, até que às 6h30 de 15 de janeiro de 1975 foi sequestrado por quatro equipes da Investigação. Ele foi apanhado de chinelo e bermuda no bar ao lado de sua casa. O estabelecimento pertencia ao pai de Eduardo José Augusto, na Rua dos Timbiras, 195. Augusto recorda-se que o vizinho viajava tanto para Santos que chegou a desconfiar de que o homem fosse contrabandista. Costa morava lá havia um ano e meio, frequentava o bar, mas era "fechado, de pouca conversa".[36] Na véspera de Natal, recebera a visita de três pessoas que seriam de sua família. Um dia antes do sequestro, por volta das 17 horas, um Fusca azul claro com dois agentes parou em frente ao bar. Um homem branco e alto com um embrulho na mão desceu e foi tomar um aperitivo no balcão. Augusto viu dentro do embrulho algo que parecia ser um rádio de comunicação. Seu vizinho não estava em casa. Só chegaria às 19 horas. Apanharia no boteco um lanche antes de entrar para reaparecer só no dia seguinte, às 6h15. Costa estava tomando o café da manhã quando quatro ou cinco – nenhum deles portava armas ostensivamente – chegaram. Na porta do bar havia outros três agentes e, parados em frente, dois Fuscas azuis. Um dos homens do DOI pediu café e disse ao pai da testemunha: "Isso não é nada, é só um caso de contrabando". Os agentes usaram a fama que o comunista tinha na vizinhança. Às 19 horas, desconfiados de que algo errado acontecera, Augusto e outro vizinho entraram na casa de Costa. Encontraram dinheiro, recortes de jornais estrangeiros, livros e papéis com anotações em código. No mesmo dia a família de Costa se pôs a procurá-lo. Sua irmã Zailda e a mulher Aglaé foram ao DOI. Um coronel lhes disse que o Exército também estava atrás de Costa e não tinha nada a ver com o ocorrido. Enquanto isso, o dirigente do PCB era

---

35 Para a acusação do DOI, ver AESP Deops-SP/50-Z-9-38987, informação 169/75-LS, origem DOI/Codi/II Ex.

36 Para o sequestro de Costa, AESP Deops-SP-documentos 50-Z-9-39309, 39308, 39307 e 39306.

mantido na Boate. Durante 20 dias foi torturado. Para fazê-lo falar, jogaram-lhe álcool em seu corpo e, como se recusasse, atearam fogo. O homem era integrante do Comitê Central, comandara o Partido no Rio e cuidava das gráficas do PCB. Mataram-no com injeção para sacrificar cavalos. "Foi uma barbaridade", contou Sá.[37]

Como o teatrinho não era mais uma alternativa para justificar a morte do dirigente comunista, os militares começaram a montar outra farsa: imputar o seu desaparecimento ao Partido. No interrogatório a que submeteram o filho do dono do bar das 20h30 do dia 26 de fevereiro a 1 hora do dia 27, os militares tentaram convencê-lo da impostura. Mostraram-lhe ao fim do depoimento um álbum com fotografias de "elementos de interesse do DOI" para que tentasse identificar entre subversivos foragidos os sequestradores de Costa. Não deu certo. Nenhum deles foi apontado pela testemunha. Em 13 de março, o órgão produziu a informação 487/75, distribuída a toda comunidade de segurança, na qual bateu o martelo sobre o caso: "Na possibilidade de vir a ser preso em função das ações já efetuadas pelos órgãos de segurança interna, evadiu-se de sua residência às pressas, sendo levado por elementos do partido, conforme testemunhas". Em seguida, "convidou" a depor Aglaé e o irmão de Costa, Oswaldo. O Destacamento continuou o disparate. Com cinismo, questionou o fato de a mulher, após o desaparecimento do marido, ter seguido o conselho de seu advogado, Aldo Lins e Silva, e procurado o ministro da Justiça, a Presidência da República, o cardeal-arcebispo de São Paulo e a imprensa antes de recorrer ao... DOI. E concluía: "Essas atitudes estranhas levam a crer que se procura fazer exploração política desse 'desaparecimento', configurada na campanha desencadeada para denegrir as autoridades". Diante da repercussão do caso, o órgão via-se constrangido a dar explicações. Mesmo que fosse por meio do embuste disfarçado de ação de contrainformação.[38]

---

[37] Para as torturas contra Costa, Marival Chaves entrevista em 18 de maio de 2013, FILHO, Expedito. "Autópsia da Sombra" e entrevista com João de Sá Cavalcanti Netto, em 13 de outubro de 2005.

[38] Para a versão do sequestro, ver informação 487/75, DOI/Codi/II EX, em AESP Deops-SP/50--Z-9-39311 e 10.

Quase no mesmo dia em que Costa desaparecera, outro dirigente do Partido sumiu em São Paulo. Hiram de Lima Pereira havia sido secretário de Administração do governo de Miguel Arraes na Prefeitura do Recife. Depois do golpe de 1964, ficou clandestino em Pernambuco até 1966. Rumou então para o Rio e, de lá, para São Paulo, onde vivia clandestino desde o começo dos anos 1970. Ali passara a fazer parte da direção do Comitê Estadual do Partido. Cuidava ainda da distribuição da *Voz Operária* no estado e na região sul do país.[39] A equipe Cúria e a equipe do tenente José vigiaram Hiram durante semanas antes de prendê-lo no começo de janeiro – ele tinha três pontos marcados com a família nos dias 13, 15 e 17 de janeiro, mas não compareceu a nenhum. O dirigente foi observado pelos agentes saindo com malas cheias de exemplares do jornal. Ao encontrar seus contatos, Hiram trocava de mala, voltando para casa com a bagagem vazia do companheiro. "Ele estava perto da Avenida Casa Verde. Era um coitado. Não entendo por que a pressão em cima de uma pessoa dessa."[40] Os agentes haviam alugado uma casa perto do imóvel no qual o líder comunista morava, no Jardim das Laranjeiras, para mantê-lo sob vigilância 24 horas por dia. Tinha 61 anos. Jornalista e poeta, ele havia sido deputado em 1945, eleito pelo PCB. Estava ligado às pessoas que cuidavam do imóvel da Rua Gonçalves Figueira, 80, na Casa Verde, na zona norte, onde o Partido construíra atrás de uma parede falsa uma segunda gráfica clandestina a fim de imprimir seu órgão oficial. O lugar era equipado com uma máquina Rex-Rotari 2202, um mimeógrafo e um aquecedor.[41] Para entrar na sala onde estava a gráfica era preciso soltar o registro no banheiro, girando-o. Hiram foi preso pelos homens da equipe Cúria. Alemão, ao volante do carro, e Melancia foram os agentes que o detiveram. Neuza estava com eles. O preso foi colocado no Fusca da equipe. Os dois

---

39 Para as funções de Costa e Hiram de Lima Pereira, FALCÃO, João. *Giocondo Dias: a vida de um revolucionário*, e entrevistas com Hércules Corrêa dos Reis (11 de fevereiro de 2006), de Moacir Longo (11 de dezembro de 2013) e Marco Antônio Tavares Coelho, em 17 de fevereiro de 2005.
40 Tenente José, entrevista em 9 de janeiro de 2007.
41 Para o endereço da gráfica, AESP Deops-SP/50-Z-09-192-38986 e 85. Para o endereço de Hiram, AESP Deops-SP/OS267 (Exército), informação 428/75, DOI/II Exército, 7 de março de 1975. Hiram fora eleito suplente do CC do PCB. Vinicius era membro efetivo.

agentes iam na frente e a tenente atrás com Hiram. "Eu não sei pra onde foi levado aquele velho. Eu sei que fomos nós que o apanhamos, mas não sei pra onde ele foi. Ele viajou."[42] O líder comunista foi levado à boate de Itapevi, onde foi torturado e morto.[43]

Segundo Neuza, foi Vinícius quem entregou Hiram aos seus captores:

> — *Ele ajudou a encontrar o Hiram de Lima Pereira?*
> — Do partidão quem deu a saída foi esse moço. Toda informação do partidão veio desse moço.
> — *Inclusive sobre o Hiram?*
> — Mas esse morreu, não quis participar... quem não queria participar viajava.
> — *Quem fosse pra boate e não quisesse participar, viajava?*
> — Viajava. Não entrava na *Casa da Vovó*, não.[44]

O Exército enviou Vinícius ao Rio, onde manteve pelo menos um encontro com um dos oficiais que o controlava: Freddie Perdigão Pereira. Neuza acompanhava o oficial. O informante estava em um ônibus, onde subiram os dois agentes. Neuza passou por Vinícius. Freddie sentou-se ao seu lado. Enquanto isso, o soldado Junior seguia o coletivo em um Fusca.[45] O próximo passo dos militares seria apanhar um dos mais importantes homens do aparelho do PCB. Jacques ocupava a Secretaria de Finanças da Comissão Executiva do partido e assumira as tarefas da Agitação e Propaganda depois que uma doença afastara da função Orlando Rosa Bonfim Júnior. Inteligente, político hábil e grande organizador, ele era deputado federal em 1964 quando o golpe veio. Eram 11h30 do dia 18 de janeiro de 1975 quando Marco Antônio Tavares Coelho parou o carro

---

42 Tenente Neuza, entrevista em 22 de maio de 2005, fita 8, lado A. Alemão confirmou ter participado da prisão. "Fizemos uma paquera rápida em cima dele e prendemos." Entrevista em 30 de agosto de 2005.
43 Marival Chaves, entrevistas em 17 e 18 de maio de 2013.
44 Tenente Neuza, entrevista em 22 de maio de 2005, fita 7, lado B.
45 Para o ponto entre Perdigão e Vinícius, tenente Neuza, entrevista em 12 de maio de 2005, fita 6, lado A.

em uma avenida do Engenho de Dentro, no Rio, para se encontrar com um dos responsáveis pela gráfica em Campo Grande.

Ele devia desaparecer. O que o manteve vivo não foram seus gritos: "Estão prendendo o deputado Marco Antônio Coelho". O que impediu de compartilhar o destino de seus amigos de Comitê Central foi um incidente burocrático entre duas unidades militares: o 1º Exército, comandado pelo general Reynaldo, amigo de Geisel, e o 2º Exército, chefiado por Ednardo D'Ávila Melo, alinhado com o ministro Frota. No dia seguinte à prisão de Elson Costa, o chefe da Investigação do DOI paulista despachara sob sigilo para o Rio três equipes que deviam sequestrar Tavares – não precisavam dele para achar a gráfica, pois o tipógrafo Raimundo Souza conhecia perfeitamente sua localização.

Perdigão, Alemão e Melancia estavam no Rio quando suas comunicações foram interceptadas pelo DOI do 1º Exército, que fora mantido às cegas sobre a incursão dos paulistas. Era uma quebra do regulamento, que punha o combate à subversão sob o mando do comando do Exército de cada área. Para operar no Rio, os paulistas deviam antes avisar os generais daquele Estado. Como não o fizeram, foram detidos e conduzidos ao quartel da Polícia do Exército, na Rua Barão de Mesquita. Neuza, que ficara em São Paulo ouvindo fitas de escutas telefônicas do Destacamento, foi mais tarde ao Rio na companhia do cabo do Exército Junior, o mesmo que levara o casal Wilson Silva e Ana Kucinski para a morte em Petrópolis. Por volta da meia-noite, os dois entraram em contato por rádio com os colegas. Acabaram presos. "Os meninos estavam no alojamento dos oficiais e, pra mim, eles deram a sala do comandante", afirmou Neuza.[46] O Doutor Ney teve de apanhar a ponte-aérea no dia seguinte para prestar esclarecimentos aos colegas do Rio. A prisão de Tavares estava aberta. Não seria mais sigilosa. Já não podia morrer.

Com o envelope no qual carregava o editorial da futura edição da *Voz Operária*, Tavares foi cercado por uma dúzia de agentes. Seus gritos e sua resistência chamaram a atenção dos transeuntes. O trânsito parou. Colocaram-no em um Fusca e levaram-no para o quartel da Barão de Mesquita. Ali

---

46 Tenente Neuza, entrevista em 3 de maio de 2005, fita 4, lado B. Ver ainda entrevista com Alemão, em 30 de agosto de 2005.

mandaram que se despisse. Retiraram tudo: óculos, anel e até as pontes móveis entre os dentes. Um dos torturadores lhe perguntou: "Seu filho da puta, conhece a lei dos direitos humanos?" Tavares respondeu "sim". "Então, esquece dela." E assim começaram a espancá-lo com chutes, socos e cassetetes. A pancadaria o fez cair. Aplicaram-lhe então choques elétricos nos pés. Enquanto era torturado, um casal de amigos e sua mulher, Terezinha Coelho, aguardavam o ex-deputado. Tinham um encontro. Seu sumiço repentino os fez dar o alerta ao Partido. Tavares conhecia muitos aparelhos. Sua prisão colocava gente importante em risco. Naquele dia, também fora preso Dimas Perin, suplente do Comitê Central. O casal de amigos avisou no fim da tarde Giocondo Dias, o chefe do PCB no país. Terezinha fez o mesmo que outras mulheres: procurou a imprensa e políticos do MDB para denunciar o sequestro do marido. E a oposição tentou articular uma Comissão Parlamentar de Inquérito na Câmara para investigar os desaparecidos.

Tavares foi transportado para o DOI de São Paulo no dia 20, quando devia ter encontrado os outros quatro membros do secretariado nacional do PCB – a reunião foi suspensa. Ficou 20 dias na Rua Tutoia. Infringiram-no o pau-de-arara, os choques e espancamentos enquanto lhe perguntavam sobre as finanças do Partido e as ligações da organização com o MDB. Fizeram constar de seu depoimento os nomes de 22 políticos da oposição apoiados pelos comunistas nas eleições de 1974 em seis estados, quase um segredo de "polichinelo". "Defrontei bestas com aparência humana, nada mais. E deles fui pasto", escreveu Tavares em suas memórias. O interrogatório era conduzido pelo Doutor Homero, o capitão do Exército Otoniel Eugênio Aranha Filho, que prescreveu uma dieta de duas canecas de água por dia ao preso. Sempre com um pouco de sal. "Ele tinha uma inteligência fantástica, fora do comum, e os interrogadores normais não tinham condição de conversar com ele", contou o agente Chico. No fim da segunda fase da pancadaria, havia sido submetido a 19 sessões de interrogatório e perdera 25 quilos.[47] O governo

---

47 Para a prisão e sequestro de Marques as fontes são FALCÃO, João. *Giocondo Dias: a vida de um revolucionário*, p. 306 e seguintes.; GASPARI, Elio. *A Ditadura Derrotada*, p. 24 a 44; COELHO Marco Antônio Tavare. *Herança de um sonho: as memórias de um comunista*, p. 371 a 399; Agente Chico, entrevistas em setembro de 2004 (fita 2) e em 27 de outubro de 2004, fita 5,

teve de se explicar. Um mês depois, em 20 de fevereiro, Terezinha pôde ver o marido por dez minutos no DOI. Estava vivo, mas destruído. Ela saiu de lá e foi procurar o jornalista Ruy Mesquita, de *O Estado de S. Paulo*. Contou-lhe o que vira e ouvira. Doutor Ruy telefonou de imediato ao ministro da Justiça, Armando Falcão. Na manhã seguinte, o ministro do Exército foi ao encontro de rotina com Geisel munido de uma nota oficial e de um laudo feito na véspera pelo médico-legista Harry Shibata. Pelo dossiê, o governo não tinha com o que se preocupar: Tavares estava bem nutrido e com a integridade física preservada. Era mais um dos "trabalhos políticos" de Shibata para a repressão.[48] O ministro mostrava que a operação contra o partidão tinha sua cobertura. A nota de Frota foi distribuída à imprensa. Negava tudo. *O Estadão* a publicou ao lado da carta de Terezinha, que continha um apelo: "Matem meu marido, mas não o torturem! Não o aviltem, pelo amor de Deus".[49]

Alguns poucos dirigentes não desapareceram, a exemplo de Tavares. Do Comitê Central contam-se mais dois casos: Aristeu Nogueira Campos e Renato de Oliveira Mota. Aristeu cuidava da secretaria de organização do Partido e havia substituído Tavares nas Finanças quando foi preso no Rio. Ele também teve a fortuna de ser preso com o conhecimento de militares do Rio. Acabou enviado a São Paulo, onde também foi torturado, mas não sumiu. A história de Mota é um pouco diferente. Trata-se de raro caso de preso que passou por um cárcere clandestino e não morreu nem virou informante. Iberê Bandeira de Melo era seu advogado: "Ele foi preso clandestinamente." Levaram-no para um local, onde passava o tempo inteiro mascarado e despido. Durante 40 dias, foi torturado e ameaçado. "Diziam que quem entrava lá não saía. Esse lugar entre nós advogados era conhecido como sítio." Havia um riacho, pois o preso jogado ali sentia a água e as pedras. "Ele foi seviciado de uma maneira indescritível."[50] Havia um motivo

---

    lado A. Para a identidade do Doutor Homero, entrevistas com os agentes Chico, José, Dirceu Antonio, Marival Chaves e Neuza. Não foi possível localizar Aranha Filho.
48 Para o uso da expressão "trabalho político" a respeito dos laudos de Shibata, ver José Barros Paes, entrevista em 23 de julho de 2004, fita 2, lado B. Para a descrição da reunião do ministro com Geisel, ver GASPARI, Elio. *A Ditadura Derrotada*, p. 41.
49 *O Estado de S. Paulo*, 28 de fevereiro de 1975, p. 15.
50 Iberê Bandeira de Melo, entrevista em 5 de agosto de 2004.

para deixar Mota vivo: o comunista era o elo do Partido com parte de seu setor militar, no caso, os policiais militares que compunham a célula do PCB na Polícia Militar de São Paulo. Era preciso haver testemunhas para desbaratar a organização, fragilizando de quebra um dos aliados civis de Geisel e inimigo da linha dura, o governador de São Paulo, Paulo Egydio Martins.[51]

Com a queda de Tavares, o Partido viu-se às voltas com uma crise financeira. Perdera três gráficas – duas em São Paulo e uma no Rio – e mais de uma dúzia de militantes, um dos quais, Alberto Aleixo, de 72 anos, irmão do ex-vice-presidente da República Pedro Aleixo, morreria em agosto em decorrência dos maus-tratos sofridos. O PCB teve então de reunir Cr$ 212 mil às pressas para cobrir as despesas urgentes. Quem cuidou disso foi Aristeu Nogueira Campos. Foi atrás dele e de outros três homens do Secretariado Nacional em liberdade que o DOI concentrou suas buscas – Giocondo Dias, Jayme Amorim de Miranda e Itair José Veloso. O secretariado era o órgão que cuidava da vida quotidiana da organização. A engrenagem da repressão voltou a agir no Rio clandestinamente para atingi-lo. Capturou em 4 de fevereiro no Catumbi aquele que então se tornara o terceiro homem na hierarquia comunista: Jayme Miranda. A vítima havia retornado recentemente da União Soviética. O homem, que se encontrara com Mao Tsé-Tung, Che Guevara e outros líderes comunistas em nome do Partido, foi levado pelos agentes do Doutor Ney para o cárcere de Itapevi, onde se repetiu o ritual da tortura, morte e desaparecimento do corpo em Avaré. "Eu recebia os relatórios escritos à mão pelo Sá sobre as informações que os presos forneciam nos interrogatórios feitos na Boate Querosene", contou Marival Chaves.[52] O próximo ataque do Destacamento ocorreu às 7h30 de 25 de maio. Antes de sair de casa, Itair Veloso disse à mulher que voltaria

---

51 Para a célula na PM, ver entrevistas com o Paulo Egydio Martins, com o general Francisco Batista Torres de Melo, com o coronel do Exército Antonio Erasmo Dias, com os coronéis da PM Theodoro Cabette, Mário Fonseca Ventura, Newton Borges Barbosa, Bruno Éboli, Hermes Bittencourt Cruz, José Lopes Castilho e Vicente Sylvestre, além do tenente-coronel Osnir Geraldo Santa Rosa, do major Alexandre Dib, do tenente Frutuoso Luís Martins, do tenente Josias Francisco Paraíso entre outros.

52 Marival Chaves, entrevista em 17 de maio de 2013. Tenente da reserva do Exército, João de Sá Cavalcanti Netto nunca falou a respeito de tais relatórios nas três vezes que foi entrevistado para essa pesquisa. Sá morreu em São Paulo em novembro de 2011.

ao meio-dia. Nunca mais foi visto. Deram-lhe um banho de água gelado durante um dos mais rigorosos invernos documentados do século passado – houve neve até em Curitiba. O choque térmico o matou. Seu corpo, como os demais, foi lançado nas águas de Avaré.

Em meio às prisões que se sucediam, os militares colocaram ainda as mãos em um dos antigos líderes da poderosa Confederação Nacional dos Trabalhadores da Agricultura (Contag), Nestor Vera. Era abril. Suplente do Comitê Central, ele desapareceu depois de preso em frente a uma farmácia em Belo Horizonte. Desarticulada e encurralada diante da ação do DOI – que começara a fazer um arrastão, prendendo célula após célula partidária – a direção do Partido tentou uma vez mais reativar a *Voz Operária*. Mandou mais fundos para o Brasil – dinheiro soviético. Ao todo, cerca de 60 mil dólares e marcos alemães. Enviou ainda um homem que julgava capaz de realizar o trabalho da Agitação e Propaganda: Orlando Bonfim Júnior, antigo diretor da *Voz*. O dinheiro chegou ao país e foi entregue a José Montenegro de Lima, um jovem cearense que militara no movimento estudantil. Tornara-se o responsável pela Juventude Comunista. Com as quedas dos companheiros, ele teve, por decisão de Giocondo Dias, de assumir a comissão de organização do Partido e ajudar a recompor a imprensa partidária.[53]

Em casa, em São Paulo, o agente José reconheceu a foto de Montenegro, publicada em um livro. "Ele ia viajar, me falaram, mas não sei para onde", disse. Era verdade. O militante levaria para o Rio o dinheiro que recebera do exterior. José participava da vigilância sob Montenegro. E foi um dos que o prenderam no dia 29 de setembro de 1975. O homem morava com dois amigos no centro de São Paulo. Um dia, saíram à noite e só retornaram às 6h30. Pareciam ter enchido a cara. O capitão Ênio Pimentel da Silveira comandava pessoalmente a vigilância. "Tava frio. Ele entrou no apartamento e nós recebemos a ordem: permanecer até a saída deles. O primeiro cara saiu e o Ney disse: 'Deixa esse aí ir embora'. Daí saiu o mulato alto e foi em direção à cidade [centro]", contou José. O último a deixar o

---

53 Para a quantia, Hércules Corrêa dos Reis, entrevista em 11 de fevereiro de 2006. Bonfim Júnior e Montenegro conseguiram imprimir duas edições da *Voz Operária*, ambas mimeografadas. Devo a informação ao professor Victor Gentilli.

imóvel foi Montenegro. Ele passou em frente ao antigo quartel-general da 2ª Região Militar, quando foi preso. O relato é do agente José:

> Fui para cima dele. No momento da prisão, o cara de um bar tentou defender, mas a gente falou que era polícia e ele voltou. Colocamos ele no Fusca. Ele meteu o pé no motorista, prensando ele contra o volante. Pus a arma na cabeça dele e disse: Para porque se não... O Fábio [João de Sá Cavalcanti Netto] estava no carro. Ele [Montenegro] parou. Nós recebemos ordens para entregá-lo para o setor de inteligência [Ney e Freddie].[54]

Ney presenciou a prisão que, oficialmente – a exemplo dos outros dirigentes comunistas –, nunca aconteceu. Passara a noite e a madrugada à espera do alvo, acompanhando tudo pelo rádio. Com ele, estava um de seus homens de confiança, o agente Pedro Aldeia. Este último entrou no apartamento e recolheu os dólares e os marcos vindos da União Soviética, que foram levados à direção do DOI. Ali teriam sido divididos entre oficiais do DOI, como nas partilhas feitas por quadrilheiros após um roubo.[55]

Um amigo que dividia o apartamento com Montenegro também foi sequestrado naquele dia. Genivaldo Matias da Silva teve outro destino. Foi levado à *Casa da Vovó*, onde o torturaram. Montenegro acabou em um cárcere novo. Por razões de segurança, os militares se desfizeram da boate e foram atrás de um imóvel rural. Encontraram-no em um sítio a cerca de 30 quilômetros de São Paulo, às margens da Rodovia Castelo Branco. Ali arrancaram de Montenegro informações necessárias para novas prisões no Rio. Depois, mataram-no com a injeção de curare e jogaram seu corpo da ponte de Avaré. As quedas constantes dos dirigentes no Brasil fez a KGB suspeitar de infiltração em alto nível no partido brasileiro. Sem informar os indícios de que dispunha e como os obteve, um dirigente da espionagem soviética questionou José Salles, o secretário executivo do secretariado do

---

54 Tenente José, entrevistas em 10 de janeiro de 2007 e 27 de dezembro de 2007, fitas 1 e 4.
55 A tenente Neuza, nas entrevistas de 12 e de 22 de maio de 2005, fitas 6 e 8, confirmou a existência do dinheiro e sua partilha entre a cúpula, assim como Marival Chaves, em entrevista de 17 de maio de 2013, e José, em entrevista de 27 de dezembro de 2007.

partido – o órgão que o dirigia no dia a dia – sobre o tema. Salles estava em Moscou. E não sabia da ação de Vinícius.

Em 8 de outubro, a *Casa da Vovó* capturou no Rio a décima e última vítima do Comitê Central do PCB. Orlando Bonfim Júnior foi visto pela última vez quando foi sequestrado pelos agentes em Vila Isabel. Sobre as operações no Rio, Neuza disse: "Nós íamos para lá e ficávamos uma semana, dez dias. Não tenho ideia de quantas pessoas".[56] O líder comunista foi trazido a São Paulo. Ficou no sítio da Rodovia Castelo Branco. Tinha mulher e seis filhos. De nada adiantou o pedido de informações sobre o paradeiro de Bonfim feito pelo cardeal d. Eugênio Sales, endereçado ao comandante do 1º Exército, o general Reynaldo Almeida. Filho do romancista e político José Américo de Almeida,[57] o militar mais uma vez foi mantido às cegas sobre a ação em sua área feita pelos homens de São Paulo. Com a retaguarda do CIE e do ministro, a *Casa da Vovó* não precisava lhe dar satisfações.

Bonfim morreu com uma injeção de curare. Seria o último brasileiro a desaparecer no país depois de preso durante o regime. Em pouco tempo, um terremoto ia atingir o DOI. Ele não tinha relação com a ação do tipo *Nacht und Nebel*– Noite e Neblina – contra o PCB, que produzira os desaparecidos, mas com o arrastão que levou oficialmente centenas de comunistas às celas da *Casa da Vovó*, onde eram torturados, humilhados e despachados à Justiça Militar. Ao tentar repetir com o então maior Partido da esquerda brasileira a estratégia usada contra a guerrilha armada, o Destacamento quis destroçá-lo palmo a palmo, célula após célula. Chegou à dos PMs, à dos jornalistas e, finalmente, à dos metalúrgicos.

---

56 Tenente Neuza, entrevista em 22 de maio de 2005, fita 7, lado B. Para as suspeitas da KGB, José Salles, entrevista em 4 de fevereiro de 2015.

57 José Américo de Almeida era o candidato das forças que apoiavam Getúlio Vargas para as eleições de 1938, canceladas pelo golpe que instituiu o Estado Novo. Governou a Paraíba de 1951 a 1956.

3. A BATALHA DE SÃO PAULO
O DOI contra a abertura

O PCB ESTAVA DESTROÇADO. Enquanto massacrava opositores, o regime provocava o florescimento contra ele da sociedade civil e da política que o Partido pregava: as alianças, a unidade de ação e a aposta na redemocratização. Os poucos dirigentes que sobraram não confiavam mais nos aparelhos partidários. O jornalista João Guilherme Vargas Netto, do Comitê Estadual de São Paulo, arrumou uma identidade de empresário e uma noiva na alta roda. Deixou o país sem que os companheiros soubessem. Aqui estavam ainda apenas o coordenador da Comissão Executiva, Giocondo Dias, e três dos 46 integrantes do Comitê Central.[1] Dias, o mais importante dos comunistas, tentara deixar o Brasil duas vezes, mas teve de abortar a fuga diante do risco de ser apanhado. Havia alguns meses que a cúpula do partido em Moscou perdera o contato com o homem. O PCB mandou um emissário para tentar restabelecer a ligação e depois montou uma operação de resgate. Contava com três membros do Partido irmão argentino e com uma brasileira, a estudante Dora Henrique da Costa – todo exilado ou militante

---

1   Eram eles Geraldo Rodrigues dos Santos, Amaro Valentim e Antonio Ribeiro Granja. Para Vargas Netto, João Guilherme Vargas Netto, entrevista em 14 de fevereiro de 2005, fita 1, lado A, e "Na cabeça do PCB", *Veja*, 20 de maio de 1992, p. 45. A operação foi coordenada por José Salles, que recebeu dinheiro dos soviéticos para a operação. Ver José Salles, entrevista em 4 de fevereiro de 2015.

comunista no Brasil fora deixado de fora. Dora encontrou o alvo. Entregou um bilhete a um contato no Rio que conhecia a dona da casa em que Dias se escondia. O secretário foi levado a um apartamento e, depois, a Volta Redonda, de onde saiu de carro para a Argentina. Voou em companhia de José Salles, do Comitê Central, para Paris pela rota Assunção, Quito e Caracas – não queriam sobrevoar o Brasil. Era abril de 1976. Durante o último ano, o DOI se havia dedicado à tarefa de estourar unidade por unidade do PCB. Ser dirigente do Partido se tornara tão perigoso que o Doutor Ney mandou seu mais importante agente vigiar a cúpula comunista no exílio.[2]

O envio de informantes para o exterior foi mais uma das ações internacionais do DOI. Jota, Dourado e Camilo já haviam ido ao exterior – a maioria foi para o Chile ou Argentina e voltou ao país. Com Vinícius, a *Casa da Vovó* tentava um voo mais longo. Queria pôr um agente na União Soviética. E ele não foi o único. O irmão de um dos integrantes do Comitê Central assassinados na boate também havia sido transformado em informante e seria mandado ao exterior, onde acabou se desvinculando dos militares.[3]

Uma equipe acompanhou Vinícius até Uruguaiana naquele fim de 1974. Ney pediu ao sargento Roberto Artoni que escolhesse mais um militar para acompanhá-los. Ele chamou Marival Chaves. A viagem de Vinicius para o sul terminou sem problemas. Em breve, ele começaria a mandar informações do leste europeu. Próximo a Luís Carlos Prestes, o infiltrado estava no coração da briga que começava a dividir o Partido entre os grupos em torno de Prestes e de Dias. Suas cartas eram endereçadas a Ney. Artoni contou que recebeu uma delas quando o chefe estava fora de São Paulo. Vinha da Tchecoslováquia. Sá recordava-se da descrição de uma reunião no apartamento de Prestes em Moscou com Salomão Malina, outro importante integrante do

---

2 FALCÃO, João. *Giocondo Dias: a vida de um revolucionário*, p. 310-321.
3 Em entrevista em 16 de fevereiro de 2013, Roberto Artoni confirmou a existência de mais esse informante e os dados sobre ele, fornecidos pela primeira vez por Marival Chaves (FILHO, Expedito. "Autópsia da Sombra"). Disse que o novo informante foi muito pouco produtivo e acabou abandonado pelo DOI.

Comitê Central. "Havia quatro pessoas no encontro."[4] O DOI matara, dispersara e vigiava o que restava da cúpula. Queria agora acabar com a base.

Entre as pessoas por trás dessa ofensiva estava um general veterano da Força Expedicionária Brasileira, que lutou na Itália. O homem era tido por subordinados e amigos como uma pessoa "educada, incapaz de ofender alguém". Ednardo D'Ávila Melo achava que lugar de comunista era no DOI. Não abriu exceção nem para uma sobrinha de segundo grau – Sarita D'Ávila Melo. Queria mostrar que sob seu comando ninguém teria privilégios. Seu poder tinha, contudo, limites. Assim como o do ministro Frota. Se no Rio o obstáculo à ação do CIE e do DOI vinha da área militar, em São Paulo, o problema estava na área civil. A história desse confronto é importante para mostrar a crise que levou à maior mudança do Destacamento antes do fim do condomínio que abrigava policiais e militares, ocorrido em 1991. No terceiro dia depois de sua posse, o governador de São Paulo, Paulo Egydio Martins, foi procurado no Palácio dos Bandeirantes pela filha de um amigo. Tratava-se de Maria Helena Queiroz, a Mané. Filha do general Adalberto de Queiroz e sobrinha do marechal Ademar de Queiroz, ela estava apavorada. Seu marido, o arquiteto Eurico Prado Lopes, era presidente do Instituto dos Arquitetos do Brasil, e havia sido intimado a comparecer no dia seguinte ao DOI. O governador não teve dúvida. Ligou para o marechal. Contou o que se passava. Queiroz fora ministro do Exército no fim do governo de Castelo Branco. Depois, Paulo Egydio telefonou para seus contatos em Brasília, entre os quais estava o chefe da Casa Civil de Geisel, o general Golbery do Couto e Silva. E assim o DOI recebeu a ordem para cancelar a convocação do arquiteto.[5]

A interferência do governador enfureceu o general D'Ávila Melo. Em 31 de março, na comemoração do golpe de 1964, discursou contra os políticos que eram um empecilho à segurança nacional, pois impediam que seus homens levantassem pistas sobre aqueles que buscavam infiltrar-se no país

---

4 Roberto Artoni, entrevista em 16 de fevereiro de 2013 – mais tarde, ele confirmou o papel de Vinícius como informante para a Comissão Nacional da Verdade – e de João de Sá Cavalcanti Netto em entrevista de 20 de setembro de 2005. Ver ainda entrevista com Neuza, em 22 de maio de 2005, fita 7, lado B, e entrevista com Marival Chaves, em 6 de fevereiro de 2015. A viagem teria ocorrido no fim de 1974, segundo os agentes.

5 MARTINS, Paulo Egydio. *Paulo Egydio conta*, p. 456 e 457.

para preparar o golpe comunista. "As relações não eram das melhores. O general era um anticomunista ferrenho. Toda oportunidade que ele tinha, ele fazia essa condenação", contou o seu chefe da Seção de Informações, o coronel Paes. O DOI sabia que tinha novos inimigos. "Tanto o Paulo Egydio como o d. Evaristo Arns tinham uma ligação direta com o Golbery. Então, ele dava informações ao Golbery, e o Golbery era uma sala ao lado da do presidente." A entrevista com Paes continua:

> — *Envenenaram o general com o presidente?*
> — Envenenaram. Quem envenenou? Foi o dom Evaristo, que é um safado, né? E o governador. Os dois que tinham acesso direto ao Golbery. Telefonavam qualquer coisa que eles não concordavam.
> — *Muitos diziam que o problema era o senhor...*
> — Esse foi o preço que eu paguei por ter sido correto e ter trabalhado aqui [São Paulo]; eu acompanhava tudo o que acontecia e tomava as medidas que precisavam. Não interessa se vai encostar ou não. Houve uma pressão contra mim, eu sei disso. O próprio ministro do Exército disse isso pra mim.[6]

Três décadas depois, Paes rememora as razões que levaram o DOI, ele, o general e o ministro do Exército à manutenção da ofensiva contra os farrapos do PCB. "Se não houvesse ação, eles iam chegar ao poder. Essa é a meta do Partido da Rússia, assumir o poder pelo voto e não pela violência. Eles tranquilamente assumiriam. Um trabalho muito mais inteligente do que fazer pela violência, pois a violência provoca uma reação muito grande." O coronel não via o MDB como um obstáculo, nem mesmo o apoio que os comunistas lhe haviam emprestado nas eleições de 1974. Era o caráter internacional da agremiação o problema. "O Partido Comunista tinha uma ligação internacional [...]. Com a União Soviética, havia um paradigma, era ela que apoiava através de dinheiro, cursos de preparação e com a universidade Patrice Lumumba – há vários brasileiros com curso lá."[7]

---

6   José Barros Paes, entrevista em 23 de julho de 2004, fita 1, lado B.
7   José Barros Paes, entrevista em 23 de julho de 2004, fita 2 lado A.

Policial militar

Em junho de 1975 o DOI descobriu algo que o Serviço de Informações da PM de São Paulo conhecia havia muito tempo.[8] Um grupo de policiais – muitos aposentados – comprava, lia e discutia o jornal do Partido, a *Voz Operária*. Era a "prova" da existência de uma célula comunista na maior polícia do país, que contava então com 60 mil homens. Muitos dos suspeitos davam contribuições ao PCB desde o tempo em que eram da Guarda Civil.[9] Entre eles havia três coronéis: dois da reserva – Carlos Gomes Machado e José Maximino de Andrade Netto – e um da ativa, o chefe do Estado-Maior do Comando de Policiamento do Interior, Vicente Sylvestre. O tema era explosivo. Mostraria a leniência do governo paulista com os comunistas. O gabinete do ministro do Exército, Sylvio Frota, foi avisado. E de Brasília chegou a ordem que foi parar na mesa do coronel Paes. "Veio do CIE. Não foi uma iniciativa minha. Nós estávamos subordinados ao CIE. Então, para tomar uma atitude dessas tinha de ser com autorização do Centro." Confúcio Danton de Paula Avelino, que comandara a PM paulista em 1970, era o general que estava à frente do Centro de Informações do Exército.[10] Com a ação do DOI emparedava-se um dos principais aliados de Geisel, mas o objetivo mesmo era atingir o presidente. Disso, o governador Paulo Egydio não tinha dúvida. "A intenção não era causar problema comigo. O problema era com o Geisel, era impedir a abertura."[11]

O DOI deparou com a célula vigiando Renato de Oliveira Mota, o homem do Comitê Central responsável pelo trabalho na polícia. Pouco antes de ser sequestrado, ele encontrara-se com o 2º sargento João Buonome, um de seus contatos, perto do complexo administrativo da Polícia Militar, na Avenida

---

8   Para as suspeitas do Serviço de Informações da PM, ver entrevistas dos coronéis Bruno Éboli Bello, Newton Borges Barbosa e Francisco Profício e do então secretário da segurança Pública, Erasmo Dias.
9   A antiga Guarda Civil foi extinta em 8 de abril de 1970 pelo decreto-lei 217/70. Seus homens foram incorporados em sua maioria à Polícia Militar, nova denominação assumida pela Força Pública.
10 Confúcio fora colocado no cargo pelo general Dale Coutinho, antecessor de Sylvio Frota no ministério do Exército. Dale e Confúcio haviam trabalhado juntos em São Paulo.
11 Paulo Egydio Martins, entrevista em agosto de 2004, fita 1, lado A. Para a ordem do CIE, José Barros Paes, entrevista em 23 de julho de 2004, fita 1, lado B.

Cruzeiro do Sul, no Canindé. Enquanto Mota era mantido em um cárcere clandestino, a Investigação infiltrou um policial militar – o sargento Ovídio Carneiro de Almeida, o agente Everaldo – no Centro Social de Subtenentes e Sargentos da corporação para mapear a célula. Os suspeitos passaram a ser seguidos. A paquera e o levantamento duraram quase um mês. Antes de começar as prisões, o Doutor Ney mandou transferir Mota para a sede da *Casa da Vovó*. Em 2 de julho de 1975, a Seção de Busca trouxe Buonome, o homem que contatara o dirigente comunista no Canindé.[12] Ele havia sido candidato a deputado estadual pelo MDB em 1966 e era ligado ao clube dos sargentos. Depois dele, outro "político" caiu nas mãos do DOI. Tratava-se do 2º sargento Luiz Gonzaga de Oliveira, que fora eleito vereador em São Paulo pelo PTN em 1963 – na mesma eleição, o PCB emplacara Odon Pereira da Silva (PTB) e Moacir Longo (PSB). Nem mesmo Longo sabia que o colega de legislatura tinha ligações com o partidão. "O trabalho militar era muito fechado no Partido."[13] Em 1972, Luiz Gonzaga voltara a candidatar-se e ficara com a segunda suplência do MDB. Era o 1º vice-presidente do Centro Social quando foi preso sem que a corporação soubesse a razão. Pouco depois foi a vez do tenente Osnir Geraldo Santa Rosa, que estivera preso em 1970 por suspeitas que o ligavam a um grupo guerrilheiro, e do soldado Oirasil Werneck, ex-presidente do Centro Social de Cabos e Soldados. O corajoso Werneck conhecera a cadeia pela primeira vez em 1º de abril de 1964, quando mandara distribuir 5 mil panfletos nos quais dizia que "unidos aos oficiais patriotas, operários e estudantes" os praças da Força Pública resistiriam aos "gorilas e golpistas". Acabou cassado pelo regime. Onze anos depois, ele e seus colegas de corporação foram requisitados pelo DOI e entregues pela PM à *Casa da Vovó*.[14] "Não me consulta-

---

12   Para o encontro de Mota e Buonome, entrevista do agente Chico em setembro de 2004, fita 2, lado A. Para a infiltração de Everaldo, tenente Neuza, entrevista em 12 de maio de 2005, fita 6, lado B. Para a vigilância sobre os integrantes da célula, ver agente Alemão, entrevista em 14 de abril de 2005, fita 2, lado A. Conferir ainda o ofício *488/75-E/2-DOI*, de 17 de julho de 1975 encaminhando para o Dops os primeiros dez presos que haviam tido o interrogatório encerrado no DOI. O documento é assinado por Paes.

13   Moacir Longo, entrevista em 11 de dezembro de 2013.

14   Para a entrega dos policiais ao DOI, entrevista do agente Chico em setembro de 2004, do coronel Francisco Profício em setembro de 2004, do coronel Bruno Éboli Bello em 7 de julho de 2004. Para o panfleto do Centro Social de Cabos e Soldados, ver AA. Para Santa Rosa

ram sobre as prisões", disse o então comandante da Seção de Informações do Estado-Maior da PM, tenente-coronel Bruno Éboli Bello, que controlava o serviço de informações da corporação. Um de seus capitães criou um grupo para prender "os comunistas" e levá-los ao DOI. "Eu montei essa equipe para evitar que alguém dissesse que o Exército é que estava prendendo o nosso pessoal", contou Newton Borges Barbosa.[15] Houve, porém, uma exceção: um suspeito não seria preso pela equipe do capitão.

No dia 9 de julho de 1975, um carro do Estado-Maior da Polícia Militar estacionou em frente da casa do tenente-coronel Vicente Sylvestre, no Butantã, na zona oeste. Éboli estava nele. Homem de hábitos simples e sereno, ele havia liderado a "greve dos bombeiros" em 1961 e achava as histórias sobre comunistas na polícia um exagero. "Isso era um bando de gente que se reunia debaixo da ponte para ler a *Voz Operária*". Era religioso e contrário à tortura e aos excessos do regime, mas, de repente, viu-se escolhido para o cargo na área de informações. Naquele dia, sua missão era levar o colega preso até o quartel-general da PM, na Praça Coronel Fernando Prestes, no Bom Retiro, no centro. O prisioneiro era um caso especial. Primeiro por ser coronel da ativa; depois por se tratar de oficial benquisto na corporação. Crescera em uma família operária da Vila Anastácio, na zona oeste. Tinha ideias socialistas e votava sempre nos candidatos do Partido, apesar de nunca ter sido a ele filiado. Empolgara-se pela campanha *O Petróleo é Nosso* e entrara em seguida na Guarda Civil, nos anos 1950. Sylvestre ficou dois dias em uma sala no subsolo do quartel. Três andares acima, o general Francisco Batista Torres de Melo, comandante da PM, espumava de raiva. "Traíste a tua Pátria e o teu comandante!", gritou, ao ver o preso.[16]

e Weneck, Osnir Geraldo Santa Rosa, entrevista em 3 de agosto de 2004, fitas 1 e 2, e AEL-Unicamp, BNM 162.

15 Coronel PM Newton Borges Barbosa, entrevista 26 de fevereiro de 2007. Borges era então capitão e montou a equipe. Chegou ao Subcomando-geral da PMESP no governo de Franco Montoro (1983-1987).

16 Para a prisão de Sylvestre, coronel Newton Borges Barbosa, entrevista 8 de julho de 2004, fita 3, lado A; coronel Bruno Éboli Bello, entrevistas em 7 e 14 de julho de 2004, fitas 3, lado B e fita 4, lado A; general Francisco Batista Torres de Melo, entrevista em 6 de junho de 2004; coronel Erasmo Dias, entrevista em julho de 2004, e coronel Vicente Sylvestre, entrevistas em junho e julho de 2004. Ver ainda AEL-Unicamp, BNM 26, caixa 1, volume 1; caixa 1, volume

Na manhã do dia 11 de julho, dois agentes chegaram ao QG para levá-lo à *Casa da Vovó*. Um deles era o Capitão Ubirajara. "Eu nunca imaginei que seria torturado. Pensei que iam me levar para uma conversa", disse Sylvestre. Deram-lhe um macacão verde-oliva e um capuz. Éboli impediu que lhe colocassem o capuz dentro do quartel-general e acompanhou o preso até a sede do DOI para que nada lhe acontecesse no trajeto. "Não precisava haver exageros dessa natureza", disse Éboli. Mal passou o portão do Destacamento, Sylvestre foi abruptamente encapuzado e levado a uma saleta. Tiram-lhe o capuz. Viu então um colega, o coronel da reserva Carlos Gomes Machado. Estava em frangalhos e implorava para que contasse tudo. Passou por oito dias contínuos de interrogatórios. Tapas, socos, telefones e gritos: "Hoje você fala!" Mandaram-no ficar nu e sentaram-no na cadeira do dragão. Choques. "Seu comunista filho da puta!" Ficou sem comer. Tentaram vergá-lo com um questionário. À pergunta se o comunismo era o regime ideal para o Brasil, ele respondeu após dez dias de surras: "Não é ideal só para o povo brasileiro, como também para todos os povos, porque nele não existe exploração do homem pelo homem." Apanhou com porrete e palmatória. Além de Sylvestre, estavam presos na *Casa da Vovó* um capitão e sete tenentes da ativa. Saiu de lá no dia 23 de julho. As pressões do comando da PM e do governador Paulo Egydio começaram a dar resultado. A ação do DOI pisou no calo de dois oficiais do Exército: o coronel Antonio Erasmo Dias, então secretário da Segurança Pública, e o general Torres de Melo, comandante-geral da PM. "Pra mim, houve excesso de zelo", disse Erasmo. O DOI acirrava ressentimentos e se isolava cada vez mais.

> Acharam que tinham o direito de pegar qualquer um, o cara na rua, e eu nunca gostei disso. Eles quiseram fazer com esse pessoal o mesmo que faziam com gente da ALN, da VPR e MR-8 e não era a mesma coisa. E passar por cima do Torres e de mim, não era recomendado, pois eles não dividiram a responsabilidade com a gente e não gostamos. Nós éramos do setor de informações. Nós que na hora H, nós é que

3, p. 429 e caixa 2, volume 4, página 815 e também AESP Deops-SP/30-C-23602 a 23.608, *Relatório Periódico de Informações nº 8/75*, do 2º Exército e a pasta OSI879 (Vicente Sylvestre).

> quebrávamos o galho, pois, quando morria alguém, quem ia fazer a perícia era o nosso pessoal.[17]

Sylvestre e outros foram mandados de volta à pm para que respondessem aos processos administrativos que os demitiriam. Paulo Egydio temia uma revolta na corporação e quis pôr um ponto final na ação do doi, pois julgava sua polícia competente para resolver o caso. Mas o Destacamento não queria largar o osso. E, a 5 de agosto, Sylvestre e outros foram levados de volta ao doi. Puseram-no de imediato no pau-de-arara. Aplicaram choques elétricos e, quando finalmente desceram-no do cavalete, um dos torturadores começou a chutar sua cabeça como se fosse uma bola. Ergueram-no e prenderam seus braços em argolas na parede, acima de sua cabeça. Ficou assim pendurado, enquanto recebia socos e via outro colega ser torturado. Queriam mais nomes. Suspeitavam de outros quatro coronéis da ativa e três da reserva. Entre eles estava o chefe do Estado-Maior da pm, coronel Hélio Guaicurus de Carvalho. O segundo homem na hierarquia da corporação tornara-se suspeito por ter indicado Sylvestre para chefia do Estado-Maior do Interior. Também no Serviço de Informações da pm achavam que Guaicurus protegia os comunistas. Erasmo Dias procurou o governador.[18] Disse que o comandante do 2º Exército queria fazer mais prisões na pm. Paulo Egydio deu um murro na mesa. "Não admito! Em hipótese alguma isso vai ocorrer!."[19] Debilitado e com o rosto desfigurado, Sylvestre continuava sendo triturado quando viu passar no corredor outro oficial moído pelo torturadores. Era um homem de 63 anos. O destino do tenente reformado José Ferreira de Almeida, o Piracaia, começaria a decidir a batalha de São Paulo contra a linha dura.

---

17 Erasmo Dias, entrevista em julho de 2004.
18 Para os coronéis suspeitos, ver os1879 (Sylvestre), interrogatório preliminar feito entre os dias 20 e 21 de julho, bnm 26 caixa 1, volume 3, página 429 e caixa 2, volume 4, página 817, ael-Unicamp.
19 Para o diálogo, martins, Paulo Egydio. *Paulo Egydio Conta*, p. 460. Para as suspeitas do Serviço de Informações da pm contra Guaicurus, Coronel Newton Borges Barbosa, entrevista em 26 de fevereiro de 2007.

Os torturadores estavam ensandecidos. Haviam descoberto que um dos "policiais comunistas" havia se infiltrado entre eles e trabalhado em uma equipe da Busca de março de 1970 a maio de 1972. Culpavam-lhe pelo vazamento de nomes de presos e de informações que podiam ter levado à captura de outros subversivos. Acusavam-no ainda de fornecer ao PCB a relação de "todos os elementos que trabalhavam no DOI". Havia na *Casa da Vovó* quem o quisesse morto. Foi nesse clima que um dos presos contou que ouvira de Piracaia que este mantinha encontros com oficiais do Exército. Na noite de 7 para 8 de agosto de 1975, homens do CIE entraram na sede da *Casa da Vovó*.[20] Abrir o setor militar do Partido nas Forças Armadas era uma ambição antiga da linha dura. Sabiam que ele existia, pois Prestes e boa parte da direção dos comunistas era egressa das Forças Armadas, onde teriam deixado amigos e simpatizantes. Muitos haviam sido cassados sucessivamente nos anos 1950 e depois do golpe de 64. Mas certamente haveria algum Lamarca ainda escondido em algum quartel para ser desentocado. A pressão sobre Piracaia foi enorme. O velho militante que distribuía a *Voz Operária* entre seus colegas e recolhia contribuições modestas para o Partido não aguentou.[21] Pela primeira vez a polícia técnica foi chamada e entrou na *Casa da Vovó* para fazer um "exame de local de suicídio". Assinado pelo perito criminal Francisco Gordo Mieza, o laudo conta que Piracaia estava na cela 1 – o lugar media 2 metros por 3,3 metros – enforcado com o cinto do macacão amarrado na grade da janela. As pernas dobradas no chão mostravam que dali ao solo não havia altura suficiente para que se pendurasse. Pouco importa. Quatro dias depois o documento estava pronto: para o perito, o preso cometera suicídio. Tudo parecia arranjado. Tanto que os agentes continuaram as prisões. No dia 11 de

---

20 Para a presença do CIE no DOI no dia da morte de Piracaia, agente Chico, entrevista em 27 de outubro de 2004, fita 4, lado A. Para a reação a respeito do suposto infiltrado, ver agente Chico: "Aí a gente passou a ver aquele grupo como traidores que nos matariam se pudessem", entrevista em 6 de outubro de 2004, fita 3, lado A. O suspeito era Zaqueu Alves de Oliveira, que sempre negou a acusação.

21 Para a morte de José Ferreira de Almeida, entrevistas com o agente Chico em 2005; *Brasil Nunca Mais*, p. 257; AEL-Unicamp, BNM 26, caixa 1, 3º volume, páginas 490 a 498.

agosto, chegava ao Destacamento o coronel José Maximino de Andrade Netto. Ex-comandante do 8º Batalhão da PM, em Campinas, o oficial se havia aposentado prematuramente após um acidente deixar seu braço semiparalisado. Maximino, que fizera carreira na antiga Força Pública, também tinha ideias socialistas. Ele foi levado pelos agentes à sala onde estava Sylvestre, que não o conhecia. "Ele me viu daquele jeito e perguntou se eu era da ativa. Disse que era tenente-coronel da ativa." Ao que Maximino respondeu: "Se você que é da ativa está nessa situação, eu, que sou da reserva, vou sair daqui morto".[22]

A morte de Piracaia e os maus-tratos contra os presos fizeram recrudescer as reações dos policiais nos quartéis da PM. Um tenente do Serviço de Informações da PM – Silvio Raimundi – levava ao governador todas as denúncias. E Paulo Egydio informava tudo aos seus poderosos amigos de Brasília: o presidente e o ministro-chefe da Casa Civil. Advogado de 33 dos policiais detidos, Luiz Eduardo Greenhalgh foi ver o arcebispo de São Paulo.[23] A situação fez o comandante do 2º Exército ordenar que Paes fosse ao Destacamento verificar o estado de saúde do coronel Sylvestre.

Os rumores de que ele havia sido brutalmente torturado haviam chegado a Brasília. O caso havia parado na escrivaninha do ministro do Exército. Frota decidira chamar à cidade o general D'Ávila Melo. Do diálogo que se seguiu, restou apenas a versão do ministro. "Ednardo, você está contra mim?" "O que é isso Frota? Por que eu iria estar contra você?" O ministro, que tinha ambições de ser presidente, contou-lhe sobre o rolo danado que se criara em torno de Sylvestre. E continuou: "Não é possível, Ednardo, que isso aconteça! Você deve tomar enérgicas providências." D'Ávila Melo teria reconhecido que "houvera algum excesso no interrogatório" do oficial da PM. Frota sugeriu o afastamento de algum dos envolvidos. Queria dar satisfações ao presidente e acalmar a oposição à linha dura em São Paulo.

---

[22] Vicente Sylvestre, entrevista em 12 de julho de 2004, fita 1, lado B. Para a carreira de Maximino, Odacy Almeida Andrade, viúva do coronel, entrevista em 10 de julho de 2004, fita 1, lado A. E ainda Salomão Galdino, entrevista em 10 de julho de 2004, fita 1, lado A.

[23] Para a reação à prisão, entrevistas dos coronéis Vicente Sylvestre, Newton Borges Barbosa, Bruno Éboli Bello, José Lopes Castilho e Erasmo Dias e do governador Paulo Egydio Martins. Ver ainda FROTA, Sylvio. *Ideais traídos*, p. 221, 222 e 251.

O caso de Sylvestre se tornaria o único conhecido em que a tortura de um preso seria admitida por escrito pelo ministro do Exército em reunião do Alto Comando.[24]

Era 13 de agosto quando a porta da cela de Sylvestre foi aberta para que o todo-poderoso Paes entrasse. Estava acompanhado por um homem em trajes civis. O coronel disse ao prisioneiro que estava ali em nome do comandante do 2º Exército – fazia uma semana que o detido tivera a cabeça chutada no interrogatório. Ao vê-lo com o rosto desfigurado, Paes determinou a sua remoção.

> O coronel havia sido preso e estava conosco. Em um dado momento... você tem de devolver o coronel à polícia, mas você não pode mandar de volta o oficial com o olho da maneira que está. Então, quando eu cheguei e vi, eu mandei imediatamente para o hospital fazer tratamento.[25]

Levaram-no para o Hospital das Clínicas. De lá, os médicos determinaram sua remoção para o Hospital dos Defeitos da Face, no Ibirapuera. Suspeitavam de fraturas no rosto. Enquanto o tratavam, outro coronel ameaçava detonar mais uma crise. A saúde de Maximino, o homem que achava que não sairia vivo do Destacamento, começou a piorar. Com medo das consequências de um segundo cadáver militar dentro da *Casa da Vovó*, os agentes resolveram livrar-se do problema. Mandaram o oficial de volta para casa, em Campinas, em um táxi. Sua família o levou para um hospital naquele dia. No seguinte, o militar reformado morreu no hospital. Era dia 18 de agosto. Em 24 horas, o DOI receberia ordem para encerrar as investigações sobre a célula dos policiais. Deveria devolver à corporação imediatamente os homens que lá ainda estivessem detidos. O comando da PM também quis terminar tudo rapidamente. Torres de Melo, que prometera ao Exército que continuaria a

---

24 Além de descrever o episódio em seu livro de memórias, Frota publica o roteiro da reunião do Alto Comando do Exército de 22 de janeiro de 1976. O documento trata da crise que levara à demissão de D'Ávila Melo. Ao tratar dos antecedentes, ele rememora a morte de Piracaia e diz que Sylvestre foi esmurrado por um sargento no DOI. É dos raros papéis de um prócer da ditadura a admitir a tortura de um preso (FROTA, Sylvio. *Ideais traídos*, p. 251-254).

25 José Barros Paes, entrevista em 23 de julho de 2004.

apuração até o fim e o fundo, determinou aos presidentes dos inquéritos que concluíssem o trabalho naquela semana. Não queria mais saber de confusão.[26] Para o coronel Paes, toda a reação às prisões foi causada por simples corporativismo da polícia. Ao todo, 63 PMs foram indiciados como integrantes da célula. Havia 9 oficiais e 37 praças da ativa e 12 oficiais e 5 praças da reserva.[27] Quase uma dúzia foi ainda detida, mas apenas ouvida preliminarmente e liberada. Muitos nem mesmo prestaram depoimento, incluindo os coronéis que o general D'Ávila Melo queria prender.[28]

Bandidos

A *Casa da Vovó* resolveu então prosseguir por outras células do Partido para desentocar cada comunista ou suspeito que houvesse. Buscava trabalho novo que lhe garantisse sobrevivência e poder. E acreditava que eles se haviam espalhado até o coração do governo do Estado. Poeta da geração de 45 e tradutor de Shakespeare, Yeats, Keats, Byron, Virgílio, Mallarmé, Villon e Gongora, Péricles Eugênio da Silva Ramos era o secretário-chefe da Casa Civil de Paulo Egydio. Sua erudição o tornara suspeito. Péricles, pouco mais que um liberal, teve o nome incluído na lista que o CIE fez dos comunistas infiltrados no governo paulista.[29] Não era o único secretário da lista. Se pudessem, os agentes do DOI teriam pendurado até o chefe da Casa Civil de Geisel, o general Golbery.[30] Mas não podiam. Caíram então em cima dos estudantes ligados ao Partido na Universidade de São Paulo, dos arquitetos e das células operárias. O DOI enchia-se de quase uma centena de comunistas

---

26 Newton Borges Barbosa, entrevista em 8 de julho de 2004, fita 4, lado A.

27 BAFFA, Ayrton. *Nos porões do SNI*, p. 91. Uma parte dos PMs foi expulsa, entre eles Sylvestre. Em 1979, o Superior Tribunal Militar o absolveria. Por meio de uma lei de autoria do governo, o Estado pagou pensões às famílias dos militares cassados. Só em 1986 eles foram anistiados e, poucos, reintegrados à ativa, como o hoje tenente-coronel Osnir Geraldo Santa Rosa.

28 O então sargento Francisco Jesus Paz, por exemplo, chegou a ser detido, mas prestou depoimento e foi liberado sem nem mesmo ser indiciado. Era socialista, mas não pertencia ao PCB. Ver Francisco Jesus Paz, entrevista em 10 de agosto de 2004, fita 2, lados A e B.

29 BAFFA, Ayrton. *Nos porões do SNI*, p. 98 e 99.

30 Depoimento de Gildásio Cosenza a COUTO, Ronaldo Costa. *Memória viva do regime militar*, p. 110.

e simpatizantes presos. As celas lotaram e havia de novo quem tivesse de esperar sentado em bancos nos corredores para ser interrogado.

Nos primeiros dias do mês de outubro, um novo arrastão fez as prisões avolumarem-se de novo, atingindo outras 36 pessoas. Começaram as quedas entre os jornalistas. Os presos se agrupavam na revista *Visão* e na TV Cultura, do governo do Estado. Eram comunistas, o que não era segredo para ninguém. Todos sabiam que apito tocavam. Distantes do radicalismo da nova esquerda que começava a surgir nas faculdades – liderada principalmente por grupos trotskistas –, eles eram disciplinados e cultos e estavam sendo agora detidos, despidos, encapuzados e torturados. Os interrogadores exigiam nomes e endereços. No dia 17, uma Veraneio da Seção de Busca encostou em frente da casa do chefe de reportagem da *TV Cultura*, o jornalista Paulo Markun. Queriam levá-lo com sua mulher, Dilea Frate. Mas, antes de entrar no carro que o conduziria ao Açougue, Markun conseguiu pedir à irmã, que fora visitá-lo em casa, que avisasse seu chefe, Vladimir Herzog, e outro jornalista sobre a prisão do casal. Herzog havia sido nomeado diretor de jornalismo da emissora em 1º de setembro e logo se tornou vítima de uma campanha anticomunista movida por dedos-duros. O principal assinava uma coluna no jornal *Shopping News* e se chamava Claudio Marques. Na Assembleia Legislativa, dois deputados pediram providências. Um era Wadih Helú e o outro, José Maria Marin.[31]

Herzog nascera na Iugoslávia. Era filho único. Aos 9 anos, sua família o trouxe para o Brasil. Começara no jornalismo em 1959. Ele sabia que os militares haviam colocado seu nome na lista dos que seriam presos. Na noite de 23 de outubro, uma quinta-feira, deu um aviso ao amigo Marco Antônio Rocha, o Marquito, jornalista do *Estadão*: ele também seria preso. Marquito lhe disse que iria para uma fazenda no interior e só voltaria depois que as coisas se acalmassem. Herzog disse que continuaria em São

---

[31] Helú foi presidente do Sport Club Corinthians e deputado estadual em São Paulo. Morreu em 2011. Deputado estadual, Marin foi eleito vice-governador de forma indireta em 1978. Assumiu o governo paulista em 1982 permanecendo no cargo até 1983. Presidiu a Federação Pauista de Futebol (1982 a 1988) e assumiu em 2012 a direção da Confederação Brasileira de Futebol (CBF).

Paulo. Tinha muito o que fazer na TV *Cultura*. Na sexta-feira, dois estranhos foram procurá-lo em casa. Clarice Herzog, sua mulher, os atendeu. Queriam contratar o diretor de jornalismo da emissora para fazer no domingo fotos de uma festa de casamento. A história furada fez Clarice telefonar para o marido, pôr os dois filhos no carro e rumar para a TV. Mas os homens da Busca já estavam por lá, entre eles o sargento Bordini.[32] Queriam que Herzog os acompanhasse. Ele conversou com a mulher e, quando se preparava para sair, um colega lembrou que ele ainda devia dar instruções sobre um programa e uma reportagem que iria ao ar no dia seguinte. Enquanto isso, a direção da emissora se mobilizava. O repórter Paulo Nunes, que cobria a área militar, telefonou para a casa do coronel Paes. Disse que o chefe estava trabalhando, e Paes autorizou que Herzog se apresentasse no dia seguinte, às 8 horas, na Rua Tomás Carvalhal, então a entrada principal do DOI.

> Marquei local e hora no dia seguinte: Apresenta às 8 horas da manhã, no DOI. E ele [Nunes] levou lá. O Herzog chega e qual o procedimento do DOI? Identificação e vai ser interrogado.[33]

Herzog passara a noite em casa com o colega. Pela manhã, Nunes o deixou na portaria do DOI. Deram-no um macacão de preso para vestir e encapuzaram-no antes de conduzi-lo à sala do Interrogatório. Dois outros jornalistas permaneciam sentados no corredor enquanto um homem magro e musculoso, com 1,75 metro de altura e cerca de 30 anos começou a "trabalhar com o cliente". Nenhuma pergunta específica. Apenas a admoestação: "Fala!" O interrogador tinha uma âncora tatuada no antebraço esquerdo. Era o investigador Pedro Mira Granciere, também chamado de capitão Ramiro ou Pedro Âncora, um homem que costumava se gabar de sua eficiência para os colegas. Em suas mãos já haviam morrido outros presos, como Hiroaki Torigoe e Frederico Mayr, ambos do Molipo. Por ele passara ainda Hélcio Pereira Fortes (ALN), para quem montaram um teatro no qual

---

32 Agente Chico, entrevista em 20 de maio de 2013.
33 José Barros Paes, entrevista em 23 de julho de 2004. Fita 2, lado B.

sua morte em tiroteio foi encenada.[34] Naquele dia de plantão estavam trabalhando no Destacamento o Doutor Paulo e o capitão Ubirajara, um dos responsáveis então pela relação com as autoridades civis.[35]

Decidiram levar os jornalistas até Herzog. Deviam dizer ao colega que de nada adiantava negar o que já era conhecido na *Casa da Vovó*. O diretor da TV Cultura manteve-se firme: nada sabia. Arrancaram os dois da sala e vieram os gritos. Primeiro de Pedro Âncora, depois de Herzog. Começaram os choques elétricos e aumentaram o volume do rádio para encobrir o suplício. A voz da vítima se abafou. Parecia que a haviam amordaçado. Rodolfo Konder era um dos jornalistas no corredor. Conduziram-no mais uma vez à presença do amigo. Encontrou-o encapuzado, com as mãos trêmulas e a voz enferma. Era a última vez que o veria com vida. Às 15 horas do dia 25 de outubro, ele estava morto em uma cela no primeiro andar. Os agentes sabem o que aconteceu.

> Eu acredito que tenha sido acidente de trabalho. Não estava lá pra ver naquele dia. No dia em que aconteceu era um sábado. Segunda-feira estava noticiado. [...] O que ocorreu não se comentava. Sabia-se que ele foi achado lá em cima morto.[36]

Os agentes avisaram o coronel Paes e o tenente-coronel Maciel, o radical antissemita que chefiava o DOI.[37] Ambos foram lá. Ubirajara levou duas horas para chamar a perícia técnica, que fez o laudo do "suicídio". Como Pi-

---

34 Para a morte de Torigoe, *Carta as Bispos Brasileiros*, AESP Deops-SP/OSI1125, documento 10, e para a execução de Hélcio, agente Chico, entrevista em 10 de novembro de 2004.

35 Para os presentes no DOI no dia da morte de Herzog, ver entrevista agente Chico em 26 de fevereiro de 2005, fita 8, lado A.

36 Agente Chico, entrevista em 27 de outubro de 2004, fita 5, lado A. A tenente Neuza, que era da Investigação, explica de forma diferente o que houve: "É a mesma coisa que pegar você e levar pra lá. Eles te humilham tanto, te põem no pau-de-arara, que você fica humilhado e, no dia seguinte, você não tem coragem de olhar no espelho. No dia seguinte, ele [Herzog morreu no mesmo dia em que entrou no DOI] resolveu pôr fim nisso aí, como aquele outro operário [Manoel Fiel Filho]. Por que lá funcionava assim... se o cara tinha um piripaque, lá tinha um enfermeiro de plantão que ia pôr ele de pé. Eu vi fazer muitas vezes isso: trazer o cara de volta". Entrevista em 3 de maio de 2005, fita 5, lado A.

37 Para o antissemitismo de Maciel, ver o depoimento dele em *História Oral do Exército, 1964, 31 de março*, tomo II, p. 152, no qual ele chama Herzog de "judeu, apátrida, que nem brasileiro era".

racaia, Herzog amarrara um cordão na grade inferior da janela e enforcara-se sem que a distância até o solo lhe proporcionasse um vão livre. "Mataram o Vlado", gritou Clarice quando a direção da Fundação Cultura tentava lhe dizer que a situação de seu marido se complicara. Em pouco tempo mais essa notícia chegaria a Brasília. Golbery acusou a *Casa da Vovó* de querer destruir o governo. O choque seria grande. Quem conta é o coronel Paes.

> O Herzog foi um divisor de águas. Depois dele, mudou nossa forma de agir. Você, que era herói até aquela data, passou a ser bandido, apesar de ter agido dentro das normas e diretrizes do Exército.[38]

A manutenção da guerra contra o Partido interessava ao ministro Frota – a ordem era sua, contou Paes –, que assim buscava abrir estrada para sua candidatura à presidência. Interessava ainda ao general D'Ávila Melo em São Paulo, pois Herzog seria mais um comunista infiltrado no governo de Paulo Egydio, seu desafeto. A explicação de Paes pode esclarecer algumas das dúvidas de muitos dos agentes da *Casa da Vovó*. Eles viam com restrição aquele arrastão contra a base do Partido, pois não identificavam os presos como uma ameaça, a exemplo do que haviam sido os integrantes das organizações armadas. Um desses agentes recebera a Medalha do Pacificador com Palma em 1972. Era Dirceu Antonio, o Toninho, braço direito do Doutor Edgar, o chefe da Análise.

> Não quero dizer nada, mas foi estranho... pois a importância dele [Herzog] para o combate ao terror era tão pequena; o Herzog era tão insignificante que não valia a pena tê-lo pego porque fazia parte de uma célula de jornalistas. O que eu posso dizer é que não foi trabalho normal do órgão, fugiu à normalidade. Não era objetivo do órgão e te digo isso não porque você seja jornalista, mas porque é a verdade.[39]

---

38 José Barros Paes, entrevista em 7 de outubro de 2005.
39 Dirceu Antonio, entrevista em 30 de janeiro de 2006. Para a medalha, Secretaria-geral do Exército, portaria ministerial nº 858, de 19 de setembro de 1972, publicada no Boletim do Exército nº 42, de 20 de outubro de 1972.

Em 2004 Paes ainda repetia o que disse aos jornalistas que foram ao QG do 2º Exército depois do enterro de Herzog: o preso se matara. "Ele faz a sua declaração, a sua confissão e assina. E depois que fez isso, se arrependeu, rasgou e resolveu se enforcar." A direção do sindicato havia sido convocada pelos generais, que temiam a mobilização que começava a se formar em torno do caso. Paes lhes exibiu a foto do corpo com as pernas dobradas no chão e a conclusão da perícia: suicídio. Aos presos, o jovem tenente Tamoto Nakao, o Doutor Noburo, tentara explicar no dia seguinte que Herzog se matara para não contar o que sabia, que ele era um agente do serviço secreto soviético, a KGB. O DOI tentava detonar a abertura, mas o explosivo ameaçava despedaçá-lo. Ninguém engoliria a nota oficial que a seção de Paes produzira sobre o caso. O Exército afirmava que as prisões se enquadravam "rigorosamente dentro dos preceitos legais". Não se queria punir os jornalistas, mas tão somente salvaguardar a "ordem constituída e a segurança nacional". O jornal O Estado de S. Paulo pensava diferente e publicara: "Interessa-nos saber a responsabilidade por esse clima de terrorismo; pois é de terrorismo que se trata".

De repente, outro desafio ao DOI: os jornalistas, os estudantes, a oposição ao governo e religiosos resolveram fazer no dia 31 de outubro daquele ano um ato ecumênico na Catedral da Sé, em São Paulo. Trinta mil estudantes decidiram não mais assistir às aulas até lá. Panfletos convocavam a população para o protesto. Para enfrentar a ameaça, o governo mobilizou as Polícias Civil e Militar. A primeira convocou 172 homens de três departamentos. Eles teriam na Sé dois binóculos, duas máquinas fotográficas, uma filmadora, 28 rádios de comunicação e 27 viaturas, das quais 20 tinham chapas frias. Todos levariam lenços vermelhos nos bolsos. Montava assim a chamada Operação Gutemberg, cuja coordenação caberia ao delegado Sérgio Paranhos Fleury. A missão desses homens era infiltrar-se na igreja e nas cercanias da praça. A ordem era impedir passeatas, faixas e cartazes. Os detidos seriam triados no quartel do Corpo de Bombeiros, na Praça Clóvis Bevilacqua, e levados depois para o Dops. A partir das 8 horas, o departamento manteria rondas motorizadas nos itinerários entre a Praça da Sé e o campus da

USP. Ao mesmo tempo, a PM participaria com a Tropa de Choque, com três Batalhões de Trânsito e com o 16º Batalhão, ao lado da Cidade Universitária, no Butantã. A Coordenadoria de Operações e Informações (Ciop), da Secretaria da Segurança, chamou o emprego conjunto dessas forças – ao todo mais de 500 homens – de Operação Terço. O inimigo era representado por "subversivos, simpatizantes e inocentes úteis em flagrante atitude de perturbação da ordem".[40]

Quem resolveu perturbar a cidade naquele dia foram os militares. Os coronéis Paes e Erasmo Dias deliberadamente tornaram a vida da cidade um caos. Havia *blitze* em todo canto. Ao redor da Sé, os batalhões do trânsito montaram 25 "postos de orientação". Ao todo, 385 barreiras tentavam esvaziar o ato ecumênico.[41] Até o reverendo Jaime Wright ficara preso no congestionamento. Chegou depois das 16 horas na catedral. Havia oito mil pessoas na igreja e nas escadarias que a circundam. "Nas minhas dores, ó Senhor, fica ao meu lado", repetiam os padres. No altar havia dois rabinos, 20 sacerdotes católicos, o arcebispo de Olinda e Recife, d. Helder Câmara, e o cardeal-arcebispo de São Paulo, d. Paulo Evaristo Arns. O cardeal foi mais incisivo do que na missa de Vannucchi. "Não matarás. Quem matar se entrega a si próprio nas mãos do Senhor da história e não será apenas maldito na memória dos homens, mas também no julgamento de Deus."[42]

Geisel estava em São Paulo. Diante de Paulo Egydio disse ao general Ednardo D'Ávila Melo que não aceitava o que ocorrera. Sem a presença do governador, indagara sobre o andamento do inquérito do caso e D'Ávila Melo disse que o ministro Frota determinara que não o instaurasse. O presidente reagiu. A morte acontecera em um quartel, portanto, tinha de haver um IPM e este devia ser presidido por um general, pouco importando

---

40 Ver MACHADO, Tácito Pinheiro. *Operação Gutemberg*, de 30 de outubro de 1975 (AA) e coronel Sidney Teixeira Alves, Operação Terço (AMFV) e José Barros Paes, entrevista em 23 de julho de 2004, fita 1, lado A.
41 Para o total de bloqueios na cidade, ver JORDÃO, Fernando Pacheco. *Dossiê Herzog*, p. 82, e GASPARI, Elio. *A Ditadura Encurralada*, p. 198.
42 JORDÃO, Fernando Pacheco. *Dossiê Herzog*, p. 88.

se isso exporia os homens da *Casa da Vovó*.[43] O comandante do 2º Exército contara a Paes que o presidente não queria mais mortes no Destacamento. A *Casa da Vovó* estava acuada. Paes começou a tratar de sua transferência para a 9ª Região Militar, em Campo Grande, acompanhando o amigo, o general Gentil Marcondes, que assumiria o comando da região. O inquérito militar sobre Herzog não daria em nada. A começar do laudo sobre a morte, que atestava o suicídio.

> O Harry Shibata, que era o médico do IML [Instituto Médico-Legal], ele fez uma coisa assim... ele fez algum trabalho político, usando o termo, em alguns casos em que foi necessário apoio do IML pra você evitar o mal maior.[44]

Shibata foi um dos legistas que assinaram o laudo sobre Herzog. O encarregado do inquérito ouviu testemunhas, analisou laudos e concluiu que nada de errado ocorrera no DOI. Para o coronel Paes, a "esquerda aproveitou aquilo, porque eles queriam um cadáver, queriam uma bandeira, um mártir". A opinião do presidente Geisel era diferente. O general não tinha dúvidas: "Aquilo foi um verdadeiro assassinato".[45]

Após soltar os jornalistas, o DOI continuou atrás de comunistas e a produzir documentos sobre a infiltração de subversivos na sociedade. O órgão não largava o osso. Mesmo depois do terremoto que levaria à destituição de seu chefe e do comandante do 2º Exército, os homens da *Casa da Vovó* permaneciam vigiando a imprensa. Produziram alguns documentos ameaçadores. O primeiro é de 9 de março de 1976. Os agentes pediram aos seus colegas do SNI e do Dops informações que ligassem 18 jornalistas da célula do PCB com o Sindicato dos Jornalistas e com outros colegas nas redações. Em nova busca de informações feita em 8 de julho sobre "a infiltração comunista na imprensa de São Paulo", os militares

---

43 Depoimento do general Gustavo Moraes Rego Reis, em D'ARAÚJO, Maria Celina; SOARES, Gláucio A. D.; CASTRO, Celso. *A volta aos quartéis: a memória militar sobre a Abertura*, p. 65 e 66.

44 José Barros Paes, entrevista em 23 de julho de 2004, fita 2, lado B.

45 *Idem*; depoimento de Ernesto Geisel em COUTO, Ronaldo Costa. *Memória viva do regime militar*, p. 210.

listavam 38 esquerdistas que trabalhavam nas principais redações paulistanas.[46] Acusavam-nos de explorarem o caso Herzog articulados com o sindicato.

Um por cento

Depois da morte de Herzog, as prisões secretas e os cárceres clandestinos foram suspensos. Não se podia arriscar. Mas a campanha anticomunista prosseguia. E tinha como eixo ainda a distribuição da *Voz Operária* e as contribuições feitas para o Partido. Em 15 de janeiro de 1976, dois homens da Busca bateram na porta de mais um acusado: era o vendedor de bilhetes de loteria Sebastião Almeida, o Deco. O homem trabalhava em frente da fábrica Metal Arte, na Mooca, na zona leste, onde distribuía exemplares da *Voz* e recolhia contribuições para o Partido. Encapuzado e levado à *Casa da Vovó*, recebeu o tratamento de costume. No dia seguinte, os agentes foram buscar o operário Manoel Fiel Filho na fábrica. Eram 12 horas. Levaram-no até sua casa, um sobrado na Vila Guarani e a revistaram. Buscavam indícios de atividade subversiva, mas nada encontraram. A mulher de Fiel assustou-se com aquilo. Não sabia o que dizer às filhas. Tereza casara-se com o operário em 1954, que trabalhava havia 19 anos na Metal Arte. "Não chora, nega, que eu vou voltar logo." Ao entrar no interrogatório, Fiel Filho foi acareado com Deco. Queriam saber para quem ele entregava os exemplares a mais que recebia do jornal. Ouviram-no dizer: "Pelo amor de Deus, não judiem tanto de mim que vocês me matam." Menos de 24 horas depois, havia mais um morto no DOI. Enforcado, como os demais. Desta vez, no lugar do óbvio cinto, em torno de seu pescoço havia meias amarradas à janela.[47] O Doutor Noburo, oficial de plantão no dia, avisou os superiores. Fazia dois dias que o coronel Paes havia passado seu cargo para o

---

46 Para a lista dos 38 esquerdistas, ver AESP Deops-SP/OS270, *Documento 23*.
47 Para a tortura e morte de Fiel Filho, ver *Direito à Memória e Verdade*, p. 411 a 413; GASPARI, Elio. *A Ditadura Encurralada*, p. 211-226; MIRANDA, Nilmário; TIBÚRCIO, Carlos. *Dos filhos deste solo*, p. 348-353 e FROTA, Sylvio. *Ideais traídos*, p. 229-239.

coronel Arnaldo Bastos de Carvalho Braga, um veterano do CIE envolvido no combate à guerrilha do PCdoB no Araguaia.[48]

"Ô Erasmo, morreu mais um." Foi assim que o Secretário da Segurança Pública, o explosivo Erasmo Dias foi informado por telefone por um colega do 2º Exército. O homem que prendia e arrebentava em São Paulo vivia o que chamou de clima horroroso criado por "uma certa inconsequência, ineficiência e negligência dos subordinados do general Ednardo". Fiel Filho era o terceiro preso a morrer oficialmente durante a campanha anticomunista dos generais. "Por mais que fosse verdade – e vamos acreditar que fosse – é aquele velho preceito: a vida do custodiado é de responsabilidade de quem o custodia. Ele não pode nem se suicidar.", explicou Erasmo. O secretário chamou um perito.

> Eu chamei o Rodrigues, que era um perito, um médico-legista. "Rodrigues, vamos comigo até o DOI-Codi". Tava lá o Manoel. Tinha três lenços nele.
>
> – Dá uma olhada pra mim aí. Eu só quero que você me diga o seguinte: Há um por cento de chance de ele ter se suicidado? Ele [o perito] olhou, olhou, olhou e disse.
>
> – Não sei. Precisa fazer autópsia geral.
>
> – Mas assim, na aplicação?
>
> – Um por cento existe.[49]

O coronel avisou o governador; e ele, o presidente. "Não faça nada. Aguarde instruções."[50] Geisel não quis aceitar mais essa dos subordinados. Chamou Frota na segunda-feira em seu gabinete. Falando alto disse que Ednardo seria exonerado. O general que abraçou a campanha anticomunista do ministro e transformou o seu comando em base para as operações que destroçaram o PCB foi informado por Frota que estava fora. Para seu lugar foi nomeado o general Dilermando Gomes Monteiro. Caíram com D'Ávila Melo o comandante do DOI, o coronel Audir Santos Maciel,

---

48 CARVALHO, Luiz Maklouf. *O coronel rompe o silêncio*, p. 17, 22 e 25.
49 Erasmo Dias, entrevista em julho de 2004, fita 1, lado A.
50 MARTINS, Paulo Egydio. *Paulo Egydio conta*, p. 468-472.

e seu sub, o major Dalmo Lúcio Muniz Cyrillo. Em menos de um mês, a degola chegaria ao gabinete do ministro: o general Confúcio Danton de Paula Avelino perderia a chefia do CIE. A linha dura esmagara o PCB, mas terminava a batalha de São Paulo derrotada. Não porque o presidente defendesse os direitos humanos. Não era disso que se tratava, ainda mais para alguém que achava a tortura necessária "em certos casos". Geisel não queria era o alarde. A decisão de afastar o general antes puniu a incompetência do que a brutalidade.

Ao transformar a política em guerra, os homens da *Casa da Vovó* não perceberam que a vitória era um conceito tático, que as armas não eram mais as do vigor, pois elas não são capazes de produzir consenso ou de controlar o novo e expulsar o dissenso. Nem mesmo o totalitarismo fora capaz de cancelar a política das sociedades. Durante a batalha de São Paulo, a ameaça da tortura deixou de pairar exclusivamente sob as cabeças dos incautos que cometiam crimes ou optavam pela luta armada. Passara a ser uma possibilidade para todo aquele que se opusesse ao governo, o que contaminou a vida política do país.[51] Nem mesmo o antigo e conveniente segredo foi possível preservar. O suplício tornou-se mais público, quando já não era mais o caso para o governo, o que aumentou o isolamento político do regime e o conflito da repressão com a sociedade por causa dos métodos daquela. Sua onipresença levou a política, o Judiciário e camadas que jamais pensaram em cometer um crime a combaterem a tortura e as mortes nos quartéis, o que beneficiou até os esquecidos presos comuns das delegacias de polícia. O embaraço causado ao regime pela reação da sociedade lhe obrigava a enfrentar as resistências dos órgãos de segurança ao mesmo tempo em que não lhe poupava do desgaste político. "Quando a hierarquia se dá conta de que o custo dos porões é maior que os seus benefícios, ela vai ao manual e decide desativar a engrenagem. Recebe de volta a conta do seu erro."[52] No caso do coronel Paes, o erro lhe custou a carreira. Oficial respeitado, foi preterido na passagem ao

---

51 GASPARI, Elio. *A Ditadura Escancarada*, p. 27 e 28.
52 Idem, p. 27.

generalato, apesar de ter sido instrutor na Academia das Agulhas Negras, da Escola de Aperfeiçoamento de Oficiais (EsAO), e da Escola de Comando e Estado-Maior (Eceme).[53] O Exército iniciava sua longa retirada da guerra. Pela primeira vez, desde a sua criação, a *Casa da Vovó* via seus agentes expostos. Nomes verdadeiros e de guerra foram parar em inquéritos e processos judiciais. O comando percebeu que era preciso modificar a engrenagem criada por Waldyr Coelho, organizada por Carlos Alberto Brilhante Ustra e aperfeiçoada por Maciel. Em pouco mais de um ano quase nenhum brasileiro mais seria conduzido ao quartel para depor – sempre que isso fosse necessário, o Dops ou a Polícia Federal seriam requisitados. Começava a última e mais longa fase do condomínio de policiais e militares. Ela se estenderia até 1991.

---

53 José Barros Paes, entrevista com coronel em 23 de julho de 2004. Fita 2, lados A e B.

ADEUS ÀS ARMAS
Stalinistas e trotskistas

NOS ANOS 1970 a *Casa da Vovó* acertara a ALN, a VPR, a VAR-Palmares, o MRT, a ALA-Vermelha, Molipo o MR-8, o POC, o PRT, o PORT e a Rede. Executara dois líderes do PCR e montara um teatro em Moema para satisfazer uma vingança. Participara da caçada aos dirigentes da Ação Popular Marxista-Leninista, pois os militares temiam que eles tentassem no Nordeste fazer um trabalho "semelhante ao de Xambioá". Era uma referência à guerrilha do PCdoB no Araguaia, partido com o qual a maioria dos militantes da APML defendia a união – o que ocorreria em 17 de maio de 1973. A outra parte, que tentara manter-se independente, viu sete de seus dirigentes desaparecerem pelo país. Os agentes da *Casa da Vovó* lembram-se de algumas ações contra o grupo. Em 1972, Paulo César Moretti Gabriel, militante da APML, foi preso no Rio pelo agente Alemão, que fingira ser estudante e portador de um recado do pai do rapaz. Outra vez, contou Chico, uma militante da organização apresentou-se ao DOI. Concordava em falar em troca de informações sobre o marido sumido. O comando concordou. E assim foi até que ela aproveitou um descuido dos interrogadores e viu que o nome do companheiro estava na lista dos mortos mantida pelo Destacamento. Nunca mais falou.[1] Os homens da Investigação do Doutor Ney sequestraram e mataram um dos líderes da APML: Paulo Stuart Wright. A agente

---
1 Agente Chico, entrevista em 22 de dezembro de 2004.

Neuza estava no trem para o ABC que levava Wright quando ele foi visto perla última vez.² O DOI atacou ainda o MR-8 – cerca de 20 de seus militantes foram detidos em 1974 em São Paulo – e, finalmente, o PCdoB.³

Na estrutura montada pelo general Milton Tavares de Souza para exterminar a guerrilha do Araguaia, os DOIS de São Paulo e do Rio deviam cortar a linha de suprimentos aos três destacamentos da guerrilha cercados pelo Exército na floresta. O método usado seria o de sempre: investigação, infiltração, busca, interrogatório e análise. Nascido de um racha com o grupo de Prestes e de Giocondo Dias, o PCdoB reunira-se em torno de comunistas históricos: João Amazonas, Diógenes Arruda Câmara, Lincoln Cordeiro Oest, Pedro Pomar e Maurício Grabois. Eram todos stalinistas, e rejeitavam os rumos do partido soviético depois do 20º Congresso do PCUS, quando o culto à personalidade do georgiano e os crimes do Grande Terror foram denunciados pelo secretário-geral do PCUS Nikita Khruchev. Havia um homem de 43 anos em seu Comitê Central. Nascido em Niterói, Carlos Nicolau Danielli entrara para o partido em 1948. Três circunstâncias faziam dele um cabra marcado para morrer. Editava o jornal *A Classe Operária*, era o responsável por enviar militantes à guerrilha e cuidara da negociação da fusão da APML com o PCdoB, o que faria rejuvenescer o seu partido.⁴

Enquanto essa estrutura que aderiu ao PCdoB mantinha-se impenetrável aos militares, o mesmo não acontecia com a antiga organização do partido. Depois de sucessivas quedas no Espírito Santo e no Rio, que levariam à prisão

---

2   Para o trem, tenente Neuza, entrevista em 5 de maio de 2005. Para a prisão de Wright, João de Sá Cavalcanti Netto, entrevista em 13 de outubro de 2005. O nome de Wright consta do álbum de 44 folhas intitulado 'Curso na China'. Wright aparece como um dos 30 militantes da AP que fizeram o 'curso' naquele país, o que o tornaria um homem marcado para morrer. Ver AESP Deops-SP/0S260, informação 1731/73 do CIE ao Dops-SP.

3   Para as prisões do MR-8, ver AESP Deops-SP/0S264, informação 294/1974 de 27 de maio de 1974 e para a ação contra a APML, AESP Deops-SP/0S263, RPI/10 de 6 de novembro de 1973. Para uma história da Ação Popular, ver LIMA, Haroldo; ARANTES, Aldo. *História da Ação Popular: da JUC ao PCdoB*.

4   Para *A Classe Operária*, ver *Direito à Memória e à Verdade*, p. 324; para a guerrilha do Araguaia, ver MORAIS, Taís; SILVA, Eumano. *Operação Araguaia*, p. 233 e 234 e ainda NOSSA, Leoncio. *Mata!: o Major Curió e as guerrilhas no Araguaia*, p. 89 e 153. Para a APML, ver LIMA, Haroldo; ARANTES, Aldo. *História da Ação Popular: da JUC ao PCdoB*, p. 157.

e morte de Cordeiro Oest, o Exército passou ao DOI paulista uma missão: atacar a logística da organização em São Paulo, isolando-a do Araguaia. No dia 28 de dezembro, Maria Amélia de Almeida Teles, a Amelinha, deixou sua casa em companhia do marido, César Augusto Teles, e de Danielli. Iriam encontrar um companheiro que tinha ligações com o Rio e comprar remédios para César. Às 18 horas, quando Amelinha e o marido pararam o carro. Danielli desceu para encontrar o companheiro na Rua Loefgreen, na Vila Clementino, na zona sul. Ao estacionar o veículo, o casal foi cercado por equipes do DOI. Os agentes desceram com submetralhadoras nas mãos. Sabiam que haviam pego um peixe grande – Danielli. Os três foram levados ao DOI e imediatamente submetidos a interrogatório em separado. Cada um ouvia os gritos do outro. De Danielli queriam os contatos com a Comissão Executiva do Partido e com o Araguaia. "Ele era um quadro experiente e tinha muito pra falar", disse o agente Chico. Foram três dias de torturas. "Quem interrogou ele foi a equipe C, do Carlão [Setembrino]. Ele [Danielli] dizia: 'É comigo mesmo, mas eu não vou falar'. Ele não foi o único herói. Houve outros heróis na esquerda", contou Chico, que viu o líder comunista no DOI. "O Danielli não entrou pra morrer, mas não resistiu", disse.[5] No dia seguinte, um grupo de agentes comandado pelo capitão da PM Devanir Antônio de Castro Queiroz foi à casa onde estava Criméia de Almeida, irmã de Amélia e veterana da guerrilha do Araguaia. Foi o comandante Ustra quem escolheu os homens para missão, entre eles a tenente Neuza. Ela bateu na porta e disse a Criméia: "Ô minha filha, não faz nada não, que a casa está cercada". Os agentes levaram Criméia e os dois filhos do casal Maria Amélia e César. As crianças ficaram em poder do DOI durante dias – e presenciaram a situação dos pais no Destacamento – até que fossem entregues a um parente do casal, em Minas.[6]

Nos anos seguintes, o grosso das ações contra o Partido continuou a cargo do CIE, responsável pela aniquilação da Guerrilha do Araguaia, e do 1º Exército, no Rio. E foi naquela unidade, comandada pelo general Reynaldo Mello de Almeida, cujo chefe de Estado-Maior era o general Leônidas Pires Gonçalves, que nasceu a operação que esfacelou o Comitê Central do

---

5   Agente Chico, entrevistas em 16 e 26 de agosto de 2005, fita 12, lado A.
6   Tenente Neuza, entrevista em 30 de agosto e 1º de setembro de 2005, fita 10, lados A e B.

Partido. Nada disso teria sido possível sem a traição de um integrante do CC, que se tornou conhecido entre os homens do DOI carioca pelo apelido que lhe deram. Era o VIP. A presa que tinham nas mãos era de fato importante: Manoel Jover Telles. O secretário de organização no Rio[7] tornara-se um cachorro.

> Fazia o contrato e dava-se recibo. Às vezes, ele trocava a liberdade dele. Sobre o Jover Telles comentava-se que o preço era alto, em dólar. Cem mil dólares. Isso era conversa. Sempre que o cara precisava, ligava e levava dinheiro para ele. Tinha informante que rendia um tempo, depois era abandonado e aparecia outro.[8]

No fim de novembro de 1976, Jover encontrou-se no Rio com Sérgio Miranda de Matos Brito, da Comissão Nacional de Organização. Recebeu dele a informação sobre o local que o dirigente seria apanhado pelo Partido em São Paulo para participar das reuniões da Comissão Executiva e do CC no mês seguinte.[9] Como tudo se passaria em São Paulo, o comando do 1º Exército passou a bola ao 2º Exército, que assumiu a operação contra os comunistas. O general Reynaldo fazia aquilo que não havia sido feito pela linha dura quando invadiram o Rio para sequestrar e matar dirigentes do PCB.

Quem mandava em São Paulo era o general Dilermando Gomes Monteiro. Ao contrário do antecessor, ele recebia o cardeal-arcebispo d. Paulo Evaristo Arns para conversas e cultivava boas relações com o governador Paulo Egydio Martins. Colocara no comando do DOI o major Paulo Rufino Alves – era o quarto oficial a assumir o Destacamento, o terceiro seguido que pertencia à Arma da Artilharia. Rufino sabia que precisava pôr ordem na tropa – houve substituições entre os oficiais da PM,

---

7 Para o papel de Jover Telles no massacre da Lapa, ver agente Chico, entrevistas em setembro de 2004 e em 27 de outubro de 2004, fitas 1, lado B e 5, lado B; tenente José, entrevista em 10 de janeiro de 2006; João de Sá Cavalcanti Netto, entrevista em 13 de outubro de 2005 e Marival Chaves em 17 de maio de 2013.

8 Para o preço de VIP, agente Chico, entrevista em 27 de outubro de 2004. O coronel Paulo Malhães estimou o preço da traição em R$ 50 mil em 2012 (ver *O Globo*, em 23 de junho de 2012).

9 POMAR, Pedro Estevam da Rocha. *Massacre na Lapa*, p. 76.

e o capitão Francisco Profício, que trabalhara na Corregedoria da PM, foi mandado para lá. Ninguém mais devia morrer no quartel, mesmo com a transição inconclusa no Destacamento.

Havia ainda quem pensasse em guerra na *Casa da Vovó*. E elas, como todo militar diz, não poderiam ser ganhas sem sangue. Em 10 de dezembro, o general de brigada Carlos Xavier de Miranda, chefe do Estado-Maior do 2º Exército, enviou ofício a Erasmo Dias contando que se preparava na cidade uma operação contra o PCdoB. No dia 14, o general pediu ao secretário apoio para montar um esquema de segurança às 6 horas do dia 16 de dezembro 1976 nas proximidades da casa 767, na Rua Pio XI, na Lapa, na zona oeste.[10] Para aquele endereço confluiriam figurinhas carimbadas da história da repressão em São Paulo. Havia um grupo de homens da Investigação do Doutor Ney, outro viria do Dops do delegado Sergio Paranhos Fleury e, por fim, o CIE, no qual Carlos Alberto Brilhante chefiava a Seção de Operações, também tinha o seu grupo de combate.[11] Antes do ataque, os agentes da equipe Coral do DOI foram apresentados a Jover Telles. Contaram até a cor da camisa que o informante usaria durante a operação. Mais gente, além dos militares, sabia que haveria barulho dos grandes. O cônsul-geral americano em São Paulo, Frederic Chapin, bateu na porta do cardeal Arns. Disse ao religioso que os comunistas se reuniriam e seriam presos. Não imaginava o massacre, mas achava que os direitos humanos deles corriam o risco de serem violados. D. Paulo tentou barrar a insensatez. Mandou passar o recado. Ninguém ouviu ou tentou intervir.[12] Restava aguardar. Era o que fazia também o coronel Erasmo Dias.

> Quando o Dilermando veio, ele chegou como salvador da Pátria. E o que é que o DOI fez? Aquela cana... A melhor coisa que existe, em tese, na guerra é a informação negativa. Quer dizer, não ter nada. Agora, querer criar informação positiva

---

10   POMAR, Pedro Estevam da Rocha. *Massacre da Lapa*, p. 39.
11   Ustra chefiou a seção até 1979, que depois foi chefiada por Ênio Pimentel da Silveira, José Antônio Nogueira Belham e Audir Santos Maciel.
12   POMAR, Pedro Estevam da Rocha. *Massacre na Lapa*, p. 21; SERBIN, Kenneth P. *Diálogos na Sombra*, p. 124; GASPARI, Elio. *A Ditadura Encurralada*, p. 375-378.

> onde não tem nada é a maior estupidez que pode existir. É mostrar serviço. Quando chegou aqui [o Dilermando], a gente sabia mais ou menos que a sede do PCdoB era em São Paulo. João Amazonas, Ângelo Arroyo, Pedro Pomar, vieram caindo aos pedaços. Um dia disseram pra mim:
> — Nós vamos montar uma operação para desbaratar o PCdoB, pra acabar de uma vez com a guerrilha do Araguaia.
> Eu disse:
> — Porra, o PCdoB aqui?
> Aí eu falei pro Torres [então comandante da PM]
> — Fica lá em condições de apoiar.[13]

Na noite do dia 15, terminada a reunião na casa da Lapa, os dirigentes começaram a deixar o lugar. Por segurança, saíam em dupla, de olhos vendados, e eram conduzidos por um motorista e por Elza Monnerat, que integrava o CC e morava no imóvel. Os primeiros foram Wladimir Pomar e João Baptista Franco Drummond. O Exército agiu. Capturou Pomar na Avenida Santo Amaro e Drummond quando se preparava para viajar para Goiás. Ainda naquela noite seria preso Aldo da Silva Arantes e, na manhã seguinte, Haroldo Lima foi apanhado após sair de casa, na Avenida Pompeia – não andou 50 metros. Lima levou um golpe dado com uma submetralhadora desferido pelo agente José. "Eu arrebentei a cabeça dele. Ele se havia atracado com o Artoni. Com o golpe, ele apagou."[14]

Além de desbaratar o PCdoB, o Exército buscava documentos do Partido sobre o Araguaia. Por precaução, o general Dilermando dera ordem para que as comunicações por rádio entre as equipes do DOI naquela madrugada fossem gravadas. Foi a primeira e última vez que isso aconteceu. Enquanto isso era feito, Wladimir Pomar e seus colegas presos à noite começaram a ser interrogados na *Casa da Vovó*. Socos, chutes e pauladas. Por volta das 4 horas, uma grande correria tomou conta do quartel. O coronel Braga, que assumira a 2ª Seção do Estado-Maior no lugar de Paes, estava lá. Drummond aproveitou um intervalo na pancadaria e tentou

---

13 Erasmo Dias, entrevista em julho de 2004 fita 1, lado A.
14 Agente José, entrevista em 10 de janeiro de 2006.

fugir. Subiu em uma torre de rádio e saltou, quase atingindo o Doutor Paulo, segundo os agentes entrevistados.[15] Era mais uma morte no Destacamento, o que não podia ter acontecido – desde Fiel Filho ninguém morrera mais ali ou em cárcere clandestino. Era preciso fazer o comunista morrer em outro lugar. E assim foi. Drummond foi levado à Rua Paim, no centro. Encenaram um atropelamento. Por um Fusca. O telefone tocou na casa de Erasmo Dias. Exaltado, ele conta:

> Ele [Drummond] quis fugir do xadrez e ele caiu de cabeça e morreu. Aí o Dilermando telefonou pra mim:
> — Erasmo, dá um jeito aqui.
> Eu pensei: "Esse filha da puta, vou ter de dar um jeito pra você?"
> Aí, nós fizemos lá um acidente. Caiu, quebrou a cabeça. Agora pode ver onde é que ele caiu e quebrou a cabeça. Fugiu tal... Foi pro saco! Eu até brinquei: "Caiu, a cabeça não quebrou ainda, ele andou, deu uns trinta, vinte passos e caiu ali e, quando foram ver, já tinha morrido". [...] Como é que se podia, naquela altura, dizer que o cara não tinha morrido igual aos outros [Piracaia, Herzog e Fiel Filho]? Aí o Dilermando, com aquela palhaçada toda de querer ser amigo do d. Evaristo... Aí o d. Evaristo mete o pau em mim, que eu era o responsável, e elogia o Dilermando pra caralho. Vai tomar no cu, porra![16]

Enquanto Drummond voava para a morte para escapar da tortura, o coronel Braga pensava em sua carreira. Aquele morto podia encerrá-la. Mal haviam decidido o que fazer com Drummond quando saíram da casa da Pio XI mais dois participantes do encontro: Jover Telles e José Gomes Novaes, que os militares deixaram escapar. Prenderam, no entanto, Elza Monnerat e o motorista, que os transportavam. Era a deixa para a invasão da casa começar. Lá dentro havia ainda uma cozinheira e dois dirigentes do Partido. Ângelo Arroyo era o único sobrevivente da Comissão Militar

---

15 Para o Doutor Paulo e gravação das conversas, agente Chico, entrevistas em 27 de outubro de 2004 e 14 de setembro de 2009. Marival Chaves, entrevista em 7 de maio de 2003. Para a versão da fuga, ver ainda POMAR, Pedro Estevam da Rocha. *Massacre da Lapa*, p. 20-21.
16 Erasmo Dias, entrevista em julho de 2004.

da guerrilha do Araguaia, cujo balanço era uma das razões daquela reunião. Tomou um tiro nas costas que o jogou para frente. O outro homem tombou em seguida. Era Pedro Pomar, ex-deputado federal por São Paulo, eleito em 1947 com 135 mil votos. Dirigira vários jornais do partido e, em 1962, ficou do lado dos dirigentes que organizaram o PCDOB. "Que desgraça", gritou e tombou. Um repórter da TV Bandeirantes acompanhou tudo, entrou na casa e não viu arma perto dos mortos. "A maior arma que tinha lá devia ser um lápis", disse Erasmo.[17] O Doutor Fleury chegou pouco depois e encarregou-se de encenar um tiroteio. O inquérito do Dops concluiu que Pomar e Arroyo morreram em confronto com os militares, e Drummond, atropelado. No quartel, os agentes que gravaram as comunicações de rádio tiveram trabalho dobrado. Deram um "chapéu no general". "Editamos as conversas e demos a fita para ele com tudo o que ele podia ouvir."[18]

Operação Lotus

A *Casa da Vovó* ainda determinava o que o general podia ouvir quando Dilermando pôs fim à estrutura idealizada por Ustra. Em 19 de maio de 1977, o Destacamento fez um balanço de suas atividades desde a fundação. Prendera 2.541 pessoas, das quais 51 morreram. Mais 914 haviam sido presas por outros órgãos e encaminhadas à *Casa da Vovó* e das quais três também morreram. Ao todo, 541 pessoas foram repassadas a unidades da comunidade de segurança enquanto o Dops foi o destino de 1.348 detidos – os demais foram liberados. Por fim, a contabilidade mostrava que 37.830 pessoas foram ouvidas no quartel, que apreendera 845 bombas, 376 carros, seis gráficas, Cr$ 915 mil e US$ 78,5 mil.[19] Os números oficiais, obviamente, não incluem os desaparecidos. Com eles, depois da chacina da Lapa, o DOI alcançou o total de 79 mortes desde a sua criação como Oban. Aqui não

---

17 *Folha de S. Paulo*, 23 de outubro de 2005, p. A13.
18 Agente Chico, entrevista em 14 de setembro de 2009.
19 PEREIRA, Freddie Perdigão. *O Destacamento de Operações de Informação (DOI) – Histórico Papel no Combate à Subversão – Situação Atual e Perspectiva*, Escola de Comando e Estado-Maior do Exército, 1977, in Ação Civil Pública Ação Civil Pública 2008.61.00.011414-5, 8ª Vara Federal Cível de São Paulo, 2008.

estão incluídos casos de suicídios provocados pela tortura ou de estrangeiros sequestrados aqui e mortos em outros países da América do Sul ou ainda as mortes em outros estados nas quais a participação de agentes do DOI foi secundária, como os casos do massacre da Chácara São Bento, em Pernambuco, ou da emboscada em Medianeira, no Paraná. Sozinha, a *Casa da Vovó* paulista foi responsável por quase 20% das mortes de opositores políticos ocorridas durante a ditadura militar.

Todo esse movimento mudaria. Não haveria mais Interrogatório, Análise, Investigação e Busca. A partir de então o DOI se dividiria em seis seções, todas identificadas por letras e estanques. Eles reportariam diretamente ao comandante do órgão, ao qual ficaria subordinado o arquivo da antiga Subseção de Análise. A decisão buscava fugir ao formato guerreiro imposto ao Destacamento por Ustra, transformando-o em um órgão de inteligência. A primeira seção (A) tornou-se responsável pelo PCB. Contava com análise e investigação próprias para manter sob vigilância algo que praticamente inexistia. O Partido estava desarticulado no país – o Comitê Central só voltaria a ter vida no Brasil após a anistia em 1979. Do exílio, no entanto, ele declarara apoio aos candidatos do MDB nas eleições municipais de 1976. Recém-saído da cadeia, Moacir Longo trabalhou para eleger o homem da oposição em Guarulhos, na Grande São Paulo. Depois, o dirigente comunista entrou em novo período de silêncio, quebrado apenas pelas eleições de 1978, quando o partidão apresentaria dois candidatos pelo MDB – Antônio Resk e Alberto Goldman (deputados estaduais). Em 1982, o PCB apoiaria Severo Gomes para o Senado. Almino Afonso era o outro candidato da legenda a senador – Longo faria campanha pelo último.[20] A *Casa da Vovó* destacava três de suas equipes da antiga Investigação para acompanhar os passos dos comunistas.

O PCdoB e as outras organizações stalinistas eram acompanhados pela seção B. Vigiava as duas estruturas mantidas pelo Partido. Uma com origem no antigo PCdoB, a Tribuna da Luta Operária (TLO) e sua corrente estudantil, a Viração. A outra era composta por sua ala esquerda, que fundaria o PRC, e

---

20 Moacir Longo, entrevista em 11 de dezembro de 2013.

criara a tendência Caminhando. A mesma equipe seguia os passos da APML e do MR-8, cujos militantes no movimento estudantil ficaram conhecidos pela forma ruidosa como hostilizavam os trotskistas. Uma reunião em São Bernardo do Campo terminaria em pancadaria depois que a turma do Oito começou a exibir uma picareta de cartolina enquanto um militante da Convergência Socialista (CS) discursava. Era uma alusão ao instrumento usado pelo sicário de Stalin – Ramón Mercader – para matar Leon Trotsky no México, em 1940. O jovem da CS pediu a expulsão do provocador. O grupo do MR-8 avançou em direção à tribuna e o tempo fechou.[21]

A terceira seção (C) era responsável pelos novos grupos trotskistas de então, como a Organização Socialista Internacionalista (OSI) e a Liga Operária (LO). Mais tarde, o alvo se converteria nas correntes petistas O Trabalho, Convergência Socialista e Causa Operária. Ganharam fama de serem os mais radicais entre os petistas. Eram contrários ao foco guerrilheiro. Defendiam a revolução socialista e diziam que o Partido devia estar preparado para uma insurreição. Em São Paulo, dominavam grande parte do movimento estudantil. Os jovens da OSI, agrupados na Liberdade e Luta (Libelu), e da CS eram de uma geração que acreditava que sem rock, sexo e drogas não se derrubava a ditadura.

A Seção D especializou-se em movimento sindical, a respeito do qual concentrava o interesse nas oposições sindicais. Destroçada pelas prisões ocorridas em 1974, a oposição no Sindicato dos Metalúrgicos de São Paulo não conseguiu apresentar uma chapa contra os homens da situação. Atomizados, antigos militantes partidários e jovens que iniciavam sua atuação sem vínculo com as agremiações da esquerda tradicional foram atrás das novas formas de organização que surgiram naqueles anos. Havia as pastorais católicas, como a operária, as comunidades eclesiais de base e ainda os conselhos de saúde, o clube das mães, o Movimento do Custo de Vida – ou Carestia – entre outros atores que entraram em cena naquele fim dos anos 1970. Toda essa efervescência era secundária para a *Casa da Vovó*. Interessava era manter sob controle

---

21 Paulo Roberto Pepe, entrevista em 14 de janeiro de 2014.

a máquina de arrecadação de recursos dos sindicatos oficiais, fechando seu acesso aos inimigos. Somente as organizações relacionadas à Igreja ou ao movimento estudantil mereciam a atenção específica dos agentes. Quem cuidava deles era seção E.[22] Por fim, existia a seção F para as organizações militaristas. A tentativa de reorganização da ALN, os movimentos de ex-integrantes da VAR-Palmares e da VPR e as ações do PCBR eram de responsabilidade desse setor – em 1978, eles recuperaram o último dos fuzis FAL levados por Lamarca do quartel de Quitaúna que ainda estavam em poder de ex-integrantes da VAR-Palmares.[23]

O primeiro teste dessa nova estrutura do DOI foi o grupo trotskista Liga Operária (LO). Em 28 de abril de 1977, policiais que acompanhavam a área sindical detiveram à 1 hora um grupo de militantes da liga com panfletos sobre o 1º de Maio em Santo André, no ABCD. Eram Celso Giovanetti Brambilla, José Maria de Almeida,[24] Márcia Basseto Paes e outros três. Eram todos estudantes e operários. Os presos foram levados ao Dops, chefiado pelo delegado Romeu Tuma, e torturados pela equipe do delegado Luiz Walter Longo – Brambilla não falou, mas perdeu a audição em um dos ouvidos e estouraram uma de suas pernas. A *Casa da Vovó* foi informada da existência da nova organização e montou a Operação Lótus. O objetivo era levantar as atividades da LO.[25] A Liga fora fundada por militantes brasileiros de grupos militaristas exilados no Chile de Allende. Em 1972, esse grupo manteve contato com o político e teórico argentino Nahuel Moreno, um dos líderes da Fração Leninista-Trotskista dentro do

---

22   Agente Chico, entrevistas em 26 de fevereiro de 2005, fita 8, lado A e em 31 de outubro de 2010. Ver ainda SADER, Eder. *Quando novos personagens entraram em cena*, p. 212 e seguintes.

23   Para a apreensão e prisão, ver Amândio dos Santos, entrevista em 18 de abril de 2006, e agente Chico, entrevista em 18 de abril de 2006, fita 13, lado A.

24   O sindicalista e político José Maria de Almeida, o Zé Maria, era estudante e operário de Laminação S/A. Sairia candidato a deputado federal pelo PT em 1982, lançado pelos trotskistas da Convergência Socialista, mas não se elegeu. Em 1992, deixou o partido quando a CS foi expulsa. Ajudou a fundar o PSTU e foi candidato à Presidência da República pelo partido nas eleições de 1998, 2002, 2010 e 2014.

25   Para as prisões e torturas ver depoimentos de Celso Brambilla e de Márcia Basseto à Comissão Estadual da Verdade, na Assembleia Legislativa, em 19 de junho de 2013. Brambilla trabalhava na Mercedes-Benz e Márcia, na Auto Metal.

movimento trotskista internacional. No Brasil, ela começou a se articular em 1974.²⁶

O 25 de abril daquele ano assistiu à queda do salazarismo em Portugal. Após a Revolução dos Cravos, os trotskistas ligados à Fração apoiaram o Partido Socialista de Mário Soares, que se tornara a maior força da esquerda d'além-mar.²⁷ Queriam conquistar-lhe a militância e assim disputar-lhe a direção. E o caminho seria por meio do único critério válido para a verdade: a prática política. No Brasil, nasceu a ideia de se repetir a estratégia portuguesa. Os militantes da Liga, então agrupados em torno do Partido Socialista dos Trabalhadores (PST), criaram em 28 de janeiro de 1978 um movimento, a Convergência Socialista – e tentaram atrair para ele diversos grupos políticos socialistas.

A prisão de Zé Maria e dos outros de imediato causou reação em outro setor vigiado pelo DOI: o estudantil. Brambilla estudava no campus da USP em São Carlos. Como todos se conhecem no interior, os alunos das faculdades da cidade pararam. Uma parte decidiu ir a São Paulo de ônibus. Paralisaram a USP e a PUC.²⁸ Em 5 de maio, estudantes da Faculdade de Direito do Largo São Francisco declararam as arcadas um território livre. Ao governo importava impedir que eles saíssem em passeata pela cidade. Mas não teve jeito: um grupo caminhou até a Praça da República e acabou atacado por homens do Dops. Foram tempos difíceis também para a polícia. Um jovem capitão da Tropa de Choque – Hermes Bittencourt Cruz – escapou duas vezes de objetos atirados de cima dos prédios no centro – o primeiro, uma garrafa de vidro de um litro de coca-cola, depois, uma lata de lixo. Cruz entrara na antiga Força Pública em 14 de fevereiro de 1964. Era então estudante universitário na antiga Guanabara e sargento do Exército na cidade

---

26 Moreno, cujo nome era Hugo Miguel Bressano, havia rompido com a principal corrente do trotskismo internacional, liderada por Ernest Mandel, em razão do apoio desta à luta armada na América Latina e à prática do PRT-ERP argentino e do POC no Brasil.

27 SECCO, Lincoln; *A Revolução dos Cravos*, p. 136. Os socialistas tiveram 37,87% dos votos para a Assembleia Nacional Constituinte em 25 de abril de 1975.

28 Paulo Roberto Pepe, entrevista em 14 de janeiro de 2014. Foi na cadeia que Zé Maria entrou para a Convergência Socialista, abrindo as portas do sindicato dos metalúrgicos de Santo André à organização.

do Rio. O sargento Cruz participava em 1963 de reuniões com o general Osvino Ferreira Alves, o general do povo, então comandante do 1º Exército. Em sua casa, Osvino discutia com os subordinados o apoio ao presidente João Goulart. Cruz trocou o Exército e o Rio por São Paulo. Abandonou a militância nacionalista e fez carreira na polícia paulista.

Naquele começo de maio de 1977, ele recebeu ordens do comando para invadir a Faculdade de Direito do Largo São Francisco. À frente da tropa, subiu do Anhangabaú em direção ao centro. Passou pelo Teatro Municipal e pelo Viaduto do Chá em direção à faculdade. Cruzou a Praça do Patriarca e chegou ao Largo São Francisco. Comandava uma companhia do 3º Batalhão de Choque. Mas decidiu desobedecer. "Eu não invadi. Eu sou paulista, né." O antigo sargento rebelde resolveu esperar. Veio em seguida a ordem para esvaziar o Largo. Os manifestantes fugiram em direção à Praça da Sé. Cruz ficou 20 metros adiante da tropa. Dois dos líderes estudantis caminharam em sua direção. O bloqueio feito pela Polícia Militar estava na esquina da Rua Quintino Bocaiúva. Os manifestantes pararam a dez passos de Cruz. Parecia que negociariam. "Mas o estudante arrancou o sapato e jogou no meu peito." Cruz não conseguiu se esquivar. Os jovens correram e se refugiaram na Sé. O capitão pediu aos bombeiros que os dispersassem com a água de seus caminhões. Nos dias seguintes, a ideia foi aprimorada pela PM. Adicionaram tinta à água para marcar os manifestantes e prendê-los mais tarde. O secretário da Segurança, Antonio Erasmo Dias, continuava decidido a impedir passeatas. Dava broncas nos coronéis da PM porque eles não conseguiam parar os estudantes. Dias e o general Torres de Melo foram para a rua acompanhar a repressão aos rapazes. Um dia, o secretário da Segurança se pôs ao lado dos oficiais da Tropa de Choque, no Largo São Francisco, na frente da faculdade de Direito. Começou então um conflito desigual. O secretário convidou dois dos alunos para conversar. Os dois vieram. Quando chegaram ao lado do secretário, Erasmo sacou um spray de gás e borrifou nos estudantes. "Aí tumultuou tudo", contou Cruz.

Irreverentes, os estudantes resolveram vingar-se dos jatos d'água e da truculência de Erasmo. O filho do dono de uma transportadora arrumou um caminhão no qual os estudantes pintaram os dizeres Paris Filmes S/A.

À noite, foram a um cinema no centro e apanharam um boneco do gorila King Kong de quatro metros de altura que divulgava o filme homônimo que ganhara o Oscar de efeitos especiais daquele ano. Preparados para enfrentar a guerrilha urbana e rural, assaltos a banco e bombas, o governo não sabia o que fazer contra a irreverência. O enorme macaco ficou escondido na sala dos estudantes até que no dia seguinte foi levado até o parlatório, em frente à faculdade. Um gaiato lhe deu o nome de Erasmo Kong. E centenas de alunos que se concentravam no Largo São Francisco começaram a gritar: "Erasmo Kong, Erasmo Kong!".[29]

Os presos do PST foram soltos. Respondiam a processos com base na Lei de Segurança Nacional enquanto a organização avançava. Parecia que a história estava ao lado daqueles jovens. Políticos de peso conversavam em torno de um novo partido socialista: Almino Afonso, Plínio de Arruda Sampaio, Leonel Brizola e Fernando Henrique Cardoso. O fim de 1977 e começo de 1978 parecia trazer o verão da Convergência. Em um grupo de teatro na Escola Técnica Federal, de 50 jovens atores, quase a metade foi parar na organização, que era muito maior do que o seu motor trotskista. Uma lista de doadores à CS apreendida mais tarde pelo DOI trazia os nomes de dois senadores do MDB e de vários cantores, atores, diretores de teatro, escritores, cineastas, jornalistas e advogados famosos. Tinham ainda obtido o controle do jornal alternativo *Versus*, editado em São Paulo. O projeto foi levado pelo ano adentro; e a vigilância também, sob ordens superiores.[30] O 2º Exército recuperava sua antiga parceria com o Dops. Em 18 de março, Bernardo Viana Marques Cerdeira, um dos líderes do movimento, era fotografado pelos agentes saindo da base que

---

29 Ver Lucas, Paulo Afonso; em http://www.migalhas.com.br/dePeso/16,MI184088,91041-Sao-franciscadas, acesso em 13 de janeiro de 2014. Para o spray de Erasmo, ver Hermes Bittencourt Cruz, entrevista em 9 de setembro de 2004, fita 3, lado A.

30 Para o grupo de teatro, ver Paulo Roberto Pepe, entrevista em 14 de janeiro de 2014. Para as ordens superiores, ver AESP Deops-SP/OSI046 (Convergência Socialista). Para a lista dos doadores, ver AESP Deops-SP/OSI056 (Operação Lótus). Lá constavam de Nara Leão, Milton, Elis a Chico, Dias Gomes, Cacá Diegues, Nelson Pereira dos Santos, Plínio Marcos, Jaguar, Cláudio Abramo, Hélio Bicudo, Quércia, Lula e Montoro. Ver ainda AESP Deops-SP/OSI044 e 1046 (Convergência Socialista).

o grupo mantinha no colégio Equipe, no centro. Em 12 de julho, foi a vez do dirigente Waldo Mermelstein ser flagrado comprando passagens para a Colômbia, onde vivia exilado o argentino Nahuel Moreno, a maior liderança internacional da fração à qual pertenciam na 4ª Internacional. Mermelstein foi a um encontro da fração em Bogotá e aproveitou para convidar Moreno para o 1º Congresso da Convergência em São Paulo. O evento começaria em 19 de agosto daquele ano. No dia 20, o Exército mandou ofício ao Dops informando que havia sido constatada por seus "agentes a presença de dois dirigentes trotskistas da Tendência Bolchevique da IV Internacional". Eram Moreno e o líder do Partido Socialista dos Trabalhadores de Portugal, Antonio Maria de Sá Leal. Naquele dia, os agentes prepararam outro relatório sobre o que pretendiam os trotskistas. Listaram: anistia ampla, liberdade aos presos políticos, eleições livres para presidente da República, a legalização do PCB, a dissolução dos organismos da repressão, revogação das leis de exceção, voto para analfabetos e soldados e liberdade de imprensa por um Brasil socialista.

Os agentes da Seção C continuaram fotografando e seguindo os trotskistas até que, entre os dias 21 e 22, os homens da *Casa da Vovó* chegaram à conclusão que era hora de agir. Prenderam 25 e interrogaram estudantes e veteranos comunistas para preparar um organograma da Convergência. A operação foi uma *razia* entre as fileiras da CS. Três dirigentes internacionais estavam no cárcere com 5 dos 8 integrantes da Comissão Executiva, além de 3 dos 4 membros do secretariado. O agente Chico participou da captura de Bernardo Viana Marques Cerdeira e Maria José Costa Giraldi. Os dois foram cercados pelos agentes perto da Avenida Doutor Arnaldo.[31] O pior era a queda de Moreno – que vivia exilado na Colômbia. Os presos na operação começaram uma greve de fome no Dops e protestos estouraram em Portugal e na França. Todos temiam que o regime brasileiro entregasse o líder trotskista à junta militar argentina, que certamente o executaria. Ele, sua mulher e Leal acabariam expulsos do país. O casal foi para a Colômbia e Leal voltou a Portugal. Os demais foram enquadrados na

---

31 Agente Chico, entrevistas em 26 de agosto de 2005 e 29 de agosto de 2006. Para o número de prisões, ver AESP Deops-SP/OSI044, OSI046 e OSI056.

Lei de Segurança Nacional. O verão da convergência acabara. A ideia não. No ano seguinte, ela ajudaria a construir o Partido dos Trabalhadores, do qual se tornaria uma corrente minoritária.

Gringo

Os casos dos argentinos Moreno e de sua mulher, Rita Lúcia Strasberg, foram exceções naqueles anos. "A gente não matava. Prendia e entregava. Não há crime nisso." Assim o general-de-divisão Agnaldo Del Neto, um dos ideólogos da guerra revolucionária no Brasil, definiu a política em relação aos estrangeiros presos pelos órgãos de segurança naqueles anos. Del Nero foi o militar de mais alta patente a admitir a participação do Brasil na chamada Operação Condor – a união entre os organismos de segurança das ditaduras militares do Cone Sul, que reuniu Bolívia, Paraguai, Argentina, Chile e Uruguai. Ela seria uma reposta à união de grupos de esquerda celebrada em 1974 em Paris com a fundação da Junta de Coordenação Revolucionária (JCR). Participavam desta o chileno Movimento Esquerda Revolucionária (MIR, na sigla em espanhol), o argentino Exército Revolucionário do Povo (ERP), o uruguaio Movimento de Libertação Nacional (Tupamaros) e o boliviano Exército de Libertação Nacional (ELN).[32] A ideia da JCR nascera pouco antes do golpe que derrubaria Salvador Allende, no Chile, em 1973. Para Mário Roberto Santucho, fundador do ERP, ela seria o estado-maior da revolução. Era esse espectro que rondava os bivaques. Em 1976, o CIE difundiu documento sobre a suposta atuação da JCR em Tucumán, na Argentina. Pediam informações sobre um militante e um político local, que abasteceria os montoneros de Santa Fé com armas que recebia do PCBR – acusavam um ex-marinheiro brasileiro de as ter fornecido. Para os militares, o ataque ao 29º Regimento de Infantaria de Montanha, de Formosa, na província homônima, em 5 de outubro de 1975, havia sido planejado no Brasil. Morreram na ação 12 militares argentinos e 15 guerrilheiros. Del Nero era oficial

---

32 DINGES, John. *Os anos do Condor*, p. 84-96. Para a JCR ver ainda AESP Deops-SP/OS269, *Documento 49*, pedido de busca número 347/76, de 19 de setembro de 1976. Para a lista dos 149 argentinos, ver *Documento 36*, pedido de busca 036/76. Ambos tiveram como origem o CIE.

de Cavalaria e servira na 2ª Seção do Estado-Maior do 2º Exército nos anos 1970, onde recebera a Medalha do Pacificador.[33] Entre 1979 e 1980 foi adido militar no Paraguai e, depois, chefiou a Seção de informações do Centro de Informações do Exército. O militar descreveu como os brasileiros agiam quando recebiam um pedido de seus colegas sul-americanos. Fazia-se a detenção do suspeito e o encaminhamento dele ao seu país de origem. "Foi o que aconteceu com esses dois italianos." Os dois "italianos" aos quais Del Nero referia-se eram os montoneros Horácio Domingos Campiglia e Lorenzo Ismael Viñas.

Campiglia foi sequestrado no aeroporto internacional do Galeão (hoje Tom Jobim), no Rio, em companhia de Monica Suzana Pinus de Binstock, em 13 de março de 1980. Os dois foram detidos em uma operação conjunta do CIE e do Batalhão 601, a inteligência militar argentina. Vinham do México e se encontrariam com um montonero. Não sabiam que ele havia sido detido em seu país. Os dois foram levado a Buenos Aires em um Hércules da Força Aérea Argentina. Foram torturados no centro de detenção de Campo de Mayo e desapareceram. "Quando se recebia essa informação, podia ser que o cara estivesse só de passagem ou eles vinham também aqui se incorporar a alguma ação, e a gente não sabia. Então, a prisão dele tinha de ser feita, pois não se sabia o que esse cara pretendia. E, como a gente não matava, entregava", contou o general. Segundo ele, a participação brasileira na Operação Condor limitou-se a buscar informações, treinar agentes estrangeiros e a monitorar subversivos.

Para a primeira tarefa, o órgão interessado expedia um pedido de busca, como o 571/74 enviado pelo CIE a órgãos de segurança do país solicitando informações sobre o soldado argentino Mario Antônio Eugênio Pettigiani. O militante do ERP era acusado do outro lado da fronteira de ter participado do ataque à Fábrica Militar de Pólvora, em Córdoba. Pettigiani desapareceu, após ser sequestrado em Buenos Aires, em 1978. Outro documento do tipo é o pedido de busca 347/1976, de 19 de setembro de 1976. Originado no CIE, listava 149 argentinos procurados por praticarem "ações subversivas". O órgão pedia a detenção dos que estivessem irregulares

---

33 Secretaria-geral do Exército, portaria ministerial 362, de 12 de abril de 1974, publicada no Boletim do Exército nº 15, de 12 de abril de 1974.

no país e a "vigilância cerrada" em quem estivesse legalizado. Vinte permaneciam desaparecidos até 2014. Era o caso do operário Antonio Milagro de Villanueva, militante do ERP, e do montonero Horácio Antonio Arrué, membro da comissão nacional da organização. Sequestrado em Tucumán, Arrué foi levado ao Campo de Mayo e torturado por três dias antes de morrer.[34]

O CIE não era o único órgão a manter relações com serviços de inteligência de outros países. O DOI participava dessa engrenagem. Primeiro dando apoio às ações do Centro, em Brasília, como ocorreu após o golpe de Pinochet, no Chile. O Doutor Ney foi a Santiago caçar brasileiros e orientar colegas chilenos. A missão era chefiada pelo coronel Sebastião José Ramos de Castro, do SNI, e contava com integrantes do CIE e do Cisa. Ficaram hospedados em um hotel próximo do Palácio La Moneda. Municiaram os chilenos com informações sobre brasileiros presos, assistindo a interrogatórios e identificando detidos. Conheceram o major Mario Luis Iván Lavanderos Lataste, o mesmo que soltara o jovem José Serra e mais de 50 outros estrangeiros que estavam no Estádio Nacional – Lavanderos pagaria com a vida a liberalidade com os prisioneiros. "Um dia, ele não estava mais lá, no estádio. Perguntamos por ele, e a resposta que recebemos foi: 'Se fue'. Ele havia sido morto em um quartel." Após uma semana, a missão voltou ao Brasil. Em seguida, militares chilenos vieram ao DOI: um estágio de dois dias.

– *E eles vieram fazer o que aqui?*
– Aprender como é que se interrogava.
– *Só isso?*
– Não participaram de operação. Eles chegaram num dia, com aquelas fardas marrom. E no outro dia vieram paisano e foram levados pro interrogatório. E olha como pendura, [choque], e a técnica de bater pra falar. Eram três chilenos. Vieram aprender a "fazer" a Dina [Dirección de Inteligencia Nacional].[35]

---

34 Para Pettigiani, ver AESP Deops-SP/os265 (Exército), pedido de busca 571/74. Para a viagem ao Chile, João de Sá Cavalcanti Netto, entrevista em 20 de setembro de 2005, e Carlos I. S. Azambuja, em 14 de fevereiro de 2015.

35 Agente Chico, entrevista em 10 de novembro de 2004, fita 6, lado A.

Os capitães Ramiro e Ubirajara estavam no interrogatório quando, por ordem do comandante Ustra, foram atrás de uma pessoa para fazer uma demonstração aos chilenos. Como não havia preso no quartel naquele dia, escalaram um soldado que trabalhava no Interrogatório, conhecido como Cachorro, para desempenhar o papel de prisioneiro. Exibiram aos chilenos o pau-de-arara, as máquinas de choques e a pica de boi, uma espécie de chicote usado nos presos. Além dos chilenos, passaram por São Paulo uruguaios e argentinos. Eram sargentos e suboficiais. Os oficiais passavam pela Escola Nacional de Informações (Esni) – e recebiam instruções práticas e teóricas no quartel do 2º Exército em outra espécie de estágio.[36]

Por fim, o Destacamento participou em dois momentos de operações chefiadas pelo CIE para a captura de estrangeiros no país. Além do MIR, dos tupamaros, dos montoneros e do ERP, o Partido Comunista Uruguaio e remanescentes da antiga Frente Unida de Libertação Nacional (Fulna) paraguaia eram objeto de vigilância. São Paulo e Rio se haviam convertido em rota de fuga de muitos militantes dessas organizações, que buscavam o Alto Comissariado das Nações Unidas para Refugiados (Acnur) para seguirem à Europa. Para os militares, os comunistas estrangeiros queriam fazer do Brasil uma espécie de santuário. Com dinheiro da Argentina, o DOI montou a Operação Congonhas. Durou pouco mais de quatro meses. Dois oficiais do Exército do país vieram a São Paulo acompanhar os trabalhos – queriam capturar montoneros. Um documento no Dops mostra que pelo menos um argentino foi detido em São Paulo em 1978 e acusado de pertencer à ala esquerda do peronismo: Hector Francisco Boccaro.[37]

João de Sá Cavalcanti Netto lembra-se do período: "Era uma época em que se sequestrava montoneros e tupamaros." Se a prisão de brasileiros não era mais clandestina, a de estrangeiros não mudara com a abertura do regime. Um dia, os brasileiros descobriram que estavam sendo passados para trás por seus amigos argentinos. Os militares do país vizinho mandaram "uma equipe clandestina" a São Paulo para seguir os colegas brasileiros que vigiavam os montoneros e começaram a sequestrar seus compatriotas. Sá não sabia

---

36 Para os chilenos, agente Chico, entrevista em 18 de agosto de 2008. Para os uruguaios e argentinos, Marival Chaves, entrevista em 17 de maio de 2013.

37 Para a prisão de Boccaro, AESP Deops-SP/OS271 (Exército) e OS264(Exército), ofício 191/74-E/2-DOI.

quantos foram "chupados" dessa forma, mas no momento em que o Exército percebeu o que estava ocorrendo, acabou com a operação e despachou os argentinos de volta ao seu país.[38]

No anos 1980, a parceria foi retomada. Era a Operação Gringo. Desde o começo da década, um integrante do ERP que se tornara um cachorro do Batalhão 601 fora trazido de Buenos Aires para vigiar o Acnur, no Rio, e fazer contatos com revolucionários de diversos países. Os chilenos também implantaram ali um infiltrado no MIR.[39] Em São Paulo, havia uma base da operação em Perdizes, na zona oeste. O lugar serviu para a vigilância 24 horas por dia de um imóvel dos montoneros. Quem chefiava a Operação era o Doutor Ney. O capitão Ênio Pimentel da Silveira havia deixado o DOI paulista e se tornara chefe na Seção de Operações do CIE. Um suboficial e um oficial argentino acompanhavam o serviço.[40] Ney mantinha seu quartel-general na sede da Polícia Federal, na Rua Antônio de Godoy, no centro. "Um alto dirigente montonero foi preso em são Paulo e enviado por nós para a argentina pela Aerolíneas Argentinas", revelou Marival Chaves.

No fim de 1983, os militares detectaram a presença no Brasil dos líderes dos montoneros Mário Firmenich e Fernando Vaca Navaja. Estavam morando no Rio – Firmenich trouxera toda a família e um de seus filhos nascera ali em 25 de janeiro de 1984. No dia 13 de fevereiro, o governo argentino de Raúl Alfonsín, já eleito democraticamente, após a derrota dos generais de seu país na Guerra das Malvinas, pediu a extradição dos guerrilheiros. O ministro da Justiça do último governo militar brasileiro, Ibraim Abi Ackel, mandou prender os dois. O presidente argentino, a essa altura, já resolvera levar ao banco dos réus os nove oficiais generais das juntas militares que governaram o país de 1976 a 1983 e os chefes da guerrilha. Todos responderiam por seus crimes.[41] A Argentina se transformara no símbolo da transição que os militares brasileiros queriam evitar.

---

38   João de Sá Cavalcanti Netto, entrevista em 20 de setembro de 2005.
39   Marival Chaves, entrevista em 17 de maio de 2013. Marival ganhou a Medalha do Pacificador com Palma, portaria 893, de 4 de junho de 1975 (Boletim do Exército 30 de 25 de julho de 1975). Para o infiltrado no ERP, papéis apreendidos na casa de Paulo Malhães, *O Globo*, 23 de novembro de 2014.
40   Agente Chico, entrevistas em 27 de outubro, fita 4, lado B e 10 de novembro de 2004, fita 6, lado A.
41   *Playboy; O Infiltrado*, 30 de outubro de 2008; *Folha de S. Paulo*, 14 de fevereiro de 1984 e Marival Chaves, entrevista em 18 de maio de 2013.

DESAPARECIMENTO

UMA PALAVRA NA BOCA DOS AGENTES define a última fase do DOI: pacificação. O dia a dia ficou vazio na Rua Tomás Carvalhal. Não havia mais gritos ou o som do rádio no último volume para abafá-los. Nada da azáfama das equipes de Busca. Restava um vai e vem frenético de papéis dos mais diferentes órgãos de segurança. Aos poucos, a *Casa da Vovó* transformara-se em uma entidade fantasma. Assumira os rostos e os hábitos de um órgão de informação. O governo possuía já um para isso: o SNI. Mas o Destacamento fazia as vezes de uma inteligência propriamente militar. O oficial que comandou essa transformação foi o tenente-coronel Paulo Rufino Alves que ficou na *Casa da Vovó* de 1976 a 1978. Quando o tenente-coronel Carlos Alberto de Castro o substituiu, a mudança se havia tornado irreversível. Neuza voltara para a PM, assim como Alemão para a Polícia Civil. Toninho também deixou a Análise. Os veteranos foram afastando-se do DOI, a maioria sem arrependimento. Trinta anos depois, Toninho é dos que fariam tudo de novo.

> Mas o importante nisso tudo é que quem levou a esse estado de coisas foram eles. Eles foram os responsáveis: o Marighella, o Lamarca. Eles criaram essas organizações subversivo-terroristas. Quem provocou a guerra foram eles. O exército teve de reagir e – você sabe – em toda batalha morre inocente. O Herzog foi um deles, o Manoel Fiel Filho foi outro. Se você

me perguntar se valeu a pena, eu vou dizer que sim, pois foi por causa do nosso trabalho que hoje estamos vivendo numa democracia e você pode fazer o seu trabalho.[1]

Rufino Alves enfrentou resistências durante a transição. Nem sempre conseguia fazer o aparato lhe obedecer. Desconfiava de todos desde a chacina da Lapa. Tinha ordens para pôr freio na tropa e restabelecer a disciplina no Destacamento. A autonomia operacional dos agentes, que contava com o assentimento dos superiores, perdeu essa proteção. E sem ela só se poderia sequestrar ou matar passando por fora da estrutura oficial ou da cadeia hierárquica. A correlação de forças mudara no país e o regime militar buscava aprofundar a abertura, encerrando aos poucos o arbítrio. A perspectiva da anistia e da paulatina volta dos exilados despertava a fúria dos veteranos. E o Doutor Ney era um desses. Mesmo depois da queda do general Frota do ministério do Exército, em outubro de 1977, o homem que afogara a esquerda em sangue em São Paulo sobreviveu no cargo e permanecia controlando as ações operacionais do Destacamento.

Ney estava obcecado. Não conseguira acertar as contas com muitos do que deviam morrer. Duas oportunidades de "passar a régua" escaparam através de seus dedos. A primeira foi quando descobriram um banido pela ditadura escondido em São Paulo em maio de 1978. Dirigente de uma organização clandestina, o engenheiro Ricardo Zarattini Filho fora apontado como autor de um dos mais simbólicos atentados terroristas da ditadura, a bomba no aeroporto de Guararapes, no Recife, em 1966. Ele sempre se dissera inocente. E, de fato, era. Quem colocara a bomba fora a Ação Popular, mas a tortura e as suspeitas dos militares fizeram dele um dos responsáveis pelo ataque pelo qual já haviam sido executados por engano pelo DOI dois militantes do PCR: Manoel Lisboa de Moura e Emmanuel Bezerra dos Santos. Magro, com sequelas da tortura nos anos 1960 em uma perna, o revolucionário voltara ao Brasil em 5 de maio de 1974. Passara quatro anos sem ser percebido pelo DOI, o que lhe salvou a vida. Como estava plotado, o Doutor Ney montou um plano para pegá-lo no fim daquele mês de maio.

---

[1] Dirceu Antonio, entrevista em 30 de janeiro de 2006.

"O Neyzinho comandava, e o pessoal ia acertar as contas com ele [Zarattini]", contou o agente Chico. Rufino acompanhava a operação na base. De repente, um silêncio no rádio. O comandante começou a chamar: "Geral 1, Geral 2". Ninguém respondia. O rabo começava a abanar o cachorro. O comandante passou a chamar os agentes pelo nome. Nenhuma resposta.

> Quando deu o silêncio de rádio e ninguém respondeu, no que ele [Rufino] percebeu, ou alguém deve ter alertado: "Esses caras vão fazer merda". Como a gestão dele era pra não ter merda... E o DOI era mais ou menos incontrolável através de comando... A partir do comando do DOI, as seções tinham quase que vida própria. O DOI tinha uma coisa que ajudava e depois se voltou contra ele: não tinha burocracia.

Naquele dia, o que Rufino fez salvou-lhe a carreira. Diante do silêncio dos comandados, disse aos que o cercavam perto do rádio da *Casa da Vovó*. "Eu vou pra área, que vai dar merda." E se mandou para o Bom Retiro.

> Aí chegou lá, chamou o Geral 1, ali perto do QG da PM, e deu a ordem: "desmonta o dispositivo e recolhe pra base". Era muito fácil fazer uma prisão e o cara reagir.[2]

Zarattini e seu amigo Dario Canale seriam presos em 31 de maio de 1978 no Bom Retiro, onde moravam e eram vigiados. O revolucionário apanharia de novo. Levaram-no à *Casa da Vovó* – ele foi um dos últimos presos a entrar ali. Contou que teve a impressão, quando lhe aplicavam choques e espancamento, que, desta vez, tomavam cuidado para que não o matassem – não o colocaram no pau-de-arara. Uma semana depois, foi enviado ao Dops. Sobrevivera.[3] Outro que escapara da vingança dos homens de Ney foi Flávio Augusto Neves Leão Sales, um dos guerrilheiros da ALN mais odiados pelos militares, a quem imputavam várias mortes no Rio, entre elas a do Doutor Octávio

---

2   Com a reação, ele seria morto. Para os dois relatos do plano fracassado de matar Ricardo Zarattini Filho, agente Chico, entrevista em 26 de fevereiro de 2005, fita 8, lado A.

3   Ricardo Zarattini Filho, entrevista em 21de fevereiro de 2006 e ROIO, José Luiz del. *Zarattini, a paixão revolucionária*, p. 217 e 218. Ver ainda para Zarattini AESP Deops-sp/OS1047 e 1048.

Gonçalves Moreira Junior, o Otavinho. Queriam matá-lo. Por vingança. Os homens de Ney pensaram tê-lo localizado em São Paulo. Decidiram que não o deixariam vivo e planejaram passar a navalha nele no centro da cidade, em meio à multidão, clandestinamente. Sem que ninguém se apercebesse. "Faltou oportunidade de fazer", contou o agente Chico.[4] Também se pretendia impedir que a ALN de Marighella renascesse. Houve tentativas de reorganizá-la, mas caíram no vazio. O DOI usou seus antigos informantes para acompanhar os passos de militantes como Moacyr Urbano Vilela, Suzana Lisboa, Cloves de Castro e Genésio Homem de Oliveira. Fritz foi um desses cachorros. Ele fazia relatórios para o Destacamento dos encontros que mantinha com Moacyr em São Paulo. As viagens entre o Rio de Janeiro e São Paulo dos militantes eram vigiadas pelos agentes, em um trabalho que acabou por envolver as *Casas da Vovó* dos dois estados.[5] Os militares temiam o que parecia ser um tigre de papel. Restava então à ALN apenas uma pequena fração no movimento estudantil, a corrente Viramundo.[6] A maioria de seus antigos militantes voltou ao PCB, de onde mais tarde sairiam para engrossar o PT, ou foi parar no PDT de Leonel Brizola.

Rufino Alves tentava conter seus homens em um ambiente em que radicais de direita voltavam a praticar atos terroristas na cidade – como ocorrera em 1968. Bombas eram jogadas em bancas de jornal por grupos que se denominavam Vigilantes da Pátria ou pelo Comando de Caça aos Comunistas (CCC). Queriam banir dos quiosques publicações de esquerda e revistas pornográficas. Como na década anterior, militares também se envolveram nessas ações, tanto no Rio de Janeiro, onde contavam com o apoio do capitão Freddie Perdigão Pereira – um veterano do CIE e do DOI –, quanto em São Paulo.[7] Rufino Alves reorganizara o Destacamento para enfrentar a nova realidade que nascia em seu entorno. Sua administração faria o Destacamento

---

4   Agente Chico, entrevista em 26 de fevereiro de 2005, fita 8, lado A.
5   Para a vigilância, agente Chico, entrevista em 10 de novembro de 2004, fita 6, lado A. Ver ainda, Cloves de Castro, entrevistas em 4 e em 9 de fevereiro de 2005.
6   Paulo Roberto Pepe, entrevista em 14 de janeiro de 2014.
7   Para a participação de Perdigão no chamado Grupo Secreto, repsonsável pelos atentados, ver ARGOLO, José A; RIBEIRO, Kàtia; FORTUNATO, Luiz Alberto M. *A Direita Explosiva no Brasil*, p. 244-249. Ver ainda AESP Deops-SP/OS1027 (bombas), *Documentos I, 9 e II*.

cada vez mais atuar em parceria com outros órgãos, principalmente o Dops, mas também a Polícia Federal. Tinha de lidar com os veteranos – não pensava em se desfazer desse pessoal. A solução para enquadrar a *Casa da Vovó*, para ele, dependia do comando. Ou seja, de sua gestão.[8]

De fato, enquanto os veteranos do Destacamento se preocupavam em acertar as contas com os combatentes da guerra passada, emergia uma nova realidade ao redor. Não apenas nos quartéis, mas também nas ruas. O movimento estudantil procurava reorganizar a União Nacional dos Estudantes desde 1977. Um encontro nacional ocorrera em São Paulo para reconstruir a entidade esfacelada pelo regime. A face visível do regime – o Erasmo Kong – decidira que ali, em sua área, a subversão comunista não desfilaria. Mais de 2 mil estudantes estavam na PUC, que ele mandara cercar. Era 22 de setembro de 1977. A *Casa da Vovó* não interveio. Tudo ficou a cargo da Secretaria da Segurança Pública. Os homens de três batalhões da Tropa de Choque aguardavam no Parque da Água Branca, na Avenida Doutor Arnaldo e na Praça Charles Miller. Para a frente da universidade, o irascível secretário enviou o Dops e o contingente da Academia da Polícia Civil. De repente, a explosão. Os homens do Dops jogaram bombas de gás e os da Academia passam a espancar os estudantes, que se viram encurralados no Tuca. Muito correram para o prédio da PUC. O coronel Paulo Wilson de Oliveira Bueno e dois de seus oficiais de Estado-Maior foram os primeiros a chegar da Tropa de Choque. Viram o general Torres de Melo, comandante da PM, e Erasmo Dias dando ordens. Ao mesmo tempo desembarcava a tropa que estacionara na Doutor Arnaldo.

> A PUC já estava invadida. Os estudantes eram espremidos por policiais à paisana – eram do Dops. Eles estavam perigosamente sendo empurrados para a frente de vidro do Tuca.[9]

---

8   Agente Chico, entrevista em 14 de setembro de 2009.
9   Hermes Bittencourt Cruz, entrevista em 9 de setembro de 2004, fita 3, lado A. Para a disposição da tropa de choque, Hermes Bittencourt Cruz, entrevista em 9 de setembro de 2004, fita 3, lado A.; Niomar Cyrne Bezerra, entrevista em 16 de julho de 2004, fita 3, lado A, e Hermógenes Gonçalves Batista, entrevista em 6 de outubro de 2004, fita 2, lado A.

A Polícia Militar recebeu a ordem para entrar em ação. À pancadaria e à selvageria dos civis, os soldados acrescentaram o peso dos coturnos. Arrasaram a universidade. Passaram de sala em sala, arrastando professores, alunos e funcionários debaixo de bordoadas, pontapés e golpes de cassetete. Reviraram mobílias, fichários e arrombaram portas. Um oficial encheu uma caixa de sapatos com os óculos deixados pra trás durante o assalto. Outro recolheu sapatos. Um terceiro apanhou um violão em um centro acadêmico e saiu tocando o instrumento em meio ao caos. Para os colegas, era Nero enquanto Roma queimava. Bombas de gás explodiram em todo o campus.[10] As bombas deixaram cinco alunas com queimaduras de terceiro grau. Todos ali tiveram de descer do prédio com as mãos dadas e caminhar para um estacionamento em frente, onde ficaram sentados até que, no começo da madrugada, Erasmo Dias conseguisse com a Prefeitura 13 ônibus para levá-los ao 1º Batalhão de Choque. Quem era da PUC foi dispensado. Quem não era, ficou. Foram 800 os detidos – cem deles eram mulheres. Pais fizeram plantão em frente ao prédio amarelo do batalhão, na Avenida Tiradentes, no centro. Por fim, despacharam 92 estudantes para o Dops e liberaram os demais. Erasmo dizia que recolhera material subversivo na PUC. Não bastou. A Assembleia Legislativa abriu uma comissão de inquérito. Sobrou para o comandante da Tropa de Choque, coronel Paulo Wilson, que se recusara a afinar o discurso com o do chefe.

> Ele me disse: "Tão querendo mudar a história do que aconteceu, do que eu vivi com vocês". As bombas que apareceram lá não eram bombas de nosso uso, nós não tínhamos em carga aquele tipo de material.[11]

A selvageria daquele dia não se repetiria. Mas a UNE só seria reorganizada dois anos depois. A *Casa da Vovó* produziu relatórios sobre os estudantes de São Paulo que participariam nos dias 29 e 30 de maio do 31º Congresso da entidade, em Salvador. Cada ordem de serviço era documentada e cada

---

10   Ver Hermes Bittencourt Cruz, entrevista em 9 de setembro de 2004 e Niomar Cyrne Bezerra, entrevista em 16 de julho de 2004.
11   Niomar Cyrne Bezerra, entrevista em 16 de julho de 2004, fita 3, lado A.

operação, objeto de relatório que os agentes deviam produzir ao término do trabalho. Tudo iria para o arquivo da *Casa das Vovó* e cópias partiam para o CIE, em Brasília. O objetivo era identificar os líderes, mapear as principais tendências e suas vinculações com partidos e organizações políticas clandestinas.[12] O Destacamento então era comandado pelo tenente-coronel Carlos Alberto de Castro, que ficaria no cargo durante um ano. O congresso dos estudantes terminou com o PCdoB emplacando a eleição de Rui César Costa Silva para a presidência da entidade, derrotando o candidato da Libelu, Josimar Melo.[13] Na volta para São Paulo, os estudantes do ônibus 410 resolveram ficar nus. Eram todos alunos da Faculdade de Filosofia, Letras e Ciências Sociais da USP. O sexo livre e o consumo de drogas eram para muitos deles uma forma de resistência. O futuro libertário não lhes interessava. Queriam trocá-lo pelo presente.[14] Na Faculdade de Jornalismo Cásper Líbero surgia o grupo Odara e na Escola de Comunicação e Artes (ECA) da USP, o Bucetas Radicais. A gaiatice dos moços do Direito do Largo São Francisco criou em 1984 a chapa The Pravda, que ganhou o centro acadêmico da faculdade com o jovem estudante Fernando Haddad.

Ao lado de reivindicações políticas, os trotskistas abraçaram o movimento gay e a liberação das drogas. Desde o fim dos anos 1970, eles se haviam transformado em uma grande força do movimento estudantil no estado de São Paulo, apesar de suas divisões internas – em sua maioria reflexos no Brasil de divergências das correntes do trotskismo internacional. No começo dos anos 1980, o DCE da USP estava nas mãos de duas dessas correntes: a Liberdade e Luta (Libelu) que se aliara à Convergência Socialista, derrotando a chapa apoiada pelo PCB. Entre os estudantes dessa diretoria

---

12   Agente Chico, entrevistas de 27 de outubro de 2004 e de 11 de novembro de 2004, fita 5, lado B.
13   As correntes Viração (PCdoB), Caminhando (PCdoB), Refazendo (AP), Liberdade e Luta (OSI, mais tarde O Trabalho), Nova Ação [Convergência Socialista, Centelha e Pelea (POC) mais tarde Democracia Socialista e o Movimento de Emancipação do Proletariado (MEP), que se dissolveria no início dos anos 1980], MR-8 e Unidade (PCB) eram as principais correntes do movimento estudantil de então. Rui morreu em 2013. Josimar Melo hoje é jornalista e crítico de gastronomia.
14   Paulo Roberto Pepe, entrevista em 14 de janeiro de 2014.

estavam Antonio Palocci (que seria ministro da Fazenda do governo Lula e da Casa Civil do governo Dilma Rousseff), os futuros jornalistas Eugênio Bucci, Laura Capriglione, Cleuza Turra, Paulo Roberto Pepe e o sociólogo Demétrio Magnoli.[15] Quase todos foram citados no relatório feito pelo general Carlos Tinoco, então Chefe do Estado-Maior do 2º Exercito, sobre a maior ação feita pela *Casa da Vovó* naqueles anos para vigiar o movimento estudantil: a Operação Pira. O objetivo era fazer uma radiografia do 34º Congresso da UNE, em Piracicaba, ocorrido entre 30 de setembro a 3 de outubro de 1982.

Na *Casa da Vovó*, o tenente-coronel Castro havia deixado o órgão em 1979, abrindo espaço para o retorno de um velho conhecido dos agentes veteranos: Dalmo Cyrillo, que fora afastado de lá com Maciel após a morte de Fiel Filho. Dalmo assumiu a chefia Destacamento, onde permaneceria até 1982. Esse período foi marcado pela chegada de uma nova geração de militares ao órgão. Entre eles estava o futuro general de brigada Manoel Morata de Almeida.[16] Os jovens eram desvinculados do combate às organizações armadas e não se haviam envolvido com a tortura e as mortes. Muitos mesmo as negavam, assumindo um discurso de defesa de seus companheiros mais velhos – identificados com a defesa do próprio Exército – contra o que chamavam de "revanchismo" da esquerda. Foi nessa época que os veteranos começaram a promover o encontro anual – no começo, dentro do quartel, e depois em uma churrascaria na Rua Tutoia – de confraternização. Muitos dos jovens foram agregados ao grupo, transformando-se em entusiastas defensores de Ustra. Foram esses homens que coordenaram as equipes envolvidas na Operação Pira.

No 34º Congresso da UNE, a *Casa da Vovó* coordenou a operação que envolveu integrantes dos serviços de informação das três Forças, do Dops, da Policia Federal e até mesmo arapongas do Ministério da Educação

---

15 Paulo Roberto Pepe, entrevista em 14 de janeiro de 2014.
16 Morata faria carreira na área de informações. Serviu em Brasília, de onde veio para, como general de brigada, assumir a chefia do Estado Maior do Comando Militar do Sudeste (CMSE), em 2006, e coordenou as ações do Exército durante os ataques do Primeiro Comando da Capital (PCC) às forças policiais do Estado.

(MEC). Agentes secretos foram infiltrados nos hotéis e nos alojamentos dos estudantes de todo o país que foram à cidade paulista de Piracicaba entre os dias 30 de setembro de 2 de outubro de 1982. A prefeitura da cidade cedeu ginásio de esportes e 680 colchões, e a reitoria da Unimep ofereceu alojamento em seu campus do Taquaral e uma tipografia para confecção de panfletos. Os militares usaram duas casas fora da cidade para o controle da operação e a análise da documentação recolhida. A 90 quilômetros dali, no Aeroporto de Viracopos, montaram a base de rádio, sob a supervisão da Aeronáutica. Piracicaba conheceu dias de uma disputa acirrada entre os estudantes. As correntes trotskistas do PT ganhavam cada vez mais espaço. Queriam que o movimento adotasse como política o voto nos candidatos do partido em 1982 e não simplesmente nos políticos da oposição para derrotar o PDS, o partido do governo, nas eleições daquele ano. Abrigados no PMDB, os integrantes dos ilegais PCdoB – dividido entre as correntes Viração e Caminhando – e PCB se aliaram ao MR-8 e à Unidade Comunista (UC)[17] para derrotar os petistas. Em uma das votações, os militares relataram que os trotskistas reuniram 866 votos contra 963 obtidos pelo PCdoB. Ao todo, o Exército contara 2.365 delegados no congresso. Em seu relatório, o general de brigada Carlos Tinoco Ribeiro Gomes, mais tarde ministro do Exército do presidente da República Fernando Collor de Mello, afirmou: "Dois terços do congresso eram de elementos vinculados à subversão". Os agentes, segundo ele, flagraram ainda "um consumo acentuado de maconha". Mas, dessa vez, ninguém saiu preso do congresso.

---

[17] A história da UC começa após as quedas que desarticularam o PCB no país de 1974 a 1976. Um grupo de seus militantes do movimento estudantil fundou o chamado Grupão. Parte dessa organização voltou ao PCB no fim dos anos 1970, quando o partido se reorganizou, e outra se uniu a integrantes da Refazendo (AP) para criar a Ação Comunista, que teve vida efêmera. Entre seus membros estava o futuro deputado federal Cândido Vaccarezza. A AC se aliou ao Grupo Unidade, cujo líder era o futuro deputado federal José Aníbal, criando então a Unidade Comunista (UC) em 1981. A UC, em seguida, integrou-se ao PCB, onde se ligou à ala esquerda do partido liderada por David Capistrano da Costa Filho. Em 1983, a esquerda rompe com o partidão e, em 1986, ingressa no PT. Para as informações sobre a UC, Breno Altman, entrevista em 12 de fevereiro de 2014 e Paulo Roberto Pepe, entrevista em 14 de janeiro de 2014.

Domingo sangrento

O DOI só faria prisões de brasileiros nos anos 1980 para desarticular os trabalhos de reorganização do PCB e do PCdoB e durante as greves do ABC. Foram ações públicas, informadas à Justiça e baseadas na Lei de Segurança Nacional. Contudo, seu resultado não podia ter sido pior para a repressão: garantiu apoio político à legalização dos partidos comunistas e ajudou a consolidar a imagem de liderança nacional do metalúrgico Luiz Inácio Lula da Silva. Se a ação contra os comunistas se inseria na tradição da *Casa da Vovó*, a ação no meio sindical era novidade para os homens do Exército. Esse trabalho sempre esteve nas mãos do Dops. O novo tipo de operação obedecia à lógica dos formuladores da guerra revolucionária explicada no Projeto Orvil. A esquerda, a partir de 1978, teria começado uma contraofensiva – sua quarta tentativa de se atingir o poder no Brasil – na qual o movimento comunista usaria as armas do trabalho de massas, com sua agitação e propaganda. A conquista dos sindicatos e federações, pensavam os militares, abriria aos seus inimigos uma máquina poderosa de arrecadação de recursos que seriam usados para alcançar seus objetivos políticos.

Para manter a vigilância e planejar suas ações, os homens da *Casa da Vovó* filiaram-se a sindicatos, onde votavam e participavam de reuniões, como no caso dos Bancários e da Construção Civil. Eles montaram grupos de "bate-pau" – muitos deles policiais – para a defesa de direções pelegas acossadas pela oposição sindical, ligada ao projeto de fundação da Central Única dos Trabalhadores (CUT). Também ajudaram a fraudar eleições, como teria ocorrido no Sindicato da Construção Civil, onde ex-militantes da VPR e do MRT disputavam a direção da entidade com a chapa da situação encabeçada pelo marceneiro Décio Lopes. A tática mais usada então era sonegar aos concorrentes a lista dos habilitados a votar na eleição.[18] A ação do DOI levou, em 1981, um de seus agentes a participar do Conclat na Praia Grande e,

---

18 Manoel Dias do Nascimento (ex-VPR) liderava a chapa que tentou desalojar o carpinteiro Décio Lopes do sindicato no começo dos anos 1980. Lopes só deixou a entidade em 2010 depois de passar 31 anos em sua direção. Para a ação do DOI, agente Chico, entrevistas em 6 de outubro de 2004, fita 3, lado B, e 22 de dezembro de 2004. Ainda para a eleição no sindicato, entrevista com Ivan Seixas, dezembro de 2004.

como representante da Federação dos Comerciários, a assinar o documento do grupo que fundaria mais tarde a Central Geral dos Trabalhadores (CGT).[19]

O novo inimigo da *Casa da Vovó* representava, a exemplo dos jovens do movimento estudantil, um fenômeno que, a princípio, desnorteara os militares. A *Casa da Vovó* não estava preparada para essa nova realidade. Ela surgira aos poucos e trouxe consigo um tipo diferente de liderança sindical para a qual o pragmatismo havia mostrado que era preciso enfrentar os governos se quisessem satisfazer sua base. Do confronto silencioso logo passariam ao desafio aberto à política salarial do regime. O que parecia nos anos 1970 aos militares um antídoto contra a retomada dos sindicatos pelos comunistas transformou-se no maior movimento de massas contra o regime. Lula estava entre os que pressionavam contra o arrocho. Os trabalhadores sentiam-se tungados cada vez que o Ministério do Trabalho impunha limites aos reajustes salariais. Na cidade de São Paulo, esse papel era desempenhado pela oposição sindical dos metalúrgicos, que se rearticulava em torno de duas chapas: a de Aurélio Peres (PCdoB) e a de Waldemar Rossi, ligado à pastoral operária – Peres acabaria violentamente espancado pelos "bate-paus" da direção oficial do sindicato quando disputava o cargo em 1981. Todos queriam derrotar os antigos burocratas e "pelegos", ligados ao Ministério do Trabalho e aos patrões.

A correlação de forças na área começara a mudar em 12 de maio de 1978, na fábrica da Scania, em São Bernardo do Campo. Os operários da ferramentaria entraram às 7 horas e deixaram as máquinas desligadas. Ficaram uma hora em pé e em silêncio. A direção da empresa demorou a acordar. Dias antes, quando fora informado sobre os planos dos trabalhadores, Lula resolvera pagar para ver. A revolta dos metalúrgicos era contra o desconto no dissídio dos reajustes antecipados dados pela empresa em uma época em que o país começava a viver seu maior e mais longo surto inflacionário da história.

O Exército também participava do jogo. O meio sindical era sujeito à ação dos agentes. Chico foi um dos que frequentaram reuniões no setor e trombava com homens de outros órgãos – cada qual mantinha

---

19 Agente Chico, entrevista em 6 de outubro de 2004, fita 3, lado B.

vigilância própria. Contavam ainda com uma rede de informantes entre os trabalhadores e seguranças das empresas. Foi esse complexo que acompanhou o desenrolar da paralisação da Scania. A *Casa da Vovó* produziu relatórios e manteve contatos com o Dops e com a PM até que a indústria aceitou dar 11% de reajuste aos grevistas. Era pouco. Um mês depois que os braços voltaram a se cruzar na ferramentaria, o movimento se espalhara por outras fábricas do ABC e reunira 150 mil trabalhadores.[20] Os metalúrgicos formaram comissões de fábrica, que mais tarde seriam ceifadas pelos patrões em meio às dispensas depois do dissídio – 1.200 trabalhadores foram demitidos. A Caterpillar, por exemplo, mandou embora 36 dos 40 membros da comissão e a Filtros Mann, todos os seus integrantes.[21]

No ano seguinte, em 1980, durante a greve do ABC, o comandante do 2º Exército, general Milton Tavares, assumiu a tarefa de comandar a repressão. Ao pôr a polícia debaixo de seu mando, tornou-se uma espécie de interventor militar na região. O Dops lhe montou uma rede de rádio para que acompanhasse tudo. Os militares colecionavam informações desde os anos 1970 sobre o presidente do Sindicato dos Metalúrgicos de São Bernardo. Era um trabalho constante. Achavam-no moderado, mais interessado na melhoria de vida dos trabalhadores do que em fazer a revolução. "Interessava ao Exército a presença dele lá, pois ele era comedido. Não era exaltado. Não era um radical", contou o coronel Paes sobre Lula.[22] A Organização Socialista Internacionalista (OSI), um grupo trotskista que mais tarde integraria o PT,[23] acusaria Lula de ser um dos esteios da ditadura após o sindicalista dizer na assembleia dos metalúrgicos de 6 de

---

20 Para uma história das greves de 1978 a 1980 ver ANTUNES, Ricardo. *A rebeldia no Trabalho.* Para o movimento de 1978, *idem*, p. 19-26. Ver ainda SADER, Eder. *Op. cit.*, p. 299-304. Ver ainda agente Chico, entrevista em 6 de outubro de 2004, fita 3, lado B.

21 Para o número de demissões, SADER, Eder. *Quando novos personagens entraram em cena*, p. 255 e 256.

22 José Barros Paes, entrevista em 23 de julho de 2004.

23 Depois de aderir ao PT, parte da OSI compôs a corrente interna O Trabalho. Sua maioria, no entanto, ligou-se ao grupo de Lula, participando da então tendência majoritária do partido, a Articulação.

março de 1980, no estádio de Vila Euclides, em São Bernardo do Campo, que não permitiria ali a participação de estudantes e de pessoas alheias ao movimento da classe.

Para controlar o que se passava no ABC, Miltinho contava com o chefe do Estado-Maior, o general Leo Guedes Etchgoyen. Era o homem do helicóptero. Desde que a tropa de choque e as equipes do Dops e do DOI foram deslocadas para a região, o general sobrevoava a área como observador.[24] Um coronel da tropa de choque e um tenente do Regimento de Cavalaria da PM recordaram-se do sobrevoo daquele helicóptero no dia 1º de maio de 1980. Estavam havia quase um mês no ABC quando receberam uma ordem de Miltinho. Não permitiria passeata ou manifestação no 1º de maio. Lula estava preso, e o Exército queria impedir que o movimento continuasse com novos líderes. Veterano dos combates da FEB na Itália, onde fora ferido e ganhara a Cruz de Combate de 1ª Classe, Miltinho afogara em sangue a guerrilha do Araguaia quando chefiava o CIE. Contara com a ajuda do coronel Braga, que, promovido a general, exercia o comando da PM de São Paulo. Na dança das cadeiras da repressão, o Doutor Ney deixara de trabalhar na Rua Tomás Carvalhal. Fora transferido para o CIE, em Brasília. Em seu lugar colocaram o capitão Luciano Nogueira, que mais tarde seria morto por assaltantes em São Paulo.

Miltinho e o regime planejavam quebrar a espinha do novo sindicalismo. Enquanto os agentes da *Casa da Vovó* caçavam os sindicalistas ainda em liberdade, a cavalaria da PM recebeu ordem do general para fazer um cordão em torno do Paço Municipal, em São Bernardo. Ninguém poderia passar. Os trabalhadores reuniram-se na igreja matriz da cidade. O bispo d. Cláudio Hummes os acolheu. Centenas de famílias foram à celebração. Todos planejavam caminhar pela cidade até o estádio de Vila Euclides. O general queria impedir. O povo queria passar. Milhares de pessoas – ninguém contou, mas a multidão foi estimada de 30 mil a 100 mil – saíram pelas ruas. O ABC contava então com 210 mil metalúrgicos. Crianças e mulheres

---

24 Newton Borges Barbosa, entrevista em 8 de julho de 2004, fita 5, lado B, e Niomar Cyrne Bezerra, entrevista em 16 de julho de 2004, fita 3, lado A.

iam à frente. O tenente Rui César Melo com seu esquadrão de cavalaria mantinha posição no Paço. Dali não seguiriam adiante.

> Eu olhava esse povo e imaginava: "Não é possível, vou ter de partir para cima desse povo?" Já imaginava o que seria – a rua toda estava tomada – dar uma carga a cavalo ali. Eu lembrava muito daquele filme, *Doutor Jivago*. Quando o pessoal estava a 200 metros dessa linha, veio a ordem do helicóptero: retira tropa e recolhe. Fomos pro batalhão. [...] Ia ser uma carnificina.[25]

São Bernardo não teve seu Domingo Sangrento porque o tenente-coronel Hermógenes Gonçalves Batista, comandante do 1º Batalhão de Choque, procurou o comandante-geral, general Braga. Pediu autorização para desmontar seu dispositivo. "Vai ser um massacre, general. Pelo amor de Deus, fala para o general Milton que não vai ser possível reprimir isso aqui. Não sei quais as consequências terão esse confronto." Braga não conseguia encontrar Miltinho. Pediu ajuda ao chefe da Seção de Informação da PM, o então major Newton Borges Barbosa, que encontrou o comandante do 2º Exército e o pôs em contato com Braga. "General, a sua ordem não pode ser cumprida." Miltinho desistiu, e a Cavalaria deixou o povo passar. Naquele dia, o jovem militante sindical Vicente Paulo da Silva, o Vicentinho, chegou à Vila Euclides e rolou na grama de alegria.[26] O regime tentara demonstrar força e saíra derrotado. O episódio incruento mostrava o quanto a realidade ultrapassava Miltinho. Um ano depois, ele morreria de complicações cardíacas. Tinha 64 anos. Nunca mais um general mandaria como ele em São Paulo.

A grande fogueira

Durante a greve do ABC, os comunistas do PCB relançaram seu jornal, o semanário *Voz da Unidade*. Desta vez, circulava nas bancas. Um mês antes,

---

25 Rui César Melo, entrevista em 5 de novembro de 2004, fita 2, lado A.
26 Vicente Paulo da Silva, entrevista em 28 de abril de 2014. Ver ainda, para Vicentinho no gramado, www.abcdmaior.com.br (acesso em: 13 fev. 2014). Ele se tornaria presidente da CUT nos anos 1990 e depois, seria eleito deputado federal pelo PT.

em 1º de abril, Luís Carlos Prestes lançara sua *Carta aos Comunistas*, na qual se dirigia aos militantes do Partido pedindo que rompessem com a maioria do Comitê Central. Ao dissentir do PCB, que o abrigara desde os anos 1930, o Cavaleiro da Esperança produziu o mais impressionante e lúcido de seus documentos. Mostrava como a realidade mudara sem que a política do Partido a acompanhasse. Acabou destituído em 12 de maio. Naquele outono houve uma última corrida a Moscou. Dois camaradas foram à URSS para esclarecer os soviéticos sobre o conflito: Giocondo Dias e Paulo Santana, também do Comitê Central. Prestes embarcou para o mesmo destino, mas não foi recebido pelo secretário-geral do Partido, Leonid Brejnev, que se encontrou apenas com Dias e Santana.[27] O Cavaleiro da Esperança se tornara um dissidente.

Tudo parecia mudar rápido enquanto os homens da *Casa da Vovó* continuavam a caçada aos sindicalistas que haviam tido a prisão decretada pela Justiça Militar. Surpreenderam Enílson Simões de Moura, o Alemão, quando era transportado em um carro por dois parlamentares. O senador Franco Montoro, que apareceu ali, impediu que Alemão fosse preso, e o levou ao gabinete do então prefeito de São Bernardo, Tito Costa, onde o sindicalista seria preso mais tarde.[28] Dezenove sindicalistas foram enquadrados pelo regime na Lei de Segurança Nacional. Lá estavam Lula, Alemão, Djalma Bom, José Cicote, Gilson Menezes e José Maria de Almeida.[29] Mais tardes todos frequentaram as listas de candidatos a prefeito ou deputado do PT em 1982. Seriam ainda indistintamente alvos de vigilância dos militares.

---

27 Santana deixou o relato da viagem escrito no exemplar do livro *Giocondo Dias: a vida de um revolucionário*, que ele recebeu com dedicatória do autor, João Falcão (AA).

28 Para a ordem de cercar o Paço Municipal e para o temor de produzir um massacre, Hermógenes Gonçalves Batista, entrevista em 6 de outubro de 2004, fita 2, lado A; Rui César Melo, entrevista em 5 de novembro de 2004, fita 2, lado A e Newton Borges Barbosa, entrevista em 8 de julho de 2004. O agente Chico conta que, ao levarem um mandado de prisão para deter Alemão, o senador Teotônio Vilela apanhou o documento das mãos do agente Bordini e o rasgou. O soldado Fenelon, que estava ao seu lado, quis sacar uma faca. A situação foi contornada com a entrega do preso (Chico, entrevista em 29 de agosto de 2006, fita 14, lado A). Para o episódio da prisão de Alemão, agradeço ao jornalista Clayton Netz, que, repórter da *Exame*, testemunhou a cena.

29 Cicote se tornaria deputado federal pelo PT. Depois, deixou o partido e passou para o PSB. Morreu em 2013. Djalma Bom foi eleito deputado federal e, depois, estadual pelo PT. Gilson seria o primeiro prefeito eleito pelo PT (Diadema, 1982). Mais tarde, romperia com o partido e passaria para o PSB. Zé Maria candidatou-se a deputado pelo PT, mas não se elegeu. Hoje está no PSTU.

O ano de 1982 marcou a última mudança de comando do DOI antes do fim do esquema que reuniu sob o mesmo teto policiais civis e militares da PM e das Forças Armadas. Dalmo Cyrillo deixou o órgão e foi substituído na função pelo tenente-coronel Alfredo Lima do Carmo. Outros veteranos também saíram paulatinamente da *Casa da Vovó*. Alguns se reuniram no SNI, outros foram parar no CIE. Era o caso dos agentes Sá, Artoni e Santiago – os dois primeiros mudaram-se para Brasília.[30] Para o Rio de Janeiro foram outros velhos conhecidos de São Paulo. Perdigão era um deles. O coronel Paes, que participara da ofensiva contra o PCB, era o assistente do comandante do 1º Exército, o general Gentil Marcondes, cujo chefe da 2ª Seção era o coronel Leo Frederico Cinelli, que participara do extermínio dos guerrilheiros do PCdoB no Araguaia – era o enviado de Miltinho no sul do Pará. Na Seção de Operações do CIE, em Brasília, estava o Doutor Ney, que contava com agências regionais do centro espalhadas por todo o país. Os radicais da guerra revolucionária dominavam a estrutura do CIE e a do DOI do Rio, enquanto o patrono deles – Miltinho – pontificava em São Paulo.

Em 1981, foi no Rio que o 1º de Maio quase terminou em catástrofe. O delírio assassino de um punhado de militares pensou em espalhar bombas pelo Riocentro, onde se realizava um show do Dia do Trabalho. A desgraça seria imputada a uma organização desaparecida nos anos de chumbo: a VPR. Mas uma das bombas explodiu no colo do sargento Guilherme do Rosário, que a transportava em um Puma. Morreu na hora. Seu acompanhante, o capitão Wilson Luiz Machado Chaves, chefe de operações da *Casa da Vovó* carioca, ficou ferido. Suspeito de sempre, o coronel Paes no 1º Exército foi apontado como a ponte entre o descalabro paulista em 1975 e o terrorismo

---

30 O CIE reunia os mais radicais adeptos da guerra revolucionária durante o governo de João Figueiredo. Em 1985, porém, ele perderia suas agências regionais, fechadas por ordem do general Leônidas Pires Gonçalves, ministro do Exército de Sarney, que havia enfrentado o CIE quando era o chefe do Estado-Maior do general Reynaldo Almeida, no comando do 1º Exército, no Rio. Com a medida, acabariam as operações do centro. Sua Seção de Operações em 1985 era chefiada por Audir Santos Maciel, o homem que comandara a caçada anticomunista nos anos 1970 e fora afastado do órgão com a morte de Fiel Filho. Ver depoimentos de Audir Santos Maciel em *História Oral do Exército, 1964, 31 de março*, tomo II, p. 151 e de Leônidas Pires Gonçalves em COUTO, Ronaldo Costa. *Memória viva do regime militar*, p. 240.

carioca.[31] O coronel também tem suas suspeitas. E elas recaem sobre a cadeia de comando – Cinelli e Júlio Molina Dias, chefe do DOI carioca, e o CIE, órgão do gabinete do ministro do Exército.

> – Os homens do DOI colocaram os pés pelas mãos?
> – Foi uma operação mal planejada. Porque o que eles queriam era perturbar a reunião dos estudantes e dos jornalistas e lançar uma bomba, que seria um tumulto, alguém podia sair correndo e se machucar. [...] Alguém recebeu ordem pra fazer aquilo. Só que a operação pra eles era simples. Eles iam levar a bomba e colocar lá e explodir. Seria um fator de perturbação, mas acontece que não sei o que aconteceu com o artefato. Aquilo só funciona quando você aciona – tem uma espoleta ali que vai desencadear. [...]
> – E quem mandou fazer isso?
> – Alguém que tinha acesso ao DOI, a quem ele estava subordinado, pois não podia fazer aquilo fora da cadeia de comando.
> – E por que mandou fazer?
> – O sujeito está com ideia de perturbar, de criar um fato novo, de tumultuar, agitar, criar um fato novo. O mau que causou... Eles [o público do show] estavam reunidos lá e queriam dispersar aquilo. Uma maneira estúpida de fazer aquilo.[32]

Paes permaneceu no Rio dois anos e passou para reserva. "Vou morrer com essa pecha. O que é que eu vou fazer? Quando morrer, o necrológico vai aparecer com esse problema aí e ainda vão colocar a foto do Herzog pendurado. Ah... você vai ver."[33]

Enquanto a *Casa da Vovó* do Rio se comprometia diretamente com o terrorismo com o caso Riocentro, a de São Paulo passara a privilegiar a escuta telefônica e a censura postal para obter informações. Mantinha sua rede de infiltrados conquistada durante os anos de chumbo[34] e não deixava de lado

---

[31] Depoimento do general Gustavo Moraes Rego Reis. In: D'ARAÚJO, Maria Celina; SOARES, Gláucio A. D.; CASTRO, Celso. *A volta aos quartéis: a memória militar sobre a Abertura*, p. 86 e 87.
[32] João Barros Paes, entrevista em 23 de julho de 2004, fita 2, lado B.
[33] Idem.
[34] Agente Chico, entrevistas em 26 de fevereiro de 2005 e 2 de abril de 2005.

nem mesmo o que era descartado pelos adversários do regime. Chamavam a prática de Operação Lixo. Os agentes dizem que ela dava resultados imensos. A ideia era simples. Revirar o que era jogado fora por organizações e pessoas sob vigilância. Documentos, anotações, números de telefone e contas bancárias. Tudo emergia dos sacos que os militares viravam em uma mesa e, de luvas nas mãos, vasculhavam. Uma vez tiveram de brigar com catadores de papel do Pari, no centro de São Paulo, pelo lixo de uma gráfica do PCB. A briga foi resolvida pelos donos do imóvel, que saíram para ver o que estava acontecendo. Eles decidiram que, naquele mês, os homens do DOI levariam o lixo. No mês seguinte, seria a vez dos catadores. A partir de então, toda noite os agentes disfarçados de mendigos recolhiam o lixo. A mesma técnica foi usada por outros órgãos. A sede da Convergência Socialista no Paraíso era alvo de grampo telefônico da *Casa da Vovó* e à noite era visitada por homens do Serviço de Informações da PM atrás de seu lixo.[35]

Essa técnica ajudou os militares a descobrir que o PCB estava organizando seu VII Congresso.[36] O partido que o coronel Paes pretendeu destruir nos anos 1970 faria clandestinamente o encontro, o primeiro desse tipo desde 1967. Em 13 de dezembro de 1982, o Doutor Ney e o CIE, com o apoio da Polícia Federal e do DOI, cercaram o Edifício Thomaz Edison, na Rua d. José Gaspar e prenderam 14 membros do Comitê Central. Entre eles estava o agente Vinícius, que continuava a dar informações ao Exército. Ele teria ajudado os agentes a localizar a reunião e a prender a cúpula comunista.[37] A cadeia não a faria recuar. Pelo contrário. Em vez de colocá-la na defensiva, a ação dos militares proporcionaria a oportunidade esperada por Giocondo Dias para começar o debate público sobre a legalização do Partido, que tivera o registro cassado pela Justiça em 1947.

Pouco antes das prisões, o país havia realizado a primeira eleição direta para os governos estaduais desde 1966. Em São Paulo, a vitória da candidato da oposição – o senador Franco Montoro (PMDB) – fez a *Casa da Vovó*

---

35   Agente Chico, entrevistas em 26 de fevereiro e 2 de abril de 2004 e Francisco Profício, entrevista em 29 de julho de 2004.

36   Tenente José, entrevista em 9 de janeiro de 2007.

37   Roberto Artoni, entrevista em 16 de fevereiro de 2013.

perder a sua sede mais famosa, o pequeno complexo entre as Ruas Tomás Carvalhal e Tutoia, no Paraíso. O imóvel pertencia ao Estado, que o pediu de volta ao Exército. Seus homens não eram os únicos de mudança. Pouco antes da posse de Montoro, dezenas de policiais civis do Dops transferiram-se para a Polícia Federal, entre eles os delegados Romeu Tuma e Aparecido Laertes Calandra. Levaram embaixo do braço o gigantesco arquivo do departamento. Os militares apoderaram-se ainda do arquivo da Comissão Estadual de Inquérito (CEI), que apurava casos de corrupção, e exigiram a entrega do arquivo da 2ª Seção da PM. Queriam apagar a história. Parte desses papéis – CEI, PM e documento administrativos do Dops – foi queimada pelos homens da *Casa da Vovó* no quartel de Quitaúna.[38] Foi para essa área, em Osasco, que o Destacamento se mudou. Depois, ele se alojaria no terreno do Hospital do Exército, no Cambuci, onde permanece até hoje.

Foi lá que se planejou a operação feita pelo Destacamento em outubro de 1984 que teve como alvo o PCdoB. Às vésperas da vitória no Colégio Eleitoral do candidato da oposição à Presidência, Tancredo Neves, os agentes tentaram apropriar-se de listas com nomes de militantes mantidas pela secretaria de organização do partido.[39] Para impedir a devolução dos papéis requerida judicialmente por advogados, os militares juntaram aos documentos um dossiê falso, no qual se planejava a invasão de quartéis em Osasco e em São Paulo. Deu certo. O Destacamento, que desempenhara um papel de mero espectador diante da campanha pelas eleições diretas no primeiro semestre de 1984, participava na reta final do governo militar da trama do CIE e do DOI para indispor Tancredo com a caserna, ligando-o aos comunistas. A manobra falhou. Nem mesmo impediu que, assim como o

---

38 Para a queima, agente Chico, entrevista em 27 de outubro de 2004, fita 5, lado A, e tenente José, entrevista em 30 de junho de 2009. Para a entrega dos documentos da PM, coronel Francisco Profício, entrevista em 29 de julho de 2004, fita 3, lado B e entrevista coronel Newton Borges Barbosa, em 17 de novembro de 2004. Barbosa afirma que a PM entregou o arquivo de papel ao Exército, mas manteve cópia microfilmada de tudo. Em duas oportunidades – 2005 e em 2006 –, o subcomante-geral da PM, coronel Paulo Marino Lopes, negou ter a posse do arquivo produzido durante o período do regime militar.

39 Agente Chico, entrevistas em 26 de fevereiro e 21 de setembro de 2005. A Seção de Operação do CIE tinha então como comandante o coronel Audir Santos Maciel, onde ele permaneceu até 1985. Ver *História Oral do Exércirto, 1964, 31 de Março*, tomo II, p. 150 e 151.

PCB, o PCdoB recebesse o seu registro na Justiça Eleitoral e participasse das eleições para a Constituinte em 1986.

O regime militar chegou ao fim de 1985. Além de endereço, o Destacamento também mudou de nome. Passou a ser a SOP (Seção de Operações)[40] e depois, a 2ª Companhia de Informações. As reuniões semanais da comunidade começaram a minguar e os encontros amplos, que contavam com a participação de grandes empresas, deixaram de acontecer durante o governo Sarney. Naquele ano, outra leva de veteranos deixou a unidade, como o agente José. "Íamos atrás de quem imprimia jornal e lutava pela abertura para se candidatar a um cargo. Perdeu o sentido." As mulheres voltaram paulatinamente à Polícia Militar, ao mesmo tempo em que as Forças Armadas decidiram criar seus próprios quadros femininos. Perdeu-se, por fim, até um agente, o sargento Bernardo, que, infiltrado em um grupo trotskista na USP, decidiu mudar de lado. Deu baixa do Exército e tornou-se militante comunista em tempo integral sem que nada lhe acontecesse. Em 23 de maio de 1986, o Doutor Ney se mataria no quartel do grupo de artilharia que ele comandava em Praia Grande. Seu amigo, Dalmo Lúcio Muniz Cyrillo, fez uma limpeza em sua casa. O 2° Exército era então comandado pelo general Sebastião José Ramos de Castro, o mesmo que o chefiara na missão ao Chile, após o golpe que derrubou o governo Allende.

Um abacaxi irrelevante

O DOI aos poucos transformara-se em um abacaxi para os militares. Precisavam de um pretexto para encerrar a parceria com os policiais sem despertar ressentimentos. O crepúsculo do Destacamento acompanhou o destino de seus maiores antípodas. Nenhum dos grupos da luta armada sobreviveu à ditadura militar, com a exceção do MR-8, incrustrado no PMDB até 2009, quando decidiu formar o PPL. O poderoso PCB viu minguar sua influência no campo e nos sindicatos, desde que, temeroso de um retrocesso do regime, passou a se opor sistematicamente a qualquer movimento que parecesse romper o diálogo. O diabo é que o momento comportava a radicalização, e o Partido deixou de representar a esperança de mudança. "Íamos para um lado, e a realidade

---

[40] Agente Chico, entrevista em 29 de agosto de 2006, fita 14, lado A.

para outro", lembra Moacir Longo.[41] Nas urnas, submergiu diante da maré petista e, nos sindicatos, presenciou a Central Única dos Trabalhadores (CUT) nascer com o apoio do PCdoB e dos trotskistas – depois ainda, o PCB foi abandonado pelos próprios sindicalistas que fundaram a Força Sindical. A maioria do Partido votaria em 1992 a sua liquidação, tornando-se PPS.[42]

A derrota das organizações armadas expôs mais claramente o paradoxo presente em quase todos os casos da América Latina em que a destruição do espaço político foi a resposta militar considerada mais eficaz para enfrentar o dissenso e a insurgência. Ela mostra que os métodos impiedosos da guerra revolucionária paralisaram a revolução e levaram os exércitos a incontestáveis vitórias militares, mas engendraram desastres morais que conduziram às forças do chamado Partido da ordem a incontáveis derrotas políticas. Foi assim na Argélia, no Chile, no Uruguai, na Argentina e também no Brasil.

Os militares tinham como pressuposto de sua ação o apoio popular. Sem ele, não haveria legitimidade. Era-lhes tão cara a ideia de que contavam com esse aval, que muitos se lembram da importância das Marchas com Deus pela Família e Propriedade para que fossem criadas as condições necessárias ao sucesso do movimento de 31 de Março. De fato, civis e militares envolvidos na conspiração receberam muito apoio. A correlação de forças lhes era favorável, mesmo que a esquerda, como afirma Jacob Gorender, tivesse avançado como nunca antes na história desse país.

Longe de ser revolucionário, o governo João Goulart representava, porém, uma ameaça para muitos militares ainda em 1964 – mais tarde ela se tornaria inquestionável para os generais, uma agressão externa ao país, com o treinamento e financiamento da guerrilha por países como Cuba, Coreia do Norte e China. Goulart flertava com o PCB e este começava a falar grosso. Nota da Comissão Executiva do Partido, de 27 de março de 1964, exigia a formação imediata de um governo que "pusesse termo à política de conciliação".[43] Os golpistas recolheram ali mais um argumento – a suposta

---

41 Moacir Longo, entrevista em 11 de dezembro de 2013. Para o sargento Bernardo, agente Chico, entrevista em 26 de fevereiro de 2005.
42 Um grupo minoritário, liderado pelo sindicalista Ivan Pinheiro, manteve a sigla e reorganizou o partido.
43 VI Congresso do PCB. In: CARONE, Edgard. *O PCB, 1964 a 1982*.

defesa da legalidade –, que, ao lado da indisciplina dos praças nas Forças Armadas, arrancou dos militares indecisos o apoio decisivo ao golpe. O movimento cívico-militar foi assim uma contrarrevolução que atirou primeiro, pois "as classes dominantes e o imperialismo tinham sobradas razões para agir antes que o caldo entornasse"[44] diante da crescente ameaça que viam refletida na situação internacional – Cuba, China e o antagonismo social que se expandia nos anos 1960. O grupo vitorioso em 1964 manteve o domínio do Estado durante 21 anos para depois assistir a seus adversários chegarem ao poder. A repulsa ao regime pode ser explicada, no caso brasileiro, por meio da origem do golpe de Estado de 1964. Alegar uma ação preventiva contra uma revolução em marcha foi suficiente para que os militares tomassem o poder, mas não os fez conquistar a legitimidade para exercê-lo. Dessa forma, a reação da guerrilha permitia que não fosse identificada como ato de agressão, mas de resistência. É verdade que o projeto de luta armada da esquerda é anterior ao golpe militar e não pretendia ser uma resistência democrática, "mas negar as instituições vigentes, inclusive as da esquerda, como os partidos comunistas tradicionais". Ela não trazia necessariamente "a ideia da redemocratização, mas, sobretudo, da revolução". A ditadura, porém, legitimou-a.[45]

A consequência disso é que todos os agentes mantenedores desse regime ou sistema se tornaram alvos legítimos da guerra. Se, em uma democracia, matar o vigia armado de um banco para assaltá-lo em nome da revolução é considerado assassinato pela maioria da sociedade e de seus representantes, o mesmo pode não ocorrer em uma situação ditatorial, em que a violência do oprimido não justifica a do opressor. Pior ainda é quando o regime, por meio da Doutrina da Guerra Revolucionária, pouco diferencia seus inimigos e identifica como socialista tudo o que é liberal. As lideranças das classes médias, a burguesia e o alto clero não se conformavam ainda que a preservação de seu poder social intacto exigisse que o poder político de suas organizações de classe e representações partidárias fosse destroçado. Ainda que, no início, tenham cedido de bom grado ao imperativo do restabelecimento da ordem.

---

44 GORENDER, Jacob. *Combate nas trevas*, p. 72 e 73.
45 RIDENTI, Marcelo. *O fantasma da Revolução Brasileira*, p. 61 a 64.

O empresário, o bispo e o advogado só poderiam explorar pacatamente a fé-pública, Deus, a família e a propriedade à medida que fossem condenados à nulidade política pelo regime militar. Era a conta que deviam pagar em troca da restauração da calma no Congresso e da manutenção da tranquilidade no país diante da ameaça da República Sindicalista, do perigo comunista e da anarquia de uma revolução proletária.[46] Seus líderes, porém, sonhavam em usar o gênio militar para, em seguida, mandá-lo de volta à garrafa. O afastamento deles, que apoiaram o golpe, preparou o terreno para a ruptura, para a fratura no bloco de apoio ao regime.

Com o fim do milagre econômico nos anos 1970, eles recuperaram o apoio de seus pares ao mesmo tempo em que se lembravam do que havia de arbítrio na fundação do poder dos militares. Crise econômica, inflação e desemprego: a carestia na era Goulart armou o golpe assim como desarmaria mais tarde o regime dos generais. Tornava-se assim legítima a união entre a guerrilha derrotada e a oposição democrática formada por donas de casa, advogados, padres, empresários e intelectuais. Nesse balaio cabia até quem havia apoiado o golpe e via no regime militar um excesso de estatismo e dirigismo o que, para eles, aproximava o Brasil de países socialistas. Eram os liberais e representantes do capital que tinham agora motivos para fustigar o regime. À oposição juntou-se a voz do movimento operário, cansado de esperar o bolo crescer para ter o seu quinhão das riquezas nacionais.

Ao pôr contra si esse espectro de forças políticas e sociais, a ditadura engendrava sua *débâcle*. Seu isolamento permitiu à esquerda sair do *corner* onde era golpeada desde 1964. O abandono da luta armada e a adoção da política de frente única contra a ditadura, pregada pelo PCB, completaram o serviço. Eis uma das causas de a sociedade ter mudado a percepção que tinha das ações armadas, reabilitando a esquerda como força política.

Houve, além disso, uma alteração no julgamento moral das atividades da repressão e dos grupos de esquerda, o que fica evidente na notória mudança da forma como a imprensa noticiou esses fatos dos anos 1970 aos 1990. Os agentes dos órgãos de segurança passaram a ser chamados de

---

46 Para o fenômeno, MARX, Karl. *O 18 de Brumário*, p. 70 e 71.

torturadores ou repressores e os que antes eram caracterizados como terroristas se transformaram em guerrilheiros. Mas qual a razão desse câmbio? Por não terem lutado bem essa guerra, segundo os princípios "resultantes das normas estabelecidas entre nações civilizadas, das leis humanas e dos requerimentos da consciência pública",[47] sob a desculpa de que era necessário vencê-la, os militares viram sua causa tornar-se injusta para a sociedade. Daí porque Jarbas Passarinho identificou no uso da tortura o principal motivo de perda de apoio do regime do qual foi um dos hierarcas.[48]

Para o general Agnaldo Del Nero Augusto, ex-chefe da Seção de Informações do Centro de Informações do Exército, embora nada tenha sido inventado pelos militares brasileiros, "os métodos escolhidos por alguns deslustraram a vitória e a estigmatizaram". E não interessa se métodos iguais foram usados, diz o general, em outros países, a exemplo dos regimes comunistas. A tortura "foi algo lamentável sob todos os aspectos, também os operacionais, pois hoje se sabe que a vitória poderia ter sido alcançada sem essa prática desumana". Para o general, em rara autocrítica, "os fins, ao contrário do que apregoam os totalitários de todos os matizes, não justificam os meios".[49]

O ex-ministro Passarinho sabe que é comum, na memória militar do período, justificar-se torturas e assassinatos com os argumentos do mal menor, do estado de necessidade, da eficácia dos métodos e da realidade da guerra que se travava. O problema é que sempre há uma falha no raciocínio que prega a funcionalidade das sevícias para salvar vidas: a sociedade pode achar que aquilo não era necessário e horrorizar-se. Que vida se pretendia salvar quando se decidiu pelo extermínio de quase todo o comitê central do partidão, gente que se opôs notoriamente à luta armada? Que inocente morreria caso o operário Manoel Fiel Filho ou o jornalista Vladimir Herzog não fossem parar no pau-de-arara? Como em todo conflito, nesse também

---

47 Trecho da Convenção de Haia de 1899 sobre Leis e Condutas de Guerra em Terra Firme *apud* NEIER, Aryeh. "Guerra e Crimes de Guerra, uma breve história". In: BARTOV, Omer; GROSSMAN, Atina; NOLAN, Mary. *Crimes de Guerra: culpa e negação no século XX*, p. 40.

48 PASSARINHO, Jarbas. "Apogeu e declínio do ciclo militar". *Folha de S. Paulo*, 19 dez. 2005, p. A-3.

49 DEL NERO AUGUSTO, Agnaldo. *A grande mentira*, p. 339 a 341. Del Nero, no entanto, culpa os policiais pelos excessos e alivia a responsabilidade de seus pares.

houve militares que revelaram indignidade e insensatez genocida. Houve ainda quem demonstrou valor, mas o silêncio não nos permite lhes fazer Justiça. O efeito dessa violação da moral geral abateu-se sobre a instituição militar, mas não sobre os indivíduos. Isso porque o conflito entre lutar bem ou ganhar a guerra é reconhecido pela moral profissional do grupo como um dilema legítimo. É ele que explica a solidariedade dos pares com quem "ganhou a guerra", apesar das atrocidades, protegendo-os da coação da sociedade sobre o indivíduo que escolheu o extermínio.

Do outro lado da guerra suja, os "anjos que matavam e colocavam bombas" – como se refere o coronel Brilhante Ustra aos guerrilheiros que enfrentou – contaram com a ajuda de uma secular questão moral. Ela foi inscrita por Hobbes entre as teorias sediciosas que um Estado devia proibir: aquela "segundo a qual o tiranicídio é legal". Ora, se é lícito matar o inimigo em uma guerra justa – uma guerra de defesa – seria lícito matar o tirano, transportando para o inimigo interno o que se pode fazer com o externo.

O fim justo pode tornar a violência política aceitável ou, pelo menos, escusável e caracterizá-la como uma defesa, transformando atentados a bomba, emboscadas e assassinatos de inimigos em ações de resistência ao mal, ao regime ou à agressão estrangeira. Ele pode mais: pode legitimá-la em casos extremos, como a dos conspiradores que fizeram explodir o bunker de Hitler na tentativa de matá-lo – o importante é o uso que se faz da bala.[50] Essa mesma lógica não funcionou para os militares, porque a manutenção de uma ditadura não era um fim que parecesse justo o suficiente para que o meio empregado fosse reconhecido como adequado e permitido. Mesmo que do outro lado houvesse pessoas que desejassem substituir uma ditadura militar por um regime de partido único ou dispostas a "exagerar" seus relatos, como dizem os militares.

---

50 HOBBES, Thomas. *Do Cidadão*, p. 184. E ainda o artigo de Norberto Bobbio, "É lícito matar o tirano", *Revista da USP*, São Paulo, nº 9, 1991, p. 7, e TROTSKY, Leon. *Leur morale et la nôtre* (tradução Victor Serge), p. 18. "Um coup de feu est par lui-même indifférent; tiré sur le chien enragé qui menace un enfant, c'est une bonne action; tiré pour tuer ou faire violence, c'est un crime (Um tiro por si só é indiferente; disparado em um cão raivoso que ameaça uma criança, ele é uma boa ação; disparado para assassinar ou praticar violência, ele é um crime)."

A verdade é que, para que a sociedade reconhecesse a guerra dos militares como sua, esta deveria ser travada dentro de valores compartilhados publicamente por ela– a guerra é também a expressão de uma cultura, da qual a moral é parte importante. Assim, sem que houvesse um colapso da ordem moral, em que matar e mentir se transformassem em costume, os crimes de uma ditadura jamais deixariam de ser claramente reconhecíveis como exceções à ordem, delitos que não se admite abertamente.

O desrespeito a esses valores gerou a contestação da legitimidade de suas ações, seu descrédito e o repúdio, pois as guerras políticas ou revolucionárias devem ser combatidas da mesma forma que as nacionais.[51] Por mais que os soldados estivessem convencidos da justiça de sua guerra e exigissem a destruição do inimigo para uma paz duradoura, a neutralização deste não parecia à sociedade ser um objetivo justo e razoável, mesmo para a parte dos militares que havia tornado indubitavelmente claro o caráter de seu regime ao pôr em recesso o Congresso em 1968, substituindo o Legislativo, o Executivo e o Judiciário "pelas inequívocas palavras: Infantaria, Cavalaria e Artilharia!"[52]

Portanto, se a finalidade da guerra é a obtenção de uma paz em melhores condições, que tipo de paz esperavam os nossos militares? Qual a paz que esperavam duros e moderados? As Forças Armadas alcançaram seus objetivos na guerra contra esquerda, mas esqueceram da advertência de Liddell Hart de que "a história nos mostra que as vitórias militares não atendem, muitas vezes, ao objeto da política". Tanto ele quanto Clausewitz acreditavam que o "objetivo militar é apenas um meio de atingir um fim político".[53] Esqueceram a lição final de Bonnet: "A história não mente. A violência nada resolve. Engendra o ódio e com ódio nada durável se faz".[54] Ou seja, esqueceram-se da diferença entre os objetivos na guerra e os objetivos da guerra – os primeiros são militares e os últimos, políticos. Os

---

51   WALZER, Michael. *Guerras justas e injustas*, p. 49-81.
52   MARX, Karl. *O 18 de Brumário*, p. 64.
53   LIDDELL HART, B. H. *As grandes guerras da história*, p. 425 e 426; RAPOPORT, Anatole. "Prefácio". In: CLAUSEWITZ, Carl Von. *Da Guerra*, p. LXXIII, p. 656 e 680.
54   BONNET, Gabriel. *Guerras insurrecionais e revolucionárias*, p. 256.

radicais pensaram que a satisfação do primeiro levaria, necessariamente à concretização do segundo. Adotaram nos órgãos de segurança, como objetivo no conflito contra as esquerdas, o princípio de que era necessário desarmá-las, jogando-as no chão e ditando as condições da paz. Queriam o aniquilamento. Sabiam que era impossível controlar o espaço da ação política e as forças que nele se manifestariam em defesa de seus interesses, sem que antes todos os que fossem contrários ao projeto iniciado em 64 fossem reduzidos a um estado em que não pudessem reorganizar-se e influir nos destinos do país. Era como se os radicais desejassem uma guerra sem fim, levando ao extremo sua utopia autoritária. A impossibilidade de aniquilar a ação política contrária – sem com isso perpetuar o regime autoritário ou torná-lo totalitário – impunha a negociação para a obtenção da paz. Essa contradição dentro do regime criou o que foi percebido nos anos 1970 como oposição entre duros (radicais) e moderados nas Forças Armadas, estes últimos comprometidos com o projeto de abertura política desenhado pelo presidente Ernesto Geisel e seu chefe da Casa Civil, Golbery do Couto e Silva. Isso não significa que o projeto político dos moderados não fosse autoritário. Queriam fazer a transição sem que ela saísse de suas mãos. Há comandantes que sabem imprimir sua marca à tropa dentro da definição clássica de estratégia do general alemão Moltke: "A adaptação prática dos meios postos à disposição dos generais para alcançar os fins da guerra".[55] Era preciso adaptar os métodos de acordo com os fins políticos. Raymond Aron ensina que cada guerra tem a sua conjuntura, e a primeira tarefa de um chefe de Estado "é determinar a natureza da guerra que lhe diz respeito, compreendê-la e conduzi-la".[56] Foi o que Geisel tentou fazer.

Difícil foi lidar com tropa. A *Casa da Vovó* havia conquistado uma autonomia enorme na cadeia de comando, pois a guerra revolucionária é um conflito dirigido por tenentes-coronéis e majores e não por

---

[55] LIDDELL HART, B. H. *As grandes batalhas da história*, p. 404. Helmuth Karl Bernhard, Graf von Moltke, comandou os prussianos na guerra com a Áustria (1866) e com a França (1870). Ver WINDROW, Martin; MASON, Francis K. *The Wordsworth Dictionary of Military Biography*, p. 194-196.

[56] ARON, Raymond. *Penser la guerre, Clausewitz*. Vol. II: *L'âge planétaire*, p. 185.

generais.⁵⁷ Seus homens viam o processo iniciado por Geisel com desconfiança e insegurança. "Era a abertura nas coxas", contou o agente Alemão. Temiam o risco de ações na Justiça como as que enfrentavam o esquadrão da morte comandado pelo delegado Sérgio Paranhos Fleury. Havia ainda um motivo inconfessável: a diminuição do poder desses homens. A resistência dos órgãos de segurança às mudanças é descrita pelo SNI de forma clara em 1975:

> Apesar de os grupos guerrilheiros já terem sido destruídos, a "filosofia que domina os escalões executantes" da repressão não fora alterada. Os agentes "não parecem perceber que medidas que já obtiveram amplo sucesso e foram recebidas com certa naturalidade em épocas de grandes agitações e atos terroristas hoje são contraproducentes e tendem a radicalizar posições contestatórias e a aumentar o número de contestadores".⁵⁸

A correlação de forças na sociedade mudara. Mesmo que a transição tenha sido vigiada, ela transcorreu no governo Sarney sem grandes atropelos. A esses impulsos juntou-se outro: a desagregação do inimigo comunista. Encerrava-se no horizonte a perspectiva da guerra civil internacional iniciada em 1917 e proclamada por Lenin. Instrumento criado para esse conflito, unindo civis e militares e simbolizando a mobilização que se buscava na sociedade para encetar o combate à subversão, o DOI estava com os dias contados. Ele ia desaparecer "not with a bang, but a whimper".⁵⁹

A última grande mobilização de seus homens ocorreu em 1989, durante a primeira campanha eleitoral para Presidente da República desde 1960. O que preocupava a *Casa da Vovó* era a possibilidade de o PT chegar ao poder em coligação com o PCdoB e com o PSB. De uma só vez significaria a vitória

---

57 LACHEROY, Charles. *De Saint-Cyr à L'Action Psichologique: mémoires d'um siècle*, p. 64. Os DOIS, assim como os DOPS franceses, sempre foram comandados por majores ou, no máximo, por tenentes-coronéis.

58 Para o documento do SNI, ver FIGUEIREDO, Lucas. *O Ministério do Silêncio*, p. 257.

59 ELIOT, T. S. *The Hollow Men*. In: *Obra completa*, vol. 1, p. 182. O verso na tradução de Ivan Junqueira: "Não com uma explosão, mas com um gemido".

de Lula, João Amazonas e Miguel Arraes. Só faltava nesse saco Leonel Brizola, mas ele entraria ali no segundo turno. Do outro lado, Fernando Collor de Mello, em torno de quem cerraram fileira o empresariado, os proprietários de terras e toda a comunidade de informações. "O acompanhamento [de Lula] era em cima do PT. Todo comício do PT, a gente estava. O que cada um falou era anotado, principalmente quando falava mal do Exército", contou o agente Chico. Orientados a registrar tudo o que pudesse se relacionar com as Forças Armadas, os espiões também controlavam cada palavra que atacasse o regime militar. "Havia preocupação com a transição para o socialismo e também sobre como isso seria feito. Se com guerra, com revanche, com aniquilação do Exército ou com a formação de um exército popular." A Companhia de Informações mapeava os planos dos radicais. Uns poucos informantes ainda continuavam em ação. Oficiais do Exército mantinham contatos com seus antigos cachorros, prometendo-lhes auxílio e proteção. Esse foi o caso de um veterano da VPR que se viu preso e acusado de homicídio em São Paulo. Recebeu ajuda de Ustra e de Dalmo. Havia cachorros ainda no PCBR, no PCdoB e no Movimento dos Sem-Terra (MST).[60]

Em 1990, a tranquilidade voltou ao DOI. Collor era o presidente. Surgira no Exército a ideia de que era chegado o momento de livrar-se dos policiais que haviam ajudado a pôr a moenda daquela engrenagem para funcionar. Cada general que assumia o comando no Ibirapuera tinha de administrar o "abacaxi". A oposição pressionava o Exército, que não conseguia desfazer-se dos policiais. O afastamento deles era algo delicado. Alguém podia abrir o bico. O grupo se havia tornado um estorvo.[61] Até que em 17 de abril de 1991, o repórter Fausto Macedo publicou uma denúncia no *Jornal da Tarde*. Dizia que 550 PMs estavam emprestados para duas dezenas de órgãos burocráticos em São Paulo em vez de trabalharem no patrulhamento das ruas, combatendo o crime. O

---

60 Para a vigilância sob o PT, ver agente Chico, entrevista em 15 de fevereiro de 2007, fita 15, lado A. Para o informante da VPR, agente Chico, entrevista em 11 de aio de 2005 e João de Sá Cavalcanti Netto, entrevista em 13 de outubro de 2005.

61 Agente Chico, entrevista em 15 de fevereiro de 2007, fita 15, lado A, e D'ARAÚJO, Maria Celina; SOARES, Gláucio A. D.; CASTRO, Celso. *Os Anos de Chumbo*, p. 117.

então governador Luiz Antônio Fleury Filho determinou a volta de todos os policiais fora de função à corporação. Entre eles havia 82 praças e 2 oficiais que estavam ainda trabalhando na *Casa da Vovó*.

> Alguém podia falar alguma coisa, dar uma merda qualquer, e aí aproveitaram a deixa do governador. Aquele grupo de pessoas começava a se tornar um estorvo para o Exército. Tinha havido a abertura, tinha havido a anistia, e o pessoal lá. E cada comandante que assumia tinha de lidar com aquilo com muito cuidado, pois aquilo era objeto de pressão da esquerda. Era uma bomba prestes a explodir se alguém resolvesse abrir a boca. Tinha de tomar cuidado, que aquilo era perigoso. Não era necessário mais para o Exército. A abertura estava consolidada. Sentiam-se seguros para abrir mão e precisavam de um pretexto. E o pretexto veio.[62]

Chico recebeu a notícia no Hospital do Cambuci, sede da Companhia de Informações. Depois da decisão do governador, o comandante da Polícia Militar, coronel Eduardo Assumpção, enviou um ofício com a relação do pessoal que devia ser devolvido. Era uma quarta-feira. Os policiais sentiram-se ameaçados. Depois de 10, 15, 20 anos fora da tropa eram obrigados a retornar. Muitos nem farda tinham. Ninguém sabia o que aconteceria. O Exército lhes ordenou a entrega das armas, dos documentos e carros. Tudo no dia seguinte, pois na sexta-feira deviam apresentar-se à PM. Os agentes conseguiram ver na *Casa da Vovó* o despacho do Comando Militar do Sudeste a respeito de seu destino. O fim daquele trabalho não teria a grandiosidade de um *Götterdämmerung*, de um *Crepúsculo dos Deuses*. Os únicos movimentos que ele provocaria dentro dos quartéis foram o de uma assinatura seguida pelo bater de um carimbo em uma folha de papel na qual se lia:

> 1º) Devolver todos.
> 2º) Posteriormente requisitaremos os que nos interessarem.

---

62 Agente Chico, entrevista em 15 de fevereiro de 2007, fita 15, lado A.

O despacho era da Chefia de Estado-Maior. A impessoalidade burocrática se desfazia de uma história que durava 22 anos. Os policiais não acreditavam que só lhes restava resmungar. O comandante da 2ª Seção da PM, coronel Francisco Profício, foi quem os recebeu. Ele havia procurado Assumpção e o convencera a fazer uma concessão aos veteranos da *Casa da Vovó*: cada um podia escolher onde trabalhar. No rompimento silencioso do condomínio que reuniu policiais e militares, a decisão do coronel era um refresco para o grupo. "Esses caras mereciam apoio. Se fizeram o serviço certo ou errado, nós não tínhamos nada com isso", disse Profício. Mas a verdade é que muita gente na corporação olhava torto para aquele pessoal. O próprio Profício não ficou com nenhum deles em sua seção. "Pra ser franco com você, nós não queríamos 'informante' do Exército conosco, pois eles estavam mais ligados a eles do que a nós", contou o coronel.[63]

Na sexta-feira, Profício pediu a todos que retornassem na segunda-feira com o lugar escolhido. A maioria decidiu trabalhar perto de casa. "O Exército não teve a menor consideração com a gente. Nos jogou fora como se fosse laranja chupada", afirmou o agente Chico. Nem todos. Cerca de 20 policiais foram chamados de volta pelo Exército. Eram os homens – os mais jovens – que o comando queria manter. Além deles, meia dúzia de policiais civis, incluindo um delegado, ficou no Destacamento. Mas a permanência desses policiais civis e militares na *Casa da Vovó*, em meio a ressentimentos e murmúrios dos antigos colegas, durou pouco. Em seis meses estavam todos de volta à PM e à Polícia Civil. Era o fim do instrumento de poder moldado para o combate da guerra revolucionária. O mundo parecia outro, e o órgão tornara-se irrelevante. Ele acabou sem festa ou discurso. Não se compadeceram políticos, empresários ou autoridades. Ninguém foi ao seu enterro. Não soltaram nota de imprensa, nem os jornais noticiaram.

O DOI desapareceu sem que ninguém se desse conta.

---

63 Francisco Profício, entrevista em 29 de julho de 2004, fita 3, lado B.

● FONTES

Entrevistas

• Oban/DOI/2º Seção do Exército/CIE

Gen. Ex. Agnaldo Del Nero Augusto, oficial da 2ª seção do 2º Exército nos anos 1970 e chefe da seção de operações do CIE nos anos 1980.

Cel. Ex. José Barros Paes, comandante da 2ª Seção do 2º Exército de 74 a 76

Cel. Ex. Carlos Alberto Brilhante Ustra, comandante do DOI do 2º Exército de 70 a 74

1º Ten. Ex. Dirceu Antonio, o Toninho, sargento da Análise do DOI de 69 a 78*

1º Ten. Ex. Agente Jonas ou Melancia, sargento da Equipe Cúria da Investigação do DOI de 70 a 78*

1º Ten. Ex. João de Sá Cavalcanti Netto, o agente Fábio, sargento da Investigação o DOI de 69 a 77

1º Ten. Ex. Roberto Artoni, sargento da investigação do DOI de 69 a 76

1º Ten. Ex Silvio Giglioli, sargento da Investigação do DOI

Sargento Marival Chaves, o Doutor Raul, sargento do DOI de 1973 a 1977 e CIE

Cel. PM José Aguilar, tenente da Oban de 69 a 70

Cel. PM Mário de Abreu Filho, capitão da Oban em 69

Cel. PM Fem Dyarsi Teixeira Ferraz, tenente da Turma Complementar da Investigação de 73 a 80

1º Ten. PM Oswaldo Ribeiro Leão, subtenente da Busca do DOI de 69 a 80

1º Ten. PM agente Neuza, 2º tenente da Turma Complementar da Investigação do DOI de 70 a 75*

1º Ten. PM "José", sargento do DOI de 1972 a 1985**

2º Ten. PM "Chico", sargento do DOI de 1970 a 1991**

2º Ten. PM Nelson, o agente Pai-Velho, sargento da Busca do DOI de 69 a 77

Sgto. PM Agente Vilma, agente da Turma Complementar da Investigação de 1975 a 1985*

Sgto. PM Absalon Moreira Luz, sargento da Busca e a da Turma Auxiliar do DOI de 69 a 79

Sgto. PM Sinício, sargento da Investigação do DOI de 71 a 78*

Sd. PM Irineu, o agente Márcio da Investigação do DOI de 1971 a 1976*

Delegado Dirceu Gravina, o agente J. C. do Interrogatório do DOI de 70 a 76

Investigador Alemão, agente Equipe Cúria da Investigação do DOI de 70 a 76 e Dops de 76 a 79*

- **Dops/Exército/PM/Segurança Pública**

Delegado José Paulo Bonchristiano, delegado do Dops-SP, de 1964 a 1982, entrevista 16.05.08

Delegado Massilon José Bernardes, agente do Dops-SP e do SNI de 68 a 83

Delegado J. R. A., agente do Serviço Secreto do Dops de 68 a 82 e Oban (69)

Delegado Carlos Alberto Augusto, o Carteira Preta, agente Dops de 69 a 82

Gen. Octavio Pereira da Costa, chefe da Assessoria de Relações Públicas do governo Médici

Gen. Francisco Batista Torres de Melo, comandante PM de 74 a 77

Cel. Ex. Antonio Erasmo Dias, secretário da Segurança de 74 a 79

Cel. PM Theodoro Cabette, comandante PM de 72 a 74

Cel. PM Mário Fonseca Ventura, oficial de Estado-Maior

Cel. PM Salvador D'Aquino, comandante da tropa de choque e fundador da Rota

Cel. PM Newton Borges Barbosa, oficial da 2ª Seção do Estado-Maior (Informações) de 70 a 82

Cel. PM Paulo Casillo, oficial de informações de 1969 a 1975

Cel. PM Niomar Cyrne Bezerra, oficial da tropa de choque de 1975 a 1984

Cel. PM Bruno Éboli Bello, comandante da 2ª Seção da PM (Informações) de 74 a 76

Cel. PM Hermes Bittencourt Cruz, oficial de Estado-Maior de 75 a 77

Cel. PM Francisco Profício, oficial da Rota, DOI (75-76) e serviço de informações de 1976 a 1992

Cel. PM Albino Carlos Pazzelli, comandante do COE

Cel. PM José Lopes Castilho, ex-guarda civil e diretor do Clube de Oficiais da PM em 1975

Cel. PM Rui Cesar Melo, comandante da PM de 1999 a 2002

Cel. PM Paulo Marino Lopes, subcomandante-geral da PM de 2004 a 2006

Ten.-cel. PM Hermógenes Gonçalves Batista, comandante da Rota 79-81

Sgto. PM José Aleixo Nunes, policial ferido em ação da VPR/ALN

Sgto. PM Sebastião Fernandes Muniz, integrante do grupo de Sábato Dinotos

Cel. PM Josias Sampaio Lopes, esquerda militar (PT)

Cel. PM Vicente Sylvestre, esquerda militar (PCB)

Ten.-cel. PM Osnir Geraldo Santa Rosa, esquerda militar (Rede e PCB)

Maj. PM Alexandre Dib, esquerda militar (PCB)

Cap. PM Francisco Jesus Paz, esquerda militar (PCB)

1º Ten. PM Frutuoso Luis Martins, esquerda militar (PCB)

2º Ten. PM Josias Francisco Paraíso, esquerda militar (PCB)

2º Ten. PM Pedro Lobo de Oliveira, esquerda militar (VPR)

Sgto. PM Salomão Galdino, esquerda militar (PCB)

Sgto. PM Zaqueu Alves de Oliveira, esquerda militar e agente do DOI de 70 a 72

- **Outros**

Adauto Mendes, irmão de tenente da PM morto pela guerrilha

Adriano Diogo, militante ALN

Alberto Mendes, pai de tenente da PM morto pela guerrilha
Antonio Ferreira Pinto, procurador de Justiça
Amândio dos Santos, militante da VAR-Palmares
Belisário dos Santos Junior, advogado de presos políticos
Breno Altman, jornalista e ex-militante da Unidade Comunista
Carlos Eugênio Sarmento Coelho da Paz, comandante militar da ALN
Carlos Ilich Azambuja, historiador e militar da reserva***
Cloves de Castro, militante ALN
Darcy Rodrigues, ex-sargento do Exército e militante da VPR
Denise Moreno Boulhosa, advogada
Fábio Cavalcanti Netto, professor de história
Fernando Casadei Sales, militante do Molipo
Hélio Bicudo, procurador de Justiça
Hércules Côrrea dos Reis, dirigente do PCB
Iberê Bandeira de Melo, advogado de presos políticos
Idibal Piveta, advogado e preso político
Irany Campos, militante da VPR,
Ivan Axerould Seixas, militante MRT
João Bussab, jornalista dos Diários Associados
João Quartim de Moraes, dirigente da VPR
José de Araújo Nóbrega, ex-sargento do Exército e militante da VPR
José Guilherme Vargas Netto, dirigente do PCB
José Ivandro Dourado Rodrigues, militante PCB
José Luiz Del Roio, militante do PCB e da ALN
José Salles, dirigente do PCB
José Vítor Soalheiro Couto, militante ALN
Joselina Tonello, militante da VPR

Leopoldo Paulino, militante ALN

Luiz Eduardo Greenhalgh, advogado de presos políticos

Marco Antônio Lima Dourado, militante VPR

Marco Antônio Tavares Coelho, dirigente do PCB

Moacir Longo, dirigente PCB

Mari Kamada, militante Molipo

Odacy Almeida Andrade, viúva de militante PCB

Paulo Egydio Martins, ex-governador de São Paulo

Paulo Roberto Pepe, militante da Convergência Socialista

Ricardo Zarattini Filho, militante da ALN, TL e MR-8

Roberval Conte Lopes, político e capitão da PM

Roberto Freire, ex-secretário-geral do PCB e deputado federal pelo PPS

Vicente Paulo da Silva, sindicalista e deputado federal (PT)

* nomes de guerra que os entrevistados usavam no DOI-SP
** trata-se de nome fictício, pois o entrevistado não permitiu nem o uso de seu nome de guerra
*** pseudônimo usado pelo entrevistado

Periódicos consultados

O Estado de S. Paulo

Jornal da Tarde

Folha de S. Paulo

Folha da Tarde

O Globo

Jornal do Brasil

Correio Brasiliense

IstoéSenhor

Istoé

Veja

Época

Carta Capital

Caros Amigos

História Viva

Playboy

Le Monde

La Tercera

Página12

Corriere della Sera

La Repubblica

Sites

http://portal.mj.gov.br/sedh/biblioteca/livro_direito_memoria_verdade/livro_direito_memoria_verdade_sem_a_marca.pdf

www.dhnet.org.br

www.ternuma.com.br

www.resgatehistórico.com.br

www.torturanuncamais.org.br

www.torturanuncamais-rj.org.br

www.mídiasemmáscara.com.br

www.pstu.org.br

www.vermelho.com.br

www.uol.com.br

www.estadao.com.br

http://freespace.virgin.net/nicole.drouilly/rettig13.htm

www.portalpopular.org.br/cs/critica-2/critica-social-09.htm,

http://www.marxists.org/espanol/santucho/1973/agosto-b.htm

http://www.litci.org/

http://marxists.org/espanol/marigh/obras/mensaj.htm

http://www.brigaterosse.org/brigaterosse/index.htm

http://www.marxists.org/portugues/marighella/1969/minimanualdoguerrilheirourbano/index.htm

http://www.emilianojose.com.br/marighela/marighela_manual.htm

http://www.scielo.br/scielo.php?pid=S0102-69092008000200004&script=sci_arttext

http://gilvanmelo.blogspot.com.br/2008/10/homenagem-ao-ex-lder-comunista-hrcules.html

http://www2.camara.leg.br/a-camara/conheca/historiaoral/Memoria%20Politica/Depoimentos/hercules-correa-dos-reis/texto

http://www.docvirt.com/WI/hotpages/hotpage.aspx?bib=DocBNM&pagfis=6133&pesq=&esrc=s&url=http://docvirt.com/docreader.net

http://www.documentosrevelados.com.br/categoria/repressao/ditadura-reoressao/

http://grabois.org.br/portal/

http://www.bibliacomentada.com/Busca.aspx?Palavra=vingan%C3%A7a#axzz2J2WS9ejh

http://www.migalhas.com.br/dePeso/16,MI184088,91041-Saofranciscadas

www.abcdmaior.com.br

Filmes/documentários

A Batalha de Argel

Cidadão Boilesen

Doutor Jivago

Marighella

Tempo de resistência

Arquivos

• Arquivo Edgar Leuenroth, Unicamp (AEL-Unicamp)

Coleção Brasil Nunca Mais: processos BNM 209, 410, 88, 706, 87 e 68 (Molipo); 70, 97, 100, 105, 174, 293, 392, 541, 669 e 670 (ALN); 42, 47, 67, 95, 106, 178, 365 e 681 (VPR); 221 (Dinotos); 26, 225 e 279 (PCB); 162 (Rede); 77 (PCR); 195 (Colina e VAR-Palmares); 23 (FLN); 214 (CSR); 65 (FALN); 294 (ALA-Vermelha); 43 (PCdoB); 180 (ALN, VPR, MRT e Rede), Perfil dos Atingidos e As Torturas e Anexos.

- **Arquivo Público de São Paulo (AESP), Coleção Deops-SP**

Pastas da Divisão de Ordem Social
0S001 (ALN), 0S006 e 007 (Anistia), 0S012 a 017 (Terrorismo), 0S018 (Conclat), 0S055 (Ciop), 0S086-087 (UNE), 0S129 a 134 (Militares), 0S138 (Ibiúna), 0S140 a 142 (PCB), 0S143 (POC, PCdoB, PORT), 0S154 (PCB), 0S199-200 (Retorno dos exilados), 0S201 (História da Subversão contada pelo DOI), 0S210 a 213 (Serviço de Informações), 0S233 (Terroristas mortos), 0S235 (30º Congresso da UNE); 0S241-248 (Aeronáutica); 0S250-272 (Exército), 0S273 e 274 (Marinha); 0S238 (PCdoB); 0S946 (Idibal Piveta); 0S959 e 960 (Marco Antônio Tavares Coelho); 0S979 (ALN); 0S982 (VPR); 0S986 (Fleury); 0S1001 (Declarações ao DOI em 1978); 0S1017 (VPR); 0S1023 (PCBR, MR-8 e Molipo); 0S1026 (Ata de reunião do Codi de 1977 sobre Movimento Estudantil); 0S1027 (Bombas em bancas de jornal); 0S1034 (APML); 0S1035 (Banidos e Grupo da Ilha); 0S1043 (ALN); 0S1044 (Convergência Socialista); 0S1045 (Banidos e procurados pela Justiça Militar); 0S1046 (Convergência Socialista); 0S1047 e 1048 (Carlos Zarattini); 0S1051 (Operação Thor); 0S1061, 1077 e 1078 (Convergência Socialista); 0S1098 (Relatório da segurança da Volks); 0S1125 (Documento aos bispos do Brasil, apreendido com Ronaldo Mouth Queiroz); 0S1134 (Manifestação estudantil na USP); 0S1140 (VPR); 0S1147 a 1149, 1152 e 1154 (Greves no ABC); 0S1158 (Infiltração em escola de samba); 0S1171 (Forças Armadas); 0S1173 (Convergência Socialista); 0S1210 (José Ademar Delecródio); 0S1215 (Adriano Diogo); 0S 1234 (Alexandre Dib); 0S 1233 (Aldo Arantes); 0S 1264 (André Aparecido Camargo Guerra); 0S 1308 (Artur Machado Scavone); 0S1315 (Aylton Adalberto Mortati); 0S1354 (César Augusto Teles); 0S 1356 (César Augusto Stephan Castiglione); 0S 1370 (Darcy Toshiko Miyaki); 0S1372 Davi Caspistrano; 0S 1358 (Diógenes Sobrosa); 0S1437 (Fernando Casadei Sales); 0S1454 (Francisco Carlos de Andrade); 0S1470 Frutuoso Luís Martins; 0S1499 (Hamilton Pereira da Silva); 0S1518 (Idibal Piveta); 0S1522 (Irineu de Moraes); 0S1544 (João Buonome); 0S1559 (Jorge Fidelino Galvão de Figueiredo); 0S1575 (José Carlos Gianini); 0S1607 (José Maximino de Andrade Neto); 0S1610 (José Nabarrette Pereira; 0S1641 (Ladislau Crispim de Oliveira); 0S1644 (Landoaldo Cordeiro de Almeida; 0S 1657 (Lúcio Antônio Bellintani; 0S1661 (Luiz Gonzaga Pereira); 0S1678 (Manoel Jover Telles); 0S1686 (Márcio Beck Machado); 0S1689 (Marco Antônio Tavares Coelho); 0S1693 (Maria Augusta Thomaz); 0S1696 (Maria da Conceição Sarmento Coelho da Paz); 0S1736 (Monir Tahan Sab); 0S1756 (Norma de Sá Pereira); 0S1759 (Oirasil Werneck); 0S1769 (Osnir Geraldo Santa Rosa); 0S1795 (Pedro Rocha Filho); 0S1813 (Ricardo Zarattini Filho); 0S1855 (Silvia Peroba Carneiro Pontes); 0S1862 (Sônia Maria Lopes de Moraes e Antônio Carlos Bicalho Lana; 0S1879 (Vicente Sylvestre); 0S1900 Zaqueu Alves de Oliveira; 0S2020 (Relatórios de inquéritos e sindicâncias em 1961) e 0S2023 (Aladino Félix).

Documentos dos prontuários
Movimento estudantil e Paulo Roberto Pepe: 52-Z-0-28.928, 50-Z-703-2658; 50-Z-130-7245, 7244 e 50-Z-130-7315; Orlando Bonfim, PCB: 50-Z-09.43.589 e 50-Z-9-10.865; Antonio Benetazzo, Molipo: 50-Z9-28.129, 149, 359, 376 e 684, 50-Z-9-31.888 e 885, 50-Z-9-32.179, 180, 520, 523, 524, 530, 531, 535, 538, 540, 543, 888 e 889, 50-Z-0-4593, 50-Z-317-1.638 e 1.637, 50-Z-9-34.160, 50-Z-94.0935, 946, 870, 867, 871 e 870, 50-Z-8-1958, 50-Z-9-40.672, 867 a 871; Natanael de Moura Girardi, Molipo: 50-Z-9-28 e 52-Z-9-24.134; Aylton Adalberto Mortati, Molipo: 50-z-9-22.040, 256 e 524, 50-Z-9-13.286, 16.456, 17.208 e 20.109, 50-Z-298-3.317, 50-Z-130-1.047, 50-Z-9-40435, 868, 872 a 876, 934 e 935, 50-Z-9-39.138 a 143, 50-Z-9-34.200 a 205, 50-Z-9-34161 a 187 e 52-Z-0-7502; Marco Antônio Lima Dourado, VPR: 50-Z-9-26.011 a 020, 50-Z-98-1.683 a 1.687 e 1717, 50-Z-98-1735, 1747 e 1788 a 1793, 50-Z-9-23.029 e 033, 22.381 e 22.413, 50-Z-9-29.769 e 52-Z-0-4608; Wilson Müller, PCB: 50-Z-9-23.595, 50-Z-9-24.751, 50-Z-9-24.751, 50-Z-9-29.951, 50-Z-216-224 a 232, 52-Z-0-656 e 52-Z-0-3994, Assaltos a Bancos no Brasil: 50-Z-216-214; Renato de Oliveira Mota, PCB: 50-Z-9-40.301 e 52-Z-0-17249 e 949; Antônio Carlos Bicalho Lana, ALN: 50-Z-939.144 e 52-Z-0-7424; Flávio de Carvalho Molina, Molipo: 52-Z-0-38.270; Norma de Sá Pereira, MR-8: 50-Z-9-36.424, 50-Z-9-37.364 a 370 e 37416 a 448, 50-Z-9-180-2319 a 2322, 50-Z-9-37.557 e 50-Z-9-37815 e Odulio Ortega, Fulna: 50-Z-9-37.557 e 558; Oban: 50-Z-9-73-13.139; Waldyr Coelho/DOI: 50-Z-9-86-16.067 a 95, 50-Z-9-84.15 602(p. 77 a 119); 2ª Companhia PE: 50-Z-9-45-7753; Prisões77: 50-Z-9-213-42261; Giorgio Callegari: 50-Z-9-194-34421; Hiram de Lima Pereira: 50-Z-9-194-39405; Luiz José da Cunha e Helber José Goulart: 50-Z-9-194-39322; Auditório Augusta: 50-Z-9-194-39317; PCB: 50-Z-9-194-39313; Elson José da Costa: 50-Z-9-194-39306 a 311; Voz Operária: 50-Z-9-192-38987; CNBB: 50-Z-9-192-38997

• **Arquivo do Autor (AA)**

Processos 146/70 e 101/69, da 2ª Auditoria da Justiça Militar (São Paulo) e processo 6.222/64 da Auditoria da Justiça Militar do Estado de São Paulo; Por que resisti à prisão (Marighella, Carlos; manuscrito apreendido pelo Deops)

• **Arquivo particular do coronel da PM Mário Fonseca Ventura (AMFV)**

Pasta Operação Gutenberg e outros papéis operacionais da PMESP e Diário Pessoal.

• **Arquivo de *O Estado de S. Paulo* (AOESP)**

Pastas: Terrorismo Brasil até 68, de 68 a 70 e de 70 em diante; Desaparecidos políticos; Ditadura Militar e Polícia Militar – até 1968 e de 1968 a 1982.

BIBLIOGRAFIA

A Nação que se salvou a si mesma. Rio de Janeiro: Biblioteca do Exército, 1978.

ABREU, Hugo. *O outro lado do poder*. Rio de Janeiro: Nova Fronteira, 1979.

AFANÁSSIEV, V. G. *Fundamentos da filosofia*. Moscou: Edições Progresso, 1985.

ALVES, Maria Helena Moreira. *Estado e Oposição no Brasil (1964-1984)*. Petrópolis: Vozes, 1984.

ANTUNES, Ricardo. *A rebeldia no trabalho*. Campinas: Editora da Unicamp, 1988.

APIANO. *Les Guerres Civiles a Rome*. Vols. I e II. Paris: Les Belles Lettres, 1993.

APPLEBAUM, Anne. *Gulag: uma história dos campos de prisioneiros soviéticos*. São Paulo: Ediouro, 2004.

AQUINO, Maria Aparecida. *Censura, imprensa, estado autoritário*. Bauru: Edusc, 1999.

_____ et al. *A constância do olhar vigilante: a preocupação com o crime político*. São Paulo: Arquivo do Estado/Imprensa Oficial, 2002.

ARENDT, Hannah. *Origens do Totalitarismo*. São Paulo: Companhia das Letras, 1990.

_____. *Eichman em Jerusalém: um relato sobre a banalidade do mal*. São Paulo: Companhia das Letras, 1999.

_____. *Responsabilidade e julgamento*. São Paulo: Companhia das Letras, 2004.

_____. *A condição humana*. Rio de Janeiro: Forense Universitária, 1987.

_____. *Homens em tempos sombrios*. São Paulo: Companhia das Letras, 1987.

_____. *Crises da República*. São Paulo: Perspectiva, 2006.

_____. *Entre o passado e o futuro*. São Paulo: Perspectiva, 2005.

_____. *Sobre a Revolução*. Lisboa: Relógio D'Água, 2001.

_____. *La vie de l'esprit*. Paris: PUF, 2005.

_____. *O que é política?* Rio de Janeiro: Bertrand Brasil, 2006.

ARGOLO, José A.; RIBEIRO, Kátia; FORTUNATO, Luiz Alberto M. *A direita explosiva no Brasil*. Rio de Janeiro: Mauad, 1996.

ARQUIDIOCESE DE S. PAULO. *Brasil Nunca Mais*. 26ª ed. Petrópolis: Vozes, 1985.

ARON, Raymond. *Démocratie et Totalitarisme*. Paris: Gallimard, Folio essays, 2003.

_____. *Penser la guerre, Clausewitz*. 2 vols. Paris: Gallimard, 1976.

ARRUDA, Luiz Eduardo Pesce. "Polícia Militar: uma crônica". *Revista A Força Policial*, nº 13, jan.-mar. 1997.

AUSSARESSES, Paul. *Services Speciaux, Algérie 1955-1957*. Paris: Perrin, 2006.

_____. *Je n'ai pas tout dit*. Paris: Perrin, 2008.

BAFFA, Ayrton. *Nos porões do SNI*. Rio de Janeiro: Objetiva, 1989.

BANDEIRA, Luiz Alberto Moniz. *De Marti a Fidel*. Rio de Janeiro: Civilização Brasileira, 1998.

_____. *Fórmula para o caos*. Rio de Janeiro: Civilização Brasileira, 2008.

BARCELLOS, Caco. *Rota 66*. São Paulo: Globo, 1992.

BARTOV, Omer; GROSSMANN, Atina; NOLAN, Mary. *Crimes de guerra: culpa e negação no século XX*. Rio de Janeiro: Difel, 2005.

BATTIBUGLI, Thaís. *Democracia e segurança pública em São Paulo (1946-1964)*. Tese (doutorado) – FFLCH-USP, São Paulo, 2006.

BEEVOR, Antony. *The Second World War*. Londres: Weidenfeld & Nicolson, 2012.

BETO, Frei. *Batismo de Fogo*. Rio de Janeiro: Rocco, 2000.

BETHENCOURT, Francisco. *História das Inquisições*. São Paulo: Companhia das Letras, 2000.

BIANCONI, Giovanni. *Mi dichiaro prigioniero político: storie delle Brigate Rosse*. Turim: Einaudi, 2003.

BIGEARD, Marcel. *Ma guerre d'Algérie*. Monaco: Éditions du Rocher, 2003.

BICUDO, Hélio Pereira. *Meu depoimento sobre o Esquadrão da Morte*. São Paulo: Martins Fontes, 2002.

BONNET, Gabriel. *Guerras insurrecionais e revolucionárias*. Rio de Janeiro: Bibliex, 1963.

BOBBIO, Norberto. "Três textos sobre a violência". *Revista da USP*, São Paulo, n° 9, mar.- -maio 1991.

BORGES FILHO, Nilson. *Santos e pecadores: o comportamento político dos militares Brasil- -Portugal*. Florianópolis: Paralelo 27, 1997.

BRANCHE, Raphaëlle. *La torture et l'armée* pendant la guerre d'Algérie. Paris: Gallimard, 2001.

BRIGATE ROSSE. "Risoluzione della Direzione Strategica, febbraio 1978 (L'Imperaliasmo delle multinazionali)". In: CONTROinformazione, n° 11-12 e Progetto Memoria, Le Parole Scritte, Coop. Ed. Sensibilli alle foglie. Disponível em: <http://www.brigaterosse.org/brigaterosse/index.htm>. Acesso em: 9 dez. 2006.

BROUÉ, Pierre. *Trotsky*. Paris: Fayard, 2008.

_____. *História da Internacional Comunista*. São Paulo: Sunderman, 2007.

_____. *Communistes contre Staline*. Paris: Fayard, 2003.

BUKHARIN, Nkolai Ivanovitch. *ABC do Comunismo*. Bauru: Edipro, 2002.

CALDAS, Álvaro. *Tirando o capuz*. 5ª ed. Rio de Janeiro: Garamond, 2004.

CAMARGO, Aspásia de; GÓES, Walder. *Cordeiro de Farias*. Rio de Janeiro: Nova Fronteira, 1981.

CAPITANI, Avelino Bioen. *A rebelião dos marinheiros*. 2ª ed. São Paulo: Expressão Popular, 2005.

CARONE, Edgard. *O PCB, 1964-1982*. São Paulo: Difel, 1982.

CARVALHO, Apolônio. *Vale a pena sonhar*. Rio de Janeiro: Rocco, 1997.

CARVALHO, Luiz Maklouf. *Mulheres que foram à luta armada*. São Paulo: Globo, 1998.

_____. *O Coronel rompe o silêncio*. Rio de Janeiro: Objetiva, 2004.

CASTAÑEDA, Jorge C. *A vida em vermelho*. 2ª ed. São Paulo: Companhia das Letras, 1997.

_____. *La utopia desarmada*. Buenos Aires: Ariel, 1993.

CASTRO, Celso; IZECKSOHN, Vitor; KRAAY, Hendrik. *Nova História Militar Brasileira*. Rio de Janeiro: Editora FGV, 2004.

CASTRO, Celso. *Os militares e a República*. Rio de Janeiro: Zahar, 1995.

_____. *O espírito militar*. 2ª ed. Rio de Janeiro: Zahar, 2004.

_____. *A invenção do Exército brasileiro*. Rio de Janeiro: Zahar, 2002.

_____. *Exército e Nação: estudos sobre a história do Exército brasileiro*. Rio de Janeiro: Editora FGV, 2012.

CASTRO, Fidel. *A história me absolverá*. São Paulo: Expressão Popular, 2008.

CERVANTES, Miguel de. *Novelas exemplares*. 2ª ed. São Paulo: Abril Cultural, 1971.

CÍCERO, Marco Túlio. *As Catilinárias*. 7ª ed. Rio de Janeiro: Livraria São José, 1964.

_____. *Le Catilinarie*. Milão: Mondadori, 1993.

CLAUSEWITZ, Carl Von. *Da Guerra*. 2ª ed. São Paulo: Martins Fontes, 2003.

COELHO, Marco Antônio Tavares. *A herança de um sonho*. Rio de Janeiro: Record, 2000.

COELHO, Waldyr. *A subversão e o terrorismo em São Paulo* (mimeo). São Paulo, 1970.

COMISSÃO ESPECIAL DE MORTOS E DESAPARECIDOS POLÍTICOS DA SECRETARIA ESPECIAL DE DIREITOS HUMANOS DA PRESIDÊNCIA DA REPÚBLICA. *Direito à Memória e à Verdade*. Brasília, 2007.

COMISSÃO NACIONAL DA VERDADE. *Relatório*, vol. 1. Disponível em: <http://www.cnv.gov.br/index.php?option=com_content&view=article&id=571>. Acesso em: 30 dez. 2014.

CONTRERAS, Hélio. *AI-5, a opressão no Brasil*. Rio de Janeiro: Record, 2005.

COSTA, Caio Túlio. *Cale-se*. São Paulo: A Girafa, 2003.

COSTA, Octavio Pereira da. "Castello Branco: seu perfil na profissionalização das Forças Armadas e na construção da Doutrina Militar Brasileira". *Padeceme*, Rio de Janeiro, nº 19, 3º quadrimestre de 2008.

COUTO, Ronaldo Costa. *Memória viva do regime militar. Brasil: 1964-1985*. Rio de Janeiro: Record, 1999.

CUNHA, Euclides da. *Os Sertões*. São Paulo: Ediouro, 2003.

CUNHA, Paulo Ribeiro da. *Um olhar à esquerda*. Rio de Janeiro: Revan, 2002.

CURCIO, Renato. Intervista a Curcio nella sua versione originale e integrale pubblicata parzialmente sull'Espresso. Fonte: Soccorso Rosso, Brigate Rosse, Feltrinelli, 1976 e *L'Espresso*, nº 1, 1975. Disponível em: <http://www.brigaterosse.org/brigaterosse/index.htm>. Acesso em: 9 dez. 2006.

D'ARAÚJO, Maria Celina; CASTRO, Celso (org.). *Ernesto Geisel*. 5ª ed. Rio de Janeiro: Editora FGV, 1998.

DA-RIN, Silvio. *Hércules 56: o sequestro do embaixador americano em 1969*. Rio de Janeiro: Zahar, 2007.

DEBRAY, Régis. *La guerrilla du Che*. Paris: Le Seuil, 1996.

DEL NERO AUGUSTO, Agnaldo. *A grande mentira*. Rio de Janeiro: Bibliex, 2001.

DEUTSCHER, Isaac. *Trotsky, o profeta banido*. 2ª ed. Rio de Janeiro: Civilização Brasileira, 1984.

_____. *Trotsky, o profeta desarmado*. 2ª ed. Rio de Janeiro: Civilização Brasileira, 1984.

DIAS, Erasmo. *Um pouco de história* (mimeo). São Paulo, 1998.

DIAS, Renato. *As quatro mortes de Maria Augusta Thomaz*. Goiânia: RD Comunicações/Movimento, 2011.

Dicionário histórico e biográfico. 2ª ed. Rio de Janeiro: Editora FGV/CPDOC, 2000.

DINGES, John. *Os anos do condor*. São Paulo: Companhia das Letras, 2005.

DIRCEU, José; PALMEIRA, Vladimir. *Abaixo a ditadura*. Rio de Janeiro: Garamond, 1998.

DORATIOTO, Francisco. *Maldita guerra*. 2ª ed. São Paulo: Companhia das Letras, 2002.

Dossiê dos mortos e desaparecidos políticos a partir de 1964. Recife: Companhia Editora de Pernambuco, 1995.

DREIFUSS, René Armand. *1964: a conquista do Estado*. 2ª ed. Petrópolis: Vozes, 1981.

DURIEUX, Benoît. *Relire La guerre de Clausewitz: strategies et doutrines*. Paris: Econômica, 2005.

ELIOT, T. S. *Obra Completa*. Vol. 1. São Paulo: Arx, 2004.

EYMERICH, Nicolau. *Manual dos inquisidores*. Rio de Janeiro: Rosa dos Tempos/Brasília: Editora UnB, 1993.

ENGELS, Friedrich. *A origem da família, da propriedade privada e do Estado*. 5ª ed. São Paulo: Global, 1991.

_____. *Anti-Dühring*. 3ª ed. Rio de Janeiro: Paz e Terra, 1990.

ETCHICHURY, Carlos *et al*. *Os infiltrados*. Porto Alegre: Editora Age, 2010.

EXÉRCITO – Escola de Comando e Estado-Maior (organizado pelo ten.-cel. Ney R. Rezende). *Guerras revolucionárias*. Rio de Janeiro: Eceme, 1976.

_____. *Introdução à Estratégia*. Rio de Janeiro: Eceme, 2011

EXÉRCITO – Centro de Informações (org. pelo gen. Agnaldo Del Nero). Brasília: Projeto Orvil, 1988.

FALCÃO, João. *Giocondo Dias: a vida de um revolucionário*. Rio de Janeiro: Agir, 1993.

FANON, Frantz. *Lês damnés de la terre*. Paris: La Decouverte, 2002.

FAUSTO, Boris. *O pensamento nacionalista autoritário*. Rio de Janeiro: Zahar, 2001.

FAUSTO, Ruy. "Em torno da pré-história intelectual do totalitarismo igualitarista". *Lua Nova*, São Paulo, nº 75, 2008, p. 143-198.

FÁVERO, Eugênia Augusta Gonzaga et al. *Ação Civil Pública 2008.61.00.011414-5*. São Paulo, 8ª Vara Federal Cível de São Paulo, 2008.

FERNANDES, Florestan. *Da guerrilha ao socialismo: a Revolução Cubana*. São Paulo: Expressão Popular, 2007.

FERNANDES JUNIOR, Ottoni. *O baú do guerrilheiro: memórias da luta armada urbana no Brasil*. Rio de Janeiro: Record, 2004.

FERREIRA, Oliveiros S. *Elos partidos*. São Paulo: Harbra, 2007.

_____. "Vinte anos depois". *Revista USP*, São Paulo, nº 65, 2005.

FERREIRA JUNIOR, Amarílio; BITTAR, Marisa. *O coronel Passarinho e o regime militar: o último intelectual orgânico?* (mimeo).

FERRO, Marc. *Les individus face aux crises du XX siècle: l'historie anonyme*. Paris: Odile Jacob, 2005.

_____. *Les ressentiments dans l'histoire*. Paris: Odile Jacob, 2007.

_____ et al. *Frères de Tranchées*. Paris: Perrin, 2005.

FICO, Carlos. *Como eles agiam*. Rio de Janeiro: Record, 2001.

_____. *Além do golpe: versões e controvérsias sobre 1964 e a ditadura militar*. Rio de Janeiro: Record, 2004.

FIGES, Orlando. *Sussurros*. Rio de Janeiro: Record, 2010.

FIGUEIREDO, Lucas. *Ministério do Medo*. Rio de Janeiro: Record, 2005.

_____. *Olho por olho*. Rio de Janeiro: Record, 2009.

FREIRE, Alípio; ALMADA, Izaías; PONCE, J. A. de Granville. *Tiradentes, um presídio da ditadura*. São Paulo: Scipione Cultural, 1997.

FORJAZ, Maria Cecília Spina. *Tenentismo e política*. Rio de Janeiro: Paz e Terra, 1977.

FOUCAULT, Michel. *Vigiar e punir*. Petrópolis: Vozes, 1977.

_____. *Philosophie, anthologie*. Paris: Gallimard, Folio essais, 2005.

_____. *Microfísica do Poder*. 20ª ed. Rio de Janeiro: Graal, 2004.

_____. *Em defesa da sociedade*. São Paulo: Martins Fontes, 2005.

_____. *Os anormais*. São Paulo: Martins Fontes, 2002.

_____. *Segurança, território e população*. São Paulo: Martins Fontes, 2008.

_____. *Nascimento da biopolítica*. São Paulo: Martins Fontes, 2008.

FROTA, Sylvio. *Ideais traídos*. Rio de Janeiro: Zahar, 2006.

FUCIK, Julius; ALLEG, Henri; SERGE, Victor. *A hora obscura*. São Paulo: Expressão Popular, 2001.

GABEIRA, Fernando. *O que é isso companheiro?* 2ª ed. São Paulo: Companhia das Letras, 1996.

GASPARI, Elio. *A Ditadura Envergonhada*. São Paulo: Companhia das Letras, 2002.

_____. *A Ditadura Escancarada*. São Paulo: Companhia das Letras, 2002.

_____. *A Ditadura Derrotada*. São Paulo: Companhia das Letras, 2003.

_____. *A Ditadura Encurralada*. São Paulo: Companhia das Letras, 2004.

GEISEL, Orlando. "Ordem do Dia do Ministro do Exército". In: *Revolução Evolução, o 6º Aniversário da Revolução*. Brasília: AERP, 1970.

GOLDENSOHN, Leon. *As entrevistas de Nuremberg*. São Paulo: Companhia das Letras, 2005.

GOLDHAGEN, Daniel Jonah. *Os carrascos voluntários de Hitler*. São Paulo: Companhia das Letras, 1997.

GORENDER, Jacob. *Combate nas trevas*. 5ª ed. São Paulo: Ática, 1998.

GUEVARA, Ernesto Che. *A guerra de guerrilhas*. São Paulo: Edições Populares, 1980.

GUIMARÃES, Renato. *Travessia: da tortura e dos meios de resistir a ela*. Rio de Janeiro: Revan, 1999.

HACKETT, David A. (org.). *O Relatório Buchenwald*. Rio de Janeiro: Record, 1998.

HADDAD, Jamil Almansur. *Romanceiro cubano*. São Paulo: Brasiliense, 1960.

HARDT, Michael; NEGRI, Antonio. *Multidão*. Rio de Janeiro: Record, 2005.

HARNECKER, Marta. *Fidel: a estratégia política da vitória*. São Paulo: Expressão Popular, 2000.

História Oral do Exército, 1964, 31 de março. Tomos 2, 5, 7 e 11. Rio de Janeiro: Bibliex, 2003.

HOBBES, Thomas. *Do Cidadão*. São Paulo: Martins Fontes, 2002.

HOBSBAWM, Eric. *A era dos extremos*. São Paulo: Companhia das Letras, 1995.

_____. *Nações e nacionalismo desde 1870*. 4ª ed. Rio de Janeiro: Paz e Terra, 1990.

_____. *Revolucionários*. Rio de Janeiro: Paz e Terra, 1985.

HUGGINS, Martha; HARITOS-FATOUROS, Mika; ZIMBARDO, Phillip G. *Operários da violência*. Brasília: Editora UnB, 2006.

JAUFFRET, Jean-Charles. *Ces officiers qui ont dit non à la torture: Algérie, 1954-1962*. Paris: Autrement, 2005.

JOFFILY, Mariana Rangel. *No centro da engrenagem: os interrogatórios na Operação Bandeirante e no DOI de São Paulo (1969-1975)*. Tese (doutorado) – FFLCH-USP, São Paulo, 2008.

JORDÃO, Fernando Pacheco. *Dossiê Herzog*. 6ª ed. São Paulo: Global, 2005.

JOSÉ, Emiliano; MIRANDA, Oldack de. *Lamarca: o capitão da guerrilha*. 16ª ed. São Paulo: Global, 2004.

KAUTSKY, Karl. *Terrorisme et communisme: contribution a l'histoire des revolutions*. Paris: Éditions du Sandre, 2007.

KEEGAN, John. *Uma história da guerra*. São Paulo: Companhia das Letras, 1995.

_____. *Inteligência na guerra*. São Paulo: Companhia das Letras, 2003.

KELSEN, Hans. *Teoria geral do Direito e do Estado*. 4ª ed. São Paulo: Martins Fontes, 2005.

KHLEVNIUK, Oleg V. *The History of the Gulag*. New Haven: Yale University Press, 2004.

KOESTLER, Arthur; CAMUS, Albert. *Réflexion sur la peine capitale*. Paris: Gallimard, 2002.

KONDER, Leandro. *Introdução ao fascismo*. São Paulo: Expressão Popular, 2009.

LACHEROY, Charles. *De Saint-Cyr à l'action psychologique: mémoire d'un siècle*. Panazol: Lavauzelle, 2003.

LAFER, Celso. *A reconstrução dos direitos humanos*. São Paulo: Companhia das Letras, 1988.

LAQUE, João Roberto. *Pedro e os lobos*. São Paulo: Ava Editorial, 2010.

LAQUEUR, Walter. *Una historia del terrorismo*. Barcelona: Paidós, 2003.

LE GOFF, Jacques. *História e Memória*. Campinas: Editora da Unicamp, 2003.

LEMOS, Renato (org.). *Justiça fardada: o general Peri Bevilacqua no Superior Tribunal Militar*. Rio de Janeiro: Bom Texto, 2004.

LENIN, Vladimir I. *O Estado e a Revolução*. São Paulo: Expressão Popular, 2007.

_____. "Que fazer?"; "Um passo à frente dois atrás"; "Duas táticas da social-democracia na revolução democrática"; "As lições da insurreição de Moscou"; "A Guerra e a social-democracia na Rússia"; "O programa militar da revolução proletária"; "O imperialismo, fase superior do capitalismo". In: *Obras escolhidas*. Vol. 1. São Paulo: Alpha-Omega, 1986.

_____. "As tarefas do proletariado na nossa revolução"; "VII Conferência (Abril) de toda a Rússia do POSDR"; "As lições da revolução"; "A catástrofe que nos ameaça e como combatê-la"; "A Revolução Russa e a Guerra Civil"; "Conservarão os bolcheviques o Poder de Estado?"; "Sétimo Congresso Extraordinário do PCR(b)"; "Acerca do infantilismo de esquerda e do espírito pequeno-burguês"; "Quinto Congresso dos Sovietes de Toda a Rússia". In: *Obras escolhidas*. Vol. 2. 2ª ed. São Paulo: Alpha-Omega, 1988.

_____. "A revolução proletária e o renegado Kautsky"; "1º Congresso da Internacional Comunista"; "Teses do CC do PCR(b) relativas à situação na frente leste"; "Saudação aos Operários Húngaros"; "Todos à luta contra Deninkin"; "Carta aos operários e camponeses"; "Relatório no 2º Congresso dos Povos do Oriente"; "As eleições para a Assembleia Constituinte"; "9º Congresso do PCR(b), relatório do comitê central"; "A doença infantil do esquerdismo no comunismo"; "Mais uma vez sobre os sindicatos"; "Projeto inicial de resolução do 10º Congresso do PCR sobre a unidade do partido e 3º Congresso da Internacional Comunista". In: *Obras completas*. Vol. 3. 2ª ed. São Paulo: Alpha-Omega, 2004.

LEWIN, Moshe. *O século soviético*. Rio de Janeiro: Record, 2007.

LEVI, Primo. *Se questo è un uomo*. Turim: Einaudi, 2005.

LIDDELL HART, B. H. *As grandes batalhas da história (Estratégia)*. 6ª ed. São Paulo: Ibrasa, 2005.

_____. *Strategie*. Paris: Perrin, 2007.

LIMA, Haroldo; ARANTES, Aldo. *História da Ação Popular: da Juca ao PCdoB*. 2ª ed. São Paulo: Alpha-Omega, 1984.

LONDON, Artur. *L'aveu*. Paris: Gallimard, 2007.

LOSURDO, Domenico. *Stalin*. Rio de Janeiro: Revan, 2010.

LÖWY, Michael. *O pensamento de Che Guevara*. São Paulo: Expressão Popular, 1999.

_____ (org.). *Revoluções*. São Paulo: Boitempo, 2009.

LUNGARETTI, Celso. *Naufrágio da Utopia*. São Paulo: Geração Editorial, 2005.

LUPO, Salvatore. *História da Máfia: das origens aos nossos dias*. São Paulo: Editora Unesp, 2002.

MACIEL, Wilma Antunes. *Repressão judicial no Brasil: o capitão Lamarca e a VPR na Justiça Militar (1969-1971)*. Dissertação (mestrado) – Departamento de História, FFLCH-USP, São Paulo, 2003.

MAGALHÃES, Mário. *Marighella, o guerrilheiro que incendiou o mundo*. São Paulo: Companhia das Letras, 2013.

MALVÁSIO, Luiz Sebastião. *Anais Históricos da Força Pública*. São Paulo, 1967.

MARIANO, Nilson. *As garras do condor*. Petrópolis: Vozes, 2003.

MARIGHELLA, Carlos. *Minimanual do Guerrilheiro Urbano*. BNM 102 (ALN), AEL-Unicamp.

_____. *Chamado ao Povo brasileiro para unir-se à luta*. Disponível em: <http://marxists.org/espanol/marigh/obras/mensaj.htm>. Acesso em: 10 dez. 2006.

_____. *Poemas: Rondó da Liberdade*. São Paulo: Brasiliense, 1994.

MARKUN, Paulo. *Meu querido Vlado: a história de Vladimir Herzog e o sonho de uma geração*. Rio de Janeiro: Objetiva, 2005.

MARTINELLI, Renato. *Um grito de coragem: memórias da luta armada*. São Paulo: Com-Arte, 2006.

MARTINS FILHO, João Roberto. *O palácio e a caserna: a dinâmica militar das crises políticas na ditadura*. São Carlos: Edufscar, 1996.

_____. "A influência doutrinária francesa sobre os militares brasileiros nos anos de 1960". *Revista Brasileira de Ciências Sociais*, São Paulo, vol. 23, n° 67, jun. 2008.

MARTINS, Paulo Egydio. *Paulo Egydio conta*. São Paulo: Imprensa Oficial do Estado, 2007.

MARX, Karl. *O 18 de Brumário e Cartas a Kugelmann*. 7ª ed. Rio de Janeiro: Paz e Terra, 1997.

_____. *O Capital*. Livro Primeiro, tomo 2. São Paulo: Nova Cultural, 1988.

_____. *O Capital*. Livro 1, vol. 2. 20ª ed. Rio de Janeiro: Civilização Brasileira, 2005.

MARX, Karl & ENGELS, Friedrich. *A ideologia alemã*. Rio de Janeiro: Civilização Brasileira, 2007.

_____. *O Manifesto Comunista*. Rio de Janeiro: Paz e Terra, 2008.

_____. *Obras escolhidas*. Vol. 2. São Paulo: Alfa-Omega, s/d.

MATTOS, Carlos de Meira. "Doutrina Política de Potência". In: *Revolução, Evolução: 6° Aniversário da Revolução*. Brasília: Aerp, 1970.

MAXIMIANO, Cesar Campiani. *Barbudos sujos e fatigados*. São Paulo: Grua, 2010.

MCCANN, Frank D. *Soldados da Pátria: história do Exército brasileiro de 1889-1937*. São Paulo: Companhia das Letras, 2007.

MIRANDA, Nilmário; TIBÚRCIO, Carlos. *Dos filhos deste solo*. São Paulo: Bointempo, 1999.

MONTORO, Franco. *Memórias em linha reta*. São Paulo: Editora Senac, 2000.

MORAES, Francisco; VIANA, Denis. *Prestes: lutas e autocríticas*. Petrópolis: Vozes, 1982.

MORAES, J. B. Mascarenhas de. *A FEB pelo seu comandante*. Rio de Janeiro: Bibliex, 2005.

MORAES, João Quartim de. *A esquerda militar no Brasil*. São Paulo: Expressão Popular, 2005.

_____; REIS FILHO, Daniel Aarão (orgs.). *História do Marxismo no Brasil*. Vol I. 2ª ed. Campinas: Editora da Unicamp, 2003.

MORAES, Mário Sérgio de. *O ocaso da Ditadura: caso Herzog*. São Paulo: Barcarolla, 2006.

MORAIS, Taís; SILVA, Eumano. *Operação Araguaia*. São Paulo: Geração Editorial, 2005.

MORAIS, Taís. *Sem vestígios*. São Paulo: Geração Editorial, 2008.

MORENO, Nahuel. *Trotsky, Leon e Lenin*. Vol. I: *Teoria e organização do partido*. São Paulo: Sundermann, 2006.

MORETTI, Mario. *Brigate Rosse, uma storia italiana* (intervista di Carla Mosca e Rossana Rossanda). Milão: Mondadori, 2007.

MOTTA, Rodrigo Patto Sá. *Em guarda contra o perigo vermelho*. São Paulo: Perspectiva, 2002.

MOURÃO FILHO, Olympio. *Memórias de um revolucionário*. Porto Alegre: L&PM, 1978.

NOSSA, Leonencio. *Mata!: o major Curió e as guerrilhas no Araguaia*. São Paulo: Companhia das Letras, 2012.

PAHLAVI, Pierre Cyril. *La guerre revolucionnaire de l'armée française en Algerie*. Paris: L'Harmattan, 2004.

PAIVA, Maurício. *O sonho exilado*. Rio de Janeiro: Mauad, 2004.

PARUCKER, Paulo Eduardo Castello. *Praças em pé de guerra*. Dissertação (mestrado) – UFF, Rio de Janeiro, 1992.

PASTERNAK, Boris. *Il Dottor Zivago*. 29ª ed. Milão: Feltrinelli, 2007.

PAXTON, Robert O. *A anatomia do fascismo*. São Paulo: Paz e Terra, 2007.

PAULINO, Leopoldo. *Tempo de resistência*. Ribeirão Preto: Editora COC, 2004.

PAULO VI, *Populorum Progressio*. Roma: 1967. Disponível em: http://www.vatican.va/holy_father/paul_vi/encyclicals/documents/hf_p-vi_enc_26031967_populorum_it.html. Acesso em: 21/10/2014.

PAZ, Carlos E. C. S. da. *Viagem à luta armada*. 2ª ed. Rio de Janeiro: Civilização Brasileira, 1996.

_____. *Nas trilhas da ALN*. Rio de Janeiro: Bertrand Brasil, 1997.

PIGANIOL, André. *La Conquête Romaine*. 7ª ed. Paris: PUF, 1995.

PEREIRA, Freddie Perdigão. "O Destacamento de Operações de Informações (DOI) no EB – histórico papel no combate à subversão: situação atual e perspectivas, monografia apresentada à Escola de Comando e Estado-Maior do Exército, 1978". In: *Ação Civil Pública 2008.61.00.011414-5*. São Paulo, 8ª Vara Federal Cível de São Paulo, 2008.

PLUTARCO. *Vidas Paralelas*. Vols. 3, 4 e 5. São Paulo: Paumape, 1992.

POLICZER, Pablo. "A Polícia e a Política de Informações no Chile durante o governo Pinochet". *Estudos Brasileiros*, Rio de Janeiro, vol. 12, nº 22, 1998.

POMAR, Wladimir. *A Revolução Chinesa*. São Paulo: Editora Unesp, 2003.

POMAR, Pedro Estevam da Rocha. *Massacre na Lapa*. São Paulo: Fundação Perseu Abramo, 2006.

POULANTZAS, Nicos. *Fascisme et dictature*. Paris: Seuil/Maspero, 1974.

PINHEIRO, Paulo Sérgio. "Estado e terror". In: NOVAES, Adauto (org.). *Ética: vários autores*. São Paulo: Companhia das Letras, 2007.

PISTONE, Sergio. "Razão de Estado". In: BOBBIO, Norberto; MATTEUCCI, Nicola; PASQUINO, Gianfranco. *Dicionário de Política*. 2º vol. 12ª ed. Brasília: Editora UNB, 1999.

PORTELA, Fernando. *Guerra de guerrilhas no Brasil*. 3ª ed. São Paulo: Global, 1979.

PRESTE, Anita Leocádia. *Os comunistas brasileiros (1945-1956/58): Luís Carlos Prestes e a política do PCB*. São Paulo: Brasiliense, 2010.

RAMOS, Graciliano. *Memórias do Cárcere*. Rio de Janeiro: Record/Altaya, 1996.

REIS FILHO, Daniel Aarão. *Ditadura militar, esquerdas e sociedade*. 2ª ed. Rio de Janeiro: Zahar, 2000.

_____; SÁ, Jair Ferreira de. *Imagens da Revolução*. São Paulo: Expressão Popular, 2006.

RETTIG GUISSEN, Raul. *Informe Rettig*. Disponível em: <http://freespace.virgin.net/nicole.drouilly/rettig13.htm>. Acesso em: 1º out. 2004.

REZNIK, Luís. *Democracia e Segurança Nacional*. Rio de Janeiro: Editora FGV, 2004.

RIDENTI, Marcelo. *O fantasma da Revolução Brasileira*. São Paulo: Editora Unesp, 1993.

RIDENTI, Marcelo; REIS FILHO, Daniel Aarão (orgs.). *História do Marxismo no Brasil*. Vol. V: *Partidos e organizações dos anos 20 aos 60*. Campinas: Editora da Unicamp, 2002.

_____ (orgs.). *História do Marxismo no Brasil*. Vol. VI: *Partidos e movimentos após os anos 1960*. Campinas: Editora da Unicamp, 2007.

ROBESPIERRE, Maximilien. *Virtude e Terror*. Rio de Janeiro: Zahar, 2008.

ROBIN, Marie-Monique. *Escadrons de la mort: l'école française*. Paris: La Decouverte, 2004.

ROIO, José Luiz Del. *Zarattini: a paixão revolucionária*. São Paulo: Ícone, 2006.

ROLLEMBERG, Denise. *O apoio de Cuba à luta armada no Brasil*. Rio de Janeiro: Mauad, 2001.

_____. *Exílio: entre raízes e radares*. Rio de Janeiro: Record, 1999.

_____. "Clemente". In: KUSHNIR, Beatriz (org.). *Perfis cruzados: trajetórias e militância-política no Brasil*. São Paulo: Imago, 2002.

_____. "A VPR e os setores não-ligados à produção industrial 'marginais' na revolução brasileira". *Olhares sobre o Político*, Rio de Janeiro, Eduerj, 2003. Disponível em: <www.portalpopular.org.br/cs/critica-2/critica-social-09.htm>. Acesso em 10 set. 2004.

ROSE, R. S. *Uma das coisas esquecidas: Getúlio Vargas e controle social no Brasil/1930-1954*. São Paulo: Companhia das Letras, 2001.

ROUQUIÉ, Alain (coord.). *Os partidos militares no Brasil*. Rio de Janeiro: Record, 1980.

ROUSSEAU, Frédéric. *La guerre censurée: une histoire des combattants européens de 14-18*. Paris: Éditions du Seuil, 1999.

SÁ, Fernando; MUNTEAL, Oswaldo; MARTINS, Paulo Emílio (orgs.). *Os advogados e a ditadura de 1964: a defesa dos perseguidos políticos no Brasil*. Rio de Janeiro: Editora PUC-Rio/Vozes, 2010.

SADER, Eder. *Quando novos personagens entraram em cena*. 2ª ed. Rio de Janeiro: Paz e Terra, 1988.

SANTUCHO, Mário Roberto. Pór que nos separamos de la Quarta Internacional. *Archivo Santucho*, ago. 1973. Disponível em: <http://www.marxists.org/espanol/santucho/1973/agosto-b.htm>. Acesso em: 26 ago. 2005.

SCARTEZINI, Antonio Carlos. *Segredos de Médici*. São Paulo: Marco Zero, 1985.

SECCO, Lincoln. *A Revolução dos Cravos*. São Paulo: Alameda, 2004.

SEGIO, Sergio. *Miccia Corta: uma storia di Prima Línea*. Roma: Derive Approdi, 2005.

SERBIN, Kenneth P. *Diálogos na sombra*. São Paulo: Companhia das Letras, 2001.

SHAKESPEARE, William. *Macbeth*. São Paulo: Brasiliense, 1989.

SHUYUN, Sun. *A Longa Marcha*. Porto Alegre: Arquipélago, 2007.

SKIDMORE, Thomas. *Brasil de Castelo a Tancredo*. 8ª ed. Rio de Janeiro: Paz e Terra, 1988.

SILVA, Carlos Eduardo M. Viegas da. *A transformação da guerra na passagem do século XXI: um estudo sobre a atualidade do paradigma de Clausewitz*. Dissertação (mestrado) – Universidade Federal de São Carlos, São Carlos, 2003.

SILVA, Hélio. *A vez e a voz dos vencidos*. Petrópolis: Vozes, 1988.

_____. *1964: Golpe ou Contragolpe*. Rio de Janeiro: Civilização Brasileira, 1975.

_____. *1944: o Brasil em guerra*. Rio de Janeiro: Civilização Brasileira, 1974.

SILVA JUNIOR, Edson Teixeira da. *Carlos, a face oculta de Marighella*. São Paulo: Expressão Popular, 2009.

SOARES, Bárbara Musumeci; MUSUMECI, Leonarda. *Mulheres policiais: presença feminina na Polícia Militar do Rio de Janeiro*. Rio de Janeiro: Civilização Brasileira, 2005.

SOARES, Gláucio A. D.; D'ARAÚJO, Maria C.; CASTRO, Celso. *Visões do Golpe: a memória militar sobre 1964*. São Paulo: Ediouro, 2004.

_____. *Os anos de chumbo: a memória militar da repressão*. Rio de Janeiro: Relume Dumará, 1994.

_____. *A volta aos quartéis: a memória militar sobre a abertura*. Rio de Janeiro: Relume Dumará, 1995.

SODRÉ, Nelson Werneck. *História militar do Brasil*. 2ª ed. São Paulo: Expressão Popular, 2010.

_____. *A Coluna Prestes*. Rio de Janeiro: Civilização Brasileira, 1978.

SOUZA, Percival de. *Autópsia do Medo*. São Paulo: Globo, 2000.

STEPAN, Alfred. *Os militares: da abertura à Nova República*. 4ª ed. Rio de Janeiro: Paz e Terra, 1986.

STRACHAN, Hew. *Sobre a Guerra de Clausewitz*. Rio de Janeiro: Zahar, 2008.

_____; HERBERG-ROTHE, Andreas. *Clausewitz in the twenty-firsty century*. Oxford: Oxford University Press, 2007.

STUDART, Hugo. *A Lei da Selva*. São Paulo: Geração Editorial, 2006.

TAVARES, Flávio. *Memórias do esquecimento*. Rio de Janeiro: Record, 2005.

TRINQUIER, Roger. *La guerre moderne*. Paris: Economica, 2008.

TROTSKY, Leon. *Leur Morale et la nôtre*. Paris: Les Éditions de la Passion, 1994.

_____. *A Revolução Russa*. 3 vols. 3ª ed. Rio de Janeiro: Paz e Terra, 1980.

_____. *Minha vida*. 1ª ed. Rio de Janeiro: José Olympio, 1945.

_____. *Da Noruega ao México: os crimes de Stalin*. Rio de Janeiro: Laemmert, 1968.

_____. *A revolução permanente*. 2ª ed. São Paulo: Expressão Popular, 2007.

_____. *La révolution trahie*. Paris: Les Éditions de Minuit, 2007.

_____. *Terrorisme et Communisme*. Paris: Union Générale d'Éditions, 1963

TSÉ-TUNG, Mao. *O Livro Vermelho*. São Paulo: Martin Claret, 2006.

_____. *Problemas estratégicos da guerra subversiva*. Lisboa: Edições Silabo, 2004.

_____. *Sobre a prática e a contradição*. Apresentação Slavoj Zizek. Rio de Janeiro: Zahar, 2008.

USTRA, Carlos Alberto Brilhante. *Rompendo o silêncio*. 2ª ed. Brasília: Editerra Editorial, 1987.

_____. *A verdade sufocada*. Brasília: Editora Ser, 2006.

VALLE, Maria Ribeiro do. *1968: o diálogo é a violência – movimento estudantil e a ditadura militar no Brasil*. Campinas: Editora da Unicamp, 2008.

VEGÉCIO, Flávio. *A arte militar*. São Paulo: Paumape, 1995.

VENTURA, Zuenir. *1968, o ano que não terminou*. 4ª ed. Rio de Janeiro: Nova Fronteira, 1988.

VIANNA, Marly de Almeida Goes. *Revolucionário de 1935*. São Paulo: Expressão Popular, 2007.

VIEIRA, César. *Em busca de um teatro popular*. 4ª ed. São Paulo: Funarte, 2007.

VOLKOGONOV, Dmitri. *Stalin: triunfo e tragédia*. Rio de Janeiro: Nova Fronteira, 2004.

_____. *Os sete líderes do império soviético*. Rio de Janeiro: Nova Fronteira, 2008.

_____. *Lenin, uma nova biografia*. Lisboa: Edições 70, 2008.

WAACK, William. *Camaradas*. São Paulo: Companhia das Letras, 1993.

WALZER, Michael. *Guerras justas e injustas*. São Paulo: Martins Fontes, 2003.

WHITTAKER, David J. *Terrorismo*. Rio de Janeiro: Bibliex, 2005.

WINDROW, Martin; MASON, Francis K. *The Wordsworth Dictionary of Military Biography*. Hertfordshire: Wordsworth Editions, 1997.

ZIZEK, Slavoj. *Violência*. Lisboa: Relógio d'Água, 2009.

ANEXO

Lista de agentes do DOI identificados durante a pesquisa

MARINHA
Tenente Bismarck

EXÉRCITO
Cabo Abel Rodrigues de Lima, o Foguinho
Cabo Junior, o Caruncho
Cabo Jonas, o Melancia
Cabo Cafuringa
Sargento Onofre Firmino Damasceno
Sargento Marival Chaves
Sargento Pedro Tonello
Sargento Eduardo Mariano Neto
Sargento Roberto Artoni
Sargento João de Sá Cavalcanti Netto
Sargento Luis Shinsi Akobashi
Sargento Bernardo José da Silva Filho
Sargento Dirceu Antonio

Sargento Moacyr Piffer
Sargento Silvio Giglioli
Sargento Castrinho
Sargento Índio Brasileiro
Sargento Rubão
Sargento Heitor
Sargento Genésio, o Pé-de-Porco
Sargento José Antônio Mainardes, o Zezo
Subtenente Carlos Setembrino da Silveira
Tenente Manoel Morata Almeida
Tenente João Batista Magalhães
Tenente Francisco, o Português
Capitão Átilla Carmelo
Capitão Ênio Pimentel da Silveira (Doutor Ney)
Capitão Freddie Perdigão Pereira (Doutor Flávio)
Capitão Homero Cesar Machado
Capitão Italo Rolim
Capitão Otonel Eugênio Aranha Filho (Doutor Homero)
Capitão Maurício Lopes de Lima
Capitão Benoni de Arruda Albernaz
Capitão Oreste Raphael Rocha Cavalcanti (Doutor Terebentino)
Capitão Waldir José de Mello Barbosa
Capitão André Leite Pereira Filho (Doutor Edgar)
Capitão Roberto Pontuschka Filho
Capitão Luciano Nogueira
Capitão Carlos Sérgio Maia Mondaini (Doutor José)
Capitão Carlos Alberto de Francicis
Capitão Pedro Ivo Moésia
Capitão João Luis
Capitão Faria
Major Dalmo Lúnio Muniz Cyrillo
Major Inocêncio Fabrício de Mattos Beltrão
Tenente-coronel Audir Santos Maciel

Tenente-coronel Paulo Rufino Alves
Tenente-coronel Carlos Alberto Brilhante Ustra
Tenente-coronel Cirino Francisco de Souza Filho
Tenente-coronel Carlos Alberto de Castro
Tennete-coronel Alfredo Lima do Carmo

AERONÁUTICA
Cabo Sebastião Arruda dos Santos
Cabo Dutra
Sargento Artur

POLÍCIA MILITAR
Soldado Irineu Albuquerque
Soldado Luis Rossi
Soldado Antonio José Nocete
Soldado João Alves de Souza
Soldado Edvaldo Bertoga
Soldado Catatau
Soldado Fenelon
Soldado Dorival Candel Ruiz
Soldado Anderson
Soldado Faruk
Cabo Osmil Carlos Rossatto, o Peninha
Cabo Sylas Bispo Feche, o Pedro DKW
Cabo Bambu
Cabo Diniz, o Quincas
Cabo José Carlos Lourenço
Sargento Silvino Basílio de Lima
Sargento Sylvio Santiago
Sargento Regina Aparecida Loureiro
Sargento Magali
Sargento Sinício
Sargento Vilma

Sargento Moisés
Sargento Wilson Mendes dos Reis
Sargento Geraldo Nogueira
Sargento Dulcídio Vanderley Boschilia
Sargento Rubens Paulo
Sargento Eloel Teixeira Costa, o Doutor Pepe
Sargento Absalon Moreira Luz
Sargento Manoel Alves do Nascimento
Sargento Neydson Mendes Reis
Sargento Altair Casadei
Sargento Ovídio Carneiro de Almeida
Sargento Osmar Collucci, o Amarelinho
Sargento Eurípides Albuquerque
Sargento Ari Naldi
Sargento Milton, o Mimi
Sargento Paulo Bordini
Sargento Nelson, o Pai Velho
Sargento Zaqueu Alves de Oliveira
Subtenente Oswaldo Ribeiro Leão
Tenente Chico
Tenente José
Tenente Nepomuceno
Tenente José Antonio Zanelato
Tenente Tamoto Nakao
Tenente Eurico Rodrigues Lassebasse
Tenente Carlos Elias Lott
Tenente Edson Faroro
Tenente José Aguilar
Tenente José Mauro Pereira Ambar
Tenente Diarsy Teixaira Ferraz
Tenente Neuza
Capitão Orlandino Triel Pereira

Capitão Francisco Antonio Coutinho e Silva
Capitão Mário de Abreu Filho
Capitão Cássio Henrique de Oliveira
Capitão Francisco Profício
Capitão Devanir Antônio de Castro Queiroz
Capitão José Irineu Clerk
Capitão João Thomaz

POLÍCIA CIVIL
Investigador Dirceu Gravina
Investigador Alemão
Investigador Antonio Vieira Costa (Doutor Rubens)
Investigador Pedro Mira Granciere (capitão Ramiro)
Investigador Oswaldo Pinheiro do Amaral
Investigador Celso José da Cruz
Investigador Gilberto Athaíde Marcondes
Investigador Lourival Gaetta
Investigador J. R. A.
Delegado Cyrino Francisco de Paula Junior
Delegado João José Vetoratto (capitão Amicci)
Delegado José Francisco Mendonça
Delegado Ademar Magalhães Lopes
Delegado Renato D'Andrea
Delegado Davi dos Santos Araújo
Delegado Aparecido Laertes Calandra
Delegeado Antonio Vilela
Doutor Tomé
Delegado Raul Nogueira de Lima, o Raul Careca
Carceiro Samuel Benjamin

POLÍCIA FEDERAL
Edísio Lima Maciel (Oberdan)
Djama França Barbosa

Maurício José de Freitas
Paulo Rosa
Manuel Aurélio Lopés

Mortos por agentes do DOI ou depois de presos em suas operações

23/09/1969 João Domingos da Silva
25/09/1969 Luiz Fogaça Balboni
29/09/1969 Virgílio Gomes da Silva
03/04/1970 Dorival Ferreira
13/04/1970 José Idésio Brianezi
23/04/1970 Joelson Crispim
28/04/1970 Roberto Macarini
17/05/1970 Antonio dos Três Reis de Oliveira
17/05/1970 Alceri Maria Gomes da Silva
23/09/1970 José Maria Ferreira Araújo
05/12/1970 Edson Neves Quaresma
05/12/1970 Yoshitane Fujimore
07/12/1970 Eduardo Collen Leite
05/01/1971 Raimundo Eduardo da Silva
18/04/1971 Joaquim Alencar Seixas
19/04/1971 Dimas Antônio Casemiro
21/05/1971 Aluísio Palhano Pedreira Ferreira
??/07/1971 Luiz Almeida Araújo
19/07/1971 Luiz Eduardo da Rocha Merlino
23/09/1971 Antônio Sérgio de Mattos
23/09/1971 Eduardo Antônio da Fonseca
23/09/1971 Manoel José Mendes Nunes de Abreu
04/11/1971 José Roberto Arantes
??/11/1971 Aylton Adalberto Mortati
05/11/1971 Francisco José de Oliveira
07/11/1971 Flávio de Carvalho Molina

05/01/1972 Hiroaki Torigoe
20/01/1972 Alex de Paula Xavier Pereira
20/01/1972 Gelson Reicher
28/01/1972 Hélcio Pereira Fortes
24/02/1972 Frederico Eduardo Mayr
27/02/1972 Lauriberto José Reyes
27/02/1972 Alexander José Ibsen Voerões
15/04/1972 Ruy Osvaldo Aguiar Pfützenreuter
30/05/1972 Grenaldo de Jesus da Silva
14/06/1972 Ana Maria Nacimovic Correia
14/06/1972 Iuri Xavier Pereira
14/06/1972 Marcos Nonato da Fonseca
18/08/1972 José Júlio de Araújo
27/10/1972 Antonio Benetazzo
30/10/1972 José Carlos Cavalcanti Reis
31/12/1972 Carlos Nicolau Danielli
15/03/1973 Arnaldo Cardoso Rocha
15/03/1973 Francisco Emanoel Penteado
15/03/1973 Francisco Seiko Okama
17/03/1973 Alexandre Vannucchi Leme
06/04/1973 Ronaldo Mouth Queiroz
17/05/1973 Maria Augusta Thomaz
17/05/1973 Márcio Beck Machado
13/07/1973 Luiz José da Cunha
16/07/1973 Helbert José Gomes Goulart
??/09/1973 Paulo Stuart Wright
04/09/1973 Manoel Lisboa de Moura
04/09/1973 Emmanuel Bezerra dos Santos
30/11/1973 Sônia Maria de Moraes Angel Jones
30/11/1973 Antônio Carlos Bicalho Lana
??/04/1974 João Massena Melo
??/04/1974 Luís Inácio Maranhão Filho

??/04/1974 Walter de Souza Ribeiro
11/04/1974 Ieda Santos Delgado
22/04/1974 Ana Rosa Kucinski Silva
22/04/1974 Wilson Silva
14/05/1974 Issami Nakamura Okano
??/09/1974 David Capistrano da Costa
??/09/1974 José Roman
??/01/1975 Hiram de Lima Pereira
??/01/1975 Elson Costa
??/02/1975 Jayme Amorim Miranda
??/04/1975 Nestor Veras
??/05/1975 Itair José Veloso
08/08/1975 José Ferreira de Almeida
18/08/1975 José Maximino de Andrade Netto
??/09/1975 José Montenegro de Lima
??/10/1975 Orlando da Silva Rosa Bonfim Júnior
25/10/1975 Valdimir Herzog
17/01/1976 Manoel Fiel Filho
16/12/1976 Ângelo Arroyo
16/12/1976 João Baptista Franco Drummond
16/12/1976 Pedro Ventura Felipe de Araújo Pomar

CADERNO DE IMAGENS

Da esq. para a dir., o governador de São Paulo, Laudo Natel, o comandante do 2º Exército, general Humberto Souza Mello, e o primeiro comandante do DOI, o major Waldyr Coelho, os três em manobras do exército no interior do Estado. Coelho era então tenente-coronel e já não era mais chefe do DOI

O líder comunista Luís Carlos Prestes se encontra com Mao Tsé-Tung em Pequim. Militares leram escritos militares de Mao para montar o aparelho que esfacelaria o PCB

O coronel da PM Vicente Sylvestre foi preso em 1975 pelo DOI; durante o governo de Luiza Erundina em São Paulo, ele comandaria a Guarda Civil Metropolitana

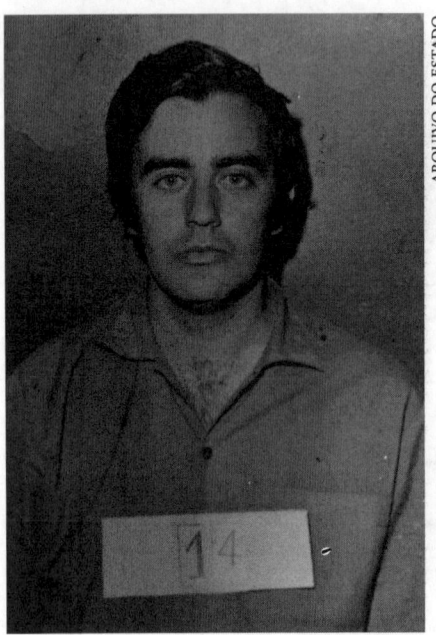

Eduardo Leite, o Bacuri, foi mantido em um aparelho clandestino que o DOI usava na Mooca

Marco Antônio Tavares Coelho era o responsável pelas finanças do PCB quando foi preso em 1975 e descobriu na prisão a existência da célula do partido na PM

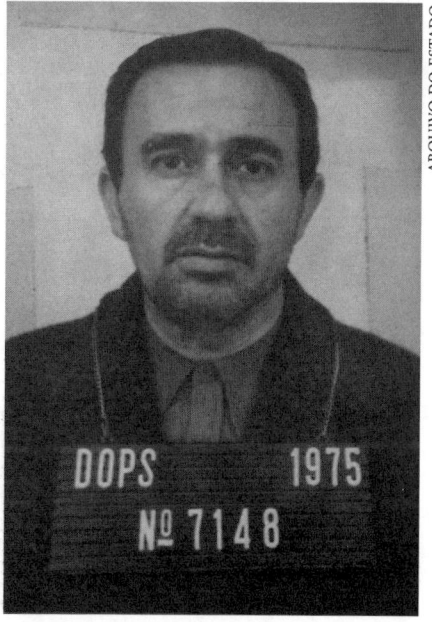

O ex-vereador de São Paulo e diretor do Associação de Cabos e Soldados da PM Luiz Gonzaga Pereira foi um dos policiais presos

ARQUIVO MARCELO GODOY

COMPANHEIROS CABOS E SOLDADOS DA
FÔRÇA PÚBLICA

MANIFESTO DO CENTRO SOCIAL DOS CABOS E SOLDADOS

Nós Cabos e Soldados defenderemos o Brasil e nosso povo na pessôa do Presidente João Goulart, pelas Reformas e o direito de Voto.

Não atiraremos nos nossos irmãos militares e nem nos civís patriotas.

Unidos aos oficiais patriotas, aos operários e estudantes, mostraremos à êsses GORILAS E GOLPISTAS, que já sabemos o caminho certo da Democracia. Somos o povo fardado e estamos ao lado do povo.

VIVA A FÔRÇA PÚBLICA E NOSSO CENTRO SOCIAL

SÃO PAULO, 1 DE ABRIL DE 1964

Pela Diretoria

(a) *Oirasil Werneck*
Soldado Presidente

Panfleto distribuído pela Associação de Cabos e Soldados da Força Pública: tentativa de resistência ao golpe militar de 1964

O dirigente trotskista argentino Nahuel Moreno entre sua mulher, Rita Lúcia Strasberg, e o trotskista português Antonio Maria de Sá Leal: fotografados pelos agentes da operação Lotus

Bernardo Viana Marques Cerdeira e Esther Tenzer fotografados pelos agentes depois de reunião da Convergência Socialista

Waldo Mermelstein foi um dos dirigentes da Convergência Socialista presos pela Operação Lotus, do DOI

SECRETARIA DE ESTADO DOS NEGÓCIOS DA SEGURANÇA PÚBLICA
POLICIA CIVIL DE SÃO PAULO
DEPARTAMENTO ESTADUAL DE ORDEM POLITICA E SOCIAL
DIVISÃO DE ORDEM SOCIAL
SETOR DE ANALISE, OPERAÇÕES E INFORMAÇÕES

1. ANTONIO MARIA DE SÁ LEAL
2. HALLEY MARGON VAZ JUNIOR
3. PAULO ROBERTO FRANÇA

Organização: PST

Assunto: Inq. Pol. nº 51/78 - Volume I - DOS/DOPS/SP

Histórico: Ocasião em que se realizou a reunião da CONVENÇÃO NACIONAL DA CONVERGÊNCIA SOCIALISTA, em 19-AGO-78, no Colégio Equipe, sito à Rua Martiniano de Carvalho nº 316, nesta capital.

Relatório do Dops com fotos da vigilância mantida durante a Operação Lotus

Ricardo Zarattini Filho, da ALN, foi preso e acusado do atentado em Guararapes, cometido na verdade por integrantes da Ação Popular; voltou clandestino ao Brasil e quase foi assassinado em uma ação do DOI

ARQUIVO DO ESTADO

Pedro Lobo de Oliveira era sargento da PM de São Paulo e aderiu à Vanguarda Popular Revolucionária; foi um dos primeiros guerrilheiros presos e torturados por militares em São Paulo

MEMÓRIAS REVELADAS

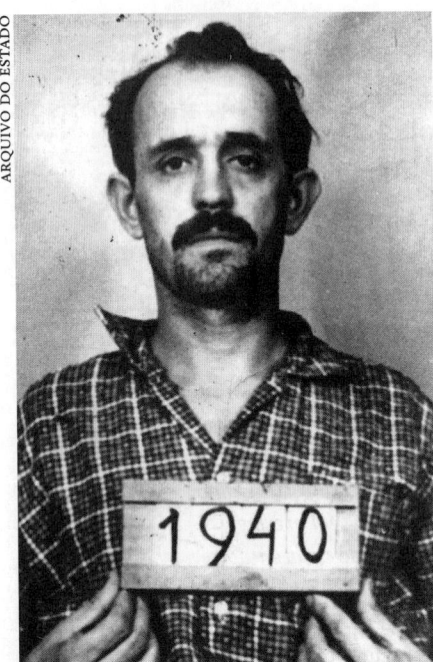

Pedro Lobo estava entre os 40 presos trocados pelo embaixador alemão Ehrenfried von Holleben, sequestrado em 1970 pela ALN e pela VPR

Lauriberto José Reyes, morto em uma emboscada do DOI, em 1972

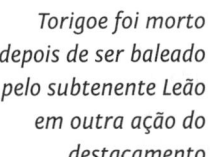

Mortati foi sequestrado por dois agentes da Investigação do DOI e entregue ao Doutor Ney

Torigoe foi morto depois de ser baleado pelo subtenente Leão em outra ação do destacamento

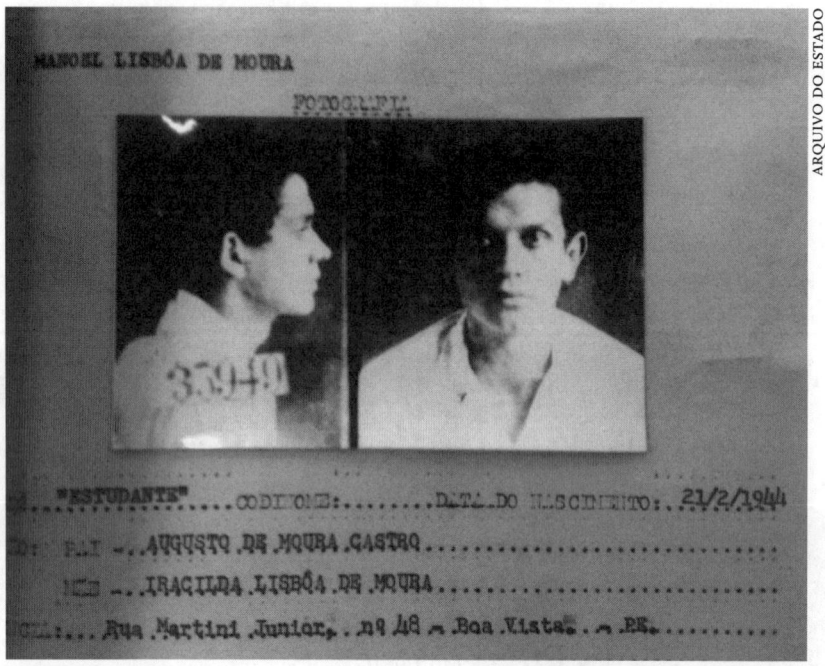

A morte de Manoel Lisboa, executado por agentes do DOI, foi encenada em um "teatrinho" feito por eles

Gelson Reicher foi morto por agentes do DOI após um tiroteio na Avenida República do Líbano

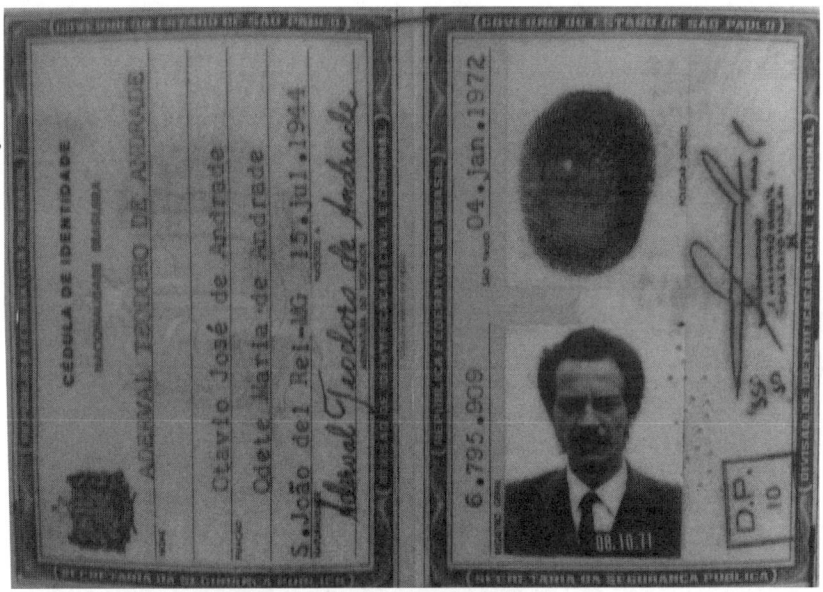

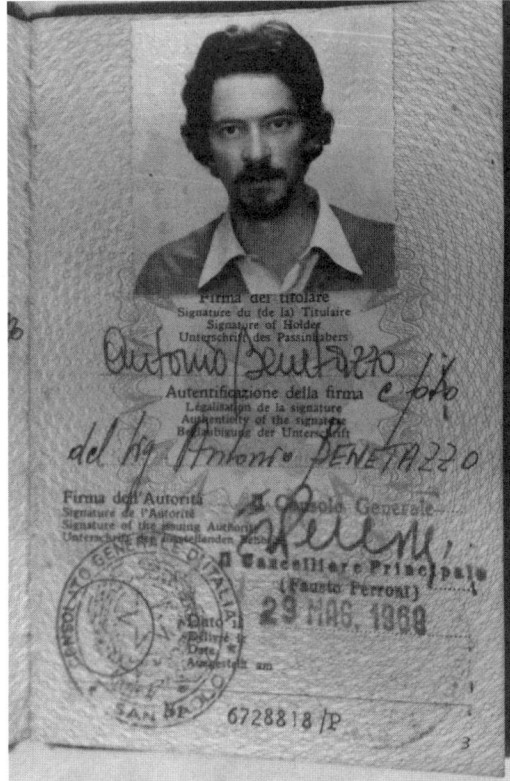

Benetazzo foi preso pelo DOI depois de ser delatado por Camilo, o informante do DOI no Molipo. Foi torturado e executado a pedradas por quatro agentes. Queriam encenar um atropelamento

SECRETARIA DE ESTADO DOS NEGÓCIOS DA SEGURÂNÇA PÚBLICA

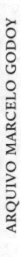

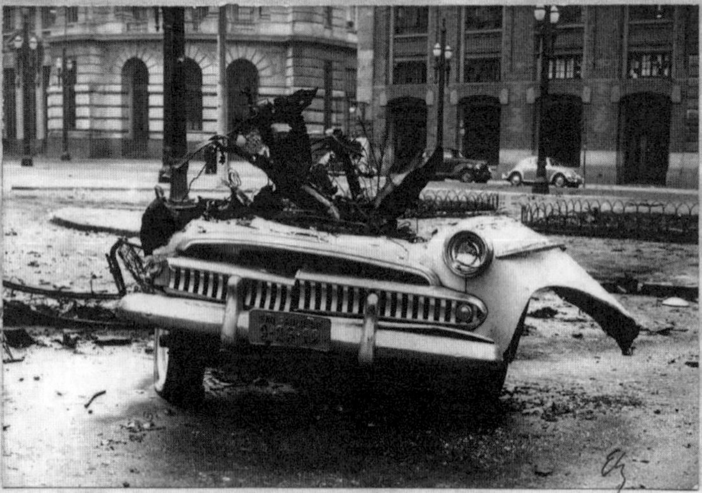

8) - Foto do carro Aero Willys, portador de petardo. A parte trazeira a partir do radiador e parte do motor foi totalmente destruida.

S. G. - S.S.P. - Mod. 8

Um dos atentados do grupo de Dinotos: um carro-bomba deixado em frente ao Dops em 1968

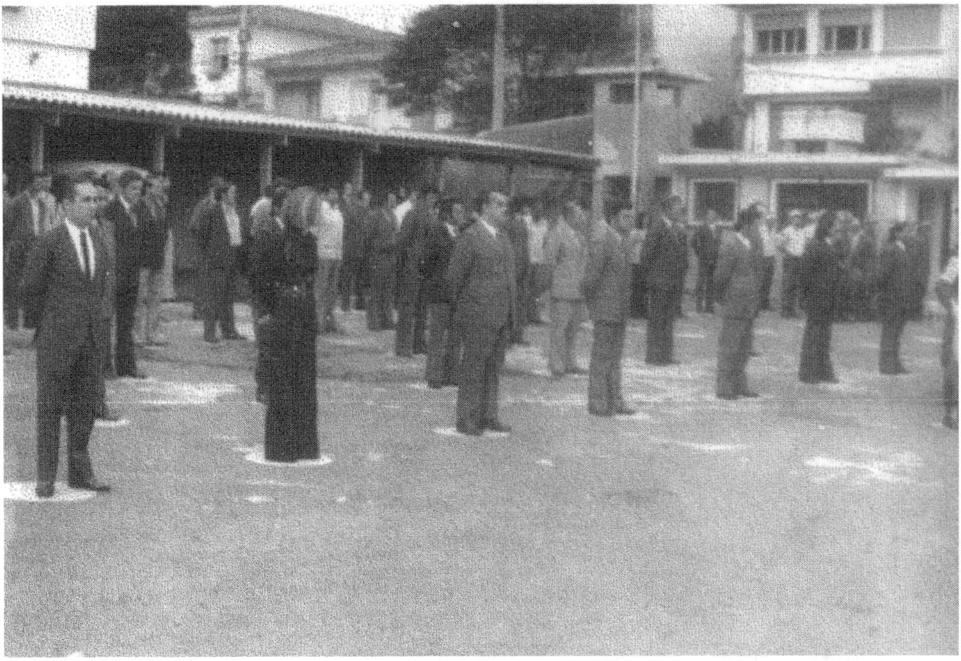

ARQUIVO MARCELO GODOY

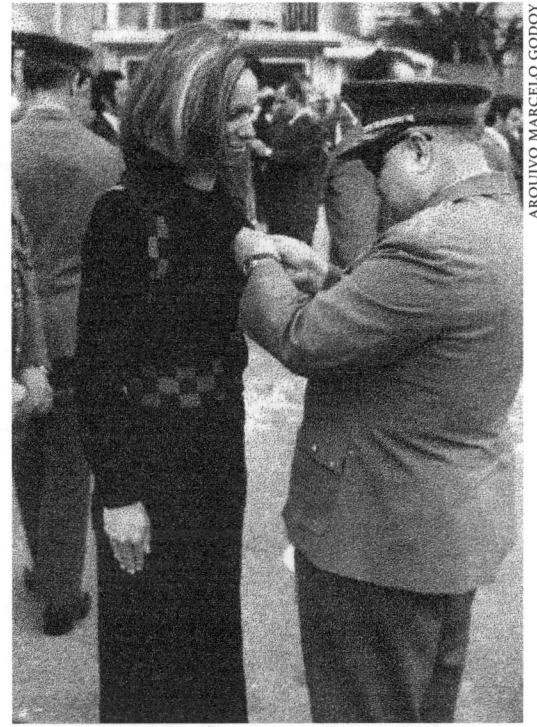

Neuza e diversos outros agentes receberam a medalha do Pacificador no pátio do DOI em 1973; ela foi condecorada pelo comandante do 2º Exército, general Humberto de Souza Mello

ARQUIVO MARCELO GODOY

O então major Ustra em seu gabinete no DOI ao lado do Doutor Edgar, chefe da Análise, e do major Paulo Malhães

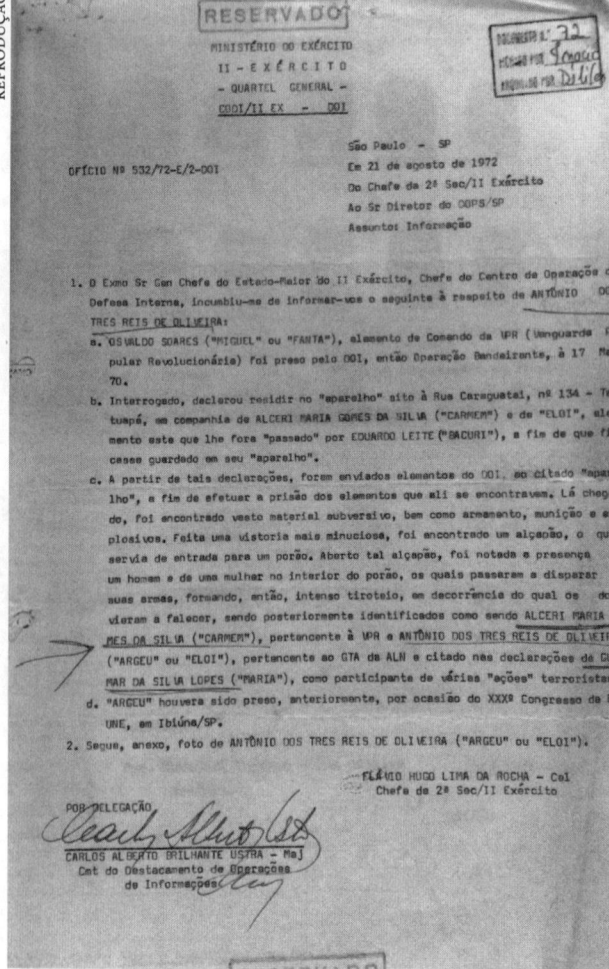

Documento assinado por Ustra no qual o oficial relata as mortes de dois militantes nunca admitidas oficialmente pelo Exército

O comando da repressão. Da esquerda para a direita, o major Dalmo, subcomandante do DOI, o doutor Ney, chefe da Investigação, e o delegado Fleury, do Dops

O doutor Ney (segundo da esquerda para a direita) ao lado do legista Shibata e do delegado Renato D'Andrea (ao centro) no pátio do DOI

Em foto dos agentes do Dops, Enílson Simões de Moura (o número 1) é seguindo durante a greve de 1980 no ABC

Os passos de Lula (marcado com uma seta na foto) e de seus colegas do sindicato eram acompanhados pelo Dops; Exército chefiou repressão à greve de 1980

A casa na Rua Pio XI, na Lapa, onde agentes do DOI mataram Pedro Pomar e Ângelo Arroyo, do comitê central do PCdoB

Iuri, Ana Maria e Marcos Nonato: comando da ALN foi morto em emboscada montada pelo Doutor Ney na Mooca. A ordem era matar

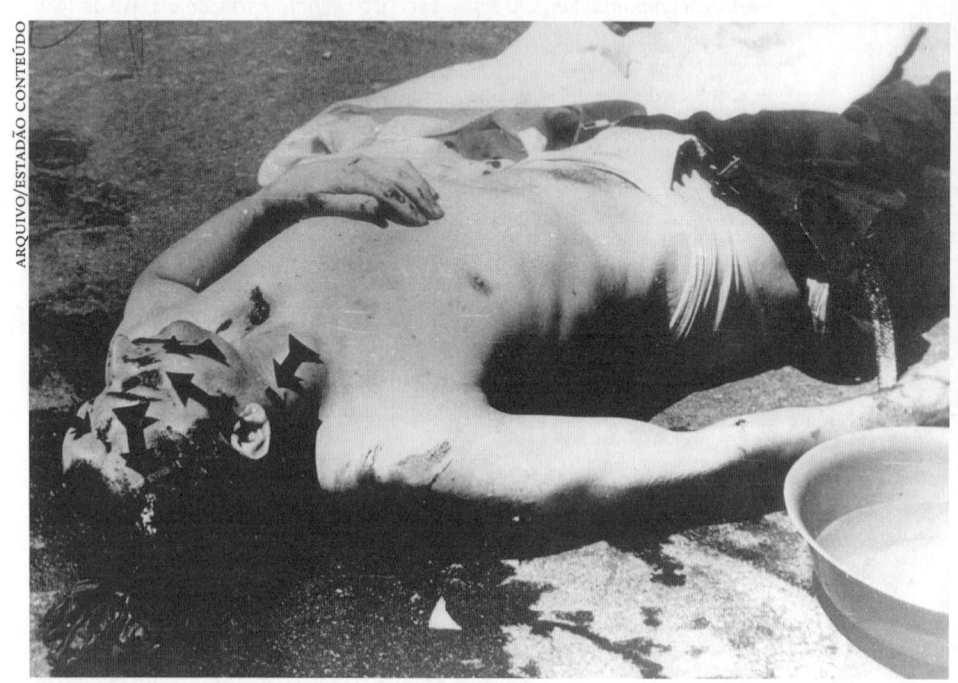

O corpo do comerciante Manoel Henrique de Oliveira, morto pela ALN em represália às mortes na Mooca

Herzog foi um dos três presos mortos no DOI e fotografados pendurados na grande da janela da sala de interrogatório do DOI

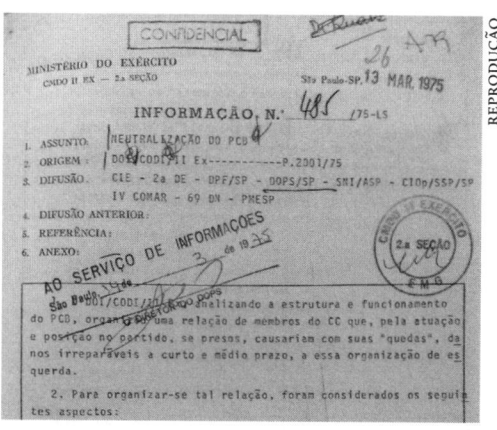

Documento do Exército mostra o objetivo da ação: neutralização do PCB

Operação Gutemberg: agentes do Dops, a pedido do Exército, filmam e fotografam a movimentação na Praça da Sé durante o ato ecumênico em memória de Herzog

SECRETARIA DA SEGURANÇA PÚBLICA
GABINETE DO SECRETÁRIO

8) SISTEMA DE IDENTIFICAÇÃO

9) DIFUSÃO :
   a) Gabinete do Secretário
   b) Delegacia-Geral de Polícia
   c) CIOP
   d) Comando da Polícia Militar
   e) DEIC
   f) DEGRAN
   g) DERIN
   h) Batalhão Tobias de Aguiar
   i) DSV

1.a INFILTRAÇÃO : 1.a1 - Interior da Catedral - 2 Delegados de de Polícia e 10 Investigadores de Polícia.

1.a2 - Praça da Sé - 16 Investigadores de Polícia.

Horário de Início : 15 horas
"   " Término: à ordem

1.b OBSERVAÇÃO : 1.b1 - Direta - Será feita pelas Equipes de Infiltração

1.b2 - Indireta - 5 Equipes de 2 homens localizadas em prédios da Praça da Sé.

Horário de Início : Direta: 15 horas
                    Indireta : 13 horas
Horário de Término: à ordem

1.c LEVANTAMENTO : 1.c1 - Direto - 16 Investigadores de Polícia da Divisão de Ordem Política que percorrerão a Praça da Sé, procurando identificar e localizar os líderes,

*A operação Gutemberg foi deflagrada pelo Dops;
a coordenação dos agentes ficou a cargo do delegado Fleury*

A tenente Neuza, do DOI, em sua casa no interior de São Paulo

ÍNDICE ONOMÁSTICO

Abramo, Cláudio: 488
Abramovitcs, Isaac: 312
Abreu, Manoel José Mendes Nunes de: 187, 558
Abreu Filho, Mário de: 222, 328, 527, 557
Ackel, Ibrahim Abi: 494
Afonso, Almino: 483, 488
Aguiar, Esmeralda Siqueira: 398, 399
Aguilar, José: 139, 321, 527, 556
Albernaz, Benoni de Arruda: 253, 554
Albernaz Correa, Carlos Augusto: 49
Albuquerque, Francisco: 61
Albuquerque, Matias: 65
Aleixo, Alberto: 446
Aleixo, Pedro: 446
Alemão, agente: 19, 34, 35, 37, 39, 40, 44-48, 51, 111, 135, 142-145, 157, 158, 189, 192, 254, 259, 262, 263, 266, 269, 271-274, 278, 279, 281, 285, 289, 291, 293, 294, 304, 311, 314, 325, 327, 332, 343, 348, 349, 352, 353, 356, 363, 366, 370, 391, 392, 396, 397, 399, 408-412, 441-443, 456, 475, 495, 509, 522, 528, 557
Alfonsín, Raúl: 494
Allende, Salvador: 227, 485, 490, 514

Almeida, Criméia de: 477

Almeida, José Américo de: 449

Almeida, José Ferreira de (Piracaia): 406, 459-462, 467, 481, 560

Almeida, José Maria de: 485, 509

Almeida, Manoel Morata: 502, 554

Almeida, Ovídio Carneiro de (ver Everaldo, agente): 352, 371, 456, 556

Almeida, Reynaldo Mello de: 435, 477

Almeida, Sebastião (Deco): 471

Almeida, Tomás Paulino de: 172, 174, 177, 205, 316, 319, 325, 338

Altman, Breno: 503, 530

Alvarenga, Francisco Jacques Moreira de: 250

Alves, Márcio Moreira: 121

Alves, Mário: 425

Alves, Osvino Ferreira: 487

Alves, Paulo Rufino: 478, 495, 555

Amano, Takao: 325

Amaral, Márcia Aparecida: 319, 322

Amazonas, João: 476, 480, 523

Andrade Netto, José Maximino de: 455, 461, 560

Andrade, Odacy Almeida: 461, 531

Ângelo, Otávio: 254, 304, 305

Aníbal, José: 503

Antonio, Dirceu (ver Toninho, agente): 154-156, 165, 182, 224, 248, 430, 445, 467, 495, 496, 527, 553

Aranha Filho, Otoniel Eugênio (ver Homero, doutor): 141, 207, 444

Arantes, Aldo da Silva: 480

Arantes, José Roberto: 287, 288, 291, 303, 558

Araújo, Dácio Gomes de: 267, 293

Araújo, Davi dos Santos (Capitão Lisboa): 171, 557

Araújo, Dorval Moura: 293

Araújo, José Júlio de: 268, 559

Araújo, Maria do Amparo de Almeida: 250

Araújo, Merival: 250

Arendt, Hannah: 23, 26, 27, 29, 30, 63, 76, 91, 118, 120, 125, 127, 130, 161, 214, 244, 537, 538

Arns, d. Paulo Evaristo: 365, 388, 431, 432, 454, 469, 478, 479

Aron, Raymond: 62, 71, 86, 98, 105, 521

Arraes, Miguel: 441, 523

Arroyo, Ângelo: 152, 480-482, 560

Arrué, Horácio Antonio: 492

Artoni, Roberto (ver Pedro Aldeia, agente): 38, 44, 159, 160, 284, 424, 452, 480, 510, 512, 527, 553

Assumpção, Eduardo: 524, 525

Augusto, Carlos Alberto (Carteira Preta ou Carlinhos Metralha): 263, 528

Augusto, Eduardo José: 439

Aussaresses, Paul: 77, 78, 201, 245, 373, 538

Avadhuta, Dogmar Singh Chidrupananda: 419

Avelino, Confúcio Danton de Paula: 163, 194, 455, 473

Ayrosa, Ernani: 191, 219, 221

Azambuja, Carlos I. S.: 196, 492, 530

Azzi, Roberto da Cunha: 380

Bacuri (guerrilheiro): 210, 226, 249, 258, 259

Badalamenti, Gaetano: 408

Baiardi, Amílcar: 356

Bandelli, Alfredo: 99

Barbosa, João da Silva: 65

Barbosa, José Milton (Claudio): 40, 273, 274, 373

Barbosa, Mário: 335, 336

Barbosa, Newton Borges: 139, 140, 228, 416, 446, 455, 457, 459, 461, 463, 507-509, 513, 529

Barbosa, Vera Lucia Moreno: 316

Basseto Paes, Márcia: 485

Batista, Fulgêncio: 384

Batista, Hermógenes Gonçalves: 499, 508, 509, 529

Belham, José Antônio Nogueira: 479

Beltrão, Gastone Lúcia Carvalho: 42, 43

Beltrão, Inocêncio Fabrício de Mattos: 217, 223, 554

Benedito, infiltrado: 23, 261, 396

Benetazzo, Antonio: 24, 141, 257, 287, 300-302, 305-308, 310, 312-316, 326, 334, 364, 398, 535, 559

Bernardes, Arthur: 168

Bernardes, Massilon José: 417, 506, 528

Bertolucci, Alberto: 411

Bezerra, Niomar Cyrne: 499, 500, 507, 529

Bicudo, Hélio: 292, 488, 530

Big (ver Pereira, Iuri Xavier): 33, 40, 41, 43-45, 275

Bigeard, Marcel: 55, 86, 111, 132, 538

Binstock, Monica Suzana Pinus de: 491

Biscaldi, Napoleão Felipe: 207, 326

Bocaiúva, Quintino: 429, 487

Boccaro, Hector Francisco: 493

Boff, Leonardo: 202

Boilesen, Henning Albert: 40, 41, 52, 233

Bom, Djalma: 509

Bonaparte, Napoleão: 111

Bonchristiano, José Paulo: 425, 426, 528

Bone, Guido: 209

Bonfim Júnior, Orlando Rosa: 430, 442, 447, 449, 560

Bonnet, Gabriel: 24, 54, 55, 60, 73-76, 79, 119, 520, 539

Bordini, sargento Paulo: 171, 172, 174, 238, 247, 465, 509, 556

Borges, Maurina: 226

Boschilia, Dulcídio Vanderley: 141, 410, 412, 556

Boulhosa, Denise Moreno: 258, 530

Braga, Arnaldo Bastos de Carvalho: 472, 480

Braga, Saturnino: 437

Brambilla, Celso Giovanetti: 485, 486

Brandão, Carlos: 383

Brandão, Orlando: 312

Brandt Teixeira, major José: 433, 434

Brasil, Assis: 381

Brejnev, Leonid: 509

Bressano, Hugo Miguel (ver Moreno, Nahuel)

Brianezi, José Idésio: 184-186, 321, 558

Brito, Sérgio Miranda de Matos: 478

Brizola, Leonel: 488, 498, 523

Brossard, Paulo: 437

Bruno (ver Lana, Antonio Carlos Bicalho)

Buarque, Chico: 488

Bucci, Eugênio: 502

Bueno, Alcides Cintra (Porquinho): 265, 411

Bueno, Paulo Wilson de Oliveira: 499, 500

Buonome, João: 233, 455, 456, 534

Burnier, João Paulo: 117

Buscetta, Tommaso (Don Masino): 408, 409

Bussab, João: 148, 229, 230, 346, 530

Cabette, Theodoro: 194, 446, 528

Cabo Anderson: 141

Cabo Anselmo: 36, 261, 263, 270

Cabo Bambu: 156, 207, 555

Cabo Cafuringa: 188, 553

Caetano, investigador: 217, 218, 432

Calandra, Aparecido Laertes: 238, 324, 513, 557

Callegari, Giorgio: 277, 393, 535

Câmara, Diógenes Arruda: 476

Camara, d. Helder: 469

Camilo, informante: 261, 263, 286-288, 319, 329, 452

Campos, Aristeu Nogueira: 255, 430, 432, 445, 446

Campos, Francisco: 68

Campos, d. José Melhado: 365

Campos, Roberto: 203

Campos, Siqueira: 118
Campiglia, Horácio Domingos: 491
Canale, Dario: 497
Canazzi, François Antoine: 408
Candel, agente: 402, 403, 555
Canton, Cláudio Ernesto: 337
Capriglione, Laura: 502
Capistrano da Costa, David: 430, 433, 560
Capistrano da Costa Filho, David: 503
Cara-de-Cavalo: 168, 178
Cardoso, Fernando Henrique: 483, 488
Carlos, Roberto: 418
Carmo, Alfredo Lima do: 510, 555
Carneiro, Rubens Gomes (ver Laicato, agente): 433
Carvalho, Acir Gomes de: 49
Carvalho, Devanir José de: 41, 225
Carvalho, Edson Régis: 298
Carvalho, Fernando Setembrino de: 66
Carvalho, Hélio Guaicurus de: 459
Carvalho, João Henrique Ferreira de (ver Jota): 34, 39, 261, 266
Castelo Branco, Humberto de Alencar: 453
Castiglione, César Augusto Stephan: 181, 376-379, 381, 534
Castilho, José Lopes: 446, 461, 529
Castro, Carlos Alberto de: 495, 501, 555
Castro, Cloves de: 250, 272, 277, 316, 392, 393, 498, 530
Castro, Sebastião José Ramos de: 514
Castro Ruz, Fidel: 98, 99, 101, 107, 203, 204, 384, 540
Castro, Tarzan de: 101
Cavalcanti Netto, João de Sá (ver Fábio, agente): 22, 34, 158, 159, 160, 177, 184, 224, 227, 263, 266, 267, 270, 275, 277, 285-287, 300, 301, 305, 313, 314, 320, 350-352, 424, 434-436, 440, 446, 448, 452, 476, 478, 493, 523, 527, 553
Cavalcanti Netto, Fábio: 159, 530
Clauset, Luiz Roberto: 316, 393, 394

Clausewitz, Carl von: 24, 60-64, 66, 67, 71-74, 81-84, 86, 92, 95, 99, 105, 111, 112, 116, 117, 122, 127, 389, 520, 521, 540

Cerdeira, Bernardo Viana Marques: 488, 489

Cervantes, Miguel de: 24, 540

Cesar, Caio Julio: 67

Chapin, Frederic: 479

Chateaubriand, Assis: 166

Chaves, Marival: 37, 50, 160, 255-257, 259, 270, 357, 398, 401, 403, 424, 425, 433-436, 440, 442, 445, 446, 448, 452, 478, 493, 494, 527, 553

Chaves, Sebastião Ferreira: 220

Chiari, tenente: 258

Chico, agente: 20, 34, 45, 50, 141-143, 172, 176, 180-182, 193, 205, 208, 224, 227, 234, 235, 237, 238, 239, 241, 244, 245, 247, 248, 258, 260-262, 265, 268, 269, 272, 277, 280, 285, 286, 293, 297, 299, 311, 313, 319, 320, 323, 324, 326, 336, 341, 343, 347, 350, 356, 361-363, 368, 372, 380, 393, 394, 396, 398, 399, 416, 437, 444, 456, 460, 465, 466, 475, 477, 478, 481, 482, 485, 489, 492-494, 497-499, 501, 504, 506, 509, 511-514, 523-525

Cícero, Marco Túlio: 7, 25, 540

Cicote, José: 509

Cinelli, Leo Frederico: 510, 511

Clemente, comandante (ver Paz, Carlos Eugênio Sarmento Coelho da): 40, 41, 44, 47, 48, 49, 50, 51, 106, 171, 174, 176, 180, 181, 186, 188, 244, 249, 250, 264, 284, 285, 325, 329, 341, 343, 344, 356, 374, 530

Clerk, José Irineu: 319, 320, 557

Coelho, Marco Antônio Tavares: 255, 427, 431, 441, 442, 531, 534, 540

Coelho, Paulo: 418

Coelho, Terezinha: 444

Coelho, Waldyr: 80, 85, 129, 192, 223, 227, 272, 320, 474, 535

Collucci, agente (Amarelinho): 255, 556

Cômodo, Roberto Ricardo: 242

Contreras, Manuel: 54

Cony, Carlos Heitor: 200

Correa, Ana Maria Nacimovic: 44, 48, 49, 174, 187, 341, 342, 559

Correa, Antonio Jorge: 49

Correia Neto, José: 163

Coscov, João: 364

Cosenza, Gildásio: 463

Costa, Antonio Vieira (ver Rubens, doutor): 363, 557

Costa e Silva, Arthur da: 121, 162, 198, 206, 298, 344

Costa, Caio Túlio: 362, 540

Costa, Dora Henrique da: 451, 452

Costa, Elson: 430, 439, 443, 560

Costa, José Raimundo da (Moisés): 36, 264, 265, 556

Costa, Maria Aparecida: 344

Costa, Octavio Pereira da: 78, 79, 528, 540

Costa, Oswaldo: 441

Costa, Rubens Carlos da (Operário): 304-307, 314-316,

Costa Filho, Venâncio Dias da: 329

Coutinho e Silva, Francisco Antonio: 328

Coutinho, Vicente de Paulo Dale: 219

Couto, José Vitor Soalheiro: 272, 273

Couto e Silva, Golbery do: 453, 454, 463, 467, 521

Crispim, Denise Peres: 226

Crispim, Joelson: 139, 158, 184, 194, 226, 320, 321, 558

Crispim, José Maria: 226

Cruz, Hermes Bittencourt: 446, 486, 488, 499, 500, 529

Cunha, Euclides da: 65, 540

Cunha, Luiz José da (Crioulo): 268, 273, 342, 374-376, 535, 559

Curcio, Renato: 104, 540

Cyrillo, Dalmo Lúcio Muniz: 141, 151, 187, 473, 502, 510, 514, 554

Danielli, Carlos Nicolau: 476, 477, 559

D'Aquino, Salvador: 165, 290, 410, 412, 528

Debray, Régis: 98, 102, 108, 383, 541

De Gaulle, Charles: 82, 115

Delfim Neto, Antônio: 220, 412, 413

Del Nero Augusto, Agnaldo: 218, 219, 518, 527, 541

Deutscher, Isaac: 225, 541

D'Andrea, Renato: 409, 557

Dias, Antonio Erasmo: 446, 458, 487, 528

Dias, Giocondo Gerbasi Alves: 428, 430-432, 444, 446, 447, 451, 476, 509, 512

Dias, Irene: 50

Dias, Júlio Molina: 511

Dib, Alexandre: 446, 529, 534

Diegues, Cacá: 488

Diniz, Abílio: 199

Dinotos, Sábato: 162, 529, 533

Diogo, Adriano (Mug): 204, 316, 317, 361, 362, 367, 374, 381, 383, 529, 534

Dirceu, José: 223, 280, 302, 326

Dourado, infiltrado: 23, 226, 227, 261, 452

Dourado, Marco Antônio Lima: 225, 226, 530, 535

Dowbor, Ladislau: 202, 225

Drummond, João Baptista Franco: 480-482, 560

Dutra, agente: 423, 555

Éboli Bello, Bruno: 455-457, 461

Edgar, doutor: 38, 39, 49, 53, 205, 255, 467, 554

Engels, Friedrich: 86, 89-91, 98, 541, 546

Escobar, Décio Palmério: 399

Escobar, Ruth: 420

Etchgoyen, Cyro: 120, 261

Etchgoyen, Leo Guedes: 507

Everaldo, agente: 352, 371, 456

Fabiano, Nelson: 437

Fábio, agente: 158, 255, 448, 527

Fagundes, Joaquim Rodrigues: 258

Fanon, Frantz: 76, 89, 114, 340, 542

Fasano, José Carlos: 258

Feche, Sylas Bispo: 42, 180, 205, 555

Fenelon, sargento: 137, 555

Fermin, capitão (cubano): 284

Fernandes, Nelson Gomes: 298
Ferrari, Sérgio Edson: 420
Ferraz, Dyarsi Teixeira: 38, 149, 153, 347, 402, 528
Ferreira Pinto, Antonio: 163, 328, 530
Ferreira, Dorival: 343, 558
Ferreira, Joaquim Câmara (Toledo): 36, 170, 181, 220, 250, 261, 273, 282, 283, 383, 385, 404, 430
Ferrigno, Ítalo: 170
Ferro, Marc: 25, 161, 542
Fiel Filho, Manoel: 466, 471, 472, 481, 495, 502, 510, 518, 560
Figueiredo, Jorge Fidelino Galvão de (Cachimbo): 330, 333, 334, 360, 534
Firmenich, Mário: 494
Flávio, doutor (ver Pereira, Freddie Perdigão): 45, 255, 371, 396, 401, 403, 424, 554
Fleury, Carlos Eduardo Pires: 287
Fleury Filho, Luiz Antônio: 321, 524
Fleury, Sérgio Paranhos: 21, 36, 468, 522
Foguinho, agente: 268, 553
Fonseca, Eduardo Antônio da: 187, 558
Fonseca, Marcos Nonato da: 40, 44, 267, 342, 559
Fortes, Hélcio Pereira (Fradinho): 265, 465, 559
Foucault, Michel: 24, 61, 83, 91, 98, 121, 240, 242, 542, 543
Francicis, Carlos Alberto de: 258, 554
Franceschini, Nelson Aparecido: 312
Frate, Dilea: 464
Frati, Rolando: 223, 268, 283, 374
Fritz, infiltrado: 23, 261, 277, 392, 393, 401, 498
Freire, Roberto: 425, 531
Frota, Sylvio: 194, 435, 437, 455
Fujimore, Yoshitane: 49, 163, 174, 178, 179, 558
Fyfe, David Maxwell: 197
Gabriel, Paulo César Moretti: 475
Galdino, Salomão: 461, 529

Gama e Silva, Matias: 344

Gambino, Carlo: 409

Gaspari, Elio: 113, 129, 199, 220, 255, 264, 390, 413, 438, 444, 445, 469, 471, 473, 479, 543

Gatto, Marcelo: 437

Geisel, Ernesto: 87, 245, 389, 390, 470, 521

Geisel, Orlando: 53, 123

Genésio, sargento (agente Pé-de-Porco): 398, 554

Gianini, José Carlos: 290, 323, 534

Gianordoli, Ricardo: 377

Giglioli, Silvio (ver Valdir, agente): 34, 44, 45, 343, 527, 554

Giraldi, Maria José Costa: 489

Girardi, Natanael de Moura: 209, 303, 314, 315, 535

Godoy, Jurandir Duarte: 370

Goldman, Alberto: 437, 483

Gomes, Carlos Tinoco Ribeiro: 502, 503

Gomes, Dias: 488

Gomes, Eduardo: 117

Gonçalves, Leônidas Pires: 71, 72, 84, 166, 477, 510

Gorender, Jacob: 206, 245, 271, 284, 298, 343, 346, 515, 516, 543

Gorriarán Merlo, Enrique: 110

Goulart, João: 101, 381, 487, 515

Grabois, Maurício: 476

Granja, Antonio Ribeiro: 451

Guedes, Célio: 427

Guerlenda, Lídia: 188

Guerra, Paulo Antonio: 371

Guimarães, Renato: 243

Granciere, Pedro Mira – Pedro Âncora (ver Ramiro, capitão): 238, 465, 466, 557

Gravina, Dirceu: 36, 37, 146, 178, 190, 253, 325, 528, 557

Greenhalgh, Luiz Eduardo: 461, 530

Guevara, Ernesto (Che): 60, 97, 102, 164, 271, 376, 383-385, 389, 446, 543

Habib (ver Sinício, agente): 44, 136

Haddad, Fernando: 501
Haddad, Jamil Almansur: 543
Helú, Wadih: 464
Henrique, comandante (ver Carvalho, Devanir José de): 41
Herrera, Daniel (Olof): 283
Herzog, Clarice: 465
Herzog, Vladimir: 143, 145, 152, 239, 250, 464-468, 470, 471, 481, 495, 511, 518, 560
Hitler, Adolf: 77, 110, 111, 519
Hobbes, Thomas: 519, 543
Hobsbawm, Eric: 57, 58, 100, 107, 543
Holanda, Jarbas de: 425, 429
Holleben, Ehrenfried von: 258
Homero, doutor: 141, 207, 208, 444, 445, 554
Horta, Maria Aparecida: 316
Hummes, d. Cláudio: 507
Ibrahim, José: 223
Inzerillo, Salvatore: 408
Irineu, agente (ver Marcio, agente): 136, 403, 528
Jaguar: 488
Jair da ALN (ver Jota): 267
Jambo Junior, José (Chiclé): 419, 420
Jamil, agente: 403
JC (ver Gravina, Dirceu): 146, 189, 190, 293, 323, 324, 327
J. R. A.: 37, 43, 169, 171, 264, 345, 528, 557
Jomini, Antoine: 67
Jonas, agente: 22, 34, 44, 255, 337, 349, 353, 355, 389, 527
Jones, Sônia Maria de Moraes Angel: 373, 391, 400, 534, 559
Jones, Stuart Edgar Angel: 391
José, doutor: 205, 363, 554
José Serra: 492
José, tenente: 38, 48, 52, 140, 151, 175, 176, 208, 236, 254, 255, 259, 260, 295, 314, 346, 368, 372, 393, 401-403, 436, 441, 448, 478, 512, 513, 556

Jota, informante: 23, 34, 39, 43-45, 48, 52, 254, 261, 266-270, 342, 343, 347, 350, 357, 359, 375, 376, 393, 395, 401, 452

Junior, agente (Caruncho): 403, 553

Kamada, Mari (Xiruca): 320, 323, 324, 327, 531

Kautsky, Karl: 93, 94, 544

Keegan, John: 62, 64, 72, 96, 544

Keitel, Wilhelm: 196, 197

Kesselring, Albert: 197, 198

Khruchev, Nikita: 476

Kimble, doutor (ver Cabo Anselmo): 36

Konder, Rodolfo: 466, 544

Kozel Filho, Mário: 354

Kubitschek, Juscelino: 204

Kucinski, Ana Rosa: 136, 140, 400, 403, 443, 560

Kucinski, Bernardo: 136, 403

Lacheroy, Charles: 24, 55, 60, 70, 73, 75, 522, 544

Laicato, agente (Boa Morte): 433, 434

Lamarca, capitão Carlos: 22, 49, 163, 164, 166, 167, 217, 218, 225, 226, 258, 261, 264, 265, 398, 425, 460, 485, 495

Lameira, Jayme Henrique Antunes: 216-218

Lana, Antonio Carlos Bicalho: 44, 51, 188, 257, 269, 273, 341, 391-398, 534, 535, 559

Laqueur, Walter: 105, 106, 108, 544

Lataste, Mario Luis Iván Lavanderos: 492

Lauria, capitão: 253

Lavigne, Zelinda: 276, 277

Lázaro, Alberto Alonso (Babão): 359, 360, 378

Leal, Antonio Maria de Sá: 489

Leal, Aristides Correia: 118

Leão, Nara: 488

Leão, Oswaldo Ribeiro: 161, 175, 181, 187, 232, 528, 556

Leite, Eduardo Collen (ver Bacuri): 210, 226, 249, 258

Leite, Márcio Toledo: 249

Leme, Alexandre Vannucchi (Minhoca): 359, 361, 363-365, 367, 559

Lenin, V. I.: 24, 57, 60, 73, 74, 75, 85, 89-98, 103, 108, 522, 544

Lepiane, Antonio: 218

Liddell Hart, Basil Henry: 24, 60, 61, 62, 64, 96, 122, 127, 194, 196, 246, 520, 521, 545

Lima, Abel Rodrigues de (ver Foguinho, agente): 268, 553

Lima, Edmilson de Souza: 267

Lima, Haroldo: 480

Lima, José Montenegro de: 140, 149, 447

Lima, Lays Machado Rodrigues de: 377

Lima, Maurício Lopes de: 253

Lima, Pedro Ivo Moézia: 330

Lima, Raul Nogueira de (ver Raul Careca): 222, 557

Lima, frei Tito de Alencar: 363

Lima, Silvino Basílio de: 321, 555

Lima, Wanderson de Paula (Andinho): 145

Lins e Silva, Aldo: 440

Lisboa, Suzana: 45, 498

Longo, Moacir: 428, 438, 441, 456, 483, 515, 531

Longo, Luiz Walter: 485

Lopes, Décio: 504

Lopes, Eurico Prado: 453

Lopes, Josias Sampaio: 164, 529

Lopes, Paulo Marino: 513, 529

Lopes, Roberval Conte: 209, 531

Lott, Carlos Elias: 175, 176, 336, 556

Lourenço, José Carlos: 141, 555

Lourival, major: 414

Lucena, Antônio Raymundo: 226

Lucena, Ariston: 164

Lucena, Damaris: 226

Ludendorff, Erich: 82

Luís XVI: 91

Lula da Silva, Luiz Inácio: 310, 416, 488, 502, 504-507, 509, 523

Luz, Absalon Moreira: 138, 161, 167, 183, 184, 185, 186, 187, 207, 208, 346, 528, 556

Lyra Tavares, Aurélio de: 121

Macarini, Roberto: 328, 558

Macedo, Eliana Potiguara de: 180

Macedo, Fausto: 367, 523

Machado, Carlos Gomes: 455, 458

Machado, Delamare: 379

Machado, Márcio Beck: 176, 290, 303, 307, 335, 336, 338, 376, 534, 559

Machado Chaves, Wilson Luiz: 510

Maciel, Audir Santos: 129, 148, 273, 391, 400, 431, 432, 472, 479, 510, 513, 554

Maciel, Lysâneas: 365

Magali, agente: 149, 555

Magnoli, Demétrio: 502

Magnotti, Edsel: 285, 292, 306, 312, 333, 361, 364, 366, 373, 396

Mainardes, José Antonio (ver Zezo, agente): 276, 554

Malhães, Paulo (Doutor Pablo): 256, 430, 434, 478

Malina, Salomão: 275, 431, 452

Mallet, Émile Louis: 65

Maluf, Paulo: 219

Mandel, Ernest: 108, 486

Manz, Hans Rudolf: 250, 392

Manzeroll, Gerald: 291

Maranhão Filho, Luiz Inácio: 433, 434, 559

Marcondes, Gentil: 470, 510

Márcio, agente: 136, 403, 528

Marcos, Plínio: 488

Maricatto, Percival Menon: 322

Marighella, Carlos: 22, 36, 80, 89, 102- 104, 106, 170, 207, 220, 225, 261, 271, 282, 302, 335, 374, 383, 392, 396, 403, 404, 425, 426, 429, 430, 495, 498, 535

Marin, José Maria: 464

Mário Japa: 225, 226

Mario Luis Iván Lavanderos Lataste: 492

Markun, Paulo: 464, 546

Marques, Claudio: 464

Martim, Carmem: 282

Martins, Edgar de Almeida: 261

Martins, Frutuoso Luís: 446, 534

Martins, Milton da Silva: 209

Martins, Paulo Egydio: 446, 453-455, 458, 459, 461, 463, 467, 469, 472, 478, 531, 546

Martins, Roberto Ribeiro: 363

Marx, Karl: 74, 88-91, 101, 517, 520, 546

Massa, Boanerges de Souza: 303

Massu, Jacques: 76, 373

Matias, Carlos Alberto: 345

Matos, Délio Jardim de: 220, 410

Matos, Maria Celeste: 326

Mattos, Antônio Sérgio de: 40, 187, 189, 558

Mattos, Carlos de Meira: 55, 79

Mayr, Frederico Eduardo: 302, 320, 322, 323, 398, 465, 559

Médici, Emílio Garrastazu: 34, 53, 54, 73, 78, 123, 367, 374, 390, 433, 528

Meir, Golda: 196

Melancia (ver Jonas, agente): 22, 34, 39, 44, 46-48, 156, 236, 255, 262, 273, 337, 348, 349, 352, 353, 355, 370, 389, 441, 443, 527, 553

Mello, Fernando Collor de: 310, 503, 523

Mello, Humberto de Souza: 149, 179, 182, 204, 377, 390, 394, 399

Mello, Severino Teodoro de: 431

Melo, Ednardo D'Ávila: 390, 431, 443, 453, 469

Melo, Francisco Batista Torres de: 446, 457, 528

Melo, Iberê Bandeira de: 445, 530

Melo, João Massena de: 433, 434, 559

Melo, Josimar: 501

Melo, Rui César: 508, 509

Melo, Sarita D'Ávila: 453

Mendes, Adauto: 166, 529

Mendes, Alberto: 164, 166, 529
Mendes, Angelina: 164, 166
Mendes Junior, Alberto: 49, 162, 163, 164, 165, 166, 174, 178, 205
Mendes, Bete: 194, 200, 373
Mendes, Gabriel do Prado: 334, 378
Mendes, Reinaldo Augusto: 307
Mendes, Tânia Regina: 378-380, 382
Menendes, Henrique Valdés (ver Fermin): 284
Menezes, soldado: 137, 138
Menezes, Gilson: 509
Mercader, Ramón: 484
Mermelstein, Waldo: 489
Mesquita, Ruy: 445
Meyer, Antenor: 242
Mieza, Francisco Gordo: 460
Miguel, Jorge: 346
Milton, agente (Mimi): 371, 372, 556
Miranda, Carlos Xavier de: 479
Miranda, Jayme Amorim de: 446, 560
Moisés, guerrilheiro (ver Costa, José Raimundo): 36, 264, 265, 556
Molina, Flávio de Carvalho: 287, 288, 290, 297, 299, 300, 302, 398, 511, 535, 558
Moltke, Helmuth Karl Bernhard, Graf von: 521
Mondaini, Carlos Sérgio Maia (ver José, doutor): 205, 363, 554
Monnerat, Elza: 480, 481
Montarroyo, Carlos: 101
Monteiro, Dilermando Gomes: 472, 478-482
Monteiro, Góes: 68, 407
Montoro, Franco: 140, 228, 457, 509, 512
Moraes, Irineu de (Índio): 22, 335, 336, 337, 534, 554
Moraes, João Luiz de: 391, 399
Moraes, João Quartim de: 105, 530
Morais, Clodomir: 101

Morato, Stela Borges: 207

Moreira Junior, Octávio Gonçalves: 178, 322, 338, 344, 497, 498

Moreno, Nahuel: 485, 486, 489, 490, 547

Moro, Aldo: 345

Mortati, Aylton Adalberto: 145, 190, 211, 257, 281, 282, 286-288, 290-294, 299, 302, 307, 319, 534, 535, 558

Mota, Renato de Oliveira: 255, 430, 445, 455, 535

Moura, Enílson Simões de: 509

Moura, Manoel Lisboa de: 298, 299, 496, 559

Müller, Filinto: 70

Müller, Wilson: 277, 392, 393, 535

Muniz, Sebastião Fernandes: 162, 529

Miyaki, Darcy Toshiko: 265, 534

Nascimento, José Marques do: 49

Nagib, doutor (ver Pereira, Freddie Perdigão): 45, 256

Nakao, Tamoto (ver Noburo, doutor): 468, 556

Nascimento, Manoel Alves do: 184, 556

Nascimento, Milton: 488

Natel, Laudo: 182, 369

Netz, Clayton: 508

Negri, Toni: 83, 99, 105

Nelson, agente (Pai Velho): 21, 136, 137, 157, 169, 207, 235, 246, 556

Neto, Amaral: 367

Neuza, tenente: 21, 22, 34, 36-40, 44-50, 60, 135, 146-151, 153, 156, 157, 160, 167, 208, 236, 247, 254-257, 260, 262, 264, 267, 269-274, 276, 277, 281, 298, 308, 311, 313, 343, 347-352, 370, 371, 375, 376, 391, 392, 394-398, 403, 408-413, 423, 424, 432-434, 436, 441-443, 445, 448, 449, 453, 456, 466, 476, 477, 495, 528, 556

Neves, Almir: 425, 431

Neves, Tancredo: 513

Ney, doutor: 35, 37, 39, 44, 45, 52, 156, 158, 159, 205, 253-255, 260, 268, 269, 277, 286, 313, 322, 336, 350, 354, 370, 375, 392-394, 397, 408, 410, 423, 424, 435, 436, 443, 446, 452, 456, 475, 479, 492, 494, 496, 507, 510, 512, 514, 554

Nico Junior, Enzo Luis: 360

Nishikawa, Yutaka (Cabeção): 328, 329
Nóbrega, José de Araújo: 106, 530
Noburo, doutor: 468, 471
Nogueira, Enéas Martins: 226
Nogueira, Geraldo (Geraldo Bunda Branca): 207
Nogueira, Luciano: 507, 554
Novaes, José Gomes: 481
Novaes, Paulo Miguel (Gordo): 306, 329, 334-336
Nunes, José Aleixo: 49, 173, 174, 206, 529
Nunes, Manuel: 291
Nunes, Paulo: 465
Nunes, Sebastião Machado: 240
Oest, Lincoln Cordeiro: 476, 477
Okama, Francisco Seiko: 341, 342, 350, 351, 353, 356, 559
Okushi, Nobuo: 225, 226, 236, 258
Oliveira, Adauto de: 427, 428
Oliveira, Antônio dos Três Reis de: 227
Oliveira, Cássio Henrique de: 175, 557
Oliveira, Francisco José de (Chico Dialética): 288, 290, 294, 295, 297, 302, 558
Oliveira, Genésio Homem de: 498
Oliveira, Ladislau Crispim de: 330, 534
Oliveira, Luiz Gonzaga de: 456
Oliveira, Manoel Henrique de: 341, 342, 366
Oliveira, Miguel José de: 292
Oliveira, Pedro Lobo de: 106, 217, 261, 529
Oliveira, Zaqueu Alves de: 369, 460, 529, 534, 556
Osava, Chizuo (ver Mário Japa): 221, 225
Osório, Manuel Luís: 65
Ottênio, Romildo: 209
Pacheco, Agonauta: 223, 392
Paes, José Barros: 143, 229, 390, 414, 415, 431, 437, 445, 454, 455, 462, 465, 467, 469, 470, 474, 506, 527

Paiva, Maurício: 60

Palmeira, Wladimir: 223

Palocci, Antonio: 502

Paraíso, Josias Francisco: 446, 529

Passarinho, Jarbas: 198, 202, 366, 518

Paula Filho, Cyrino Francisco de: 44, 45, 281, 330, 347, 413, 557

Paulino, Leopoldo: 225, 530

Paulo VI, papa: 332, 367, 388

Paz, Carlos Eugênio Sarmento Coelho da: 40, 41, 44, 47, 48, 49, 50, 51, 106, 171, 174, 176, 180, 181, 186, 188, 244, 249, 250, 264, 284, 285, 325, 329, 341, 343, 344, 356, 374, 530

Paz, Francisco Jesus: 463, 529

Pazzelli, Albino: 410-412, 529

Pedro Aldeia, agente: 44, 49, 255, 257, 260, 280, 286, 311, 401, 403, 424, 448

Pepe, Paulo Roberto: 484, 486, 488, 498, 501-503, 531, 535

Penteado, Francisco Emanoel: 51, 341, 342, 351, 352, 559

Penteado, José de Almeida: 42

Pequeno, Dorgival Tavares: 307

Pereira, Alex de Paula Xavier: 180, 188, 559

Pereira, Aloysio Guedes: 223

Pereira Filho, André Leite (ver Edgar, doutor): 39, 49, 205, 255, 286, 554

Pereira, Freddie Perdigão: 45, 70, 188, 255, 256, 263, 281, 371, 396, 401, 442, 482, 498, 548, 554

Pereira, Hiram de Lima: 140, 145, 149, 430, 439, 441, 442, 535, 560

Pereira, Iara Xavier: 275

Pereira, Iuri Xavier: 33, 40, 41, 43, 44, 45, 264, 267, 273, 275, 342, 559

Pereira, José Canavarro: 80, 191, 204

Peres, Aurélio: 505

Pettigiani, Mario Antônio Eugênio: 491, 492

Pietrangelli, Paolo: 99, 100

Piffer, Moacyr: 194, 320, 321, 398, 554

Piñeiro Losada, Manuel: 284

Pinho, Manoel Martins de: 342

Pinochet, Augusto: 54, 104, 128, 492

Pinto, Mário de Souza: 221

Pinto, Onofre: 223, 264, 320, 435

Piveta, Idibal: 376-383, 530, 534

Preis, Arno: 303

Prestes, Luís Carlos: 69, 100, 104, 106, 118, 169, 425-428, 431, 432, 438, 452, 457, 460, 476, 509, 524

Profício, Francisco: 163, 415, 417, 455, 456, 478, 479, 506, 512, 513, 525, 529, 557

Pomar, Pedro: 152, 476, 480, 482

Pomar, Wladimir: 480

Ponce, Nelson Martinez: 280, 290

Pontecorvo, Gillo: 86

Pontes, Silvia Peroba Carneiro: 290, 316, 534

Pot, Pol: 111

Quaresma, Edson: 179, 558

Quass, Eduardo: 140

Quass, Roberto: 140

Queiroz, Adalberto de: 453

Queiroz, Ademar de: 453

Queiroz, Devanir Antônio de Castro: 179, 297, 377, 477, 557

Queiroz, Garibaldo de: 49

Queiroz, Maria Helena: 453

Queiroz, Ronaldo Mouth (Papa): 359, 360, 371, 372, 376, 534, 559

Quércia, Orestes: 154, 437, 488

Raimundi, Silvio: 461

Ramalho, Thales: 434

Ramiro, capitão: 238, 239, 323, 465, 557

Ramos, Juvenal: 290

Ramos, Péricles Eugênio da Silva: 463

Ramos, Rodrigo Otávio Jordão: 368

Raposinha: 424

Raul Careca: 222, 328, 557

Raul, doutor (ver Chaves, Marival): 527

Reale, Miguel: 365
Reicher, Gelson: 42, 180, 181, 188, 559
Reis, Dinarco: 425, 431
Reis, Hércules Côrrea dos: 425, 530
Reis, João Carlos Cavalcanti: 176, 287, 303, 304, 314
Reis, Neydson Mendes dos: 184, 185, 320, 321, 556
Regina, agente: 149
Reyes, Lauriberto José (Lauri): 176, 207, 282, 283, 302, 304, 325, 559
Ribeiro, Cláudio José: 438
Ribeiro, Maria Augusta Carneiro: 223
Ribeiro, Walter: 430, 433, 434
Ricord, Joseph: 408
Robespierre, Maximilien: 91, 549
Rocha, Arnaldo Cardoso (Jiboia): 273, 275-277, 341, 342, 350-353, 355, 559
Rocha, José Leonardo: 223
Rocha, Marco Antônio (Marquito): 464
Rocha Filho, Pedro: 290, 534
Rodrigues, Darcy: 106, 163, 218, 530
Rodrigues, José Ivandro Dourado: 429, 530
Rodrigues, Ranúsia Alves: 357
Rohmann, Friedrich Adolf: 207
Roman, José: 433, 434, 560
Romeu, Inês Etienne: 265, 433, 434
Rosário, Guilherme do: 510
Rossi, Waldemar: 505
Rousseau, Frédéric: 59, 60, 182, 183, 549
Rousseff, Dilma: 253, 502
Rubens, doutor: 363, 557
Sab, Monir Tahan: 244, 307, 328-330, 334-336, 534
Saad, Fued: 427
Sales, d. Eugênio: 434, 449
Sales, Flávio Augusto Neves Leão: 497

Sales, Fernando Casadei: 204, 304-306, 308, 334, 336, 338, 368, 369, 375, 530, 534

Salles, José: 431, 448, 449, 451, 452, 530

Sampaio, Marcus Costa: 362

Sampaio, Plínio de Arruda: 488

Sanches, Ezequiel: 406

Santa Rosa, Osnir Geraldo: 209, 210, 446, 456, 457, 463, 529, 534

Santana, Paulo: 509

Santiago, Sylvio (agente): 48, 555

Santos, Amândio dos: 485, 530

Santos Junior, Belisário dos: 378, 530

Santos, Emmanuel Bezerra dos: 298, 496, 559

Santos, João Alves dos (Joãozinho): 162, 179, 181

Santos, José Anselmo dos (ver Cabo Anselmo): 36, 261, 263

Santos, Geraldo Rodrigues dos: 451

Santos, Nelson Pereira dos: 488

Santucho, Mário Roberto: 108, 490, 549

Saponga: 168, 178

Sarney, José: 71, 84, 166, 510, 514, 522

Sarti, Lucien: 408

Sartre, Jean-Paul: 89, 114

Scavone, Artur Machado: 190, 238, 307, 320, 534

Sebastião José Ramos de Castro: 492

Segio, Sergio: 58, 549

Seixas, Ivan: 40, 42, 142, 171, 204, 226, 233, 235, 291, 305, 323, 385, 504

Seixas, Joaquim Alencar: 40, 204, 233, 235, 558

Seixas, Raul: 418

Serra, José: 492

Sherman, William Tecumseh: 72

Shibata, Harry: 445, 470

Sila, Lúcio Cornelio: 26, 67, 123

Silva, Abelardo Rosa da: 245

Silva, Alceri Maria Gomes da: 227, 558

Silva, Athos Pereira da: 267

Silva, Hamilton Pereira da (ver Tierra, Pedro): 266, 534

Silva, Genivaldo Matias da: 448

Silva, Grenaldo de Jesus: 409-412, 559

Silva, Lindolfo: 392

Silva, Odon Pereira da: 456

Silva, Othon Fernandes de Oliveira e: 329

Silva, Raimundo Eduardo da: 388, 558

Silva, Rui César Costa: 501

Silva, Vicente Paulo da: 508, 531

Silva, Virgílio Gomes da (Jonas): 23, 28, 115, 224, 225, 335, 558

Silva, Wilson: 136, 140, 393, 400, 401, 443, 560

Silveira, Carlos Setembrino da: 227, 254, 424, 554

Silveira, Ênio Pimentel da (ver Ney, doutor): 35-37, 60, 205, 253, 255, 264, 268, 286, 375, 447, 479, 494, 554

Silveira, Élio Rocha: 39

Singillo, Alcides: 320

Sinício, agente (ver Habib, agente): 34, 44, 46, 47, 48, 50, 135, 136, 141, 156, 298, 305, 311, 312, 313, 314, 528, 555

Siqueira, Deoclésio Lima de: 389

Siqueira, Givaldo: 431

Soares, Gilberto Prata: 261

Soares, Mário: 486

Soares, Oswaldo (Fanta): 226

Sodré, Nelson Werneck: 68, 118, 119, 168, 550

Sodré, Roberto de Abreu: 165, 220

Souza, Diógenes Sobrosa de: 165, 534

Souza, Raimundo Alves de: 438

Spadini, Yara: 388

Stalin, J. V. (Koba): 85, 86, 103, 177, 225, 424, 484

Strasberg, Rita Lúcia: 490

Suppo, Walter: 345

Sylvestre, Vicente: 233, 234, 446, 455, 457, 458, 459, 461, 462, 463, 529, 534

Tapajós, Renato: 59
Tayah, Linda: 373
Tavares de Souza, Milton: 476, 506, 508
Teixeira, Natalino Amaro: 209, 210
Teles, César Augusto: 477, 534
Teles, Maria Amélia de Almeida: 199, 477
Telles, Manoel Jover (VIP): 23, 152, 254, 261, 478, 534
Thai, Do Van: 283
Thiago, Moema São: 44
Tibiriçá, doutor (ver Ustra, Carlos Alberto Brilhante): 39, 155, 192, 194, 266, 269, 276, 332, 372, 382
Tierra, Pedro: 266, 267
Timbaúba, Orestes: 425, 431
Tinoco, Aldário: 170
Thomaz, Maria Augusta: 281, 282, 307, 336, 337, 376, 534, 559
Tonello, agente: 294, 295
Tonello, Joselina: 106, 530
Tonello, Pedro: 553
Torigoe, Hiroaki: 290, 297, 465, 466, 559
Tralli, João Carlos: 148, 292
Travassos, Luís: 223
Trinquier, Roger: 24, 55, 60, 71-73, 81, 83, 112, 128, 134, 259, 550
Trotsky, Leon: 57, 93, 94, 107, 225, 484, 519, 551
Tsé-Tung, Mao: 24, 32, 60, 73, 74, 85, 92, 94-99, 103, 104, 107, 108, 446, 551
Tuma, Romeu: 43, 345, 485, 513
Turra, Cleuza: 502
Ubirajara, capitão: 237, 238, 265, 301, 324, 458, 466, 492
Ustra, Carlos Alberto Brilhante: 20, 21, 24, 34, 36, 38-40, 44, 46, 51, 66, 72, 85, 129, 133, 135, 139, 142, 155, 157, 162, 170-172, 174, 177, 179, 186-188, 190-196, 198, 199, 204-206, 209-211, 218, 219, 227, 228, 231-234, 236, 251, 254, 256, 262, 269, 272, 276, 278, 301, 317, 320-322, 331-334, 341, 343, 344, 348, 367, 370-373, 375, 378, 382, 391, 398, 400, 429, 432, 474, 477, 479, 482, 483, 492, 502, 519, 523, 527, 551, 555
Ustra, Joseíta: 193, 373

Vaca Navaja, Fernando: 494
Vaccarezza, Cândido: 503
Valdir, agente (Cartucheira): 44, 45, 255, 396
Vale, Ramirez Maranhão do: 357
Valentim, Amaro: 451
Vandré, Geraldo: 100, 101
Vargas Netto, João Guilherme: 451, 530
Vargas, Getúlio: 118, 143, 168, 449
Veloso, Itair José: 446, 560
Ventura, Mário Fonseca: 137, 138, 141, 209, 210, 229, 446, 528
Vera, Nestor: 447
Viccini, Giulio: 388
Vidigal, Gastão: 220, 412
V., preso [não encontrei em lugar algum]: 175-177, 179
Vieira, César (ver Piveta, Idibal): 378
Vieira, Liszt Benjamin: 226, 321
Vilela, Antonio (delegado): 52, 315, 557
Vilela, Moacyr Urbano: 498
Vilela, Nádia Peres: 376, 377
Vilela, Teotônio: 389, 509
Villanueva, Antonio Milagro: 492
Vilma, agente: 149-153, 273, 528, 555
Viñas, Lorenzo Ismael: 491
Vinícius, infiltrado: 23, 254, 261, 268, 424, 425, 428, 438, 442, 449, 452, 512
Voerões, Alexander José Ibsen: 181, 325, 326, 559
Walzer, Michael: 64, 65, 72, 105, 340, 520, 551
Werneck, Oirasil: 456, 534
Wright, Jaime: 469
Wright, Paulo Stuart: 145, 149, 476, 559
Zarattini Filho, Ricardo: 106, 261, 268, 282-285, 374, 420, 496, 497, 531, 534
Zezo, agente: 276, 554

Agradecimentos

DEVO MUITO A TANTOS. A Ivan Seixas e a Marco Antônio Tavares Coelho porque me incentivaram a continuar a pesquisa, assim como o coronel Hermes Bittencourt Cruz, que sargento do Exército em 1963 e depois oficial da PM, foi o autor do primeiro plano de controle de letalidade da polícia no país. Ao Chico Costa por despertar-me a tolerância sem a qual seria impossível a objetividade e o distanciamento crítico. Ao professor Paulo Cunha por sua generosidade, atenção, livros e teses. Ao Martim Della Valle e seus amigos que sempre me questionavam sobre o fim desse livro. A todos os colegas que passaram pelo *Estadão* e me incentivaram bem como mostraram que o caminho da pesquisa histórica está ao alcance de jornalistas. São muitos os que me ouviram pacientemente, deram sugestões preciosas e forneceram livros e histórias. Citarei quatro: Moacir Assunção, Josmar Jozino, Bruno Paes Manso e Fábio Diamante. Aos meus editores no jornal – do primeiro, Roberto Gazzi, à atual, Ana Sacoman – e da Alameda sem a compreensão dos quais não teria sido possível concluir essa pesquisa. Ao melhor repórter das redações de São Paulo, Fausto Macedo, pela cessão de uma entrevista com o deputado Adriano Diogo. Ele foi o autor da reportagem que pôs fim à convivência de policiais e militares na *Casa da Vovó*. Jamais lhe deram crédito ou perceberam o alcance de sua história publicada no *Jornal da Tarde* em 1991. E, como Fausto nunca se importou com essas coisas, assumo a responsabilidade de anunciar a todos mais esse furo espetacular – que precipitou o fim do DOI – do amigo e jornalista. Também agradeço aos entrevistados que esclareceram dúvidas e contaram o que sabiam. Espero que entendam que compreender não significa aceitar. Devo ressaltar a atenção e o profissionalismo dos funcionários do AEL-Unicamp, do Arquivo do Estado e do Arquivo do Estadão. À minha mulher, Ana Cristina, pela paciência, opinião e revisão dos textos, e à Manu e ao Antônio porque nunca desistiram de me chamar para brincar.

Esta obra foi impressa em São Paulo pela Gráfica Vida e Consciência no outono de 2015. No texto, foi utilizada a fonte Calluna em corpo 11 e entrelinha de 16 pontos.